朝日
ジュニア学習年鑑
2024

ASAHI Junior Gakushu Nenkan 2024

JN027928

朝日新聞出版

世界の国ぐに

最新世界地図

[この地図の使い方]

◎国名が分かっていて位置を知りたいとき一大州別にならんでいる国名の番号を地図のなかからさがす。
◎位置が分かっている国名を知りたいとき一その位置の番号を国名がならんでいるなかからさがす。
◎国旗が知りたいとき一巻末の「世界の国旗」の番号もしくは国名からさがす。
・219ページからの「世界の国ぐに」も参照すること。

白い部分は、帰属が確定していない地域。

アジア

- ❶ ─ アフガニスタン
- ❷ ─ アラブ首長国連邦
- ❸ ─ イエメン
- ❹ ─ イスラエル
- ❺ ─ イラク
- ❻ ─ イラン
- ❼ ─ インド
- ❽ ─ インドネシア
- ❾ ─ オマーン
- ❿ ─ カタール
- ⓫ ─ カンボジア
- ⓬ ─ キプロス
- ⓭ ─ クウェート
- ⓮ ─ サウジアラビア
- ⓯ ─ シリア
- ⓰ ─ シンガポール
- ⓱ ─ スリランカ
- ⓲ ─ タイ
- ⓳ ─ 大韓民国
- ⓴ ─ 中華人民共和国
- ㉑ ─ 朝鮮民主主義人民共和国
- ㉒ ─ トルコ
- ㉓ ─ 日本
- ㉔ ─ ネパール
- ㉕ ─ パキスタン
- ㉖ ─ バーレーン
- ㉗ ─ バングラデシュ
- ㉘ ─ 東ティモール
- ㉙ ─ フィリピン
- ㉚ ─ ブータン
- ㉛ ─ ブルネイ
- ㉜ ─ ベトナム
- ㉝ ─ マレーシア
- ㉞ ─ ミャンマー
- ㉟ ─ モルディブ
- ㊱ ─ モンゴル
- ㊲ ─ ヨルダン
- ㊳ ─ ラオス
- ㊴ ─ レバノン

アフリカ

- ㊵ ─ アルジェリア
- ㊶ ─ アンゴラ
- ㊷ ─ ウガンダ
- ㊸ ─ エジプト
- ㊹ ─ エスワティニ
- ㊺ ─ エチオピア
- ㊻ ─ エリトリア
- ㊼ ─ ガーナ
- ㊽ ─ カボベルデ
- ㊾ ─ ガボン
- ㊿ ─ カメルーン
- 51 ─ ガンビア
- 52 ─ ギニア
- 53 ─ ギニアビサウ
- 54 ─ ケニア
- 55 ─ コートジボワール
- 56 ─ コモロ
- 57 ─ コンゴ共和国
- 58 ─ コンゴ民主共和国
- 59 ─ サントメ・プリンシペ
- 60 ─ ザンビア
- 61 ─ シエラレオネ
- 62 ─ ジブチ
- 63 ─ ジンバブエ
- 64 ─ スーダン
- 65 ─ 赤道ギニア
- 66 ─ セーシェル
- 67 ─ セネガル
- 68 ─ ソマリア
- 69 ─ タンザニア
- 70 ─ チャド
- 71 ─ 中央アフリカ
- 72 ─ チュニジア
- 73 ─ トーゴ
- 74 ─ ナイジェリア
- 75 ─ ナミビア
- 76 ─ ニジェール
- 77 ─（西サハラ）
- 78 ─ ブルキナファソ
- 79 ─ ブルンジ
- 80 ─ ベナン
- 81 ─ ボツワナ
- 82 ─ マダガスカル
- 83 ─ マラウイ
- 84 ─ マリ
- 85 ─ 南アフリカ共和国
- 86 ─ 南スーダン
- 87 ─ モザンビーク
- 88 ─ モーリシャス
- 89 ─ モーリタニア
- 90 ─ モロッコ
- 91 ─ リビア
- 92 ─ リベリア
- 93 ─ ルワンダ
- 94 ─ レソト

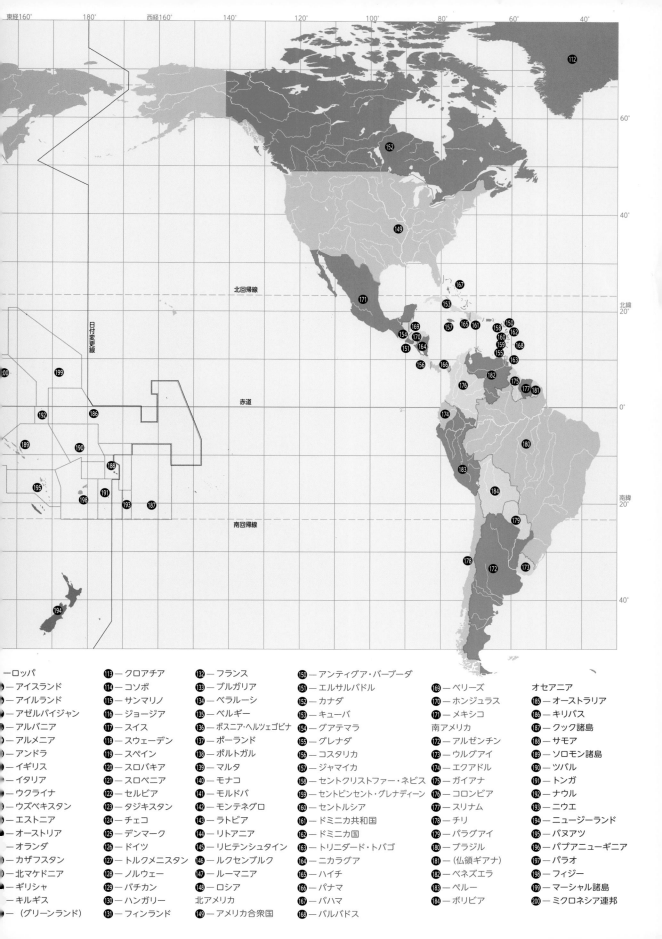

東経160°　　　180°　　　西経160°　　　140°　　　120°　　　100°　　　80°　　　60°　　　40°

60°

北回帰線

北緯20°

⑫

⑮⑫

赤道　　　0°

南緯20°

南回帰線

40°

—ロッパ	⑬ — クロアチア	⑫ — フランス	⑮ — アンティグア・バーブーダ	⑯ — ベリーズ	オセアニア
⑨ — アイスランド	⑭ — コソボ	⑬ — ブルガリア	⑮ — エルサルバドル	⑰ — ホンジュラス	⑱ — オーストラリア
⑩ — アイルランド	⑮ — サンマリノ	⑭ — ベラルーシ	⑮ — カナダ	⑰ — メキシコ	⑱ — キリバス
⑪ — アゼルバイジャン	⑯ — ジョージア	⑮ — ベルギー	⑮ — キューバ	南アメリカ	⑱ — クック諸島
⑫ — アルバニア	⑰ — スイス	⑯ — ボスニア・ヘルツェゴビナ	⑮ — グアテマラ	⑫ — アルゼンチン	⑱ — サモア
⑬ — アルメニア	⑱ — スウェーデン	⑰ — ポーランド	⑮ — グレナダ	⑬ — ウルグアイ	⑱ — ソロモン諸島
⑭ — アンドラ	⑲ — スペイン	⑱ — ポルトガル	⑯ — コスタリカ	⑭ — エクアドル	⑲ — ツバル
⑮ — イギリス	⑳ — スロバキア	⑲ — マルタ	⑰ — ジャマイカ	⑮ — ガイアナ	⑲ — トンガ
⑯ — イタリア	㉑ — スロベニア	⑳ — モナコ	⑱ — セントクリストファー・ネビス	⑯ — コロンビア	⑲ — ナウル
⑰ — ウクライナ	㉒ — セルビア	㉑ — モルドバ	⑲ — セントビンセント・グレナディーン	⑰ — スリナム	⑲ — ニウエ
⑱ — ウズベキスタン	㉓ — タジキスタン	㉒ — モンテネグロ	⑳ — セントルシア	⑱ — チリ	⑲ — ニュージーランド
⑲ — エストニア	㉔ — チェコ	㉓ — ラトビア	㉑ — ドミニカ共和国	⑲ — パラグアイ	⑲ — バヌアツ
⑳ — オーストリア	㉕ — デンマーク	㉔ — リトアニア	㉒ — ドミニカ国	⑱ — ブラジル	⑲ — パプアニューギニア
㉑ — オランダ	㉖ — ドイツ	㉕ — リヒテンシュタイン	㉓ — トリニダード・トバゴ	⑱ — (仏領ギアナ)	⑲ — パラオ
㉒ — カザフスタン	㉗ — トルクメニスタン	㉖ — ルクセンブルク	㉔ — ニカラグア	⑫ — ベネズエラ	⑲ — フィジー
㉓ — 北マケドニア	㉘ — ノルウェー	㉗ — ルーマニア	㉕ — ハイチ	⑬ — ペルー	⑲ — マーシャル諸島
㉔ — ギリシャ	㉙ — バチカン	㉘ — ロシア	㉖ — パナマ	⑭ — ボリビア	⑳ — ミクロネシア連邦
㉕ — キルギス	㉚ — ハンガリー	北アメリカ	⑰ — バハマ		
⑧ — (グリーンランド)	㉛ — フィンランド	㉙ — アメリカ合衆国	⑱ — バルバドス		

都道府県地図

〇 都・道・府・県庁の所在地

鹿児島

北海道

〇札幌

国後島

種子島

屋久島

大島(奄美大島)

徳之島

沖永良部島

与論島

沖縄島

那覇〇

久米島

沖縄

尖閣諸島

宮古島

与那国島

石垣島

西表島

青森
〇青森

秋田 〇秋田

盛岡〇
岩手

山形
山形〇

宮城
仙台〇

佐渡島

新潟
〇新潟

福島
〇福島

栃木
宇都宮〇

水戸〇
茨城

富山
富山〇

長野〇

群馬
前橋〇

埼玉
さいたま〇

石川
金沢〇

長野

甲府〇

東京〇 〇千葉

横浜〇

千葉

福井
〇福井

岐阜

山梨

神奈川

岐阜〇

隠岐諸島

竹島

鳥取
鳥取〇

京都

滋賀
大津〇

〇名古屋

愛知

静岡
静岡〇

大島

三宅島

東京
(含小笠原諸島)

千葉

大島

三宅島

伊豆諸島

八丈島

松江〇
島根

岡山
岡山〇

兵庫
神戸〇

京都〇

大阪〇 奈良
奈良〇

三重

津〇

八丈島

広島

広島〇

山口
山口〇

香川
高松〇

徳島
徳島〇

和歌山
和歌山〇

東京

対馬

壱岐島

福岡
〇福岡

佐賀
佐賀〇

大分
大分〇

松山〇
愛媛

高知
高知〇

ウルップ島
(得撫)

長崎
長崎〇

熊本
熊本〇

宮崎
宮崎〇

父島

母島

五島列島

鹿児島
鹿児島〇

択捉島

小笠原諸島

硫黄島

屋久島

種子島

国後島

色丹島

北海道

歯舞群島

朝日ジュニア学習年鑑 2024
クイズ

答えは
この本の中に
あるよ！

問1
[時事ニュース編]

パリ五輪は 2024 年 7 月 26 日から開催されますが、開会式が行われるフランスの観光名所はどこでしょう？

1. ベルサイユ宮殿　　**2.** ルーブル美術館　　**3.** セーヌ川

問2
[時事ニュース編]

2023 年 6 月に、ロシアが占領しているウクライナ南部のカホウカ・ダムが決壊したことで、16 万羽の鳥類が影響を受け、ある条約に登録されている湿地が被害を受けました。国を越えて移動する渡り鳥を保護するために、その生息地である河川や池などの湿地を保護する条約をなんというでしょう？

1. ワシントン条約　　**2.** ラムサール条約　　**3.** パリ協定

問3
[学習編]

日本の城の中心にあり、象徴ともいえる「天守」。明治政府の廃城令や、太平洋戦争における空襲の被害を免れ、天守が現存する城はいくつあるでしょう？

1. 5　　**2.** 12　　**3.** 30

問4
[学習編]

2022 年まで日本の名目 GDP（国内総生産）は世界3位でしたが、23 年に世界 4 位に転落することがほぼ確定しました。日本を抜いて名目 GDP が世界 3 位になった国はどこでしょう？

1. インド　　**2.** 中国　　**3.** ドイツ

問5
[統計編]

国内の「オリーブ」の収穫量の 85％以上を占める都道府県はどこでしょう？
1. 千葉県　　**2.** 香川県　　**3.** 大分県

※解答は最終ページ

朝日 ジュニア学習年鑑 2024

ASAHI Junior Gakushu Nenkan

学習編

キッズミニ百科　39

日本の戦後史年表　79

1945年から現在までの経済、政治、事件、文化が年代ごとにひとめでわかる！

要チェック！
日本の戦後史
世代・経済キーワード

統計編

日本大図鑑　99

国土と自然　　　　　　　　133

人口　　　　　　　　　　　138

産業（産業のすがた）……………144

農業　　　　　　　　　　　145

林業（木材）………………………152

水産業　　　　　　　　　　153

時事ニュース編

　2023年は、日本や世界にとって不安なニュースが多い1年でした。10月にはイスラム組織のハマスがイスラエルを攻撃。イスラエルはこれに反撃してパレスチナのガザ地区を空爆しました。22年2月のロシアによるウクライナ侵攻以来、両国の戦争も継続中です。23年5月に広島で開かれたG7サミットでも、この戦争について話し合われました。地球温暖化による「地球沸騰」問題や、福島第一原発の処理水放出にともなう中国の反発、物価高騰など、日常生活を脅かすリスクが私たちに迫っています。もちろん、明るいニュースもありました。WBCの侍ジャパン優勝、大リーグ・大谷翔平選手のMVP受賞などは記憶に残っていることでしょう。バスケット、バレー、ハンドボールの男子代表が24年パリ五輪の出場権を自力で獲得したことや、将棋の藤井聡太名人・竜王が史上初の八冠を達成したことも、うれしいできごとでした。能登半島地震という甚大な災害で幕を開けた2024年はどんな年になるでしょう。7月には、20年ぶりに新紙幣が導入される予定です。

Check!
学んでおきたい周辺情報

ひとつのニュースのまわりには、日々の学びに役立つ情報が多くあります。たとえば、「大谷翔平選手がハンク・アーロン賞を受賞」というのを見たら、「ハンク・アーロン」について調べるなどして、ニュースで学習を広げていきましょう。

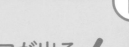

ココが出る!
受験に役立つキーワード

「2023年時事ニュース編」では、新聞やテレビのニュースで使われる難しい言葉や、専門用語を選び出して、詳しい解説をつけました。中学や高校の入試でも取り上げられやすいキーワードで、ニュースの理解も深まります。

2023年

\ なるほど! /
国際ニュース総まとめ

イスラエル、ウクライナ、G7サミットなどがよくわかる

イスラエルのガザ地区攻撃や、ロシアとウクライナの戦争が続いています。また、G7サミットが広島で行われ、世界の人口は80億を突破しています。WBCでの日本優勝、大谷翔平選手の活躍、男子バスケットボール、男子バレーボール、男子ハンドボールが2024年パリ五輪出場権を自力で獲得するなどの明るいニュースもありました。世界で起きていることをまとめました。

イスラエルがハマスと軍事衝突

2023年10月7日、イスラム組織・ハマスが突然、イスラエルをロケット弾などで攻撃しました。イスラエルもパレスチナ自治区のガザ地区を空爆するなどし、戦闘状態となりました。

→イスラエル軍のガザ地区空爆後、がれきから見つかった子どもの遺体を抱いて泣くパレスチナ人男性（23年10月31日撮影）。

ガザ地区の死者には子どもが多く含まれています

イスラエル軍はすぐさま反撃に出てガザ地区を空爆し、地上軍も侵攻させて破壊しました。攻撃はハマスをせん滅するまで続けるとし、病院や難民キャンプまで爆撃しています。

イスラエルの軍事作戦は24年2月13日現在も続いており、ガザ地区では人口約220万の市民のうち約2万7千が死亡し、人口の85%を超える約190万人が家を追われました。

イスラエル軍は、標的はハマスの戦闘員で、民間人の犠牲は最小限にとどめているとしています。

しかし、死者には子どもが多く含まれています。非政府組織「セーブ・ザ・チルドレン」は、24年1月11日に「約100日間の戦争で1万人以上の子どもが殺された」と伝えています。

セーブ・ザ・チルドレンによると、ガザ地区では約110万人の子どもが暮らしていて、その1%が死亡した計算になります。

イスラエルとガザ、周辺国の位置関係

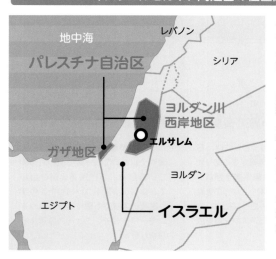

地中海
パレスチナ自治区
レバノン
シリア
ヨルダン川西岸地区
●エルサレム
ガザ地区
ヨルダン
エジプト
イスラエル

パレスチナ自治区は、東をヨルダンと接する「ヨルダン川西岸地区」と、西を地中海、南をエジプトに接する「ガザ地区」に分かれています（歴史的経緯についてはP8-9）。ヨルダン川西岸地区（5655平方km）は三重県と同程度、ガザ地区（365平方km）は福岡市ほどの広さです。パレスチナ自治区はパレスチナ自治政府が治めていますが、独立国家ではありません。

↑イスラエルとレバノンの国境付近で医療用軍用車両を運転するイスラエル軍兵士（23年10月31日撮影）。

国際連合は人道的休戦を促す決議案を採択しています

国際社会からは、イスラエルの攻撃を国際人道法（P11）に違反する過剰防衛とする声が多く出ました。

国際連合（国連）の主たる審議機関である国連総会では、23年10月26日から緊急特別会合が開かれました。そこでは、ヨルダンが中心になってまとめ、中東やアフリカの国ぐに、ロシア、中国といった約50カ国が共同提案国に名を連ねた「敵対行為の停止につながる人道的休戦」を促す決議案が採択されています。決議に法的拘束力はありません。しかし、加盟193カ国のうちフランスや中国、ロシアなど120カ国が賛成し、反対した国がイスラエルやアメリカなど14カ国にとどまった意味はとても重いといえます。

なお、カナダが提案したハマスを非難する文言を入れる決議案は、日本やアメリカなどが共同提案国になりましたが、3分の2以上の賛成に届かず否決されました。主要7カ国（G7・P12）の間でも、イスラエルのガザ地区攻撃については意見に温度差があります。

国連総会が緊急特別会合を開いたのは、世界の平和や安全に主要な責任を負うはずの国連安全保障理事会（P9）が、アメリカやロシアなど常任理事国の利害対立で機能していないからです。ブラジルが提出した「人道的な中断」を求める決議案は、23年10月18日に常任理事国のアメリカが拒否権を行使して否決しました。イスラエルの自衛権について明記した決議案をアメリカが提出しましたが、同じく常任理事国のロシアと中国が反対して否決されています。

アメリカのバイデン大統領は、イスラエルを支持する姿勢を明確に打ち出しています。アメリカがイスラエルを支持する理由としては、巨額の政治資金を献金するユダヤ系国民が多いこと、政府や議会にイスラエルに有利な政策を取らせようとする「イスラエル・ロビー」という組織の力が強いことが挙げられます。また、アメリカの人口の4分の1近くを占めるキリスト教福音派には、聖書の言葉からユダヤ人はイスラエルにかえらなくてはいけないと考える人が多いことも理由のひとつです。とはいえ、アメリカの若者世代にはイスラエルによる占領政策を批判し、パレスチナ人への人道的な配慮を求める声も目立ち始めています。

イスラエル・パレスチナ情勢をめぐる G7 の姿勢

ヨルダンが提案した「人道的休戦」を求める国連総会決議(10/27 採択)

賛成

棄権

反対

カナダが提案した、ハマスを非難する文言を入れる修正案 (10/27 否決)

賛成

棄権

反対

G7は賛成したが、国連加盟国の3分の2以上の賛成に届かず否決。

日本	「一時的な戦闘休止」と「国際人道法を含む国際法順守」を主張
アメリカ	イスラエルのネタニヤフ首相と「戦術的休止」の可能性を協議
イギリス	「一時的かつ範囲を絞った人道的休止」を要請
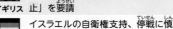 ドイツ	イスラエルの自衛権支持、停戦に慎重姿勢。「人道的休止」は賛成
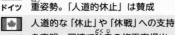 カナダ	人道的な「休止」や「休戦」への支持を表明。国連で独自の修正案提出
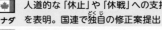 イタリア	「戦闘の休止」を求めるヨーロッパ連合（EU・P12）の立場を全面支持
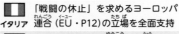 フランス	「『人道的休戦』が有効」と訴えて、EUより踏み込んだ対応を要請

↑イスラエルのネタニヤフ首相（2020年1月28日撮影）。通算6期、約16年間首相を務めている。

↑イスラエル軍の空爆後、崩れた建物などから火と煙が上がるガザ地区北部(23年10月30日撮影)。

↑イスラエル軍の空爆や砲撃で建物などが崩壊し、煙に覆われたガザ地区の廃墟（23年11月5日撮影）。

ハマス ガザ地区を実効支配するイスラム組織。1987年の第1次インティファーダ(P9)を機に創設。イスラエル建国を不正とみなし、武装闘争によるイスラム国家樹立を目指す。

国際連合(国連) 第2次世界大戦を防げなかったことを反省し、1945年に国際連盟(P8)に代わって設けられた。世界の平和と安全を守るための機関。本部はアメリカのニューヨーク。2024年2月13日までの加盟国は193カ国。

人道的休戦・人道的休止 「人道的」とは食料や水、医療用物資などの支援物資の搬入や負傷者の避難など人道目的のため、という意味。「休戦」は、負傷者の避難などのため非公式に戦闘を一時停止する状況。「休止」は、当事者や支援団体などの関係者が合意した上で、あらかじめ決められた期間と地域で戦闘を停止すること。ただし、短期間の停止なので、抜本的な解決にはならない。なお、「停戦」は、当事者が合意して戦闘を一時停止すること。

ユダヤ人 ユダヤ教の律法によると、母親がユダヤ人か、ユダヤ教徒になった人。国籍は無関係。世界のユダヤ人人口は※約1680万人（23年）。

※Jewish Virtual Library調べ

パレスチナ問題の発端とは？

↑パレスチナとイスラエルは高い壁で隔てられています（パレスチナ自治区ベツレヘム。2023年8月撮影）。

2023年10月に始まった紛争に限らず、イスラエルとパレスチナは、これまでの歴史の中で何度も戦争を繰り返しています。イスラエルとパレスチナは、なぜ戦うのでしょう。その歴史をおさらいします。

イスラエルとパレスチナの問題を複雑にしたのはイギリスです

パレスチナとは、もとは中東のうち、地中海の東側に面した地域の名称でした。この地にエルサレムがあります。

約2000年前、イスラエルの地にはユダヤ教を信じるユダヤ人が住んでいました。しかし、ユダヤ人はこの地を支配したローマ帝国に追い払われ、世界各地に散らばることになったのです。

ユダヤ人は国を持たない民族として、各地で差別や迫害を受けることがありました。そのため、19世紀末にはユダヤ人の国をつくろうというシオニズム運動が始まりました。

ユダヤ人の国の候補地になったのは、かつて住んでいた場所だったパレスチナです。しかし、そこには長く、パレスチナ人（アラブ人）が住んでいました。

問題を複雑にしたのは、イギリスによる「三枚舌外交」と呼ばれるものです。

イギリスは第1次世界大戦中、敵国だったオスマン帝国（かつて西アジア、北アフリカなどを支配したイスラム帝国）内のアラブ人に「オスマン帝国に反乱を起こすなら」という条件で、パレスチナを含む地域に独立国家の建設を約束しました。

一方、ユダヤ人には、富豪から資金を得るのと引き換えに、パレスチナにユダヤ人国家を建設することを支持すると言いました。さらにフランスとロシアには、「パレスチナは国際共同管理にすること」を提案しました。結局、パレスチナは国際連盟から委任される形で、イギリスによって統治されることになったのです。

第2次世界大戦中にナチス・ドイツによる虐殺を経験したユダヤ人は、自らの国をつくりたいという思いを強めました。その後、アメリカや旧ソ連など、ユダヤ人に同情する国ぐにの後押しを受け、1947年にパレスチナの地にアラブとユダヤの二つの国をつくるという「パレスチナ分割決議」が国際連合（国連・P7）で採択されました。48年にユダヤ人がイスラエル建国を宣言すると、納得できないアラブの国ぐにには、すぐにイスラエルに攻め込んだのです。

これが、アラブ諸国とイスラエルの衝突の始まりです。

対立の発端は2000年前にさかのぼる

約2000年前 パレスチナにあったユダヤ人の王国が滅ぼされる

ローマ帝国　　各地に離散したユダヤ人

約100年前 イギリスの「三枚舌外交」

オスマン帝国に反乱を起こすなら……
パレスチナを含む地域に独立国家建設を約束

イギリス

パレスチナは国際共同管理に

資金を得る代わりに……
パレスチナのユダヤ人国家建設を支持

アラブ人　　フランス・ロシア　　ユダヤ人

現代 パレスチナをめぐる争いは続く

エルサレム　ユダヤ教、イスラム教、キリスト教にとっての聖地。イスラエルはエルサレムを「首都」と主張するが、日本を含め多くの国は認めていない。

シオニズム運動　世界各地に散らばり、迫害を受けていたユダヤ人による、ユダヤ人国家を建設しようという運動。エルサレムの別名である「シオン」に由来する。19世紀末から始まり、1948年にイスラエルが建国されて目的を達成した。

国際連盟　第1次世界大戦後の1920年に設立された、国際平和の維持と国際協力の促進を目的とする史上初の国際平和機構。日本が満州（中国東北部）を占領したことを侵略行為とし、撤退を求めたことから33年に日本が脱退。その後、ドイツやイタリアも脱退するなどし、第2次世界大戦が起こったことから機能が停止した。第2次世界大戦終結後の45年に国際連合（国連・P7）が発足したことにより、国際連盟は46年に解散した。

国際社会は有効な対策を取りにくいのが現状です

その後、イスラエル建国に反対するアラブ諸国は、イスラエルと4度にわたって戦争をしました（中東戦争）。しかし、軍事力に勝るイスラエルの優勢は続き、パレスチナ人の国家は建設されないまま、多くのパレスチナ人は難民となって近隣国に逃れたり、イスラエル占領地内にとどまったりしました。

イスラエルとパレスチナの和平に明るい光が見えたときもありました。それが、1993年に成立したオスロ合意です。パレスチナ国家を樹立し、イスラエルと共存する案が合意されました。94年には、イスラエル領内のガザ地区とヨルダン川西岸地区はパレスチナ人が治めるパレスチナ自治区となり、パレスチナ人の多くが住むようになりました。

しかし、イスラエルとパレスチナの間に再び暗雲がたちこめます。95年に、イスラエルのラビン首相が和平反対派のユダヤ人青年に暗殺されてしまったからです。

ガザ地区は、2007年にイスラム組織・ハマス（P7）が武力で支配してから、イスラエルとの緊張が高まりました。イスラエルはガザ地区を高い壁などで囲い、必要最小限の物資以外の出入りを厳重に管理しました。このため、ガザ地区は「天井なき監獄」と呼ばれるようになりました。

この問題は、世界の分断にもつながっています。裕福なユダヤ人が多くいるアメリカ、ユダヤ人に罪の意識を持つドイツやイギリスは、基本的にイスラエルを支持しています。一方、アメリカへの対抗心が強いロシアや中国は、パレスチナに同情的です。

中東のアラブ諸国やイランは、基本的にはパレスチナを支持しています。ただ、1979年にエジプトがイスラエルと争わない約束をしています。また、2020年以降はアラブ首長国連邦（UAE）など一部のアラブ諸国が、イスラエルと国交を結ぶことで合意しました。このため、今回の軍事衝突に対しても国連安全保障理事会の意見はまとまらず、国際社会は有効な対策を取りにくくなっています。

中東戦争 パレスチナ地方をめぐる、イスラエルとアラブ諸国の間の戦争。1940年代から70年代まで4回にわたって戦われた。第4次中東戦争はオイル・ショック（P13）を招いた。

オスロ合意 1993年、イスラエルとパレスチナ解放機構（PLO）との間で結ばれた合意。仲介したノルウェーの首都オスロでの協議を経て、9月にアメリカで署名された。パレスチナ国家の樹立を前提に、イスラエルとの共存で一致した。イスラエルのラビン首相とペレス外相、PLOのアラファト議長ら当時のリーダーは、中東和平に貢献したとしてノーベル平和賞を受賞した。

国連安全保障理事会 国連憲章のもとに国際平和と安全に主要な責任を持つ。全加盟国に対して法的拘束力のある決議を行える唯一の機関。常任理事国5カ国（アメリカ、ロシア、中国、イギリス、フランス）と、非常任理事国10カ国（総会が2年の任期で各地域から選ぶ）の計15カ国で構成される。常任理事国は決議を否決できる「拒否権」を持つ。

インティファーダ 対イスラエル民衆蜂起。第1次インティファーダは、1987年にイスラエル軍の車が起こした交通事故でパレスチナ人が死亡したことがきっかけ。イスラエル軍に投石で応じる少年や住民の不服従運動が国際社会に占領の実態を訴えた。2000年に始まった第2次インティファーダは、その後首相になったシャロン氏がイスラム教聖地でもある「神殿の丘」を訪問したことに反発する民衆デモから始まった。この頃から銃器を使い始めたハマスなどをイスラエルが武力制圧するようになり、民衆蜂起というより武装闘争になっている。

←イスラエル軍の兵士に投石するパレスチナ人の若者（ヨルダン川西岸ラマラ近郊、2015年10月撮影）

イスラエルとパレスチナの対立をめぐる主な経緯

年	主な出来事など
1948年	イスラエル建国。第1次中東戦争
73年	第4次中東戦争
87年	第1次インティファーダ
93年	イスラエル政府とパレスチナ解放機構（PLO）がオスロ合意を結ぶ
95年	イスラエルのラビン首相暗殺
2000年	第2次インティファーダ
02年	イスラエルが分離壁の建設を開始
05年	イスラエルがガザから撤退。その後、封鎖政策を実施
14年	アメリカが仲介していた和平交渉が中断。イスラエル軍がガザを攻撃
20年	アメリカの仲介でイスラエルがアラブ首長国連邦（UAE）、バーレーンなどアラブ諸国との国交を正常化
21年	イスラエルとハマスの大規模な軍事衝突。11日間で270人以上が死亡
22年	パレスチナ国家との共存に消極的なネタニヤフ政権がイスラエルで発足
23年	イスラム組織・ハマス（P7）に攻撃されたイスラエルがガザ地区を爆撃

ロシアのウクライナ侵攻が長期化

ロシアのウクライナ侵攻が約2年にもわたって続いています。そもそも、この紛争はなぜ起きたのでしょう？

→ウクライナ北東部ハルキウ州でロシアによるミサイル攻撃を受けた建物（2023年10月、ハルキウ州知事のテレグラムへの投稿から）。

ウクライナの北大西洋条約機構（NATO）加盟の阻止が理由のひとつです

ロシアのプーチン大統領は2022年2月21日、ウクライナ東部の親ロシア派組織が自ら名乗る「ドネツク人民共和国」と「ルガンスク人民共和国」の独立を一方的に承認する大統領令に署名しました。その3日後の24日にロシア軍がウクライナに全面侵攻してから24年で約2年になりますが、侵攻は続いています（2月13日現在）。

プーチン大統領がウクライナに侵攻した理由としては、ウクライナがロシアとヨーロッパにはさまれた位置にあり、ウクライナのゼレンスキー大統領が望む北大西洋条約機構（NATO）加盟が実現すれば、ロシアのすぐ隣までNATOが勢力を伸ばすことになるからだと考えられます。旧ソ連（旧ソビエト社会主義共和国連邦）の一部だったバルト三国（エストニア、ラトビア、リトアニア）が04年にNATOに加盟する際にも警戒感を表明していたプーチン大統領は、ウクライナのNATO加盟にも反対でした。

ウクライナのある地域は、中世にはキエフ・ルーシ（公国）という国があり、今のロシアやウクライナはこの国がルーツです。20世紀になると、世界で初めての社会主義国であるソ連ができ、広大な領土を持つ国となりました。しかし、1991年にソ連が崩壊して多くの国に分かれ、ロシアもウクライナもこのときに独立しました。ただ、ソ連時代の首都モスクワを含むロシアが、人口の多さも領土の広さもウクライナを圧倒しています。

独立して民主主義国になったウクライナは、親ロシア政権と親欧米政権の間で揺れました。2014年に親ロシア政権が倒れると、プーチン大統領は黒海に突き出たウクライナ領のクリミア半島を占領してロシアに併合したのです。さらに、ウクライナ東部で独立を目指す親ロシア派の武装組織を支援し、ウクライナ軍との小規模な戦闘が続きました。この「ウクライナ東部紛争」をやめさせるため、15年2月にロシアとウクライナ、そして仲介のドイツ、フランスを交えた4カ国首脳が「ミンスク合意」と呼ばれる停戦合意に署名しましたが、戦闘は止みませんでした。「ウクライナ東部の親ロシア派の人びとが、ウクライナ側から虐待などのひどい仕打ちを受けているため保護する」というのが、ロシアの表向きの言い分です。

現在のロシアと NATO 加盟国

NATO加盟国は全31カ国（24年2月13日現在）

- ロシア
- NATO加盟国（ほかにアメリカ、カナダ、アイスランド）
- NATO加盟批准手続き中の国
- 将来のNATO加盟国

スウェーデン　フィンランド
ノルウェー
カリーニングラード州（ロシアの飛び地）　エストニア
ラトビア
ロシア
デンマーク　リトアニア
イギリス　ベラルーシ　※（旧白ロシア）
オランダ　ポーランド
ルクセンブルク　ベルギー　ドイツ
チェコ　スロバキア　ウクライナ
フランス　スロベニア　ハンガリー
ルーマニア
イタリア　クロアチア
ジョージア（旧グルジア）
ブルガリア
スペイン　ギリシャ　トルコ
ポルトガル　モンテネグロ　アルバニア
北マケドニア

※旧白ロシア：1922年のソ連結成時におけるロシア共和国、ウクライナ共和国、ザカフカース共和国など15の共和国のひとつ

カホウカ・ダムの決壊、原発の安全危機、難民など問題が山積みです

　23年6月に、ロシアが支配しているウクライナ南部のカホウカ・ダムが決壊しました。ダムの決壊による死者は100人以上ともいわれています。また、ウクライナによるとダムの決壊により水位が下がって耕地への給水が滞ったことにより、ドニプロ川流域で生産されているスイカやトマト、食用油の原料となるヒマワリ、大豆や小麦などの作物が被害を受けました。

　被害が及んだ地域には、渡り鳥の休息地になっていたラムサール条約の登録地がありました。ダムの決壊で油が流出し、生き物の生息地が水没したため、ウクライナ政府によると16万羽の鳥類と2万匹以上の野生動物が影響を受けたといいます。

　このため、カホウカ・ダムへの攻撃は「エコサイド」だという批判が高まっています。

　また、カホウカ・ダムの水はヨーロッパ最大級の原子力発電所（以下原発）であるザポリージャ原発の冷却にも使われており、安全が保てるかが心配されています。

　カホウカ・ダムの決壊について、ロシア、ウクライナ双方が相手方の仕業だと主張しています。

　カホウカ・ダムに攻撃があったとすれば、武力紛争の際に適用される原則を定める国際人道法に違反する可能性があります。国際人道法の代表は、武力紛争による被害の軽減を目的としたジュネーブ条約です。ジュネーブ条約には、ダム、堤防、原発については「住民の間に重大な損失をもたらす場合には、攻撃の対象にしてはならない」という項目が1977年に追加され、ロシア、ウクライナともに批准しています。

　増え続ける難民も問題になっています。国連難民高等弁務官事務所（UNHCR）によると、ウクライナから世界各地に避難した難民の登録数は635万人以上にものぼります。

ウクライナ国内の原発

()内は原子炉の数

チェルノブイリ（チョルノービリ）原発（閉鎖）
リウネ原発（4基）
キーウ
ロシア
リビウ
ウクライナ
フメリニツキー原発（2基）
ザポリージャ原発（6基）
22年3月からロシア軍が占拠し、同年10月にプーチン大統領がロシアの「国有化」を命じる大統領令に署名
南ウクライナ原発（3基）

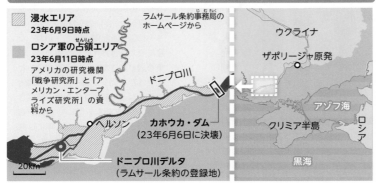

カホウカ・ダム決壊で浸水したラムサール条約の主な登録地

浸水エリア
23年6月9日時点

ロシア軍の占領エリア
23年6月11日時点

アメリカの研究機関「戦争研究所」と「アメリカン・エンタープライズ研究所」の資料から

ラムサール条約事務局のホームページから

ドニプロ川
ウクライナ
ザポリージャ原発
ヘルソン
カホウカ・ダム（23年6月6日に決壊）
アゾフ海
クリミア半島
ロシア
ドニプロ川デルタ（ラムサール条約の登録地）
黒海
20km

北大西洋条約機構（NATO）　アメリカとヨーロッパの国ぐになどによる集団安全保障機構（集団で自分たちを守るための組織）。本部はベルギーのブリュッセル。1949年に12カ国で発足し、2023年4月にフィンランドが加盟。24年2月13日現在、加盟国は31カ国。当初は、旧ソ連（現在のロシアやウクライナなど）や東ヨーロッパの国ぐにによるワルシャワ条約機構（東側）陣営とNATO（西側）陣営が対立する東西冷戦の時代だった。冷戦が終結し、1991年のワルシャワ条約機構解体後は、その加盟国だった東ヨーロッパのポーランドやルーマニアなども次々とNATOに加わった。2022年5月には、スウェーデンが加盟申請した。ウクライナも「将来の加盟国」とされている。

ラムサール条約　国を越えて移動する渡り鳥を守るために、その生息地である河川や池、水田などの湿地を保護する条約。ロシアは1977年、日本は80年、ウクライナは91年に参加し、2024年1月までの登録湿地はそれぞれ35、53、50カ所

エコサイド　「エコロジー」（環境）と「ジェノサイド」（集団殺害）を組み合わせた造語で、大規模な環境破壊行為を指す。

難民　戦争や差別などやむを得ない理由で、母国を離れることを余儀なくされた人たち。

国連難民高等弁務官事務所（UNHCR）　1950年に設立。難民、国内避難民、無国籍者などを国際的に保護・支援するため、約135カ国で活動。54年と81年にノーベル平和賞を受賞。本部はスイスのジュネーブ。

G7 サミットが広島で開催

2023年5月19日から21日にかけて広島県広島市で主要7カ国首脳会議（G7サミット）が開かれ、「核軍縮に関する広島ビジョン」が発表されました。

→平和記念公園を訪れ、原爆死没者慰霊碑に献花を終えたウクライナのゼレンスキー大統領（左）と岸田文雄首相（23年5月21日撮影）。

広島ビジョンは核兵器を全面的には否定していません

G7サミットが日本で開かれるのは7回目です。広島サミットには、G7の首脳のほか、ウクライナのゼレンスキー大統領、インドやブラジルなどグローバルサウスと呼ばれる新興国などの首脳が招待国として出席しています。

ゼレンスキー大統領は5月20日午後に来日し、21日に広島の平和記念資料館を訪れました。同日夜には広島市の国際会議場で記者会見し、「人類の歴史から戦争をなくさなければならない」と訴えました。

広島サミットでは、ロシアによる侵攻が続くウクライナ情勢と、

それに伴うエネルギー危機や食料安全保障、世界的な物価高への対応などが話し合われました。さらに、核兵器のない世界の実現を目指す「核軍縮に関する広島ビジョン」が発表されました。

ただ、広島ビジョンでは戦争を抑止するうえでの核兵器の重要性も訴えられ、核兵器を全面的には否定していません。なぜなら、G7の各国は核兵器を持っていたり、核保有国の抑止力が及ぶ「核の傘」で守られていたりするからです。

G7のうちアメリカ、イギリス、フランスは核兵器を持っています。日本、ドイツ、イタリア、カナダは

核兵器を持っていませんが、アメリカの「核の傘」によって守られています。これは、1970年に発効した核拡散防止条約（NPT）の考え方に基づくものです。

しかし、それでは不十分という考えから、核兵器の使用などを全面的に禁止する核兵器禁止条約が2021年に発効しました。

日本は世界で唯一の被爆国ですが、核兵器禁止条約には、「核を持つ国と持たない国の分断を招く」として参加していません。

↑G7の首脳などが平和記念資料館を訪問し、原爆死没者慰霊碑への献花、植樹を行いました。（左から）ヨーロッパ連合（EU）のミシェル首脳会議常任議長、イタリアのメローニ首相、カナダのトルドー首相、フランスのマクロン大統領、日本の岸田文雄首相、アメリカのバイデン大統領、ドイツのショルツ首相、イギリスのスナク首相、EUのフォンデアライエン欧州委員長（23年5月19日撮影）。

G7 Group of Sevenの略で、フランス、アメリカ、イギリス、ドイツ、日本、イタリア、カナダの7カ国（議長国順）とヨーロッパ連合（EU）で構成される。

グローバルサウス 今後の経済成長が期待される新興国や途上国を指して使われ、南半球の国ぐにに多い。インドやブラジルといった国際社会で存在感を増す国もあれば、世界的な食料価格の値上がりで大きな打撃を受けている国もある。大国間の争いに巻き込まれないよう、ロシアとウクライナの戦争に対してあいまいな立場を取る国が多いのも特徴。

ヨーロッパ連合（欧州連合・EU） 2度にわたる世界大戦の反省から、戦争を繰り返さないという理念のもとにできた共同体。ヨーロッパの政治や経済などを統合するために結成された。EU内では人、モノ、お金が自由に行き来できる。2002年には共通通貨ユーロの流通が始まった。20年1月末にイギリスがEUを離脱したため、24年1月までの加盟国は27カ国。

サミットは主要7カ国の首脳が議論するための枠組みです

サミットは、自由や民主主義、人権といった基本的価値を共有するG7の首脳が議論するための枠組みです。サミットは毎年開かれ、メンバー以外の国や国際機関が招待されることもあります。議長国は交代で1月から1年間務め、2024年の議長国はイタリアです。

G7は一時期、ロシアも加わり「G8」となっていましたが、14年、ロシアがウクライナに軍事介入してクリミア半島を併合したために外され、G7に戻っています。

サミットでの議題は、そのときどきの国際情勢などによって決まります。2000年代からは、世界経済や気候変動、地域情勢などが議論されてきました。その成果は「共同声明」という文書にまとめられます。

初のサミットは1975年、フランス・パリ郊外のランブイエ城で開かれました。参加国はフランス、アメリカ、イギリス、西ドイツ（当時）、日本、イタリアの6カ国です。初のサミットが行われた背景には、第4次中東戦争（P9）から始まったオイル・ショックなどで世界経済が混乱したため、主要国で経済や貿易、エネルギーなどについて議論する必要があるとの認識が広がったことがあります。

核拡散防止条約（NPT）
核兵器の拡散を防ぐため、1970年に発効した条約。別名、核不拡散条約。2024年1月までに191カ国・地域が加盟。核を持つ5カ国（アメリカ、イギリス、フランス、ロシア、中国）は核を減らす義務があり、他国は保有を禁じられている。インド、パキスタン、イスラエルは加盟しておらず、北朝鮮は脱退を宣言。5年に1度、運用状況を確認する再検討会議を開催。

核兵器禁止条約
核兵器の使用や保有、開発などを全面的に禁止する世界初の条約で、2017年7月に国連で採択。21年1月に発効し、93カ国・地域が署名し、うち70カ国・地域が批准した（24年1月時点）。批准した国・地域以外に効力は及ばない。核保有国のアメリカ、ロシア、中国、イギリス、フランスは条約に反対で、アメリカの「核の傘」に頼る唯一の被爆国である日本も不参加。

クリミア半島
ウクライナ南部の黒海に突き出た半島。古くから多くの民族や勢力が争ってきた。旧ソ連建国当時はロシアの一部で、1954年にウクライナに編入された。2014年、ロシアが住民投票の結果として併合を決定した。

オイル・ショック（石油ショック）
1973年10月に、エジプトとシリアがイスラエルへの攻撃を始めた第4次中東戦争が引き金。イスラエルと敵対するサウジアラビアなどの中東産油国が原油価格を70%引き上げ、段階的な減産を行った。また、親イスラエルのアメリカやオランダなどを「敵対国」とみなして禁輸したり、中立国には段階的な供給削減をしたりしたことから世界経済が混乱した。石油の8割近くを中東からの輸入に依存してきた日本は中立の立場だったが、アメリカと同盟関係にあったことから買いだめの動きが広がり、トイレットペーパー、砂糖、洗剤などの便乗値上げや買いだめが相次ぎ、パニックとなった。

G7サミットの歴史

年	主な出来事など
1975年	オイル・ショックによる世界的な不況などを受け、フランスのジスカールデスタン大統領の提案で、フランス、アメリカ、イギリス、西ドイツ、日本、イタリアの6カ国首脳が集い、フランスで開催
76年	カナダが加わりG7に
98年	ロシアが加わりG8に
2014年	クリミア併合を受けてロシアを除外しG7に
18年	アメリカのトランプ大統領が首脳宣言の承認拒否
20年	新型コロナ感染拡大で対面での開催は中止
23年	広島サミット

Check! 広島平和記念資料館ってどんなところ？

1955年に開館。初代館長で地質学者の故・長岡省吾さんが、45年8月6日にアメリカ軍が広島に原爆を投下した直後から収集を始めた被爆の痕跡が残る石などの資料や、被爆者の遺品などを展示しています。現職のアメリカ大統領として2016年に初めて広島を訪れたバラク・オバマ氏は、「私たちは戦争の苦しみを経験した。共に、平和を広め核兵器のない世界を追求する勇気を持とう」と資料館の芳名録に記しています。

↑広島平和記念資料館（広島県広島市）現在は本館（国指定重要文化財）と東館からなり、計約2万2000点の被爆資料を収蔵しています。

核兵器保有国と核兵器禁止条約の動向

G7 イギリス 225
パキスタン 170
ロシア 5890
G7 フランス 290
北朝鮮 40
G7 アメリカ 5244
イスラエル 90
インド 164
中国 410

核禁条約（2024年1月31日現在）
■批准した国・地域
署名した国・地域
核弾頭の推定保有数

2023年6月現在、退役・解体待ちを含む。長崎大学核兵器廃絶研究センター（RECNA）による

世界の人口が80億を突破し「人口爆発」へ

2022年、世界の人口が80億を突破しました。23年に国連人口基金（UNFPA）などが、インドの人口が中国を抜いて世界一になったと発表しています。「人口爆発」の背景に何があるのでしょう。

医療水準が上がり死亡率が低下して、平均寿命が延びたことなどが理由です

現生人類であるホモ・サピエンスは約20万年前、アフリカで生まれました。以来長い歴史のうち、人口が10億を超えたのはわずか200年ほど前のことです（図1）。

18世紀後半の世界の人口は8億でしたが、2023年は80億超です。人口が増えた理由として、医療水準が上がったことで死亡率が低下し、平均寿命も延びたことなどが挙げられます。世界の人口が増加するスピードはゆるやかになっていますが、今後も増え続け、2080年代に104億人でピークを迎えたあとで減少していくと国際連合（P7）は推計しています。

図2を見ると、世界の人口は勢いよく増加する国と減少する国が偏って混在していることがわかります。人口は一般的に、貧しく、成長途上の国では増えますが、豊かで、すでに成熟した国では減っていく傾向にあります。インドと中国を合わせた人口は世界全体約80億の3分の1以上を占めますが、世界的にみると、アフリカ諸国などが人口を爆発的に増やしています。一方、ヨーロッパ諸国や日本、中国などでは、人口が減少しています。

図1：世界人口の推移（推計値）

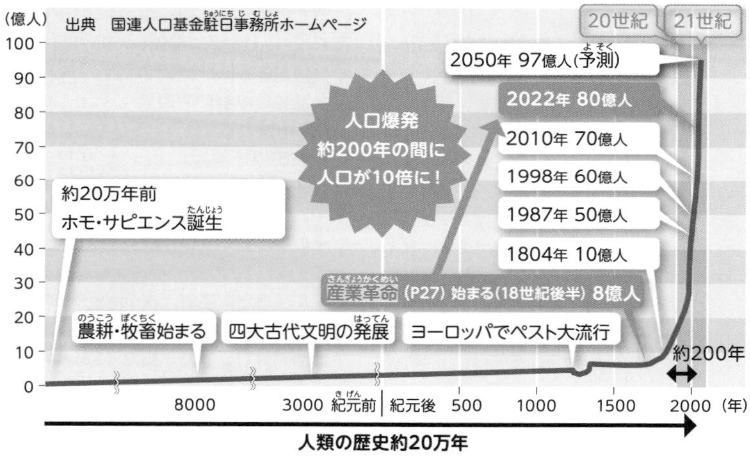

出典 国連人口基金駐日事務所ホームページ

20世紀　21世紀

（億人）

100
90　2050年 97億人（予測）
80　2022年 80億人
70　2010年 70億人
60　1998年 60億人
50　1987年 50億人
40　1804年 10億人
30　産業革命（P27）始まる（18世紀後半）8億人
20
10

約20万年前
ホモ・サピエンス誕生

人口爆発
約200年の間に
人口が10倍に！

農耕・牧畜始まる　四大古代文明の発展　ヨーロッパでペスト大流行

約200年

8000　3000 紀元前｜紀元後 500　1000　1500　2000（年）

人類の歴史約20万年

18世紀後半から急激に人口が増え、人口爆発が起きたことが急角度で立ち上がったグラフの線からもわかる。

図2：2022年から50年にかけての人口増減率

（予測。一部データのない地域あり）

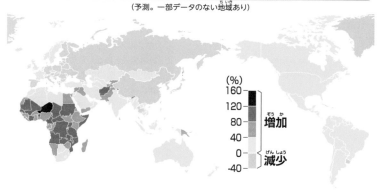

（%）
160
120
80　増加
40
0
-40　減少

国連の資料から。2022年から50年にかけての人口増加率が高いのは、主にアフリカの国ぐに。

人口爆発 出生率が高く、死亡率が下がることで世界の総人口が爆発的に増えること。人口爆発の出発点は、18世紀後半のイングランド（イギリス南部）で起きた出生率の上昇。このころ地球の平均気温が上がり、農産物の収穫量が増えたことがきっかけ。労働力が必要になり、子どもをたくさん産むようになって人口が増え、生産性を上げる工夫を重ねるなかで産業革命（P27）が起きた。さらに20世紀初頭には、ワクチンや抗生物質の開発など医療革命が起こった。公衆衛生の考え方も広まって、先進国で死亡率が下がり、人口が急増（第1次人口爆発）。1950年以降は、途上国にも医療が普及。世界的に死亡率が低下して、途上国を中心に加速度的に人口が増えた（第2次人口爆発）。

2023年、インドの人口が中国を抜きました

国連人口基金（UNFPA）によると、インドの人口が2023年半ばの時点で約14億2860万人となり、中国を約290万人上回って世界一になりました。

インドの人口が中国を抜いた原因としては、中国の人口減少が挙げられます。中国では、1960年ごろに餓死者が多数出た反動で爆発的に人口が増えたため、79年から夫婦が産める子どもを1人に制限する「一人っ子政策」を導入しました。その結果、男性なら60歳が定年の中国の労働人口が、2012年ごろから減り始めました。少子高齢化が続くと年金など社会保障制度の財源が足りなくなり、現役世代の負担が重くなります。

人口増加よりも人口減少のほうが問題になったため、中国共産党は2016年から2人目、21年から3人目の出産を認めましたが、22年には人口が減少に転じています。中国の人口ピラミッドでも、50代以下は人口が少ないのがわかります。また、中国の合計特殊出生率は22年で1.09と、日本の1.26を下回っています。

インドでは1947年の独立後、乳児死亡率が高かったことなどの影響もあり、5人以上の子どもを持つ家庭が多くありました。農作業などの手伝いをする子どもは、貴重な労働力でもありました。

インドの複数の州では、子どもが3人以上いる親は役所の仕事に就けなくするなどの規定を設け、人口増を抑えようとしました。しかし、国民の反発が強く、人口は増え続けました。もっとも、生活が豊かになり、子どもの教育費や生活費が高くなった最近では、特に都市部で少子化が進みつつあります。インドの合計特殊出生率は2.0ですが、都市部では1.6と先進国並みに低下しています。

日本では、高度経済成長を支えた出生率が1950年代後半から下がり始め、2024年現在では少子化が問題となっています。

日本では、1986年に男女雇用機会均等法が施行され、女性の社会進出が進みました。その一方で、子育て支援が十分ではなく仕事との両立が難しいことなどが、出産しないという選択に影響しています。

また、低賃金の場合も多い非正規雇用労働者が男女ともに増加していることは、結婚したいのにできない人（未婚）、結婚するつもりのない人（非婚）の増加にもつながっていると考えられています。賃金の上昇や子育て支援などの政策が必要です。

インドの人口ピラミッド (2020年)

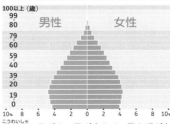

高齢者と子どもの数が少なく、働き手が多いので、経済的には有利な状態。

中国の人口ピラミッド (2020年)

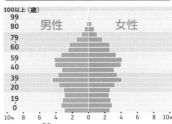

全体的に若い世代が少なく、若い世代では女性より男性が多い。

日本の人口ピラミッド (2020年)

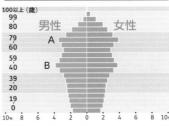

1947～49年の「ベビーブーム」で生まれた子どもは「団塊の世代」(P98) と呼ばれた(A)。団塊の世代は人数が多いので子どもも多く、「第2次ベビーブーム」が起こった(B)。それ以外、若い世代は先細りしている。

©2023 by PopulationPyramid.net

人口ピラミッド 国の人口構成を年齢、男女別に表したグラフのこと。上にいくほど年齢が高くなる。左右の幅から、各年代の数が読み取れる。人間は普通、長く生きるほど死亡率が高まるため、正常な形は三角。人口の増減がない社会は、細長の三角形になる。裾野が広い国は、赤ちゃんが多く生まれていることを表す。裾野がすぼまって三角形でない国では子どもがあまり生まれておらず、人口減少が起きているか、今後、減少が起こると予想される。

合計特殊出生率 女性1人が一生の間に産むと想定される子どもの平均人数。その年の15歳から49歳までの女性が産んだ子どもの数を元に算出する。人口を維持できる水準は2.07とされ、将来の人口が増えるか減るかをみる指標となる。

男女雇用機会均等法 企業に対して採用や昇進、職種の変更などで男女で異なる取り扱いを禁じる法律。妊娠や出産を理由に退職を強要したり、不当な配置換えをしたりすることも禁止している。

非正規雇用労働者 雇用期間を定めずに企業（雇用主）と労働契約を結んだ正規雇用労働者（正社員）と異なり、一定期間のみの雇用契約を結ぶ労働者のこと。「パートタイマー」「アルバイト」「派遣社員」「契約社員」などがこれにあたる。契約期間終了後、それ以上の契約をしない「雇い止め」により働き口を失い、生活ができなくなる労働者もいる。

日本と領土問題、ASEANとの関係

日本は中国、韓国、ロシアと領土問題があるといわれ、北朝鮮は挑発的な軍事行動を繰り返しています。一方、東南アジア諸国連合（ASEAN）との友好関係は50周年を迎えました。日本の領土、領海、排他的経済水域（EEZ）についても押さえておきましょう。

海をはさんだ国ぐにとは緊張が続いています

中国　尖閣諸島をめぐって対立しています

日本と中華人民共和国（中国）の国交が正常化したのは1972年です。日本と中国は、東シナ海にある尖閣諸島などをめぐって対立しています。尖閣諸島は沖縄県石垣市にあり、魚釣島など五つの無人島と岩で形成されています。総面積は約5.53平方km（東京ドーム約118個分）です。1895年に、明治政府が正式に日本の領土としました。中国が尖閣諸島の領有権を主張しだしたのは、1970年代。尖閣諸島の海底に、石油や天然ガスが埋まっている可能性が高いと判明したためといわれています。日本政府は一貫して「尖閣諸島は

日本固有の領土であり、領土問題は存在しない」との立場です。
民主党の野田佳彦政権が2012年に尖閣諸島を国有化し、23年に行われた岸田文雄首相とアメリカのバイデン大統領の日米首脳会談では、日米安全保障条約は尖閣諸島にも適用されることが確認されています。海上保安庁によると、23年は沖縄・尖閣諸島沖で中国の公船が日本の領海の外側12カイリ（約22km）の海域（接続水域）を12月14日までに337日航行し、過去最多を更新しています。23年11月には中国の習近平主席とアメリカのバイデン大統領が1年ぶりに会談し、アメリカと中国が衝突を避けるために対話を続けることなどを確認しました。

韓国　竹島をめぐって対立しています

1965年に、日本と韓国は国交を回復しました。竹島（東島、西島と数十の岩礁）は、島根県隠岐の島町にあり、総面積は約0.20平方km（東京ドーム約4個分）です。日本が1905年に自国の領土としましたが、52年に韓国が自国の領土と宣言。韓国では竹島を「独島」と呼び、軍隊が警備にあたるなどして占拠しています。日本は国際司法裁判所での解決を提案していますが、韓国は応じていません。

ロシア　北方領土問題はどうなる？

北方領土問題は、日本が第2次世界大戦で負けたあと、歯舞群島と色丹島・国後島・択捉島（北方四島）の北方領土を旧ソ連（現在のロシアなど）が占拠したことが始まりです。北方領土の総面積は約5003平方kmで、福岡県とほぼ同じです。

1951年に日本がアメリカなどと結んだサンフランシスコ講和条約に、旧ソ連は不参加でした。日本と旧ソ連の国交回復は、56年に日ソ共同宣言を結んでからです。当時は、旧ソ連軍に占拠された北方領土の問題は棚上げされ、平和条約（戦争を正式に終わらせる合

日本の海洋

- 2012年の大陸棚限界委員会で審査が先送りされたところ
- 2012年の大陸棚限界委員会で大陸棚に認められたところ
- 排他的経済水域（EEZ）

ロシア
中国
北朝鮮
竹島
韓国
日本

西の端
与那国島（沖縄県）
北緯 24° 27′
東経 122° 56′

尖閣諸島
沖縄本島
台湾
沖大東海嶺
南方海域

南の端
沖ノ鳥島（東京都）
北緯 20° 26′
東経 136° 04′

四国海盆海域
小笠原海台海域
南 硫黄島海域
九州パラオ海嶺
南部海域

北の端
択捉島（北海道）
北緯 45° 33′
東経 148° 45′

東の端
南鳥島（東京都）
北緯 24° 17′
東経 153° 59′

太平洋

意）を結んだのちに、歯舞群島と色丹島を日本に引き渡すとされました。しかし、旧ソ連は択捉島、国後島を含む4島は第2次世界大戦の結果として旧ソ連に移ったという立場を取り、ロシアもこの考えを引き継ぎました。

これに対して日本は、北方領土は日本固有の領土であり、旧ソ連（ロシア）が不法占拠をしているという立場なので平和条約は締結に至らず、交渉が続いてきました。

そして、2022年3月にロシアは日ロ平和条約締結交渉を続ける意思はないと表明しました。

北朝鮮 挑発的行動を繰り返しています

防衛省の資料によると、23年の北朝鮮による弾道ミサイルなどの数は18回、25発で、22年の31回、59発に次いで2番目に多くなりました。内訳は、大陸間弾道ミサイル（ICBM）が5回、衛星の打ち上げを目的とし、弾道ミサイル技術を用いたものが3回、そ

れ以外の短距離弾道ミサイルなど（可能性があるものを含めて）が10回です。

北朝鮮によるミサイルなどの発射は、北朝鮮に対して弾道ミサイル及び核関連活動を直ちに停止することなどを義務付けた国連安全保障理事会（安保理・P9）決議に違反しています。しかし、22年5月にアメリカが提案した制裁決議案は、中国とロシアが拒否権を行使したため否決されています。国際連合（国連・P7）による制裁にはあまり期待できません。

ASEAN 中国と強く結びつく国も

日本とASEANの友好50周年を記念した特別首脳会議が、23年12月に行われました。ASEANでは中国の南シナ海進出への警戒感が高まっている国もあり、安全保障分野での連携を強化したいという狙いが日本にはありました。しかし、中国との結びつきが強く、慎重な姿勢を取る国も多いです。

東南アジア諸国連合（ASEAN） 東南アジア10カ国による経済や政治、安全保障などに関する地域協力機構。1967年にインドネシア、タイ、マレーシア、フィリピン、シンガポールの5カ国で設立し、その後ブルネイ、ベトナム、ラオス、ミャンマー、カンボジアが加わった。東ティモールも加盟予定。73年、日本の合成ゴムが東南アジアの天然ゴム産業を圧迫していることをASEANと話し合ったのを起点として友好関係が続く。

排他的経済水域（EEZ） 沿岸から12カイリ（約22km）までが沿岸国の領海で、主権がおよぶ。領海の外側は公海だが、沿岸から最大で200カイリ（約370km）までの海域には沿岸国の経済的権利がおよび、漁業・鉱物資源の探査や開発などが認められる。他国の船は、領海内では沿岸国の安全などを害しない無害通航のみが認められる。EEZは公海なので、自由に航行できる。

日米安全保障条約 1951年に日本とアメリカの間で調印（70年以降は自動的に延長）。第5条で、日本の政治がおよぶところに限り、日本とアメリカの共同防衛を義務づけている。

国際司法裁判所 国家間の紛争を平和的に解決することを任務として、1945年に設立。裁判官は15人。オランダのハーグに所在。

北方領土問題 第2次世界大戦後、日本と旧ソ連との間で発生した、北方四島の帰属をめぐる問題。日本側は、旧ソ連が終戦後、日本の領土であった北方四島を不法に占領したとして、現在はロシアに対してその返還を求めている。

日ソ共同宣言 1956年、日本と旧ソ連が調印した共同宣言。第2次世界大戦の日本とソ連の戦争状態を終わらせ、両国の外交関係を回復させる内容。

大陸間弾道ミサイル（ICBM） 弾道ミサイルとは、主にロケットエンジンで推進し、高く打ち上げた砲弾のように放物線を描いて飛ぶミサイル。大陸間弾道ミサイルは、有効射程距離が5500km以上と大陸を横断するほどの長距離を射程に収める。アメリカ、ロシア、中国が保有し、インドも発射実験に成功したと発表している。中距離弾道ミサイルは、有効射程距離が3000〜5500km程度。

ASEAN、アメリカ、中国の関係

23年10月、フィリピンのEEZ内でフィリピンと中国の軍艦同士がにらみ合う事件があり、日本とアメリカはフィリピンを支持している。日本は「政府安全保障能力強化支援」（OSA）の対象国には防衛装備品などを無償提供している。

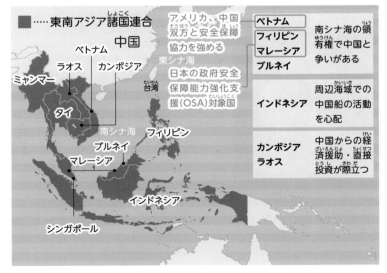

■……東南アジア諸国連合

中国 / ベトナム / ラオス / カンボジア / ミャンマー / タイ / 台湾 / 東シナ海 / 南シナ海 / ブルネイ / フィリピン / マレーシア / インドネシア / シンガポール

アメリカ、中国双方と安全保障協力を強める

日本の政府安全保障能力強化支援（OSA）対象国

ベトナム フィリピン マレーシア ブルネイ	南シナ海の領有権で中国と争いがある
インドネシア	周辺海域での中国船の活動を心配
カンボジア ラオス	中国からの経済援助・直接投資が際立つ

侍ジャパンが WBC で優勝！

予選は28、本大会は20の国と地域が参戦した「第5回ワールド・ベースボール・クラシック（WBC）」が2023年3月8日に開幕し、日本代表「侍ジャパン」は決勝で前回優勝のアメリカ代表を破って優勝しました。

↑優勝を決め喜ぶダルビッシュ有（中央）ら日本代表の選手（アメリカ・フロリダ州で23年3月22日撮影）。

過去最強の打線に日本中が沸きました

WBCは、アメリカの大リーグ機構（MLB）が主催する野球の国・地域別対抗戦です。日本がWBCで優勝するのは、09年の第2回大会以来3度目です。13年の第3回大会を制したドミニカ共和国以来、2チーム目となる無敗での世界一を達成しました。

日本はこれまで、長打力に頼らず、バントや盗塁などを多用して1点を確実に奪い、堅い守りで逃げ切る「スモールベースボール」で世界と戦ってきました。

この大会で日本を率いた栗山英樹監督は、大リーガーの大谷翔平選手（ロサンゼルス・エンゼルス＝当時）、吉田正尚選手（ボストン・レッドソックス）を選出。22年に22歳で史上最年少の三冠王を獲得した村上宗隆選手（ヤクルト）や、18年から23年にかけて6

年連続シーズン30本塁打を達成した岡本和真選手（巨人）らで構成する「過去最強」と呼ばれた長打力を武器にしました。

日本の快進撃には、多くの人が注目しました。3月16日にテレビ朝日系列で放送された準々決勝（対イタリア代表戦）の世帯視聴率はWBC中継史上最高となる48.0％（ビデオリサーチ調べ、関東地区、以下同）、22日の決勝は42.4％を記録しています。

WBCには、アメリカのスター選手を抱える球団が選手を出場させたがらないという問題があります。選手に高い年俸を払っているのに、WBCでけがをして大リーグの試合に出場できなくなるのは困るというわけです。

大リーグの各チームは、ベンチ入りできる契約をしている「メジャ

ー40人枠」の選手がWBCに出場する場合、けがに備え保険に入ることを求めていました。

今回のWBCには、シーズンMVPに3度輝いたマイク・トラウト選手（ロサンゼルス・エンゼルス）なども出場しました。しかし、大リーグ通算200勝を23年4月に達成したクレイトン・カーショー選手（ロサンゼルス・ドジャース）は過去の負傷歴を理由に保険に入れなかったため、出場を断念しています。

第6回WBCは、26年に開催されます。栗山監督は23年5月末で任期満了により侍ジャパンの監督を退任し、新監督には中日などで活躍して13年のWBCに出場した井端弘和氏が就任しました。

Check! ペッパーミル・パフォーマンスとは？

侍ジャパンの一員で、アメリカ育ちの日系選手・ラーズ・ヌートバーが大リーグのセントルイス・カージナルスで行っているのが「ペッパーミル・パフォーマンス」。安打や本塁打を放ったときに、こしょうをひくように両こぶしを上下に重ねてねじるしぐさをして仲間を元気づけるもので「ペッパー・グラインダー」とも呼ばれます。グラインド（grind）には「ひく」「細かく砕く」「身を粉にして働く」という意味があり、粘り強く進塁し、チームに貢献する姿勢を表しています。

↑1次ラウンド・対チェコ代表戦で出塁し、「ペッパーミル・パフォーマンス」を見せるヌートバー選手。父はオランダ系アメリカ人、母は日本人。

世帯視聴率　視聴率は、テレビ番組がどれぐらいの人に見られているのかを測る統計データ。ビデオリサーチ社が全国計32地区で調査し、1万0700世帯が協力している。視聴率は広告（CM）単価の目安とされ、一般的には民放で視聴率が高い番組はスポンサーが支払うCM放映料金も高額。世帯視聴率は調査対象となる世帯全体の中で、時間別や番組別にどのくらいの世帯がテレビをつけていたかという割合。個人視聴率は調査対象となる世帯の4歳以上の個人全体の中で、時間別や番組別にどのくらいの人がテレビを視聴していたか示す割合をいう。通常、「視聴率」というと「世帯視聴率」を指す。

2023年も大谷翔平選手が大活躍！

第5回ＷＢＣで大会史上（2006年以降）初の2部門（投手と指名打者）でベストナインに選ばれ、最優秀選手（ＭＶＰ）に輝いた大谷翔平選手は、大リーグ史上（1876年以降）初の記録も達成しました。

→ロサンゼルス・ドジャースのデーブ・ロバーツ監督（左）と大谷翔平選手（2023年12月15日撮影）。

アジア人史上初の2回目の大リーグ MVP、ハンク・アーロン賞を獲得

第5回ＷＢＣで、大谷翔平選手は投手としては決勝の対アメリカ代表戦で九回に抑えとして登板するなど、3試合で9回3分の2を投げて11奪三振、2勝1セーブ。打者でも全7試合で3番打者を任され、打率4割3分5厘、出塁率6割6厘、1本塁打、8打点と素晴らしい成績を収めました。その結果、投手と指名打者でベストナインに選ばれ、大会MVPに輝きました。

大谷選手は、大リーグ6年目の2023年は大リーグのロサンゼルス・エンゼルスでプレーしました。終盤戦を右ひじのけがなどで欠場しましたが、打者としては44本塁打、打率3割4厘、95打点を記録。投手としては10勝5敗、その投手が1試合を投げたとしたら何点に抑えられるかを示す防御率は3.14、奪三振は167にものぼります。その結果、大リーグ史上初めて2年連続「1シーズンでの2桁本塁打、2桁勝利」を達成し、投打の「二刀流」で活躍して日本人初の本塁打王に輝きました。

また、11月にはアメリカン・リーグの最優秀選手（MVP）に選ばれています。2年ぶり2度目の受賞で、いずれも満票での選出は大リーグ史上初です。日本人の2度目の受賞も史上初です。

23年12月にはエンゼルスからロサンゼルス・ドジャースへの移籍を発表しました。代理人による

と、契約金は10年で総額7億ドル（※約1036億円）になるといいます。

なお、ドジャースのデーブ・ロバーツ監督は、沖縄県生まれで母は日本人。大リーグ史上初の、日本生まれの監督です。

さらに、大谷選手は12月、攻撃面で際立つ成績を挙げた打者をファン投票などで選出する「ハンク・アーロン賞」をアジア人の選手と

して初めて受賞しました。

日本全国の小学生に野球を楽しんでもらおうと、大谷選手は国内の小学校約2万校に低学年用のグラブ（右利き用2個、左利き用1個ずつ、合わせて約6万個）を贈っています。能登半島地震（P22）への支援として、ドジャースなどと共同で100万ドル（※約1億4800万円）の寄付を発表するなど、社会貢献活動も活発です。

※1ドル＝148円で計算

Check！　黒人差別とも闘った大打者、ハンク・アーロン

ハンク・アーロンはアメリカのアラバマ州出身のアフリカ系アメリカ人。1954年にミルウォーキー（現アトランタ）・ブレーブスで大リーグデビュー。57年に44本で初の本塁打王に輝き、74年に白人のベーブ・ルースが持っていた当時の大リーグ通算本塁打記録714本を抜きました。白人の記録を黒人が抜きそうだからと脅迫されるなど、黒人差別とも闘っています。76年に引退するまで、大リーグ通算23年間で30本塁打以上を15回もマーク。通算755本塁打は、2007年8月にバリー・ボンズ選手（サンフランシスコ・ジャイアンツ）に抜かれるまで大リーグ記録でした。通算2297打点、同6856塁打はともに現在も大リーグ記録。通算打率は3割5厘で、3771安打は大リーグ歴代3位。1977年に王貞治選手（巨人＝当時、現ソフトバンク会長）が756号を放ち、アーロンの記録を抜いたときも、アーロンは敬意をもって祝福したといいます。82年にアメリカの野球殿堂入りを果たし、2021

↑ヒューストン・アストロズのホセ・アルテューベ選手らがハンク・アーロン賞を獲得したときの記者会見に同席したハンク・アーロン（2017年10月26日撮影）。

年に86歳で亡くなりました。

ハンク・アーロン賞は、アーロンが当時の通算最多記録だったベーブ・ルースの714本塁打の更新から25周年を記念して、1999年に創設されました。

3競技がパリ五輪出場権を獲得！

2023年は男子バスケットボール、男子バレーボール、男子ハンドボールが、予選が免除される「開催国枠」ではなく、パリ五輪予選を勝ち抜いて「自力出場」を決めました。その強さの原動力を探ります。また、パリ五輪の概要をまとめました。

↑パリ五輪出場を決めたバスケットボール日本代表の選手たち（23年9月2日沖縄市で撮影）。

海外でプレーする選手が増えたことが原動力のひとつです

2023年9月2日に沖縄県で男子バスケットボールワールドカップの順位決定リーグ最終戦が行われ、トム・ホーバス ヘッドコーチ率いる日本代表チーム（AKATSUKI FIVE）がカボベルデに勝利しました。その結果、アジア勢最上位が確定したため、24年開催のパリ五輪出場権を獲得しました。バスケットボールの自力での五輪出場は、1976年モントリオール五輪以来48年ぶりです。団体球技では、パリ五輪代表第1号となりました。

また、23年10月7日に、男子バレーボールパリ五輪予選東京大会が国立代々木競技場で行われました。フィリップ・ブラン監督が指揮する日本代表チーム（龍神NIPPON）はスロベニアに勝って2位以内が確定し、出場を決めました。08年北京五輪以来となる自力での出場権獲得となります。1972年にドイツで開催されたミュンヘン五輪で、日本男子バレーボールは金メダルを獲得していますが、それ以来のメダル獲得に期待が高まっています。

さらに、2023年10月28日には、男子ハンドボールのパリ五輪アジア予選決勝がドーハで行われました。ダグル・シグルドソン監督（当時）が率いる日本代表チーム（彗星ジャパン）はバーレーンを破り、1位チームに与えられるパリ五輪

出場権を獲得しました。男子ハンドボールの自力での五輪出場は、1988年ソウル五輪以来で36年ぶりのことです。

3競技ともに、2021年の東京五輪は開催国枠での出場でした。

3競技の日本代表チームに共通するのは、海外でプレーする選手が多くなり、世界標準のプレーをしていることです。バスケットボール日本代表チームはアメリカ・NBAのフェニックス・サンズ所属の渡辺雄太選手、バレーボール日本代表チームはイタリアでプレーする石川祐希選手に加え、東京五輪後に高橋藍選手らが海外でプレーしています。ハンドボール日本代表チームも、5人が海外でプレーしています。

また、3つの日本代表チームの指導者は外国人です。世界的に主流となっている戦術を採用して選手に徹底させたり、幅広い人脈を活用して強豪との試合数を増やしたりしたことが強化につながったといえます。

なお、女子バレーボールパリ五輪予選東京大会では、女子日本代表（火の鳥NIPPON）はブラジルに敗れて3位となり、上位2チームに与えられる五輪出場権を逃しました。五輪出場権を得るには、24年6月時点の世界ランキングで上位に入る必要があります。

この人たちに注目！

男子バスケットボール日本代表
渡辺雄太選手
1994年生まれ。香川県出身。尽誠学園高校からアメリカ・ジョージワシントン大学を経てNBA入り。身長206cmで速さと技術にすぐれ、複数のポジションをこなす。

男子バレーボール日本代表
石川祐希選手
1995年生まれ。愛知県出身。星城高校から中央大学を経てイタリアへ。身長192cmで、左右からスパイクを打つアウトサイドヒッター。日本代表チームの主将。

男子バスケットボール日本代表
トム・ホーバス ヘッドコーチ
1967年生まれ。アメリカ・コロラド州出身。日本の実業団チームでもプレー経験がある。2021年東京五輪で、女子日本代表チームを史上初の銀メダルに導く。

パリで五輪が開催されるのは100年ぶりです

パリ五輪は2024年7月26日、パリ・パラリンピックは8月28日に開幕します。パリで五輪が開かれるのは、1924年以来100年ぶりです。今大会は「スポーツを街中に」がコンセプトで、選手村から10km以内の所に競技会場の6割強が集中しています。パリから最も遠い会場で実施されるのがサーフィンで、約1万5700km離れたフランス領のタヒチで行われます。世界的な観光名所で五輪競技

が開かれる点も大きな特徴のひとつで、開会式の会場はパリ中心部を流れるセーヌ川です。

パリ郊外のベルサイユ宮殿では近代5種や馬術、セーヌ川沿いのコンコルド広場では今大会唯一の新競技・ブレイキン（ブレイクダンス）などが行われます。

100年前にも会場となり、今回も使用されるのがパリ北西部のコロンブにあるスタッド・イブ・ドゥ・マノワールです。前回はメイン

会場で、今回はホッケー会場となります。

今大会は既存の施設と仮設の施設が全体の95%を占め、環境に配慮した持続可能な大会を目指しています。柔道とレスリングが行われるエッフェル塔そばのシャン・ド・マルス・アリーナは仮設で、大会終了後には解体される見通しです。また、パリ市長が五輪史上初の使い捨てプラスチックのない大会とする計画を発表しています。

パリ五輪　主な会場紹介

FRANCE

パリ

オーストラリア

セーヌ川

北

2km

会場

1. グラン・パレ
テコンドー／フェンシング

2. アンバリッド広場
自転車(個人ロードタイムトライアル)／アーチェリー／など

3. パリ・ラ・デファンス・アリーナ
競泳／水球

4. スタッド・ド・フランス
ラグビー7人制／陸上

7. コンコルド広場
3人制バスケット／ブレイキン／自転車(BMX)／スケートボード
シャンゼリゼ通りの東端に位置する広場で、大観覧車や古代エジプトの記念柱「オベリスク」が有名。

5. ベルサイユ宮殿
馬術／近代5種
質素な別荘を、17世紀に国王ルイ14世が現在の宮殿に改築。1919年のベルサイユ条約調印の舞台にもなった。

8. セーヌ川周辺
競泳(オープンウォーター)／トライアスロン／自転車(ロードレース)／など
開会式はセーヌ川で実施。夏季五輪の開会式がスタジアム外で行われるのは史上初。

6. エッフェル塔
ビーチバレー
1889年パリ万博のモニュメントとして建設。設計者ギュスターブ・エッフェルの名前が冠された。

9. タヒチ
サーフィン
フランス本土から見るとほぼ地球の裏側に位置する。巨大な波が有名で、サーファーの聖地の一つ。

観光名所

1.ルーブル美術館
1793年開業。所蔵品38万点以上の、世界最大級の美術館(博物館)。「モナ・リザ」「ミロのビーナス」などを展示。

2.オペラ・ガルニエ
建築家シャルル・ガルニエが設計し、1875年に完成したパリ国立オペラの公演会場。総面積11,237平方mと世界最大規模。

3.ノートルダム大聖堂
世界遺産。2019年に大規模な火災があり修復中。24年末に再開予定。

4.サクレ・クール寺院
大きなドームなどが特徴のビザンチン建築。鐘は重さ約18トン。

5.エトワール凱旋門
ナポレオン・ボナパルトが建設を命令した戦勝記念碑。

2023年

なるほど！
環境ニュース総まとめ

能登半島地震、処理水、地球沸騰がよくわかる

23年8月に福島第一原子力発電所の処理水の海洋放出が始まりました。また、23年の世界の平均気温が1850年以降で最も高く、「地球沸騰」時代に突入したといわれています。24年1月1日には「令和6年能登半島地震」（以下能登半島地震）が発生しました。

令和6年能登半島地震が発生

24年1月1日午後4時過ぎ。正月の平和なひとときを、石川県能登半島沖を震源とした最大震度7、マグニチュード（以下M）7.6の大地震が襲いました。津波や火事、建物の倒壊、道路の寸断などで甚大な被害が発生している能登半島地震について、状況をまとめました。

↑能登半島地震で激しく燃える住宅街（2024年1月1日午後6時、石川県輪島市上空から撮影）。

日本国内の地震で震度7の揺れを観測したのは、18年9月6日に発生した北海道胆振東部地震（M6.7）以来です。能登半島西岸の石川県輪島市（24年1月25日に震度7と判明）にある輪島港などには、津波が到達しました。また、輪島港の近くの観光名所「輪島朝市」では大規模な火災が起きています。

能登地方の各地で道路の亀裂や陥没、土砂崩れなどが判明し、1月4日時点で石川県管理のうち最大42路線の87カ所が通行止めとなり、復旧作業のための移動や支援物資の輸送などに支障が出ました。また、孤立する集落も発生しました。

↑能登半島地震で倒壊したビル（24年1月2日、石川県輪島市で撮影）。

能登半島地震における石川県の震度・住宅被害（棟）・人的被害のまとめ

各地の震度は24年1月1日（輪島市は1月25日発表）、石川県の住宅被害と人的被害は2月2日、富山県と新潟県は1月30日時点。

1月1日16時10分発生 M7.6 ✕震源

1月1日のM7.6の地震後の、能登半島周辺の地震回数

震度（1月31日午前8時点）
- ⑦ ｜ 震度5弱以上 **15回**
- ⑥ ｜
- ⑤ ｜
- ④ ｜ 震度4以上 **60回**
- ③ ｜
- ② ｜
- ① 震度1以上累計 **1557回**

M3.5以上の地震 **526回**
（1月29日午前9時点）

熊本地震（2016年）の約2倍、阪神・淡路大震災（兵庫県南部地震、1995年）の約5倍のペース。

━━ … 一般道路
━━ … 復旧済み区間
✕ … 道路の主な被災箇所
（24年1月31日時点。国土交通省の資料から）

珠洲市 6強 5533棟
輪島市 ⑦ 2606棟
能登町 6弱 5000棟
能登空港
志賀町 ⑥弱 4938棟
穴水町 6弱 2516棟
⑦
七尾市 6強 1万1668棟
北陸電力志賀原子力発電所
中能登町 6弱 2266棟
5弱
羽咋市 2038棟
のと里山海道
津幡町 5弱 1320棟
内灘町 5弱 1436棟
金沢市 5強 4145棟
小松市 5強 1674棟

5km

石川県の人的被害

	合計
死者数	**240人**（15）
輪島市	103人（3）
珠洲市	101人（6）
志賀町	2人
穴水町	20人
能登町	8人（6）
七尾市	5人
羽咋市	1人

()は※災害関連死の疑い

安否不明	**14人**
行方不明	確認中
負傷者	**1181人**

※震災後に災害による負傷の悪化または身体的負担による病気のため死亡したと考えられる死

石川・富山・新潟県の住宅被害

石川県 4万9440棟
左の図以外の住宅被害4300棟を含む

富山県 6058棟
新潟県 1万2339棟

合計 **6万7837戸**

全壊、半壊、一部破損、床上・床下浸水の総数。輪島市などの調査結果次第では、住宅被害はさらに拡大する見通し。

即時津波、群発地震が被害を大きくした原因ともいわれています

地球の表面を覆う岩盤は、プレート（複数の岩板）でできています。地震は、プレートにたまったひずみが限界に達し、岩石が大きくずれ動く現象です。海底で海洋プレートと大陸プレートの境にある岩板がずれ動くのが海溝型地震で、東北地方太平洋沖地震（東日本大震災）も海溝型地震です。

一方、大陸プレートの、主に活断層でひずみが蓄積して岩板がずれ動くのが内陸型地震で、阪神・淡路大震災が一例です。活断層とは、過去に地震によって繰り返しずれ動いた場所で、将来も活動すると考えられる断層（岩盤の割れ目）です。内陸型地震は海溝型地震と比べて震源が浅く、直下で起きると強い揺れをもたらします。

内陸型地震のひとつに、断層が上下にずれ動き、上の断層が下の断層に乗り上げる「逆断層型」があります。能登半島地震は内陸型地震で、活断層の南側（能登半島の陸地がある側）が海側の活断層に乗り上げた逆断層型です。

能登半島地震により、日本海側には津波が多く到達しました。東日本大震災では、海岸から進入してきた津波が陸上をはい上がるまでに30分～1時間ありました。これに対して、能登半島地震では早いところで地震発生1分後に津波が到達する「即時津波」だったといわれています。日本海側は断層が沿岸に近いため、太平洋側の津波よりも到達が早いとされています。能登半島地震では2つの活断層の連動もあり、地震とほぼ同時に津波が発生したとみられています。石川県の発表によると、津波による死者は※2人ですが、今後増える可能性もあります。津波による死者が発生したのは、東日本大震災以来です。

珠洲市周辺では、20年12月から23年12月末までの震度1以上の地震が506回に達するなど、地震活動が活発でした。同じ地域で同規模の地震が集中することを「群発地震」といいます。能登半島地震では、群発地震で傷んだ建物が倒壊したケースが多いと考えられています。

能登半島における群発地震の理由について、プレートからしみ出した水が上昇し、たまった水の圧力によって岩盤が押されたり、断層に水がしみこんですべりやすくなったり、岩盤がふくらんだりすることで地震が起きやすくなっていたという仮説が立てられています。

内陸型地震と海溝型地震

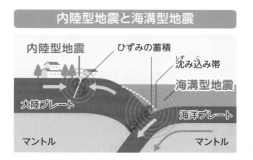

内陸型地震　ひずみの蓄積　沈み込み帯　海溝型地震　大陸プレート　海洋プレート　マントル　マントル

※1月25日までに氏名公表につき遺族の同意が得られた人のうち

能登半島で続いた群発地震と仮説

陸のプレートの浅いところで発生した逆断層型の地震　能登半島地震 M7.6（最大震度7）24年1月1日　海側の活断層　陸地側の活断層　能登半島　火山　たまった水がしみこんですべりやすくなったり岩盤がふくらんだりすることが地震の原因に？　水　マグマだまり　海洋プレート　マントル　プレートからしみ出した水が上昇

M5.4（最大震度6弱）22年6月19日　M6.5（最大震度6強）23年5月5日　M5.1（最大震度5弱）21年9月16日　珠洲市　輪島市　能登町

↑能登半島地震の津波で浸水したとみられる地域（24年1月2日、石川県珠洲市上空から撮影）。

処理水が海洋に放出されました

2023年8月24日、東京電力（東電）は福島第一原子力発電所（福島第一原発）の処理水の海への放出を始めました。処理水とは、どのようなものなのでしょうか。

↑処理水の海への放出が始まった福島第一原発（23年8月24日撮影）。

汚染水から大半の放射性物質を取り除いたものが処理水です

2011年3月11日に起きた東北地方太平洋沖地震による東日本大震災では、津波によって福島第一原発は電源を失い、冷やせなくなった核燃料は原子炉から溶け落ちてしまいました。溶け落ちた核燃料（燃料デブリ）は熱を持ち続けているため、水を注いで冷やし続けていますが、冷やした水は放射性物質で汚染されています。その水に雨水や地下水が混ざり、汚染水は増え続けているのです。

汚染水は「多核種除去設備」（ALPS）により、セシウムやストロンチウムなど大半の放射性物質を取り除き、処理ずみの水（処理水）にした後、原発の敷地内にタンクをつくって保管されてきました。しかし、1000基を超えるタンクで敷地は余裕がなくなり、処分する必要に迫られました。

処分する方法については、政府の専門家会議で以前から議論されてきました。①海に流す ②水蒸気にして大気に放出する ③地層に注入する ④水素にして大気に放出する ⑤セメントなどに混ぜて地下に埋めるの5つの方法が検討されましたが、前例のある①と②に絞られました。2案のうち、

海に流す海洋放出のほうが環境への影響を監視しやすいことなどから、21年に政府は海洋放出にすると決めたのです。

ただ、ALPSはすべての放射性物質を完全に取り除けるわけではなく、微量の放射性ヨウ素や放射性ストロンチウムなどは残っています。また、トリチウムは取り除けません。こうしたトリチウムと微量の放射性物質を含んだ水をさらに海水で薄めたものが、海に放出されています。

トリチウムを含んだ水は、国内外の原発や原子力関連施設で海に放出されています。トリチウムの国の放出基準は1ℓあたり6万ベクレルで、現在、海に放出している処理水の濃度はその40分の1未満です。トリチウム以外の放射性物質も、放出基準を大きく下回っています。このため、国際原子力機関（IAEA）は「国際的な安全基準に合致している」と放出のお墨付きを与えました。汚染水はこれからも増え続けるため、処理水の海洋放出は、約30年は続く見通しです。

処理水放出のイメージ

1 大半の放射性物質を除去

2 トリチウム以外の放射性物質の濃度が基準未満と確認

3 大量の海水で薄める

4 トリチウムの濃度が基準値未満と確認

5 放出

タンク

多核種除去設備（ALPS）

水槽

多核種除去設備（ALPS）

海底トンネル（約1km）

放水口

東京電力の資料などから

放射性物質　放射線を出す能力（放射能）を持つ物質。放射線を人体に浴びることを被曝という。放射性物質が放射線を出す能力、つまり放射能の強さを表す単位がベクレルで、放射線を浴びた時の人体への影響を表す単位がシーベルト。

中国と香港が日本産の水産物輸入を停止しました

処理水の海洋放出は安全基準に合っているとはいえ、日本の水産物などへの風評被害が心配されました。処理水放出後、日本国内や多くの国では目立った風評被害は起きていませんが、突出しているのは中国です。

中国では2023年7月に税関総署（物品などの輸出入管理及び税関事務を担当する中国の機関）が、11年の原発事故から輸入を禁止してきた10都県以外の食品、特に水産物についても、「100%の検査」を実施すると表明していました。その後、検査に2週間〜1カ月程度かかるようになったため、新鮮さが売りの鮮魚は商品にならなくなり、輸入が実質的に停止している状態でした。

そして、中国政府は海洋放出が始まった日から、日本産の水産物の輸入を全面的に停止すると決めました。香港も同日から、10都県の水産物の禁輸を始めています。

22年の日本の水産物の中国への輸出額は871億円で、全体の約2割を占め、最大の輸出先です。香港も755億円で中国に次いで大きいです。中国と香港への輸出が止まると、日本の水産業にとっては大きな打撃となります。中国ではほかにも、海洋由来の成分が含まれるなどとして、日本の化粧品を使わないようにする動きなどもあります。

中国政府の対応は科学的な根拠のないもので、経済成長が鈍っていることで芽生えている国内の不満をそらす狙いや、中国への締め付けを強めているアメリカを日本が支持していることへの反発などがあるのではないかとみられています。

日本政府や東電は、海水や魚介類の検査を長期にわたって続け、情報を積極的に公開していくとしています。

中国の税関総署が24年1月19日までに発表した資料によると、中国が23年に輸入した日本産水産物の総額は、22年と比べると38.5%減った20.8億元（約434億円）でした。日本産水産物の全面禁輸後は、中国向けの主力だったホタテなどの輸入が止まり、9月以降の輸入額はほぼゼロで推移しています。

> **トリチウム** 三重水素ともよばれ、化学的には水素と同じ性質。水の形で存在しているため分離が難しい。出す放射線は紙一枚でさえぎることができる。トリチウムの国の放出基準は1Lあたり6万ベクレルだが、処理水は濃度をその40分の1未満にするため、原子力規制委員会は「人と環境に対しての影響は十分に小さい」としている。
>
> **国際原子力機関（IAEA）** 原子力の平和利用促進と軍事転用防止を図る国際機関で、「核の番人」ともいわれる。23年にカボベルデ、ギニア、ガンビアが加盟し、23年9月19日までに加盟国は178カ国となった。意思決定機関である35カ国で構成する理事会が毎年開催される。本部はオーストリアのウィーン。

東京電力福島第一原発事故後の中国による日本食品の輸入規制

輸入には産地証明書などが必要。
農林水産省の資料から

10都県 福島県、宮城県、茨城県、栃木県、群馬県、埼玉県、千葉県、東京都、長野県、新潟県	**全ての食品** **輸入を禁止** （新潟県の米のみ輸入できる）		
10都県以外	野菜、果物、乳製品など生鮮食品 ※事実上、輸入できない	水産物 輸入できる	加工食品など 輸入できる
23年8月24日以降は規制が厳格化	……→	日本産の水産物は全面禁輸に	通関に遅れも

※10都県以外で生産されたという産地証明書のほかに、中国の放射性物質基準に適合する放射性物質検査証明書が必要。ストロンチウム90などの分析報告が必要と考えている中国と日本が合意に至っていないため、事実上の輸入停止となっている。

処理水問題以前（22年）の日本の主な水産物輸出先

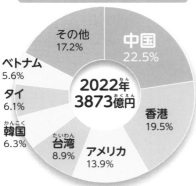

中国 22.5%
香港 19.5%
アメリカ 13.9%
台湾 8.9%
韓国 6.3%
タイ 6.1%
ベトナム 5.6%
その他 17.2%
2022年 3873億円

水産庁 令和4（2022）年度「水産白書」から

2023年の夏は「地球沸騰」でした

23年7、8、9月は気象庁の観測データがある過去125年の同じ月と比べて、平均気温が最も高くなりました。国際連合（国連・P7）が「地球沸騰」だとする、「酷暑」の理由を探ります。

→水が周りから熱を奪って蒸発する仕組み（気化熱）を利用して涼しくするミスト（霧）噴射機（23年8月1日撮影）。

日本の酷暑には、偏西風の蛇行が影響しています

全国各地にある15カ所の観測所のデータを朝日新聞が調べると、平均気温は23年7月で25.96℃、8月は27.48℃、9月は24.91℃で、これまで最も暑かった1978年7月の25.58℃、2010年8月の27.07℃、12年9月の23.76℃を上回りました。熱中症のために救急車で運ばれた人は、7～9月を足すと全国で延べ8万0577人にものぼります（消防庁調べ、23年10月20日公表までの合計）。

原因のひとつに、日本が高気圧に覆われて、よく晴れる日が続いたことが挙げられます。上空を西から東へと吹く「偏西風」の蛇行も影響しました。偏西風は、南の暖かい空気と北の冷たい空気の間を横切って吹いています。23年は北側に曲がって吹いたため、日本付近が南からの暖かい空気に包まれました。

「地球温暖化」も大きな理由です。

年によって暑い夏もあれば涼しい夏もありますが、平均すると気温がだんだんと上がってきています。このため、かつてはめったになかったほど厳しい暑さの夏が、最近では珍しくなくなってきました。

国内15カ所の観測所で調べた7月の平均気温は、過去125年で1.5℃ほど上がっています。さらに東京、名古屋、大阪、福岡の4都市に限れば、2.3℃ほど上がりました。都会では地面がアスファルトに覆われていて熱がこもりやすく、自動車やエアコンの室外機などの排熱もあって気温が上がる「ヒートアイランド現象」があるためです。

イタリアでは23年7月、最高気温が40℃を超える日が続きました。世界でも気候災害が相次ぎ、カナダでは日本の半分の面積を焼く山火事が発生し、韓国やインド、リビアでも水害が相次ぎました。8月にはアメリカ・ハワイ州のマウ

イ島で大規模な山火事が発生し、多くの犠牲者を出しました。この火事の原因のひとつとして、地球温暖化による干ばつも挙げられています。

> **偏西風**　地球の周りの上空を西から東へ向かって吹いている風。地球は高緯度の北極・南極に近づくほど寒く、赤道付近に近づくほど暖かい。その「温度差」と「地球の自転」によって吹く。

7月の平均気温の推移

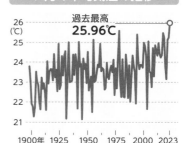

過去最高
25.96℃

観測データは気象庁提供。気象庁が基準とする、都市化の影響が少ない15地点

偏西風の蛇行のイメージ

温暖化が進めば、偏西風の蛇行が増えるとの予測も

北極の温暖化など、さまざまな要因で偏西風が大きく曲がることを「偏西風の蛇行」という。23年夏は日本付近で偏西風が北に蛇行し、暖かい空気に覆われやすかった。日本で偏西風が北に蛇行するときはヨーロッパでも偏西風が北に蛇行することがあり、同じく熱波に見舞われる可能性がある。

世界の平均気温と主なエルニーニョ現象

1850～1900年平均から上昇した気温

23～27年には+1.5℃到達の可能性も

16年
史上最高気温
+1.26℃

2014～16年は世界で異常気象
・世界各地で異常高温
・インドで熱波
・日本、記録的暖冬で雪不足

エルニーニョ現象の発生期間

IPCC、世界気象機関、気象庁の資料から

エルニーニョ現象が発生したのに日本は酷暑となりました

23年は、一般的に日本に冷夏をもたらすエルニーニョ現象が発生しており、気象庁は当初、低温傾向になると予想していました。しかし、6月に入ると予報を高温に変更しました。

その理由に挙げたのが、「正のインド洋ダイポールモード現象」です。インド洋の西側の海面水温が東側より高くなることで、フィリピン付近での積乱雲の発生が増えて大陸側の高気圧に熱を供給します。高気圧が日本側に張り出すことで、エルニーニョ現象による冷夏傾向を打ち消すといいます。同時発生は15年にも確認され、夏前半に厳しい暑さをもたらしました。

23年における世界の平均気温は14.98℃で、過去最高だった16年よりも0.17℃高く、産業革命前から1.48℃上昇しています。ヨーロッパ南部やアメリカの猛烈な暑さについて、「地球温暖化がなければ起こりえない現象だった」と分析する機関もあり、国連のグテーレス事務総長は「地球温暖化の時代は終わり、『地球沸騰』の時代が来た」と語っています。

世界各国は1992年、発電所で石炭や石油を燃やしたときなどに出る温室効果ガスについて、「大気中の濃度を安定化させる」という気候変動枠組み条約を地球温暖化を止めるために採択しました。脱炭素社会を目指し、国際的な枠組みであるパリ協定のもとでは、産業革命前からの気温上昇を1.5℃に抑えることを目標にしています。「国連気候変動に関する政府間パネル（IPCC）」は2023年3月、そのためには温室効果ガスの排出を35年までに19年比で60%減らす必要があるとしました。

各国が再生可能エネルギー（自然エネルギー）の導入などに取り組んでいるのに、ガスの排出量は増え続けています。経済成長が進んで電力をますます使うようになっているインドや中国などの新興国もあり、地球温暖化は止まりそうもありません。

世界に異常気象をもたらす主な現象（イメージ）

エルニーニョ現象
ペルー沖の海水温が高くなる
逆はラニーニャ現象

太平洋
インドネシア
赤道
暖　冷
冷
暖　暖
ペルー

正のインド洋ダイポールモード現象
インド洋の海面水温が南東で低く、西側で高い

温かい水が東に流される
貿易風（東風）が弱まる

地球温暖化　温室効果ガスが大気中で増えすぎて、温室のように地球を暖めることで世界の平均気温が上がること。対義語は地球寒冷化（世界の平均気温が下がる現象）。

エルニーニョ現象　南米ペルー沖など太平洋の東側の水温が平年よりも高い状態が1年ほど続く現象。太平洋の熱帯域では、いつもは貿易風が東から西に吹いている。表面の温かい海水が西側に吹き寄せられ、東側の南米沖では深くから冷たい水がわきあがるため、普段は南米側のほうが水温は低い。エルニーニョ現象の時は、貿易風が弱くなり、温かい海水が南米側に広がるため、いつもより東に積乱雲が盛んに発生して上昇気流ができる。そこに向かって風が吹き、海流も西から東に流れるようになるため、ますます南米側が温かくなるという仕組み。逆に、温かい場所がインドネシア側に集中し、南米側の水温が低くなる現象は「ラニーニャ」と呼ばれる。

産業革命　18世紀後半のイギリスで起きた技術革新。石炭などの化石燃料を燃やして「蒸気機関」などの動力源にすることで、工場での大量生産が可能となった。

温室効果ガス　太陽からの熱を閉じ込めて保温する働きのある気体。メタンや一酸化二窒素、代替フロンなどがあるが、人間が出している温室効果ガスの8割近くは化石燃料の燃焼や森林破壊に伴う二酸化炭素（CO_2）。

脱炭素社会　地球温暖化の原因のひとつであるCO_2の排出量を全体としてゼロにする社会のこと。2050年の「実質ゼロ」に向けて、日本をはじめ各国は、CO_2削減の目標値を表明している。実質ゼロ（カーボンニュートラル）は、CO_2を排出しても、植林を行ってCO_2を吸収させることなどでプラスマイナスをゼロにすること。

パリ協定　2020年にスタートした地球温暖化対策の国際ルール。前身は05年に発効した「京都議定書」。

国連気候変動に関する政府間パネル（IPCC）　各国政府の気候変動に関する政策に科学的な基礎を与えるために、1988年に設立された政府間組織。2024年1月21日までに、195の国と地域が参加している。

再生可能エネルギー（自然エネルギー）　水力や風力、太陽光、地熱、バイオマスなど、自然から得られ、発電などに使っても資源がなくならないエネルギー。石油や石炭、天然ガスなど資源に限りがある化石燃料を使う火力発電と違い、再生可能エネルギーは発電するときなどにCO_2をほとんど出さない。再生可能エネルギーの対義語は枯渇性エネルギーで、化石燃料やウラン（原子力発電）などの埋蔵資源を指す。

2023年 国内ニュース総まとめ

コロナ5類移行、訪日客増加などがよくわかる

2023年5月8日に、新型コロナウイルス感染症（以下コロナ）の感染症法上の分類が2類相当から5類になりました。そのこともあり、日本を訪れる外国人観光客（訪日客）が増えています。藤井聡太名人・竜王が史上初の八冠を達成したニュースには日本中が沸きました。LGBT理解増進法や続く日本の物価高、24年7月から導入される新紙幣など、日本の「今」を知ってください。

コロナが5類になりました

5類は、季節性インフルエンザなどと同じ位置づけです。2020年1月に国内で初めて患者が確認された後、同年4月、21年1月、4月、7月に緊急事態宣言が出され、国民の生活に大きな影響を及ぼしたコロナへの対応は大きく変化しました。

↑コロナの5類引き下げなどにより、訪日客が増加しました（23年4月29日、大阪市中央区の道頓堀周辺で撮影）。

公費負担だった医療費やワクチンなどに自己負担が生じます

5類移行となった背景には、21年末以降は変異株（遺伝情報が変化したウイルス）のオミクロン株への置き換わりが進んで致死率が低下したことや、感染対策と社会経済活動との両立を図るウィズコロナを求める声が高まったことなどが挙げられます。

政府は5類移行の方針を23年1月に決定。マスク着用に関しては23年3月13日から屋内外を問わず、医療機関の受診時などの場合を除いては個人の判断に委ねられました。厚生労働省の専門家部会が4月、病原性の大きく異なる変異株の発生がないことなどを確認して移行を最終的に了承し、加藤勝信厚生労働大臣（当時）が正式決定しました。5類移行により、感染者には「発症翌日から5日間」の外出自粛が勧められていますが、感染者への入院勧告・指示、感染者・濃厚接触者への外出自粛の要請はなくなります。

入場時の検温や入り口での消毒液の設置などは廃止され、個人や事業者の判断に委ねられました。一部の医療機関が担ってきた患者対応は、幅広い医療機関に拡大し、通常の医療に段階的に移行します。また、公費負担だった医療費や検査費用、ワクチンの接種費用（24年4月から）には自己負担が生じます。2類相当のとき、新規感染者数は国が全数を把握・公表していましたが、全国約5000の医療機関からの週1回の定点報告となっています。

国内では、23年5月8日までに約3380万人がコロナに感染し、そのうち約7万4000人が死亡しています。

Check！ 季節性インフルエンザの感染者が増加しました

厚生労働省は2023年12月15日に、全国約5000の定点医療機関に4～10日に報告された1医療機関あたりの季節性インフルエンザの新規感染者数が33.72人となったと発表しました。全国平均で、今シーズン（23年9月4日から24年9月1日まで）で初めて、大流行の発生・継続が疑われる「警報レベル」とされる30人を超えています。全国で警報レベルとなったのは、コロナが流行する前の18～19年のシーズン以来です。

ある病原体に対して人口の一定割合以上の人が免疫を持つと、感染患者が出ても他の人に感染しにくくなって感染症が流行しなくなり、間接的に免疫を持たない人も感染から守られることを集団免疫といいます。コロナ禍での緊急事態宣言などで外にあまり出なくなったり、マスクなどの感染対策をしたりする中で、しばらくの間はコロナ以外の感染症が流行しにくくなっていました。そのため、集団免疫が薄れたことがインフルエンザ流行の原因のひとつと考えられています。

外国人観光客が増え観光公害（オーバーツーリズム）が問題になりました

日本政府観光局は2023年11月に、10月の訪日客が251万6500人となり、コロナ拡大前の19年同月（249万6568人）を0.8％上回ったと発表しました。月別の訪日客数がコロナ前を超えるのは初めてのことです。

回復のきっかけは、コロナ禍が収束に向かったことです。コロナ禍で政府は厳しい「水際対策」をとり、外国人の新規入国を原則として禁止しました。月間の訪日客は一時1000人台にまで落ち込み、国際線の運休や減便が相次ぎました。22年から徐々に規制が緩められ、同年10月には入国者数の上限がなくなり、個人旅行も解禁。23年5月にコロナが感染症法上の5類に移行すると、6月には訪日客が200万人を超えました。

また、23年10月には1ドル＝150円を超える円安（円の価値が外国の通貨と比べて下がること）となり、外国人にとって日本の商品やサービスの割安感が強まったことも挙げられます。

その一方、京都など訪日客に人気の観光地では、多くの人が訪れすぎて、公共交通機関の混雑やゴミのポイ捨てなど地元住民の生活に悪影響を及ぼす観光公害（オーバーツーリズム）が問題になっています。

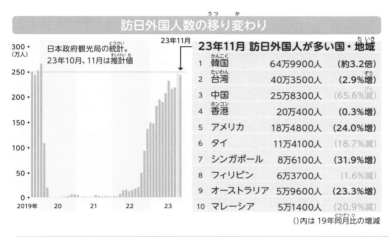

訪日外国人数の移り変わり

日本政府観光局の統計。23年10月、11月は推計値

23年11月 訪日外国人が多い国・地域

	国・地域	人数	（19年同月比の増減）
1	韓国	64万9900人	（約3.2倍）
2	台湾	40万3500人	（2.9％増）
3	中国	25万8300人	（65.6％減）
4	香港（ホンコン）	20万400人	（0.3％増）
5	アメリカ	18万4800人	（24.0％増）
6	タイ	11万4100人	（18.7％減）
7	シンガポール	8万6100人	（31.9％増）
8	フィリピン	6万3700人	（1.6％減）
9	オーストラリア	5万9600人	（23.3％増）
10	マレーシア	5万1400人	（20.9％減）

()内は19年同月比の増減

2023年　その他の国内ニュース

LGBT（エルジービーティー）理解増進法（りかいぞうしんほう）が成立しました

「性的指向及びジェンダーアイデンティティの多様性に関する国民の理解の増進に関する法律」（LGBT理解増進法）が2023年6月に成立、施行されました。

この法律は、「性的指向及びジェンダーアイデンティティを理由とする不当な差別はあってはならない」とし、性的少数者への理解を広げるため、国や自治体、企業や学校などに取り組みを努力義務として求めるなどするものです。また、内閣府に担当部署を設置し、基本計画を定めるなどします。LGBT理解増進法は「理念法」のため、努力しなかったとしても罰則はありません。理念法とは、一般的には、社会問題や政策課題などに対する国としての理念が記され、国や地方自治体、企業などに問題解決に向けた取り組みを促す法律のことをいいます。国民に新たな権利を与えることや、罰則について定めた規定はありません。

理念法は「基本法」や「推進法」「振興法」といった名前の法律に多く、「本邦外出身者に対する不当な差別的言動の解消に向けた取組の推進に関する法律」（ヘイトスピーチ解消法・16年施行）や「政治分野における男女共同参画の推進に関する法律」（候補者男女均等法・18年施行）などが理念法にあたります。

LGBT レズビアン（女性の同性愛者）、ゲイ（男性の同性愛者）、バイセクシュアル（両性愛者）、トランスジェンダー（心と体の性が一致しない人）の頭文字を取った性的少数者を指す言葉。クエスチョニング（自分の性別や好きになる相手の性別が定まっていない）を加えてLGBTQ（キュー）ともいう。

ジェンダーアイデンティティ 自分自身が認識している性別（ジェンダー）。性自認、性同一性ともいう。

ヘイトスピーチ 人種や民族などの属性を理由とした、社会的少数派への差別や憎悪をあおる表現。

候補者男女均等法 国会と地方議会の選挙で、各政党に候補者数をできる限り男女均等にするよう求める法律。2021年の改正で議員や候補者へのセクハラ、マタハラ（妊娠・出産をめぐる嫌がらせ）対策が盛り込まれた。

大手百貨店では61年ぶりのストライキが実施されました

2023年8月31日、百貨店そごう・西武の労働組合が西武池袋本店（東京都豊島区）でストライキ（以下スト）を実施し、全館が終日臨時休業しました。大手百貨店でのストは、1962年の阪神百貨店以来61年ぶりです。労働組合は、親会社であるセブン＆アイ・ホールディングスがそごう・西武をアメリカの投資会社に売ることに反対し、雇用を守ることなどを求めていました。

ストは、労働者が自分たちの要求を実現するために、就労を拒否することです。会社の業務を妨害することになるので、威力業務妨害罪といった刑事上の罪に問われかねません。また、会社が損害賠償の訴訟を起こせば、民事上の責任が問われる可能性もあります。

しかし、正当なストだと認められれば、そうした罪や責任は問われません。なぜなら、憲法28条で労働者（勤労者）の「団結権」（労働者が団結して労働組合をつくる権利）、「団体交渉権」（労働組合が雇う側と労働条件などを交渉する権利）、「団体行動権」（労働者が要求実現のために団体で行動する権利）が認められているからです。以上の3つの権利を労働基本権（労働三権）といい、ストは、「団体行動権」の行使のひとつです。

「1カ月に200時間働けば月給が20万円支払われる」といった労働条件は、経営者と労働者との話し合いによって決められます。とはいえ、労働者ひとりでは、経営者とは交渉しにくいものです。ストは、労働者の交渉力を強化するための権利のひとつといえます。

なお、公務員は「（国民）全体の奉仕者」（憲法15条2項）であることや職務に公共性があることなどから、労働三権が制限されています。

ストライキとは

労働者が就労を拒否し、経営に打撃を与えることで自分たちの要求を実現しようとすること

憲法28条が保障

「勤労者の団結する権利及び団体交渉その他の団体行動をする権利は、これを保障する」

→正当なストライキなら、刑事・民事上の責任を問われない

2023年も物価の上昇が続いた原因は3つあります

物価の上昇が2023年も続きました。物価は、さまざまな商品など（モノ）の価格を平均化して示したものです。モノの価格は需要（ある商品を欲しい人の量）と供給（売られている商品の量）のバランスで決まります。供給より需要が多くなれば価格は上がり、需要より供給が多くなれば価格は下がります。

今回の物価高はまずアメリカとヨーロッパ（欧米）で始まり、その後に日本でも進みました。

物価高の原因としては、大きく3つが挙げられます。

まず、労働者の減少です。新型コロナウイルスの感染拡大で景気が悪化し、労働者を減らす企業が多くありました。コロナ禍が明けて、停滞した経済活動が欧米では日本より早く元に戻り始め、需要が回復しました。しかし、働き手の不足で供給が回復しなかったことから、欧米では物価高となりました。日本では、欧米からの輸入品の価格が上がりました。

次に、ロシアのウクライナ侵攻（P10）の影響があります。ウクライナとロシアは穀物輸出国で、ロシアは産油国かつ液化天然ガス（LNG）の輸出国です。日本はロシアとウクライナから小麦を輸入しておらず、ロシアからの原油輸入量は全体の3.6％、LNGは8.8％（いずれも21年）です。しかし、原油やLNG、小麦などの供給が不足して世界的に値上がりしたことが、日本にも影響しています。

さらに、22年は1ドル平均132円でしたが、23年は1ドル平均141円になるなど、円安（円の価値が外国の通貨と比べて下がること）が進んで輸入品の価格が上がったことも、日本の物価高を進めました。

棋士の藤井聡太名人・竜王が史上初の八冠を達成しました

↑記者会見で自筆の色紙を掲げる藤井聡太八冠（23年10月11日撮影）。

2023年10月11日、将棋の藤井聡太名人・竜王が第71期王座戦五番勝負の第4局で永瀬拓矢王座に勝ち、王座を獲得しました。これにより、名人・竜王・王位・叡王・王座・棋王・王将・棋聖という8つのタイトルを保持する史上初の「八冠独占」を達成しました。

藤井八冠は愛知県瀬戸市出身で、16年に史上最年少の14歳2カ月でプロ入りをしました。加藤一二三元名人（14歳7カ月）、谷川浩司十七世名人（14歳8カ月）、羽生善治九段（15歳2カ月）、渡辺明九段（15歳11カ月）に次ぐ、史上5人目の「中学生棋士」です。また、プロデビューから負けなしの29連勝という新記録で藤井ブームを巻き起こし、20年には初タイトルの棋聖を獲得しました。

23年6月に20歳10カ月で初の名人位を獲得し、タイトルが7つだった1996年（叡王が加わったのは2018年）に羽生九段が果たした全七冠制覇以来、史上2人目の七冠も最年少で達成しています。

2024年7月から紙幣が新しくなります

新1万円札

表面 渋沢栄一（しぶさわえいいち）（1840〜1931年）

日本の資本主義の父
明治時代に日本経済の基礎を築いた人物。銀行や証券取引所など、500もの企業の創立に関わった。

裏面 東京駅の丸の内駅舎

（表面）

3Dホログラム
ホログラムに描かれている立体的な肖像が見る角度によって変わる。紙幣に3Dホログラムが採用されるのは世界初。

大きな洋数字
表と裏両方の額面数字が、今までの漢数字から大きな洋数字に変わる。漢字の読めない外国の人にもわかりやすい。

高精細すき入れ
楕円の部分を光にかざすと模様などが浮かび上がる「すき入れ」が、肖像だけではなく周りの背景にも入る。

識別マーク
指で触って紙幣の種類を区別できるよう凹凸をつけた11本の斜線が入る。斜線は、紙幣それぞれで位置が変わる。

新5000円札

表面 津田梅子（つだうめこ）（1864〜1929年）

津田塾大学をつくった女子教育家
現在の津田塾大学を創設するなど、明治時代に女性の教育に尽くした人物。

裏面 藤の花

新1000円札

表面 北里柴三郎（きたさとしばさぶろう）（1853〜1931年）

ペスト菌を発見
破傷風の治療法やペスト菌を発見するなど、「近代日本医学の父」とされる人物。

裏面 富嶽三十六景「神奈川沖浪裏」（葛飾北斎）

日本銀行は、2024年7月3日に新紙幣を発行して流通を始めると発表しました。1万円札、5000円札、1000円札のデザイン一新は、04年以来20年ぶりです。1万円札の肖像の福沢諭吉からの変更は、1984年以来40年ぶりです。デザインを一新する理由は、偽造通貨（いわゆるニセ札）を防ぐ対策をさらに強化するためです。そのため、新紙幣には3Dホログラムなどの偽造対策が施されています。

ニュースの**ことば**

【 生成ＡＩ（エーアイ） 】

生成ＡＩ（人工知能）である「チャットＧＰＴ（ジービーティー）」が2022年11月末に公開され、わずか2カ月で1億人以上に利用されました。急速に進化する生成ＡＩは社会を変える可能性がある一方、さまざまなリスクもあるようです。生成ＡＩとはどのようなものでしょうか?

ＡＩが文章、イラスト、音楽、プログラミングコードなどを作成

従来のＡＩが作る文章は意味がよくわからなかったり、文脈が読めなかったりで、人が書く文章と比較すると粗末なものでした。

ところが近年、ＡＩ開発手法が劇的に進展。膨大なデータを学ばせ、ＡＩが作成した答えを、教師役の人間が採点してＡＩに教え込むことで、文章などをゼロから創造できる生成ＡＩが誕生しました。代表的なものが米オープンＡＩ社が開発したチャットＧＰＴです。質問や依頼を入力すると、人間との会話のように自然な回答が返ってくる自動応答システムで、例えば、「角煮のレシピは?」と質問すると、「豚のバラ肉を煮込んで……」と自然な答えが返ってきます。

生成ＡＩはイラスト、音楽、プログラミングコードなども作成できます。イラスト生成アプリであれば、絵にしたいものやテーマを打ち込むと数十秒で複数の画像が表示されます。「ゴッホ風」「写実的に」など、絵のタッチも指定可能。ＡＩによって作られた無数の画像がＳＮＳ（エスエヌエス）をにぎわせています。

ビジネスや教育の現場への応用も期待され、生成ＡＩの市場は2030年に1093億ドル（約16兆円）に成長すると予測されています。一方で、生成ＡＩにはリスクもあります。学習したデータに誤りや偏りがあると誤情報が作成される危険性があります。本人になりすました画像や音声を生成する技術も実用化されていて、例えば、選挙前に立候補者にとって不利益になる"偽り"の動画や画像が拡散すれば選挙の公平性を脅かしかねません。また、既存の作品と似た作品をＡＩが生成することが著作権の侵害にあたるとの訴えもありますし、ＡＩが人間の仕事を奪う恐れもあります。

23年のＧ7（ジーセブン）サミットでも議論されるなど、国際的な生成ＡＩのルールづくりが急がれています。社会にＡＩが広がる中、私たちもＡＩに関する知識やリテラシーを高めることが大切です。

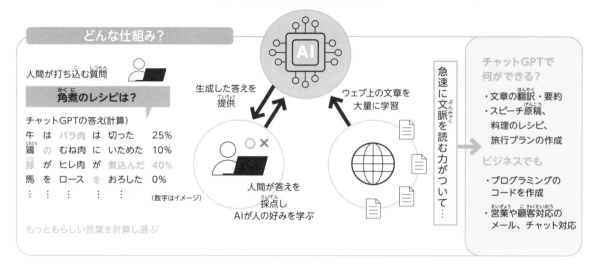

どんな仕組み?

人間が打ち込む質問
角煮のレシピは?

チャットGPTの答え（計算）
牛	は	バラ肉	は	切った	25%
鶏	の	むね肉	に	いためた	10%
豚	が	ヒレ肉	が	煮込んだ	40%
馬	を	ロース	を	おろした	0%
:	:	:	:	:	

（数字はイメージ）

もっともらしい言葉を計算し選ぶ

生成した答えを提供

人間が答えを採点しＡＩが人の好みを学ぶ

ウェブ上の文章を大量に学習

急速に文脈を読む力がついて…

チャットGPTで何ができる?
・文章の翻訳・要約
・スピーチ原稿、料理のレシピ、旅行プランの作成

ビジネスでも
・プログラミングのコードを作成
・営業や顧客対応のメール、チャット対応

【 物流の2024年問題 】

→

私たちの生活と経済のライフラインを担うトラック輸送ですが、労働基準法の改正により、2024年4月からトラック運転手の残業時間に上限が設けられることになりました。労働時間が減少することにより、これまで通りモノが運べなくなる「2024年問題」が懸念されています。

トラック運転手の労働時間に上限。輸送が滞る恐れも

物流業界では、トラック運転手が長距離を何日もかけて夜通しで運転することや、倉庫の前で待機することが常態化していました。全産業平均に比べトラック運転手の労働時間は約2割長く、賃金は5〜10%程度低いために人手不足が続いています。業界の高齢化も顕著で、何も対策を取らないと離職がさらに進むと指摘されています。

24年4月以降、それまでなかったトラック運転手の時間外労働の上限が年間960時間と決められ、年間拘束時間も3300時間まで短縮されることになりました。深刻な人手不足のうえ、長時間働けなくなるとその分荷物が運べなくなり、「物流の2024年問題」が起こると予測されています。野村総合研究所の試算では、30年には国内の荷物量の35%が運べなくなるといいます。

トラック運転手の増員は現実的に難しく、いかに負担を減らして効

「2024年問題」により2030年に運べなくなる荷物の割合

野村総合研究所の資料から

全国	北海道	東北	関東	北陸	中部	近畿	中国	四国	九州	沖縄
35%	39%	41%	34%	37%	36%	36%	37%	40%	39%	23%

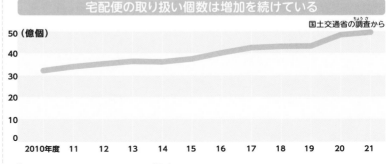

宅配便の取り扱い個数は増加を続けている

国土交通省の調査から

（億個）50 40 30 20 10 0 — 2010年度 11 12 13 14 15 16 17 18 19 20 21

率よく運ぶかが重要です。政府は23年10月に「物流革新緊急パッケージ」で、物流の効率化や再配達削減に向けた取り組みを発表。物流事業者では、複数の運転手で分担して運ぶ「中継輸送」や、同業者間で荷物を持ち寄り同じトラックに載せる「共同輸配送」が広がり、輸送効率を最適化し、積載率を高めるデジタル技術も開発。荷主のコンビニやスーパーでは、配送回数を減らすほか、発注から納品までに余裕を持たせる動きが出ています。

また、ドローンや自動運転といった新技術を物流に生かす開発や実験も始まっています。

物流の停滞を防ぐために、私たち消費者にも今日からできることがあります。インターネット通販の利用が増えていますが、宅配便の約1割が再配達となり、トラック運転手の負担となっています。1回で受け取れるように日時・場所を指定することや、宅配ボックスや置き配を活用することで再配達の削減に協力していきましょう。

お金(資本)を増やすために、今ある資本を「投じる」ことを「投資」といいます。投資が身近になる NISA（少額投資非課税制度）が 2024年1月から大きく変わり、使いやすくなりました。新 NISA とはどういった制度で、なぜ注目されているのでしょうか?

利益が非課税、投資上限も増えてお得な投資制度

NISA とは、投資する際の税金がかからない優遇制度のことです。株式などを売り買いする際は通常、利益に約20%の税金がかかります。例えば、50万円で買った株を 60万円で売ると、利益の 10万円から税金として約2万円が引かれます。NISA ではこれが非課税となり、手取り額が増えます。この NISA が 2024年に新しい制度に変わりました。新 NISA は①投資できる上限額が増え、②非課税の期間が無期限に、③今まで「一般」と「つみたて」の二つに分かれていた仕組みが併用可能になりました。

新 NISA によってお金の流れが「貯蓄から投資」へ進むと注目されています。実際に、お金を銀行に預けるのではなく、投資をしようという人が増えています。その背景には急激な物価高があります。モノの値段が下がるデフレの状況では、お金を預貯金に入れたままでも、物価が下がるのでお金の価値は相対的に高まりました。しかし、現在のように物価が上がるインフレになると、同じ金額でも買えるものが減り、お金の価値はどんどん下がっています。さらに大幅な円安により、円の価値も低下。その一方で、預金の金利はとても低く、銀行に預けてもお金はほとんど増えず、実質的にお金が減っていることになります。物価上昇に負けな

いよう、投資でお金を増やそうという考えが広がっています。

新 NISA を利用して、上手にお金を増やすコツの一つは「長期投資」。投資には利益も損失もありえますが、世界全体の株価の推移を見ると、上昇したり下落したりを繰り返しながらも長期的には上昇し続けています。そのため、投資は若いときに始めたほうが大きな利益を得られる可能性が高いといわれています。新 NISA の口座開設は 18歳から可能。人生100年時代を生きるための資産形成について、早くから学んで準備しておくことが重要です。

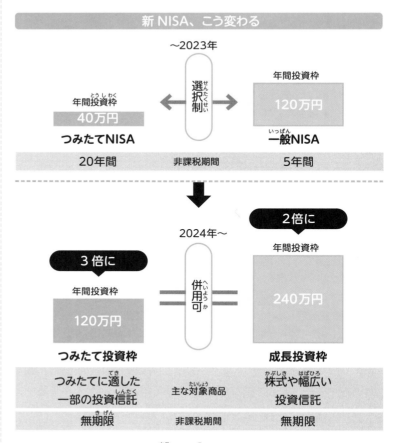

新 NISA、こう変わる

〜2023年　選択制

つみたてNISA　年間投資枠 **40万円**　← →　一般NISA　年間投資枠 **120万円**

非課税期間：つみたてNISA 20年間／一般NISA 5年間

2024年〜　併用可

つみたて投資枠　**3倍に**　年間投資枠 **120万円**　成長投資枠　**2倍に**　年間投資枠 **240万円**

主な対象商品：つみたてに適した一部の投資信託／株式や幅広い投資信託

非課税期間：無期限／無期限

※投資信託とは、いろいろな会社の株などを詰め合わせたパッケージ商品。幅広い株などをまとめ買いしてプロが運用してくれるのが利点

2023年のできごと

1 January >>>

●1日　北朝鮮、元日にミサイル発射

北朝鮮は午前2時50分ごろ、平壌の龍城付近から日本海へ短距離弾道ミサイル1発を発射した。北朝鮮が元日にミサイルを撃つのは異例で、2022年12月31日の短距離弾道ミサイル3発に続いて、年末年始に2日連続の発射だった。

北朝鮮の金正恩朝鮮労働党総書記

●3日　駒沢大が箱根V、駅伝3冠

第99回東京箱根間往復大学駅伝競走（箱根駅伝）で駒沢大学が2年ぶり8度目の総合優勝を果たした。2022年の出雲駅伝、全日本大学駅伝と合わせた3冠を達成。

●5日　不当寄付勧誘防止法が施行

世界平和統一家庭連合（旧統一教会）の問題を受けて、2022年末の臨時国会で成立した不当寄付勧誘防止法（被害者救済新法）が、一部の規定を除いて施行された。悪質な寄付の勧誘を規制するとともに、被害回復をしやすくするのが柱だ。

●12日　2015〜22年の世界、史上最も暑かった

世界気象機関（WMO）は、「2015〜22年の世界の年平均気温は、観測開始以来、最も高い8年だった」と発表した。22年の平均気温は産業革命前から約1.15℃上昇。

●17日　中国、61年ぶり人口減

中国の2022年末時点の総人口は14億1175万人で、21年末から85万人減ったことが明らかになった。人口減は61年ぶり。

●19日　「異次元の少子化対策」へ初会合

岸田文雄首相が打ち出した「異次元の少子化対策」に取り組むための、関係府省会議（座長・小倉将信こども政策担当大臣）の初会合が開かれた。(1)児童手当などの経済支援(2)学童や病児保育を含めた幼児・保育支援の拡充(3)育児休業強化などの働き方改革の3つが焦点となる。

●20日　22年12月の物価上昇、41年ぶり4%台

総務省が発表した2022年12月の消費者物価指数（20年=100）は、値動きの大きい生鮮食品を除いた総合指数が104.1で、前年同月より4.0%上がった。上昇率が4%台となるのは、第2次石油危機のあった1981年12月（4.0%）以来、41年ぶり。

2 February >>>

●4日　米国、飛来気球を撃墜

中国の気球が米国上空に飛来し、サウスカロライナ州の沖合で米軍機が撃墜した。米側は中国が軍事目的で偵察用に飛ばしたと非難。中国側は気球を民間用と主張。

●4日　差別発言で首相秘書官を更迭

岸田文雄首相は、性的少数者や同性婚をめぐって、「隣に住んでいるのもちょっと嫌だ」などと差別発言をした荒井勝喜・首相秘書官を更迭した。

●6日　トルコ・シリアで大地震

シリア国境に近いトルコ南部で、マグニチュード7.8と7.5の連続した大地震が発生。両国合わせて5万6000人以上が死亡した。

●6日　仲邑菫三段、最年少タイトル

第26期女流棋聖戦の三番勝負第3局で、挑戦者の中学2年生、仲邑菫三段が上野愛咲美女流棋聖を破り、シリーズ2勝1敗でタイトルを奪取。囲碁界に史上最年少の中学生チャンピオンが誕生した。

対局後の記者会見でボードを掲げる仲邑菫三段

●17日　「H3」、打ち上げ中止

日本の新型ロケット「H3」の初号機打ち上げが予定時刻の直前に中止された。主エンジンを補助する固体ロケットブースターが着火しなかったという。

●21日　米ロ核軍縮、履行停止

ロシアのプーチン大統領は年次教書演説を行い、米国が履行する義務を果たしていないなどとして、米ロ間の「新戦略兵器削減条約」（新START）の履行停止を表明した。

●23日　国連総会「ロシア撤退要求」決議採択

ロシアによるウクライナ侵攻開始から24日で1年になるのを機に、193カ国で構成する国連総会は緊急特別総会を開いた。ロシアに「即時、完全かつ無条件での撤退」を要求し、「ウクライナでの包括的、公正かつ永続的な平和」の必要性を強調する決議を141カ国の賛成で採択。

●23日　ウクライナ支援、390億ドルに

G7（主要7カ国）の財務相・中央銀行総裁会議が「ロシアの侵略戦争を非難することへの結束を再確認」する共同声明を発表。2023年のウクライナへの支援額を390億ドルに増額することを決めた。

3 March

●2日　日本の男女格差、先進国で最下位

世界銀行は、190カ国・地域の男女格差の現状を法整備の進み具合から評価した報告書を発表。日本は104位で、先進国で最下位だった。職場でのセクハラを罰する法律がないなど、特に労働分野で後れを取っている。

●7日　H3ロケット打ち上げ失敗

宇宙航空研究開発機構（JAXA）と三菱重工業が開発した大型ロケット「H3」初号機の打ち上げが失敗した。第2段エンジンの着火が確認できず、破壊したという。2022年10月の小型ロケット「イプシロン」6号機に続く失敗。

●10日　習近平氏、初の国家主席3選

中国の全国人民代表大会は、国家主席に3期目となる習近平・中国共産党総書記を選出した。国家主席として3期目に入るのは習氏が初めて。

●11日　若田光一、ISSから帰還

国際宇宙ステーション（ISS）に約5カ月間滞在した宇宙飛行士の若田光一さんらを乗せた米スペースX社の宇宙船ドラゴンが、米フロリダ沖の海上に着水した。

●17日　国枝慎吾さんに国民栄誉賞

国枝慎吾さんに国民栄誉賞が授与された。パラスポーツ選手の受賞は初。車いすテニスの男子選手としてパラリンピック金メダル3回、全豪オープン優勝11回、全仏オープン優勝8回、ウィンブルドン優勝1回、全米オープン優勝8回など前人未到の功績を残し、2023年1月に引退した。

岸田文雄首相から国民栄誉賞の盾を受け取った国枝慎吾さん（左）

●21日　岸田首相、キーウ訪問

岸田文雄首相は、ロシアによる侵攻が続くウクライナの首都キーウを訪問した。政府は安全確保のため極秘裏に準備を進めていた。日本の現職首相が、戦闘が行われている国を訪問するのは極めて異例だ。

●21日　侍ジャパン、世界一　WBC

米マイアミで行われた野球の国・地域別対抗戦「第5回ワールド・ベースボール・クラシック（WBC）」の決勝で、日本代表「侍ジャパン」が前回優勝の米国代表を3−2で破り、3度目の優勝。

4 April

●4日　フィンランドが NATO 正式加盟
北大西洋条約機構（NATO）は外相会合を開き、北欧フィンランドを 31 カ国目の加盟国として正式に迎えた。NATO の拡大は、2020年の北マケドニアの加盟以来。

●5日　「同志国」の軍へ援助制度導入
政府は、外交目的などを共有する「同志国」の軍に防衛装備品などを提供する新たな枠組み「政府安全保障能力強化支援（OSA）」の導入を決定。政府の途上国援助（ODA）では対象外だった軍の支援に踏み出す。

●5日　台湾・蔡英文総統が訪米し会談
台湾の蔡英文総統は、訪問先の米カリフォルニア州でマッカーシー下院議長（共和党）と会談した。1979年の米台断交後、台湾の現職総統が米国で対面会談した政界要人では最高位となる。

●13日　「カーボンニュートラル」を目指す国会議員連盟が発足
温室効果ガスの排出を実質ゼロにする「カーボンニュートラル」を目指す超党派の国会議員連盟「超党派カーボンニュートラルを実現する会」が発足した。

●15日　ドイツ、全原発停止
2011年の東京電力福島第一原発事故を受けて「脱原発」を進めてきたドイツで、最後の原発3基が稼働を終えた。60年以上続いたドイツの原発の歴史に幕が下りた。

エムスラント原発前で「原発がついに終わる」と書かれた横断幕を掲げて喜ぶ反原発団体のメンバー

●15日　岸田首相演説直前に爆発
衆議院補欠選挙の応援演説で、和歌山市の雑賀崎漁港を訪れていた岸田文雄首相の近くに筒状のものが投げ込まれ、間もなく爆発した。首相にけがはなかった。

●19日　インド人口、世界一へ
国連人口基金（UNFPA）は、世界人口白書でインドの人口が2023年半ばに中国を290万人上回り、世界一になるとの推計を発表した。人口は 14億2860万人になるといい、さらなる経済成長が期待される。

●25日　スーダンから邦人ら 58人退避
政府は、戦闘が続くアフリカ北東部スーダンの在留邦人51人と外国籍の家族7人の計58人が退避したと発表した。外務省によると、スーダンには、NGO や国際協力機構（JICA）の職員、日本大使館関係者やその家族ら約60人が滞在していた。

5 May

●3日　報道の自由、日本は 68位
国際 NGO「国境なき記者団」は、2023年の「報道の自由度ランキング」を発表した。調査対象の 180 カ国・地域のうち日本は 68位（22年71位）で、主要7カ国（G7）の中で最下位だった。

●3日　ロシア・クレムリンに無人機攻撃
ロシア大統領府は、2機のドローン（無人航空機）が、モスクワ中心部のクレムリン敷地内に墜落したと発表した。大統領府は、ウクライナのドローンがプーチン大統領の公邸への攻撃を試みたと主張している。プーチン氏は不在で、けが人もいないという。

●5日　WHO、コロナ緊急事態終了を宣言
世界保健機関（WHO）のテドロス事務局長は、新型コロナウイルスをめぐる世界の現状について、2020年に発表した「国際的に懸念される公衆衛生上の緊急事態」の終了を宣言した。

●8日　新型コロナ、5類に移行
新型コロナウイルスの感染症法上の位置づけが、季節性インフルエンザなどと同じ5類に移行した。療養や感染対策は個人の判断に委ねられることに。

●16日　ロヒンギャ、500人以上死亡か
サイクロン「モカ」が上陸したミャンマーで、多数の犠牲者が出ている。現地メディアはこの日、少数派イスラム教徒ロヒンギャが500人以上死亡したと報じた。

●19日　G7広島、開幕
主要7カ国首脳会議（G7 サミット）が、被爆地・広島で開幕し、ロシアによる侵攻が続くウクライナ情勢のほか、「核兵器のない世界」に向けた道筋を議論。史上初めて G7首脳がそろって広島平和記念資料館の訪問も行った。

●21日　ウクライナのゼレンスキー大統領、広島で記者会見
ウクライナのゼレンスキー大統領が G7 サミットに電撃的に参加。広島市内で行った記者会見で「人類の歴史から戦争をなくさなければならない」と訴えた。

平和記念公園を訪れたウクライナのゼレンスキー大統領（左）と岸田文雄首相

●24日　白山手取川がジオパークに
地質学的に貴重な場所を認定する「ユネスコ世界ジオパーク」に、白山手取川（石川県白山市）が選ばれた。国内では 10件目。

6 June

●2日　線状降水帯が立て続けに発生
大型の台風2号の影響で、非常に激しい雨が降り続く線状降水帯が四国から東海地方にかけて相次いで発生した。2日の1時間降水量は、和歌山県湯浅町で観測史上1位となる 83.5mmを記録。ほかに高知県土佐清水市で 93.0mm、徳島県三好市で 73.5mmと、いずれも6月の最多記録を更新した。

大雨で冠水した住宅地。愛知県豊川市平井町

●2日　出生数、過去最少の77万人に
2022年に生まれた日本人の子ども（出生数）は 77万747人で、統計を始めた 1899年以降で最少となり、初めて80万人台を割り込んだ。1人の女性が生涯に産む見込みの子どもの数を示す「合計特殊出生率」は 1.26で、過去最低の水準。

●9日　スシロー迷惑動画、6700万円を求め少年を提訴
回転ずしチェーン「スシロー」の運営会社「あきんどスシロー」（大阪府）が、ＳＮＳ上で2023年1月に拡散された迷惑行為の動画で損害を受けたとして、動画に映っていた少年に対し、約6700万円の損害賠償を求める訴えを大阪地裁に起こしていたことがわかった。

●14日　世界の難民、過去最多1.1億人
国連難民高等弁務官事務所（UNHCR）は、紛争や迫害などで家や故郷を追われた人が5月末までに世界で約1億1000万人となり、過去最多を記録したと発表した。

●18日　米国務長官、5年ぶり訪中
米国のブリンケン国務長官は中国を訪れ、秦剛国務委員兼外相と会談。中国の気球が米本土に飛来した問題で延期していた訪中が、約4カ月遅れて実現した。

●21日　日本は「男女平等」125位、過去最低
世界各国の男女格差の状況をまとめた 2023年版「ジェンダーギャップ報告書」を世界経済フォーラム（WEF）が発表。日本は調査対象となった 146 カ国のうち 125位（前年は 116位）で、2006年の発表開始以来、順位は最低だった。

●23日　ワグネル、ロシア軍に反乱
ロシアの民間軍事会社「ワグネル」創設者のプリゴジン氏がロシア軍への反乱を宣言。プーチン大統領は 24日のテレビ演説でワグネル戦闘員に投降を呼びかけた。プリゴジン氏は 8月23日に飛行機事故で死亡。

7 July

●2日　大谷翔平、3年連続「二刀流」で
オールスター選出
米大リーグ、エンゼルスの大谷翔平選手が、オールスター戦のアメリカン・リーグ投手部門で選ばれ、ファン投票でリーグ最多票を獲得した指名打者（DH）と合わせ、3年連続で投打の「二刀流」で選出された。

写真は、4月2日のアスレチックス戦で今シーズン初本塁打を放つ大谷翔平選手

●3日　税収71.1兆円、過去最高
2022年度の国の税収は71.1兆円となり、3年連続で過去最高を更新。消費税、所得税、法人税などの税収が伸び、初めて70兆円を突破したが、物価高の影響も大きく、景気回復の実感は乏しい。

●7日　フランス暴動、逮捕者1万2000人に
6月27日にパリ郊外で17歳の北アフリカ系の少年が警官に射殺された事件をめぐり、フランス各地で抗議行動が暴動に発展する事態に。暴動は7月7日まで続き、逮捕者は1万2000人を超えた。

●12日　デジタル課税、2025年目標　OECD
日本を含む約140の国・地域で議論してきた新しい国際課税のルールを定めた多国間条約の条文がまとまった。協議を主導してきた経済協力開発機構（OECD）が発表した。巨大IT企業などに対し、サービスの利用者がいる国（市場国）も課税できるようにする「デジタル課税」を創設するのが柱で、2025年の発効を目指す。

●13日　同意ない性交を処罰　改正刑法施行
性犯罪に関する規定を見直した改正刑法などが、施行された。意思に反した性的行為には「不同意性交罪」「不同意わいせつ罪」を適用し、わいせつ目的で16歳未満の子どもを懐柔し、面会を求める行為などを対象とする「わいせつ目的要求罪」を新設した。

●16日　イギリス、TPPに加盟
日本やカナダなど環太平洋経済連携協定（TPP）に加盟する11カ国が閣僚会合を開き、イギリスの加盟を正式に決定。2018年発効のTPPに加盟国が増えるのは初めて。

●19日　2023年上半期の訪日客1071万人
日本政府観光局（JNTO）は、23年上半期（1～6月）の訪日外国人客（インバウンド）が1071万人だったと発表した。新型コロナの感染拡大前の19年同期比で64.4％まで戻った。

8 August

●1日　トヨタ、四半期の営業利益過去最高
トヨタ自動車は、2023年4～6月期決算（国際会計基準）は営業利益が前年同期比93.7％増の1兆1209億円となり、2年ぶりに過去最高となったと発表。

●4日　在留資格ない外国籍の子、救済へ
斎藤健法務大臣は日本で生まれ育ちながら強制退去処分となり、在留資格がない外国籍の子どもに対し、日本に留まることができる「在留特別許可」を与える方針を発表。親が不法入国していたケースなどを除く。

●7日　国立科学博物館、
クラウドファンディングで運営費募る
標本や資料の収集や保管の費用を集めるため、国立科学博物館はインターネットを通じて寄付を募るクラウドファンディングを始めた。最終的に9億円余りが集まった。

●8日　ハワイで山火事
米マウイ島やハワイ島で大規模な山火事が発生。9日、非常事態宣言が発令。マウイ島への不要な渡航の自粛が呼びかけられた。

●18日　日米韓首脳会談　安保強化へ
岸田文雄首相は米ワシントン郊外で、米国のバイデン大統領、韓国の尹錫悦大統領と会談。首脳らによる定期協議の開催や緊急時の迅速な協議などで合意し、安全保障協力を強化するための「制度化」を図った。

●23日　インド、月面着陸成功
インドの無人探査機「チャンドラヤーン（月の乗り物）3号」が月への着陸に成功。インドの月面着陸は初で、旧ソ連、米国、中国に次ぐ4カ国目となる。

●23日　慶応高校、107年ぶり甲子園Ｖ
第105回全国高校野球選手権記念大会は、兵庫県西宮市の阪神甲子園球場で決勝があり、慶応（神奈川）が優勝。1916年の第2回大会以来107年ぶり2度目。

閉会式で優勝旗を手に行進する慶応高校の選手たち

●24日　福島第一原発の処理水、放出開始
東京電力は、福島第一原発の処理水の海への放出を始めた。

●24日　サウジなど6カ国BRICS加盟へ
ブラジル、ロシア、インド、中国、南アフリカの新興5カ国の枠組み「BRICS」は、アルゼンチン、エジプト、イラン、サウジアラビア、エチオピア、アラブ首長国連邦の6カ国の加盟を認めると決定した。

9 September

●1日　関東大震災から100年
死者・行方不明者10万5000人超の犠牲を出した関東大震災から100年となったこの日、各地で慰霊行事があった。未曽有の大災害はその後、都市防災の原点となったが、懸念される首都直下地震への備えは十分とはいえない。

●7日　ジャニーズ、性加害認め謝罪
ジャニーズ事務所の創業者、故ジャニー喜多川氏（2019年死去）による未成年者への性加害問題をめぐり、ジャニーズ事務所は記者会見で性加害を事実と認め、謝罪。藤島ジュリー景子社長が引責辞任した。

会見で記者の質問を受けるジャニーズ事務所の（右から）藤島ジュリー景子氏、東山紀之氏、井ノ原快彦氏

●8日　モロッコ地震、被害甚大
北アフリカのモロッコ中部でマグニチュード6.8の強い地震があり、2900人以上が死亡。世界文化遺産に登録されているマラケシュの旧市街で建物が倒壊するなど、大きな被害が出た。

●18日　中国、日本産水産物輸入67％減
中国の税関総署は、日本から輸入した水産物の総額が8月に1億4902万元（30億2000万円）となり、前年同月から67.6％減ったと発表。東京電力福島第一原発の処理水の海洋放出を受けて、8月下旬に中国が始めた日本産水産物の全面禁輸が影響した。日本側による海水・魚のトリチウム濃度測定では異常値は検出されていない。

●22日　男性の性被害、相談窓口を開設
政府は、男性や男児対象に性被害に対する臨時の電話相談窓口を開設。相談員は研修を受けた公認心理師や社会福祉士ら。必要に応じ、地域の専門機関につなぐ。

●22日　上野愛咲美女流名人、
女性初の新人王
囲碁の上野愛咲美女流名人が、一流棋士への登竜門とされる若手棋戦、第48期新人王戦で優勝。女性初の新人王となった。

●27日　全原告、水俣病と認める
国などに賠償命令
水俣病被害者救済法（特措法）に基づく救済を受けられなかったとして、大阪府などに住む128人が国や熊本県、原因企業チッソに損害賠償を求めた訴訟の判決が、大阪地裁であった。原告ら全員を水俣病と認め、1人あたり275万円の賠償を命じた。

10 October

●1日　大谷翔平、日本人初の大リーグ本塁打王に

大リーグ・エンゼルスの大谷翔平が、44本塁打でアメリカン・リーグの本塁打王に輝いた。日本人選手が大リーグで本塁打王になるのは初めて。

●2日　mRNA研究にノーベル賞　新型コロナワクチンに貢献

2023年のノーベル生理学・医学賞に、独バイオ企業ビオンテック顧問のカタリン・カリコ氏、米ペンシルベニア大のドリュー・ワイスマン教授が選ばれた。業績は「mRNAワクチンの開発を可能にした塩基修飾に関する発見」。新型コロナウイルスに対するワクチンの実用化に貢献したことが評価された。

カタリン・カリコ氏（左）とドリュー・ワイスマン教授

●7日　イスラエルにハマスが大規模攻撃

パレスチナ自治区ガザ地区を実効支配するイスラム組織ハマスがイスラエルに大規模攻撃を行い、1200人以上が死亡。イスラエルのネタニヤフ首相は「我々は戦争状態にある」と述べた上で報復を宣言。その後、イスラエル軍による空爆や地上侵攻が続き、ガザ地区では2024年1月時点で2万6000人以上が死亡した。

●11日　藤井聡太、八冠独占　史上初

将棋の藤井聡太名人・竜王が史上初の「八冠独占」を達成。名人・竜王・王位・叡王・棋王・王将・棋聖という7つのタイトルを保持する藤井名人が第71期王座戦五番勝負第4局で永瀬拓矢王座に勝ち、唯一残っていた王座のタイトルを獲得した。

●13日　旧統一教会の解散を請求

文部科学省は、世界平和統一家庭連合（旧統一教会）への解散命令を東京地裁に請求した。

●27日　国連総会、ガザ「人道的休戦」決議　日本は棄権票

国連総会（193カ国）は、イスラエル軍が激しい攻撃を続けるパレスチナ自治区ガザ地区の情勢についての緊急特別会合を開き、「敵対行為の停止につながる人道的休戦」を求める決議案を採択した。フランスや中国、ロシアなど120カ国が賛成。イスラエルやアメリカなど14カ国は反対し、日本やイギリスなど45カ国が棄権票を投じた。

11 November

●3日　アメリカ、ウクライナに最大630億円の追加支援へ

米国防総省は、ロシアの侵攻を受けるウクライナの自衛を支えるため、最大4億2500万ドル（約630億円）相当の追加の軍事支援をすると発表した。

●5日　阪神、38年ぶり2度目のアレ

プロ野球の日本シリーズ第7戦があり、18年ぶりにセ・リーグを制した阪神がパ・リーグ3連覇のオリックスに7-1で勝ち、1985年以来38年ぶり2度目の日本一に輝いた。優勝を意味する「アレ」をスローガンにしていた。

日本一の祝勝会で、ビールをかけられる阪神の岡田彰布監督（中央下）

●6日　ノーベル平和賞の人権活動家、獄中でハンスト

イランの人権活動家で、2023年のノーベル平和賞に選ばれたナルゲス・モハンマディさんが刑務所内でハンガーストライキを始めた。イランの女性が義務づけられている布「ヒジャブ（ヘジャブ）」の着用を拒み、心臓などの病気での病院搬送を刑務所側から拒まれたことに抗議するのがハンストの目的。モハンマディさんは長年、女性の権利擁護や死刑制度の廃止などを訴え続け、反体制的な活動をしたとして現在は刑務所に収監されている。

●15日　温室効果ガス濃度、過去最高

世界気象機関（WMO）は、2022年の大気中の主な温室効果ガスの世界平均濃度が過去最高を更新したと発表。温暖化に最も影響する二酸化炭素は417.9ppmで、産業革命前の1750年ごろと比べて1.5倍になった。

●19日　アルゼンチン大統領に極右ミレイ氏

アルゼンチンで大統領選の決選投票があり、野党で極右のハビエル・ミレイ下院議員が初当選した。ミレイ氏は現政権の親中国から親米路線への転換を掲げ、アルゼンチンが加盟予定の新興5カ国（BRICS）についても方針の見直しを主張。中央銀行の廃止や通貨のドル化も訴えており、危機下の経済がより混乱する可能性もある。

●29日　米軍オスプレイ墜落　屋久島沖

米空軍の輸送機CV22オスプレイが屋久島沖に墜落。乗組員8人全員が死亡した。

12 December

●1日　生成AI、初の包括ルール合意

主要7カ国（G7）が取り組む生成AI（人工知能）の国際ルール作り「広島AIプロセス」が最終合意された。開発者から利用者まで全ての関係者が守るべき責務を示す内容で、AIに対応した世界初の包括的な国際ルールとなる。

●6日　イタリア「一帯一路」から離脱

主要7カ国（G7）の中で唯一、中国の巨大経済圏構想「一帯一路」に参加していたイタリアが、離脱することを中国側に正式に伝えた。

●13日　「化石燃料からの脱却を加速」COP28

アラブ首長国連邦のドバイで開かれた国連の気候変動会議（COP28）は、2030年までに対策を加速し「化石燃料から脱却する」ことを盛り込んだ合意文書を採択した。世界が頼ってきた化石燃料全体を減らす合意は初めてで、エネルギーの大きな転換を求める決定となった。

●13日　モササウルス類の化石、新種だった

和歌山県立自然博物館などの研究チームが、同県有田川町で2006年に見つかったモササウルス類の化石が新属新種だったと発表した。頭部より大きい前後のひれが特徴で学名は「メガプテリギウス・ワカヤマエンシス」、通称は「ワカヤマソウリュウ」と名づけられた。

「ワカヤマソウリュウ」の全身骨格と復元図

●14日　安倍派4閣僚が辞表提出　裏金問題で

自民党の政治資金パーティーをめぐる問題で、清和政策研究会（安倍派）に所属する松野博一官房長官、鈴木淳司総務相、宮下一郎農林水産相、西村康稔経済産業相が岸田文雄首相に辞表を提出した。

●16日　万博、国費負担1647億円

2025年の大阪・関西万博の費用について、政府がまとめた全体像が判明した。万博に「直接資する」国費負担は、会場建設費や日本政府が出展する「日本館」の建設費など計1647億円。このほか、会場へのアクセスを向上させる事業など、万博に直接関係するインフラ整備費は国費負担を含めて計8390億円に上る。

キッズ
ミニ百科

これまで知らなかったことに触れるのは、
なんだかワクワクしませんか？　知識は楽しみながら増やすもの。
キッズミニ百科には、学習や生活に役立つ知識がいっぱいです。
あなたの興味を広げ、さらに楽しむための
さまざまな事柄が載っています。

SDGs
感染症とその歴史
世界の人口と紛争
世界の富豪と GDP
世界の首脳、世界遺産
日本の世界遺産、日本の無形文化遺産
日本の世界農業遺産
日本の世界ジオパーク
日本の名城
日本の歴代総理大臣
アメリカの歴代大統領
ノーベル賞
世界と日本の宗教
宇宙開発
絶滅危惧動物・植物
名前の由来
日本史と世界史 できごと
オリンピックの歴史

SDGs（持続可能な開発目標）

学校の授業でも取り上げられているSDGs。SDGsが目指すものや、自分たちにできることは何かを考えていきましょう。

国連で決まったSDGs

SDGsとは、2015年の国連総会で採択された「我々の世界を変革する：持続可能な開発のための2030アジェンダ(計画)」という文書の一部から取られた国際目標で、「Sustainable」(持続可能な)、「Development」(開発)、「Goals」(目標)の頭文字からできています。

SDGsは人間と地球が繁栄するための行動計画であり、自由と平和を追い求めるものだと前文には書かれています。そして、持続可能な世界を実現するためには、まずはあらゆる貧困をなくすことが最大の課題だとしています。この実現のために、すべての国はもちろんのこと、世界中の人々が協力してこの計画を実行する必要があります。そして、この計画を実行するにあたって「誰一人取り残さない」ことを誓っています。

国連が決めたSDGsの目標

SDGsは2030年までの実現を目指す17の目標と、具体的な課題となる169のターゲットから構成されています。いまのままでは「貧しい人々が取り残され、地球環境はより悪化して世界が立ち行かなくなってしまう」という強い危機感のもとに定められました。

「持続可能」とは、「ずっと続けていくことができる」ということ。次の世代、その次の世代のための環境や資源をこわすことなく、いまの生活をよりよい状態にするための目標ともいいかえられます。豊かだと思われている日本でも、子ども6人のうち1人は貧困で、2023年のジェンダーギャップ指数(男女格差の度合いを表し、上位ほど格差が小さい)は世界146カ国中125位。SDGsの観点からも取り組まなければならない課題は多いのです。

SDGs 17の目標

1	貧困をなくそう	10	人や国の不平等をなくそう
2	飢餓をゼロに	11	住み続けられるまちづくりを
3	すべての人に健康と福祉を	12	つくる責任　つかう責任
4	質の高い教育をみんなに	13	気候変動に具体的な対策を
5	ジェンダー平等を実現しよう	14	海の豊かさを守ろう
6	安全な水とトイレを世界中に	15	陸の豊かさも守ろう
7	エネルギーをみんなに　そしてクリーンに	16	平和と公正をすべての人に
8	働きがいも経済成長も	17	パートナーシップで目標を達成しよう
9	産業と技術革新の基盤をつくろう		

日本のSDGsの取り組みの例

③ すべての人に健康と福祉を

日本の取り組みへの評価は「課題は残る」が目標達成に向けて進んでいる状況。ユニバーサル・ヘルス・カバレッジ(UHC＝すべての人が適切な保健医療サービスを支払い可能な費用で受けられる状態)の達成を中心に据え、2019年6月のG20大阪サミットで、3年で8.4億ドルの拠出を表明した。

さらに、2022年にアフリカ7カ国(チュニジア共和国、ウガンダ共和国、コンゴ共和国、コンゴ民主共和国、ベナン共和国、マラウイ共和国および南スーダン共和国)における感染症対策強化に向けてデジタルヘルス・システム推進を支援するため、ユニセフへ13億6300万円の無償資金協力を実施することを決定。資金支援での取り組みが評価される一方、人的な支援には課題が残っている。

④ 質の高い教育をみんなに

日本の取り組みは「目標達成」の評価を得ている。SDGsの採択時に日本は「平和と成長のための学びの戦略」を発表。「みんなで支えるみんなの学び」というビジョンのもと、乳幼児教育、初等教育、中等教育、高等教育、就労・起業の生涯学習をとおして「学び合いを通じた質の高い教育」を実現することを展望として掲げた。

一般企業も支援を展開している。フィリピンで小学校の新校舎を建設したり(三菱自動車、2019年)、カンボジアで暗くなっても学べるようにソーラーランタンを寄贈したり(パナソニック、2013～18年)、ベトナムで運動プログラムを提供し、初等教育に導入する取り組みを支援したり(ミズノ、2015年～)と活発だ。国内では、高等学校の無償化で一定の成果をあげているが、習いごとや塾などはまだ格差があることが課題だ。

◇江戸時代の日本は、ものを修理して使い続け、無駄にするものは一つもない完全リサイクル社会であり、SDGs先進国だった。

5 ジェンダー平等を実現しよう

日本の取り組みは「深刻な課題がある」という評価だ。2023年における日本のジェンダーギャップ指数は125位で、主要7カ国(G7)で最下位。105位の韓国、107位の中国やASEAN諸国よりも低い。特に深刻なのが政治で、国会議員(衆議院議員)の女性割合、大臣の女性割合が低く、過去に女性首相がいない点も低い評価につながっている。男女の賃金格差や女性管理職の少なさ、大学進学の男女差、理系進学の男女差なども評価を下げる一因だ。政府は、女性の社会復帰を支援するために、男性の育児休業取得を促進する「イクメンプロジェクト」を推進してはいるが、道半ば。発展途上国に向けての取り組みとしては、インドの都市鉄道に女性専用車両を設置したり(2010年〜)、学校内に女子トイレを整備したりする活動、農業普及推進における女性への教育や、女性工学系教員の育成などを支援している。

11 住み続けられるまちづくりを

防災に関する取り組みは「課題は残る」とされたが、一定の評価は得ている。日本は、地震や台風など数多くの災害を経験した防災先進国としての経験を生かした知識や技術を活用し、防災対策や災害復旧・復興などで積極的な支援を行っている。

2015年に、仙台で開かれた第3回国連防災世界会議で防災の国際的指針「仙台防災枠組2015-2030」が採択された。翌年発表の「仙台防災協力イニシアティブ・フェーズ2」で洪水対策(堤防、分水路、排水幹線の整備)などに2019〜2022年の4年間で500万人に対する支援を実施するとともに、行政官や地方リーダー計4万8000人および次世代を担う子どもたち計3万7000人、合計8万5000人の人材育成・防災教育を提供している。また、仙台防災枠組達成に向け、2019〜2020年の2年間で80カ国の防災計画策定・改定を支援している。

13 気候変動に具体的な対策を

日本の取り組みの評価は「深刻な課題が残る」状況。2018年のデータで日本の二酸化炭素排出量は世界の3.2%を占め、世界で5番目。こうした状況を受け、2021年には二酸化炭素などの温室効果ガス排出量を2030年度に2013年度比で46%減を目指すことを表明した。日本の二酸化炭素排出量はここ数年で確実に減少しているが、電気自動車の普及や、LEDなどの省エネにつながる機器への転換、クールビズなどの国民運動の推進もその一助となっている。

企業や自治体による取り組みもある。旭化成はアルカリ水電解システムで「グリーン水素」を開発し実証実験を行う(2021年〜)。見附市(新潟県)は「歩いて暮らせるまちづくり(ウォーカブルシティ)」を推進。東京都では大手住宅メーカー約50社に対し、都内で新たに建てる住宅に太陽光パネルなどの設置を義務づける方針を発表している。

14 海の豊かさを守ろう

日本の取り組みの評価は「深刻な課題が残る」とされている。海洋国家である日本は、海洋環境の保全および海洋資源の持続可能な利用を重視。2019年6月のG20大阪サミット議長国として、海洋ごみ問題を主要課題の一つとして取り上げ、G20首脳間で海洋プラスチックごみによる新たな汚染を2050年までにゼロにすることを目指す「大阪ブルー・オーシャン・ビジョン」を共有し、G20以外の国にも共有するよう呼びかけることに合意した。

海洋ごみを減らすために、国内ではレジ袋やプラスチックカトラリーの有料化、プラスチックストローの廃止、代替プラスチックの開発、海岸の清掃活動などに企業、行政、個人が取り組んでいる。環境省と日本財団による共同事業「海ごみゼロアワード2019」で評価された海洋ごみを熱分解処理する装置(ワンワールド・ジャパン)にも注目が集まっている。

SDGsのロゴデザイン

2019年6月、小幡淳一撮影

カラフルなSDGsのロゴデザインは、スウェーデン出身のクリエーティブディレクター、ヤーコブ・トロールベックさんの制作。トロールベックさんは、17の目標と169のターゲットという、文字が多くて複雑なものをいかにわかりやすくするかを考えました。よりポジティブに、未来へ、目標へ向かっていると感じさせる言葉はないか、面白くて、内容を正しく伝えるにはどんな図解がいいか、いろいろなバリエーションのスケッチをつくりました。言葉を視覚化するための試行錯誤を繰り返して、現在のロゴが完成したのです。

◇ プラスチック製のストローを使わない、マイ箸を持ち歩く、飲み物は水筒に詰めていく。そんな身近なところからSDGsを実践しよう。

感染症とその歴史

人類はその誕生以来、多くの犠牲を出しながら感染症と戦ってきました。言いかえれば、今を生きる私たちは、過去の感染症からの生還者たちの子孫ともいえます。感染症の歴史を知ることは私たちの未来を知ること。地球上で人類がこれからどう生きていくのか、一緒に考えてみましょう。

感染症とは・・・

感染症は、私たちを取り巻く環境（空気・水・土壌・動物）の中に存在している病原体（細菌・ウイルス・真菌・原虫・寄生虫）が、人の体内に侵入することで引きおこされる病気のこと。

感染症が発症する条件

感染源、感染経路、宿主の三つがそろった時に感染症は発症します。

宿主
ウイルスや細菌が増殖できる場所（抵抗力の弱い人）

感染経路
接触感染
飛沫感染（せき、くしゃみ、鼻水）
空気感染
物質媒介型感染（汚染された食物、水、血液、器具など）
昆虫媒介型感染（蚊、ハエ、ネズミ、ノミ、ダニなど）

発症

感染源
感染した人・動物・昆虫
病原体で汚染された物や食品

こんなにある！ 動物由来感染症

虫に刺されたり、動物とふれあったりしてうつる病気。代表的なものを紹介しましょう。

蚊	日本脳炎、黄熱、デング熱、ウエストナイル熱、マラリア、チクングニア熱、ジカウイルス感染症
ノミ	ペスト
ダニ	クリミア・コンゴ出血熱、ツツガ虫病、日本紅斑熱、ダニ媒介性脳炎、回帰熱、重症熱性血小板減少症候群
イヌ	狂犬病、パスツレラ症
ネコ	ネコひっかき病、トキソプラズマ症、パスツレラ症
鳥	オウム病、クリプトコッカス症、ウエストナイル熱
ネズミ	ペスト、ハンタウイルス肺症候群、腎症候性出血熱、レプトスピラ症
コウモリ	ニパウイルス感染症、エボラ出血熱、重症急性呼吸器症候群（SARS）、狂犬病

感染症の歴史

人類が登場する以前から地球上にはウイルスや細菌が存在していた。そのため人類誕生の瞬間から感染症との戦いの歴史は始まった。14世紀にはヨーロッパで人口の約3分の1がペストで死亡。20世紀にはインフルエンザパンデミックをおこしたスペインかぜに約5億人が感染、約5000万人が死亡したといわれる。しかし人類も負けてはいない。18世紀以降、感染症を予防するワクチンの開発や、細菌を殺す抗生物質の発見が相次ぎ、予防や治療方法も進歩してきた。なかでも天然痘の根絶は、人類が初めて感染症に勝った証しといえる。

しかし、1976年にエボラ出血熱、1981年に後天性免疫不全症候群（エイズ）、2003年に重症急性呼吸器症候群（SARS）など、未知の感染症が次々に発生。人や物の移動が高速化するにつれ、新型コロナウイルス感染症やサル痘のように、感染は一部地域では終わらず、急速なスピードで世界中に広がるようになった。

流行の最終段階 「パンデミック」

新型コロナウイルスのように、一つの感染症が世界的に流行するのが「パンデミック」（感染爆発）。その前の段階が、散発的に小集団でおこる「アウトブレーク」（集団発生）、特定の集団・地域などで短期間に高頻度で発生する「エピデミック」（流行）。他に、少数の患者が散発的に発生する「スポラディック」（散発発生）、特定地域に同一感染症が発生する「エンデミック」（地方流行・風土病）などがある。

後天性免疫不全症候群 （エイズ）

HIV（ヒト免疫不全ウイルス）の感染により引きおこされる感染症。性的な接触による感染が最も多く、血液を介しての感染や、母親から乳児への母子感染などもある。日本では非加熱血液製剤による薬害エイズで注目を集めた。現在は、抗ウイルス薬により、感染しても早期服用で通常の生活を送ることも可能になっている。

◇日本では「感染症法」により、対象となる感染症、感染した場合のさまざまな規制が決められている。

感染症にまつわる おもなできごと

感染症は、十字軍の遠征、モンゴル帝国の拡大、産業革命、世界大戦など、歴史上の大きなできごとをきっかけに拡大していきました。多くの被害を出したペスト、天然痘、コレラ、結核、インフルエンザを中心にその歴史を見てみましょう。

＊太字は日本のできごとを示します。

世紀	年・おもなできごと	
6	541	東ローマ帝国でペスト①流行、人口の約半数が死亡（「ユスティニアヌスのペスト」）。旧西ローマに流行拡大（〜8世紀半ば）**日本で天然痘②流行**
8	752	**疫病や災厄を鎮めるため東大寺大仏が造られる**
10	994	**日本で天然痘②流行。藤原道長の2人の兄・道隆、道兼も死亡**
11	1096	十字軍の遠征始まる（〜1272）
13	1206	モンゴルでチンギス・ハーン即位
	1241	モンゴル軍がヨーロッパ遠征
	1258	モンゴル軍がバグダッド占領、アッバース朝を滅ぼす
14	1320ごろ	中国でペスト①大流行
	1331	**京都で天然痘②流行。疫病を鎮めるため「百万遍念仏」が行われる**
	1339	英仏百年戦争始まる
	1340ごろ〜	ヨーロッパでペスト①大流行。ヨーロッパの人口の3分の1〜3分の2にあたる2000万〜3000万人が死亡。「メメント・モリ（死を思え）」という言葉が流行
15	1492	コロンブス、アメリカ航路を発見
	1498	バスコ・ダ・ガマ、インド航路を発見
16	1521	コルテスがアステカ帝国を征服、天然痘②大流行
	1533	ピサロがインカ帝国征服、人口の60〜94%が天然痘②で死亡
18	1760年代〜	イギリスで産業革命始まる
	1775	アメリカ独立戦争
	1783	アメリカ合衆国独立
	1789	フランス革命
	1798	ジェンナーが種痘②開発
19	1817	インド・カルカッタでコレラ③流行、アジア全域からアフリカまで広がる（〜23）
	1822	**日本でコレラ③大流行（文政コレラ）。長崎から流行が始まった（箱根から東は感染していない）**
	1825	イギリスで世界初の鉄道が開業
	1826	コレラ③大流行、アジア、アフリカ、ヨーロッパ、南北アメリカまで広がる（〜37）
	1830ごろ	イギリス・ロンドンで5人に1人が結核④で死亡
	1840	コレラ③大流行（〜60）
	1855	中国・雲南省でペスト①大流行
	1858	イギリスがインド支配を完成
	1858	**伊東玄朴ら江戸の蘭方医が神田お玉ケ池に種痘所②を開設**
	1862	**日本でコレラ③再流行**
	1872	**富岡製糸場が操業開始**
	1880ごろ〜	**日本で軍や工場労働者に結核④患者が多く出現**
	1881	コレラ③大流行（〜96）
	1883	コッホがコレラ菌③発見
	1885	**日本で天然痘②流行（〜87）**
	1892	**日本で天然痘②流行（〜94）**
	1894	香港でペスト①大流行
	1894	**北里柴三郎、ペスト菌①発見**
	1896	**日本で天然痘②流行（〜97）**
	1899	コレラ③大流行（〜1923）
20	1902	**東京、横浜でペスト①発生、ペスト菌を媒介するネズミを1匹5銭で買い上げ**
	1910	中国東北部でペスト①流行
	1914	第1次世界大戦（〜18）
	1918	スペインかぜ⑤が世界的流行。感染者5億人、死者5000万人
	1939	第2次世界大戦（〜45）
	1955	**日本の天然痘②根絶**
	1957	アジアかぜ⑤流行
	1960	ベトナム戦争（〜75）
	1968	香港かぜ⑤流行
	1977	ソ連かぜ⑤流行
	1980	世界保健機関（WHO）が天然痘②根絶を宣言
	1997	鳥インフルエンザ⑤流行
	2020	新型コロナウイルス感染拡大

北里柴三郎
写真提供／
国立国会図書館ウェブサイト

◇ インフルエンザは20〜21世紀に4回パンデミックをおこしている。

①ペスト

ペスト菌に感染したネズミの血をノミが吸い、そのノミが人間を刺すことで感染。中世ヨーロッパでは「黒死病」といわれ恐れられた。モンゴル帝国がユーラシア大陸のほぼ全域を支配し、東西交易がさかんになったことが蔓延の原因の一つ。ペスト菌は1894年、日本人細菌学者の北里柴三郎、フランスの細菌学者アレクサンドル・イェルサンが同時期に発見。20世紀に入り、抗生物質が発見され治療できるようになった。

②天然痘

古代インドが起源といわれる天然痘ウイルスによる感染症。シルクロードの交易や仏教の伝播などで蔓延したとされる。1798年にイギリスの医学者エドワード・ジェンナーが、予防接種「種痘」を開発。世界中で予防接種が行われるようになり、流行は徐々に消えていった。1980年には世界保健機関（WHO）が天然痘根絶を宣言。2022年から世界的に感染が広がる「サル痘」は天然痘に症状が似ていて、天然痘ワクチンが効果があるとされる。

③コレラ

コレラ菌で汚染された食物や水を摂取することで発症。起源はインドのガンジス川流域といわれる。世界に広がった背景には、イギリスのインド支配や産業革命による交通網の発達があるとされる。感染力が非常に強く、江戸末期から明治時代には日本でもたびたび流行し、各地でパニックを引きおこした。コレラ菌はドイツの医学者ロベルト・コッホが1883年に発見。現在では衛生環境のよくない発展途上国でおもに見られる。

④結核

結核菌によっておもに肺に炎症がおこる病気。1882年にロベルト・コッホが結核菌を発見。空気感染や飛沫感染がおもな感染経路だが、特に産業革命により、衛生状態が悪く過酷な労働条件下で流行した。1930年代から1950年まで日本人の死因の第1位を占めていたが、有効な治療薬が開発され、患者数は激減。ただし他の先進諸国に比べると日本の結核罹患率は高く、2022年にようやく世界保健機関（WHO）の分類で「低蔓延国」となった。

⑤インフルエンザ

さまざまな型があり、人だけでなく鳥や豚にも感染。毎年流行を繰り返す「季節性インフルエンザ」は多くの人がかかったことがあり、免疫を持っているが、数十年に1回出現する「新型インフルエンザ」はほとんどの人が免疫を持っていないため、短期間で感染が拡大する。1918年の「スペインかぜ」は、第1次世界大戦に従軍した兵士の間で感染が広がり、パンデミックを引きおこした。その後も「アジアかぜ」「香港かぜ」などが流行。

世界の人口と紛争

日々、世界のどこかで、紛争や飢餓で多くの人々が苦しんでいます。また、急激な人口増加に悩む国もあれば、日本をはじめ出生率の低下が心配される国もあります。世界が抱えているさまざまな問題を考えてみましょう。

ウクライナ戦争

2022年2月24日にロシアが隣国のウクライナに攻め込み、戦争が始まった。ウクライナの激しい抵抗と、欧米諸国をはじめとする国際社会の強烈な反発を招き、ロシアは世界から孤立している。

がれきとなったウクライナ・キーウ（キエフ）のショッピングモール（2022年）。

シリア内戦

2010年末に起こった民主化運動（「アラブの春」）で本格化した政府軍と非政府軍の内戦と、過激派組織「イスラム国」（IS）の勢力拡大により、死者は23年3月時点で50万人を超え、難民も百万人単位となっている。国内の世界遺産全6件が危機遺産に指定された。

激戦地アレッポ市街の半壊したビル。

イスラエルと「ハマス」の大規模衝突

約2000年前、ローマ帝国に滅ぼされてユダヤ人がパレスチナから離散し、1948年にパレスチナ人（アラブ系住民）が暮らしていた同地にイスラエル建国を宣言。パレスチナ人、周辺のアラブ国家と対立し、4度にわたる中東戦争へ。2023年10月7日、パレスチナ自治区ガザ地区を実効支配するイスラム組織「ハマス」がイスラエルを攻撃。イスラエルは空爆と地上侵攻で応戦し、24年1月時点でパレスチナ側2万6千人以上、イスラエル側1200人以上が犠牲になった。

イスラエル軍から空爆され、黒煙が広がるパレスチナ自治区ガザ北部。

スーダン戦闘

2023年、国軍と準軍事組織が激しい戦闘を繰り広げ、多くの民間人が犠牲に。24年1月時点で1千万人以上が国内外で避難を強いられているほか、食料や物資不足、性暴力が深刻。難民キャンプではコレラなどの感染症も流行している。

戦闘で破壊された家を前にした男性。

世界の人口とおもな紛争国・地域

新疆ウイグル独立運動

クルド独立運動

中国・台湾問題

エチオピア・エリトリア国境紛争

ソマリア内戦

ミンダナオ紛争

リビア内戦

イエメン内戦

アラブ最貧国で資源も乏しく、約1千万人が飢餓にあえぐ「世界最悪の人道危機」。2011年、「アラブの春」の波が及んで当時の政権が崩壊、15年に暫定政権と反政府武装組織「フーシ派」による内戦が勃発した。前者はサウジアラビア、後者はイランの支援を受け、覇権を争う2国の代理戦争を担っている。24年、フーシ派の軍事拠点を米英軍が空爆。

アフガニスタン・ヘラートにあるマスラック国内避難民キャンプで食料の配給を待つ子どもたち（2002年）。

アフガニスタン内戦

2001年、米同時多発テロ事件の主犯とされるオサマ・ビンラディンをかくまっているとして、アメリカはアフガニスタンの「タリバン」政権を攻撃。政権は崩壊し、新しい国造りが進められたが、21年、駐留米軍撤退と同時にタリバンが再び実権を掌握。大量の難民が発生しているほか、テロ、食料難、女性の人権侵害など多くの問題を抱えている。19年には中村哲医師が殺害された。

◇ 国連難民高等弁務官事務所は1950年の設立から世界の難民を支援し、54年と81年にノーベル平和賞を受賞。

チベット問題

政教一致の伝統社会を守るチベットに、1949年、中国政府は社会主義改革を強要。これに反対するラマ僧らが武装蜂起したが、59年、ダライ・ラマ14世はインドへ亡命し、65年、チベット自治区として中国の領土となった。この問題が再び注目されるようになったのは、2008年の北京オリンピック開催の前にラサで行われた大規模デモを中国政府が武力で鎮圧した報道が流れたのがきっかけ。現在も中国支配に反対する活動家への弾圧が続いている。

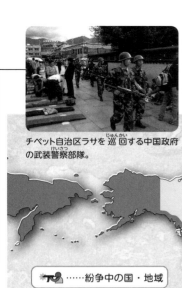

チベット自治区ラサを巡回する中国政府の武装警察部隊。

ダライ・ラマ14世

インドへ亡命後、チベット自治政府樹立運動を指導。完全独立を撤回し、チベットを中国の一部としながらも、外交権と防衛権以外の自治権を獲得するための非暴力によるチベット解放運動が評価され、1989年にノーベル平和賞を受賞。

東日本大震災の被災地を訪れたダライ・ラマ14世。

……紛争中の国・地域

・メキシコ先住民解放運動

南沙（スプラトリー）諸島領有権問題

コロンビア反政府運動

ペルー反政府運動

ソロモン諸島部族間抗争

人口（単位：人）
- 12億
- 1億
- 5000万
- 1000万
- 500万
- 500万以下
- 資料なし

※人口は、2021年時点。World Health Organization（世界保健機関）「World Health Statistics 2023」（世界保健統計2023）を基にした

米同時多発テロ事件

2001年9月11日、国際テロ組織「アルカイダ」にハイジャックされた民間航空機2機がニューヨークの世界貿易センタービルに激突。さらに、ワシントン近郊の国防総省庁舎とペンシルベニア州に1機ずつ墜落。3025人もの死者を出した自爆テロ事件は世界を震撼させた。

跡形もなく崩壊した世界貿易センタービル。

ミャンマー国軍クーデター

1962年のクーデター以降、ミャンマーでは半世紀近く国軍の政治支配が続いたが2011年に民政移管が実現。民主化が進められていたところ、21年に再びクーデターで軍政に。民主化勢力や少数民族に対する軍の弾圧が続いている。

2021年2月、ヤンゴンで抗議デモに参加した大勢の市民。

アウンサンスーチー

ミャンマーの民主化指導者。軍事政権下で民主化運動を指導し、1989年から2010年まで断続的に自宅軟禁された。1991年、ノーベル平和賞を受賞。21年のクーデターで国軍に拘束され、汚職などの罪で計33年の刑期を言い渡された。23年8月に国軍の恩赦で刑期を計27年に短縮すると発表されたが、高齢でもあり、健康状態が懸念されている。

支持者の前に姿を見せたスーチー氏（2010年）。

ミャンマー少数民族独立運動

国民の約7割を占めるビルマ族が少数民族を圧迫。特に少数派イスラム教徒ロヒンギャへの残虐行為は国際社会から非難されている。複数の民族が独立を求めて武力闘争を展開し、2021年のクーデター以降は国軍支配に抵抗する民主派勢力も加わって戦線が拡大。

迫害から逃れるため、ミャンマー西部国境を流れるナフ川を渡る少年（1992年）。

地域によって違う人口の増加

2022年に世界人口は80億人を突破。58年ごろには100億人を超える見通しで、とくにアフリカや西アジアで増加する。日本は56年に1億人を下回る予測。2022年の出生数は77万759人で、合計特殊出生率（女性1人が一生の間に産む子どもの数）は1.26と、人口を維持するのに必要な2.07を大きく下回っている（国連人口部、厚生労働省）。

2050年の予想人口ランキング

（単位：百万人）

50年の順位	22年の順位	国名	人口総数
1	2	インド	1670
2	1	中国	1312
3	6	ナイジェリア	377
4	3	アメリカ	375
5	5	パキスタン	368
6	4	インドネシア	317
7	7	ブラジル	231
8	15	コンゴ民主共和国	217
9	12	エチオピア	215
10	8	バングラデシュ	204
17	11	日本	104

出典：UN, World Population Prospects: The 2022 Revision

◇ 日本の人口は2008年の1億2808万人をピークに減少。一方で高齢人口の割合は上昇している。

世界の富豪とGDP

国内で生み出されたお金や品物、サービスの価値の総額を表すのが、国内総生産＝Gross Domestic Product (GDP)。この額が多いほどお金持ちの国といえますが、圧倒的な1位のアメリカは、国の富が上位1％の富裕層に

世界の富豪ベスト15

（アメリカの経済誌「フォーブス」が2023年4月4日に発表）
※1$（ドル）=133円で算出、年齢は同誌発表による

 1. ベルナール・アルノー (フランス) 74歳と家族
2110億$ (28兆630億円)

35歳でブランド企業に注目。ヴィトンやディオールを擁するモエ・ヘネシー・ルイ・ヴィトン社の会長兼最高経営責任者 (CEO)。

 2. イーロン・マスク (アメリカ) 51歳
1800億$ (23兆9400億円)
電気自動車を開発・製造するテスラの共同創業者でCEO。2020年には有人宇宙船の飛行を成功させた。

 3. ジェフ・ベゾス (アメリカ) 59歳
1140億$ (15兆1620億円)
インターネット通販アマゾンの創業者、会長。「ワシントン・ポスト」紙の社主。離婚で「史上最大の財産分与」を行い、元妻は23年は60位。

 4. ラリー・エリソン (アメリカ) 78歳
1070億$ (14兆2310億円)
シカゴ大学中退後、エレクトロニクス会社に就職。33歳の時、1400ドルでコンピューターソフト会社オラクルを設立した。

 5. ウォーレン・バフェット (アメリカ) 92歳
1060億$ (14兆980億円)
コカ・コーラやアメリカン・エキスプレスなどの成長株で利益を得た世界一の投資家。「投資の神様」の異名も。

慈善活動は、セレブの証し!?

欧米のセレブリティー（有名人）は、慈善活動や発展途上国を支援する活動に積極的に参加することで社会貢献に努めている。その背景には、キリスト教の「持てる者が持たざる者に手を差し伸べるのは当然」とする教えや「友愛」の精神と、身分の高い人には、その立場に伴って大きな義務があるとする「ノブレス・オブリージュ」の考え方

東日本大震災の被災地を訪れたベルギーのマチルド皇太子妃（現・王妃。P49）。キリスト教を重んじるヨーロッパの王族は慈善活動に熱心だ。

がある。しかし、社会貢献はセレブだけができる特別なことではない。お小遣いで寄付をする、ボランティアをするなど、わたしたちにできる社会貢献を考え、行動しよう。

GDPとは

GDPには、市場で取引されている時価で表す「名目GDP」と、物価変動の影響を除いた「実質GDP」がある。経済成長率を見るときには実質GDPを用いる。

世界の国内総生産（名目GDP）

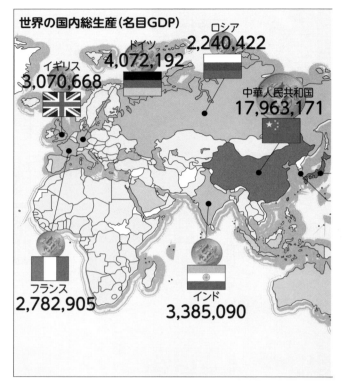

イギリス **3,070,668**
ドイツ **4,072,192**
ロシア **2,240,422**
中華人民共和国 **17,963,171**
フランス **2,782,905**
インド **3,385,090**

 6. ビル・ゲイツ (アメリカ) 67歳
1040億$ (13兆8320億円)
大学3年生の時にマイクロソフト社を立ち上げた。1995年から2007年まで13年連続で世界長者番付1位。09年、14〜17年も1位。

 7. マイケル・ブルームバーグ (アメリカ) 81歳
945億$ (12兆5685億円)
大手情報サービス会社ブルームバーグ創業者。2002年から13年までニューヨーク市長を務めた。

 8. カルロス・スリム・ヘル (メキシコ) 83歳と家族
930億$ (12兆3690億円)

メキシコの通信王、不動産王。2010年から13年まで世界長者番付1位。

 複合 **9. ムケシュ・アンバニ (インド) 65歳**
834億$ (11兆922億円)
石油やガスなどの天然資源の開発や石油化学製品製造、小売業など多くの事業を手がける、リライアンス・インダストリーズのCEO。

◇ 23年世界長者番付に入ったビリオネア（保有資産10億ドル以上）たちが保有する資産の合計は約12兆2000億ドル（1622兆6000億円）。

集中し、中間層の60％の人の資産の総額より多いといわれるほど貧富の差が大きい国でもあります。世界第2位の経済大国・中国も同様の問題をかかえています。GDPの大きい国で生じる格差の原因を考えてみましょう。

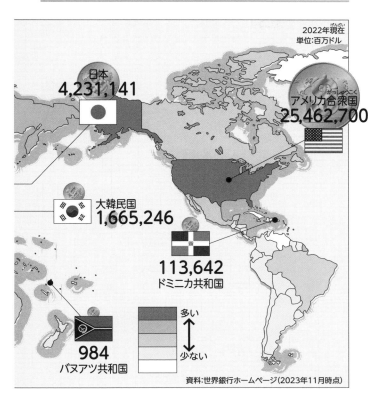

2022年現在
単位:百万ドル

日本
4,231,141

アメリカ合衆国
25,462,700

大韓民国
1,665,246

113,642
ドミニカ共和国

984
バヌアツ共和国

多い ↑ ↓ 少ない

資料:世界銀行ホームページ(2023年11月時点)

 10. **スティーブ・バルマー**(アメリカ)67歳
807億$(10兆7331億円)
マイクロソフト社の元CEO。米プロバスケットボールNBAのロサンゼルス・クリッパーズのオーナー。

 11. **フランソワーズ・ベタンクール**(フランス)69歳と家族
805億$(10兆7065億円)
世界最大の化粧品会社、ロレアル創業者の一人娘である母の遺産を相続。

 12. **ラリー・ペイジ**(アメリカ)50歳
792億$(10兆5336億円)
世界最大のインターネット検索サイト、グーグルの共同創業者。スタンフォード大学在籍中にセルゲイ・ブリンとグーグルを設立し、初代CEOとなった。

 13. **アマンシオ・オルテガ**(スペイン)87歳
773億$(10兆2809億円)
世界中に店舗があるアパレルチェーンストアZARAの生みの親。ノーネクタイで有名。

 14. **セルゲイ・ブリン**(アメリカ)49歳
760億$(10兆1080億円)
グーグルの共同創業者。旧ソ連(現在のロシア)生まれで、6歳の時に数学者の父と宇宙科学者の母に連れられてアメリカに移り住んだ。

 15. **鍾睒睒**(中国)68歳
680億$(9兆440億円)
中国最大の飲料会社である農夫山泉の創業者。経営する製薬会社は、2020年上海で上場した。

| IT・通信 | 投資 | アパレル | 不動産 | スーパー・小売業 | 複合企業 | 化粧品・日用品 | 電気機器 | 飲料 |

日本の富豪ベスト10

「フォーブス」誌の2023年世界長者番付で、保有資産10億ドル(1330億円)を超える富豪は2640人。日本からは40人がランクイン。

 39. **柳井正**
74歳と家族
326億$(4兆3358億円)
ファーストリテイリング会長兼社長(ユニクロなどを展開)。

 69. **孫正義** 65歳
224億$
(2兆9792億円)
ソフトバンクグループ創業者。

77. **滝崎武光** 77歳
210億$(2兆7930億円)
キーエンス創業者。

 317. **高原豪久**
61歳
72億$(9576億円)
ユニ・チャーム社長。

748. **重田康光**
58歳
38億$(5054億円)
光通信会長。

 766. **永守重信**
78歳
37億$(4921億円)
ニデック会長兼CEO。

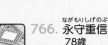 787. **三木正浩**
67歳
36億$(4788億円)
ABCマート創業者。

 787. **野田順弘**
84歳
36億$(4788億円)
オービック会長兼CEO。

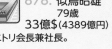 852. **三木谷浩史**
58歳
34億$(4522億円)
楽天会長兼社長。

 878. **似鳥昭雄**
79歳
33億$(4389億円)
ニトリ会長兼社長。

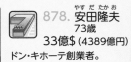 878. **安田隆夫**
73歳
33億$(4389億円)
ドン・キホーテ創業者。

◇「フォーブス」誌の世界長者番付は1987年に始まり、第1回から8年連続で日本人(堤義明、森泰吉郎)が1位だった。

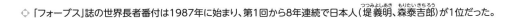

世界の首脳

各国・地域のリーダーや国際機関の代表が一堂に集い、国際情勢、世界経済、環境問題など幅広い議論を行う、「主要20カ国・地域首脳会議（G20サミット）」。世界の行方を担うトップ20はどんな人たちか確認しておきましょう。

※年齢は2023年12月末日時点。

主要7カ国（G7）およびヨーロッパ連合（EU）

※国名の五十音順。
○の数字はG7サミット出席回数

アメリカ合衆国大統領
ジョー・バイデン 81歳（1942年11月20日～）③
就任：2021年1月20日　政党：民主党
オバマ政権時代に副大統領を務め、医療保険制度改革法の成立に尽力。新型コロナ対策、経済再建、人種的公正性、気候変動、ヘルスケア、移民対策、アメリカの国際的地位の回復を政権の優先政策に掲げる。24年の大統領選への出馬を表明している。

イタリア首相
ジョルジャ・メローニ 46歳（1977年1月15日～）①
就任：2022年10月22日　政党：イタリアの同胞
過去にムソリーニを称賛したほか、移民や性的少数者らに対する排他的な主張から「極右」と称される。首相就任前はEUに警戒が広がったが、所信表明演説でEUやNATOとの連携を宣言し、協調外交を展開するなど軌道修正した。

ドイツ首相
オラフ・ショルツ 65歳（1958年6月14日～）②
就任：2021年12月8日　政党：社会民主党
環境政策を重視し、脱原発を実現。ウクライナ危機以降、ロシアに依存していたエネルギー政策の見直しを図る。イスラエルとイスラム組織ハマスとの戦闘ではイスラエル支持を表明。経済安全保障では中国を念頭に、日本との連携強化を目指す。

フランス大統領
エマニュエル・マクロン 46歳（1977年12月21日～）⑦
就任：2017年5月14日　政党：再生
燃料税の引き上げ方針や年金改革などが国民の反発を招き、内政面でむずかしいかじ取りが続く。EUを基軸に積極的な多国間外交を展開し、中国とも関係強化を進める。イスラエルとハマスの軍事衝突をめぐっては、人道的停戦を訴えている。

イギリス首相
リシ・スナク 43歳（1980年5月12日～）①
就任：2022年10月25日　政党：保守党
イギリス史上初のアジア系首相。両親はインド系。オックスフォード大で政治や経済を学び、スタンフォード大で経営学修士を取得。大手金融会社を経て政治家に転身し、7年で国のトップにのぼりつめた。経済の安定と信頼を政権の最優先課題とする。

カナダ首相
ジャスティン・トルドー 52歳（1971年12月25日～）⑧
就任：2015年11月4日　政党：自由党
「すべての人が成功するための真の公平な機会を持つ国」をビジョンとして掲げている。多様性を重視し、移民受け入れや環境保護などに力を入れる。国際秩序の混乱や人権問題をめぐり、中国を警戒。父は元首相のピエール・トルドー氏。

日本首相
岸田文雄 66歳（1957年7月29日～）②
就任：2021年10月4日　政党：自由民主党
「新しい資本主義」を掲げ、持続的な賃上げや国内投資促進に向けた税制優遇策などに取り組む。少子化対策も重視。被爆地・広島を地元とし、核兵器のない世界の実現をライフワークとする一方、24年度の防衛費は過去最大の7.9兆円へ増額。

欧州理事会常任議長（大統領）
シャルル・ミシェル 48歳（1975年12月21日～）④
就任：2019年12月1日　政党：改革運動
ベルギー出身。23歳でベルギーの下院議員、38歳で同国首相、43歳でEUの大統領に就任。EUの最高意思決定機関である欧州理事会（EU首脳会議）の常任議長として、首脳間の調整役を務めるとともに、対外的にEUを代表する役割も担う。

G20は、なぜ始まった？

G20（Group of Twenty）は、主要7カ国（G7＝Group of Seven）に加え、12の新興国、欧州連合で構成されている。G20サミットは、2008年に深刻化した金融危機に対処するためG8*（当時）の枠を超え、20カ国・地域の首脳が会合をもったのが始まり。新興5カ国「BRICS」ほか、急成長する新興国をメンバーに入れないことには世界経済を立て直せないためG20に拡大した。

*ロシアが2014年にクリミア半島を併合したことでG7首脳はロシアのG8参加を停止した。

◆日本で開催されたG7サミット◆

日本は7回議長国を務めている。これまで日本で開催されたサミットを確認しておこう。

年	開催地（通称）	議長
1979	東京（東京サミット）	大平正芳
1986	東京（東京サミット）	中曽根康弘
1993	東京（東京サミット）	宮沢喜一
2000	沖縄県名護市（九州・沖縄サミット）	森喜朗
2008	北海道洞爺湖町（北海道洞爺湖サミット）	福田康夫
2016	三重県志摩市（伊勢志摩サミット）	安倍晋三
2023	広島市（広島サミット）	岸田文雄

◇ サミットは「山の頂上」という意味の英語。サミットを成功に導く各国代表の補佐役を登山隊の道案内にかけて「シェルパ」という。

◎各国については、P219からの「世界の国ぐに」と巻末の「世界の国旗」を参照のこと。

G20に参加する12の新興国
※国名の五十音順。＊は新興5カ国（BRICS）

アルゼンチン大統領
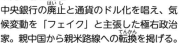
ハビエル・ミレイ
53歳（1970年10月22日〜）
就任：2023年12月10日
政党：自由前進
中央銀行の廃止と通貨のドル化を唱え、気候変動を「フェイク」と主張した極右政治家。親中国から親米路線への転換を掲げる。

オーストラリア首相

アンソニー・アルバニージー
60歳（1963年3月2日〜）
就任：2022年5月23日
政党：労働党
社会の多様性を尊重する姿勢を強調。先住民と非先住民の格差是正に向けた憲法改正を目指したが、国民投票で否決された。

中華人民共和国＊国家主席
習近平（シーチンピン）
70歳（1953年6月15日〜）
就任：2013年3月14日
政党：中国共産党

国家主席の任期制限を撤廃し、異例の3期目を務める。軍事、経済安全保障、人権問題など幅広い分野で欧米と対立している。

南アフリカ共和国＊大統領
シリル・ラマポーザ
71歳（1952年11月17日〜）
就任：2018年2月15日
政党：アフリカ民族会議
イスラエルによるガザ地区への攻撃がジェノサイド（集団殺害）にあたるとして国際司法裁判所（ICJ）に提訴した。

インド＊首相
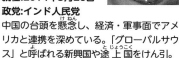
ナレンドラ・モディ
73歳（1950年9月17日〜）
就任：2014年5月26日
政党：インド人民党
中国の台頭を懸念し、経済・軍事面でアメリカと連携を深めている。「グローバルサウス」と呼ばれる新興国や途上国をけん引。

サウジアラビア首相
ムハンマド・ビン・サルマン・ビン・アブドルアジーズ・アール・サウード
38歳（1985年8月31日〜）
就任：2022年9月27日
皇太子兼首相。高齢のサルマン国王に代わり、外交や経済、石油政策まで絶対的な権力を持つ。石油依存からの脱却に積極的。

トルコ大統領
レジェップ・タイップ・エルドアン
69歳（1954年2月26日〜）
就任：2014年8月28日
政党：公正発展党
NATOの一員でありながら、ロシアによるウクライナ侵攻をめぐる仲介役を担うなど、外交の舞台で存在感を高めている。

メキシコ大統領
アンドレスマヌエル・ロペスオブラドール
70歳（1953年11月13日〜）
就任：2018年12月1日
政党：国家再生運動
元メキシコ市長。メキシコ初の左派政権。米トランプ政権には、国境の壁建設、貿易交渉で揺さぶられた。

インドネシア大統領

ジョコ・ウィドド
62歳（1961年6月21日〜）
就任：2014年10月20日
政党：闘争民主党
実業家出身で、経済発展の強化やインフラ開発に尽力。欧米だけでなく、ロシア、中国とも関係を維持するバランス外交を展開。

大韓民国大統領
尹錫悦（ユンソンニョル）
63歳（1960年12月18日〜）
就任：2022年5月10日
政党：国民の力

元検事総長。軍事行動を活発化させる北朝鮮や中国を念頭に、アメリカや日本との連携を強化。日韓両国の首脳が訪問しあう「シャトル外交」を12年ぶりに復活させた。

ブラジル＊大統領
ルイス・イナシオ・ルラ・ダシルバ
78歳（1945年10月27日〜）
就任：2023年1月1日
政党：労働党

前大統領がアマゾンでの森林破壊やコロナへの無策で国際社会から非難されたのと対照的に、外交と気候変動への対策を重視する。

ロシア連邦＊大統領
ウラジーミル・プーチン
71歳（1952年10月7日〜）
就任：2000年5月7日
政党：統一ロシア
首相時代も含めて20年を超える長期政権。22年2月、ウクライナ侵攻を開始。国際社会から非難と経済制裁を受けている。

世界の王室・皇室
（ヨーロッパ10カ国、アジア6カ国、オセアニア2カ国、中東7カ国、アフリカ3カ国）
※国名の五十音順（日本のみ例外）

世界には28の王室・皇室があります。国政に関与することはほとんどの国でありませんが、国民の統合、国際親善の役割を担っています。天皇・国王の例を紹介します。

日本

徳仁天皇（なるひとてんのう）63歳
1960年生まれ・2019年即位
日本国及び日本国民統合の象徴。憲法で定められた国事行為を行う。

イギリス

チャールズ3世 75歳
1948年生まれ・2022年即位
ダイアナ元妃との離婚や、カミラ王妃との再婚が話題に。

オランダ

ウィレム・アレキサンダー国王 56歳
1967年生まれ・2013年即位
オランダ王室116年ぶりの直系男子。母親から王位を継承。

スペイン

フェリペ6世 55歳
1968年生まれ・2014年即位
皇太子時代にヨット選手としてバルセロナ五輪に出場。

タイ

ワチラロンコン国王 71歳
1952年生まれ・2016年即位
ラマ10世。2019年、タイでは69年ぶりとなる戴冠式を行った。

デンマーク

フレデリック10世 55歳
1968年生まれ・2024年即位
母のマルグレーテ2世が生前退位し、王位を継承。

ブータン

ワンチュク国王 43歳
1980年生まれ・2006年即位
国是は「国民総幸福」。東日本大震災の被災地を慰問した。

ベルギー

フィリップ国王 63歳
1960年生まれ・2013年即位
前国王の長子。天皇陛下と同年齢で、会うたびに話が弾むという。

モロッコ

ムハンマド6世 60歳
1963年生まれ・1999年即位
王族で初めて一般女性と結婚。近代化と伝統の調和を図る。

ヨルダン
アブドラ2世 61歳
1962年生まれ・1999年即位
訪日歴10回超えの親日家。「スタートレック」の大ファン。

◇ 現在、欧州の王室では男女区別のない長子継承制が多数。男子継承制のスペインでも、直系の男子がいない場合は女王が認められる。

世界遺産

世界遺産の始まりは、1959年にエジプト・ナイル川のダム建設で水没するヌビア遺跡群を、国連教育科学文化機関（ユネスコ）が世界中によびかけて保護したことがきっかけでした。そして、72年にユネスコ総会で世界遺産条約が採択され、世界遺産リストが作られました。自然や、昔の人が残してくれた大切な文化を守り、後世に伝えるのが目的です。

※2023年10月現在、締約国数は195、登録件数の内訳は、自然遺産227件、文化遺産933件、複合遺産39件（合計1199件）。

世界遺産の例。（ ）内は、所在地と認定年

ケベック旧市街の歴史地区（カナダ　1985年）

セントローレンス川沿いに広がる市街全体が文化財になっている、北アメリカでただ一つの城塞都市ケベック。この街のシンボルは1893年に建てられたホテル「シャトー・フロントナック」。まるでお城のような建物は、フランスの植民地時代のなごり。

歴史的城塞都市カルカッソンヌ（フランス　1997年）

フランスとスペインを隔てるピレネー山脈のふもとにある、城の街カルカッソンヌ。ここは地中海と大西洋、ヨーロッパ大陸とイベリア半島を結ぶ重要なポイントだったので、防衛するためにいろいろな工夫がされている。

●文化遺産　■自然遺産　▼複合遺産
（ ）内は、所在国と登録年

グランド・キャニオン国立公園
（米国　1979年）

米国西部を流れるコロラド川の途中にある、長さ450km、幅最大30kmの谷。谷の幾重にもしま模様に重なった地層は、20億年分の地球の年輪。谷の上と底とでは、気温が20℃も違う。

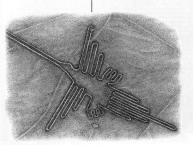

ナスカとパルパの地上絵
（ペルー　1994年）

空からしか見られない大地に描かれた地上絵。なんのために描かれたのだろう？　ナスカの人々が天からの救いを願ったのだろうか。ハチドリやサル、イヌなど30ほどの動物のほかに長い直線やうず巻き模様なども。

アブ・シンベルからフィラエまでのヌビア遺跡群（エジプト　1979年）

ナイル川の上流の岩山をくりぬいて造られた巨大な神殿。紀元前13世紀にラムセス2世によって建てられた。入り口の左右にある、高さ約20mの4体の像はすべてラムセス2世だ。

「負の遺産」

人類が犯した過ちをくり返さないための教訓の意味があり、①戦争や紛争に関連したもの、②人種差別や強制労働に関連したものに大別できる。①は、広島の原爆ドーム（日本。P52参照）、バーミヤン渓谷の文化的景観と古代遺跡群（アフガニスタン）など。②は、ロベン島（南アフリカ）や奴隷貿易の拠点だったゴレ島（セネガル）などがある。

世界遺産に登録されるまで（文化遺産の場合）

当事国が世界遺産条約を締結し、物件を推薦、法律で保護しているのが基本条件。

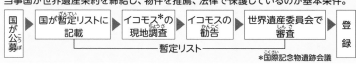

国が公募 → 国が暫定リストに記載 → イコモス*の現地調査 → イコモスの勧告 → 世界遺産委員会で審査 → 登録

暫定リスト

＊国際記念物遺跡会議

◇ 世界遺産リスト登録は1978年に開始。第1号は、ゴレ島など文化遺産8件、ガラパゴス諸島など自然遺産4件。

プラハ歴史地区(チェコ　1992年)
6世紀後半、スラブ民族が集落をつくったことに始まるプラハ。「黄金の都」「百塔の街」「建築博物館の街」などとよばれている。二つの世界大戦の戦火をまぬかれ、教会や古い建物が中世の姿のまま残っている。

ローマ歴史地区、教皇領とサン・パオロ・フォーリ・レ・ムーラ大聖堂

(イタリア・バチカン　1980、90年)
ローマの古代遺跡のなかで最も知られているのが円形闘技場コロッセオ。紀元72年に着工し、8年で完成した。1階は貴賓席、2階は庶民の木製席、3階が立ち見席で、地下に剣闘士や猛獣を収容していた。

ラサのポタラ宮歴史地区

(中国　1994、2000、01年)
ポタラ宮は17世紀にチベットを統一したダライ・ラマ5世が、「赤い山」とよばれる標高3650mの丘の斜面に建てた宮殿。東西に400m、高さ115mの13階建ての建物で、部屋が約1000室もある。

古代都市スコタイと周辺の古代都市群(タイ　1991年)
13世紀初めにタイ人がつくった最初の国家、スコタイ朝の跡。政治を行ったワット・マハタート王宮寺院を中心に200以上もワット(塔)があった。北側のワット・シーチュムにある高さ14.7mの大仏は、見上げるとやさしく見つめてくる。

ウォンバット

タスマニアデビル

エルサレムの旧市街とその城壁群(ヨルダンによる申請遺産　1981年)
ユダヤ教、キリスト教、イスラム教と三つの宗教の聖地であるエルサレムは、周囲を1km四方の城壁に囲まれている。なかでも約1300年前に建てられたイスラム教の「岩のドーム」は、金色に輝いている。

タスマニア原生地域
(オーストラリア　1982、89年)
長い間、海に隔てられ、太古の自然が残ったオーストラリア南東の島、タスマニア。あごの力が強く、恐ろしい鳴き声をあげるタスマニアデビルや、子どもを生後半年までおなかの袋で育てる愛らしいウォンバットなど、絶滅をまぬかれた動物たちが生息している。

グレート・バリア・リーフ
(オーストラリア　1981年)
全長2000kmを超える世界最大のサンゴ礁。大きさは日本列島と同じくらい。サンゴの層がつくられ始めたのは約200万年前といわれる。約400種のサンゴと1500種の魚、4000種の貝などが生息する。

世界遺産のおもな特徴
■ 自然遺産…風景や陸・海の動植物、または森や山などの地形。
● 文化遺産…歴史的、芸術的にすばらしい建物や彫刻、絵画など。
▼ 複合遺産…自然遺産と文化遺産の両方の特徴をあわせ持っている。

◇ 世界遺産保有国はイタリアが59件で1位、続いて中国57件(2023年10月現在、共同登録を含む)。

日本の世界遺産

日本は長い歴史が育んだ独特の文化と、南北に広がる国土が生んだ多様な自然環境に恵まれています。こうした風土で培われた日本の世界遺産は、文化遺産20件、自然遺産5件を数えます（2023年10月現在）。それぞれ、どういった点が評価され世界遺産になったのか、調べてみましょう。

番号は登録順　■文化遺産　□自然遺産　（　）内は、所在地と登録年

■1 法隆寺地域の仏教建造物
（奈良県　1993年）

法隆寺は、聖徳太子の宮殿があった斑鳩にある世界最古の木造建築物。周辺地域には中宮寺、法起寺、法輪寺など日本の仏教寺院建築の移り変わりがうかがえる文化遺産が集まっている。

■2 姫路城 (兵庫県　1993年)

白壁で統一され、サギが羽を広げたような外観から「白鷺城」の別名も。周囲を二重の堀で囲んだり、通路の壁に狭間という鉄砲や矢を撃つ穴を作ったり、戦に備えた工夫がなされている。江戸時代の初めに池田輝政によって築かれた。

■3 屋久島 (鹿児島県　1993年)

山頂から海岸までの約10kmの中に亜熱帯から亜寒帯の植物群が分布し、多様な生態系が息づいている。樹齢1000年以上の屋久杉が生い茂る森は、映画「もののけ姫」で見たような光景だ。ヤクザル、ヤクシカといったこの島固有の動物もいる。

■4 白神山地
（青森県・秋田県　1993年）

標高100mから1200mの山岳地帯。8000年前の自然が残るブナの森は、多様な生物を育てる「いのちの森」。ここに集まる昆虫は2300種以上。

■5 古都京都の文化財
（京都府・滋賀県　1994年）

1200年の歴史ある町に残る、清水寺、平等院、金閣、銀閣、延暦寺、二条城など、平安時代から江戸時代までの17件が登録。日本一古い本殿をもつ宇治上神社、日本一高い木造の塔、東寺の五重塔も含まれる。

■6 白川郷・五箇山の合掌造り集落（岐阜県・富山県　1995年）

岐阜県白川村の59棟と富山県南砺市五箇山地区の29棟の合掌造り家屋。手のひらを合わせたような大きな急勾配の屋根は、豪雪地帯に生きる人の知恵。

■7 原爆ドーム (広島県　1996年)

1945年8月6日、人類初の原子爆弾が投下された町に残る歴史の証人。戦争の悲惨さを伝え、平和を願って保存されている「負の遺産」。もとの名は広島県産業奨励館といい、県の産業を発展させるための展示会などを開く施設だった。

■8 厳島神社 (広島県　1996年)

平清盛が建造した、竜宮城を表したといわれる寝殿造りの優雅な神社。満潮時には大鳥居が海に浮かんでいるように見える。「安芸の宮島」で知られ、松島（宮城県）や天橋立（京都府）とともに日本三景として有名。

■9 古都奈良の文化財
（奈良県　1998年）

平城宮が置かれ日本の首都として栄えた奈良は、8世紀の中国や朝鮮との交流を示す物品が数多く見られる町。東大寺、興福寺、唐招提寺など計8件とその周辺地域が登録。春日大社では神の使いとされるシカが参拝者を迎える。

■10 日光の社寺 (栃木県　1999年)

徳川家康を祭る日光東照宮とともに、二荒山神社、輪王寺が登録。日光東照宮を象徴する陽明門は、時を忘れて見入ってしまうことから「日暮の門」ともよばれている。「日光を見ずして結構と言うなかれ」の格言もある。

■11 琉球王国のグスク及び関連遺産群（沖縄県　2000年）

グスクは城のこと。権力争いが激化した三山時代（1322〜1429年）に築かれた。2019年10月31日に焼失した首里城は、琉球王が住んだ最大のグスクで、約450年間、政治と文化の中心だった（写真は焼失前）。

■12 紀伊山地の霊場と参詣道
（和歌山県・奈良県・三重県　2004年）

吉野・大峯、熊野三山、高野山の3霊場と古都奈良や京都を結んだ参詣道で、世界遺産に道が登録されためずらしい例。神社や寺院などが自然環境と一体になって景観をつくり出している。

◇ オホーツク海につき出た知床半島。「シレトコ」は、アイヌの言葉で「大地の果てるところ」を意味する。

13 知床（北海道　2005年）

川と海と森が一体になった独特の生態系、希少な動植物の生息地であることなどが評価された。

冬の知床の海を覆いつくす流氷は圧巻！

14 石見銀山遺跡とその文化的景観（島根県　2007年）

16世紀から20世紀まで操業した世界有数の銀鉱山遺跡。銀山を盗掘から守った山城の遺構が歴史を物語る。国の重要伝統的建造物群保存地区。

15 小笠原諸島（東京都　2011年）

30余りの島からなり、父島、母島両島は全域が海鳥の繁殖地。独自の生態系をもつ動植物の宝庫で、その進化の過程がわかるところから「東洋のガラパゴス」ともよばれる。

16 平泉―仏国土（浄土）を表す建築・庭園及び考古学的遺跡群―（岩手県　2011年）

平安時代末期に奥州藤原氏が建てた寺院や庭園などで構成。浄土思想が表現され、なかでも国宝建造物第1号に指定された中尊寺金色堂は、一面に金箔が施されていて豪華。

17 富士山―信仰の対象と芸術の源泉―（山梨県・静岡県　2013年）

山頂の信仰遺跡群や周辺の神社など25件が登録。自然遺産として登録申請を目指していたが、登山者らが出した大量のゴミが問題視され断念した。写真は、富士山と三保松原。

18 富岡製糸場と絹産業遺産群（群馬県　2014年）

富岡製糸場（設立1872年）は、115年間操業し世界の絹産業の発展に寄与した。絹産業遺産群として高山社跡、田島弥平旧宅、荒船風穴が登録。

19 明治日本の産業革命遺産　製鉄・製鋼、造船、石炭産業（岩手県・静岡県・山口県・福岡県・熊本県・佐賀県・長崎県・鹿児島県　2015年）

軍艦島の名で知られる端島炭坑（長崎市）など、炭鉱、製鉄、造船業などにかかわる23施設。江戸時代末の開国期から明治時代にかけての約50年間で急速な産業化を達成した段階を示す遺産として評価された。

20 ル・コルビュジエの建築作品―近代建築運動への顕著な貢献―（東京都　2016年）

20世紀を代表する建築家ル・コルビュジエの作品を日本やフランス、ドイツなど7カ国が共同推薦。構成資産の一つ、国立西洋美術館本館は、日本唯一のコルビュジエ作品。実業家松方幸次郎がヨーロッパで集めた美術品を収蔵・展示するため、1959年に建設された。

21 『神宿る島』宗像・沖ノ島と関連遺産群（福岡県　2017年）

古代の祭祀と海の交流の跡を残す島。銅鏡や黄金の指輪、朝鮮半島の馬具、シルクロード由来のガラス製品など約8万点（すべて国宝）が出土し、「海の正倉院」ともよばれている。

22 長崎と天草地方の潜伏キリシタン関連遺産（長崎県・熊本県　2018年）

江戸幕府が禁じたキリスト教をひそかに信仰した潜伏キリシタンが育んだ文化を示す遺産群。島原・天草一揆の舞台だった原城跡、大浦天主堂など12の資産から成る。

23 百舌鳥・古市古墳群―古代日本の墳墓群―（大阪府　2019年）

堺市の百舌鳥、羽曳野市・藤井寺市の古市にある、4世紀後半～5世紀後半に造られた古墳49基。墓としては世界最大級の全長486mを誇る大山古墳（伝仁徳天皇陵）、全長425mの誉田御廟山古墳（伝応神天皇陵）などが登録。

24 奄美大島、徳之島、沖縄島北部及び西表島（鹿児島県・沖縄県　2021年）

世界的に希少な動植物が多く、豊かな生物多様性を守るために重要な地域であることが評価された。奄美大島と徳之島だけにいる国の特別天然記念物のアマミノクロウサギや、西表島のイリオモテヤマネコ、沖縄本島北部にいるヤンバルクイナなど絶滅危惧種が数多く生息する。

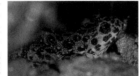

アマミイシカワガエル

25 北海道・北東北の縄文遺跡群（北海道・青森県・岩手県・秋田県　2021年）

国の特別史跡・三内丸山遺跡（青森県青森市）をはじめ、大湯環状列石（秋田県鹿角市）、大平山元遺跡（青森県外ヶ浜町）、北黄金貝塚（北海道伊達市）など縄文時代の17遺跡について、農耕以前の定住生活のあり方や複雑な精神文化を示すとしてその価値が認められた。

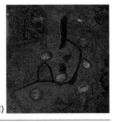

大船遺跡（北海道函館市）

◇ 百舌鳥・古市古墳群には29基の陵墓（皇室の祖先の墓）があるが、被葬者と築造時期が合わないなどの疑問も。陵墓は原則非公開。

日本の無形文化遺産

ユネスコ（国連教育科学文化機関）無形文化遺産は、伝統芸能や口承文化などを人類共通の遺産として守り伝えるため、各国が2003年に条約を結んで始まりました。締約国は182カ国、世界全体では567件、日本からは22件が登録されています（2023年12月現在）。どんな遺産があるか調べてみましょう。

番号は登録順　●重要無形文化財　●重要無形民俗文化財　○文化審議会決定　○選定保存技術　（　）内は、所在地と登録年

①能楽（2008年）

笛、小鼓、大鼓、太鼓の伴奏に乗せ、歌い舞って進行する音楽劇の能と、滑稽なせりふ劇である狂言の総称。室町時代に大成し、後の人形浄瑠璃文楽や歌舞伎にも大きな影響を与えた。

豊作に感謝して奉納された能（宇佐神宮能楽殿＝大分県宇佐市）。

②人形浄瑠璃文楽（2008年）

人形遣い、三味線弾き、太夫とよばれる浄瑠璃語りが三位一体となって作り上げていく。三味線弾きが進行役となり、太夫が語り、それに合わせて人形遣いが人形1体を3人がかりで操る。

人形がテンポよく踊る「二人三番叟」。

③歌舞伎（2008年）

劇、舞踊、音楽の要素をあわせ持った日本独自の伝統芸能。約400年前、出雲阿国によって始まり、かぶき踊り、若衆歌舞伎、野郎歌舞伎をへて今日の形式になった。すべての役を男性が演じ、女性役は女形とよばれる。

「お祭り」の舞台に立つ、十八代目中村勘三郎さん（2011年）。　協力／松竹株式会社

④雅楽（2009年）

宮廷・社寺などに伝わる合奏音楽。日本古来の神楽、東遊などの音楽と舞、中国や朝鮮を経由して渡来した管絃と舞楽、平安時代に作られた催馬楽、朗詠とよばれる声楽曲からなる。

独特の楽器が雅な音色を奏でる。

⑤小千谷縮・越後上布
（新潟県　2009年）

塩沢・小千谷地区で作られる麻織物。越後上布は1200年以上の歴史がある。雪が苧麻の繊維に適度な湿気を与え、雪上の晒しが漂白に役立つといった雪国特有の技術が伝承されている。

真っ白な雪原にしきつめられた越後上布。

⑥奥能登のあえのこと
（石川県　2009年）

豊作をもたらす田の神をまつる儀礼。収穫後から耕作前まで家の中に迎え入れられた神は、迎えた日と送り出される日は入浴と食事でもてなされ、その間は神棚や床の間で休む。

ごちそうを並べて、田の神を接待しているところ。

⑦早池峰神楽（岩手県　2009年）

花巻市大迫町の大償・岳の2地区に伝承される神楽で、早池峰山を霊山として信仰した山伏によって演じられていた。早池峰神社の8月1日の祭礼などで公開される。

室町時代に能が大成する以前の姿をとどめている。

⑧秋保の田植踊
（宮城県　2009年）

仙台市太白区秋保町の3地区に伝わる。小正月（旧暦1月15日）にその年の豊作を願うもので、きらびやかな衣装をまとった早乙女が田植えの所作で踊る。

現在は小・中学校の女子生徒が中心になって伝承している。

⑨大日堂舞楽
（秋田県　2009年）

約1300年前に都から伝わった。地域の4集落が異なる舞を伝承し、能衆とよばれる人たちが世襲で継承。

鹿角市八幡平の大日堂で正月2日に演じられる。

⑩題目立
（奈良県　2009年）

毎年10月12日、奈良市上深川町の八柱神社に奉納される。源平の武将を扱った演目を独特の抑揚をつけて語る。

演じるのは17歳の青年に限られ、成人儀礼の性格をもつ。

⑪アイヌ古式舞踊
（北海道　2009年）

北海道の先住民族・アイヌの人々によって伝承されている歌と踊り。生活と密接に結びついたものが多い。

独特な刺しゅうや紋様がほどこされた衣装で踊る。

⑫組踊（沖縄県　2010年）

沖縄に古くから伝わる歌舞劇。歌舞伎と似た形式で、音楽・舞踊・せりふからなる。琉球王朝時代、明や清からの使節団をもてなすために、踊奉行の玉城朝薫が創作したのが始まり。

夫婦・親子の情愛をえがいた古典組踊「花売の縁（はなういぬえん）」。

◇ 2022年にはフランスの「バゲット」が無形文化遺産に登録された。

ユネスコ無形文化遺産登録（代表一覧表記載）までの流れ

締約国からユネスコに申請（各年、50件の審査件数の制限） ▶ 評価機関による審査 ▶ 政府間委員会で決定
① 記載
② 情報照会（追加情報の要求）
③ 不記載（4年間、再申請不可）

※182カ国（2023年12月現在）

日本の世界遺産（P52-53参照）
日本の無形文化遺産

■は世界遺産、●は無形文化遺産
※❶〜❹、⑰㉑は含まない。

⑬結城紬（茨城県・栃木県　2010年）

栃木県小山市とその近辺、茨城県結城市で作られている、日本の紬を代表する絹織物。1200年以上前から伝わる製法を守り、亀甲模様の細工絣などの生産が続けられている。

織り機の原形をとどめるとされる地機で織り上げる。

⑭壬生の花田植（広島県　2011年）

その年の稲作の無事と豊作を祈願する伝統行事。飾り牛が代かきをした後、笛や太鼓などの囃子に合わせて、絣の着物にすげ笠をかぶった早乙女が田植え歌を歌いながら苗を植えていく。

はでな装飾をされて代かきをする飾り牛。

⑮佐陀神能（島根県　2011年）

松江市鹿島町の佐太神社の御座替祭（毎年9月24〜25日）で行われる神事芸能。400年近い伝統があり、全国で一番数が多い出雲流の神楽の源流であると考えられている。

佐太神社の縁起を語る、神能「大社」。

⑯那智の田楽（和歌山県　2012年）

熊野那智大社で毎年7月に開かれる例大祭で、豊作を祈って奉納する。ビンザサラや締め太鼓、笛の伴奏とともに優美に演じられるのが特色。京都から約600年前に伝わったとされている。

中世の田楽が忠実に受けつがれている。

⑰和食：日本人の伝統的な食文化―正月を例として―（2013年）

2013年12月に、ユネスコ無形文化遺産に登録された。これまで日本から登録されたのは、国内で指定された重要無形文化財や重要無形民俗文化財だけだったので、「和食」の無形文化遺産への登録は異例といえる。「和食」が登録された理由として、料理そのものではなく、年中行事との関わりなど日本人の社会的慣習としての食文化が評価されたことがあげられる。

⑱和紙：日本の手漉和紙技術

（島根県・岐阜県・埼玉県　2014年）

2009年に登録された「石州半紙」（島根県浜田市）に、本美濃紙（岐阜県美濃市）と細川紙（埼玉県小川町、東秩父村）を加えて新たに登録。コウゾだけを原料にした手すきの技術が、伝統的工芸技術として認められた。

すいた和紙が積み重なっていく。

⑲山・鉾・屋台行事

（18府県　2016年）

東北から九州まで33件の祭礼行事。高山祭の屋台行事（岐阜県高山市）、博多祇園山笠行事（福岡市）、唐津くんちの曳山行事（佐賀県唐津市）など。

八戸三社大祭の山車行事（青森県八戸市）。

⑳来訪神　仮面・仮装の神々

（秋田県・岩手県・宮城県・山形県・石川県・佐賀県・鹿児島県・沖縄県　2018年）

東北から沖縄まで8県10の行事。仮装した「来訪神」が家々を訪れ、人々を祝福したり戒めたりする。

なまけ者をこらしめる「男鹿のナマハゲ」。

㉑伝統建築工匠の技：木造建造物を受け継ぐための伝統技術

（2020年）

文化財保存のために不可欠な「建造物木工」「檜皮葺・杮葺」「左官（日本壁）」など木造建造物の修理にかかわる17件の伝統的技術。

屋根に檜皮を葺く職人。

㉒風流踊（24都府県　2022年）

広く親しまれている盆踊りなど、各地の歴史や風土に応じてさまざまな形で伝承されてきた41件の民俗芸能。2009年に登録された「チャッキラコ」（神奈川県）に加えて登録された。

踊りの振りが美しい「西馬音内の盆踊」（秋田県）。

◇「協同組合」も無形文化遺産。2016年、ドイツが申請した「共通の利益を形にする協同組合の思想と実践」が評価された。

日本の世界農業遺産

世界農業遺産は、伝統的な農業や農村文化、景観などが維持されている地域を国連食糧農業機関が認定し、世界共通の財産として継承することが目的。26カ国86地域、日本では15地域が認定されています（2023年11月現在）。

（　）内は、所在地と認定年

トキと共生する佐渡の里山
（新潟県　2011年）
生物多様性農法で米を作るなど、国の特別天然記念物トキを中心に、人と生物が豊かに暮らせる島づくりに取り組む。

田んぼでエサを探すトキ。

能登の里山里海 (石川県　2011年)
棚田や、潮風から家屋を守る竹の垣根など伝統的な農山漁村の景観を維持。農耕神事「あえのこと」（P54参照）も継承している。

白米千枚田で田植えをする人々。

清流長良川の鮎 (岐阜県　2015年)
鮎漁が盛んな長良川。鮎は地域に守られた清流で育ち、地域の人々は鮎の恩恵を受ける。美濃和紙（P55参照）作りにも清水が不可欠。

鮎漁はかがり火の明かりだけで行う。

森・里・湖に育まれる漁業と農業が織りなす琵琶湖システム (滋賀県　2022年)

伝統的な琵琶湖漁業を中心とする「里湖」とも呼ばれる循環型システム。1000年の歴史を持つエリ漁や独特の食文化が継承されている。
矢印の形に網を張って魚を追い込む。

人と牛が共生する美方地域の伝統的但馬牛飼育システム (兵庫県　2023年)

牛籍簿を整備し、和牛改良を続けてきたことで、世界でもここにしかない独自の遺伝資源が保全されてきた。
田んぼなどに牛を放牧し、雑草などを食べさせる。

にし阿波の傾斜地農耕システム
（徳島県　2018年）
４００年以上の歴史がある、急斜面での農耕が多様な動植物や山村景観を保全。農耕にまつわる伝統行事も受け継がれている。

傾斜地農法で雑穀や野菜を栽培する。

阿蘇の草原の維持と持続的農業 （熊本県　2013年）
希少な動植物が数多く生息する日本最大級の草原を維持する阿蘇地域。火山性で養分の乏しい土壌を改良して循環型農業を行う。

あか牛が放牧される草原。

持続可能な水田農業を考える「大崎耕土」の伝統的水管理システム (宮城県　2017年)
気象変化に応じた水管理で冷害や洪水を克服してきた大崎地域。屋敷林「居久根」などが生物多様性の維持に貢献している。

広い平野のそこここに居久根が点在する。

峡東地域の扇状地に適応した果樹農業システム (山梨県　2022年)
ブドウやモモなどの果樹の適地適作が古くから行われ、独自のブドウの棚式栽培が開発され、現在まで継承されている。

季節ごとにさまざまな風景を見せるブドウ畑。

大都市近郊に今も息づく武蔵野の落ち葉堆肥農法 (埼玉県　2023年)
江戸時代から木々を植えて平地林を育て、落ち葉を堆肥とする、持続的な畑の農業が続けられている。

落ち葉掃きにはボランティアも参加。

静岡水わさびの伝統栽培 (静岡県　2018年)
静岡県はわさび栽培発祥の地。江戸時代から続く、肥料を極力使わずに湧水が含む養分で栽培する農法を受け継いでいる。希少な生物が数多く生息している。

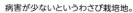

病害が少ないというわさび栽培地。

静岡の茶草場農法
（静岡県　2013年）
掛川周辺地域では、県の特産品である茶の栽培を伝統的な茶草場農法で行い、その農法の実践が生物多様性をも促している。

希少な生物が多数生息する茶草場。

みなべ・田辺の梅システム
（和歌山県　2015年）
農業に不利な土壌と傾斜地を活用して、良質な梅を持続的に生産するシステムづくりに成功。梅は地域の基幹産業になっている。

山の斜面いっぱいに咲く梅の花。

高千穂郷・椎葉山地域の山間地農林業複合システム
（宮崎県　2015年）
険しい山間地でモザイク林などによる森林保全管理、伝統的な焼き畑農業、棚田の米作りなど、複合的農林業をすすめている。
椎葉村で受け継がれてきた焼き畑。

クヌギ林とため池がつなぐ国東半島・宇佐の農林水産循環 (大分県　2013年)
小規模なため池を連携させ、効率的な土地・水利用を行う。クヌギ原木のシイタケの栽培が森林の新陳代謝を促している。

箱庭のような田染荘小崎地区。

◇ 佐渡は野生のトキが最後まですんでいた島だ。日本のトキが2003年に絶滅後、中国のトキを繁殖させている。

日本のユネスコ世界ジオパーク

ユネスコ世界ジオパークは、国際的に価値のある地質遺産などを保護、活用することを目的とする、ユネスコの国際地質科学ジオパーク計画(IGGP)の一事業です。

（ ）内は、所在地と認定年

洞爺湖有珠山(北海道 2009年)

約11万年前の巨大噴火で生まれた洞爺湖、2万〜1万年前に噴火をくり返して生まれた有珠山。火山活動で形成された雄大な自然と共に生きてきた人間の歴史が感じられる。

洞爺湖(右)、有珠山(左)。右手前の昭和新山は有珠山の噴火でできた。

白山手取川(石川県 2023年)

生物進化と東アジアの白亜紀の環境を考えるうえで重要な地域。日本列島と日本海側の多雪という自然環境の特徴がよく表れた地形が見られ、人が自然から受け取る恵みと大地の成り立ちとのつながりがとても強く感じられる。

桑島化石壁。中生代白亜紀前期の化石産出地で国指定天然記念物。
提供：白山手取川ジオパーク推進協議会

隠岐(島根県 2013年)

島根半島の北40〜80kmの日本海に点在する四つの有人島と多数の無人島から成る。ユーラシア大陸と一体だった時代からの大地の変化の過程がわかる地質、その大地の上で独自の進化をとげた生態系、北方系から南方系までの多様な植物などが見られる。

見どころの一つ、赤尾展望所(島根県・西ノ島町)。放牧地でもある。

阿蘇(熊本県 2014年)

最大の見どころは、約27万年前から何度か起こった巨大噴火によって形成されたカルデラ。1000年以上にわたって野焼きを行い維持している草原や、火山信仰する住人の姿などから、自然を慈しみ、恐れながら生きてきた人間の歴史・文化が見て取れる。

樹氷が見られる冬の阿蘇。草千里展望所(阿蘇市赤水)。

島原半島(長崎県 2009年)

雲仙火山を中心に島原・雲仙・南島原の3市にまたがる。この地域には温泉や湧水地も多く、火山は災害をもたらすだけではなく、人に恵みももたらすものであることがよくわかる。甚大な被害を出した雲仙岳の平成噴火(1990〜95年)を映像と音で体験できる記念館もある。

中腹付近まで雪化粧した平成新山。

アポイ岳(北海道 2015年)

約1300万年前の巨大プレートの衝突によりできたアポイ岳。国の特別天然記念物に指定された高山植物が生育し、固有種が集中する群落もあり世界的に珍しい。標高810m。

北海道固有種のアポイアズマギク。

糸魚川(新潟県 2009年)

糸魚川-静岡構造線が走る地質学上重要な地域。本州を二つに分ける大断層や、国内有数のヒスイの産地などを有し、太古から刻まれてきた大地の営みにふれることができる。

巨大なヒスイの原石。

伊豆半島(静岡県 2018年)

エリアは県東部の7市8町。かつては南洋にあった火山島の集まりで、約60万年前、本州に衝突して半島化した。二つの活動的な火山弧が集まる世界で唯一の場所。

海の浸食作用で削られた城ケ崎海岸。全長は約9kmにわたる。

山陰海岸(京都府・兵庫県・鳥取県 2010年)

エリアは京丹後市の経ケ岬から鳥取市西端まで。日本列島がアジア大陸の一部だった約2500万年前まで遡って、日本海形成の経過がわかる貴重な地形・地質や、この土地の自然・風土に培われた人々の文化・歴史も知ることができる。

左奥は鳥取砂丘(鳥取市)。

室戸(高知県 2011年)

室戸半島に位置する室戸市全域が範囲。室戸岬は過去の大地震をきっかけに隆起し、1000年で平均2mという驚異的な速さで今も隆起を続ける。地球のダイナミックな活動が観察できるスポット。

雨雲の間から姿を見せた室戸半島(室戸市)。

地域発展に取り組む姿勢もポイント

ユネスコ世界ジオパークは、貴重な地形や地質の保全だけではなく、その土地の文化や歴史、生態系も対象で、それらを活用して地域の活性化や教育など、地域社会の持続可能な発展に取り組む地域が認定される。世界48カ国195カ所が認定されている(2023年5月現在)。なお、日本ジオパークに認定された地域は全国で46カ所(世界ジオパーク認定の10カ所を含む)。近くにあったら行ってみよう!

◇ ジオパークの「ジオ(geo)」は、ギリシャ語で地球を意味する言葉に由来し、大地、地球、地下といった意味。

ミニ百科

日本の名城

城はもともと軍事施設でしたが、近世(安土桃山時代〜江戸時代)になると、領主が住んだり、領地を治めたりする役割を持つようになりました。城の中心にあり、象徴ともいえるのが天守。天守が現存する12の城(国宝5、重要文化財7)など、代表的な近世の城を見てみましょう。

( )内は、所在地、主な築城年、主な築城者　★は天守が国宝、■は天守が重要文化財指定

★ 松本城 (長野県　1593〜94年　石川数正・康長)

徳川家康の家臣から、豊臣秀吉の家臣になった石川数正が築城を開始し、息子・康長が完成。黒漆で塗られた五重の大天守などが国宝指定。戦国時代に造られた大天守、乾小天守には戦のための仕掛けがあるが、江戸時代に増築した月見櫓はお月見のために造られている。

天守の黒漆は毎年塗り替えられている。

★ 犬山城 (愛知県　1537年　織田信康)

織田信長の叔父・織田信康が築いた。木曽川沿いの山の上に立ち、木曽川を外堀として利用。江戸時代に成瀬正成が城主となり、幕末まで成瀬氏が治めた。明治時代に一時、県所有となったが再び成瀬氏の所有となり、2004年まで個人所有の城だった。

小牧・長久手の戦い(1584年)の後、豊臣の城となったことも。

★ 彦根城 (滋賀県　1604年　井伊直継・直孝)

初代彦根藩主、井伊直政の長男・直継が築城を開始し、次男・直孝が完成させた井伊家14代の居城。天守は三重三階でさまざまな破風を配し、デザイン性が高いが、豊臣家との戦を想定して造られている。しかし実際には戦の舞台にはなっていない。

天守は大津城(滋賀県)の天守の材木を再利用している。

★ 姫路城 (兵庫県　1601年　池田輝政)

羽柴(豊臣)秀吉が改修し、徳川家康の娘婿・池田輝政が現在の形にした。壁と瓦に施された白漆喰が特徴的で白鷺城と呼ばれる。堀は天守を中心に三重の渦巻き状に配置されている。戦を想定して築城されたが、実際には戦の舞台にはなっていない。

世界遺産にも登録されている。

■ 松江城 (島根県　1611年　堀尾忠晴)

2代松江藩主、堀尾忠晴が祖父・吉晴の助けを得て築城。藩主は堀尾氏から京極氏、松平氏へと移った。松平家7代目藩主、松平治郷は財政再建で手腕を発揮し、大名茶人「不昧公」の名で親しまれている。築城年を記した祈祷札が見つかり、2015年に天守が国宝指定。

松江城の周りに巡らされた堀を一周する遊覧船もある。

江戸城 (東京都　1606年　徳川家康)

日本最大の城。徳川家康が全国の大名に手伝わせる天下普請で着工し、3代将軍・家光が完成させた。天守は3代それぞれが造ったが、明暦の大火(1657年)で焼失し、再建されなかった。町の復興・インフラ整備に重きを置いたためといわれている。

江戸城天守閣の石垣。本丸、二の丸、三の丸の一部が皇居東御苑として公開されている。

名古屋城 (愛知県　1610年　徳川家康)

徳川家康の命で全国の大名が請け負う天下普請により築城され、尾張徳川家の居城となった。城郭として初の国宝に指定されたが、太平洋戦争で焼失。天守はその後、鉄筋コンクリートで再建され、1952年に特別史跡に指定。2018年には本丸御殿が復元された。

別名金鯱城といわれるように、金の鯱が象徴的。

大坂城 (大阪府　1583年　豊臣秀吉／1620年　徳川秀忠)

天下統一の拠点となった豊臣家の大坂城は、大坂夏の陣(1615年)で落城し、炎上。徳川秀忠は豊臣時代のものを埋めた上に、より大規模な城を完成させた。本丸の石垣の高さは日本一。13の建造物が重要文化財指定。天守は1931年に鉄筋コンクリートで建造された。

豊臣、徳川に続く3代目の天守は、市民の寄付金で復興。

◇ 築城の名手①加藤清正　豊臣の城にかかわる。「武者返し」と呼ばれる中段が反る石垣が特徴で、熊本城がその代表。

参考文献／「日本人なら絶対行きたい日本の名城200」(宝島社)、「日本100名城公式ガイドブック スタンプ帳つき」(ワン・パブリッシング)、「日本100名城のひみつ」(小学館)

五稜郭
弘前城
松本城
丸岡城
備中松山城
姫路城
江戸城
松江城
丸亀城
犬山城
名古屋城
彦根城
熊本城
松山城
高知城
大坂城
首里城
宇和島城

★重 弘前城(青森県 1611年 津軽信枚)

天守は2代弘前藩主、津軽信枚が完成。落雷で焼失し、9代藩主津軽寧親が再建。天守は五重から三重になったが、武家諸法度により自由な再建ができなかったためといわれる。雪や寒さに強い銅瓦を使用。

天守のほか3つの櫓と5つの門が重要文化財指定。

重 丸岡城(福井県 1576年 柴田勝豊)

たびたび城主が代わり、現存天守は初代丸岡藩主、本多成重が築いたといわれる。天守の屋根瓦には福井市内で採れる石材、笏谷石を使用。福井地震(1948年)で倒壊したが、元の建材を70%使用して再建された。

石製の瓦の天守はここだけ。寒さに強く割れにくいという。

重 備中松山城(岡山県 1605年 小堀遠州／1681年 水谷勝宗)

標高約430mの臥牛山(小松山山頂)にある山城。関ケ原の戦い(1600年)後、備中国奉行として赴任してきた小堀遠州が荒れ果てた城を改修し、町づくりを開始する。石垣や天守などは水谷勝宗の手による。

天守、二重櫓、三の平櫓東土塀が重要文化財指定。

重 丸亀城(香川県 1597年 生駒親正／1643年 山崎家治・京極高和)

生駒氏が亀山に築城したが、一国一城令(1615年)で廃城。その後、山崎家治が再建に取り掛かり、京極氏の時代に完成。築城に時間がかかったので、石垣の積み方で時代を見ることができる。

天守、大手一の門、大手二の門が重要文化財指定。

重 松山城(愛媛県 1602年 加藤嘉明・蒲生忠知)

加藤嘉明が標高132mの勝山山頂に築城したが、領地替えとなり、蒲生忠知が完成させた。その後松平氏が城主となり、明治時代まで松平氏が治めた。現存天守は1852年の幕末期に再建されたもの。

天守、乾櫓など21件が重要文化財指定。

重 宇和島城(愛媛県 1596年 藤堂高虎)

リアス海岸で知られる宇和海の最深部に、築城の名手、藤堂高虎によって建てられた。現在は埋め立てられてしまったが、かつては城郭の半分が海に面していた。現存天守は伊達宗利の手によるもの。

天守が重要文化財指定。

重 高知城(高知県 1601年 山内一豊)

関ケ原の戦い(1600年)の功績で土佐藩主となった山内一豊が築城。城下町を焼き尽くした享保の大火(1727年)で天守も焼失したが、1749年に望楼型天守として再建された。

天守、本丸御殿などの建造物がほぼ残っている唯一の城。

熊本城(熊本県 1607年 加藤清正)

築城の名手、加藤清正が築城。天守は西南戦争(1877年)で焼失したが、1960年に外観復元された。清正が築いた石垣が現存していたが、2016年の熊本地震で大きな被害を受けた。21年に復旧。

宇土櫓など13件が重要文化財指定。

五稜郭(北海道 1857年 江戸幕府)

幕末に幕府が設置した箱館奉行所で、星形五角形のヨーロッパ式城塞。箱館戦争(1868年)の時に旧幕府軍が占拠し、明治政府から総攻撃開始を通告されたが、降伏したため戦場にはなっていない。

国特別史跡。

首里城(沖縄県 14世紀頃 不明)

1429～1879年に存在した琉球王国のグスク(城)。中国の紫禁城がモデルといわれている。正殿は太平洋戦争で焼失したが、1992年に復元。2000年に首里城跡として世界遺産に登録された。

2019年の火災で主要施設が焼失。復元を目指している。

◇ 築城の名手②藤堂高虎 徳川の城に携わる。無駄を省いた設計が特徴で、石垣はほぼ垂直。江戸城、大坂城、名古屋城が代表。

日本の歴代総理大臣

※臨時代理などは歴代から除きました。また、数次にわたり連続して就任した内閣総理大臣の通算在職日数は、個々の内閣の終了日と開始日が重なるため、それぞれの在職日数の合計より少なくなります。出身地は、戦前は「出生地」、戦後は「選挙区」としました。

1・5・7・10代
伊藤博文(1841〜1909年)
通算在職日数：2720日
出身地：山口県

大日本帝国憲法の制定を牽引。枢密院・貴族院議長(いずれも初代)を歴任。立憲政友会を創設。初代統監として韓国併合を進め、朝鮮の独立運動家・安重根に暗殺された。

2代
黒田清隆(1840〜1900年)
在職日数：544日
出身地：鹿児島県

大日本帝国憲法を発布した。藩閥で内閣を構成し、幕末に欧米と結んだ不平等な条約の改正に努めたが失敗し辞職。開拓長官時は北海道の開発に尽力した。

3・9代
山県有朋(1838〜1922年)
通算在職日数：1210日
出身地：山口県

改正条約を実践し領事裁判権を撤廃、治安警察法を公布した。また徴兵令を制定するなど近代陸軍の創設に尽力。政党政治を嫌って巨大な派閥をつくり、権力をふるった。

4・6代
松方正義(1835〜1924年)
通算在職日数：943日
出身地：鹿児島県

地租改正、殖産興業政策を進めたのち大蔵大臣になる。日本銀行を創設し兌換銀行券を発行して物価暴騰をおさえた。金本位制を確立するなど国家財政の整備に尽力。

8・17代
大隈重信(1838〜1922年)
通算在職日数：1040日
出身地：佐賀県

立憲改進党創設、板垣退助と初の政党内閣(隈板内閣)を組織。17代在職時第1次世界大戦に参戦、二十一カ条要求を強行。黒田内閣外務大臣時、暴漢に襲われ右脚を失う。

11・13・15代
桂 太郎(1847〜1913年)
通算在職日数：2886日
出身地：山口県

山県有朋のもと陸軍の要職を歴任、軍制改革を進めた。日英同盟改定、ポーツマス条約調印、韓国併合、関税自主権の回復を行った。第1次護憲運動により辞職した。

12・14代
西園寺公望(1849〜1940年)
通算在職日数：1400日
出身地：京都府

伊藤博文のあとを受けて立憲政友会総裁に就任、2度首相になるが陸軍と対立して辞職。以後、元老として立憲政治、政党内閣制を支持。ベルサイユ条約調印で首席全権を務めた。

16・22代
山本権兵衛(1852〜1933年)
通算在職日数：549日
出身地：鹿児島県

海軍大臣をへて首相になるが、就任の翌年にシーメンス事件により辞職。関東大震災発生の翌日に再び首相になり社会主義者らを弾圧。虎ノ門事件の責任をとって辞職した。

18代
寺内正毅(1852〜1919年)
在職日数：721日
出身地：山口県

第1次桂太郎内閣への入閣を皮切りに陸軍大臣を歴任。韓国併合を強行し初代朝鮮総督になった。官僚出身者だけで組閣、シベリア出兵を断行した。米騒動により辞職。

19代
原 敬(1856〜1921年)
在職日数：1133日
出身地：岩手県

本格的な政党内閣を組織、ベルサイユ条約調印、国際連盟に加入した。平民宰相とよばれたが、普通選挙に反対するなど世論の非難を浴び、東京駅で暗殺された。

20代
高橋是清(1854〜1936年)
在職日数：212日
出身地：東京都

大蔵大臣(蔵相)から立憲政友会総裁に就任、首相になった。一時引退するが蔵相として復活、金融恐慌を支払い猶予令(モラトリアム)で収拾、金解禁、軍需インフレ政策を推進した。二・二六事件で暗殺された。

21代
加藤友三郎(1861〜1923年)
在職日数：440日
出身地：広島県

第2次大隈内閣から高橋是清内閣まで海軍大臣を歴任、ワシントン会議の全権を務めた。立憲政友会の支持で組閣、海軍軍縮、シベリア撤兵を実現した。在任中に死去。

23代
清浦奎吾(1850〜1942年)
在職日数：157日
出身地：熊本県

山県有朋直系の官僚政治家として法務・農商務大臣などを歴任。貴族院を中心に組閣、普通選挙実施を声明したが、第2次護憲運動で議会解散、総選挙に敗れて辞職した。

◇ 内閣総理大臣と首相は同じ意味。「首」は最高位、「相」は昔の中国で皇帝の仕事を補佐した人のよび名に由来している。

24代
加藤高明（かとうたかあき）(1860〜1926年)
在職日数：597日
出身地：愛知県

立憲憲政会総裁として護憲三派連立内閣を成立させ首相に就任。治安維持法、普通選挙法を公布した。第2次大隈内閣では外務大臣として中国に二十一カ条要求を提出した。

25・28代
若槻礼次郎（わかつきれいじろう）(1866〜1949年)
通算在職日数：690日
出身地：島根県

内務大臣在職中、加藤高明首相の発病にともない首相代理をへて立憲憲政会総裁、首相に就任した。金融恐慌で辞職するが、ロンドン海軍軍縮会議の全権を務めたのち、再び組閣した。

26代
田中義一（たなかぎいち）(1864〜1929年)
在職日数：805日
出身地：山口県

金融恐慌の処理（蔵相・高橋是清）、共産主義運動の弾圧、強硬外交を行った。張作霖爆殺事件の処分問題で辞職。原敬内閣では陸軍大臣を務め、シベリア出兵を強行した。

27代
浜口雄幸（はまぐちおさち）(1870〜1931年)
在職日数：652日
出身地：高知県

大蔵・内務大臣を歴任、立憲民政党総裁から首相に就任。金解禁、財政緊縮、対米協調外交を行った。ロンドン海軍軍縮条約に調印。東京駅で狙撃され重傷、翌年死去。

29代
犬養毅（いぬかいつよし）(1855〜1932年)
在職日数：156日
出身地：岡山県

護憲運動で活躍後、立憲政友会総裁から首相になった。政党政治で満州事変を乗り切ろうとしたが、反対する軍人に五・一五事件で暗殺された。戦前最後の政党内閣となった。

30代
斎藤実（さいとうまこと）(1858〜1936年)
在職日数：774日
出身地：岩手県

海軍大臣、朝鮮総督を歴任し、ジュネーブ軍縮会議の全権を務めた。五・一五事件を受けて組閣、満州国の建設と承認、国際連盟脱退にふみ切った。二・二六事件で殺害された。

31代
岡田啓介（おかだけいすけ）(1868〜1952年)
在職日数：611日
出身地：福井県

海軍の要職を歴任、斎藤内閣の海軍大臣を務めたのち、首相に就任。海軍軍縮条約破棄問題、天皇機関説問題などで軍部の圧力が増大、二・二六事件で襲撃され辞職した。

32代
広田弘毅（ひろたこうき）(1878〜1948年)
在職日数：331日
出身地：福岡県

斎藤・岡田内閣の外務大臣をへて首相に就任、日独防共協定を締結した。辞職後、近衛内閣の外相として中国への高圧政策を推進。第2次大戦後、A級戦犯として絞首刑。

33代
林銑十郎（はやしせんじゅうろう）(1876〜1943年)
在職日数：123日
出身地：石川県

日中戦争を始めた。陸軍に擁立され、政党を排撃した内閣は、軍のロボットといわれた。倒閣運動により辞職。満州事変時は朝鮮軍司令官として独断で出兵し問題になった。

34・38・39代
近衛文麿（このえふみまろ）(1891〜1945年)
通算在職日数：1035日
出身地：東京都

貴族院議長から首相になった。大政翼賛会創立、日独伊三国同盟締結など戦争への道筋をつけたが、のち陸軍と対立し辞職。第2次大戦後、戦犯容疑者に指名されて自殺。

35代
平沼騏一郎（ひらぬまきいちろう）(1867〜1952年)
在職日数：238日
出身地：岡山県

法務大臣などを歴任、枢密院議長から首相になった。ドイツとの軍事同盟交渉が停滞するなか、独ソ不可侵条約締結を受けて辞職。第2次大戦後、A級戦犯で服役中に病死。

36代
阿部信行（あべのぶゆき）(1875〜1953年)
在職日数：140日
出身地：石川県

陸相臨時代理などをへて首相に就任。陸軍に擁立されて組閣し、軍需経済を優先したため電力・食糧が不足、物価高騰をまねいた。辞職後、終戦まで朝鮮総督を務めた。

37代
米内光政（よないみつまさ）(1880〜1948年)
在職日数：189日
出身地：岩手県

たびたび海軍大臣を務め、親英米派の立場をとった。日中戦争の拡大を批判、組閣すると日独伊三国同盟を回避しようとしたが、陸軍の反対運動が強まり辞職した。

40代
東条英機（とうじょうひでき）(1884〜1948年)
在職日数：1009日
出身地：東京都

第3次近衛内閣の陸軍大臣から首相に就任、太平洋戦争を開始した。独裁権力をふるったが戦況悪化にともない辞職。敗戦後、東京裁判でA級戦犯として絞首刑になった。

41代
小磯国昭（こいそくにあき）(1880〜1950年)
在職日数：260日
出身地：栃木県

拓務大臣をへて朝鮮総督から首相に就任。「一億総武装」を国民に強いたが、戦局の悪化、本土空襲などに抗する策がとれず辞職。A級戦犯として終身刑、服役中に病死。

42代
鈴木貫太郎（すずきかんたろう）(1867〜1948年)
在職日数：133日
出身地：大阪府

終戦の使命を帯びて組閣、主戦派をおさえてポツダム宣言の受諾を決定し太平洋戦争を終結に導いた。海軍大将から侍従長として昭和天皇に仕え、二・二六事件では重傷を負った。枢密院議長を務めたこともある。

43代
東久邇宮稔彦（ひがしくになるひこ）(1887〜1990年)
在職日数：54日
出身地：京都府

平穏な終戦処理を行うため皇族から首相に就任。「一億総ざんげ」をとなえ、日本降伏文書に調印、軍の解体などを実施した。連合国軍総司令部（ＧＨＱ）の指令を前に指導力を発揮できず、すぐに辞職した。

44代
幣原喜重郎（しではらきじゅうろう）(1872〜1951年)
在職日数：226日
出身地：大阪府

英米親善外交で外務大臣を務め、満州事変の収拾に失敗し下野するが、戦後首相として復活。GHQの政策に従って憲法改正に着手、男女平等の最初の総選挙などを行った。

45・48・49・50・51代
吉田茂（よしだしげる）(1878〜1967年)
通算在職日数：2616日
出身地：高知県

日本国憲法公布、サンフランシスコ平和条約調印を行い、戦後政治の基本路線を敷いた。駐英大使などを歴任、戦中は親英米派として軍部に排斥された。

一番多い出身地は？

初代首相（内閣総理大臣）の伊藤博文から、第100・101代岸田文雄首相まで、29都道府県から首相が誕生。最も多いのは山口県で8人。明治維新から政党内閣の誕生まで続いた藩閥政治（江戸幕府倒幕で活躍した薩摩、長州、土佐、肥前の出身者が指導した政治）が影響している。

◇ 高橋是清は幼少から英語を学び13歳で派遣された米国で、過って人身売買の契約書にサインし奴隷になったことがある。

46	1947.5.24	片山 哲	最高裁判所発足／帝銀事件
47	1948.3.10	芦田 均	昭和電工疑獄事件
48	1948.10.15	吉田 茂(2)	極東国際軍事裁判(東京裁判)判決
49	1949.2.16	吉田 茂(3)	朝鮮戦争勃発／日米安全保障条約調印
50	1952.10.30	吉田 茂(4)	テレビ放送開始／米国、初の水爆実験
51	1953.5.21	吉田 茂(5)	第五福 竜 丸被曝事件／陸海空自衛隊発足
52	1954.12.10	鳩山一郎(1)	重要無形文化財保持者第1次認定
53	1955.3.19	鳩山一郎(2)	アジア・アフリカ会議開催
54	1955.11.22	鳩山一郎(3)	日ソ共同宣言調印／国際連合加盟
55	1956.12.23	石橋湛山	元日本兵、ソ連から最後の集団帰国／昭和基地設営開始
56	1957.2.25	岸 信介(1)	ソ連、初の人工衛星打ち上げ
57	1958.6.12	岸 信介(2)	新日米安全保障条約調印／東京タワー完工
58	1960.7.19	池田勇人(1)	初の女性大臣誕生／浅沼社会党委員長刺殺
59	1960.12.8	池田勇人(2)	国民所得倍増計画決定／ケネディ米大統 領暗殺
60	1963.12.9	池田勇人(3)	東京オリンピック
61	1964.11.9	佐藤栄作(1)	日韓基本条約調印
62	1967.2.17	佐藤栄作(2)	東京都革新知事誕生／大学紛争激化
63	1970.1.14	佐藤栄作(3)	大阪万博・札幌冬季オリンピック／沖縄県本土復帰
64	1972.7.7	田中角栄(1)	日中共同声明調印
65	1972.12.22	田中角栄(2)	オイル・ショック
66	1974.12.9	三木武夫	ロッキード事件表面化、田中角栄逮捕
67	1976.12.24	福田赳夫	新東京国際空港開港／日中平和友好条約調印
68	1978.12.7	大平正芳(1)	元号法制定／国公立大学共通1次試験初実施
69	1979.11.9	大平正芳(2)	日本、モスクワ五輪をボイコット
	1980.6.12	臨時代理	伊東正義(内閣官房長官)
70	1980.7.17	鈴木善幸	日米自動車貿易摩擦／東北・上越新幹線開業
71	1982.11.27	中曽根康弘(1)	ソ連軍、大韓航空機を撃墜
72	1983.12.27	中曽根康弘(2)	男女雇用機会均等法施行
73	1986.7.22	中曽根康弘(3)	国鉄分割民営化(JR発足)
74	1987.11.6	竹下 登	昭和天皇死去／青函トンネル開業
75	1989.6.3	宇野宗佑	参議院議員選挙で与野党逆転
76	1989.8.10	海部俊樹(1)	大学入試センター試験初実施
77	1990.2.28	海部俊樹(2)	東西ドイツ統一／湾岸戦争
78	1991.11.5	宮沢喜一	学校5日制開始／Jリーグ開幕
79	1993.8.9	細川護熙	ゼネコン汚職発覚
80	1994.4.28	羽田 孜	南京大虐殺事件でっちあげ発言で法相辞任
81	1994.6.30	村山富市	阪神・淡路大震災／オウム真理教事件
82	1996.1.11	橋本龍太郎(1)	国が薬害エイズ問題で血友病患者に謝罪
83	1996.11.7	橋本龍太郎(2)	介護保険法公布／長野冬季五輪
84	1998.7.30	小渕恵三	特定非営利活動促進(NPO)法施行
85	2000.4.5	森 喜朗(1)	ストーカー規制法成立
86	2000.7.4	森 喜朗(2)	中央省庁再編、1府12省庁に
87	2001.4.26	小泉純一郎(1)	米同時多発テロ／サッカー日韓ワールドカップ
88	2003.11.19	小泉純一郎(2)	年金改革関連法・個人情報保護法施行
89	2005.9.21	小泉純一郎(3)	日本郵政株式会社発足
90	2006.9.26	安倍晋三(1)	防衛省発足
91	2007.9.26	福田康夫	イージス艦衝突事故
92	2008.9.24	麻生太郎	G20金融サミット
93	2009.9.16	鳩山由紀夫	民主党政権始まる
94	2010.6.8	菅 直人	東日本大震災
95	2011.9.2	野田佳彦	自衛隊を南スーダンへ派遣
96	2012.12.26	安倍晋三(2)	自民党・公明党が連立政権
97	2014.12.24	安倍晋三(3)	選挙権18歳以上へ
98	2017.11.1	安倍晋三(4)	環太平洋経済連携協定が発効
99	2020.9.16	菅 義偉	新型コロナで2回目の緊急事態宣言
101	2021.10.4	岸田文雄	G7広島サミット

46代
片山 哲(1887〜1978年)
在職日数：292日
出身地：神奈川県

警察法の制定、改正刑法・改正民法(婚姻の自由や男女平等を規定)の公布を実現。日本社会党委員長として日本で初めて、労働者を代表する政党が中心になった内閣をつくった。

47代
芦田 均(1887〜1959年)
在職日数：220日
出身地：京都府

外国資本の導入をとなえ、低い賃金をもとにした物価政策を強行した。GHQの主導で、公務員から団体交渉権と争議権を奪う政令を出した。昭和電工疑獄事件で辞職。

52・53・54代
鳩山一郎(1883〜1959年)
通算在職日数：745日
出身地：東京都

日ソ共同宣言に調印しソ連と国交回復。国際連合に加盟した。戦前は文部大臣在職中に滝川事件をおこし、戦後、組閣寸前に公職追放され吉田茂に首相の座をゆずった。

55代
石橋湛山(1884〜1973年)
在職日数：65日
出身地：静岡県

戦前はジャーナリストとして日本の植民地政策を批判。自由主義的言説で大正デモクラシーを先導した。戦後、吉田・鳩山内閣の経済閣僚をへて首相に就任。辞職後は日中・日ソの交流に尽力。

56・57代
岸 信介(1896〜1987年)
通算在職日数：1241日
出身地：山口県

国民年金制度導入、最低賃金法制定、日米安全保障条約改定を行った。満州国の高官から東条英機内閣の商工大臣を務め、戦後、A級戦犯容疑で逮捕された(不起訴)。

58・59・60代
池田勇人(1899〜1965年)
通算在職日数：1575日
出身地：広島県

所得倍増をとなえ、高度経済成長政策をとった。国際通貨基金(IMF)8条国に移行、経済協力開発機構(OECD)に加盟。東京オリンピック閉会後、病気を理由に辞職。

61・62・63代
佐藤栄作(1901〜1975年)
通算在職日数：2798日
出身地：山口県

日韓基本条約締結、小笠原諸島・沖縄返還などを実現。吉田茂政権のもとで各省大臣を歴任。首相辞職後は、非核三原則が評価されノーベル平和賞を受賞。岸信介の実弟。

64・65代
田中角栄(1918〜1993年)
通算在職日数：886日
出身地：新潟県

日中共同声明を発表し中国との国交正常化を実現。日本列島改造論をとなえて地価高騰、狂乱物価を誘起、自らの金脈問題を追及されて辞職。のちロッキード事件で逮捕。

66代
三木武夫(1907〜1988年)
在職日数：747日
出身地：徳島県

政界の浄化に努め、独占禁止法、政治資金規正法、公職選挙法の改正をめざした。自民党内から反発されるが世論の支持は高く、戦後唯一、衆議院を解散せず任期満了した。

67代
福田赳夫(1905〜1995年)
在職日数：714日
出身地：群馬県

日中平和友好条約を締結、中国との関係を発展させた。ハイジャック事件では超法規的措置をとり政治犯釈放と交換に人質を解放した。元号の法制化を指示するなどした。

68・69代
大平正芳(1910〜1980年)
通算在職日数：554日
出身地：香川県

財政再建と防衛力増強に努めた。安定多数確保のため総選挙を行うが敗北、自民党内の派閥抗争に悩まされ、さらに内閣不信任案が可決。衆参同日選挙中に急死した。

70代
鈴木善幸(1911〜2004年)
在職日数：864日
出身地：岩手県

政治倫理の確立をうたい、首相に就任。財政再建を最大の課題としたが、米国の防衛費拡大要求に直面し失敗に終わった。総裁再選阻止の動きが出たため自ら退陣した。

71・72・73代
中曽根康弘(1918〜2019年)
通算在職日数：1806日
出身地：群馬県

戦後政治の総決算を表明、行財政・教育・税制の改革を図った。民間活力の導入を推進、国鉄の分割民営化などを実現。戦後首相として初めて終戦記念日に靖国神社に公式参拝した。

74代
竹下 登(1924〜2000年)
在職日数：576日
出身地：島根県

昭和天皇死去にともない「平成」と改元、また3%の消費税を実施した。全国各市町村の町おこしを推進し、「ふるさと創生」政策を進めようとしたが、リクルート事件で辞職。

◇ 吉田茂元首相は戦後処理で世界の平和に貢献したとして3度ノーベル平和賞候補になり、1965年には最終審査に残っていた。

75代
宇野宗佑(1922～1998年)
在職日数：69日
出身地：滋賀県

リクルート疑惑に揺れる政界にあって清潔感が買われ首相に就任したが、まもなく女性スキャンダルが発覚。その後、参議院選挙で自民党が敗北、責任をとって辞職した。

76・77代
海部俊樹(1931～2022年)
通算在職日数：818日
出身地：愛知県

相次いだ首相の不祥事を払拭しようと、就任時は「政治への信頼の回復」を強調。湾岸戦争では多国籍軍に多額の援助を決定、さらに自衛隊をペルシャ湾に派遣した。

78代
宮沢喜一(1919～2007年)
在職日数：644日
出身地：広島県

国連平和維持活動（PKO）協力法、国際緊急援助隊派遣法を施行、ブッシュ第41代米大統領との会談で日米相互の責任を明示した宣言を発表。国際貢献と政治改革に努めた。

79代
細川護熙(1938年～)
在職日数：263日
出身地：熊本県

日本新党代表として非自民・非共産7党1会派の連立組閣を行い、自民党一党支配（55年体制）を終わらせた。政治改革4法を成立させた。近衛文麿元首相の孫。

80代
羽田 孜(1935～2017年)
在職日数：64日
出身地：長野県

新生党党首として細川連立内閣を継承したが、首相に指名された翌日に日本社会党が連立を離脱、政策協議が不調に終わり、内閣不信任案の提出見通しをうけ辞職。

81代
村山富市(1924年～)
在職日数：561日
出身地：大分県

日本社会党委員長として自民党、新党さきがけとの連立内閣を組織。ルワンダ難民救援のため自衛隊を派遣。小選挙区区割り法を成立。消費税率を5%に引き上げることを決定。

82・83代
橋本龍太郎(1936～2006年)
通算在職日数：932日
出身地：岡山県

不況対策と金融大改革に努めた。自民党単独内閣を復活させたが、消費税率を5%に引き上げたこともあり支持率は低落、選挙で党が大敗した責任をとって辞職した。

84代
小渕恵三(1936～2000年)
在職日数：616日
出身地：群馬県

金融再生委員会を発足させ、日米防衛協力指針（ガイドライン）関連法、国旗・国歌法、通信傍受法などの重要な法案を成立させた。脳梗塞で倒れ死去。

85・86代
森 喜朗(1936年～)
通算在職日数：387日
出身地：石川県

高度情報通信ネットワーク社会形成基本法（IT基本法）を施行。閣僚の不祥事が相次ぎ、さらに原子力潜水艦事故への不適切な対応で支持率を下げ辞職した。

87・88・89代
小泉純一郎(1942年～)
通算在職日数：1980日
出身地：神奈川県

組閣時の支持率は戦後内閣最高を記録。日本経済の再生を課題に「聖域なき構造改革」を強調し、特殊法人の民営化や財政支出の削減を図った。

90・96・97・98代
安倍晋三(1954～2022年)
通算在職日数：3188日
出身地：山口県

90代在職時は、郵政民営化の実現と、改正教育基本法を成立させた。2012年、衆議院選挙で民主党を破り、政権を奪還し、首相に返り咲く。第2次安倍政権は歴代最長の7年8カ月続いた。22年、参議院選挙の街頭演説中に銃で撃たれて殺害され、国葬が行われた。岸信介元首相の孫。

91代
福田康夫(1936年～)
在職日数：365日
出身地：群馬県

新テロ対策特別措置法を成立させた。参議院で史上初の首相問責決議案が可決されるという失策後に改造内閣をつくったが、突然辞職した。福田赳夫元首相の子。

92代
麻生太郎(1940年～)
在職日数：358日
出身地：福岡県

景気回復に努め、巨額の補正予算を成立させた。しかし、その効果は見られず、2009年8月30日の総選挙で自民党は歴史的な大敗北、半世紀にわたって守ってきた第1党の座を民主党にゆずった。吉田茂元首相の孫。

93代
鳩山由紀夫(1947年～)
在職日数：266日
出身地：北海道

民主党の党代表から首相に就任。国民生活と弱者を重視した「友愛政治」をかかげたが、自身の政治献金問題や普天間基地移設問題で支持率が急降下し辞任した。鳩山一郎元首相の孫。

94代
菅 直人(1946年～)
在職日数：452日
出身地：東京都

鳩山由紀夫らと民主党を結成。「有言実行内閣」を強調し経済対策や社会保障改革などの重要政策を課題としたが、おもに東日本大震災の対応に対する指導力不足を指摘されて辞任した。

95代
野田佳彦(1957年～)
在職日数：482日
出身地：千葉県

所信表明演説では、東日本大震災からの復興を最大かつ最優先の課題として明示。原発事故の収束、経済立て直しが進まないなか、国会解散にふみ切った末、自民党に政権を奪い返された。

99代
菅 義偉(1948年～)
在職日数：384日
出身地：秋田県

憲政史上最長の安倍政権を引き継ぎ、新型コロナウイルスの感染防止と経済再生の両立を掲げたが短命政権に終わった。自民党首相で事実上初めてとなる無派閥出身。

100・101代
岸田文雄(1957年～)
在職中
出身地：広島県

新自由主義からの政策転換を打ち出し、経済成長だけでなく分配にも力点を置く「新しい資本主義」を看板政策とする。23年5月、地元広島でG7サミットを開催。ウクライナ支援、国際秩序の維持、核不拡散などの問題に取り組むことで合意した。

臨時兼任・代理

三条実美(1837～1891年)
出身地：京都府
黒田清隆首相が条約改正に失敗し辞職後、内大臣と兼任した。

内田康哉(1865～1936年)
出身地：熊本県
原 敬、加藤友三郎両首相の死去にともない、2度、外務大臣と兼任した。

伊東正義(1913～1994年)
出身地：福島県
大平正芳首相の急死にともない、内閣官房長官として臨時代理を務めた。

◇ 東京大学は歴代首相の出身校1位（17人）。卒業者は宮沢喜一元首相以後絶えていたが鳩山由紀夫元首相で復活した。

アメリカ合衆国の歴代大統領

歴代	就任日・名前	おもな出来事
1	1789.4.30 ワシントン	●連邦議会、権利章典を採択 ●フランス革命
2	1797.3.4 J.アダムズ	★ワシントン市を首都に制定
3	1801.3.4 ジェファーソン	★奴隷貿易禁止●神聖ローマ帝国消滅
4	1809.3.4 マディソン	★第2次英米戦争/カナダ遠征失敗●ウィーン会議、間宮林蔵、間宮海峡発見
5	1817.3.4 モンロー	★英米条約(オレゴン共同領有)●伊能忠敬、「大日本沿海輿地全図」完成
6	1825.3.4 J.Q.アダムズ	●日本、シーボルト事件
7	1829.3.4 ジャクソン	★ボルチモア・オハイオ鉄道開業(大陸横断鉄道の始まり)●天保の大飢饉
8	1837.3.4 ビューレン	★アメリカ産業革命おこる●アヘン戦争始まる 浦賀沖の米国船を砲撃
9	1841.3.4 W.H.ハリソン	
10	1841.4.4 タイラー	★モールスの電信機が実用化
11	1845.3.4 ポーク	★テキサス併合/カナダとオレゴン分割/メキシコと戦争/ゴールドラッシュ始まる
12	1849.3.4 テーラー	
13	1850.7.9 フィルモア	★逃亡奴隷法制定 米国船が中浜万次郎らを日本に送還
14	1853.3.4 ピアース	★カンザス・ネブラスカ法成立 ペリー、浦賀来航、日米和親条約/初代駐日総領事ハリス着任
15	1857.3.4 ブキャナン	★ペンシルベニア州で油田発見 日米修好通商条約/外国奉行 新見正興ら訪米
16	1861.3.4 リンカーン	★南北戦争/奴隷解放宣言 長州藩、米国船を砲撃
17	1865.4.15 A.ジョンソン	★市民権法成立/ロシアからアラスカ購入●明治維新
18	1869.3.4 グラント	★大陸横断鉄道完成●ドイツ帝国成立 岩倉使節団欧米訪問
19	1877.3.4 ヘイズ	★エジソン、蓄音機を発明 グラント前大統領来日
20	1881.3.4 ガーフィールド	★全米テニス協会設立
21	1881.9.19 アーサー	★ロックフェラー、石油トラストを組織/先住民アパッチ族の反乱(～86年)
22	1885.3.4 クリーブランド	★ドーズ法制定、先住民の伝統的な土地共有制を解体
23	1889.3.4 B.ハリソン	★フロンティアライン消滅 ●大日本帝国憲法施行
24	1893.3.4 クリーブランド(2)	●日清戦争/ギリシャで第1回近代オリンピック
25	1897.3.4 マッキンリー	★ハワイ併合/金本位制確立
26	1901.9.14 T.ルーズベルト	★フォード、自動車会社設立●日露戦争 日米紳士協定(米への日本人移民制限)
27	1909.3.4 タフト	★郵便貯金制度確立 日米通商航海条約改正(日本が関税自主権を回復)
28	1913.3.4 ウィルソン	カリフォルニア排日土地法 ★連邦準備制度成立●第1次世界大戦/国際連盟設立
29	1921.3.4 ハーディング	●ソ連成立
30	1923.8.2 クーリッジ	排日移民法★リンドバーグ大西洋単独無着陸飛行
31	1929.3.4 フーバー	★ウォール街の株価大暴落、世界大恐慌へ●ドイツでナチスが政権掌握

1代
ジョージ・ワシントン
(1732～1799年)
在職日数：2865日
所属政党：無所属

バージニア植民地生まれ。アメリカ独立戦争では総司令官として植民地軍を指揮。1789年、初代大統領に選出され2期を務めた。96年にも候補に選ばれたが、3選は民主政治を妨げると辞退した。

2代
ジョン・アダムズ
(1735～1826年)
在職日数：1460日
所属政党：連邦党（フェデラリスト党）

マサチューセッツ植民地生まれ。アメリカ独立の指導者。連邦体制の強化と憲法批准促進を主張、1776年7月4日に表明したアメリカ独立宣言では三権分立を重んじた。

3代
トーマス・ジェファーソン
(1743～1826年)
在職日数：2922日
所属政党：民主共和党

バージニア植民地生まれ。「アメリカ民主主義の父」。地方分権的な連邦制や大衆参加の民主主義を主張した。フランスからルイジアナを購入しアメリカ領を広げた。

4代
ジェームズ・マディソン
(1751～1836年)
在職日数：2922日
所属政党：民主共和党

バージニア植民地生まれ。合衆国憲法に、市民の基本的人権に関する規定を「権利の章典」として加えたことから、「憲法の父」とよばれている。

5代
ジェームズ・モンロー
(1758～1831年)
在職日数：2922日
所属政党：民主共和党

バージニア植民地生まれ。1819年にスペインからフロリダを購入、23年には欧米両大陸の相互不干渉を表明した。この考え方は「モンロー主義」とよばれ、以後、アメリカの外交政策の原則となった。

6代
ジョン・クインシー・アダムズ
(1767～1848年)
在職日数：1461日
所属政党：民主共和党

マサチューセッツ植民地生まれ。連邦政府による産業開発の推進、奴隷制廃止運動にも貢献。前政権の国務長官を務め、大統領に欧米相互不干渉主義政策を献策した。第2代大統領の子。

7代
アンドリュー・ジャクソン
(1767～1845年)
在職日数：2922日
所属政党：民主党

サウスカロライナ植民地生まれ。小農民・労働者の権利の擁護、選挙権の拡大、公立学校の普及、金権の抑圧などを行った。民主主義的政策を展開する一方、アメリカ大陸の先住民の強制移住法を制定した。

8代
マーティン・バン・ビューレン
(1782～1862年)
在職日数：1461日
所属政党：民主党

ニューヨーク植民地生まれ。北米先住民の強制移住を開始。前大統領の政策に起因した恐慌に手を打てないまま任期を終えた。

9代
ウィリアム・ヘンリー・ハリソン
(1773～1841年)
在職日数：32日
所属政党：ホイッグ党

バージニア植民地生まれ。在職期間の最も短い大統領。インディアナ準州知事時代には、先住民の土地を詐欺的価格で手に入れ、領土を広げた。

10代
ジョン・タイラー
(1790～1862年)
在職日数：1428日
所属政党：ホイッグ党

バージニア州生まれ。大統領の死去にともない副大統領から昇格した初の大統領。路線対立で党から追放されたが、無所属で職務を続け、メキシコから独立宣言したテキサスの併合を承認した。

11代
ジェームズ・ノックス・ポーク
(1795～1849年)
在職日数：1461日
所属政党：民主党

ノースカロライナ州生まれ。領土拡張政策を推進し、イギリス領にかかるオレゴンの境界線の拡大や、メキシコとの戦争に勝利して国土を太平洋岸まで広げた。

12代
ザカリー・テーラー
(1784～1850年)
在職日数：492日
所属政党：ホイッグ党

バージニア州生まれ。職業軍人出身初の大統領。欧州列強との友好、農業・商工業の振興などを提唱したが、独立記念式典参列後に体調をくずして急死した。

◇ アメリカ国旗(星条旗)の赤と白の13本の横線は独立時の州の数、左上の星の数は現在の州の数で50ある。

13代
ミラード・フィルモア
（1800〜1874年）
在職日数：969日
所属政党：ホイッグ党

ニューヨーク州生まれ。副大統領から昇格。奴隷制度を支持する南部諸州と、反対する北部諸州の対立には中立の立場をとった。ペリーの艦隊を日本に派遣した。

14代
フランクリン・ピアース
（1804〜1869年）
在職日数：1461日
所属政党：民主党

ニューハンプシャー州生まれ。奴隷制度については南北間の妥協による国家の統一を唱えたが、しだいに奴隷制度拡大の議論を再開、南北の対立を激化させた。

15代
ジェームズ・ブキャナン
（1791〜1868年）
在職日数：1461日
所属政党：民主党

ペンシルベニア州生まれ。連邦の維持と統一を唱えたが、南北対立の激化にさいし十分な指導力を発揮できなかった。日本と条約を結ぶなど、アジアへ勢力を伸ばした。

16代
エイブラハム・リンカーン
（1809〜1865年）
在職日数：1504日
所属政党：共和党

ケンタッキー州生まれ。北軍を率いて南北戦争に勝利、南部11州の連邦脱退に反対し、奴隷制廃止を達成した。大統領再選後、南部出身者に暗殺された。「人民の、人民による、人民のための政治」を唱えた。

17代
アンドリュー・ジョンソン
（1808〜1875年）
在職日数：1419日
所属政党：民主党

ノースカロライナ州生まれ。2期目のリンカーン政権で奴隷制度を擁護する民主党から副大統領に指名され、大統領に昇格後、南部に対しての寛大政策を打ち出した。

18代
ユリシーズ・グラント
（1822〜1885年）
在職日数：2922日
所属政党：共和党

オハイオ州生まれ。軍人として幾多の功績を上げ、南北戦争で北軍を勝利に導いた。その名声から大統領に選ばれたが、在職中は政府内に汚職事件が続いた。

19代
ラザフォード・ヘイズ
（1822〜1893年）
在職日数：1461日
所属政党：共和党

オハイオ州生まれ。南北の和解、官庁改革に取り組んだが、政界の顔役や議会の圧力で不調に終わった。このころ資本主義が急速に発展、労働者の不満が高まるなか発生した鉄道大ストライキを武力で鎮圧した。

20代
ジェームズ・ガーフィールド
（1831〜1881年）
在職日数：200日
所属政党：共和党

オハイオ州生まれ。グラント政権から続く政治家の汚職体質改善、官庁改革をよびかけ、活躍が期待されたが、就任後4カ月で銃撃され、その2カ月後に死亡した。

21代
チェスター・アーサー
（1830〜1886年）
在職日数：1262日
所属政党：共和党

バーモント州生まれ。副大統領から昇格。有能な人材を要職につけ、行政改革に尽力。連邦公務員法を成立させたが、関税引き下げや汚職追及で党内の反感をよんだ。

22・24代
グロバー・クリーブランド
（1837〜1908年）
通算在職日数：2922日
所属政党：民主党

ニュージャージー州生まれ。金本位制の維持や、モンロー主義を援用しイギリスに対して強硬政策をとった。南北戦争後に選挙で選ばれた初の民主党の大統領であり、選挙で敗れて退任した後、政権復帰を果たした唯一の大統領。

23代
ベンジャミン・ハリソン
（1833〜1901年）
在職日数：1461日
所属政党：共和党

オハイオ州生まれ。対外経済政策に力を入れ、ラテンアメリカ市場の獲得を目的にした第1回汎米会議の開催、輸入品の関税引き上げなどを目的としたマッキンリー関税法を成立。第9代大統領の孫。

25代
ウィリアム・マッキンリー
（1843〜1901年）
在職日数：1655日
所属政党：共和党

オハイオ州生まれ。金本位制を確立し、高率保護関税による産業資本の擁護に努めた。対スペイン戦に勝ってキューバを保護国に、フィリピン、グアム、プエルトリコを領土にした。無政府主義者に暗殺された。

26代
セオドア・ルーズベルト
（1858〜1919年）
在職日数：2728日
所属政党：共和党

ニューヨーク州生まれ。副大統領から昇格。独占企業の規制、資源保護などの政策で政府の権限を強めた。カリブ海地域の支配強化と極東進出を図った。日露戦争の講和に努め、1906年ノーベル平和賞受賞。後に革新党を組織、3選をねらったが敗北した。

奴隷解放宣言からオバマ大統領誕生まで

奴隷制からは解放されたけど……

アメリカの奴隷制は、リンカーン大統領の奴隷解放宣言から2年後の1865年に廃止。1870年には連邦憲法が修正され、アフリカ系（黒人）の参政権が加えられましたが、それは各州の権限で奪えるものでした。1896年には最高裁判所が、白人と黒人の生活区域の隔離を認めました。白人と違う学校に通い、バスでは後ろの席に座らなければならない……。劣悪な環境は、黒人もアメリカのために戦った第2次世界大戦後も変わりませんでした。

すべての人に平等を！公民権運動始まる

1954年、最高裁判所が公立学校での人種分離は違憲であると判決。このころからすべての人に平等な権利を与えるようにうったえる、公民権運動が本格的に始まりました。この運動を指揮したのが、アフリカ系のキング牧師でした。63年8月、人種差別反対を叫ぶワシントン大行進で牧師は「私には夢がある」と演説し、理想とする社会の姿を唱えました。この大行進の参加者は25万人ともいわれ、公民権運動は大きな波となってアメリカ全土へ広がっていきました。

公民権運動の賜物、アフリカ系大統領誕生

時の大統領、ケネディはキング牧師にこう言ったそうです。「私にも夢がある。アメリカを文化において世界の人々から尊敬される国にしたい」。その夢をかなえるべくケネディは公民権法案を議会に提出しました（公民権法の成立は64年）。キング牧師は68年に暗殺されましたが、公民権運動は続き、70年代以降、黒人に対する教育や就職などの差別は大きく改善。ついに2008年の大統領選でバラク・オバマが選出され、初のアフリカ系大統領が誕生したのです。

マーティン・ルーサー・キング（1929〜1968年）

◇ アメリカは人種のサラダボウル。米国勢調査局の推計では、2042年には非白人の人口が白人を超える見通し。

32	1933.3.4	F.ルーズベルト	★ニューディール政策／テレビ放送開始／第2次世界大戦参戦　米、日米通商航海条約破棄を通告／太平洋戦争
33	1945.4.12	トルーマン	★共産主義者の追放を強化 ●国際連合発足／イスラエル建国宣言／中華人民共和国成立／朝鮮戦争（53年7月休戦）　連合国軍最高司令官マッカーサー着任／サンフランシスコ平和条約、日米安全保障条約調印
34	1953.1.20	アイゼンハワー	★米の水爆実験で第五福竜丸被ばく／日米相互協力及び安全保障条約調印
35	1961.1.20	ケネディ	★公民権運動が盛ん／キューバ危機●ベルリンの壁建設
36	1963.11.22	L.B.ジョンソン	★北ベトナムへ爆撃（北爆）開始●中国で文化大革命始まる（～77年）／ヨーロッパ共同体（ＥＣ）発足
37	1969.1.20	ニクソン	★ベトナム反戦運動が盛ん／アポロ11号が月面着陸／郵便スで国家非常事態宣言　日米安保条約自動延長／小笠原諸島・沖縄の本土復帰
38	1974.8.9	フォード	★ベトナム戦争への介入終了／建国200年　フォード大統領、米大統領として初来日／昭和天皇訪米
39	1977.1.20	カーター	★スリーマイル島で原発事故／イランと断交●ソ連軍、アフガニスタン侵攻
40	1981.1.20	レーガン	★シカゴで初の黒人市長誕生／ロサンゼルス・オリンピック／スペースシャトルチャレンジャー爆発事故　日米自動車貿易摩擦／中曽根康弘首相「日米は運命共同体」と発言
41	1989.1.20	H.W.ブッシュ	★湾岸戦争●ソ連解体
42	1993.1.20	クリントン	●欧州連合（ＥＵ）単一通貨ユーロ導入
43	2001.1.20	W.ブッシュ	★同時多発テロ／愛国法制定／イラク戦争（～11年）
44	2009.1.20	オバマ	★医療保険改革法成立●英、EU離脱の動き本格化
45	2017.1.20	トランプ	★TPP離脱／パリ協定離脱／ユネスコ脱退／米朝首脳会談
46	2021.1.20	バイデン	●新型コロナの感染拡大

27代
ウィリアム・タフト
（1857～1930年）
在職日数：1461日
所属政党：共和党

オハイオ州生まれ。前大統領の忠実な後継者としてトラスト規制など進歩的政策をとったが、しだいに保守派に接近し党の分裂を招いた。小国の負債を肩代わりするなどドル外交を推進、アメリカの力を強めた。

28代
トマス・ウッドロウ・ウィルソン（1856～1924年）
在職日数：2922日
所属政党：民主党

バージニア州生まれ。「新しい自由」を掲げ、女性の参政権など諸改革を実現。第1次世界大戦では、初め中立を保ったが1917年に参戦。14カ条の平和原則を発表し国際的指導力を発揮、19年ノーベル平和賞受賞。

29代
ウォレン・ハーディング
（1865～1923年）
在職日数：882日
所属政党：共和党

オハイオ州生まれ。第1次世界大戦後の疲れた国民の支持を得て当選。外交面で成果を上げたが、側近の汚職事件が続発。遊説先のサンフランシスコで客死。

30代
ジョン・カルビン・クーリッジ（1872～1933年）
在職日数：2040日
所属政党：共和党

バーモント州生まれ。副大統領から昇格。前政権官僚らの不正を追及し、清廉潔白さをアピール。「小さな政府」を掲げて自由放任の経済政策をとり、「黄金の20年代」とよばれる繁栄期をもたらした。

31代
ハーバート・クラーク・フーバー（1874～1964年）
在職日数：1461日
所属政党：共和党

アイオワ州生まれ。大統領就任後まもなく発生した世界恐慌にさいし、債務支払い猶予措置を実施したが失敗。第2次世界大戦後は、世界の食糧問題の解決に貢献した。

32代
フランクリン・ルーズベルト（1882～1945年）
在職日数：4423日
所属政党：民主党

ニューヨーク州生まれ。ニューディール政策で世界恐慌を乗り切った。第2次世界大戦にさいし、「四つの自由（言論の自由・信仰の自由・欠乏からの自由・恐怖からの自由）」を国民によびかけ参戦した。大戦の終結を目前にして死去。

33代
ハリー・トルーマン
（1884～1972年）
在職日数：2841日
所属政党：民主党

ミズーリ州生まれ。副大統領から昇格。第2次世界大戦末期に広島・長崎へ原爆投下。ポツダム会談、国際連合の創設など、戦後処理を指導。共産主義の脅威と闘うことを唱え、世界を東西冷戦に巻き込んだ。

34代
ドワイト・デビッド・アイゼンハワー
（1890～1969年）
在職日数：2923日
所属政党：共和党

テキサス州生まれ。朝鮮戦争の収拾に努め、共産主義に強硬政策をとったが、ソ連のフルシチョフ首相との脳外交は東西冷戦の雪どけムードを生んだ。

35代
ジョン・フィッツジェラルド・ケネディ
（1917～1963年）
在職日数：1037日
所属政党：民主党

マサチューセッツ州生まれ。キューバ危機を収め、核戦争の危機を回避。ニューフロンティア政策を提唱し、公民権法案を議会に提出するなど人種差別廃止にも貢献した。遊説先のテキサス州ダラスで暗殺された。

36代
リンドン・ベインズ・ジョンソン
（1908～1973年）
在職日数：1887日
所属政党：民主党

テキサス州生まれ。副大統領から昇格。公

アメリカの2大政党

アメリカは、民主党、共和党が中心になり政策を行っています。両党の特徴を比べてみましょう。

民主党	共和党
1828年、民主共和党を改組して結成。社会を進歩させるための変革の理念をもつ。おもに北部都市の低所得層、アフリカ系や移民らが支持。こう考える！ 国が積極的な役割を果たす「大きな政府」を提唱。福祉を強化し格差を減らす。国民皆保険。軍事費も核兵器も削減。	結党は1854年。北部の商工業者、西部の農民を基盤に発展。伝統や習慣を重んじる保守の理念をもつ。おもに白人や富裕層が支持。こう考える！ 政府の介入を弱める「小さな政府」を提唱。自由競争による経済の発展。世界軍縮のためにアメリカが十分な戦力を維持するべき。

二大政党制とは… アメリカのように、二つの大きな政党の議員が、議席の大多数を占める政治体制のこと。(1)二つの政党のどちらかを選ぶため、政党の選択がしやすい(2)交互に政権を担うため、1党だけが政権に長期間つくことで生じる不正が少なくなる、といった長所がある。一方、議員数が少ない政党の発言力が弱くなり、国民の中の少数意見が政治に反映されにくいといった短所もある。

◇ アメリカは厳格な三権分立の国。大統領が持っているのは行政権だけ。立法権は連邦議会、司法権は裁判所が持っている。

民権法の成立、貧困撲滅のための政策を実施。社会福祉構想を掲げたが、ベトナム戦争を拡大させるなど外交でつまずき失脚。

37代
リチャード・ニクソン
(1913〜1994年)
在職日数：2028日
所属政党：共和党

カリフォルニア州生まれ。中国、ソ連の両首脳と会談、ベトナム和平協定を結ぶなど友好外交に努めた。金とドルの交換停止を発表して世界経済に衝撃を与えた。ウォーターゲート事件の責任をとって辞職した。

38代
ジェラルド・ルドルフ・フォード (1913〜2006年)
在職日数：896日
所属政党：共和党

ネブラスカ州生まれ。副大統領から昇格。南ベトナムから米軍を完全撤退させた。不十分な経済政策と、ニクソン前大統領を特赦にしたことなどで支持率がダウンした。

39代
ジミー・アール・カーター
(1924年〜)
在職日数：1462日
所属政党：民主党

ジョージア州生まれ。エジプトとイスラエル間の和平合意や、中国との国交樹立を成功させた。人権外交を掲げ、引退後も世界平和に貢献、2002年ノーベル平和賞受賞。

40代
ロナルド・ウィルソン・レーガン (1911〜2004年)
在職日数：2923日
所属政党：共和党

イリノイ州生まれ。軍備拡張と対ソ連強硬策、連邦政府の権限の州政府への委譲、大型減税と社会保障費削減を行った。

41代
ジョージ・ハーバート・ウォーカー・ブッシュ
(1924〜2018年)
在職日数：1462日
所属政党：共和党

マサチューセッツ州生まれ。前政権の副大統領。冷戦の終結を宣言。イラク軍のクウェート侵攻に介入、湾岸戦争を指揮した。飢餓救済援助のためソマリアに出兵。

42代
ビル・ジェファーソン・クリントン (1946年〜)
在職日数：2923日
所属政党：民主党

アーカンソー州生まれ。増税と軍事費削減で財政赤字を解消。ベトナムとの国交を回復。セクシュアル・ハラスメント訴訟をおこされるなどして弾劾訴追された(無罪判決)。

43代
ジョージ・ウォーカー・ブッシュ
(1946年〜)
在職日数：2923日
所属政党：共和党

コネティカット州生まれ。2001年9月11日の米同時多発テロ後、イラク戦争を始めた。金融安定化法を制定。第41代大統領の子。

44代
バラク・フセイン・オバマ (1961年〜)
在職日数：2923日
所属政党：民主党

ハワイ州生まれ。アフリカ系で初のアメリカ大統領。「核なき世界」に向けた国際社会への働きかけなどが評価され、2009年ノーベル平和賞受賞。医療保険改革法を成立。

45代
ドナルド・ジョン・トランプ (1946年〜)
在職日数：1462日
所属政党：共和党

ニューヨーク州生まれ。「米国第一主義」を掲げ、医療・国境管理・雇用を最優先課題に。2017年、エルサレム(P51参照)をイスラエルの首都と認めると明言。18年にイランとの国際的核合意から一方的に離脱。

46代
ジョー・バイデン
(1942年〜)
在職中
所属政党：民主党

2020年11月の大統領選挙では接戦の末、トランプ前大統領を破って勝利。就任後は国内ではコロナ禍からの回復を図り、外交ではウクライナ支援などで国際協調を進めた。

大統領選挙のしくみ

アメリカの大統領は、「予備選挙」と「本選挙」の2段階をへて、ようやく就任となります。1年近くにわたって行われる、ちょっと複雑なしくみのアメリカ大統領選挙の道のりをたどってみましょう。

予備選挙 (本選挙の党公認候補を決定するために、同じ政党の候補者間で争われる選挙)

1〜6月 予備選挙・党員集会
ニューハンプシャー州、アイオワ州からスタート。以後、ほかの48州でも開催され、候補者をしぼり込んでいく。予備選挙・党員集会が最も集中する2、3月には、1日に20前後の州で行われることもある。この日を、「スーパーチューズデー」とよぶ。

→

7月〜9月上旬 全国党大会
州で選出された代議員たちが集まり、党公認の大統領候補を指名する。大統領候補は、副大統領候補を指名。

日米の選挙、こんな違いが…
日本の総理大臣は、国会議員全員の投票で指名される。国会議員は、国民の選挙で選ばれる。日本では有権者ならば自動的に「投票所入場券」が届く。アメリカでも日本と同じく18歳から選挙に行けるが、有権者登録が必要だ。

本選挙 (各党から大統領候補に指名された候補者間の選挙)

9〜10月 本選挙活動
公開テレビ討論会に出たり、全国を演説して回ったりして、政策をアピール。

*1 キリスト教のカトリックの祝日である11月1日にあたらないよう第1火曜日とはしない。 *2 大統領を直接選ぶ人のこと。一般投票で、有権者は大統領ではなく、この選挙人を選んでいる。州ごとの選挙人の数は、各州に2人いる上院議員と、州の人口に応じて配分されている下院議員の数の合計と同じ。最多はカリフォルニア州の55人。

11月の第1月曜の翌日*1 一般投票
全米の有権者による、50州と首都ワシントンで計538人の「選挙人」*2を州・首都ごとに選ぶための選挙。有権者は自分が選びたい大統領候補に投票し、最も票を集めた候補が、その州の選挙人をすべて獲得する(ネブラスカ州、メーン州を除く)。過半数の270人以上取ったほうが勝ち。この段階で大統領選の勝敗が実質的に決まる。

→

12月 選挙人投票
州・首都で決まった大統領候補者に選挙人があらためて投票する。

↓

翌年1月6日 選挙人投票の開票
正副大統領が正式に決まる。

↓

1月20日 大統領就任式

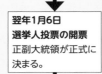

2021年1月20日、アメリカ合衆国大統領就任式で宣誓するバイデン大統領

◇ ブッシュ(子)とトランプは、一般投票の得票総数では相手候補に負けたが、獲得した選挙人の数が上回ったため当選した。

ノーベル賞

ノーベル賞は、ダイナマイトや無煙火薬の発明で巨万の富を築いた、スウェーデンの科学技術者アルフレッド・ノーベル（1833～1896年）の遺産を基金として創設されました。日本の受賞者は、敗戦国日本に希望を与えた湯川秀樹博士を第1号として、2021年受賞の真鍋淑郎さんまで28人を数えます。

日本のノーベル賞受賞者

1949
湯川秀樹（1907～1981年）東京都生まれ
物理学賞

1934年に原子核を構成する中性子と陽子を結びつける、核力を媒介とする中間子の存在を提唱。47年に実際に中間子が発見され、素粒子論の生みの親となった。平和運動にも尽力した。

1965
朝永振一郎（1906～1979年）
東京都生まれ
物理学賞

発見されてまもない陽電子や核力、宇宙線など量子電磁力学の基礎理論を研究し、ハイゼンベルクの量子力学とアインシュタインの相対性理論を結びつけ、「くりこみ理論」を発表。科学者の平和運動に参加した。

1968
川端康成（1899～1972年）大阪府生まれ
文学賞

1926年『伊豆の踊子』で文学者としての地位を確立し、『雪国』『山の音』など、日本古来の美を探る作品を次々と発表。61年文化勲章受章を契機に作品が各国語に翻訳されて、国際的に認められた。

1973
江崎玲於奈（1925年～）大阪府生まれ
物理学賞

東京通信工業（現在のソニー）に在籍中の1957年、半導体におけるトンネル効果の理論の実証例を確認、「エサキダイオード」を発明した。60年には米国IBM社に移籍し、日本人の頭脳流出が話題になった。

1974
佐藤栄作（1901～1975年）山口県生まれ
平和賞

元内閣総理大臣。首相在職中の1968年に行った施政方針演説で、「核兵器を持たず、作らず、持ちこませず」を日本の国是（国家の基本方針）として発表。この「非核三原則」に基づく外交が評価された。

1981
福井謙一（1918～1998年）奈良県生まれ
化学賞

有機化学反応に関与する電子のふるまいの過程を解明した「フロンティア電子理論」を発表。化学賞受賞は日本人初であり、日本の基礎化学が世界のトップクラスにあることを証明した。

1987
利根川進（1939年～）愛知県生まれ
医学生理学賞

遺伝子工学的な方法から、抗体分子の多様性をもたらす「免疫グロブリン」の構造を解明し、細胞が分化する過程で遺伝子の再編がおこることを明らかにした。

1994
大江健三郎（1935～2023年）愛媛県生まれ
文学賞

1958年『飼育』で芥川賞を受賞。核兵器反対の立場から発表した『ヒロシマ・ノート』など、窮地にある人間の姿を詩的な言語を用いた文体で描き、現代の人類に共通する苦悩を表現。94年、文化勲章授与を拒否した。

2000
白川英樹（1936年～）東京都生まれ
化学賞

電気を通すことができるプラスチック、「導電性ポリマー（ポリアセチレン）」を1977年に実現。そのプラスチック素材がさまざまな導電素材の開発に応用された業績が認められて受賞した。

2001
野依良治（1938年～）兵庫県生まれ
化学賞

特殊な触媒を用いて二つの鏡像分子を仕分けて、一方の有用な分子を化学物質として作り出す「触媒による不斉合成」を開発し、合成化学・医薬などの分野に寄与。

2002
小柴昌俊（1926～2020年）愛知県生まれ
物理学賞

天体物理学、とくに宇宙ニュートリノ（素粒子）の検出に対する先駆的な研究によって受賞。素粒子検出装置「カミオカンデ」建設の立役者。

田中耕一（1959年～）富山県生まれ
化学賞

レーザーでたんぱく質を気化させることで生体高分子の質量分析を可能にする脱イオン化法を開発。島津製作所に籍を置く「サラリーマン科学者」の受賞が話題に。

◇ 伝染病や梅毒病原体、黄熱病の研究で功績をあげた野口英世は、3回にわたって医学生理学賞の候補になった。

2008
小林誠〔左〕
（1944年〜）愛知県生まれ

益川敏英〔右〕
（1940〜2021年）
愛知県生まれ
物理学賞

共同研究による受賞。宇宙の物質はなぜ存在するのかを解明するために、「ＣＰ対称性の破れの起源」を提唱し、クォーク（素粒子）が6種類あることを明らかにした。

南部陽一郎*
（1921〜2015年）東京都生まれ
物理学賞

素粒子の世界でなぜ質量（重さ）が生じるのかを、「自発的対称性の破れ」の現象を応用して、その理論を打ち立てた。

下村脩（1928〜2018年）京都府生まれ
化学賞

オワンクラゲが緑色に光る仕組みを解明し、クラゲの体内から、紫外線を当てると光る緑色蛍光たんぱく質（ＧＦＰ）を発見。GFPは病気の研究などに役立てられる。

2010
根岸英一〔上〕（1935〜2021年）
旧満州（現在の中国東北部）生まれ

鈴木章〔下〕（1930年〜）北海道生まれ
化学賞

二つの有機化合物を一つにつなげて、新しい化学物質を作り出す合成技術（有機合成におけるパラジウム触媒クロスカップリング反応の創出）の発展に貢献。この技術は液晶画面や薬品の製造にも使われている。

2012
山中伸弥（1962年〜）大阪府生まれ
医学生理学賞

筋肉や臓器をはじめ体のあらゆる部分の細胞になれる能力を持った「ｉＰＳ細胞（人工多能性幹細胞）」の作製に世界で初めて成功した。

2014
赤崎勇〔左〕
（1929〜2021年）
鹿児島県生まれ

天野浩〔右〕
（1960年〜）
静岡県生まれ

中村修二*（1954年〜）愛媛県生まれ
物理学賞

20世紀中の開発は無理とされた青色ＬＥＤの開発に成功。赤・緑・青の光の三原色のLEDがすべてそろい、組み合わせによってあらゆる色が出せるようになった。

2015
大村智（1935年〜）山梨県生まれ
医学生理学賞

授賞理由は「寄生虫による感染症とマラリアの治療法の発見」。アフリカや中南米などの熱帯地方で流行し、患者の2割が失明する恐れがある寄生虫病の治療薬「イベルメクチン」の開発が評価された。

梶田隆章（1959年〜）埼玉県生まれ
物理学賞

物質のもとになる最も基本的な粒子の一つ、ニュートリノに質量があることを世界で初めて観測で証明し、ニュートリノには質量がないと考えられてきた素粒子物理学の定説を覆した。小柴昌俊さんの教え子。

2016
大隅良典（1945年〜）福岡県生まれ
医学生理学賞

細胞が自分自身のたんぱく質を分解し、再利用する「オートファジー」（細胞の自食作用）の仕組みを明らかにした。オートファジーの仕組みは、小さな菌類からヒトまで多くの生物に備わっていて、今後、さまざまな病気の解明や治療法の開発が期待されている。

2018
本庶佑（1942年〜）京都府生まれ
医学生理学賞

免疫の働きを抑制するたんぱく質「ＰＤ-1」を発見し、この抑制を取り除くことでがん細胞を攻撃するという新しいタイプのがん免疫療法を実現。がん治療薬オプジーボの創薬などにつながる新たながん治療の道を開いた。

2019
吉野彰（1948年〜）大阪府生まれ
化学賞

リチウムイオン電池の基本形を完成させた。これにより携帯電話やノート型パソコンなどモバイル型の電子機器が急速に普及、ＩＴ（情報技術）社会の発展に大きく貢献した功績が評価された。福井謙一さんの孫弟子。

2021
真鍋淑郎*（1931年〜）愛媛県生まれ
物理学賞

地球の大気の状態の変化をコンピューターで再現する方法を開発。二酸化炭素が増えると地表の温度が上がることを数値で示し、地球温暖化予測の先駆けとなった。

＊アメリカ国籍

◇ 賞金は2023年は1100万スウェーデンクローナ（約1億5000万円）。受賞者が複数の場合は分配される。

ミニ百科

世界と日本の宗教

自然や死を恐れる気持ちは、だれにでもあります。人々をそんな不安から救うために宗教は生まれました。世界には多くの民族がいて、それぞれの地域で信じられている宗教もさまざま。信者の多い代表的な宗教を見てみましょう。

仏教
悟りで救われる

紀元前5〜紀元前4世紀ごろにインドの身分制度に反対したゴータマ・シッダールタ(釈迦)が開祖。「悟りを得ることで、苦(人生)を超越(解脱)できる」など、慈悲の大切さを説き、悟りを開いた者は「ブッダ(仏陀)」とよばれた。修行を重んじる上座部仏教(小乗仏教)はセイロン(スリランカ)から東南アジアへ、大衆を救済するための大乗仏教は中国、朝鮮、日本などの東アジアに分かれて伝わった。4月8日は灌仏会を行い、釈迦の生誕を祝う。

キリスト教
愛こそ、すべて

イエス・キリストは、「信ずる者は救われる」などと説き、病人や悩める人に救いの手を差し伸べたといわれている。イエスの教えは、11世紀にカトリック教会と東方正教会に、16世紀にはプロテスタント教会に分裂し、今日に至っている。現在、カトリックは中南米、南ヨーロッパ、プロテスタントはアメリカ、北ヨーロッパ、東方正教会は東ヨーロッパやロシアに多く見られ、キリスト教徒は世界人口の約3分の1を占めている。

日本の仏教　代表的な13宗派

系統	宗派	開祖および伝承者	主な本山
奈良仏教系	法相宗	道昭	興福寺・薬師寺(奈良県)
	華厳宗	道璿	東大寺(奈良県)
	律宗	鑑真	唐招提寺(奈良県)
天台系	天台宗	最澄	比叡山延暦寺(京都府・滋賀県)
真言系	真言宗	空海	高野山金剛峯寺(和歌山県)・東寺(京都府)
浄土系	浄土宗	法然	知恩院(京都府)・増上寺(東京都)
	浄土真宗	親鸞	西本願寺・東本願寺(京都府)
	時宗	一遍	清浄光寺〈遊行寺〉(神奈川県)
	融通念仏宗	良忍	大念仏寺(大阪府)
禅系	臨済宗	栄西	妙心寺・建仁寺・南禅寺・天龍寺・大徳寺・相国寺・東福寺(京都府)・建長寺・円覚寺(神奈川県)
	曹洞宗	道元	永平寺(福井県)・総持寺(神奈川県)
	黄檗宗	隠元	黄檗山万福寺(京都府)
日蓮系	日蓮宗	日蓮	身延山久遠寺(山梨県)・池上本門寺(東京都)

キリスト教　3大宗派

総称		ローマ・カトリック教会	東方正教会	プロテスタント
聖職者	呼び名	司祭	司祭	牧師
	妻帯	不可	条件つきで可	可
シンボル		聖母マリア像・十字架にかかるキリスト	イコン(キリスト、聖母、聖人などの聖画像)	十字架のみ
		(左)大浦天主堂(長崎県)の「日本之聖母」像 (右)大浦天主堂のステンドグラス「十字架のキリスト」	ウクライナ正教会総本山の刺しゅうで飾られたイコン	長野県の開拓地で十字架の前で祈る子ども(1953年)
十字の切り方		上→下→左→右	上→下→右→左	切らない(最近は切るところも)

ヒンドゥー教
霊魂は不滅

中央アジアからインドに移動してきたアーリア人のバラモン教と先住民の宗教とが融合して発展。現在、インドでは人口約14億人のうち、8割の国民が信仰している。「人には身分の高い低いがある」というバラモン教の原則からカースト制度が生まれ、バラモン(僧侶)、クシャトリア(王侯・武士)、ヴァイシャ(庶民)、シュードラ(奴隷)の四つの身分に分けられている。自分の身分をまっとうすることで来世の幸福が得られると信じられている。

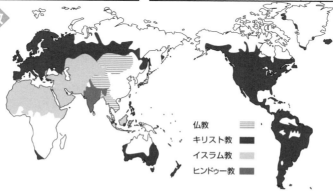

仏教
キリスト教
イスラム教
ヒンドゥー教

イスラム教
厳しい戒律

7世紀初頭、アラビアの商人ムハンマドが開いた、多神教と偶像崇拝を禁じ、唯一神アラーに「絶対服従する」という宗教。ムスリム(イスラム教徒)の全生活は、経典『コーラン』の教えにより、巡礼、断食などさまざまな厳しい戒律に従っている。信者数でみると世界人口の約4分の1を占める世界第2の宗教で、大多数のスンニ派と少数派のシーア派やワッハーブ派などから成っている。

◇イスラム教は豚肉を、ヒンドゥー教は牛肉を食べることを禁忌(タブー)としている。

宇宙開発

約137億年前にビッグバンによって誕生したと考えられている宇宙。人々は未知の世界に憧れをいだきながら宇宙の謎を追求してきました。「宇宙から国境線は見えなかった」（毛利 衛）。この言葉を具現するように、各国が協力して完成させた国際宇宙ステーションを拠点に新たな宇宙の謎解きが始まっています。

◆宇宙開発の歩み◆

世界 ※［ソ］はソ連（現在のロシアなど）、［米］はアメリカ	年代	日本
1957年10月 ［ソ］世界初の人工衛星・スプートニク1号打ち上げ	（米ソ宇宙開発競争時代）1950～60	1955年4月 日本初のロケット、2段式ペンシルロケットの水平発射成功 ※4
61年4月 ［ソ］世界初の有人宇宙船・ボストーク1号、地球を1周※1		64年7月 衛星打ち上げ用ロケット・ラムダ3型打ち上げ、上空1000km到達
63年6月 ［ソ］ボストーク6号に史上初の女性宇宙飛行士※2搭乗		
69年7月 ［米］アポロ11号打ち上げ、世界初の月面着陸※3		
71年4月 ［ソ］世界初の宇宙ステーション・サリュート1号打ち上げ。ソユーズ10号とドッキング	（太陽系探査の始まり）1970	70年2月 日本初の人工衛星・おおすみ打ち上げ
72年12月 ［米］アポロ計画（月面探査計画）終了		77年7月 日本初の静止気象衛星・ひまわりをアメリカから打ち上げ
75年7月 ソ連のソユーズ19号とアメリカのアポロ18号がドッキング（宇宙開発競争終わる）	（スペースシャトル始動と国際協力の時代）1980～90	94年2月 初の純国産ロケット・H2打ち上げ
79年12月 欧州宇宙機関（ESA）がアリアンロケット打ち上げ		98年7月 日本初の火星探査機・のぞみ打ち上げ（03年、火星に接近したが軌道投入は断念）
81年4月 ［米］世界初の有人再使用型ロケット、スペースシャトル（STS）・コロンビア号打ち上げ		98年12月 世界最大の大型光学赤外線望遠鏡・すばる完成（アメリカ・ハワイに設置）
86年2月 ［ソ］宇宙ステーション・ミール打ち上げ		2003年5月 小惑星探査機・はやぶさ、「イトカワ」へ向けて打ち上げ（10年、地球に帰還）
95年6月 ［米・ロシア］STS・アトランティス号打ち上げ、宇宙ステーション・ミールとドッキング	（国際宇宙ステーション時代）2000～	07年9月 月周回衛星・かぐや打ち上げ
98年11月 国際宇宙ステーション（ISS）建設始まる		09年9月 ISSへ補給物資を運ぶための無人の宇宙船・こうのとり1号機打ち上げ
2003年10月 中国初の有人宇宙船・神舟5号打ち上げ		13年9月 純国産新型ロケット・イプシロン打ち上げ
08年3月 ［米］ISSの日本実験棟・きぼう打ち上げ		14年12月 小惑星探査機・はやぶさ2打ち上げ
11年7月 ISSが完成。アメリカ、ロシア、日本、ESAの11カ国、カナダの各国が協力して運用		18年6月 はやぶさ2が小惑星リュウグウに到着
19年5月 ［米］アルテミス計画（月面探査計画）発表		19年10月 アルテミス計画への参加を表明
		20年12月 はやぶさ2のカプセルが地球に帰還

※1 宇宙飛行士ユーリー・ガガーリン「地球は青かった」

※2 ワレンチナ・テレシコワ「わたしはカモメ」

©NASA

※3 宇宙飛行士ニール・アームストロング「これは一人の人間にとっては小さな一歩だが、人類にとっては大きな飛躍だ」

※4 ペンシルロケットを発明した糸川英夫（1912～99年）

◆宇宙へ飛び出した日本人宇宙飛行士◆

名前の横は、|飛行回数|初フライト|
* JAXA宇宙飛行士 ©JAXA/NASA/GCTC

秋山豊寛 1 1990年
日本人初の宇宙飛行士。「ミール」に9日間滞在。

毛利 衛＊ 2 1992年
米スペースシャトルに初めて搭乗した日本人科学者。

向井千秋＊ 2 1994年
STSで生命科学や宇宙医学に関する実験を実施。

土井隆雄＊ 2 1997年
日本人初の船外活動。「きぼう」の設営に従事。

若田光一＊ 5 1996年
宇宙滞在日数は日本人最長。ISS船長も務める。

野口聡一＊ 3 2005年
米国人以外で初めて宇宙船「クルードラゴン」搭乗。

星出彰彦＊ 3 2008年
船外活動は日本人最長。日本人2人目のISS船長。

山崎直子＊ 1 2010年
STSの物資移送責任者としてISS設営補給に従事。

古川 聡＊ 2 2011年
ISS長期滞在のクルーとしてミッション遂行中。

油井亀美也＊ 1 2015年
「こうのとり」をロボットアームでキャッチ。

大西卓哉＊ 1 2016年
日本初、ISSでマウスの飼育を担当。

金井宣茂＊ 1 2017年
アメリカのドラゴン補給船をロボットアームでキャッチ。

宇宙航空研究開発機構（JAXA）https://www.jaxa.jp/ ウェブサイトの内容やアドレスは変更になる場合があります。

◇ ISSでは重力がほとんどないので、しばらく生活すると背中の椎間板が広がり、身長が伸びる。地上に戻れば元どおり。

絶滅危惧動物

現在、絶滅のおそれのある動物は1万5000種を超えています。自然や野生生物を守るための活動をしている国際自然保護連合（IUCN）では、絶滅の危機にある動植物を「レッドリスト」としてまとめています。どんな動物が消えていこうとしているのでしょう？

地球の長い歴史を見ると、恐竜をはじめ絶滅していった動植物は少なくありません。自然の中で生存競争に負け、消え去っていったのです。現在、地球上には500万とも5000万ともいわれる種類の動植物がいて、生態系の中で多様性をつくりだしています。しかし、人間の活動による影響を受け、絶滅の危機を迎える動植物の規模も年々大きくなっています。森林伐採や埋め立てなどの開発、環境汚染、乱獲、種の移動による生態系の変化などが絶滅の原因です。野生動物から遠く離れて生活するわたしたちが動物を守るためにできることを考えてみましょう。

レッドリストの カテゴリー

IUCNレッドリストは、絶滅のおそれの程度によって、いくつかのカテゴリーに分けられます。また、日本の野生生物で絶滅のおそれがある種をリストにしているのが、「環境省レッドリスト」です。

E X ＝絶滅	最後の個体が死んでしまっている種。
E W ＝野生絶滅	飼育や栽培しているもの以外は絶滅。
C R ＝深刻な危機	ごく近い将来に絶滅する危険性がきわめて高い種。
E N＝危機	近い将来に絶滅する危険性がかなり高い種。
V U＝危急	絶滅の危機が大きくなっている種。
N T＝準絶滅危惧	存続する基盤が弱くなっている種。
D D＝データ不足	評価する情報が少ない種。

日本の絶滅危惧動物の例
（環境省「レッドリスト2020」）

ツシマヤマネコ
CR。長崎・対馬だけに生息。環境破壊、交通事故などにより減り、保護センターがつくられている。

ゼニガタアザラシ
NT。北海道の東海岸に生息。脂や毛皮を目当てに乱獲され、サケやコンブを食べる害獣として殺されている。

シマフクロウ
CR。北海道の森林に生息する大型のフクロウ。現在100羽くらいに減ったといわれる。

オビトカゲモドキ
EN。鹿児島・徳之島だけに生息する日本固有亜種。県の天然記念物に指定され、採集や飼育は禁止された。

イシカワガエル
EN。鹿児島・奄美大島、沖縄本島の渓流にわずかながら生息する美しいカエル。9〜12cmと大型。アマミイシカワガエルとオキナワイシカワガエルに分類。

エラブ オオコウモリ
CR。鹿児島・口永良部島、宝島、中之島などに生息。果物や花粉、蜜などを食べるが、果物の木が減り、さらに同じ果物が好物の動物を人間が島に連れてきたことで減少。

ヤンバルクイナ
CR。沖縄本島山原の森林に生息する飛べない鳥。開発や森林伐採、人間が持ち込んだ動物のために激減。

アオウミガメ
VU。日本では伊豆諸島、小笠原諸島、南西諸島に生息。乱獲や自然破壊で減っている。

アマミノクロウサギ
EN。鹿児島・奄美大島、徳之島だけに分布。国の特別天然記念物だが、開発や人間が持ち込んだ動物のために絶滅のおそれがある。

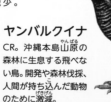

ニホンカワウソ

国の特別天然記念物、ニホンカワウソが絶滅！

2012年の「レッドリスト」（環境省）の改訂で、国の特別天然記念物で「絶滅危惧種」に指定されていたニホンカワウソが「絶滅種」となった。ニホンカワウソは、日本各地の川辺で見られていたが、生息を30年以上確認できないことから絶滅したと判断。17年2月には長崎県の対馬で発見！？というニュースが話題になったが、やはり別種の可能性が高いと判断された。現在、環境省が選定した絶滅危惧種の数は、3716種となっている（環境省レッドリスト2020）。

◇あの動植物はだいじょうぶ？ 環境省レッドリスト2020を見てみよう。http://www.env.go.jp/press/107905.html

絶滅危惧植物

植物を絶滅に向かわせている最大の原因は、土地の造成やダム工事などの開発行為により生育地が失われること。この状況が続けば、2050年までに4分の1が絶滅するおそれがあるといわれています。植物を絶滅から守るために、わたしたちが参加できる活動を考え、行動しましょう。

国際自然保護連合（IUCN）の調べでは、現在、維管束植物が30万種以上、植物に分類される菌類および原生生物が5万種以上生存しています（亜種・変種は含まない）。しかし、そのうち約10万種の維管束植物が野生での絶滅の危機にあります。日本では、環境省が「野生生物の保全のためには、絶滅のおそれのある種を的確に把握し、一般への理解を広める必要がある」として、レッドリスト（絶滅のおそれのある野生生物の種の目録）を作成しています。2020年に公表した植物のレッドリストには、維管束植物1790種（亜種・変種を含む）が絶滅危惧種（CR／EN／VU）にあげられました。これは、日本に自生する約7000種の植物のおよそ4分の1が絶滅の危機にあるという状況を示しています。また、維管束以外の植物は480種が絶滅危惧種に指定されました。

日本の絶滅危惧植物の例

（環境省「レッドリスト2020」）

※絶滅の危険度を示す分類表示は、動物編と同じです（P72 参照）。なお、「維管束植物以外」は絶滅危惧 CR と EN の区分は行っていません。

維管束植物

種子植物（被子植物・裸子植物）・シダ植物
評価対象種数：約7000種

ナガボナツハゼ
CR。静岡県、愛知県の固有種。低山地の疎林などに生育。ツツジ科の落葉低木で、花期は5月。土地造成、道路工事が減少の要因。

ヒメコザクラ
CR。岩手県北上山地の早池峰山と一関市大東町の固有種。サクラソウ科の多年草で、花期は6月。園芸用の採取で減少し、大東町では絶滅したようだ。

ゴバンノアシ
CR。熱帯と亜熱帯の海岸林に生育し、日本では沖縄県八重山諸島で見られる。サガリバナ科の常緑高木で、花期は5～6月あるいは8～9月。海岸林の開発で減少。

エンレイショウキラン
CR。亜熱帯の林に生育し、日本では沖縄県西表島などで見られる。ラン科の地生種で、花期は7～8月。園芸用の採取で減少。

ヤクタネゴヨウ
EN。鹿児島県屋久島と種子島の固有種。植生の遷移、立ち枯れで減少傾向にあり、屋久島では数百個体が見られるが、種子島では数十個体が自生するのみ。

植物のおもな減少原因

出典：「私たちと植物の未来のために Plants for Life」（2005年）

- その他 11.3%
- 森林伐採 13.7%
- 自然遷移 15.0%
- 園芸採取 24.2%
- 開発行為 35.8%

タカネマンテマ
CR。山梨県、長野県の高山の岩場や草地に生育。ナデシコ科の多年草で、花期は7～8月。減少の主因は園芸用の採取だが、登山者の踏みつけも影響。

ミミモチシダ
EN。全世界の熱帯に分布し、日本では沖縄県の南西諸島で局地的に見られる。自生地が保護されているため減少傾向にはないが、環境の保全に十分な注意を要する。

維管束植物以外

鮮苔類	地衣類	藻類	菌類
約1800種	約1600種	約3000種*	約3000種*

＊藻類、菌類数は、肉眼的に評価が可能な種を対象にしています。

ナヨナヨサガリゴケ
CR+EN。北海道雌阿寒岳および根室地域、富士山山麓でのみ生育が確認される日本の固有種。針葉樹に着生して樹皮から垂れ下がる。生息地の環境変化で絶滅する可能性が高い。

クビレミドロ
CR+EN。沖縄県本島に見られる1属1種の日本の固有種。4月ごろが最盛期で、6月には消失する。沿岸の埋め立てや道路建設などで生息地の干潟が荒らされて減少。

帰化植物を増やさないで！

2006年、日本国内の200以上の海岸で、北米原産のコマツヨイグサなどが生育し、カナダやフランスなどの沿岸では、本来は分布しないはずの日本の海藻、アナアオサが外来種として繁茂していることが判明しました。貨物船などに付着して運ばれた可能性が高いといわれています。このように人間の活動がもたらした植物を「帰化植物」といいます。帰化植物は前からその地域に分布・生育していた植物のバランスを壊すこともあります。外来種のセイタカアワダチソウは、河川敷に侵入し、絶滅危惧種のフジバカマや、オギ、ススキなど在来植物を衰退させています。

◇ 自然環境破壊が続けば、秋の七草のキキョウ（VU）も100年後には姿を消してしまう!? 植物の絶滅は伝統行事の存続にも影響する。

名前の由来

「名は体を表す」ということわざもあるように、名前には、「こんな人になってほしい」という願いや理想がこめられています。また、過去の人気の名前や人気の一字を知ると、その年代の人々の関心や興味の変化もわかります。

人気の名前の移り変わり

男の子の名前はかつては「一」「三」など生まれ順がわかる漢数字が目立ちました。女の子は、カタカナが多かったのが漢字になり、「子」をつける名前が人気となりましたが、最近では「子」がつく名前は少なくなっています。

◆ 男の子

生まれた年 順 位	1912 (明治45・大正元)	1926 (大正15・昭和元)	1946 (昭和21)	1957 (昭和32)	1980 (昭和55)	1989 (昭和64・平成元)	2000 (平成12)	2010 (平成22)	2020 (令和2)	2023 (令和5)
1位	正一 (しょういち)	清	稔 (みのる)	誠 (まこと、せい)	大輔 (だいすけ)	翔太 (しょうた)	翔	大翔 (ひろと、やまと、はると、たいが)	蒼 (そう、あお、あおい、そら)	碧 (あおい、あお)
2位	清 (きよし、せい)	勇 (いさむ、ゆう)	和夫 (かずお)	隆 (たかし、りゅう)	誠	拓也 (たくや)	翔太	悠真 (ゆうま、はるま、ゆうしん)	樹 (いつき、たつき)	陽翔 暖 (だん、はる)
3位	正雄 (まさお、ただお)	博 (ひろし)	清	茂	直樹 (なおき)	健太 (けんた)	大輝 (だいき、たいき、とも き、ひろき)	翔	—	—
4位	正 (ただし、せい)	実 (みのる)	弘	博	哲也 (てつや)	翔 (しょう、かける、つばさ、そら)	優斗 (ゆうと) 拓海 (たくみ)	颯太 (そうた) 歩夢 (あゆむ)	陽翔 (はると、ひなた、ひなと)	律
5位	茂 (しげる)	茂	博	修	剛 (たけし、つよし、ごう)	達也 (たつや)	—	—	律 (りつ)	蒼
6位	武雄 (たけお)	三郎	豊 (ゆたか)	浩 (ひろし、こう)	学 (まなぶ、がく)	雄太 (ゆうた)	海斗 (かいと)	颯真 (そうま、ふうま) 蒼空 (そら、そあ) 優斗	朝陽 (あさひ)	颯真
7位	正治 (まさはる、しょうじ)	弘 (ひろし)	進	勝 (まさる、しょう)	大介 (だいすけ)	翔平 (しょうへい)	竜也 (たつや、りゅうや)	—	湊 (みなと)	蓮
8位	三郎 (さぶろう)	正	勇	明	亮 (りょう、あきら)	大樹 (だいき、たいじゅ、はるき)	陸 (りく) 蓮 (れん)	—	新 (あらた、しん)	凪 (なぎ、なぎさ) 湊 湊斗 (みなと)
9位	正夫 (まさお)	進 (すすむ、しん)	修 (おさむ、しゅう)	勉 (つとむ、べん)	健一 (けんいち)	亮	—	大雅 (たいが) 颯 (はやて、そう、そら)	大和 (やまと)	—
10位	一郎 (いちろう)	一男 (かずお)	明 (あきら)	豊	聡 (さとし、そう、あきら)	健太郎 (けんたろう)	一輝 (かずき、いっき) 健太 竜 (りゅう、りょう)	—	大翔	

名前に使える漢字

名前に使えるのは、ひらがな、カタカナ、漢字のみ。アルファベットや句読点、＋や＝などの記号、1、2、3やⅠ、Ⅱ、Ⅲなど漢字以外の数字は使えません。また、漢字もそのすべてが名前に使えるわけではなく、名前に使えるのは、常用漢字と人名用漢字を合わせた2999字。これに含まれていない漢字を用いて名前をつけても、役所で認めてもらえません。

自分の名前について調べてみよう

1. 自分の名字や名前に使われている文字に、どんな意味があるかを漢和辞典などで調べてみましょう。
2. あなたの名前をつけてくれた人に、どんないきさつで名前が決まったのかを聞いてみましょう。
3. 自分の名字や名前に使われている漢字を使った熟語や四字熟語があるかを調べてみましょう。
4. 友達や学校の先生、お父さんやお母さんの名前に使われている漢字についても調べてみましょう。

◇ 江戸時代には、当主は代々同じ名前(世襲名)を名乗る習わしがあった。今でも歌舞伎など芸能の世界にはこの制度が残っている。

◆ 女の子

生まれた年 順位	1912 (明治45・大正元)	1926 (大正15・昭和元)	1946 (昭和21)	1957 (昭和32)	1980 (昭和55)	1989 (昭和64・平成元)	2000 (平成12)	2010 (平成22)	2020 (令和2)	2023 (令和5)
1位	千代 (ちよ)	久子 (ひさこ)	和子	恵子	絵美 (えみ)	愛	さくら 優花(ゆうか、ゆか)	さくら	陽葵(ひまり、ひなた、ひより、ひな)	陽葵
2位	ハル	幸子 (さちこ、ゆきこ)	幸子	京子	裕子	彩 (あや)	——	陽菜(ひな、はるな、ひなの) 結愛(ゆあ、ゆな、ゆめ) 莉子(りこ)	凛(りん)	凛
3位	ハナ	美代子 (みよこ)	洋子 (ようこ)	洋子	久美子	美穂 (みほ)	美咲(みさき、みく) 菜月(なつき)	——	詩(うた)	紬
4位	正子 (しょうこ、まさこ)	照子 (てるこ)	美智子 (みちこ)	幸子	恵 (めぐみ)	成美 (なるみ)	——		結菜	結愛
5位	文子 (ふみこ、あやこ)	文子	節子 (せつこ)	和子	智子 (ともこ)	沙織 (さおり)	七海(ななみ、なつみ、なみ) 葵(あおい)	美桜 (みお、みおう)	結愛	結菜 澪 芽依(めい) 心春(こはる)
6位	ヨシ	和子 (かずこ)	弘子 (ひろこ)	久美子 (くみこ)	愛 (あい)	麻衣 (まい)	——	美羽(みう、みはね、みわ)	莉子	
7位	千代子 (ちよこ)	信子 (のぶこ)	京子 (きょうこ)	由美子 (ゆみこ)	香織 (かおり)	舞 (まい)	美月(みづき、みつき) 萌(もえ、めぐみ)	葵 結衣(ゆい)	結月 (ゆづき、ゆずき、ゆつき)	
8位	キヨ	千代子	悦子 (えつこ)	裕子 (ゆうこ、ひろこ)	恵美 (えみ、めぐみ)	愛美 (まなみ、あいみ)	——	——	紬(つむぎ) 澪(みお、れい)	
9位	静子 (しずこ)	光子 (みつこ)	恵子 (けいこ)	明美 (あけみ)	理恵 (りえ)	瞳 (ひとみ)	明日香(あすか) 愛美 詩織(しおり) 彩夏(あやか) 彩乃(あやの)	美咲 結菜 (ゆな、ゆいな、ゆうな)	——	陽菜 咲茉(えま) 翠(すい、みどり) 結月 愛(あい、まな) 彩葉(いろは)
10位	はる	貞子 (さだこ)	美代子	美智子	陽子 (ようこ)	彩香 (あやか)	——	——	結衣	——

名前の順位については、明治安田生命「生まれ年別の名前調査」(https://www.meijiyasuda.co.jp/enjoy/ranking/) を参照しました。

人気の名前で使われている気になる漢字

翔 空をかけるような大きなスケール感を抱いて、力強く羽ばたいてほしいという願いが感じられる。20年以上、上位に入っている人気の漢字。

凛 「身がひきしまる、きりっとした」という意味があり、芯が強く気品のある人に育ってほしいとの気持ちがこめられている。

陽 「太陽のように周囲を元気にできる人に育ってほしい」との願いがこめられている。明るく、温かな印象があり、男子、女子ともに人気の一字。

結 「むすぶ、つなぐ、集める」などの意味がある。人に愛され、和やかな人の輪を大切にする人間になってほしいという思いが感じられる。

◇ 平成の30年間で人気のあった名前ベスト3は、男の子は① 翔太 ②翔 ③健太、女の子は①美咲 ②葵 ③陽菜。(明治安田生命調べ)

日本史と世界史　できごと

飛行機や自動車などの交通手段がなかった時代でも、世界と日本のできごとは密接に結びついていたのです。その関係を見てみましょう。

時代		西暦(元号)	日本史のおもなできごと
縄文時代			〈縄文文化がおこる〉
弥生時代		紀元前4世紀ごろ	稲作が始まり、金属器が使われるようになる〈弥生文化がおこる〉
古墳時代		239	邪馬台国の女王卑弥呼が魏(中国)に使いを送る
		552(538説も)	百済から仏教が伝わる
		593	聖徳太子が推古天皇の摂政となる
飛鳥時代		607	遣隋使(小野妹子ら)を送る
		645(大化元)	大化の改新
奈良時代		710(和銅3)	平城京(奈良)に都を移す
平安時代		794(延暦13)	平安京(京都)に都を移す
		1016(長和5)	藤原道長が摂政となる
		1192(建久3)	源頼朝が征夷大将軍になり、鎌倉幕府を開く
鎌倉時代		1274(文永11)	文永の役がおこる
		1281(弘安4)	弘安の役がおこる
南北朝	室町時代	1336(建武3)	南朝と北朝の二つの朝廷ができる(南北朝の対立〜92年)
		1338(暦応元)	足利尊氏が征夷大将軍になり、室町幕府を開く
戦国		1467(応仁元)	応仁の乱が始まる(〜77年)
		1543(天文12)	ポルトガル人が鉄砲を伝える
		1549(〃18)	キリスト教が伝わる
安土・桃山時代		1590(天正18)	豊臣秀吉が全国を統一する
		1600(慶長5)	関ヶ原の戦いがおこる
		1603(〃8)	徳川家康が征夷大将軍になり、江戸幕府を開く
江戸時代		1639(寛永16)	ポルトガル船の来航禁止で鎖国体制完成
		1853(嘉永6)	ペリーが浦賀に来航する
		1867(慶応3)	大政奉還・王政復古の大号令
		1889(明治22)	大日本帝国憲法を発布
明治時代		1894(〃27)	日清戦争がおこる(〜95年)
		1904(〃37)	日露戦争がおこる(〜05年)
大正時代		1914(大正3)	第1次世界大戦に参戦(〜18年)
		1923(〃12)	関東大震災がおこる
		1931(昭和6)	満州事変がおこる
		1937(〃12)	日中戦争が始まる(〜45年)
		1940(〃15)	日独伊三国同盟を締結
		1941(〃16)	太平洋戦争が始まる(〜45年)
昭和時代		1945(〃20)	広島・長崎に原爆が投下される／ポツダム宣言を受諾し、連合国に無条件降伏
		1951(〃26)	サンフランシスコ平和条約・日米安全保障条約に調印
		1960(〃35)	日米新安全保障条約に調印
		1972(〃47)	沖縄がアメリカから返還される／日中国交正常化
平成時代		1995(平成7)	阪神・淡路大震災がおこる／地下鉄サリン事件
		2011(〃23)	東日本大震災がおこる
令和時代		2020(令和2)	新型コロナウイルスの流行で東京オリンピックが延期される

卑弥呼は魏に使者を送った

邪馬台国の女王・卑弥呼が魏(中国)から、「親魏倭王」の称号と金印をもらった。金印は見つかっておらず、邪馬台国の場所も謎。有力なのは大和(畿内)説と九州説。

1世紀に漢の皇帝が倭奴国王に送った金印は現存

日本的な国風文化が花開く

唐文化(中国風)を吸収・消化したうえで、文化の日本化が進んだ。日本独自のかな文字が生まれ、女性や歌人によって用いられた。教養ある女房が宮中で活躍、その二大才女が紫式部と清少納言。
※藤原道長の娘で一条天皇の妃・彰子に仕えたのが紫式部。彰子のライバル定子に仕えたのが清少納言。

あぶなかった! 元が襲来

元(中国)と高麗(朝鮮)の連合軍が2度にわたって日本に襲来したが(文永の役、弘安の役)、暴風雨で退却。北条時宗が執権の時のできごと。

鎖国が完成した!

江戸幕府による鎖国政策は、キリスト教禁教と貿易統制・管理が目的。日本人の渡航・帰国の禁止、ポルトガル船の来航禁止、オランダ商館の長崎・出島への移動で完成した。

江戸幕府がたおれる

幕府軍対薩長・新政府軍の戦いには、それぞれ外国からの応援もあった。幕府軍にはフランス、薩長・新政府軍にはイギリスが武器などを提供、軍事顧問を派遣。大政奉還によって、260年あまりの徳川時代は終わる。

日露戦争がおこる

朝鮮・満州(現・中国東北部)の支配権をめぐり日本とロシアが戦争。日本が日本海海戦で勝利して終戦、1905年9月にポーツマス条約が結ばれた。朝鮮の保護権が承認され、ロシアから南樺太、南満州鉄道の利権、旅順・大連の租借権を得た。
※日露戦争の最中、ロシアでは戦争終結と民主化を請願した民衆が軍隊に銃撃される血の日曜日事件がおこる。これを機に革命運動がおこった。

戦争へ向かう日本とドイツ

満州事変により国際的に孤立した日本は日中戦争に突入、ドイツはポーランドに侵攻し第2次世界大戦が始まる。両国にイタリアを加えた3国が日独伊三国同盟を締結した。日本の対英米関係は悪化し、太平洋戦争が避けられないものとなった。

◇ 開国を迫ったとされるペリーの黒船。本当の目的は、捕鯨船の食料や燃料などの補給地の調査だった。

聖徳太子、大活躍

叔母である推古天皇の摂政となって大活躍。遣隋使を先進国の隋（中国）に派遣し、政治制度や文化を学ばせた。仏教を信仰し、奈良に法隆寺を建立。「冠位十二階」「十七条の憲法」も制定した。

シルクロードは世界の大動脈に

ユーラシア大陸の西と東を結ぶ交易路であるシルクロードは、品物だけでなく、政治経済や文化交流にも一役買った。奈良・東大寺の正倉院には、シルクロードを経てもたらされた宝物が今も大切に保存されている。

※シルクロードの一部は世界遺産（長安－天山回廊の交易路網）として2014年に登録されている。

正倉院宝物「螺鈿紫檀
五絃琵琶」＝宮内庁提供

鉄砲とキリスト教がやってきた

ポルトガル人の乗った船が種子島に漂着したことで、鉄砲が最新鋭の武器として戦国大名の間で普及。また、イエズス会の宣教師が入国してキリスト教の布教活動を始め、キリシタン大名も出現。新しもの好きの織田信長は南蛮ファッションを着こなしたという。

黒船来航、幕府は大あわて

徳川政権が弱体化し、日本沿岸には外国船が見られるように。そんな時、アメリカからペリーが黒い蒸気船と帆船の計4隻を率いてやってきた。当時、アメリカは建国してまだ100年たっていない新興国だった。

浦賀に来航した黒船、ミシシッピ号。
写真提供／横須賀市自然・人文博物館

成金が生まれる

第1次世界大戦中の好景気で空前の投機熱がおこり、成金が登場。特に造船・海運業界が大きな利益を得、船成金が現れた。この間、日本は債務国から債権国となり、工業が飛躍的に発展した。

ベルリンの壁が崩れた

ドイツ連邦共和国（西ドイツ）とドイツ民主共和国（東ドイツ）に分断していたドイツで、冷戦の象徴だった「ベルリンの壁」が崩壊。東西ドイツの統一が実現した。

朝鮮戦争とベトナム戦争

日本の植民地を脱した朝鮮は、北緯38度線を境に北はソ連、南はアメリカが占領。北は朝鮮民主主義人民共和国、南は大韓民国が成立したが、両国は全面戦争に突入。この戦争の最中、日米安全保障条約が締結された。フランスの支配から脱したベトナムでは、親米のベトナム共和国（南ベトナム）が成立。この政権の打倒をめざして南ベトナム解放民族戦線が結成され、共産主義のベトナム民主共和国（北ベトナム）が支援。1960年6月に日米新安全保障条約が締結された。

世界史のおもなできごと	西暦	時代
人類の発生 採集や狩猟の時代		原始
エジプト、メソポタミア、インド、中国で文明がおこる（四大文明）	前4000～ 3000ごろ	古代
ギリシャ文明がおこる	前800ごろ	
アレクサンドロス大王が東方遠征開始	前334	
秦の始皇帝が中国を統一	前221	
ローマが帝政を開始	前27	
〈仏教が中国に伝わる〉		
ゲルマン人の大移動	375	
ローマ帝国が東西に分裂	395	
〈シルクロードで東西交流がさかん〉	395	
隋が中国を統一	589	
唐が中国を統一	618	
十字軍の遠征が始まる（～1291年）	1096	
〈ヨーロッパに都市が発達〉		
チンギス・ハーンがモンゴル帝国を建てる	1206	中世
イギリス（以下、英）、大憲章（マグナカルタ）を制定	1215	
モンゴル帝国、国号を元とする	1271	
〈マルコ・ポーロの東方旅行〉		
ルネサンス（文芸復興）が始まる	1300ごろ	
〈グーテンベルクが活版印刷を発明〉		
コロンブス、アメリカ航路を発見	1492	
宗教改革運動が始まる	1517	
英、スペインの無敵艦隊を破る	1588	近世
英、清教徒革命がおこる（～49年）	1642	
英、名誉革命がおこる（～89年）	1688	
〈産業革命が始まる〉		
アメリカ（以下、米）独立宣言を発表	1776	
フランス（以下、仏）革命がおこる	1789	
仏、ナポレオンが皇帝になる	1804	
アヘン戦争が始まる（～42年）	1840	
〈欧米諸国のアジア進出がさかん〉		
米、南北戦争が始まる（～65年）	1861	近代
第1次世界大戦が始まる（～18年）	1914	
ロシア革命がおこる	1917	
国際連盟が発足	1920	
ソビエト社会主義共和国連邦が成立	1922	
世界恐慌が始まる	1929	
第2次世界大戦が始まる（～45年）	1939	
国際連合が発足	1945	
〈米・ソの冷戦が始まる〉		
中華人民共和国が成立	1949	
朝鮮戦争が始まる（～53年）	1950	
ベトナム戦争が始まる（～75年）	1960	
中国、文化大革命が始まる（～76年）	1966	
EC（ヨーロッパ共同体）が発足	1967	
中国、天安門事件がおこる	1989	
東西ドイツが統一される	1990	現代
湾岸戦争がおこる／ソ連崩壊	1991	
米で同時多発テロが発生	2001	
オバマが米史上初のアフリカ系大統領に	2009	
英、EU（ヨーロッパ連合）離脱	2020	
新型コロナウイルスが世界的に流行	2020	

◇ 「余の辞書に不可能という文字はない」の言葉で有名なナポレオン。士官学校卒業時の成績は、58人中、42番だった。

オリンピックの歴史

近代オリンピック(五輪)は、スポーツによる世界平和の促進を目的に、ピエール・ド・クーベルタン(1863～1937年)が主唱して始まりました。さまざまな違いをこえて世界の人々が集う、オリンピックの意味を考えてみましょう。

◆ オリンピックの歩み ◆ 右欄は日本の動き

開催年・回	開催都市(国)[参加国・地域数]
1896年 第1回	アテネ(ギリシャ)[14]
選手は個人参加(～第3回)、14カ国から男性のみ241人。	
1900 2	パリ(フランス)[24]
万国博覧会付属の大会(～第3回)。初の女性選手22人。	
1904 3	セントルイス(アメリカ)[12]
マラソンで選手が途中で車に乗った反則が発覚。	
1908 4	ロンドン(イギリス)[22]
マラソンの距離が42.195kmに(第8回から正式な距離に)。	
1912 5	ストックホルム(スウェーデン)[28]
審判・測定技術などが向上。日本が初参加。	
1916 6	ベルリン(ドイツ)中止(第1次世界大戦)
1920 7	アントワープ(ベルギー)[29]
オリンピック旗の採用、選手宣誓が始まる。	
1924 8	パリ(フランス)[44]
オリンピック村(選手村)の始まり。	
1928 9	アムステルダム(オランダ)[46]
織田幹雄、日本初の金メダル(三段跳び)。	
1932 10	ロサンゼルス(アメリカ)[37]
10万人収容可能の大スタジアム。	
1936 11	ベルリン(ドイツ)[49]
初の聖火リレー。ヒトラーがナチスの勢力を誇示した。	
1940 12	東京(日本)→ヘルシンキ(フィンランド)中止
日中戦争拡大、第2次世界大戦勃発により中止。	
1944 13	ロンドン(イギリス)中止(第2次世界大戦)
1948 14	ロンドン(イギリス)[59]
日本とドイツは、戦争犯罪を問われ招待されなかった。	
1952 15	ヘルシンキ(フィンランド)[69]
敗戦国での開催。日本、オリンピックに復帰。	
1956 16	メルボルン(オーストラリア)[72]
南半球で初開催。検疫の関係で馬術のみストックホルム。	
1960 17	ローマ(イタリア)[83]
アベベ・ビキラ、はだしでマラソン優勝。	
1964 18	東京(日本)[93]
アジア初の開催。柔道が正式競技に採用。	
1968 19	メキシコ市(メキシコ)[112]
アメリカの黒人選手が人種差別反対のアピール。	
1972 20	ミュンヘン(旧西ドイツ)[121]
パレスチナゲリラがイスラエル選手の宿舎を襲撃。	
1976 21	モントリオール(カナダ)[92]
石油危機の影響で不完全なメインスタジアム。	
1980 22	モスクワ(旧ソ連)[80]
ソ連のアフガニスタン侵攻に抗議し西側諸国が不参加。	
1984 23	ロサンゼルス(アメリカ)[140]
税金を使わず、スポンサー企業の協賛金などで運営。	
1988 24	ソウル(韓国)[159]
男子陸上ベン・ジョンソン、ドーピングで失格。	
1992 25	バルセロナ(スペイン)[169]
南アフリカ、アパルトヘイト撤廃で32年ぶりに参加。	
1996 26	アトランタ(アメリカ)[197]
オリンピック公園で爆破テロ発生。	
2000 27	シドニー(オーストラリア)[199]
韓国と北朝鮮が開会式で合同入場進行。	
2004 28	アテネ(ギリシャ)[201]
アフガニスタンから初の女性選手が参加。	
2008 29	北京(中国)[204]
チベット問題(P45参照)で聖火リレーが混乱。	
2012 30	ロンドン(イギリス)[204]
全参加国・地域から女性選手が参加。	
2016 31	リオデジャネイロ(ブラジル)[207]
難民五輪選手団が参加。	
2021 32	東京(日本)[205]
新型コロナウイルスの世界的流行で1年延期された。	

※2024年はパリ、28年はロサンゼルスでの開催が決定。

● デビューは「NIPPON」

旗手は三島選手、その右が(顔は見えないが)金栗選手。後列左から嘉納治五郎団長、大森兵蔵監督。

日本は、近代五輪の基礎が確立したといわれる第5回大会で初参加。陸上短距離の三島弥彦、のちに「日本マラソンの父」とよばれる金栗四三の両選手が出場。金栗選手は、「NIPPON」の国名札を掲げ、マラソン用に改良した地下足袋をはいて入場進行した。

● 国際スポーツ界の一等国へ

第11回大会、200m平泳ぎで前畑秀子(右)がドイツの選手と死闘。ラジオのアナウンサーが連呼する「前畑ガンバレ」に日本中が沸いた。日本女子初の金メダルを獲得。

第9回大会は、三段跳びの織田幹雄、競泳の鶴田義行が金、日本の女性オリンピアン第1号人見絹枝が陸上800mで銀。第10回大会では、選手131人を派遣して、金7・銀7・銅4のメダルを獲得。男子100m背泳ぎでは3段の表彰台を日本勢が独占した。

● 国際舞台に復帰

戦前に好成績を収めていた水泳、陸上は力を発揮できなかったが、銀2・銅2のメダルを獲得した体操男子の活躍は、「体操ニッポン」の到来を予感させた。

● 戦後の復興を世界にアピール

第15回大会、日本唯一の金メダルを獲得したレスリングの石井庄八(右)。

日本選手は323人(男269、女54)が入場行進に参加した。

1964年10月10日、アジア初のオリンピックが東京で幕を開けた。日本勢は連日のメダルラッシュで、金16・銀5・銅8を獲得した。女子バレーボールで金メダルを取った「東洋の魔女」のソ連との最終戦に日本中が熱狂した。

● 冷戦に屈した「平和の祭典」

第23回大会、柔道無差別級で金メダルを獲得した山下泰裕。モスクワの悲劇を経験した一人だ。

第22回大会は、アメリカを中心にした西側諸国に連なり日本もボイコットした。金メダルを目指してきた選手は無念の涙。第23回大会では、ソ連を中心に東側諸国が報復ボイコット。第25回大会からは冷戦終結を受け、オリンピックの政治利用は影を潜めた。

● 女性アスリートの偉業

第27回大会、女子マラソンで高橋尚子が日本陸上界64年ぶり、女性としては史上初の金メダル(P94参照)。第28回大会では、野口みずきがマラソンで金メダルに輝いた。第28～30回大会、レスリングの吉田沙保里が3連覇。

● 緊急事態宣言下での開催

卓球の混合ダブルスの決勝で中国ペアを破り、金メダルを獲得した水谷隼、伊藤美誠組。

57年ぶりに日本で開催された第32回大会。緊急事態宣言下のためほとんどの会場が無観客となったが、空手・スケートボードなどの新競技も加わり、日本勢は大活躍! 金27・銀14・銅17と過去最多のメダルを獲得した。

◇ 日本勢が獲得したメダルは、金169・銀150・銅180。日本人メダリスト第1号は、第7回大会のテニスで銀メダルを獲得した熊谷一弥。

日本の戦後史年表

日本は、世界でも指折りの経済大国です。

でも昔から、そうだったわけではありません。

今から79年前、太平洋戦争に敗れた時の日本は、焼け野原と虚脱感が広がる国でした。

そんな荒れた国土のなかから、おじいさんやおばあさん、

そしておとうさんやおかあさんの代の人たちが

どのように頑張ってこの国をつくり上げてきたのか、

その歩みを年表で見てみましょう。

19**40**年代

焼け野原と東京裁判

1945年8月15日、連合国軍に敗れた日本に残されたのは、一面の焼け野原でした。太平洋戦争後、敗戦国日本の国民がどれだけ頑張って日本を復興させたのかを振り返りましょう。

❶終戦直後の東京・日本橋上空です。度重なる空襲で、日本国内の多くの街が燃えてなくなってしまいました。

❷ダグラス・マッカーサー

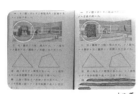

❸文部省は、教科書の軍国主義的な絵や文章を墨塗りするよう通達。天皇の写真などを奉っていた奉安殿が、墨で塗られて消されています。

❹1945年11月16日、戦争で中断していた大相撲が再開。GHQの兵士たちが、物珍しさから見物に集まりました。

❺1945年11月23日にプロ野球が復活して大人気に。写真は、49年のリーグ戦で活躍する巨人の青田昇。

❻食糧などは配給制で、配られるのはごくわずか。生きていくために、違法に食糧などを売る「闇市」を利用するしかありませんでした。

❼戦勝国の連合国軍が、敗戦国の日本を裁く「東京裁判」が始まりました。戦争や捕虜虐待などの責任を負うとされた日本人7人が絞首刑になりました。

❽1947年7月25日にミス日本選抜野外舞踏会が開かれ、54人が参加しました。優勝の賞金は1万円。当時、大卒の初任給は約4800円でした。

↓ 昭和

1945年（昭和20）

8/15　敗戦。日本の戦後がはじまる❶

8/17　軍人の反乱を抑えるべく皇族を起用した東久邇宮内閣誕生

8/17　日本武尊が印刷された紙幣が発行。インフレ対策の「新円切り替え」により半年で廃止

8/30　連合国軍最高司令官ダグラス・マッカーサー❷が厚木に到着

9/2　米戦艦ミズーリ上で日本が降伏文書に調印

9/17　鹿児島県枕崎市付近に台風16号が上陸。死者・行方不明者は全国で3756人（枕崎台風）

9/20　文部省、「墨塗り教科書」通達❸

10月　学童、集団疎開から帰り始める

10/4　連合国軍総司令部（GHQ）、治安維持法・特高警察等の廃止、政治犯の即時釈放等を指令

10/11　GHQ、5大改革（婦人の解放、労組の助長、教育の自由化・民主化、秘密弾圧機構の廃止、経済機構の民主化）を指示

11/6　GHQ、財閥解体を指令

11/16　大相撲が、東京・両国の国技館で復活❹

11/16　GHQ、時代劇を軍国主義的として上映禁止に

11/23　プロ野球復活❺

12月　東京の闇市で働く者が約8万人❻

12/4　女子教育刷新要綱決定。大学の男女共学制など決定

12/15　GHQ、神道と国家を分離。学校での神道教育禁止

1946年（昭和21）

1/1　昭和天皇が神格化を否定（天皇の人間宣言）

1/4　GHQが軍国主義者を公職から追放することと、極端な国家主義を信じる団体を解体することを指令

1/19　NHKラジオで「のど自慢素人音楽会」が放送開始

4/10　戦後初の総選挙。婦人参政権が認められ、女性代議士39人誕生

5/3　戦争責任者を裁く東京裁判開廷❼

5/19　食糧メーデーに25万人参加

7/1　米が太平洋マーシャル諸島のビキニ環礁で戦後初の核実験。58年までに67回実施

11/3　日本国憲法公布

12/8　シベリア引き揚げ第1船、舞鶴に入港

12/21　昭和南海地震（M8.0）発生。死者・行方不明者1443人

1947年（昭和22）

4/20　第1回参議院議員選挙が行われる

5/3　日本国憲法施行

7/25　ミス日本選抜野外舞踏会開催❽

9/1　全体主義的であるという理由で、GHQがラジオ体操を中止にする

10/11　判事山口良忠が配給食糧のみで生活して栄養失調死

11/6　東京で集団見合い大会に386人参加❾

12/6　読売新聞が10大ニュースを募集。10大ニュースの始まり

1/26 帝国銀行椎名町支店で青酸カリにより12人が毒殺される（帝銀事件）⑩

3/6 東京に警察庁公認の自動車学校第1号の三田自動車教習所がオープン

4月 東京・数寄屋橋に「命売ります」というビラが張り出される。仕事を探していた人が書いたビラと思われる⑪

6/28 福井地震（M7.1）発生。震度は当時最大の6。死者3769人、負傷者2万2000人以上。この地震をきっかけに、気象庁の震度階級に「7」が設けられた

1949年（昭和24）

1/1 GHQが日の丸を自由に掲揚することを許可

7月 戦後の若者の映画「青い山脈」が大ヒット

7/6 国鉄総裁が線路上で死体で発見（下山事件）

7/15 中央線三鷹駅で無人電車が暴走（三鷹事件）

8/17 福島県の東北本線で脱線転覆事故。乗務員3人が死亡（松川事件）

9/23 インドのネール首相が日本の子どもたちの声に応えて贈ったインド象のインディラ（15歳）が、東京に到着、25日に上野動物園へ

11/3 湯川秀樹博士が日本人で初めてノーベル賞を受賞

❾戦争で夫や恋人を亡くした女性のために、あちこちでお見合い大会が開かれて大盛況。

❿東京の目白駅前に張り出された帝銀事件犯人の指名手配書には、たくさんの人が群がりました。

⑪数寄屋橋に張られた「命売ります」のビラ。「年齢25歳　体格良　いかなる劇務にもたへる自信あり」と連絡先や名前まで書いてあります。

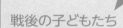

戦後の子どもたち

人気の遊びはメンコやベーゴマ。戦争で、たくさんの子どもたちが孤児になりました。生きるため、GHQの兵士にチョコレートをねだったり、靴みがきをしてお金をもらったりしました。

1940
戦後日本をつくったマッカーサー

マッカーサーの愛機「バターン」号で、神奈川県・厚木基地に到着したマッカーサー。口にくわえているのは彼のトレードマークとなったコーンパイプです。

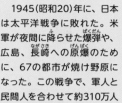

1945（昭和20）年に、日本は太平洋戦争に敗れた。米軍が夜間に降らせた爆弾や、広島、長崎への原爆のために、67の都市が焼け野原になった。この戦争で、軍人と民間人を合わせて約310万人の日本人の命が失われた。すべてをなくしてしまった日本の戦後は、飢えと混乱のなかで始まった。

戦前、戦中の日本人は天皇を神のような存在として崇めていた。天皇がいる限り、神の国である日本が戦争に負けるはずがないと信じていた。だが終戦後、圧倒的な軍事力で日本を打ち破った連合国軍から、天皇の上に君臨するものが日本へやってきた。それが、連合国軍総司令部（GHQ＝General Headquarters）最高司令官のダグラス・マッカーサーだった。

事実上、日本の支配者になったマッカーサーは、古い体質だった日本の仕組みを次々と打ち壊し、自由と民主主義の国へとつくりかえていった。

軍隊を持つことを許さない憲法をつくらせ、男性に比べて権利が少なかった女性を解放し、働く者の権利を守る労働組合もつくらせた。また、天皇を現人神と敬い、戦争によって国の威力を示そうとする軍国主義教育を禁止して、教育を民主的にした。さらに、耕す土地を持たない小作人に土地を分け与え、一部の企業だけが儲けることがないよう財閥を解体させ、軍国主義者だった人々を、公の仕事から追い出した。

マッカーサーは日本の占領者ではあったが、多くの人々は、戦前の古い日本から自分たちを自由へと解き放ってくれる者として、彼を迎えいれた。

マッカーサーが日本にいた5年半のうちに、彼の元には約50万通の手紙が寄せられた。昔の天皇に代わって彼を崇める者、贈り物をしたいと申し出る者が次々と現れた。マッカーサーの影響の下でつくられた日本国憲法を「押しつけ憲法」と批判する人もいる。だが、当時の日本人は、自分たちの力だけでは、あのような憲法を世に出すことはできなかった。そして多くの日本人が、新憲法を歓迎した。

マッカーサーが残していった遺産のなかから、今の日本は始まったのだ。

これな〜んだ？

ヒント・今なら放り込んでスイッチを押せば簡単にできますが、当時はこれを使って手でゴシゴシしていました。

1950年代

日本の戦後史年表

❶メーデーのデモ隊が皇居前の警官隊と衝突。2人が射殺され、約1500人のけが人が出ました。

❷「アサヒグラフ」が公開した、長崎市の原子爆弾の爆心から約4km南に離れた倉庫の壁に残された人の跡の写真。

❸電気洗濯機はとてもめずらしい機械だったので、実演販売にはたくさんの人が集まりました。

❸大卒の初任給が1万円の時代にテレビは20万〜30万円もしたので、街頭テレビが大人気でした。

❹「君の名は」の影響で、主人公の真知子のようにストールを巻く「真知子巻き」(右)が流行。

❺水爆実験で被曝した第五福竜丸が水揚げしたメバチマグロにガイガー計数管をあて、放射能の検査をする東京都衛生局の係官。

❺第五福竜丸事件の後、他の船が取ったマグロも放射能で汚染されていることがわかり、457トンもの魚が捨てられました。放射能で汚染された「原子マグロ」(原爆マグロ)は仕入れていないと貼り紙を出す鮮魚店もありました。

❻「太陽族」の象徴・石原裕次郎(1960年撮影)は、故石原慎太郎(元東京都知事)の弟です。

朝鮮特需と太陽族

終戦後の復興が進むなか、朝鮮戦争が始まりました。国連軍(米軍)の特需により、繊維製品や鉄、金属製品を扱う産業の景気はうなぎ登り。映画や音楽などの娯楽も増えていきます。

1950年(昭和25)

6/25 朝鮮戦争勃発

7月 美空ひばり(13歳)がうたう映画「東京キッド」の主題歌が大ヒット

7/2 金閣寺が放火で全焼

7/5 後楽園球場でプロ野球初の公式戦ナイター

8/13 警察予備隊(後の自衛隊)募集始まる

11/22 プロ野球初の日本シリーズ開催

12/7 池田勇人蔵相が米価値上げの審議中に「貧乏人は麦を食え」と発言したとされ問題化

1951年(昭和26)

1/3 NHKが第1回紅白歌合戦を放送

4/1 結核予防法施行。死因統計が再開された1947から50年まで、日本人の死因1位は結核だった

4/11 マッカーサー連合国軍最高司令官解任。「老兵は死なず、ただ消えゆくのみ」と名言残す

7/31 日本航空(JAL)設立

9/8 サンフランシスコ平和条約(対日平和条約)調印。連合国による占領から解放へ

1952年(昭和27)

2/28 米軍が日本で特権的地位を持つ日米行政協定に調印

3/4 十勝沖地震(M8.2)発生。流氷を伴う津波が押し寄せ、死者28人、行方不明者5人

4/28 対日平和条約発効

5/1 デモ隊が皇居前広場に乱入、警官隊と衝突(血のメーデー事件)❶

8/6 「アサヒグラフ」が原爆被害写真を初公開❷

1953年(昭和28)

2/1 NHKが1日4時間のテレビの本放送を開始

8月 三洋電機の噴流式洗濯機が大ヒット。洗濯機・冷蔵庫・白黒テレビが「三種の神器」とよばれて庶民の憧れの的に❸

9/15 映画「君の名は」が公開され、大ヒット。ヒロインが巻いていたストールの「真知子巻き」流行❹

12月 熊本県・水俣湾周辺で水銀中毒の被害が続出し、「水俣病」とよばれる

12/25 初のスーパーマーケット「紀ノ国屋」が東京・青山に開店

1954年(昭和29)

3/1 ビキニ環礁付近で操業中のマグロ漁船「第五福竜丸」が米の核実験で被曝❺

7/1 陸・海・空の自衛隊が発足

9/26 青函連絡船洞爺丸が函館港外で転覆。死者・行方不明者合わせて1155人

11月 輸出好調。後に「神武景気」(1954〜57年)とよばれる経済成長始まる

1955年(昭和30)

1/7 トヨタ自動車工業が国産自動車トヨペット・クラウンを発表

5/11 国鉄の紫雲丸が瀬戸内海で第三宇高丸と衝突・沈没して小中学生ら168人が死亡

6/1 1円玉硬貨発行。日本初のアルミ貨幣

7/9 後楽園ゆうえんちが開場。ジェットコースターが人気

8/24 乳児用の森永ミルクに猛毒のヒ素が混入。患者は全国で1万人以上、130人が亡くなる

12月 東芝が自動電気炊飯器を発売

1956年（昭和31）

2/2 評論家の大宅壮一が、低俗なテレビ番組で国民が「一億総白痴化」すると書いて話題に

5/17 戦後の若者を描いた映画「太陽の季節」上映。服装をまねた「太陽族」が街にあふれ、石原裕次郎が大人気❻

7/17 経済白書「もはや戦後ではない」と記す

11/22 メルボルン五輪開幕。日本は体操で好成績を収め「体操ニッポン」と呼ばれる

1957年（昭和32）

1/30 群馬の米軍演習場で薬きょう拾いに来ていた農民が米兵に射殺される（ジラード事件）

6月 テレビ受信契約数が50万を突破する

12/28 ＮＨＫと日本テレビがカラーテレビの実験局（VHF）を開局。翌年、テレビ受信契約数が100万を突破する

1958年（昭和33）

11月 フラフープが全国で大流行❼

12/23 東京タワー完成。高さ333ｍ❽

1959年（昭和34）

1/11 尺貫法が廃止され、メートル法導入

4/10 継宮 明仁親王（現・上皇陛下）と正田美智子さんが結婚❾

9/26 台風15号が中部地方に上陸し、死者・行方不明者5098人を出す（伊勢湾台風）❿。1934（昭和9）年9月に高知県の室戸岬に上陸した「室戸台風」（死者・行方不明者3036人）、「枕崎台風」（P82）と合わせて「昭和の三大台風」と呼ばれる

❼ プラスチック製の輪に入り、フラダンスのように腰で回して遊ぶフラフープが大流行しました。

❽ 東京・豊洲埠頭から見た建設中の東京タワーです（1958年6月撮影）。東京タワーは完成当時、自立式鉄塔としては世界一の高さでした。

❾ 民間から初めての皇太子妃誕生に、日本中が「ミッチー・ブーム」。生中継されたパレードを見るために、当時はぜいたく品だったテレビを買う人も。

❿ 伊勢湾台風で流れ出た1本数トンの木材が家屋をなぎ倒し、多数の犠牲者が出ました。この台風をきっかけに、災害対策基本法が制定されました。

1950

復興が進むなか街頭テレビに群がる人々

天覧試合の9回裏に巨人の長嶋茂雄が阪神の村山実からサヨナラホームランを打ち、巨人が5−4で勝ちました。

1950年代は「復興」の時代だった。

戦争で焼け野原となった街が都市に生まれ変わろうとしていた50年に、朝鮮戦争が始まった。繊維や鉄、金属製品といった戦争に必要な物が米軍向けに飛ぶように売れ、壊滅状態になっていた製造業が活気を取り戻した。隣の国で起きた戦争が、日本経済を回復させる原動力となったのだ。

復興が急速に進んだこの時代、庶民の娯楽は映画だった。東京大空襲の夜に東京の数寄屋橋で出会った男女の悲劇を描いた「君の名は」、反核のテーマを秘めた怪獣映画「ゴジラ」、若者の風俗を描いた「太陽の季節」、ガラス越しのキスシーンが話題を呼んだ「また逢う日まで」と、国民は映画に夢中になった。

「太陽の季節」で主役を演じた石原裕次郎の前髪をたらしたスポーツ刈りをまねて、アロハシャツにサングラスといった姿で夏の海辺を歩く若者たちは「太陽族」とよばれた。

53年にはNHKがテレビの本放送を開始。だがテレビはまだとても高価だったので、街角に設置された街頭テレビに人々は群がった。今は当たり前となった、洗濯機・冷蔵庫・白黒テレビが「三種の神器」と呼ばれ、このころの庶民には憧れの的だったのだ。

テレビの人気番組はプロレス、野球にボクシング。力道山が外国人レスラーを倒す姿に、日本人は熱狂した。野球のヒーローは長嶋茂雄。59年6月、昭和天皇が初めてプロ野球を観戦された「天覧試合」で長嶋がサヨナラホームランを打ち、全国の子どもたちが大喜びした。ボクシングの世界タイトル戦を電器店のテレビで見ようと100人が殺到、売り場の床が抜けるという出来事があったのもこのころだ。

一方、朝鮮戦争を契機に、ＧＨＱの命令で警察予備隊（後の自衛隊）が発足した。これに反対する人々のデモも活発化していた54年には、第五福竜丸が操業中にアメリカの核実験で被曝する事件が起きた。反米感情が高まるなか、時代は反戦デモの嵐が吹き荒れる60年代へと移っていく。

これな〜んだ？

ヒント・踏み板の上に乗ってバーの部分を持ち、跳びはねて遊ぶおもちゃです。バネの力で高く跳ぶことができます。1956年に大ブームになりました。跳びすぎて脚の骨に障害をおこす子どももいて、親たちの心配の種でした。

1960年代

高度成長と反戦デモ

日本の経済成長率が年平均で10%を超える高度成長期に入りました。ベトナム戦争に対する反戦運動や大学紛争が広がり、あちこちで機動隊と衝突したのもこの年代です。

❶人手不足に悩む東京へやって来た集団就職の中学卒業生は、なんと年間2万2000人（1962年調べ）。「金の卵」たちは、工場などの職場に配属されました。

❸国会南門に並べられたバリケードのトラックを乗り越え、突入を図る全学連主流派。

❺貨物列車が脱線したところに衝突した下り電車の前1両が脱線し、斜めになったところへ反対側から上り電車が衝突。三河島事故は大惨事になりました。

❼東京オリンピックには94カ国から5541人の選手が参加しました。写真は東京・千駄ケ谷の国立競技場で行われた開会式の模様です。

❷将来は天皇となる男子・浩宮徳仁親王の誕生に、日本中が喜びました。

❹社会党の浅沼稲次郎委員長を刺殺した人物が、まだ17歳の右翼少年だったことに国民は衝撃を受けました。

❻当時の人気ブランド「VAN」の洋服と紙袋を身につけて東京・銀座のみゆき通りにたむろする「みゆき族」たち。大人は「米袋を持ってだらしない格好をした若者が銀座をブラブラしている」と眉をひそめていました。

❽ビートルズ来日コンサート初日には1万3000人のファンが日本武道館に詰めかけ、興奮のあまり失神する女性が続出しました。

1960年 (昭和35)

1月 求人難で、中学を卒業してすぐに働く人たちが「金の卵」と呼ばれる❶

2/23 浩宮徳仁親王（現在の天皇陛下）誕生。男子出生に日本中がわきあがり「ナルちゃん」ブーム❷

5/20 衆議院は自民党単独で日米相互協力および安全保障条約（新安保条約）を可決。国会混乱

5/23 チリ地震（M 9.5）発生。約23時間後に最大約6mの津波が日本列島の太平洋側に到達。死者・行方不明者142人

6/15 全学連主流派が、新安保条約可決に反対して国会に突入。警官隊と激しく衝突し、東大生の樺美智子さんが死亡❸

9/10 カラーテレビの本放送がスタート

10/12 社会党の浅沼稲次郎委員長が刺殺される❹

12/27 国民の所得を10年で2倍にする「国民所得倍増計画」が池田勇人内閣の閣議で発表される

1961年 (昭和36)

4/1 生活保護を受けている人以外の国民が公的医療保険に加入し、医療費を支え合う「国民皆保険制度」が実現

4/12 ソ連が人類初の有人衛星である宇宙船「ボストーク1号」を打ち上げ、地球一周に成功。宇宙飛行士第1号となったガガーリン少佐が「地球は青かった」と発言

11/11 日本初の生理用ナプキン「アンネ・ナプキン」が発売される

1962年 (昭和37)

3/1 テレビの受信契約数が1000万突破

5/3 国鉄常磐線の三河島駅構内で、貨物列車と人が乗った上下線の電車が二重衝突。死者160人、負傷者300人以上の大惨事に（三河島事故）❺

1963年 (昭和38)

1/1 テレビアニメ「鉄腕アトム」放送開始

6/15 坂本九の「上を向いて歩こう」（スキヤキ・ソング）が全米で売り上げ1位になる

11/23 初めて日本とアメリカの間でテレビ中継実験が成功。アメリカのケネディ大統領狙撃のニュースが放映される

1964年 (昭和39)

4/1 海外旅行自由化。個人も観光目的の渡航ができるように

9月 みゆき族が話題に❻

9/1 日本人初の大リーガー、村上雅則がサンフランシスコ・ジャイアンツのリリーフ投手としてマウンドに立つ

10/1 東海道新幹線「ひかり」開業。初代車両0系の最高速度は210kmで、東京・大阪間を4時間で結ぶ

10/10 東京オリンピック開幕。日本は16個の金メダルを獲得❼

1965年 (昭和40)

1/20 日本航空が、海外へ観光旅行をする個人客のためのツアー「ジャルパック」を発売。大卒の初任給が2万円の時代に、ヨーロッパ・ソ連周遊1カ月コースが48万円

3/14 八重山諸島の西表島に新種のヤマネコの生息を確認。1967年に「イリオモテヤマネコ」と命名。77年には特別天然記念物に

6/6 日本サッカーリーグが開幕。8チームでスタート

❾ 当時のカリスマモデルだったツイッギーのスタイルをまねた、ミニスカートにロングブーツの「ツイッギー・ルック」が大流行しました。

❿ 3億円事件の犯人とされる男のモンタージュ写真を使った78万枚のポスターが配布されましたが、犯人逮捕には至りませんでした。

⓫ 東京大学安田講堂に立てこもった学生は、屋上から火炎瓶を投げて機動隊を攻撃。8500人の機動隊員が放水などで応戦し、2日間の攻防の末に学生631人が逮捕されました。

⓬ 人類で初めて月面に降りたアームストロング船長は「これは一人の人間にとっては小さな一歩だが、人類にとっては大きな飛躍だ」という名言を残しました。

1960

テレビ時代の幕開け 下町が都市へと変化していく

1960年代は、日本にとって、さまざまな面で「成長の時代」となった。

60年代は、テレビの時代として始まった。一家団らんはテレビを見ながら、というのが新しい家族の過ごし方となった。63年に初のアニメ番組「鉄腕アトム」が始まり、また日米間のテレビ中継の実験が初めて行われたその日に、アメリカのケネディ大統領が狙撃されて死亡。人々は映像による報道のリアルさに衝撃を受けた。

64年には東京オリンピックが開かれた。それに合わせて東京と大阪を4時間で結ぶ「夢の超特急」東海道新幹線が造られ、道路や下水道が整備された。木造の家が高層ビルへと変わり、都市の姿が一変していった。

生活にゆとりが出てきた若者は、ファッションに目を向けはじめた。「VAN」というブランドのボタンダウンシャツに紺色の三つボタンのブレザー、スラックスといった「アイビールック」に身を固めた若者が街を闊歩した。64年には、東京・銀座のみゆき通りにVANの紙袋を持った若者がたむろし、「みゆき族」と呼ばれた。

一方、ベトナム戦争に反対する若者たちは、汚れたTシャツにジーンズ、長髪に無精ひげという「ヒッピー」スタイルで、新宿の地下街でフォークギターを弾きながら反戦を訴えていた。反戦運動は全国に広がり、あちこちでデモや抗議集会が開かれた。大学では学生運動が広がり、69年1月、東京大学の安田講堂に立てこもった学生と機動隊が衝突。安田講堂に放水する機動隊と、火炎瓶で応戦する学生の戦闘はテレビで中継された。

大学生たちが学生運動に身を投じていたころ、子どもたちの憧れの的は宇宙だった。アポロ11号の月面着陸をテレビで見て、子どもたちは宇宙飛行士になりたいと願った。このころは、21世紀には月に住めるようになるとみんなが信じていたのだ。

60年代は、成長に対する憧れと反発の10年だったといえるだろう。

極彩色のうず巻き模様や、大きな丸メガネが特徴の「サイケ」なファッションは1960年代後半からはやり始め、70年代にブレークしました。

これ な〜んだ？ **？**

ヒント・真っ黒な肌にクリクリ動く目玉が特徴的なこの人形は、当初は「ウインキー」という名前で売り出されました。口コミで大人気となり、1960年だけで240万個売れました。

1970年代

狂乱物価と
オカルトブーム

石油価格の上昇に伴って、あらゆる物価が値上がりしました。1999年に世界は滅亡するといわれ、超能力など科学では説明できない「オカルト」がブームになりました。

❶日本万国博覧会「EXPO' 70」には、3月14日から9月13日までの183日間の会期中に6421万8770人が訪れました。

❷三島由紀夫はバルコニーから憲法改正などを訴え、自衛隊員に決起を呼びかけましたが失敗。仲間の介錯で割腹自殺をしました。

❸沖縄返還協定は、返還後も米軍基地の大半が残る内容だったため、反対デモが多発しました。

❹銀座三越にオープンしたマクドナルド1号店では、ハンバーガーは1個80円。1日の売り上げは100万円を記録しました。

❺警察があさま山荘に強行突入した瞬間は全国にテレビ中継され、NHKと民放を合計した視聴率は90%を記録しました。

❻中国から贈られたパンダの愛くるしさに、子どもたちが夢中に。プレゼントの定番はパンダのぬいぐるみでした。

❼オイル・ショックのなか、あらゆる物が店から消えるという噂が広まり、人々は砂糖や塩、トイレットペーパーなどの買い占めに走りました。

❽長嶋茂雄が引退するときの「わが巨人軍は永久に不滅です」という言葉は、今も名言として語り継がれています。

1970年 (昭和45)

- 3/14 大阪で日本万国博覧会「EXPO' 70」が開かれる❶
- 3/31 赤軍派が日本航空機「よど号」をハイジャックして北朝鮮へ
- 9/17 ソニーが日本の企業で初めてニューヨーク証券取引所に株式を上場し、取引を開始
- 11/21 ケンタッキーフライドチキン1号店、名古屋にできる
- 11/25 作家の三島由紀夫が東京・市谷の陸上自衛隊で割腹自殺❷

1971年 (昭和46)

- 4/3 今も続く「仮面ライダーシリーズ」の第1作「仮面ライダー」が放送開始
- 6/17 日本に沖縄を返す返還協定が日米で同時調印。協定の内容に対する反対デモ多発
- 7/20 マクドナルド1号店が銀座三越にできる❹
- 8/15 ニクソン・ショック (ドルと金の交換停止)

1972年 (昭和47)

- 2/3 冬季オリンピック札幌大会が開かれる。アジア初の冬季五輪。日本は男子70m級ジャンプで金・銀・銅メダルを独占
- 2/19 連合赤軍が軽井沢の「あさま山荘」に立てこもり機動隊と応戦。機動隊員2人死亡❺
- 3/7 連合赤軍のリンチで殺された元京大生の凍死体見つかる (13日までに12遺体発見)
- 5/15 沖縄がアメリカから日本に返還 (沖縄の本土復帰)
- 5/30 イスラエルのテルアビブ空港で日本赤軍メンバーが銃を乱射。岡本公三逮捕
- 9/29 田中角栄首相が中国と国交を回復
- 11/5 中国から贈られたパンダ2頭 (ランランとカンカン) が上野動物園で初公開❻

1973年 (昭和48)

- 2/14 円の変動相場制が1ドル=277円でスタート
- 3月 小松左京のSF小説『日本沈没 (上・下)』が大ヒットで「沈没ブーム」に。『日本沈没』は400万部を超すベストセラー
- 8/8 韓国で民主化運動を展開していた野党の指導者・金大中が東京都内のホテルから拉致され、5日後にソウルで解放される (金大中事件)
- 11/1 巨人軍がプロ野球史上初9連覇達成
- 10/23 国際石油資本のエクソン、シェル両社が原油価格の30%値上げを決める。オイル・ショックはじまる
- 11/12 オイル・ショックでトイレットペーパーの買い占め騒ぎ❼
- 12月 五島勉の『ノストラダムスの大予言』が大ベストセラー。世紀末ブームが起こる

1974年 (昭和49)

- 2/19 石油の販売元が価格協定を結んで石油製品の一斉値上げを実施したと公正取引委員会が告発 (石油ヤミカルテル事件)
- 3月 自称超能力者ユリ・ゲラー来日
- 5/15 セブン―イレブン1号店、東京都江東区豊洲に開店
- 8/30 東京・丸の内の三菱重工本社で時限爆弾による爆発。8人

❾田中角栄元首相は丸紅元会長らを通じ、ロッキード社から5億円を受領したなどの疑いで逮捕されました。

❿ニュージーランド沖で「瑞洋丸」が引き揚げた生物は「ニューネッシー」という海獣だと大騒ぎに。後に、ウバザメだと判明しました。

⓫王貞治は1977年に通算756本塁打を放ってハンク・アーロンの世界記録を破り、868号まで記録を伸ばして1980年に引退しました。

⓬インベーダーゲームで遊ぶ店が「ゲームセンター」の始まりです。ゲームセンターでインベーダーに熱中する子どもは不健全だといわれ、社会問題になりました。

1970

過激派とオイル・ショック 日本が若く熱かった

　未来の夢を語る大阪万博で幕を開けた1970年代は、日本にとって「青春の季節」だった。77カ国が参加した大阪万博は、過去最大の規模となり、日本中の子どもが夢の万博に何度行ったかを自慢しあった。彫刻家の岡本太郎がデザインした「太陽の塔」が大人気に。アポロ11号が持ち帰った「月の石」が展示された「アメリカ館」は、3時間待ちの行列が当たり前だった。2025年に開催されることが決定した大阪・関西万博でも、胸がおどるようなパビリオン（展示館）が登場するに違いない。

　若者たちは、1965年から続くベトナム戦争に嫌気が差し、反戦ムードが盛り上がっていた。若者は大人が嫌う長髪で、裾がラッパのように広がった「ベルボトム」というジーンズをはき、ギターを片手に反戦フォークを街角で歌った。フォークブームの中から、今も活躍する歌手・吉田拓郎や中島みゆきが生まれた。その一方で、学生運動がエスカレートしていった。72年2月、過激派の連合赤軍があさま山荘立てこもり事件を起こす。機動隊が山荘に突入する様子が生中継され、誰もがテレビに釘づけとなった。連合赤軍は仲間の学生など12人を殺していたことが後で判明。74年には東アジア反日武装戦線という過激派が三菱重工のビルを爆破した。あまりに暴力がひどくなったため多くの学生は学生運動から離れ、ノンポリ（政治に無関心なひと）が増えていく。そうして政治の季節が終わりを告げた。

　73年10月には、第4次中東戦争のため原油の値段が上がり、物価も急上昇。「石油製品が値上がりする」という噂が流れ、関係のないトイレットペーパーの買い占め騒ぎが起きた。将来に不安を覚える人が増えるなか、『ノストラダムスの大予言』が大ベストセラーに。「1999年に世界は滅亡する」というのだ。科学では説明できない超常現象やオカルトも大流行。スプーン曲げが「超能力」ともてはやされた。

　70年代は未来に対する希望で始まり、不安で終わった10年といえるだろう。

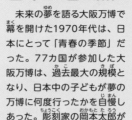

　8人が死亡した三菱重工爆破事件の後、被害者を国が救済すべきだという声が高まり、1981年には重傷被害者や遺族に国が見舞金を支給する犯罪被害給付制度が施行されました。

これな〜んだ？

ヒント・1971年に大流行したオモチャです。ひもの中央を持って、振り子のように揺らすとカチカチと球がぶつかります。球がぶつかり合う様子と、カチカチという音に子どもたちが夢中になりました。

1980年代

❶1980年12月24日に日本でも開催されたジョン・レノンの追悼集会には、約6000人のファンが集まりました。

❸日本初の「テーマパーク」(パレードやアトラクションなどがひとつのテーマの下に統一されている施設)である東京ディズニーランドが開園しました。

❺グリコ事件の犯人は、スーパーの棚に並べられているお菓子に猛毒の青酸ソーダを入れ、「毒を入れられたくなかったらお金を払え」と企業を脅しました。

❼阪神ファンは、夜通し「六甲おろし」を歌いながら初めての日本一を祝いました。

❷子猫に太めの学生ズボンや、ひきずるほど長いスカートをはかせた「なめ猫」グッズが「なめんなよ」のセリフとともに大人気。

❹ファミコン大人気で品切れが続出。2003年9月に製造を終了するまでに、6191万台の販売台数を記録しました(1986年撮影)。

❻520人が死亡した日航ジャンボ機墜落事故では、多くの遺体の損傷が激しく、身元の特定に時間がかかりました。

❽「ドラゴンクエストⅢ」の発売日には、池袋東口の量販店に1万人以上が行列。子どもだけではなく、大人もゲームに夢中になりました。

バブル経済とファミコン

日本に降ってわいたバブル(泡)景気がふくらみ始めました。この時代に登場したファミコンや東京ディズニーランドは、今もわたしたちを楽しませてくれます。80年代の最後に、元号が昭和から平成に変わりました。

1980年 (昭和55)

4/25	モスクワ・オリンピック不参加を発表
5/8	世界保健機関 (WHO) が天然痘根絶を宣言
8/19	東京都の新宿駅西口で停車中のバスが放火され、6人が死亡 (新宿バス放火事件)
12月	日本の自動車生産台数が世界一に
12/8	元ビートルズのジョン・レノン射殺❶

1981年 (昭和56)

3/2	戦争で残されていた中国残留孤児が初来日
6/17	東京都江東区深川の商店街で通り魔事件が発生し、4人が死亡 (深川通り魔殺人事件)
8月	「なめ猫」グッズが大ブーム❷

1982年 (昭和57)

2/8	ホテル・ニュージャパンの火事で33人死亡
2/9	日本航空機が羽田沖に墜落。乗客24人死亡
4/1	500円硬貨発行
10/4	フジテレビ「笑っていいとも!」放送開始。2014年3月31日に放送が終了するまでの放送回数は8054回

1983年 (昭和58)

4/15	千葉県浦安市に東京ディズニーランド開園❸
7/15	ファミリーコンピュータ (ファミコン) 発売❹
9/1	大韓航空機、サハリン上空でソ連戦闘機に撃墜される。日本人28人を含む乗員・乗客269人全員死亡

1984年 (昭和59)

3/18	江崎グリコの社長が誘拐されるグリコ事件が起きる。いまだに犯人分からず❺
7/28	ロサンゼルスで第23回オリンピック開催。柔道無差別級で山下泰裕選手が金メダル
10/25	オーストラリアから友好の印として初めて日本に贈られたコアラ6匹が成田空港に到着。コアラグッズが売れてブームに

1985年 (昭和60)

5/17	職場での女性差別をなくそうとする男女雇用機会均等法が成立。1986年4月1日施行
8/12	羽田発大阪行きの日本航空123便が群馬県御巣鷹山に墜落 (日航ジャンボ機墜落事故)。乗員・乗客520人が死亡し、4人が生還。死者520人は単独機の事故で史上最悪❻
9月	宅配ピザの1号店「ドミノ・ピザ」が東京・恵比寿にオープン
9/13	ファミコンソフト「スーパーマリオブラザーズ」発売。国内618万本の大ヒット
9/22	主要5カ国の蔵相会議でドル高を抑える「プラザ合意」。1ドル242円が230円に上がり、円高時代に突入
11/2	阪神タイガースが日本シリーズで西武ライオンズを破り、初の日本一になる❼

1986年 (昭和61)

4/26	旧ソ連 (現ウクライナ) でチェルノブイリ原子力発電所事故発生。福島第一原発事故 (P94) の6倍以上の520京ベクレルの放射性物質により広範囲が汚染。避難者は約40万人
11/15	伊豆大島の三原山大噴火。全島民1万人避難

3/30　安田火災海上が、オークションでゴッホの絵の「ひまわり」を53億円で落札

5/3　朝日新聞阪神支局に目出し帽の男が侵入し、散弾銃を乱射。記者1人が死亡し、1人が重傷。「赤報隊」を名乗る団体から犯行声明が出されるが、解決せず。2002年に時効成立

9/30　都内に1坪（3.3㎡）1億円以上という土地が出現。地価が平均1.85倍に値上がり。土地バブルはじまる

10/19　ニューヨーク株式市場で株価が大暴落（ブラックマンデー）

1988年（昭和63）

2/10　ファミコンソフト「ドラゴンクエストⅢ そして伝説へ…」発売❽

3/13　青森と北海道を海底で結ぶ、青函トンネル（53.85km）が開業

7/23　潜水艦「なだしお」、遊漁船と衝突。30人死亡

9/17　ソウルで第24回オリンピック開催

9/19　昭和天皇が大量に吐血。容体が急変する

↓ 平成

1989年（昭和64、平成1）

1/7　昭和天皇逝去。元号が昭和から平成に❾

2/13　未公開株を使った贈賄容疑でリクルート前会長ら逮捕（リクルート事件）

2/24　昭和天皇の「大喪の礼」が行われる❿

4/1　消費税が日本で初めて実施。税率は3%

6/4　北京の天安門広場で民主化などを要求する学生らを人民解放軍が武力制圧し、死傷者多数（天安門事件）⓫

11/9　東西ドイツを隔てていた「ベルリンの壁」検問所を東ドイツが開放。10日から壁の破壊が始まる⓬

❾元号は「昭和」から「平成」に変わりました。平成という名前には「国の内外にも天地にも平和が達成される」という願いが込められています。写真の人物は小渕恵三官房長官（当時）です。

❿昭和天皇のお葬式にあたる大喪の礼で、昭和天皇の柩を納めた葱華輦が葬場殿（天皇が亡くなったとき、葬儀場に設ける仮の御殿）に向かうところです。

⓫中国人民解放軍は、民主化を求める学生が座り込んでいた天安門広場を戦車と装甲車で武力制圧。

⓬東ドイツ国民の西側への脱出を防ぐ目的で1961年8月に築かれ、ドイツ民族分断のシンボルだった「ベルリンの壁」が崩壊。

1980

好景気に浮かれる大人とファミコンブーム

東京・日本橋の三越本店では、1989年1月に5億円の福袋が登場して話題になりました。中身はルノワールとピカソの絵でした。

　バブル経済の始まりは、アメリカ、イギリス、西ドイツ、フランス、日本の主要5カ国の財務大臣や中央銀行総裁などが集まって開かれた会議でまとまった「プラザ合意」だ。当時は「円安ドル高」で、安くて品質がよい日本の製品がアメリカに大量に輸出されていた。逆に、日本ではアメリカの製品は高くてあまり売れなかった。そこで、5カ国が協力して円を高く、ドルを安くすることにしたのだ。

　円は1ドル242円から230円になった。例えば、日本製の自動車が240万円だとすると、アメリカ国内では約9917ドルから約1万434ドルに値上がりすることになる。日本製品があまり売れなくなり、日本の輸出産業は大打撃を受けた。これが「円高不況」である。

　不況対策のため、日本銀行は日本の金利全体を決める水準である「公定歩合」を下げた。企業が銀行からお金を借りたときに、借りた対価として銀行に払わなければならない「利子」も安くなったので、企業は銀行からお金を借りやすくなった。

　銀行からお金を借りた企業は土地を買い、土地を担保にしてお金を借りて、そのお金で再び土地や株を買った。企業が土地をたくさん買ったので、土地の値段が急上昇した。土地の売買で儲けて好景気に浮かれた人たちが、毎晩のように六本木や銀座に繰り出して遊び、東京都港区麻布十番には「マハラジャ」という豪華なディスコができた。大人は降ってわいた好景気に有頂天だった。

　一方、子どもたちの心をとらえたのは、カセットを差し替えて、いろいろなゲームを遊べる「ファミコン」だった。スーパーマリオブラザーズでは、マリオをいくらでも増やせる技が雑誌に投稿されて「裏技・裏テク」ブームが起きた。

これな〜んだ？

ヒント・各面には、列ごとに回転する色つきの立方体（キューブ）が9個。ハンガリーのエルノー・ルービックさんが作り、1980年7月25日に発売されたパズルです。

19 90年代

❶弟の横綱貴乃花（左）と兄の大関、3代目若乃花（右、後の横綱）の活躍で相撲ブームに（1995年撮影）。

❸帰国子女で元外交官の雅子さんは、働く女性からの注目を集めました。

❺1991年のフィリピン・ピナトゥボ山の噴火により世界的に気温が下がり、93年はコメが凶作に。人々はコメを買うために行列をつくりました（平成コメ騒動）。

❼東京都港区の営団地下鉄（現東京メトロ）神谷町駅で、ほかの乗客から手当てを受ける地下鉄サリン事件の被害者。

❷企業主導ではなく、地域密着をうたうプロスポーツリーグであるJリーグが開幕。

❹ロスタイムの失点でワールドカップ出場を逃してしまった「ドーハの悲劇」。

❻震度7を記録した阪神・淡路大震災で、横倒しになった阪神高速道路神戸線。

❽野茂は、大リーグで活躍する多くの日本人選手の先駆者的な役割を果たしました。

バブル崩壊とコギャル

バブル経済がついに崩壊。会社が次々に倒産しました。一方で、女子中学・高校生を中心とした「コギャル」は元気いっぱい。「プリクラ」ブームなどの発信源となりました。

1990年（平成2）

3/27　大蔵省（現財務省）が「総量規制」を通達。バブル経済崩壊が始まる

6/29　礼宮文仁親王と川嶋紀子さんが結婚。秋篠宮家創設

8/2　イラクがクウェートに侵攻し、湾岸危機が勃発

8月　イラクのクウェート侵攻の影響などで、一時は1ドル＝150円台の円安水準に

11/12　明仁天皇（現上皇）、即位の礼

1991年（平成3）

1/17　クウェートに侵攻したイラクを多国籍軍が空爆し、湾岸戦争勃発。アメリカのブッシュ大統領は2月27日に勝利宣言

5/14　横綱千代の富士が引退し、若貴ブームに❶

6/3　雲仙・普賢岳で大規模火砕流。死者43人

12/21　ソビエト連邦崩壊

1992年（平成4）

6/15　国連平和維持活動（PKO）協力法案が成立

7/25　バルセロナ・オリンピックがスペインで開幕。岩崎恭子が競泳史上最年少の14歳で優勝

9/12　学校週5日制スタート。当初は第2土曜日のみ休みに

10/23　明仁天皇、美智子皇后が初めて中国を訪問。日中国交正常化20周年にあたって実現

1993年（平成5）

5/15　日本プロサッカーリーグ（Jリーグ）開幕❷

6/9　皇太子徳仁親王（現天皇）と小和田雅子さんが結婚❸

7/12　北海道南西沖地震。マグニチュード7.8を記録し、大津波が奥尻島などを直撃。死者・行方不明者数が合わせて230人となる大惨事に

10/28　「ドーハの悲劇」❹

12/9　白神山地（青森県、秋田県）と屋久島（鹿児島県）が日本初の世界自然遺産に、10日には法隆寺地域の仏教建造物（奈良県）と姫路城（兵庫県）が日本初の世界文化遺産に決定

1994年（平成6）

2月　平成コメ騒動❺

4/26　名古屋で中華航空機墜落。264人死亡

6/27　松本サリン事件（8人死亡）

7/9　日本人初の女性宇宙飛行士、向井千秋さんが乗ったスペースシャトル・コロンビアが打ち上げ

9/4　関西国際空港開港

1995年（平成7）

1/17　阪神・淡路大震災が発生。6434人が死亡❻

3/20　地下鉄サリン事件❼

7月　その場で撮った写真をシールにできる「プリント倶楽部」（プリクラ）がゲームセンターで大ブームに

11/9　アメリカ・大リーグの野茂英雄がナショナル・リーグ最多の236三振を奪い、日本人初の新人王投手になる❽

11/23　パソコンのOS「ウィンドウズ95」が発売される

12/8　福井県敦賀市の高速増殖炉「もんじゅ」事故

1996年（平成8）

2/27　ゲームボーイのソフト「ポケットモンスター　赤・緑」発売。

❾育て方によってはペットがグレたりする「たまごっち」が大ヒット。

❿靴下をわざとたるませる「ルーズソックス」は、足が細く見えることからブームになりました。

⓫イラン戦で岡野雅行がVゴールを決め、ワールドカップ・フランス大会出場が決定した「ジョホールバルの歓喜」。

⓬長野冬季オリンピックで、日本はスキージャンプの船木和喜などが計10個のメダルを獲得。

1990

不況や大災害、でも元気な女子中・高生

今も盛んなプリクラが、はやりだしたのはこのころ。

大蔵省は土地の値段を正常に戻すため、銀行が不動産などに関連してお金を貸すことを規制する「総量規制」を行った。土地の値段が下がり、土地を担保に銀行からお金を借りていた会社は返済できなくなって、倒産するところも出現した。銀行は、貸したお金を返してもらえなくなり、経営が圧迫される。企業の株価も暴落した。こうしてバブル経済は崩壊し、日本は長い不況のトンネルへと入っていく。

不況のなか、女子中学・高校生が中心の「コギャル」は元気だった。安室奈美恵のファッションをまねして（アムラー）真っ黒に日焼けし（ガングロ）、短いスカートに靴下をたるませて（ルーズソックス）街を闊歩する彼女たちは、ポケベルやたまごっち、プリクラなどのブームを次々とつくり出した。靴下卸売業の「ブロンドール」は1996年だけで約60万足のルーズソックスを販売するなど、コギャルは停滞する経済に活力を与える存在となった。

90年代は、ショッキングな事件や災害が続いた時代でもあった。長野県松本市で猛毒のサリンがまかれ、8人が死亡し、600人を超える重軽症者が出た。続いて東京の営団地下鉄にサリンがまかれ、13人が死亡、6000人以上の重軽症者を出す地下鉄サリン事件が起きた。宗教団体による組織的な犯罪だと分かり、オウム真理教の教祖の麻原彰晃（本名・松本智津夫）らが逮捕された。その裁判は2018年1月に判決がすべて確定した。松本智津夫をはじめ、オウム関係者の死刑囚は元教団幹部13人にも及ぶ。18年7月6日には松本死刑囚ら7人、7月26日には6人の死刑が執行され、一連の事件で死刑が確定した13人全員の死刑が執行された。

95年1月17日には、マグニチュード（M）7.3の直下型大地震が神戸や大阪を襲った。日本の大きな建物は横揺れに強く造られていたが、縦揺れの地震に多くのビルや高速道路が壊れた。死者・行方不明者は6437人、負傷者は4万3792人と被害は大きかった。被害の様子をテレビで見た多くの人々が、救援物資を持って神戸にかけつけてボランティア活動を行った。人々の間に芽生えたボランティア意識は、その後の災害などでも発揮された。

これな〜んだ？

ヒント・携帯電話が普及していなかった1994年頃、電話のプッシュボタンから電話番号などの数字を送信して、受信した人が公衆電話などからその番号へと電話をかけ直すこの道具がブームになりました。

2000年代

戦争と不況をチェンジ

2001年9月11日に米国で発生した同時多発テロは、人々を悲しみと恐怖のどん底に突き落としました。争いと不況に嫌気が差した人々が求めたのは「チェンジ」でした。

❶2000年8月18日に三宅島で最大規模の噴火が起き、全島民が避難しました。

❷シドニー・オリンピックの女子マラソンで、高橋尚子は2時間23分14秒という記録で金メダルを獲得。

❸2001年9月11日に同時多発テロがアメリカを襲い、死者は2973人。写真は世界貿易センタービル跡(グラウンド・ゼロ)。

❹ワールドカップ・日韓大会の1次リーグで日本はロシアを1-0で下し、記念すべき初勝利。写真はゴールを決めた稲本潤一。

❺東京の多摩川や、横浜市の帷子川などに出没したアゴヒゲアザラシの「タマちゃん」が大人気。横浜市西区から「ニシ・タマオ」という名で住民票が与えられて話題に。

❻ノーベル賞を受賞した田中耕一さん(左)と小柴昌俊さん。田中耕一さんの親しみやすい人柄が人気を呼び、一躍、時の人に。

❼兵庫県のJR宝塚線(福知山線)塚口─尼崎間で快速電車が脱線し、先頭車両と第2車両が線路わきのマンションに激突。107人が死亡しました。

❽小泉首相(右)が争点を「郵政民営化」に絞った第44回衆議院議員選挙で、自民党は296議席を獲得して圧勝。

2000年 (平成12)

7/8　三宅島が噴火。9月1日には全島避難に発展❶

9/15　シドニー・オリンピック開幕。9月24日に高橋尚子がマラソンで陸上女子初めての金メダル獲得❷

2001年 (平成13)

3/16　物価が下がり続ける「デフレーション」発生を政府が認定

6/8　大阪教育大学付属池田小学校に刃物を持った男が乱入。児童8人死亡

9/10　国内初の牛海綿状脳症(BSE)発生を確認

9/11　アメリカの世界貿易センタービルにジェット旅客機が衝突。米同時多発テロ❸

11/20　米大リーグ、シアトル・マリナーズのイチローが、日本人初のア・リーグ最優秀選手(MVP)に選出。新人王、首位打者、盗塁王も獲得

12/1　皇太子妃雅子さまが第1子の敬宮愛子さまをご出産

2002年 (平成14)

5/31　サッカー・ワールドカップ日韓共同開催❹

8/7　多摩川の下流で「タマちゃん」発見❺

9/17　日朝の首脳会談で北朝鮮側が日本人拉致を初めて認める。被害者5人が帰国へ

10/9　ノーベル賞で小柴昌俊さん(10月8日に受賞が決定)と田中耕一さんが日本初のダブル受賞❻

2003年 (平成15)

3/20　原因不明の肺炎が中国などで集団発生と世界保健機関(WHO)が緊急警報。後に重症急性呼吸器症候群(SARS)と命名

3/20　アメリカが大量破壊兵器保持を理由にイラクを武力攻撃。4月9日にバグダッド制圧

12/13　サダム・フセイン元イラク大統領拘束

2004年 (平成16)

2/8　陸上自衛隊の派遣本隊第1陣がイラク南部サマワに到着

10/6　イラクには大量破壊兵器はなかったとアメリカ政府調査団が発表

10/23　新潟県中越地震(M6.8)発生。死者68人

2005年 (平成17)

4/25　JR宝塚線(福知山線)が脱線。死者107人❼

9/11　郵政民営化を争う総選挙で自民党圧勝❽

10/14　郵政民営化法が成立

2006年 (平成18)

2/23　トリノ冬季オリンピックのフィギュアスケート女子で、荒川静香が金メダル❾

6/20　小泉純一郎首相がイラクに駐留する陸上自衛隊の撤退を正式表明

9/6　秋篠宮妃紀子さまが悠仁さまをご出産。皇室に41年ぶりの男子誕生

11/22　4年10カ月に及ぶ景気拡大で「いざなぎ景気を超えた」と政府が発表

12/30　サダム・フセイン元イラク大統領の死刑執行

2007年 (平成19)

2/14 持ち主が分からない「宙に浮いた年金記録」が、5000万件にのぼることが明らかに。与党は「年金時効特例法」を制定し対応

9/12 安倍晋三首相が突然の辞任会見。9月26日に福田康夫氏が内閣総理大臣に就任

2008年 (平成20)

3/14 中国・チベット自治区で僧侶や住民と中国治安当局が衝突。死傷者多数

6/8 東京・秋葉原で無差別殺傷事件。7人死亡

9/1 福田康夫首相が退陣表明。9月24日に麻生太郎氏が内閣総理大臣に就任

9/15 アメリカの大手証券会社リーマン・ブラザーズ破綻。世界同時株安となり、金融危機に（リーマン・ショック）

11/4 アメリカ大統領選で、民主党のバラク・オバマ氏が第44代アメリカ大統領になることが決定。初のアフリカ系大統領

2009年 (平成21)

4/24 WHO、メキシコで豚を起源とする新型インフルエンザを確認と発表⑩

5/9 カナダから帰国した日本人3人が新型インフルエンザに感染していたことが発覚

8/3 裁判員制度による初の裁判が始まる

8/15 新型インフルエンザで国内初の死者

8/30 第45回衆議院議員選挙で、民主党が308議席を獲得。9月16日に鳩山内閣発足で自民党から民主党への政権交代が実現⑪

11/13 アメリカのバラク・オバマ大統領来日。鳩山首相と日米首脳会談⑫

❾トリノ冬季オリンピックで荒川静香がオリンピックのフィギュアスケートでアジア初の金メダルを獲得。

⑪度重なる首相交代、官僚主導の政治などで自民党に嫌気が差した人たちが投票した結果、民主党が308議席を獲得。政権交代が実現しました。

⑩突然の新型インフルエンザ襲来に、全国でマスクが品薄に（2009年5月19日に福岡市で撮影）。

⑫日米首脳会談を前に握手する、来日したアメリカのバラク・オバマ大統領（左）と鳩山由紀夫首相。

2000 「チェンジ」にだれもが心浮かれた時代

2001年9月11日。アメリカの繁栄の象徴だった世界貿易センタービルに、2機の旅客機が衝突。ビルが崩れ落ちる様はテレビで中継され、人々に衝撃を与えた。後に「9・11米同時多発テロ」と呼ばれるこの事件の容疑者は、国際テロ組織「アルカイダ」のメンバー。アメリカのブッシュ大統領はテロ組織への徹底抗戦を表明し、大量破壊兵器の隠ぺいを理由にイラクを武力攻撃した。テロや戦争が世界を覆うなか、日本も04年に陸上自衛隊をイラク・サマワに派遣。これに反発したイラクの武装勢力が日本人のボランティアや外交官を拉致・殺害する事件が起きた。

アメリカによるイラクへの強引な武力攻撃には日本からも反発の声があがり、アメリカ大使館の前で抗議デモが行われました（2003年3月20日撮影）。

経済面では、1990年代初めのバブル崩壊後、個人があまり物を買わなくなったため、売り手は、商品の価格を引き下げた。その結果、日本経済は物価が下がり続ける「デフレーション」に突入した。

価格を下げると企業の利益も減るため、商品を作るコストを減らす必要が生じ、社員の給料を下げたり、社員数を減らしたりする「リストラ」が始まる。その結果、個人消費は減り続け、物が売れないので企業はより価格を下げるという悪循環に陥った。また、正社員ではない派遣社員やパートなどの非正規雇用が増え、お金を持つ人と持たない人の格差が広がった。

アメリカでは、住宅ローンを返済できない人が続出して金融機関が多額の損失を抱える「サブプライムローン問題」をきっかけに、世界に波及した金融危機が発生。株価が急速に下落し、大手証券会社リーマン・ブラザーズが破綻した。不景気の波とテロからアメリカの人々は「チェンジ」を求め、09年には初のアフリカ系大統領としてバラク・オバマ氏が就任し、12年に再選された。日本でも09年に政権交代が起きたが、12年12月16日に行われた第46回衆議院議員選挙で民主党(当時)は大敗。自民党が再び第1党となった。第4次安倍内閣は、デフレ脱却を目指して大胆な金融緩和などを柱とする経済政策「アベノミクス」を掲げた。

これな〜んだ？

ヒント・ソニーが開発・販売した犬型ロボット。頭をなでたり、音を聞かせたりすると、喜びや悲しみなどの感情を表現します。1999年6月1日に3000台限定で販売を開始したところ、わずか20分で完売。2000年からは注文販売になり、累計15万台が売れましたが、06年に生産が終了。18年1月には、人工知能を搭載した新型が発売されました。

2010年代

日本の戦後史年表

❶東日本大震災による津波に襲われ、がれきの山となった宮城県気仙沼市の市街地。

❷津波被害後に水素爆発を起こし、白煙状の湯気を噴き上げる福島第一原発3号機(中央)。

❸サッカー女子W杯優勝を決め、トロフィーを掲げて喜ぶ日本チームの澤穂希選手(中央)ら。

❹ソチ冬季五輪のフィギュアスケート男子で、羽生結弦選手が日本人男子選手初の金メダルを獲得。

❺ラグビーW杯での歴史的勝利で、五郎丸歩選手がキック前に必ず行う動作「ルーティン」(決まり事という意味)が話題に(2015年5月2日撮影)。

❻北海道新幹線は東北新幹線と直通運転し、東京ー新函館北斗間は最速4時間2分。写真は青函トンネルを抜けて、北海道側に姿を現した東京発の「はやぶさ1号」。

❼熊本地震により、熊本城では頬当御門の石垣や建物などが崩壊しました(16年5月11日撮影)。

❽北海道胆振東部地震で厚真町の山肌が崩れ、住宅が巻き込まれました(18年9月6日撮影)。

震災から復興へ

東北地方太平洋沖地震(東日本大震災)では、地震や津波で大きな被害が出ました。震災から13年経った今でも、復興は完全ではありません。2016年には熊本地震、18年には北海道胆振東部地震も発生しました。

2010年 (平成22)

2/12 バンクーバー冬季五輪開幕。日本は銀3個・銅2個の計5個のメダルを獲得

6/11 サッカーの第19回ワールドカップが開幕。日本は海外開催では初の決勝トーナメント進出

7/11 政権交代後初めての参議院選挙が投開票。民主党の議席が106議席に減り、与党が過半数を割る。衆議院と参議院で多数派の政党が異なる「ねじれ国会」に

2011年 (平成23)

3/11 東北地方太平洋沖地震が発生。さらに、東北・関東沿岸に巨大津波が到達。死者・行方不明者合わせて約2万人❶

3/12 東京電力福島第一原子力発電所(福島第一原発)が、東日本大震災の被害で炉心を冷却できず水素爆発❷

4/12 福島第一原発事故について、経済産業省原子力安全・保安院(現・原子力規制委員会)と原子力安全委員会は、国際原子力事象評価尺度(INES)をレベル7に引き上げ。レベル7はチェルノブイリ原発事故(P88)に匹敵する

4月末 北陸3県と神奈川県の焼き肉店で、生の牛肉を食べるなどして181人が腸管出血性大腸菌O111集団食中毒を発症し、男児を含む5人が死亡。この影響で、生食用牛肉を取り扱う基準が10月1日から施行。罰則付きの厳しい規制となった。12年7月1日からは生食用牛レバーの飲食店での提供も禁止

5/12 福島第一原発1号機で「メルトダウン」が起きていたことが判明。16日には2号機、3号機のメルトダウンも判明

7/18 サッカーの女子ワールドカップ・ドイツ大会で日本代表が初優勝❸

2012年 (平成24)

4/11 11年12月19日に死去が発表された金正日総書記の三男、金正恩氏が朝鮮労働党第1書記に就任。21年1月10日に朝鮮労働党総書記になった。北朝鮮を建国した祖父・金日成氏から3代にわたり、独裁体制が続いていることになる

7/27 ロンドン夏季五輪が開幕。7個の金メダルを含む日本の総メダル数は過去最多(当時)の38個

10/8 iPS細胞(人工多能性幹細胞)の作製に成功した京都大学の山中伸弥教授のノーベル生理学・医学賞受賞が決定

12/16 第46回衆議院選挙が投開票され、自民党と公明党が圧勝。政権再交代となり、民主党政権は3年3カ月で終わる

2013年 (平成25)

3/14 中国の全国人民代表大会で国家主席に習近平・共産党総書記が選出

6/22 ユネスコ世界遺産委員会が富士山を世界文化遺産に決定

7/21 第23回参議院選挙が投開票され、自民党は公明党と合わせて全議席の過半数を獲得。国会で衆参の多数派が異なる「ねじれ」状態が3年ぶりに解消

9/7 国際オリンピック委員会(IOC)が、2020年夏季五輪の開催都市に東京を選出。日本での夏季五輪は56年ぶり

2014年 (平成26)

2/7 ソチ冬季五輪が開幕❹

4/1 消費税が8%に。消費税率の引き上げは17年ぶり

9/27　長野・岐阜県境にある御嶽山（標高3067m）が水蒸気爆発。死者58人、行方不明者5人

10/7　青色LEDを初めて作った赤崎勇・天野浩両教授と、実用化につなげた中村修二教授のノーベル物理学賞受賞が決定

12/14　第47回衆議院選挙が投開票され、自民、公明両党が大勝

2015年（平成27）

3/14　北陸新幹線が開業

6/17　選挙権年齢を現在の「20歳以上」から「18歳以上」に引き下げる改正公職選挙法が成立。2016年6月19日施行

9/19　第8回ラグビーワールドカップイングランド大会で、ラグビー日本代表が南アフリカ代表に歴史的勝利❺

10/5　マラリアの新治療法を発見した大村智教授のノーベル生理学・医学賞、翌6日に「ニュートリノ振動」を発見した梶田隆章教授のノーベル物理学賞受賞がそれぞれ決定

2016年（平成28）

3/26　北海道初の新幹線、北海道新幹線開業❻

4/16　14日夜、熊本県熊本地方を震源とするマグニチュード（M）6.5の「前震」が、16日未明にはM7.3の「本震」が発生。地震による死者は100人を超えた❼

5/26　主要国首脳会議（伊勢志摩サミット）が三重県で開幕

8/5　リオ夏季五輪が開幕。日本は史上最多（当時）となるメダル41個（金12、銀8、銅21）を獲得

10/3　ノーベル生理学・医学賞に大隅良典・東京工業大栄誉教授が選ばれる

2017年（平成29）

1/20　ドナルド・トランプ氏が第45代アメリカ大統領に就任

6/9　天皇陛下の退位を実現する特例法が参院本会議で成立。12月1日の皇室会議と12月8日の閣議で「2019年4月30日退位、5月1日皇太子さま即位・改元」と決定

6/12　上野動物園（東京都台東区）のジャイアントパンダ・真真がメスの赤ちゃん1頭を出産。名前は一般公募で香香に

6/26　14歳でプロ入りした将棋の最年少棋士、藤井聡太四段が30年ぶりの新記録となる公式戦29連勝を達成

10/22　第48回衆議院選挙が投開票され、自民、公明両党が大勝

2018年（平成30）

2/9　平昌冬季五輪開幕。フィギュアスケート男子で2連覇を達成した羽生結弦選手など、日本は13個のメダルを獲得

7/5　西日本の各地を記録的な豪雨が襲う（西日本豪雨）

9/6　北海道の胆振地方を震源とするM6.7の地震が発生（北海道胆振東部地震）。死者44人、負傷者は750人超❽

9/8　大坂なおみ選手が、テニスの全米オープン女子シングルスで男女を通じて日本人初の優勝

10/1　ノーベル生理学・医学賞に本庶佑・京都大特別教授が選ばれる

11/12　3月29日にアメリカ・大リーグにデビューした大谷翔平選手（エンゼルス）がア・リーグの新人王を獲得。日本人選手としては、イチロー選手（マリナーズ）以来17年ぶり4人目

↓ 令和

2019年（平成31、令和元）

4/1　菅義偉官房長官が、新元号は「令和」と発表

4/30　天皇陛下（当時）退位

5/1　皇太子徳仁さまが新天皇に即位。元号が令和に

7/21　第25回参議院選挙投開票。与党で改選過半数を獲得

9/20　ラグビーワールドカップ日本大会開幕。日本がアイルランド、スコットランドなどに勝ち、初の8強入り

10/1　消費税が10％にアップ。消費税の引き上げは5年半ぶり

10/9　吉野彰・旭化成名誉フェローのノーベル化学賞受賞が決定

2010
強い「絆」で震災を乗り越える

津波で床下に流れ込んだ泥をかき出すボランティア（宮城県気仙沼市）。

　2011年3月11日午後2時46分、宮城県牡鹿半島沖約130km、深さ約24kmを震源とする東北地方太平洋沖地震（東日本大震災）が発生。地震の規模を示すマグニチュード（M）は日本の観測史上最大の9.0で、最大震度は7を記録した。さらに、地震発生後には、東北・関東沿岸に巨大津波が到達。岩手、宮城、福島の3県を中心に、死者・行方不明者合わせて約2万人の大災害となった。この津波は、東京電力福島第一原子力発電所（福島第一原発）も直撃した。福島第一原発に13台あった非常用のディーゼル発電機が1台を残して停止し、原子炉の温度は上がり続けた。そして3月12日、ついに1号機の原子炉建屋が水素爆発してしまう。福島第一原発からは大量の放射性物質が放出され、半径20km圏内の住民に避難指示が出された。震災から13年経った今も、その地に再び住むことができない人は多い。

　東京では電車が止まって大量の帰宅難民が発生し、スーパーには物資を求めて長蛇の列ができたが、略奪や混乱は起きなかった。未曽有の大惨事にあっても冷静さを失わず、互いに支え合う日本人の姿は、海外からも称賛された。

　また、16年には熊本地方でも巨大地震が発生。4月14日にM6.5の「前震」、16日にはM7.3の「本震」が熊本地方を襲い、死者は100人を超えた（熊本地震）。M6.5規模の活断層型地震の後、それを上回る本震が発生した地震は、観測史上初だ。さらに、18年9月6日に発生した北海道胆振東部地震では44人が死亡し、北海道のほぼ全域で停電する国内初の「ブラックアウト」が起きた。24年1月1日に発生した能登半島地震でも甚大な被害が発生した。被災地では、東日本大震災の被害に遭った人がボランティアに参加する姿などもみられた。私たちが「絆」を大切に支え合うことができれば、いつか必ず被災地はよみがえる。

宇宙航空研究開発機構提供

これな〜んだ？

ヒント・2003年5月に打ち上げられ、目的地の小惑星「イトカワ」への着陸に成功。イトカワ表面の微粒子回収に成功しました。その後、トラブルが続きましたが、何とか推進力を確保。10年6月に約60億kmの旅を終えて7年ぶりに地球に帰還し、イトカワの表面物質が入った回収カプセルがオーストラリア南部の砂漠で発見されました。

2020年代

❶ダイヤモンド・プリンセス号では、離岸までに下船後も含めて723人の陽性を確認、10人が死亡。

❷政府が配布した布マスク。1袋に2枚入っています。「アベノマスク」と呼ばれました。

❸東京・新宿区の国立競技場で行われた東京五輪開会式で入場行進する日本選手団。

❸スケートボード・女子ストリートで西矢椛選手（当時13歳）が日本勢史上最年少の金メダリストに。

❹日本人選手のアメリカン・リーグ最優秀選手（MVP）受賞は2001年のイチロー氏（マリナーズ）以来20年ぶり、史上2人目。

❺冬季北京五輪のスピードスケート女子1000mで金メダルを獲得し、日の丸を手にする高木美帆選手。

❻ウクライナ軍とロシア軍が激しく戦ったウクライナ・キーウ近郊ブチャの焼け跡（22年4月8日撮影）。

❼近鉄大和西大寺の駅前で、演説をする安倍晋三元首相。この直後に銃撃されました。

コロナ禍からの復活

2019年末から始まった新型コロナウイルスによる感染症の拡大は、20年に「パンデミック」（世界的な大流行）となりました。コロナ禍のなか、東京五輪の開会式は無観客で行われました。

2020年（令和2）

1/9　19年12月から中国中部の湖北省武漢市で流行中のウイルス性肺炎につき、新型コロナウイルスを検出したと中国政府が公表。23日から武漢市は都市封鎖に。29日に武漢から日本人206人を乗せたチャーター機が羽田空港に到着

1/16　武漢市から帰国した男性から新型コロナウイルスの陽性反応が出たと厚生労働省が発表。2月13日に国内初の死者

1/17　国際地質科学連合は、約77万4000年前～12万9000年前の地質時代を「チバニアン（千葉時代）」と呼ぶことを決定。千葉県市原市にある地層が、この時代の始まりを明確に示すと判断。地質年代に日本の地名がつくのは初めて

1/31　イギリスがヨーロッパ連合（EU）を離脱。EUの前身「欧州石炭鉄鋼共同体」が発足した1952年以来、加盟国の離脱は初めてのこと

2/5　横浜港に停泊中（3月25日離岸）の大型クルーズ船ダイヤモンド・プリンセス号の乗客乗員3711人のうち、10人が新型コロナウイルスに感染と厚生労働大臣が発表❶

2/11　世界保健機関（WHO）のテドロス・アダノム事務局長が、新型コロナウイルスによる肺炎を「COVID-19」と命名したと記者会見で発表

3/10　転売目的のマスクなどの買い占めを防ぐため、国民生活安定緊急措置法の政令を改正し、これらの転売禁止を閣議決定。供給が増えたとして8月29日に解除

3/11　WHOは新型コロナウイルスの感染拡大について「パンデミック」だと認定。WHOがパンデミックの表現を使うのは、2009年の新型インフルエンザ以来11年ぶり

4/1　洗濯して繰り返し使える布マスクを5000万余りある全世帯に2枚ずつ配る方針だと安倍晋三首相が表明❷

4/7　安倍晋三首相は、新型コロナウイルス対応の特別措置法に基づく緊急事態宣言を発出。東京、神奈川、埼玉、千葉、大阪、兵庫、福岡の7都府県が対象。特措法を根拠とする緊急事態宣言は初めて。5月25日に47都道府県すべてで解除。その後、21年1月（最大で11都府県）、同年4月（最大で10都道府県）、同年7月（最大で21都道府県）にも緊急事態宣言が出された

5/20　コロナの感染拡大のため2020年夏の第102回全国選手権大会と、代表49校を決める地方大会の中止が発表される。8月10日から甲子園高校野球交流試合を32校で開催

6/30　中国で、香港での反体制的な活動を取り締まる香港国家安全維持法が施行。民主活動家らの逮捕が相次ぐ

7/1　プラスチック製レジ袋の有料化が、すべての小売店に義務づけられた。プラスチックごみの削減につなげるねらい

8/24　安倍首相の連続在職日数が憲政史上（大日本帝国憲法が施行された1890年以降）最長の2799日となり、大叔父の佐藤栄作氏を抜く。28日に潰瘍性大腸炎が再発したことを理由に安倍首相が辞任を表明したため、史上最長政権は7年8カ月余りで幕引き

9/14　自民党総裁選の投開票で菅義偉官房長官（当時）が第26代総裁に。16日開催の臨時国会で第99代首相に選出

❽ロンドン五輪第2日の競泳会場を視察するエリザベス女王（12年7月28日撮影）。

2020

未知のウイルスと世界が戦う

2019年12月から中国で増えていたウイルス性肺炎が新型コロナウイルスによる感染症（以下コロナ）だったと判明してから、コロナは瞬く間に全世界へと広がった。コロナは「密閉」「密集」「密接」の「3密」で拡大するとされ、感染防止のために人との間に取る距離は「ソーシャルディスタンス」と呼ばれた。20年3月2日からは安倍晋三首相の要請を受け、全国の小中学校、高校のほとんどが臨時休校に。インターネットを通じたオンライン授業などで勉強はできても、友だちとの交流は少なくなってしまう。運動会や修学旅行など、楽しい行事も中止となった。

コロナの拡大を抑制するため、多くの国で渡航制限や都市封鎖（ロックダウン）が実施された。日本も外国人の入国を20年から制限し、国内では外出の機会が減って宿泊業や飲食業などのサービス業、飛行機や電車などの交通機関、小売業などあらゆる産業が経済的な打撃を受けた。政府は支援のために、旅行代金を割引して利用を促す「Go To トラベル」などの「Go To キャンペーン事業」を打ち出したが、感染拡大で中止となってしまうこともあった。

感染者拡大や経済停滞などの社会的影響（コロナ禍）にはマイナス面がたくさんあったが、インターネットを活用したテレワークによる在宅勤務が浸透したり、家族で過ごす「おうち時間」が増えたり、国民の健康意識が高まったりするなどの面もあった。

21年末からはオミクロン株への置き換わりが進み、コロナの致死率が低下した。感染対策と社会経済活動との両立をはかる「ウィズコロナ」の声が高まり、23年5月にコロナの感染症法上の分類が2類相当から5類となった（P28）。コロナ禍前の生活に戻りつつあり、訪日外国人客も増えている。とはいえ、コロナの流行は今も続く。これからも、手洗いなどの感染予防を心がけていくことが重要だ。

コロナの拡大により、マスクが買い占められた店も。その対策として、マスクの転売禁止が閣議決定されるなどしました。

これな～んだ？ ❓

ヒント・疫病から人びとを守るという言い伝えがある妖怪。海中から姿を見せ、「疫病がはやるので自分の姿を写して人々に見せよ」と告げて、また海中に消えたと伝えられます。コロナ終息を願い、この姿をかたどったグッズなどが人気となりました。写真はモデルとなった「肥後国海中の怪」（京都大学付属図書館蔵）。

日本の戦後史　世代・経済キーワード

日本が急速な復興を遂げ、発展する過程で、覚えておきたいキーワードをまとめました。⬆は景気上昇、⬇は景気下降を示します。

世代

団塊の世代　1947(昭22)～49(昭24)年生まれ
戦後復興期に発生した第1次ベビーブームに生まれた世代。この間の出生数は805万7054人と多い。中卒で働く「金の卵」になったり(P86)、大学で学生運動に身を投じたり(P87)と日本の歴史に大きな影響を与えた。2007～09年には団塊世代の会社員が一斉に定年退職を迎えた。

バブル世代　1965(昭40)～69(昭44)年生まれ
バブル景気の1986～91年に就職した人たちのことを指す。バブルで好景気だったため、簡単に就職できた世代で、「お金を稼いでは使い、使うためにまた稼ぐ」ことを繰り返す傾向がある。

団塊ジュニア　1971(昭46)～74(昭49)年生まれ
「団塊の世代」が出産し、第2次ベビーブームとなった。この間の出生数は約808万人と多く、大学入試では競争が激しかったという。

ロスト・ジェネレーション（失われた世代）　1972(昭47)～82(昭57)年生まれ
就職活動をする時期が1991(平3)～2002(平14)年の、いわゆる「失われた10年」と重なった世代。この10年はバブル崩壊、円高、株価の低迷、世界的な不景気などが重なり、大手金融機関が破綻。多数の企業が倒産し、従業員のリストラが相次いだので、大学新卒者も就職難に。この世代は、アルバイトなどで生計を立てるフリーターや派遣社員にならざるを得ない人がたくさんいた。

バブルジュニア　1986(昭61)～94(平6)年生まれ
バブル世代を親に持つ子どもたち。バブル景気で浮かれる華やかな世界を体験した親の消費傾向を受け継いでいるため、子どものころからおしゃれに敏感でお金をよく使う世代と言われた。

ゆとり世代　1987(昭62)～2003(平15)年生まれ
戦後の詰め込み教育を見直して学習内容を縮小した「ゆとり教育」を受けている世代。金融機関の破綻や、物価が持続的に下落する「デフレーション」を体験した後期の世代は消費傾向が堅実になってきた。

Z世代　1990年代半ば～2010(平22)年生まれ
高度なインターネット社会で育ち、スマートフォンを使いこなす「デジタルネイティブ」世代。今後の消費活動の中心を担う層として、多くの企業の注目を集めている。

年表（中央）

1945
1950
55
1960
65
1970
75
1980
85
1990
95
2000
05
2010
2015
2020

経済

朝鮮特需　1950(昭25)～53(昭28)年　⬆
朝鮮戦争(P84)に伴い、在朝鮮アメリカ軍や在日アメリカ軍から日本に軍服、テント、兵器、砲弾などが発注され、経済復興が加速。

神武景気　1954(昭29)年12月～57(昭32)年6月　⬆
日本の初代天皇とされる神武天皇が即位した紀元前660年以来、例を見ない好景気という意味で、31カ月間続いた。

岩戸景気　1958(昭33)年7月～61(昭36)年12月　⬆
神武天皇より前の「天照大神が天の岩戸に隠れて以来の好景気」という意味で、42カ月間続く。海外からの資本も流入して、投機や工場などへの設備投資が過剰に行われた。

いざなぎ景気　1965(昭40)年11月～70(昭45)年7月　⬆
天照大神よりも前の、イザナギノミコト以来の好景気という意味で、57カ月間続く。日本は橋などをつくるための建設国債(投資家からお金を借りること)を初めて発行。日本の国民所得はアメリカに次ぐ世界2位の経済大国に。

オイル・ショック　1973(昭48)年12月～75(昭50)年3月　⬇
1973年10月に第4次中東戦争が勃発し、石油輸出国機構(OPEC)が原油価格の70%値上げを決めたことから(P88)、物価が持続的に上昇する「インフレーション」に。

円高不況　1985(昭60)年7月～86(昭61)年11月　⬇
1985年9月に円高ドル安へ誘導する「プラザ合意」(P91)が締結された結果、円高となり、輸出業が打撃を受けた。

バブル景気　1986(昭61)年12月～91(平3)年　⬆
円高不況対策として、日本銀行は公定歩合を下げ、利子が安くなった。企業は銀行から借金しやすくなり、不動産や株に投資するようになって土地や株の値段が急速に上がった(P90～91)。

平成バブル不況　1991(平3)～93(平5)年10月　⬇
大蔵省(当時)は、銀行などが不動産などに関連してお金を貸すことを規制する「総量規制」を行った。土地の値段が下がり、株をお金に換える人が増えて株価も急落し、バブルが崩壊。

いざなみ景気　2002(平14)年2月～07(平19)年10月　⬆
日本政府と日本銀行は為替市場に介入して円安となり、輸出業を中心に多くの企業が過去最高の売上高・利益を記録。

世界金融危機　2007(平19)年11月～現在　⬇
2007年末から、アメリカで住宅ローンを返済できない人が続出し金融機関が多額の損失を抱える「サブプライムローン問題」が勃発。アメリカドルや世界の株価が下落し、大手証券会社リーマン・ブラザーズ破綻など金融恐慌に(リーマン・ショック)。

欧州危機(ユーロ危機)　2009(平21)年10月～現在　⬇
09年10月に、ギリシャの前政権が財政赤字をごまかしていたことが発覚。ギリシャや、お金を貸していた欧州の銀行が破綻するのではという金融不安が広がり、ユーロ安に。

コロナショック　2020(令2)年～現在　⬇
新型コロナウイルスの感染拡大に伴い、世界の人やモノ、お金の動きが停滞して陥った経済危機。

高度成長期　1955(昭30)～73(昭48)年

日本大図鑑

私たちが住んでいる日本は、どのような国なのでしょう？
世界有数の先進国であるいまの日本には、
特色ある産業や美しい自然がたくさんあります。
その姿を、豊富なデータや統計などから
学びましょう。

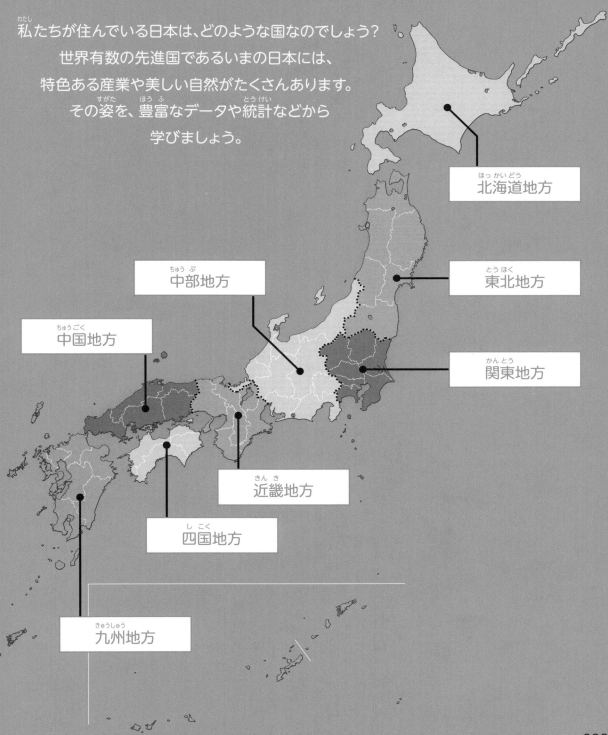

北海道地方

東北地方

関東地方

中部地方

中国地方

近畿地方

四国地方

九州地方

日本列島　列島のすがた

本州をはじめ、多くの島じまからなる日本の面積は、37万7974.8km²（2023年10月）。東西と南北の距離はそれぞれ約3000km。東西南北の端にある島や、東京と各国都市間の距離を確認しよう。

日本の周りと面積（2023年）

【資料】令和5年全国都道府県市区町村別面積調（10月1日時点）、都道府県の庁舎及び東西南北端点の経緯度（ともに国土地理院）

【注】各都市の位置は都道府県庁舎の経緯度。

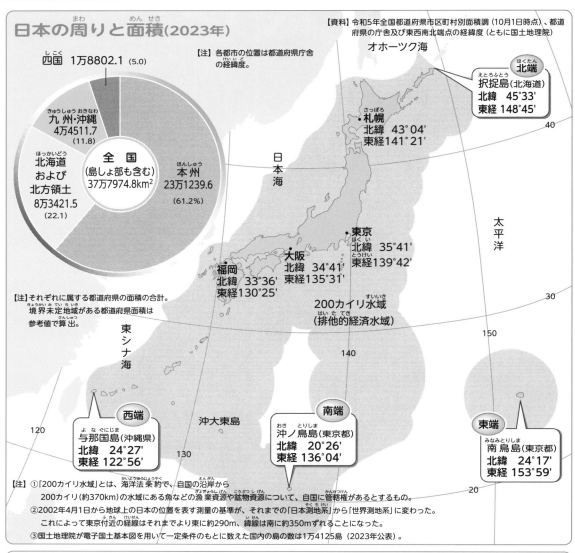

四国 1万8802.1 （5.0）

九州・沖縄 4万4511.7 （11.8）

北海道および北方領土 8万3421.5 （22.1）

全国（島しょ部も含む） 37万7974.8km²

本州 23万1239.6 （61.2%）

【注】それぞれに属する都道府県の面積の合計。境界未定地域がある都道府県面積は参考値で算出。

オホーツク海

北端 択捉島（北海道）北緯 45°33' 東経 148°45'

・札幌 北緯 43°04' 東経141°21'

日本海

・東京 北緯 35°41' 東経139°42'

大阪 北緯 34°41' 東経135°31'

福岡 北緯 33°36' 東経130°25'

太平洋

200カイリ水域（排他的経済水域）

東シナ海

西端 与那国島（沖縄県）北緯 24°27' 東経 122°56'

沖大東島

南端 沖ノ鳥島（東京都）北緯 20°26' 東経 136°04'

東端 南鳥島（東京都）北緯 24°17' 東経 153°59'

【注】①「200カイリ水域」とは、海洋法条約で、自国の沿岸から200カイリ（約370km）の水域にある魚などの漁業資源や鉱物資源について、自国に管轄権があるとするもの。
②2002年4月1日から地球上の日本の位置を表す測量の基準が、それまでの「日本測地系」から「世界測地系」に変わった。これによって東京付近の経線はそれまでより東に約290m、緯線は南に約350mずれることになった。
③国土地理院が電子国土基本図を用いて一定条件のもとに数えた国内の島の数は1万4125島（2023年公表）。

世界のなかの日本の位置

【資料】理科年表2024（国立天文台）

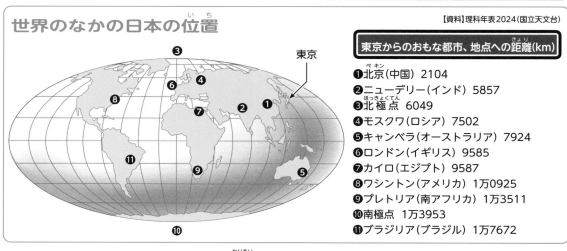

東京

東京からのおもな都市、地点への距離(km)

❶北京（中国） 2104
❷ニューデリー（インド） 5857
❸北極点 6049
❹モスクワ（ロシア） 7502
❺キャンベラ（オーストラリア） 7924
❻ロンドン（イギリス） 9585
❼カイロ（エジプト） 9587
❽ワシントン（アメリカ） 1万0925
❾プレトリア（南アフリカ） 1万3511
❿南極点 1万3953
⓫ブラジリア（ブラジル） 1万7672

かんれん 地球の大きさ、海と陸地の割合 ➡ 242ページ

面積は国土地理院「令和5年全国都道府県市区町村別面積調(7月1日時点)」による。人口(住民基本台帳)は2023年1月現在(外国人を含む数。うちわけとして外国人数を示す)、市町村の数は23年10月現在。知事は24年2月10日現在。農業・畜産業・林業・水産業・鉱業は特記がなければ22年の数値(速報値も含む)。工業(製造品出荷額)は特記がなければ21年の数値(工業統計調査の都合で全事業所の数値に変更)。一部の島は地図に非表示。新型コロナウイルス関連は一部を除き触れない。

トピックワードのアイコンが示すもの ☺:出身者またはゆかりある人物(原則として故人)／🏠:特筆すべき場所、遺跡、建造物、施設など／世:世界遺産(自然遺産か文化遺産が示す。日本遺産は除く)とラムサール条約登録地／★:祭りやイベント／▽:伝統文化・伝統工芸・産業／✎:特産や地域の食べ物／他:その他、特有なことがら。

北海道 (ほっかいどう)

面積／8万3422km²(北方領土5003km²を含む)
人口／513万9913人　うち外国人　4万4210人
市町村／14振興局35市129町15村
　　　　(ほかに北方領土6村)
道庁／札幌市　　知事／鈴木直道

■ 都道府県の花・木・鳥

ハマナス　エゾマツ　タンチョウ

旧国名 蝦夷地(えぞち)

■ 自然

[地形] 津軽海峡で本州とへだてられた日本最北端の大きな島。広さは国土の約22%。石狩川、十勝川流域には広い平野が開け、道東(東部)には根釧台地が広がる。火山や火口湖も多く、利尻島や北方領土の国後、択捉も火山島。海岸線の多くは単調で、オホーツク海沿岸にはサロマ湖などの潟湖が多い。原生林や原生花園などが残る。**[気候]** 夏は短く涼しく、冬は長く寒さが厳しい。冬は日本海側に雪が多く、春先にはオホーツク海沿岸に流氷が押し寄せる。太平洋岸では、春から夏にかけて海霧がよく発生し、気温が低い。本州でいう梅雨はなく、オホーツク海側の北見・網走地方は雨が少ない。

■ 交通

東北新幹線と北海道新幹線で本州からつながり、JR路線や道央、道東、札樽の各自動車道も走る。新千歳空港をはじめ、離島も含め14の空港がある。太平洋側・日本海側ともにフェリーも使える。

■ 産業

製造品出荷額　6兆1293億円／農業産出額　1兆2919億円(全国1位)
[農業] 大規模な畑作や酪農、豊富な水産資源を生かす漁業が特色。テンサイ、小麦、ジャガイモ、大豆、小豆、ニンジン、タマネギ、カボチャ、インゲン、スイートコーン、ブロッコリー、そばなど収穫量1位の作物が多く、乳用牛、肉用牛の飼養頭数(23年)も生乳生産量も1位。米も3銘柄が食味ランキングで特A。**[林業]** エゾマツ、トドマツなどの天然林が多く、国産材の生産量は全国1位。**[水産業]** サケ、マスのほか、ホタテ貝、ウニ、こんぶ、スケトウダラも多くとれる。釧路、根室、羅臼、稚内、厚岸、広尾など漁港も多い。**[鉱業]** 釧路で国内唯一の石炭の坑内掘りが続く。美唄市などでは露天掘りが行われている。**[工業]** 素材の良さを生かす食品加工業が盛ん。室蘭は鉄鋼業、苫小牧は製紙・パルプで有名な工業都市。苫小牧や千歳に自動車の関連工場、札幌はIT関連企業が多い。**[第3次産業]** 有数の観光地で、新幹線開業の2016〜18年度に観光客は5500万人前後に増加。19年度は5277万人。20年度にコロナ禍で減少。21年度から回復傾向、22年度は4229万人に。

■ あゆみ、ニュース

古くは蝦夷地とよばれ、アイヌ民族の住む地であった。江戸時代に南部の渡島半島に松前藩がつくられ、明治時代のはじめに屯田兵らにより原野が開拓された。1869(明治2)年に名称として「北海道」が制定。人口密度は日本で最も低い。全国で唯一、財政再建団体(現・財政再生団体)になった夕張市は今も再建に取り組む。23年、札幌市と日本オリンピック委員会が進めてきた冬季五輪・パラリンピックの招致活動が停止。

■ 環境問題

幌延町に原子力発電所から出る高レベル放射性廃棄物の地層処分を研究する施設がある。泊原子力発電所は、全3基が停止中。再稼働をめざしているが、22年5月、津波対策の不備を理由に札幌地裁が運転差し止めを命じた。23年7月に控訴審開始。建設中の大間原発(青森県)に対し、30km圏内の函館市は建設差し止め訴訟中。

トピックワード

☺ 高田屋嘉兵衛、松浦武四郎、ウィリアム・スミス・クラーク
🏠 五稜郭、札幌市時計台、小樽運河、大樹航空宇宙実験場
世 知床(自然遺産)、北黄金貝塚(文化遺産)、道内13カ所(ラムサール条約)
★ さっぽろ雪まつり、流氷まつり、小樽ゆき物語
▽ 二風谷アットゥシ、熊の木彫り、小樽オルゴール
✎ アスパラガスなど豊富な農産物、毛ガニなどの水産物、バターなど乳製品

全国

動物分布と不思議な境界線

　日本列島は南北に約3000kmと長く、気候や地形なども変化に富んでいます。分布する動物の種類(動物相)についても特有なものがあり、たとえば、ニホンザルは本州にいますが、北海道にはいません。青森県下北半島の北限のサルは有名で、世界的にも最も北にいるサルとして注目されています。

　クマについても、北海道にいるヒグマは本州にいないし、本州以南にいるツキノワグマは北海道にはいません。

　このような違いを学術的に明らかにして、津軽海峡に動物分布の境界線があると発表したのがトーマス・ブラキストンです。そのため、この動物分布境界線はブラキストンラインと名付けられています。

　ちなみに、ヒグマは国後島や択捉島、サハリン島や隣接するユーラシア大陸の中央アジアやヨーロッパ、北アメリカ大陸にも生息しています。一方のツキノワグマは台湾や朝鮮半島、東南アジアなどに

も生息しています。これで、ブラキストンラインが国内的なものでなく、世界的な地理的境界線であるとわかります。このような境界線は津軽海峡だけでなく、また動物だけでなく植物にもあります。

　たとえば、動物分布の境界線として重要とされているものに渡瀬線があります。トカラ列島南部の島と島の間に引かれた動物分布の違いを示すもので、渡瀬庄三郎が提唱しました。これはニホンザルの南限でもあります。また鳥類や爬虫類の分布境界線とされる八田線は、宗谷海峡をはさんで動物相に違いがあると八田三郎が提唱。さらに蜂須賀線や三宅線などもあり、植物についてもハマオモト線というハマユウの境界線を示すものがあります。

　これらの知見の先には、大陸が移動したころから現在に至る壮大な歴史のなかで動植物をとらえる動物地理学、生物地理学という奥深い世界が広がっているのです。

青森県

面積／9645㎢
人口／122万5497人
　　　うち外国人 6575人
市町村／10市22町8村
県庁／青森市　知事／宮下宗一郎

■ 都道府県の花・木・鳥

リンゴ

ヒバ
（アスナロ）

ハクチョウ

旧国名
陸奥（大部分）

■ 自然

[地形] 本州の最北端にあり、津軽半島と下北半島が陸奥湾を囲む。県中央部の八甲田山系の東に三本木台地、西に津軽平野が開け、西の先に岩木山がそびえる。海岸線は単調な所が多い。小川原湖や十和田湖*など大きな湖がある。

[気候] 日本海側の津軽地方は積雪が多い。太平洋側の南部地方では夏に冷たい北東風「やませ」が吹くと冷害になりやすい。

■ 交通

1988年に、海底トンネルの青函トンネル（53.85km）が開通。2010年に東北新幹線が全通、16年に北海道新幹線が開業。不通が続くJR津軽線の蟹田−三厩間は、JRと地元で復旧方法の意見が分かれている。23年、弘南鉄道の弘南線と大鰐線は線路工事で運休したが、11〜12月に再開。青森空港は国内外に路線があり、共用空港の三沢空港は国内3路線。

■ 産業

製造品出荷額 1兆6947億円／農業産出額 3168億円（全国7位）

[農業] 米とリンゴが中心で、農業産出額は東北で19年連続1位。米の10a当たり収量は全国2位。「青天の霹靂」が8年連続で特A。リンゴの収穫量は約44万tで全国の約60％を占め1位。ニンニク、ゴボウ、アンズの収穫量も1位。ヤマノイモ、なたねは2位、ダイコン、カブは3位。[林業] 津軽・下北地方のヒバの天然林は日本三大美林のひとつ。ブナ原生林や八甲田連峰のアオモリトドマツも有名。[水産業] 近年は低迷しているが、八戸港は全国上位の水揚げ量がある。三陸沖は好漁場で、イカの水揚げ量は日本一。マイワシ、サバもとれる。陸奥湾岸でホタテ貝の養殖が盛ん。大間産マグロは24年の初セリでも最高値。[鉱業] 八戸や下北半島の尻屋崎で石灰石を採掘。[工業] 製造品出荷額は食料品、非鉄金属、電子部品が上位。下北に原子力や風力エネルギー関連が多い。[第3次産業] 観光客数は19年に3500万人以上だったが20年、21年は約2300万人、22年は2680万人に回復。

■ あゆみ、ニュース

南東の南部（八戸地方）と西の津軽（青森・弘前地方）は、江戸時代に別の藩の領域で、両地域は気候や地形、人びとの気風も異なる。日露戦争前の1902年に、青森歩兵第5連隊が八甲田山への雪中行軍で遭難、210人中199人が凍死した。日本最大級の縄文時代の集落跡「三内丸山遺跡」は2021年に、北海道・北東北の他の遺跡とともに世界文化遺産に登録された。

■ 環境問題

22年度の風力発電量は約14億8000万kW時で3年連続全国1位。六ケ所村の使用済み核燃料再処理工場の完成は24年度上期予定。むつ市の使用済み核燃料中間貯蔵施設は一連の審査が終了。

トピックワード

😊 棟方志功、太宰治、寺山修司

🏠 十和田湖、弘前城

🌍 白神山地（自然遺産）、三内丸山遺跡（文化遺産）

⭐ 青森ねぶた祭

🏺 津軽塗、こぎん刺し、アケビ細工、ひば曲物、南部裂織

🔖 リンゴ、大間マグロ、ゴボウ

🔵 ニホンザルの北限の生息地

※十和田湖（61.0㎢）は水面境界未定だったが、08年8月「青森県側6：秋田県側4」の比率で湖の面積を分割することで合意。

岩手県

面積／1万5275㎢
人口／118万9670人
　　　うち外国人 8231人
市町村／14市15町4村
県庁／盛岡市　知事／達増拓也

■ 都道府県の花・木・鳥

キリ

ナンブアカマツ
（アカマツ）

キジ

旧国名
陸中（大部分）、陸奥・陸前（各一部）

■ 自然

[地形] 北海道に次ぐ全国2位の面積。山がちで南北に長い。中央部を北上川が南北に流れ、細長い平地をつくる。西の秋田県との境に奥羽山脈が、東部に北上山地が広がり、平野部は少ない。東の三陸海岸はリアス海岸で、天然の良港だが、明治、昭和にも津波の被害を受けた。[気候] 広い県で地域により異なる。奥羽山脈の山沿いは、雪の多い日本海側の気候、北上高地は高原性、盆地性の気候で、北上川沿いの平野部は、全般に冬は寒さがきびしく、夏は暑い内陸性気候。沿岸部では海洋性気候だが、宮古市以北では寒流の影響で気温が低く、冷害も起こる。

■ 交通

東北新幹線や東北自動車道のほか、2017年には山田宮古道路が開通。19年3月には南北につながった三陸鉄道リアス線が開業。東日本大震災の復興支援で走っていたJR釜石線の蒸気機関車「SL銀河」は23年に運行終了。

■ 産業

製造品出荷額 2兆7133億円／農業産出額 2660億円

[農業] 東北で2位の農業産出額。リンドウの出荷量とビール用ホップの収穫量は全国1位。畑わさびの生産も1位。米、リンゴ、ピーマン、飼料用牧草も多く、雑穀も有名。畜産、酪農が盛んで、乳牛やブロイラーも多く飼養。[林業] 全国2位の森林面積（22年）。パルプ、チップなど広葉樹の利用が盛ん。国産材（素材）生産量2位。マツタケ生産も2位。[水産業] 宮古、釜石、大船渡など三陸のリアス海岸の漁港が中心で、内湾で養殖も盛ん。アワビの漁獲量全国1位（21年）、サケ類も多い。[鉱業] 釜石鉱山は1993年に130年余りの歴史を閉じた。北上山地で石灰石を採掘。[工業] 釜石の鉄鋼業は製鉄不況で89年に高炉が全面休止。北上周辺に自動車など製造業の工場がある。北上市の大手半導体メーカーは、2020年に生産開始した。八幡平市には松川地熱発電所、雫石町にも葛根田地熱発電所がある。[第3次産業] 中尊寺金色堂などがある平泉や国の名勝指定の浄土ケ浜などが人気。

■ あゆみ、ニュース

近世では盛岡藩、仙台藩、八戸藩、一関藩で構成されていたが1876（明治9）年に現在の県域が決定。山地が多く人口密度は低い。中心都市・盛岡のある北上川沿いの平地がおもな農業地帯。三陸海岸に宮古、釜石など水産業・鉱業都市がある。盛岡市はニューヨーク・タイムズ紙「2023年に行くべき52カ所」に選ばれた。

■ 環境問題

2020年、遠野市は環境保全などのため一定規模以上の太陽光発電設備の建設禁止の条例を施行。23年、八幡平市も同様の条例を制定。

トピックワード

😊 原敬、新渡戸稲造、石川啄木、宮沢賢治

🏠 三陸ジオパーク、小岩井農場、八幡平、龍泉洞

🌍 平泉、橋野鉄鉱山、御所野遺跡（いずれも文化遺産）

🏺 南部鉄器、南部古代型染

⭐ チャグチャグ馬コ

🔖 ワカメ、ウニ、乳製品、前沢牛、わんこそば、盛岡冷麺

宮城県

みやぎ

面積／7282km²
人口／225万7472人
　うち外国人　2万4098人
市町村／14市20町1村
県庁／仙台市　知事／村井嘉浩

■ 都道府県の花・木・鳥

ミヤギノハギ
ケヤキ
ガン

旧国名
陸前（大部分）、磐城（一部）

■ 自然
[地形] 西の山形との県境に奥羽山脈が南北に連なり、東は太平洋に面する。北から北上川が、南から阿武隈川が仙台湾に注ぎ、その下流域に仙台平野が広がる。牡鹿半島を境に北のリアス海岸と南の単調な砂浜海岸が対照的。[気候] 冬の積雪は奥羽山脈を除いて少ないが、乾燥した季節風が吹きつけ寒さがきびしい。

■ 交通
東北自動車道、東北新幹線が通り、仙台空港は国内外に路線がある。港湾も多く仙台塩釜港は仙台・塩釜・松島・石巻の港区からなり東北の流通を担う国際拠点港湾。2021年、三陸沿岸道路（仙台市—青森県八戸市）が全線開通。

■ 産業
製造品出荷額 5兆34億円／農業産出額 1737億円
[農業]「ササニシキ」の本場で、「ひとめぼれ」を生んだ全国有数の米どころ。米収穫量は5位。大豆は2位。セリ、パプリカは全国1位（ともに20年）の収穫量。[林業] 県内各地でスギの人工林が多くみられる。[水産業] 塩釜、石巻、気仙沼を中心に近海、遠洋漁業とも盛ん。気仙沼は生鮮カツオの水揚げ量日本一。県の漁獲量は全国4位。[工業] 仙台、石巻、塩釜、気仙沼などを中心に水産物加工などの食料品工業が盛ん。大衡村では、トヨタ自動車東日本が小型車などを生産。大和町には、エンジンなどの工場がある。

■ あゆみ、ニュース
中央部の仙台は、東北地方の行政、経済、文化の中心地。1960年代から工業化も進む。仙台市は89年に政令指定都市になり、99年に人口が100万人を超えた。その後、増加しつつ2024年1月推計で109.8万人に。東日本大震災では甚大な被害（県で1万人を超える死者・行方不明者）を受けた。気仙沼の震災遺構・伝承館は震災直後の姿を伝える。23年、国がすすめる「国際卓越研究大学」の選考で東北大が認定候補の第1号になった。これは、先進的な取り組みを行う大学に優先的に資金を配分し世界トップレベルの大学を育てる制度。

■ 環境問題
女川原発2号機は、再稼働に向け、20年2月に国の安全審査を通り、11月には県と石巻市、女川町が同意。21年に石巻市民が再稼働差し止めを求めた訴訟は、23年5月に仙台地裁が請求を棄却。再稼働は安全対策工事の追加で、24年2月の予定を数カ月延期と発表。1号機は18年に廃炉が決定。

トピックワード
- 🧑 伊達政宗、志賀潔、吉野作造、石ノ森章太郎
- 🏠 松島、青葉城、東日本大震災遺構・伝承館
- 🌏 伊豆沼・内沼（1985年、本州初）、蕪栗沼・周辺水田（2005年）、化女沼（08年）、南三陸町「志津川湾」（18年、震災被災地初）（すべてラムサール条約）
- ★ 仙台七夕まつり、火伏せ行事「米川の水かぶり」（無形文化遺産）
- 🍶 仙台箪笥、こけし（鳴子）、漆器
- 🍘 笹かまぼこ、みそ、牛タン、駄菓子

秋田県

あきた

面積／1万1638km²
人口／94万1021人
　うち外国人　4512人
市町村／13市9町3村
県庁／秋田市　知事／佐竹敬久

■ 都道府県の花・木・鳥

フキノトウ（フキ）

アキタスギ（スギ）

ヤマドリ

旧国名
羽後（大部分）、陸中（一部）

■ 自然
[地形] 南北に長く、東の岩手との県境には奥羽山脈が南北に連なり、西は日本海に面する。奥羽山脈と中央部の出羽山地との間に大館、横手の盆地がある。そこから流れる米代川、雄物川が注ぐ日本海に能代、秋田平野が広がる。田沢湖は日本一の深さ。[気候] 降水量が多く、冬は海岸部を除いて積雪量が多い。夏は南東風が奥羽山脈をこえて吹き下ろすフェーン現象で暑い。

■ 交通
日本海沿岸東北自動車道が新潟から縦貫し、秋田自動車道が岩手から横断する。東京から秋田新幹線が通り、秋田空港、大館能代空港からは東京・羽田などに路線がある。秋田港、船川港、能代港などが国内や東アジアの物流を担う。

■ 産業
製造品出荷額 1兆4057億円／農業産出額 1670億円
[農業] 豊富な水を利用した稲作が中心。米の収穫量は全国3位。単位面積あたりの収穫量も多い。「あきたこまち」が有名。県の新ブランド米「サキホコレ」は2022産米の食味ランキングで参考品種として特Aに。リンゴの収穫量は全国6位。じゅんさい、とんぶりは地域の特産品。大潟村で米、大豆、小麦を大規模栽培。[林業] 県面積の7割を森林が占め、林業も盛ん。秋田スギは日本三大美林のひとつ。米代川沿いに多く茂り、大館、能代は木材産業が発達。[水産業] 名物のハタハタの不漁は海水温の上昇が要因か。[鉱業] かつては全国一の非鉄金属の鉱山県だった。閉山後も技術はリサイクル製錬などに活用。八橋、申川、由利原などで石油や天然ガスを産出。[工業] 秋田市を中心に電子、化学、木材、製紙工場、県南に電子関係、県北で小型家電からレアメタルを回収。県内に五つの地熱発電所があり、新たな発電所の計画もある。市街地での地中熱の利用も。

■ あゆみ、ニュース
日本で2番目に広い湖だった八郎潟を干拓し、1964年に大潟村が発足。人口減少率、高齢化率はともに高い。2021年、ストーンサークルを主体とした「大湯環状列石」（鹿角市）が世界文化遺産に登録。100年以上の歴史がある大曲の花火は、22年に3年ぶりに開催。23年は夏の全国花火競技大会に加え春と秋も開催された。東アジア最大級の原生的なブナ林が広がる白神山地は23年12月で世界自然遺産登録から30年に。

■ 環境問題
23年、クマによる被害が激増、農作物や果樹、家畜飼料の被害や市街地周辺の農地や道路でも目撃され、県は出没警報を発令。県内で4～12月に70人の人身被害。

トピックワード
- 🧑 安藤昌益、小林多喜二、石川達三、むのたけじ
- 🌏 白神山地（自然遺産）、大湯環状列石（文化遺産）
- ★ 竿燈まつり、男鹿のナマハゲ（無形文化遺産）
- 🍶 大館曲げわっぱ、樺細工（角館）、樺木家具
- 🍘 きりたんぽ、しょっつる、比内地鶏、稲庭うどん、いぶりがっこ、清酒
- 他 秋田犬

山形県
やまがた

面積／9323k㎡
人口／104万2396人
　うち外国人　7952人
市町村／13市19町3村
県庁／山形市　　知事／吉村美栄子

■ 都道府県の花・木・鳥

サクランボ
（オウトウ）
ベニバナ
オシドリ

旧国名
羽前、羽後（一部）
うぜん　うご

■ 自然

[地形] 南北に長く、北西部が日本海に面する。東の宮城との県境に奥羽山脈が南北に走り、それと並行して西に出羽山地がある。その間を最上川が、米沢、山形、新庄の盆地をつくり、南から北へと流れ、庄内平野をへて酒田で日本海に注ぐ。[気候] 庄内では降水量が多く夏は暑い。内陸では降水量が少なく寒暖の差が大きい。山間部は日本有数の多雪地帯。

■ 交通

山形新幹線が東京と新庄を結び、日本海側に羽越本線が走る。2022年、山形新幹線が開業30周年、JR左沢線が全線開通から100周年をむかえた。東北中央自動車道と山形自動車道が県内を縦横に走り、内陸の山形空港と海側の庄内空港から国内に定期路線があ

る。24年1月から山形空港と台湾を結ぶ冬季チャーター便も運航。港は、酒田港、加茂港、鼠ケ関港があり、酒田港は重要港湾に指定。

■ 産業

製造品出荷額 3兆0239億円／農業産出額 2394億円

[農業] 米は庄内平野で主に作られ、収穫量は全国4位。内陸部では少ない雨と寒暖の差を利用して果物を栽培。サクランボと西洋ナシは収穫量全国1位。県産サクランボの大玉新品種「やまがた紅王」が23年に本格出荷。スイカは3位、ブドウ、リンゴは4位。バラなど切り花も多い。米沢牛、紅花栽培も有名。[鉱業] 酒田など日本海側で原油、天然ガスを産出。[工業] 電子、情報機器、食料品が中心。[第3次産業] 銀山や蔵王に観光客が多い。20年度に落ち

込んだ観光客数は、21年度から回復し22年度は約3603万4000人だった。

■ あゆみ、ニュース

酒田は江戸時代、北前船が立ち寄る日本海有数の港町として栄え、最上川に沿って内陸の新庄、山形の盆地まで京都や大坂など上方の文化が伝わった。沿岸部の庄内地方と内陸部では風土が異なる。明治時代の廃藩置県で、当初7県になったが統廃合され、1876年に現在の山形県となった。現在、人口減少が進み、22の出生数は過去最少に。世界で唯一、ペルー政府の許可を得て世界遺産「ナスカの地上絵」を調査している山形大学ナスカ研究所は22年に開所10年。これまでドローンやAIを使い350点以上を発見。

■ 環境問題

山間部には貴重な天然ブナ林があり、イヌワシやクマタカも生息。蔵王で樹氷になる針葉樹・アオモリトドマツの立ち枯れが深刻化。23年設立の「樹氷復活県民会議」が官民連携して再生に取り組む。

福島県
ふくしま

面積／1万3784k㎡
人口／181万8581人
　うち外国人　1万5607人
市町村／13市31町15村
県庁／福島市　　知事／内堀雅雄

■ 都道府県の花・木・鳥

ケヤキ
ネモトシャクナゲ
（ハクサンシャクナゲ）
キビタキ

旧国名
磐城（大部分）、岩代
いわき　いわしろ

■ 自然

[地形] 北海道、岩手県に次ぐ全国3位の面積。南北に連なる阿武隈高地と奥羽山脈により会津・中通り・浜通りに分けられる。会津地域は、奥羽山脈や越後山脈に囲まれ、尾瀬や裏磐梯の湖沼群、猪苗代湖など自然豊か。中通りは阿武隈川に沿って郡山や福島など盆地が連なる。浜通りは太平洋に面する。[気候] 東西で違い、会津地方は雪が多い。中通りから会津にかけては寒暖の差が大きく夏は暑い。浜通りは雪があまり降らない。

■ 交通

JRの東北新幹線、山形新幹線、東北線、磐越東線・磐越西線、水郡線が通り、会津鉄道などもある。東北自動車道や磐越自動車道で東京や新潟とつながり、あぶくま高原道路で福島空港に行ける。

■ 産業

製造品出荷額 5兆1627億円／農業産出額 1970億円

[農林業] 米の収穫量は全国7位。会津盆地は良質の早場米ができる米どころ。内陸を中心に果物の栽培が盛ん。桃は全国2位、梨とリンゴは5位。関東地方向けの野菜農家も多く、サヤインゲンは全国2位、サヤエンドウは3位。ナタネ、キュウリ、ソバ、エゴマ、ナメコも多い。桐材の生産量は全国の約7割を占める。[水産業] 黒潮と親潮が交錯する良好な漁場でカツオやイワシがとれる。いわき市のメヒカリ、相馬のホッキ貝は有名。原発事故による出荷制限後の試験操業も21年に終了し、22年の水揚げは増加したが、震災前の2割強。高級魚のトラフグが急増。処理水の海洋放出に漁業者は反対し

ている。[工業] 工業製造品出荷額は東北6県中1位。福島市エリアでは電気・機械・電子産業が中心、郡山市エリアは近年、医療・福祉機器産業が集まり、会津エリアは半導体関連産業を中心に集積が進んでいる。相馬市やいわき市は輸送用機器、化学工業が盛ん。

■ あゆみ、ニュース

東北地方の入り口にあたる白河の関は有名。海側の浜通り、中通り、西の会津で異なった文化圏をつくる。1868年の戊辰戦争では、会津若松城や飯盛山など多くの場所が激戦の舞台となった。2011年の東日本大震災により、浜通りの福島第一原子力発電所で水素爆発。多くの人が避難し、23年11月現在も県内外に2万人以上が避難している。

■ 環境問題

福島第一原発と第二原発の計10基は、廃炉作業中。第一原発の処理水は、23年8月から11月にかけ3回海洋放出。10月に国際原子力機関と水産庁が県沖の魚介類の放射性物質の分析を開始。

ワルじゃない！　こんな代官もいた（東北地方）

江戸時代は、約260年にわたり続きましたが、その長い年月を支えたのが、幕藩体制でした。幕藩体制は、幕府と藩で構成された政治体制。幕府は、全国に多くの直轄地を持ち、それが幕府の経済地盤でもありましたが、その直轄地に派遣された役人が代官などで、その地の徴税などの行政を担ったのです。

天変地異も多かった江戸時代、災害や飢饉などで困窮する生活のなか、領民は年貢を納める必要があり、代官はそれを管理する役目がありました。代官というと、時代劇では豪商から賄賂を受け取ったり、年貢を取り立てたりする悪代官のイメージがありますが、実際の代官はどうだったのでしょうか。

ここでは江戸時代中頃に東北地方に赴任した実在の代官を紹介します。天明の大飢饉（1782〜87〈天明2〜7〉年）は東北地方を中心に多くの餓死者を出し、日本の近世で最大の飢饉と言われます。農村は荒廃し、土地を捨てて逃げる逃散や生まれた子どもを殺す間引き、百姓一揆などが起こりました。そのような惨状のなか、1792（寛政4）年、江戸に住んでいた幕臣の寺西重次郎封元は、代官に抜擢され、東北地方にある直轄領のうち塙領と小名浜領を支配するため、現在の福島県東白川郡塙町に赴きました。天明時代から寛政にかけ、餓死だけでなく疫病による死者も多く、民衆の困窮が極まっているさなかに、封元は奥州の代官として、その人柄と手腕に期待をかけられて任ぜられたのです。

当時の塙代官所の代官の在任期間は平均3年半でしたが、封元は赴任早々に領内を巡回視察し、その惨状を見て、この農村・山村の復興がいかに難事業で長期にわたるものとなるかを悟り、決意し

て民政に取り組みました。村々の復興のため、まず封元は「寺西八箇条」をつくり、世の中のことや人間関係の大切さを教え、また、「子孫繁昌手引草」という冊子を配り、子どもを大事にすることをやさしい言葉で説き、窮乏にあえぐ農民に再建への希望をいだかせるように努めました。封元は、不遇な生い立ちもあり、民衆の苦しみを理解できる人物だったのかもしれません。

さらに封元はさまざまな施策も進めました。農家に休日を与え、倹約の励行、労働力のため他国の民の移住をすすめ、公金の貸し付けなどで産業を奨励したほか、領内の久慈川、川上川の橋の修理や護岸工事などの土木工事、晩年には半田銀山の再開発までも行いました。また領民のための講話会（勉強会）も開きました。その民政はめざましく、隣接の諸藩からも注目され、1814（文化11）年には、伊達郡の桑折代官所付近の支配も命じられ、支配地は14万石にのぼりました。

1818（文政元）年、幕府はその功労に報いるために、勘定組頭に昇進させて代官を兼務とし、江戸に帰還させました。しかし封元は、復興半ばの村をそのままにして江戸に戻ることはできないと1819年にはまた桑折代官専任となりました。そして1827（文政10）年、79歳で、異郷の地・桑折代官所で逝去するまで、通算36年という異例の在任期間を務めました。

塙町には、寺西神社や遺徳を偲ぶ碑が残されていますが、山間地や他の神社の境内にも祠や記念碑が建てられています。塙町にある向ケ岡公園は、封元により築造、命名されたと伝えられており、庶民のための公園としては最古のものとされています。

茨城県

いばらき

| 面積／6098km² |
| 人口／287万9808人 |
| うち外国人　7万9570人 |
| 市町村／32市10町2村 |
| 県庁／水戸市　知事／大井川和彦 |

■ 都道府県の花・木・鳥

バラ

ウメ

ヒバリ

旧国名
常陸、下総（一部）

■ 自然

[地形] 北部に阿武隈、八溝などの山地があるが、大半は関東平野の一部を占める常総台地と低地。北部に久慈川、那珂川が、南部の県境に利根川が流れる。霞ヶ浦（西浦）、北浦、利根川が合流する一帯は水郷とよばれる低湿地。鹿島灘沖は千島海流（親潮）と日本海流（黒潮）がぶつかる潮目。[気候] 温暖な太平洋岸式気候だが、北西山間部と南部とで気温差が大きい。

■ 交通

鉄道は、JRの常磐線、水戸線、水郡線やひたちなか海浜鉄道、鹿島臨海鉄道、真岡鐵道など。2005年開業のつくばエクスプレスは、23年に延伸先を土浦と決定し50年ごろの延伸をめざす。道路は常磐自動車道、東関東自動車道水戸線、北関東自動車道、首都圏の

環状道路（圏央道）も通る。茨城空港（航空自衛隊百里基地と共用）は国内線と国際線がある。

■ 産業

製品出荷額　13兆6869億円（全国7位）／農業産出額　4409億円（全国3位）

[農業] 田畑の耕地面積は全国3位。常総台地の野菜と低地の米が中心。採卵鶏の飼育羽数も多く、鶏卵の生産量は全国1位。ピーマン、小松菜、レンコン、白菜、水菜、チンゲンサイ、ネギ、メロン、栗の収穫量は1位。ゴボウ、レタス、サツマイモは2位など上位の作物が多い。[水産業] 漁獲量は全国2位。沖合漁業でイワシ、サバ、河川でアユ、涸沼でシジミ、霞ケ浦でシラウオ、ワカサギも。

[工業] 日立、ひたちなか市の電気機器や、鹿島臨海工業地帯の鉄

鋼、石油化学工業が大規模。県南地域に食料品や情報機器の工場があり、つくば市は先端技術の研究所が多く宇宙航空研究開発機構（JAXA）もある。

■ あゆみ、ニュース

1871（明治4）年、廃藩置県による県の統廃合で茨城県・新治県・印旛県が誕生し、1875年に現在の茨城県となった。1969（昭和44）年に鹿島港が開港、筑波研究学園都市開発事業も起工。1957年、東海村の実験用原子炉で日本で初めて臨界（核分裂の連鎖反応）に達した。23年1月1日現在、つくば市は人口増加率（総務省人口動態調査）が初めて全国の市区部で1位に。同年12月、主要7カ国（G7）内務・安全担当大臣会合が水戸市で開かれた。

■ 環境問題

1999年、東海村の民間ウラン

加工施設で臨界事故が発生。2人が死亡。東海第二原発は首都圏にある唯一の商業炉で30キロ圏内に94万人が住む。2011年の東日本大震災で停止。18年に40年を超える運転が認められ、安全対策工事中だが、24年1月現在、工事は中断している。

トピックワード

😊 徳川光圀、間宮林蔵、徳川斉昭、横山大観、野口雨情

🏠 偕楽園、鹿島神宮、弘道館、袋田の滝

🌍 渡良瀬遊水地（一部）、涸沼（ともにラムサール条約）

⭐ 常陸大津の御船祭、日立風流物（山車）

🍶 笠間焼、結城紬、真壁石灯籠

🏷 納豆、干しいも、アンコウ

ℹ 霞ケ浦の帆引き網漁

栃木県 (とちぎ)

面積／6408km²
人口／192万9434人
　うち外国人　4万4741人
市町村／14市11町
県庁／宇都宮市　知事／福田富一※

■ 都道府県の花・木・鳥
ヤシオツツジ　トチノキ　オオルリ

旧国名
下野（しもつけ）

■ 自然
[地形] 北部の山地と南部の平地がほぼ半分ずつ。東部の那珂川、利根川の支流の鬼怒川、渡良瀬川などが関東平野の北部を形づくる。北部那須火山帯には、那須岳、男体山、白根山などの火山があり、那須、塩原、鬼怒川など温泉も多い。中禅寺湖は日本一高い場所にある湖。[気候] 内陸型の気候で夏は高温で雷が多い。冬は北西の季節風が強く、気温は低い。2022年7月に佐野市で県内観測史上最高気温39.9℃を記録した。

■ 交通
東北新幹線、東北線、日光線、烏山線などJR路線や東武鬼怒川線など多くの路線が各地を結ぶ。道路も東北自動車道、北関東自動車道、圏央道も整備され、15年のJR「上野東京ライン」開業で、首都圏に近くなった。23年8月、宇都宮市と芳賀町を結ぶ次世代型路面電車（LRT）が開業した。

■ 産業
製造品出荷額 8兆5761億円／農業産出額 2718億円（全国9位）
[農業] 平野部で稲作が盛んで収穫量全国8位。「とちおとめ」で有名なイチゴの収穫量は55年連続1位。「とちあいか」「ミルキーベリー」「スカイベリー」も発売。かんぴょう生産量は99％以上、二条大麦とニラ、生乳は2位。[鉱業] 建築用の大谷石や、園芸用の鹿沼土がとれる。[工業] 歯科用機械器具の生産は全国1位。カメラ用交換レンズや光学レンズも多い。宇都宮、大田原、矢板市に電気機器の工場、県央に自動車メーカーの工場も。[第3次産業] 世界遺産・日光東照宮や華厳の滝、いろは坂、鬼怒川温泉など観光地も多い。

■ あゆみ、ニュース
1873（明治6）年、宇都宮県を併合して栃木県になった。内陸県で、農業と内陸型の工業が盛ん。1901年、足尾鉱毒問題で、田中正造が天皇に直訴。2006年の合併によって旧栗山村など4市町村を含めた日光市は県土4分の1の面積となった。19年、皇位継承にともなう「大嘗祭」で県内の斎田で収穫された純粋産米「とちぎの星」が採用された。22年、妖怪「九尾の狐」の伝説がある那須町の国指定名勝史跡「殺生石」が二つに割れ、話題に。平安期に悪事を働いた「九尾の狐」が那須で射止められた後、姿を変えたとされる石。23年、栃木県が誕生して150年となった。6月、日光市内で主要7カ国（G7）男女共同参画・女性活躍担当相会合が開かれた。

■ 環境問題
日本の公害の原点となった足尾鉱山は江戸時代に開発されたが、1973年に閉山した。鉱毒被害を受けた旧谷中村は廃村、その後、渡良瀬遊水地になった。

トピックワード
- 😊 那須与一、蒲生君平、二宮尊徳、田中正造
- 🏠 日光杉並木街道、華厳の滝、足利学校
- 🌐 東照宮（文化遺産）、奥日光の湿原、渡良瀬遊水地（ラムサール条約）
- ⭐ 山あげ祭、鹿沼秋まつり
- 🍵 益子焼、ふくべ細工、手すき和紙、結城紬（無形文化遺産）
- ✏️ 宇都宮のギョーザ、佐野ラーメン、日光ゆば

※2024年12月の任期満了にともなう知事選挙が予定されている。

群馬県 (ぐんま)

面積／6362km²
人口／193万976人
　うち外国人　6万5326人
市町村／12市15町8村
県庁／前橋市　知事／山本一太

■ 都道府県の花・木・鳥

レンゲツツジ　クロマツ　ヤマドリ

旧国名
上野（こうずけ）

■ 自然
[地形] 県は、南東方向に首を向けたツルが翼を広げた形。日本列島のほぼ中央に位置し、県の面積の約3分の2が丘陵山岳地帯。流域面積が日本一の利根川の源流がある。浅間、草津白根、日光白根、赤城、榛名の五つの活火山があり、2018年、草津白根山のうち本白根山が噴火。19年に群馬・長野両県にまたがる浅間山が15年以来の噴火。[気候] 内陸性で夏は暑くて雷が多く、冬は「からっ風」と呼ばれる北西の強い季節風が吹く。北西の山間部は雪も多い。

■ 交通
上越新幹線、北陸新幹線が県内を通り、JRの上越線、吾妻線、両毛線などや私鉄の東武線、上信電鉄など鉄道が多く、わたらせ渓谷鐵道ではトロッコ列車も走る。道路も、関越道、上信越道、北関東道など整備されている。

■ 産業
製造品出荷額 8兆3831億円／農業産出額 2473億円
[農業] 首都圏向けの野菜栽培が盛ん。コンニャクイモの収穫量は全国の約95％、繭の生産量は約35％を占める。キャベツ、ほうれん草は全国1位。枝豆、フキ、梅、キュウリは全国2位。レタス、白菜、ナスは3位、生シイタケは5位。水田農業は米麦の二毛作が行われ、小麦の収穫量も多い。[工業] 第2次世界大戦で使われた戦闘機を造った会社が前身のSUBARUの主力工場が太田市にあり、周辺は関連企業が多い。大手電機メーカーや自動車工場がある大泉町では労働者として日系ブラジル人や多くの外国人が暮らし、住民の20.0％を占める（23年末）。絹織物工業も古くから盛んで、京都の西陣から技術を導入した桐生市が中心。

■ あゆみ、ニュース
水資源が豊富で、利根川支流を中心に多くのダムがあり、首都圏の水がめの役割を担う。県下に459の温泉源泉があり、草津、伊香保、水上など温泉地は90カ所（22年3月末）。1887（明治20）年に上毛新聞が創刊。総理大臣も多く輩出（中曽根康弘、福田赳夫・康夫、小渕恵三）。2023年4月、高崎市で主要7カ国（G7）デジタル・技術相会合が開催。桐生市で発見されていた2種の新鉱物が23年に「桐生石（学名・キリュウアイト）」「群馬石（同・グンマアイト）」と命名。

■ 環境問題
1783（天明3）年の浅間山噴火で火口から約12kmの嬬恋村鎌原地区（旧鎌原村）は火砕流や土石なだれで埋没。県はハザードマップを公表。環境基本計画も。

トピックワード
- 😊 関孝和、新島襄、内村鑑三、萩原朔太郎
- 🏠 草津温泉・湯畑、吹割の滝、碓氷第三橋梁、群馬サファリパーク
- 🌐 富岡製糸場と絹産業遺産群（文化遺産）、尾瀬、渡良瀬遊水地、芳ケ平湿地群（ラムサール条約）
- ⭐ 高崎だるま市、中之条鳥追い祭
- 🍵 桐生織物、伊勢崎絣、こけし、沼田の座敷幕
- ✏️ 焼きまんじゅう、下仁田ネギ、おっきりこみ、ひもかわうどん、麦落雁

埼玉県

面積／3798㎢
人口／738万1035人
　うち外国人 20万8334人
市町村／40市22町1村
県庁／さいたま市　　知事／大野元裕

■ 都道府県の花・木・鳥

ケヤキ

サクラソウ

シラコバト

■ 自然

[地形] 半月の形をした内陸県。関東平野の中央に位置する低平地が全体の3分の2を占める。そこから西へ武蔵野台地、秩父山地、関東山地と高くなる。北部の県境を利根川が流れ、秩父盆地から荒川が中央部に流れる。[気候] 山間部は内陸性の気候で雨が少なく寒暖の差が大きい。平野部は冬から春にかけて乾いた季節風が強く、関東ローム層の赤土を吹き上げる。2018年7月、熊谷市で41.1℃を記録、23年現在も静岡県浜松市とともに国内の観測史上最高気温。

■ 交通

鉄道はJRの上越・北陸新幹線、東北新幹線、八高線が通り、都心に直結する私鉄の東武線や西武線、つくばエクスプレス、埼玉高速鉄道、鉄道とバスの中間とされる埼玉新都市交通ニューシャトルも。東北、関越、常磐の各自動車道、圏央道など環状道路も整備。

■ 産業

製造品出荷額 14兆2540億円（全国6位）／農業産出額 1545億円
[農業] 京浜地方向けの野菜や花の近郊農業が盛ん。サトイモの収穫量は全国1位、小松菜、カブ、ブロッコリー、ほうれん草は2位。ネギ、キュウリは3位。切り花のユリ、パンジーの苗は出荷量が全国1位。東部は米、北部は畜産も盛ん。川口市の安行は植木、苗木で有名。狭山丘陵では茶を栽培。
[工業] 県内各地に、機械工業や輸送機器、電器工業などが分散。北本に菓子、久喜にしょうゆのメーカーも。寄居に自動車工場、小川町にエンジン、狭山に部品の工場がある。川口の鋳物業は有名。

■ あゆみ、ニュース

明治時代の廃藩置県で、当初、埼玉県と入間県にわかれていたが、1876（明治9）年にほぼ現在の県域が確定。首都圏へ農作物を供給する近郊農業県であったが、首都圏の拡大とともに東京に隣接する南部から宅地化が進んだ。市の数は40で日本一多く、志木、蕨など面積の小さな市が多い。2001年に浦和、大宮、与野の3市が合併し「さいたま市」が誕生。05年、岩槻市が編入合併して10区になった。川越市は1922（大正11）年12月1日、川越町と仙波村が合併して誕生した県内初の市で、2022年に市制施行100周年をむかえた。23年7月、三芳町や川越、所沢、ふじみ野市周辺で江戸時代から続く伝統農法「武蔵野の落ち葉堆肥農法」が国連食糧農業機関の「世界農業遺産」に認定。

■ 環境問題

寄居町にある「彩の国資源循環工場」は、全国初めての総合的「資源循環型モデル施設」で、最終処分場や研究施設があり、高度な環境対策のもとゴミ発電を実現。

トピックワード
- 😊 塙保己一、渋沢栄一、荻野吟子
- 🏠 さきたま古墳群、三峯神社、競進社模範蚕室、時の鐘
- 🌍 渡良瀬遊水地（一部、ラムサール条約）
- ⭐ 秩父夜祭
- 🍴 行田のたび、岩槻人形、川口鋳物、盆栽
- 🍘 草加せんべい、深谷ねぎ、狭山茶
- 他 和銅開珎

千葉県

面積／5157㎢
人口／631万0075人
　うち外国人 17万8370人
市町村／37市16町1村
県庁／千葉市　　知事／熊谷俊人

■ 都道府県の花・木・鳥

マキ

ナノハナ
（アブラナ）

ホオジロ

■ 自然

[地形] 房総半島の丘陵地と、半島のつけ根の平野と台地からなる。下総台地とその西に続く低地は関東平野の一部。県北部と北西部に、利根川と江戸川が流れる。市原市の「養老川流域田淵の地磁気逆転地層」（天然記念物）が示す約77万4000〜12万9000年前の地質時代は、「チバニアン（千葉時代）」と呼ばれる（2020年1月、国際地質科学連合の決定）。[気候] 温暖多雨。房総半島南端は暖流（黒潮）の影響で真冬でも霜がおりず暖かい。北部の内陸部は寒暖差が大きく、冬はやや寒い。

■ 交通

成田空港は、国際線旅客数でも国際貨物取扱量でも国内最大。世界的にも有数の規模。23年、45周年をむかえた。JRの総武線、成田線、常磐線、京葉線、外房線・内房線など多くの路線のほか私鉄や東京都心からの地下鉄、県内を結ぶモノレールもある。道路は、環状道路、京葉道路、館山自動車道など。1997年開通の東京湾アクアラインも。2023年3月、京葉線に新駅「幕張豊砂」ができた。

■ 産業

製造品出荷額 13兆0968億円（全国8位）／農業産出額 3676億円（全国4位）
[農水産業] 有数の農業県で、サヤインゲン、ダイコン、カブ、みつば、梨が収穫量1位。ネギ、ニンジン、スイカ、ビワが2位。枝豆、キャベツ、サツマイモ、春菊、ショウガは3位。落花生は全国生産量の85%以上。三方を海に囲まれ、沖合は黒潮と親潮が交差する豊かな漁場。イワシ類、サバ類、マグロ類、ブリも多い。銚子漁港は水揚げ量が22年まで12年連続全国1位。[鉱業] 県を中心に南関東ガス田があり、都市ガスに利用。また地層水に高濃度のヨウ素を含む。[工業] 東京湾岸を埋め立てた京葉臨海工業地域では、鉄鋼や石油精製、化学など重化学工業を中心に発展。内陸部に食料品、金属製品製造業など多様な産業が集積。[第3次産業] 成田山新勝寺は、1080年余の歴史がある全国有数の寺院で多くの参拝者がある。東京ディズニーリゾートは、コロナ禍で20年以降休園や入場制限が続いたが、22年2月に入園者数が累計8億人を突破。22年度には2200万人以上が入園。23年に開園40周年をむかえた。

■ あゆみ、ニュース

明治時代の廃藩置県では房総に24の県が生まれ、その後、木更津県、印旛県となり、1873（明治6）年に両県を合わせて千葉県になった。2002年、人口が600万人を突破。23年は県誕生150周年。

■ 環境問題

県は、湖沼水質保全特別措置法に基づく指定湖沼である印旛沼・手賀沼の水質改善に努めている。

トピックワード
- 😊 日蓮、青木昆陽、伊能忠敬、国木田独歩
- 🏠 犬吠埼灯台、館山城、幕張メッセ、海ほたる
- 🌍 谷津干潟（ラムサール条約）
- ⭐ 佐原の大祭、やっさいもっさい踊り、成田山新勝寺節分会
- 🍴 房州うちわ
- 🍶 しょうゆ（銚子市と野田市）
- 他 南総里見八犬伝

東京都

面積／	2200km²
人口／	1384万1665人
うち外国人	58万1112人
市町村／	23特別区26市5町8村
都庁／新宿区	知事／小池百合子 ※

■ 都道府県の花・木・鳥

ソメイヨシノ（サクラ）
イチョウ
ユリカモメ

旧国名
武蔵（中部）、伊豆（一部・伊豆諸島）

■ 自然

[地形] 面積は全国で3番目に狭い。武蔵野台地は扇状地、その西は多摩地区。東端は住宅地で、東京湾に沿う下町は低地帯で海抜ゼロメートル地帯もある。低地は工業用地や都心、台地に副都心と住宅、丘陵地は住宅と畑地。多摩川、荒川、江戸川は東京湾に注ぐ。太平洋上の伊豆諸島、小笠原諸島は富士火山帯に属し、大島の三原山、三宅島の雄山などは活動が続く。小笠原諸島の南鳥島は日本最東端、沖ノ鳥島は日本最南端。小笠原諸島で活発な火山活動が続き、2013年に西之島近くの海底火山が噴火、21年に福徳岡ノ場が噴火、23年には硫黄島の近くに島ができた。[気候] 温暖だが都心部と郊外で気温差がある。海岸と内陸の気候の違い以外に排ガス

などによる気温上昇（都市気候）も。

■ 交通

首都機能を担う交通網は複雑で密。JRは山手線をはじめ、東海道線、中央線、京浜東北線、総武線、京葉線などと東海道、東北、上越、北陸の各新幹線が都内から出る。多くの私鉄路線や地下鉄、モノレールもある。道路は、東名高速、中央道、関越道などのほか、首都高速、環状道路も。羽田空港は、国内最大の乗降客数がある。

■ 産業

製造品出荷額 7兆6227億円／農業産出額 218億円

[農業] 1985年に1万2500haあった農地が2022年に6290ha。小松菜は全国4位の収穫量、ブルーベリーは1位（20年）。伊豆大島のツバキ油生産量も多い。多摩地域西部に森林が多く、スギやヒノキ

を産出。[水産業] 大島、八丈島などでキンメダイなどがとれる。奥多摩でヤマメを養殖。[工業] オフセット印刷や製版、製本の出荷額で全国1位。大田区、墨田区、葛飾区などで生産用機械、金属製品の事業所が多く、多摩地域には輸送用機械・電気機械などの大規模な事業者や工場が多い。[第3次産業] 日本銀行や各種金融機関が集中し、日本の経済活動を担う。情報通信業や金融・保険、学術研究などの従事者の割合が高い。

■ あゆみ、ニュース

1868（明治元）年、江戸を東京と改称、東京府を置く。1889年、東京市（15区）が誕生、1932（昭和7）年に東京市と隣接5郡82町村が合併（35区）。1947年に23区に。23年2月、上野動物園のジャイアントパンダ、シャンシャンが中

国に返還された。

■ 環境問題

23年9月、明治神宮外苑地区の再開発に対しユネスコの諮問機関イコモスが、樹木の大量伐採などで「文化的資産である森が破壊される」と計画撤回を求めた。

トピックワード

😀 葛飾北斎、勝海舟、樋口一葉、平塚らいてう

🏠 国会議事堂、東京都庁、皇居、歌舞伎座、スカイツリー

🌏 小笠原諸島（自然遺産）、葛西海浜公園（ラムサール条約）

⭐ 隅田川花火大会、三社祭、入谷朝顔まつり

🏺 黄八丈、江戸切子、村山大島紬、江戸押絵羽子板

🍃 アシタバ、練馬大根、浅草のり、雷おこし

※2024年7月の任期満了にともなう知事選挙が予定されている。

東京都

東洋のガラパゴス・小笠原諸島

東京都心から南におよそ1000kmにある小笠原村は、父島列島を中心に南へ50kmの母島列島、さらに250km西南西の火山（硫黄）列島、1300km東南東の南鳥島、1000km南西の沖ノ鳥島など30あまりの島々が含まれ、村域は日本最大です。

父島や母島を除けば現在はほとんどが無人島です。緯度的には沖縄とほぼ同じで亜熱帯ですが、小笠原諸島は沖縄と違って一度も大陸と陸続きにならなかった海洋島のため、小笠原諸島でしか見られないハハジマメグロ（特別天然記念物）やオガサワラオオコウモリ（天然記念物）をはじめ、動植物の固有種が多く、もっとも固有率が高いのはカタツムリなどの陸貝で94%。昆虫類も3割近くが固有種です。

花の咲く植物とシダ類は、父島列島と母島列島では外来植物を除けば280種で、うち固有の種類は125種にもなり、日本では最も固有率が高いところ。小笠原諸島は海底火山を基盤とし、海上に隆起したのは4000万年前以降※とみられています。その無人島に植物がたどり着いたのは海流、鳥、風の三つのルートによります。

海流では、タコノキ、ノヤシ、オガサワラビロウなど果実や種子が水に浮き漂着し、固有種に進化しました。タコノキは空中に太い気根をのばし、タコの足のようだと名づけられました。イソフジは熱帯の海岸にみられ、さやが海流で運ばれます。鳥が食べて種子が運ばれ、進化したとみられるのはオガサワラグワやチチジマイチゴなどです。

さらに、風にのって微細な胞子や種子が運ばれるシダやランなどに小笠原で独自の進化をとげた種があり、シダでは、高さが10m以上になる木生シダのマルハチが代表的で、独特の名は、幹に葉の落ちた跡が「丸に逆さ八の字」のように残ることからつきました。ラン

では、アサヒエビネやムニンボウランなど18種中13種が固有種です。白花が多いのも特徴で、ムニンツツジ、ムニンタツナミソウ、オオハマギキョウ、オガサワラアザミなどの固有種は、他の地域の別種では赤や紫の花が咲きます。

小笠原諸島の名は、1593年にこの島々を発見したと伝わる小笠原貞頼に基づきます。江戸時代の終わりごろまで無人島で、生物の名につく「ムニン」も「無人」を意味します。明治以降は開発が進み、現在は帰化植物が300種以上と自生種を超えました。動植物の固有種が多く、2011年、世界遺産に登録されましたが、ノヤギが植物を、ノネコが鳥、外来のトカゲのグリーンアノールが昆虫、1990年以降に侵入したニューギニアヤリガタリクウズムシが陸貝と、それぞれ食害が大きく、対策がとられています。2023年10月ごろ、硫黄島沖での海底火山の噴火で、初めに長さ約300m※※の陸地（島）ができ、13年に噴火した西之島とともに火山活動が続いています。これらの島の生態系が注目されます。※陸化した時期は新生代第三紀後半 ※※気象庁の発表

木生シダ・マルハチ

オガサワラアザミ

タコノキ

写真：湯浅浩史

神奈川県

面積／2416km²
人口／921万2003人
　うち外国人　23万9301人
市町村／19市13町1村
県庁／横浜市　知事／黒岩祐治

■ 都道府県の花・木・鳥

ヤマユリ　イチョウ　カモメ

■ 自然
[地形] 東の海側は東京湾に面し、浦賀水道の対岸は千葉県。三浦半島から真鶴半島の海岸線は、相模湾に面する。面積は小さいが、地形は変化に富む。北西に丹沢山地、西の箱根火山は、三重式火山のカルデラで、土砂が早川をせきとめて芦ノ湖を形成した。東に多摩丘陵、中央に相模原台地がある。[気候] 太平洋岸式気候で、夏は高温多湿、冬は晴天の日が多い。相模湾沿岸は温暖で、夏は海風の影響で涼しい。丹沢山地は、県内でも有数の多雨地帯。

■ 交通
中京圏から東名・新東名高速道路が通じ、圏央道が湘南から千葉に達する。横浜北線は横浜市から横浜港など湾岸を経由して羽田空港に直結。鉄道もJRや私鉄が相互に乗り入れ都心と結ぶ。23年、相模鉄道と東急電鉄が相互直通運転をする「新横浜線」が開業し、東京メトロや埼玉高速鉄道などの14路線が結ばれた。

■ 産業
製造品出荷額　17兆3752億円(全国3位)／農業産出額　671億円
[農業] 農業の割合は低いが各地で野菜や果樹、花きを生産。三浦半島でキャベツ、ダイコン、小田原、足柄地方でミカンを栽培。キウイフルーツの収穫量は全国4位、パンジーの苗の出荷量は3位でバラも多い。[水産業] 三崎港はマグロなどの遠洋漁業の基地として有名。[工] 屈指の工業県。横浜・川崎市臨海部を中心とする京浜工業地帯で、石油化学コンビナート、鉄鋼などの素材産業、自動車などの組み立て工場が主体。横浜市の再開発地区みなとみらい21地区では企業進出が進む。相模原などで大規模な工業団地が形成され電機、自動車部品などの工場が立地。[第3次産業] 商業中心地は横浜。みなとみらい21地区に大規模施設も。鎌倉や三浦半島、真鶴半島、箱根に観光客が多い。

■ あゆみ、ニュース
1185年、源頼朝により鎌倉幕府が成立。以後150年近く、鎌倉は政治・宗教都市として繁栄した。1853年のペリーの浦賀来航を機に横浜や横須賀は開国の舞台となり、1859年には神奈川港(横浜)が開港、日本を代表する港湾・国際文化都市に。高度成長期以後、東京のベッドタウンとなり人口が増加。2006年以降、大阪府を抜き全国2位の人口。川崎市の人口は戦後一貫して増加し、23年4月には154万人を超えた。

■ 環境問題
高度経済成長期に重大な公害が起きた川崎市では、克服する過程で蓄積された環境技術を持つ企業も多く、温暖化対策にも取り組む。厚木基地の騒音訴訟は現在、第5次訴訟中で24年以降に判決の見通し。原告は9千人近い。

トピックワード
- 😀 岡倉天心、尾崎行雄、岡本太郎
- 🏠 箱根、鎌倉大仏、山下公園、中華街
- ★ 流鏑馬神事(鶴岡八幡宮)
- 🍚 寄木細工(箱根)、鎌倉彫、芝山漆器、大山ごま、小田原提灯
- 🍵 足柄茶、シューマイ、かまぼこ、くず餅

新潟県

面積／1万2584km²
人口／216万3908人
　うち外国人　1万8757人
市町村／20市6町4村
県庁／新潟市　知事／花角英世

■ 都道府県の花・木・鳥

チューリップ

ユキツバキ

ユキワリソウ(県の草花)　トキ

■ 自然
[地形] 日本海に臨み細長くのびる。全国で5番目に広く、ほぼ北陸3県分に相当する。東に越後山脈、南に妙高山、焼山などの火山群からなる妙高連峰が走る。西には飛騨山脈が日本海に突き出し、難所・親不知をつくる。日本最長の信濃川、10位の阿賀野川下流には越後平野が、上越には高田平野が広がる。[気候] 冬は内陸部にいくほど雪が多いが、夏は乾燥して晴天が続く。

■ 交通
上越・北陸新幹線、羽越線、白新線、信越線、越後線、弥彦線、第三セクター鉄道のほか、磐越、関越、北陸、日本海東北などの自動車道が通る。また本土側に6港湾、佐渡に4港湾を配置。新潟空港には国内線、国際線がある。

■ 産業
製造品出荷額　5兆1194億円／農業産出額　2369億円
[農業] 米(水稲)の作付面積、収穫量とも全国1位。枝豆、洋梨「ル・レクチェ」の生産も多く、ヒラタケ、舞茸は1位。ユリの切り花は出荷量2位。海岸の砂丘地ではスイカの栽培も盛ん。魚沼コシヒカリは、有名なブランド米。[水産業] 長い海岸線や佐渡があり漁港が多い。寒ブリ、ヒラメ、カレイなどがとれる。[鉱業] 日本海沿いの平野部や海底から採れる原油と天然ガスは産出量1位。天然ガスはパイプラインで関東にも運ばれる。[工業] 電気機器が主力。新潟市の食品、上越の化学、非鉄金属、長岡の電気機器などがある。地場産業は、燕の洋食器、三条の刃物、五泉、見附のニット製品、十日町、小千谷の絹織物など。

■ あゆみ、ニュース
江戸時代、佐渡で金・銀を多く採掘。徳川幕府が直接治める地だった。徳川幕府がたおれると、越後・佐渡は11の藩と越後府、佐渡県、柏崎県になり、廃藩置県で13県に分けられ、その後、新潟県、柏崎県、相川県の三つにまとめられた。さらに柏崎県、相川県が新潟県に入り、東蒲原郡も加わって現在の新潟県になった。2003年に絶滅したトキ(特別天然記念物)を人工繁殖し野生復帰させるため、08年から放鳥を続けている。23年10月までに計29回の放鳥が行われ、22年末時点で推計545羽が野生下で生息。23年、主要7カ国首脳会議(G7サミット)に伴う財務相・中央銀行総裁会議が新潟市で開催された。

■ 環境問題
阿賀野川流域で発生した新潟水俣病は1965年に公式確認され、67年からの損害賠償訴訟や行政訴訟が今も続く。全基停止中の柏崎刈羽原発は24年1月の能登半島地震による影響はなかったとされたが、住民に不安や危機感も。

トピックワード
- 😣 上杉謙信、良寛、河井継之助、前島密
- 🏠 糸魚川ー静岡構造線、佐渡金山跡、萬代橋
- 🌍 佐潟(ラムサール条約)
- ★ 長岡まつり大花火大会、牛の角突き
- 🍚 堆朱、桐だんす、小千谷ちぢみ、鎚起銅器
- 🍵 米や米菓、笹だんご、柚餅子、佐渡味噌、するめ

富山県(とやま)

面積／4248㎢
人口／102万8440人
　うち外国人　1万9636人
市町村／10市4町1村
県庁／富山市　知事／新田八朗 ※

■ 都道府県の花・木・鳥

チューリップ　　タテヤマスギ　　ライチョウ

■ 自然

[地形] 剣岳(つるぎだけ)など3000m級の山々が連なる立山連峰は古くから信仰の対象で、修験道の山として栄えた。富山湾には大陸棚を深く刻む海底谷がいくつもあり谷づたいにホタルイカなどが海岸近くまでくる。海上では、ときどき蜃気楼(しんきろう)も。[気候] 日本海岸式気候で、北西の季節風のため冬は雪が多い。気温は、対馬海流により「雪が降るのに意外と暖かい」といわれる。

■ 交通

北陸新幹線(ほくりくしんかんせん)で首都圏(しゅとけん)と近くなった。JR高山線、氷見線、あいの風とやま鉄道や富山地方鉄道、関越道、北陸道、東海北陸自動車道も各地とつながる。富山空港(通称・富山きときと空港)は国内外に路線がある。県営の渡し船(越ノ潟フェリー)も珍しい。

■ 産業

製造品出荷額　3兆9045億円／農業産出額　568億円
[農業] 豊富な水資源が水力発電と農業かんがいに利用され、電力産業と早場米の生産を進めた。耕地に占める水田率は95.3%で全国1位。コシヒカリが多いが、県で開発された「富富富」、早生「てんたかく」、晩生「てんこもり」など良質の米が多い。砺波平野ではチューリップ栽培が盛ん。[水産業] 氷見、新湊(現・射水市)、魚津を中心に、定置網を使った沿岸漁業が行われる。特産のホタルイカ、シロエビが有名。[工業] 安価な電力、豊富な工業用水、港湾に恵まれ、富山、高岡の臨海地域に資源型工業が発達。金属、医薬品などの化学、機械工業が中心。金属製サッシ・ドアの出荷額は全国1位。2022年の医薬品生産額は6079億円で全国5位。[第3次産業] 富山の薬は定期的に家庭訪問して補充する販売法で有名。立山黒部アルペンルートは、わが国有数の山岳観光地。伝統行事「おわら風の盆」も多くの人が訪れる。

■ あゆみ、ニュース

江戸時代から明治にかけて、北前船の中継地としてコンブ、ニシンなどの交易で栄えた。江戸時代から続く「越中富山の薬売り」は藩主の奨励で広まった。廃藩置県の後、一時、石川県に入れられたが、分県運動で1883年に現在の富山県に。1918(大正7)年、魚津で始まった米騒動は全国に広がった。2023年1月、立山、白山、富士山を抱える富山、石川、静岡3県が「三霊山連携協定」を結んだ。

■ 環境問題

神通川(じんづうがわ)流域で発生した「イタイイタイ病」は、1968年、国内初の公害病に認定。神岡鉱山の排水に含まれるカドミウムが原因とし、初提訴から45年で決着。2023年7月現在、認定患者は201人(生存者1人)、要観察者は345人。

トピックワード

- 佐々成政、安田善次郎
- 蜃気楼、魚津埋没林、宇奈月温泉
- 五箇山地方の合掌造り集落(文化遺産)、立山弥陀ケ原・大日平(ラムサール条約)
- おわら風の盆、チューリップフェア
- 高岡銅器、井波彫刻
- ホタルイカ、マスずし、入善のジャンボスイカ
- ニホンライチョウ

※2024年11月の任期満了にともなう知事選挙が予定されている。

石川県(いしかわ)

面積／4186㎢
人口／111万7303人
　うち外国人　1万6617人
市町村／11市8町
県庁／金沢市　知事／馳浩(はせひろし)

■ 都道府県の花・木・鳥

クロユリ　　アテ(アスナロ)　イヌワシ

■ 自然

[地形] 南北に細長く延びる県。北半分を占める能登半島は丘陵地で、変化に富んだ海岸線をもつ日本海側最大の半島。金沢平野は、白山地域から流れてくる手取川の扇状地。河北潟は埋め立てや干拓により現在は淡水湖。[気候] 日本海岸式気候で冬は雪が多く、特に白山地域では積雪が多い。海岸の平野部は温暖で積雪も少ない。

■ 交通

JRの北陸新幹線、北陸線、七尾線や第三セクターのIRいしかわ鉄道などの鉄道、北陸自動車道、のと里山海道などの道路が通る。小松空港には国内外に路線があり、のと里山空港から羽田便もある。

■ 産業

製造品出荷額　2兆8018億円／農業産出額　484億円
[農業] 金沢平野は耕地整理の進んだ早場米の産地。「コシヒカリ」「ゆめみづほ」が主な品種。加賀れんこんや加賀太きゅうり、金時草など加賀野菜が有名。大粒のブドウ「ルビーロマン」は高級ブランド食材の一つ。能登半島は丘陵地の畑作中心。階段状の水田「白米千枚田」は世界農業遺産。[水産業] 能登半島の七尾、輪島両港中心に沿岸、沖合漁業のほか海女漁も。漁獲量は、フグ2位、スルメイカ3位でブリも多い。七尾湾ではカキの養殖も。[鉱業] 九谷焼の原料の陶石が小松を中心に、レンガの原料の珪藻土が七尾で産出する。[工業] 中心は機械と繊維。機械は小松周辺での建設、輸送用機器の製造が盛ん。繊維は合繊織物が中心だが、近年、炭素繊維から耐震補強の建築材料なども製品化。藩政時代からの工芸は各分野で重要無形文化財保持者(人間国宝)を生んでいる。[第3次産業] 金沢は北陸地方の中心で、商業施設や企業、公共機関などが集中。県内に温泉や名所旧跡も多い。多様な伝統産業が受け継がれ、人間国宝の工芸品も金沢駅に設置。

■ あゆみ、ニュース

北陸地方の中心的な位置を占め、古くから政治、経済、文化の上で重要な役割を果たしてきた。江戸時代、「加賀百万石の城下町」金沢では人口が多く、加賀藩による文化奨励政策により九谷焼など工芸が発展。戊辰戦争では新政府側に加わり、越後・長岡藩との激しい北越戦争を戦った。2023年5月、G7教育大臣会合が富山・石川両県の共同で開催された。同月、地質学的に貴重な場所がある「ユネスコ世界ジオパーク」に白山手取川(白山市)が選ばれた。

■ 環境問題

志賀原発は24年1月現在も停止中。敷地内にある断層について、原子力規制委員会は23年3月、「活断層ではない」とする主張を認めたが、再稼働をめざす2号機にはまだ多くの審査項目が残る。

トピックワード

- 加賀千代女、西田幾多郎、桐生悠々、中谷宇吉郎
- 兼六園(日本三名園)、那谷寺、金沢城、安宅の関
- 片野鴨池(ラムサール条約)
- 「能登のアマメハギ」(来訪神)
- 輪島塗、山中漆器、九谷焼、金沢箔、加賀友禅
- かぶら寿し、治部煮、いしる
- 波の花、能登の朝市

地域で受け継がれる伝統の相撲

「相撲」と聞くと多くの人は、マゲを結った並外れて体の大きな力士たちがぶつかり合い、横綱土俵入りなども披露される、プロのスポーツであり伝統文化でもある「大相撲」を思い浮かべるでしょう。しかし、それ以外にも全国各地には、長い伝統を持ち、地域に根ざした特徴を持つ相撲があります。

「唐戸山神事相撲」（石川県羽咋市）は、相撲好きだった羽咋神社の祭神・磐衝別命をしのんで毎年、命日の9月25日に行われる例大祭の中心となる行事です。地元の邑知潟を中心に、越中と加賀方面の「上山」、能登方面の「下山」の対抗戦として、両地域で代表の力士が選ばれて、夜中までかけて何番も取組が行われます。舞台となる唐戸山相撲場は、野外の広場で、すり鉢状の地形の中央に屋根もない吹きさらしの土俵が設けられています。暗くなると四方にかがり火がたかれ、戦場のような雰囲気のなか、最後の一番に勝った力士は「大関」となり、仲間に肩車をされて、羽咋神社まで凱旋します。

日本海に浮かぶ隠岐島（島根県隠岐の島町）は、島内の学校や集会所などあちこちに土俵があり、普段から人々が相撲に親しんでいます。そんな「相撲の島」を挙げて行われる全島大会が「隠岐古典相撲」です。神社の本殿の建て替えや学校、ダム、空港などの完成を記念して数年に一度、開催されます。祝い事のあった地域の「座元」とそれ以外の「寄方」に分かれ、子供から大人まで、代表の力士たちが選ばれて、夕方から翌日の午後まで約300番、夜を徹して相撲を取り続けるのです。土俵に上がる力士を応援して、背中から大量の塩がぶつけられる様子は迫力満点です。最後の一番に勝った「大関」「関脇」には、栄誉の品として土俵の柱が贈られ、柱にまた

がった大関が仲間に担がれて地元に凱旋します。

現在の大相撲のルーツは、奈良時代から平安時代にかけ、毎年七夕の頃に、全国から力自慢を都に集め、天皇の御前で行われた「相撲節会」だといわれています。そこで共通のルールで戦った力士たちが、故郷に帰ってから相撲を広めました。唐戸山神事相撲も隠岐古典相撲も、本名でなく特別な四股名をつけたり、色鮮やかな化粧まわしをつけたりと、大相撲と共通した点も多い一方で、勝負がついた後、もう一度、相撲をとり、負けた力士に花を持たせて勝たせる「二番勝負」など、大相撲に見られない地域に根ざした文化も受け継いでいます。

2023年9月30日、隠岐の島町出身の元関脇隠岐の海（君ケ浜親方）の引退相撲の際、隠岐古典相撲の形式で「最後の取組」が行われました。古典相撲にならい、取組前には観客から大量の塩を浴び、同島出身の隠岐の富士に1番目の取組で勝った後、2番目では勝ちを譲りました。隠岐の海は、島で行われる古典相撲に高校の時まで参加していました。

元関脇隠岐の海の引退相撲
古典相撲の形式で行われた取組で観客から大量の塩を浴びる力士（両国国技館）

唐戸山神事相撲
かがり火に囲まれた土俵で熱戦を繰り広げる力士たち

福井県

面積／4191km²
人口／75万9777人
　うち外国人　1万5712人
市町村／9市8町
県庁／福井市　　知事／杉本達治

■都道府県の花・木・鳥

スイセン　　マツ　　ツグミ

旧国名　越前、若狭

■自然
[地形] 嶺北には九頭竜川が福井平野をつくり、大野盆地、勝山盆地、武生盆地がある。越前海岸は日本海の荒波にあらわれた崖と海岸段丘が続き、北端の東尋坊は安山岩のそそり立つ岩壁で有名。嶺南には、小さな平地が若狭湾に沿って点在。若狭湾は日本海側では数少ないリアス海岸で、三方五湖など景勝地も多い。[気候] 日本海岸式に属するが、降雪は北陸のなかでは特別豪雪地帯の大野市や勝山市など山間部を除いて少なく、西に行くほど減少する。

■交通
鉄道はJR北陸線、小浜線のほか、福井鉄道、えちぜん鉄道が走る。北陸新幹線の金沢（石川県）ー敦賀間は2024年3月に開業。在来線は、第三セクター「ハピラインふ

くい」が運営する。道路は、北陸自動車道、舞鶴若狭自動車道などから各地の高速自動車道につながる。

■産業
製造品出荷額　2兆3953億円／農業産出額　412億円
[農業] 稲作が中心（水田率90.9％）で北部の平野部に集中。裏作の少ない水田単作地帯。高級品種コシヒカリの発祥地。六条大麦は全国1位の生産量。三里浜の花ラッキョウ、越前海岸のスイセンが有名。若狭町などで梅を栽培。[水産業] 越前海岸沖は暖流と寒流のぶつかる日本海有数の漁場。カニ、甘エビが有名。若狭湾ではフグやマダイなどを養殖。[工業] 古くから繊維の産地。合成繊維を中心とする繊維工業が盛んで出荷額は全国4位。鯖江市などの眼鏡枠は全国の約94％（20年）を占め

る。出荷額では電子部品や化学工業が多い。

■あゆみ、ニュース
古くから北陸、東北への交通の要衝だった。木ノ芽峠を境に北を嶺北、南を嶺南と呼び、言葉などが違う。永平寺を開いた道元の曹洞宗や浄土真宗など仏教が盛ん。安土・桃山時代に越前一向一揆も起こった。勝山市で恐竜の化石が多く出土。始祖鳥に次いで古い鳥類の化石の学名は「フクイプテリクス・プリマ」。福井県立大は25年に恐竜学部（仮称）を設置構想中。大野市の南六呂師エリアが「星空保護区」に認定（国内4番目）。市街地に近い地域が対象の部門でアジア初。

■環境問題
県内にある15基の原発のうち、「ふげん」「もんじゅ」、敦賀原発1号機、美浜原発1・2号機、大飯原発

1・2号機の7基は廃炉作業中。24年1月現在、5基が運転中、3基が定期検査中。運転開始から40年を超えるなど老朽化が心配される美浜原発3号機や高浜原発1～4号機をめぐり、住民が運転差し止めを求めた仮処分は、24年3月にあいついで判断される見通し。

トピックワード

- 杉田玄白、近松門左衛門、松平春嶽、橋本左内
- 東尋坊、永平寺、一乗谷朝倉氏遺跡、北潟湖
- 中池見湿地、三方五湖（ともにラムサール条約）
- 丸岡城桜まつり、式部とふじまつり
- 打ち刃物、めのう細工、和紙、竹人形
- 越前ガニ、小鯛の笹漬

山梨県

面積／4465㎢
人口／81万2615人
　　うち外国人 1万9423人
市町村／13市8町6村
県庁／甲府市　知事／長崎幸太郎

■ 都道府県の花・木・鳥

フジザクラ（マメザクラ）　カエデ　ウグイス

旧国名
甲斐

■ 自然

[地形] 甲府盆地以外は大部分が山あい。西に南アルプスの赤石山脈、南に富士山、北には八ケ岳、奥秩父山系と標高2000〜3000m級の山々に囲まれた内陸県。甲府盆地は釜無川と笛吹川の扇状地で、それが合流して日本三大急流のひとつ富士川に。富士山の北麓に噴火によるせき止め湖の富士五湖が並ぶ。[気候] 内陸性で冬は寒く、夏は暑い。降水量は少なく空気が乾燥し晴天が多い。2023年、富士山の初冠雪は10月5日。

■ 交通

甲府にはJR中央線が通り、身延線は甲府から静岡県へ南下、小海線は小淵沢と清里を、富士急行線は大月と河口湖を結ぶ。中央自動車道、中部横断自動車道、東富士五湖道路などの道路も通る。

■ 産業

製造品出荷額 2兆7111億円／農業産出額 1164億円
[農水産業] 甲府盆地では長い日照時間と水はけのよい扇状地や低山の斜面で果樹栽培が盛ん。ブドウ（全国収穫量の25%）、桃（同31%）、スモモ（同32%）は日本一。サクランボ、梅も栽培。勝沼（現・甲州市）は日本で最古、最大のブドウ産地のひとつ。淡水魚の養殖でニジマス生産量は全国3位。[工業] エレクトロニクス中心の内陸型工業県。甲府、韮崎、中巨摩地区に電子部品、機械工業などの企業や工場が多い。「甲斐絹」の伝統をもつ富士吉田、大月の繊維工業は生産が減少。江戸時代から伝統の水晶・宝石の研磨業は甲府市が中心。貴金属・宝石製装身具製品出荷額は全国1位。市川三郷町の印章業、和紙と花火製造も有名。[第3次産業] 富士山、富士五湖、八ケ岳山麓などに観光客が多い。19年の富士山夏期登山者は約23.6万人。20年は閉山。21年は7.9万人、22年は16.0万人、23年は22.1万人で19年の94%に。

■ あゆみ、ニュース

戦国時代、武田信玄が天下統一をめざした。江戸時代、甲州街道や富士川舟運などの発達で甲斐の八珍果（ブドウ、梨、桃、柿、栗、リンゴ、ザクロ、ギンナン〈またはクルミ〉）など特産物が運ばれた。明治時代に甲斐府から甲府県を経て1871年に山梨県に。ワイン製造は甲州市を中心に明治時代初期に始まった。2010年、絶滅種だったクニマスが西湖で発見された。23年、富士山の世界文化遺産登録10年となり、登山者の安全や環境保全のため学術委員会が開かれ、山梨、静岡両県と環境省などで入山管理対策を議論している。

■ 環境問題

21年、富士山の噴火を想定した「富士山ハザードマップ」が17年ぶりに改定、大規模噴火による溶岩の想定が2倍に増加。

トピックワード

- 武田信玄、ハインリッヒ・ハム、山本周五郎
- 甲府城、富士五湖、猿橋
- 富士山（文化遺産）、河口湖（富士山の構成資産）
- 信玄公祭り、吉田の火祭り
- 水晶細工、宝飾製品、甲州和紙、甲州印伝、印章、雨畑硯
- ほうとう、馬刺し、せいだのたまじ、あんびん

長野県

面積／1万3562㎢
人口／204万3798人
　　うち外国人 3万8151人
市町村／19市23町35村
県庁／長野市　知事／阿部守一

■ 都道府県の花・木・鳥

リンドウ　シラカバ　ライチョウ

旧国名
信濃

■ 自然

[地形] 険しい山々に囲まれた、南北に長い内陸県。本州の中央に位置し、八つの県と接する。広さは全国4位。飛驒、木曽、赤石山脈の日本アルプス、浅間、八ケ岳、乗鞍などの火山群が「日本の屋根」をなす。中部地方を代表する河川が多く、北に千曲川、南に木曽川、伊那盆地を天竜川が流れる。[気候] 盆地は内陸性気候。全国的にみても少雨、冷涼で夏冬の寒暖差、昼夜の温度差が大きい。

■ 交通

北陸新幹線、JR中央線、しなの鉄道が通り、上信越自動車道、中央自動車道、長野自動車道などの道路もある。国内で最も標高の高い信州まつもと空港は札幌、福岡、神戸に定期便がある。北八ケ岳、駒ケ岳、竜王など山岳地にロープウェイやゴンドラリフトが多い。

■ 産業

製造品出荷額 6兆6464億円／農業産出額 2708億円（全国10位）
[農業] 農家戸数は全国1位（2020年）。高冷地を生かした野菜や果樹の栽培が盛ん。レタス、セロリ、プルーン（20年）の収穫量は全国1位。リンゴ、白菜、ブドウとそばは2位。水わさび、えのきだけ、ブナシメジ、マツタケの生産量は全国1位。シクラメン、トルコギキョウ、カーネーションは出荷量1位。傾斜地の水田が多いが10a当たりの水稲収量は全国1位。[林業] 木曽谷のヒノキは日本三大美林のひとつ。伊勢神宮式年遷宮でも木曽ヒノキを使う。[水産業] ニジマス、イワナ、ヤマメなどがとれるマス類の養殖は全国1位。[工業] 諏訪盆地は、情報通信機器、電子機器中心の内陸工業地帯。長野は機械、松本・安曇野はパソコン、上田は自動車部品など。味噌、漬物、農産物加工の食品工業、木曽谷の木工業も。[第3次産業] 長野と松本が中心都市。自然、歴史遺産、温泉に恵まれ、観光客が多い。

■ あゆみ、ニュース

1553年から1564年にわたって甲斐の武田信玄と越後の上杉謙信が川中島で戦った。1876年、筑摩県（6郡）を編入して、長野県が成立。1979年、御嶽山が有史以来の大噴火。2014年にも噴火。23年4月、軽井沢町で主要7カ国（G7）外相会合が開かれた。

■ 環境問題

県民1人1日当たりのごみ排出量が少ない（21年度800g）。絶滅したとされていた中央アルプスのライチョウだが、18年、木曽駒ケ岳でメス1羽の生存を確認。環境省は繁殖のため「復活作戦」を始め、20年に乗鞍岳の3家族19羽を移送し、自然繁殖に成功。そこから11羽を動物園で繁殖させ、22年、ヒナを含む22羽を木曽駒ケ岳で放鳥。現在、中央アルプスの成鳥は80羽前後と推測。

トピックワード

- 木曽義仲、真田信繁（幸村）、佐久間象山、C・W・ニコル
- 松本城、善光寺、中山道（妻籠・馬籠）、軽井沢
- 諏訪大社御柱祭、天竜舟下り
- 木曽漆器、松本家具、内山紙、飯山仏壇
- 野沢菜、信州サーモン、信州そば
- ナウマンゾウ、御神渡り

岐阜県

面積／1万0621km²
人口／198万2294人
　うち外国人 6万0800人
市町村／21市19町2村
県庁／岐阜市　知事／古田 肇

■ 都道府県の花・木・鳥
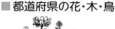

レンゲソウ

イチイ

ライチョウ

旧国名
飛驒、美濃

■ 自然

[地形] 山地が多く、平野部は2割。飛驒地方には東の飛驒山脈と西の両白山地にはさまれた飛驒高地が広がる。河川は山地を浸食し、峡谷をつくる。中央部に高山盆地がある。美濃地方には、木曽川、長良川、揖斐川が集まる肥沃な濃尾平野が開ける。[気候] 内陸性で飛驒では気温が低く、西の伊吹山地に近い関ケ原とともに雪が多い。南の美濃は、比較的暖かい。

■ 交通

JR東海道線と高山線が通り、太多線と中央線も多治見でつながる。名古屋鉄道や樽見、明知、長良川、養老の各ローカル鉄道も各地を結ぶ。道路は、中央自動車道が長野へ、東海北陸自動車道が富山へ、東海環状自動車道は愛知、岐阜、三重に弧を描いて通る。白川村と石川県白山市を結ぶ白山白川郷ホワイトロードも開通。

■ 産業

製造品出荷額 6兆1159億円／農業産出額 1129億円

[農業] 濃尾平野では、米、トマト、ほうれん草の栽培が盛ん。富有柿の発祥地で柿の収穫量は栗とともに全国4位。花木の鉢物の出荷量は3位。飛驒で高冷地野菜と飛驒牛など肉用牛の生産が盛ん。[林業] 御嶽山西麓一帯と裏木曽に、日本三大美林のひとつであるヒノキの天然林がある。[水産業] 河川でのアユの漁獲量は全国4位。1300年の歴史をもつ長良川の鵜飼や関市の小瀬鵜飼も有名（「清流長良川の鮎」世界農業遺産認定）。[鉱業] 神岡鉱山は亜鉛と鉛鉱石の採掘を2001年に止めた。金生山で良質な石灰岩が採れ、県の生・消石灰出荷額は全国一（20年）。[工業] 第2次産業就業者の割合が高い。地場産業が中心で岐阜、大垣、羽島などで繊維・衣服、多治見、土岐などで窯業が盛ん。航空宇宙産業も発展。

■ あゆみ、ニュース

1567年、織田信長が稲葉山城に入る。1600年に関ケ原で天下分け目の合戦。「飛山濃水」といわれ、北の飛驒と南の美濃では自然、風土が対照的。日本のほぼ中央で7県に囲まれる。山岳や峡谷の飛驒地方に白川郷の合掌造りや高山の古い町並みが残る。美濃地方の濃尾平野には水害に備え周囲に堤防をめぐらす輪中集落がある。国内初の航空宇宙生産技術に関する教育・研究機関として設置された航空宇宙生産技術開発センターが2021年から本格運営を開始。22年、絶滅した海生哺乳類「パレオパラドキシア」の骨とみられる化石が瑞浪市で見つかった。

■ 環境問題

リニア中央新幹線の工事で出る重金属などを含む要対策土の処分場所について、御嵩町の候補地には国選定の重要湿地が含まれ、複数の自然保護団体が保全を求める意見書や処分予定地変更を要望。

トピックワード

😊 斎藤道三、明智光秀、竹中半兵衛、杉原千畝

🏠 養老の滝、恵那峡、岐阜城

🏛 白川郷（文化遺産）

⭐ 高山祭、郡上おどり

🍴 岐阜提灯、飛驒春慶、一位一刀彫、美濃焼、関市の刃物、和ろうそく

🐄 飛驒牛、朴葉味噌

愛知県、岐阜県、三重県、全国

手前味噌ってどんな味噌？

わが国には、全国的に共通する食習慣があります。たとえば、お正月に食べる雑煮などは行事食※1として全国的に受け継がれています。共通性のなかにも各地の特性があり、雑煮も、餅の形が丸だったり、四角だったり、澄まし汁だったり、味噌仕立てだったりと違いがあります。行事食ばかりでなく日常的なものにも、そのような共通性と地域性がある食材があります。その代表的なものが味噌で、長年にわたり各地で受け継がれてきました。

「手前味噌」という言葉は、自家製の味噌を自慢したところから、自分のものをほめることを意味しますが、味噌が各地・各家ならではの味があるところに由来しているのです。

味噌は大きく分けて2種類あり、味噌汁などに使われている普通味噌と、金山寺味噌などに代表される「なめ味噌」※2です。ここでは、普通味噌から地域性を見てみましょう。味噌には、信州味噌や仙台味噌など地名をつけた呼び名や、白味噌、赤味噌など、色で呼ばれることもありますが、原料からみると米味噌、麦味噌、豆味噌、合わせ味噌の四つに分けられます。それぞれの名称は、味噌を作るために使う麹の材料名からつけられています。

米味噌は、米麹＋大豆＋塩＋水分を原料とするもので、全国各地で広く作られています。ただ、同じ米味噌でも、麹や塩の具合で味や風味が異なり、地域や各家庭で特有なものとなっています。

麦味噌は、麦麹＋大豆＋塩＋水分を原料とするもので、九州、四国。中国地方のほか、関東や沖縄でも作られています。この麦麹は、はだか麦や大麦が材料となります。

合わせ味噌は、2種類の味噌か麹をブレンドしたものや、米・麦・大豆以外の材料で作った麹を用いたものです。

豆味噌は、米や麦を使わず、大豆だけをすべて麹化させ、塩と水分を加えて作ります。米味噌や麦味噌とは異なる独特な味と香りがあり、愛知、岐阜、三重の中京3県で作られる地域性の高いものです。八丁味噌、三州味噌、名古屋味噌などの銘柄があり、赤だしとも呼ばれます。大豆特有の濃厚な香りとうまみのある個性の強い味噌とされています。濃厚で食材に香りが移りやすく、肉や魚介類とも相性がよいため、豆味噌を使ったいろいろな郷土料理が誕生しました。豆味噌の代表といえる八丁味噌は、岡崎城から八丁の距離にある八丁町(旧八丁村)に由来し、特別な町として現在もその名前と2軒の八丁味噌の老舗があります。八丁味噌は、味噌汁だけでなく、煮込んでも焼いても、田楽のたれとしても適し、現在も、味噌カツや味噌煮込みうどんなど「名古屋メシ」として人気があります。

味噌全般に健康効果が確認され、無形文化遺産に登録された日本の食文化(和食)の一角を担い、世界から注目されています。自分が日ごろ飲んでいる味噌汁は、どんな味噌で作られているかを調べたり、旅行などで訪れた地域の味噌汁を味わい、違いを楽しんでみたりするのもいいでしょう。各地にある多彩な味噌を豊かな食文化として受け継いでいきたいものです。

※1 行事食：季節ごとの行事やお祝いの日に食べる料理

※2 なめ味噌：野菜や果物、穀物、豆、魚などを入れて作ったおかず味噌

名古屋名物・味噌煮込うどん

静岡県

面積／7777㎢
人口／363万3773人
　うち外国人　10万3026人
市町村／23市12町
県庁／静岡市　　知事／川勝平太

■都道府県の花・木・鳥

ツツジ　　モクセイ　　サンコウチョウ

【旧国名】
遠江、駿河、伊豆（大部分）

■自然

[地形]北の富士山、赤石山脈の山岳部と南の遠州灘、駿河湾、相模灘にはさまれた東西155kmにおよぶ長い県。天竜川、大井川、安倍川、富士川は、下流に平野をひろげる。富士火山帯が通る伊豆半島に温泉が集中。[気候]日本でいちばん標高差のある県で、北部の山岳地帯では冬は低温、降雪も多い。南部は黒潮の流れる海に面し、海洋性で温暖。

■交通

JRは東海道新幹線、東海道線、御殿場線、身延線、伊東線などが走り、伊豆急行、岳南、大井川、遠州の各鉄道など私鉄も多い。東名、新東名の各高速道路や伊豆スカイライン、伊豆中央道、修善寺道路も整備。港が多く、特に清水港は国際拠点港湾。

■産業

製造品出荷額　17兆2905億円（全国4位）／農業産出額　2132億円
[農業]牧之原台地などで栽培される茶（荒茶）は全国生産の37%を占め1位。駿河湾沿いや三ケ日でとれるミカンは3位。久能山の石垣イチゴやワサビ栽培（生産量全国2位）も有名。花も多く、ガーベラは出荷量1位、バラは2位。[林業]天竜川、大井川上流で、スギ、ヒノキを産出する。[水産業]焼津、清水はカツオ、マグロの遠洋漁業の基地。シラスやサクラエビ漁、浜名湖のウナギ養殖も有名。[工業]陸運、港湾、電力、工業用水、気候などに恵まれ出荷額が多い。東部には富士の製紙を中心に、自動車、製薬、化学繊維、食品加工業が立地。中部の静岡市は食品加工、木製家具、プ

ラモデルなど。浜松を中心にした西部では楽器、輸送機械（オートバイ）、繊維などがあり、近年は光技術などの先端技術が発展。[第3次産業]富士山、伊豆、熱海、伊東などに多くの観光客が訪れる。

■あゆみ、ニュース

登呂遺跡は弥生時代後期の農耕文化を伝える特別史跡。江戸時代、徳川家康が駿府（静岡市）に隠居。ペリー艦隊が1854（嘉永7）年、下田に来航。1871（明治4）年の廃藩置県の時点で韮山県、静岡県、堀江県があったが、合併で現在の静岡県に。2024年1月、浜松市の行政区は7区から中央、浜名、天竜の3区に変わった。

■環境問題

御前崎市の浜岡原発は、南海トラフ巨大地震の想定震源域にあり11年に全炉停止。23年、富士山

が世界文化遺産に登録されて10年。保全のための来訪者管理と噴火に備えた防災対策が課題。リニア中央新幹線の県内の工事は、自然環境に対する悪影響などを理由に知事が認めない状態が続いている。完了時期は「27年」から「27年以降」に変更された。

トピックワード

😊 源頼朝、今川義元、由井正雪、賀茂真淵、さくらももこ
🏠 三保松原、久能山東照宮
🌍 富士山、韮山反射炉（ともに文化遺産）
⭐ 流鏑馬まつり、黒船祭
🍵 駿河竹千筋細工、駿河雛人形、遠州鬼瓦
🍴 うなぎ、富士宮やきそば、静岡おでん
🎽 サッカー、河津桜

愛知県

面積／5173㎢
人口／751万2703人
　うち外国人　27万8116人
市町村／38市14町2村
県庁／名古屋市　知事／大村秀章

■都道府県の花・木・鳥

カキツバタ　　ハナノキ　　コノハズク

【旧国名】
尾張、三河

■自然

[地形]肥沃な平野部と山地、丘陵部。尾張平野（濃尾平野の一部）は木曽川の大扇状地と南の沖積地からなり、自然堤防が発達。岡崎平野は矢作川の、豊橋平野は豊川の流れが土砂を積み重ねた沖積平野。豊橋平野の両側には3段の河岸段丘が発達。三河湾を抱く知多半島と渥美半島は丘陵性の台地。[気候]夏は雨が多く、冬に乾燥する太平洋岸式気候で温和。尾張平野では夏は高温で湿度が高く、冬は北西の季節風が吹いて寒い。2018年8月に名古屋市で観測史上最高気温40.3℃を記録。

■交通

JRは、東海道新幹線、東海道線、中央線、関西線、飯田線などがあり、名古屋鉄道にも多くの路線。三重県方面に近鉄、名古屋

市には地下鉄もある。東名、新東名、名神、新名神、東海環状、中央、東名阪の各自動車道など道路網も。中部国際空港（セントレア）は、国際拠点空港のひとつ。

■産業

製造品出荷額　47兆8946億円（全国1位）／農業産出額　3114億円（全国8位）
[農業]野菜、果樹、花を中心に温室利用など、施設園芸が盛ん。花の産出額は1962年から連続全国1位。明治、愛知、豊川の3用水の恩恵で、知多半島ではフキ、渥美半島では電照菊や温室メロンが有名。イチジク、シソ、キャベツの収穫量が多い。稲沢のギンナン、西尾の茶（てん茶）も有名。鶏卵の生産量や卵用の鶏の飼養羽数も多い。[水産業]三河湾沿岸でウナギ、三河湾と伊勢湾沿岸で

のりの養殖が盛ん。アサリ類やシラスが多く、弥富の金魚の養殖も全国屈指。[工業]中京工業地帯の中心。製造品出荷額は45年連続全国1位。自動車などの輸送機械が半分以上を占め、モノづくり産業の一大拠点。豊田とその周辺の自動車、名古屋、小牧の飛行機やロケット、東海の鉄鋼などが主力。一宮、蒲郡などに繊維工業、豊橋、豊川に機械、金属工業が立地。伝統産業は、瀬戸、常滑の窯業、一宮の毛織物、知多、三河地方の綿織物、碧南、高浜のかわら、半田の酒、酢、碧南のみりんなど。[第3次産業]中京圏では名古屋に商業サービス、管理機能が集中。第2次産業に携わる人が多い。

■あゆみ、ニュース

天下を統一した織田信長、豊臣秀吉、徳川家康を生み、江戸時

代には御三家のひとつ、尾張徳川家が名古屋を拠点にした。首都圏と近畿圏の中間にありながら独自の文化をつくりあげた中京圏の中心。23年、県政150周年を機に定めた「あいち県民の日」（11月27日）の1年目。「あいちウィーク」（11月21～27日）も定め、うち1日を学校休業日とする制度も創設。

トピックワード

😊 織田信長、豊臣秀吉、徳川家康、渡辺崋山、新美南吉
🏠 名古屋城、犬山城、伊良湖岬
🌍 藤前干潟、東海丘陵湧水湿地群（ともにラムサール条約）
⭐ 名古屋まつり、犬山祭
🍵 瀬戸焼、常滑焼、七宝焼、有松・鳴海しぼり
🍴 きしめん、守口漬、ひつまぶし、味噌カツ、名古屋コーチン

三重県
みえけん

面積／5774㎢
人口／177万2427人
　うち外国人 5万7312人
市町村／14市15町
県庁／津市　知事／一見勝之

■ 都道府県の花・木・鳥

ジングウ
スギ

ハナ
ショウブ
シロチドリ

■ 自然

[地形] 南北が170kmと細長く、志摩半島以北の伊勢湾に面して伊勢平野がひらける。北に養老山地、鈴鹿山脈、西に布引山地、南西に紀伊山地と山がちである。[気候] 熊野灘沿岸は、黒潮の影響を受けて温暖。尾鷲市から大台ケ原にかけては年間降水量が4000mm以上で、全国有数の多雨地帯。

■ 交通

JRの関西線、紀勢線、名松線、参宮線や近鉄線、三岐鉄道、四日市あすなろう鉄道などと近畿自動車道、伊勢湾岸自動車道が通る。鳥羽港から愛知・伊良湖岬に伊勢湾フェリーが運航。津なぎさまち旅客船ターミナルから中部国際空港（愛知県常滑市）へ直結。

■ 産業

製造品出荷額 11兆344億円（全国9位）／農業産出額 1089億円

[農業] 伊勢平野と伊賀盆地の稲作が中心。茶の生産量（荒茶）は全国3位。梅は4位。松阪牛も有名。ツツジ、サツキ（ともに2021年）の出荷量は全国1位。[林業] 熊野、尾鷲などでヒノキ、スギなどの木材生産が盛ん。[水産業] 志摩半島近海では養殖業が盛ん。全国3位の真珠や、カキ、伊勢のり、マダイ、ブリが多い。熊野灘沿岸は、カツオ、マグロなどの沖合漁業の拠点。イセエビも有名。[工業] 四日市は、中京工業地帯に属し、巨大な石油化学コンビナートを形成。鈴鹿に自動車会社、亀山に電子関係の工場がある。桑名には機械や鉄鋼、津に造船、金属工業など。[第3次産業] 江戸時代から参詣者が多い伊勢神宮や04年に世界遺産に登録された熊野古道、伊勢志摩、鈴鹿サーキット、伊賀地域も人気。観光客数は伊勢神宮が式年遷宮を行った13年、約4080万人に。19年は4304万人、20、21年と減ったが、22年は3266万人に回復。

■ あゆみ、ニュース

伊勢神宮は、皇室の氏神で、19年4月には平成の、11月には令和のそれぞれ天皇、皇后両陛下が「親謁の儀」に臨み、伊勢神宮を参拝。津市は、伊勢平氏発祥の地という伝説がある。近世には伊勢商人や松阪商人が活躍。1876年に三重県と度会県が合併して現在の三重県になる。西日本と東日本をつなぐ接点に位置し、北部は名古屋経済圏、南部、伊賀地方は大阪経済圏。桑名、四日市などは名古屋のベッドタウン。2023年3月、治水・利水目的の川上ダムの建設が完了。8月には伊賀市で予約に応じて走るデマンド型マイクロバスの実証実験が開始。

■ 環境問題

「四日市ぜんそく」は1950年代に大気などの汚染で多くの被害を出した四大公害病のひとつ。「四日市公害と環境未来館」は教訓を伝える。

滋賀県
しがけん

面積／4017㎢
人口／141万3989人
　うち外国人 3万6177人
市町村／13市6町
県庁／大津市　知事／三日月大造

■ 都道府県の花・木・鳥

モミジ
シャクナゲ
カイツブリ

■ 自然

[地形] 日本最大の湖・琵琶湖が県の面積の約17%を占め、その東と南に近江盆地が広がる。北東に伊吹山地、東に鈴鹿山脈、南に信楽高原、西に比良、北西に野坂山地と、四方を山に囲まれている。湖北は、冬に若狭湾から吹く季節風のため、寒さがきびしく雪が多いが、湖南は湖水の影響で内陸盆地としては温和な気候である。

■ 交通

かつては琵琶湖の水運が近畿地方と北国を結び、今も関西と関東、北陸を結ぶ交通の要衝。琵琶湖の東岸は東海道新幹線、名神高速道路が通り、西岸を走るJR湖西線は北陸方面へつながる。近江鉄道や京阪電鉄石山坂本線などのローカル鉄道も健在。2018年、びわ湖疏水船（琵琶湖−京都・蹴上）が観光船として復活。

■ 産業

製造品出荷額 8兆1874億円／農業産出額 602億円

[農業] 耕地面積の9割以上が水田で、近江米を栽培。野洲川上流では室町時代から茶の栽培が盛ん。六条大麦は収穫量全国4位。近江牛も有名。[水産業] 琵琶湖には、中世からの漁港が多く、アユ、フナなどがとれ、加工される。[工業] 1920〜30年代には繊維工業が盛んだった。繊維工業の出荷額は全国5位。全国有数の内陸工業県で、県内総生産に占める第2次産業の割合が高い。出荷額は化学工業、輸送用機械器具が多い。[第3次産業] 延暦寺、城址、旧街道など史跡が多い。2003年、大津市は古都に指定。商業の中心は、大津、彦根、長浜など。

■ あゆみ、ニュース

天智天皇の大津京、織田信長の安土城など、歴史の表舞台となり、城下町の彦根、長浜、宿場町の草津、守山などが古くから発展した。比叡山には最澄が建立した延暦寺がある。「近江商人」も有名。聖武天皇が造営した紫香楽宮跡とされる宮町遺跡、琵琶湖北端の塩津港遺跡、湖底の長浜城遺跡など史跡が多い。21年、東近江市の「ガリ版伝承館」の蔵から発明王トーマス・エジソンの手紙が見つかった。23年、郷土料理として県内で受け継がれてきた「近江のなれずし製造技術」が国の登録無形民俗文化財に登録された。

■ 環境問題

琵琶湖の豊かな水は、京阪神を支えている。琵琶湖固有の魚類や貝類も多く、コハクチョウや国の天然記念物のオオヒシクイなど水鳥もいる。水質を守るため、1980年に窒素・リンの排出を規制する条例を施行、97年に合併処理浄化槽の設置を義務づけた。2023年12月、琵琶湖の水位が−70cmまで低下、伝統漁法のアユ漁やシジミ漁に影響し、魚の産卵など生態系に影響を及ぼす恐れもある。

みんなで楽しむキンボールスポーツ

現在、ユニバーサルデザインなど、あらゆる人が利用しやすい社会をめざす取り組みが進められています。スポーツでも、さまざまな人がいっしょに楽しめる競技がひろまっています。

1986年にカナダの体育教師、マリオ・ドゥマースが考案したキンボールスポーツもそのひとつです。

97年に日本に紹介されて、2000年に日本で初めて全国大会(第1回ジャパンオープン)が滋賀県で開催されました。その後、学校や地域の行事で採用され、国民体育大会でも行われました。

学校などで、体験した人も多いのではないでしょうか。

01年から国際大会(ワールドカップ)も開催されています。

キンボールという名前の由来ですが、「キン」は英語の「キネスシス(運動感性)」の略で、運動の感覚を楽しむボールゲームという意味です。

では、どうしてキンボールスポーツは、あらゆる人が楽しめるのでしょうか。

キンボールスポーツには、コンペティション・ゲーム(競技として行うゲーム)とリードアップ・ゲーム(段階的にボールに親しむゲーム)があります。コンペティション・ゲームには、国際大会などで行うルールと一部を変更したルールバリエーション・ゲームがあります。リードアップ・ゲームでは、キンボールに触れて親しむことができます。

コンペティション・ゲームは、3チーム(1チーム4人)がコートに入って競技をします。3チームはグレー、ブラック、ピンク(あるいはブルー)のゼッケンをそれぞれつけて、直径122cmの巨大なボール(重さ1kg)を床に落とさないようにチームのメンバーが協力します。

国際大会では、細かなルールが定められていますが、ルールバリエーションでは、高齢者や車いすの人はワンバウンドでのレシーブ、聴覚障害のある人には手話の使用、幼い子どもが参加する場合は、1チーム5〜6人にしたり、ゼッケンを「クマ」や「うさぎ」などに変更したりできます。

さらにリードアップ・ゲームでは、キンボールが初めての人や、幼い子ども、高齢者、障害のある人もボールに慣れて、親しむことができます。みんなで手をつないで、サークルをつくってリフティングしたり、2人一組で鬼ごっこをしたり、多くの種類があり、大きなボールを生かして、参加者が楽しめるアレンジも可能です。

キンボールスポーツは、ルールのシンプルさと奥深さで、世界各国で多くの人が楽しむスポーツとなっています。

国際大会は、現在、3年ごとに開催され、日本は、男女とも銀メダルを獲得することが多く、第8回大会では男子が優勝しました。17年の第9回大会は日本で開催されました。24年には、第11回大会が韓国で開催されます。

大きなボールのインパクトも魅力で、どんな人もちょっと触れてみたくなるのではないでしょうか。

大きなボールを仲間で支える

京都府

面積／4612km²
人口／250万1269人
　うち外国人　6万7387人
市町村／15市10町1村
府庁／京都市　知事／西脇隆俊

■ 都道府県の花・木・鳥

シダレザクラ(イトザクラ)

キタヤマスギ

オオミズナギドリ

旧国名
山城、丹後、丹波(大部分)

■ 自然

[地形] 京都市のある南部の京都盆地から北は丹波高地、丹後山地をへて日本海に至る南北に細長い地形。山が多く平野部は京都、亀岡、福知山の盆地が主。京都盆地では桂川、宇治川、木津川が合流して淀川となる。宮津湾の奥には日本三景の一つ・天橋立がある。[気候] 京都盆地は、冬は「京の底冷え」で寒く、夏は日ざしが強いうえに風が少なくて暑い。丹波地方は冬の寒さがきびしく、丹後地方は日本海岸式気候で、冬には曇天が続く豪雪地帯。

■ 交通

京都は「電気鉄道事業」発祥の地。道路が碁盤の目状に走る京都市内の交通手段はかつて京都市電が担っていたが、現在はバスと市営地下鉄が支える。嵐山へは

「嵐電」、比叡山へは「叡電」という小鉄道が走る。府南部は近鉄、京阪、阪急など大手私鉄が充実、府北部はJR、京都丹後鉄道など。

■ 産業

製造品出荷額 5兆9066億円／農業産出額 699億円

[農業] 丹波・丹後地方には農業地域が多いが、山が多く、耕地率は6.4%。米の収穫量は少ない。賀茂なす、壬生菜、聖護院だいこんなど、伝統的な京野菜が有名。カブ、水菜や栗がとれ、筍の生産量は全国3位。荒茶の生産量は全国5位。宇治茶が有名。[林業] 北山では、茶室の床柱などに用いられる高級材の北山杉が特産。[水産業] 日本海沿岸では、イワシ、サワラなどがとれる。波の静かな小さな湾沿いにある伊根町の漁村には、海に面して1階部分に舟を

入れる「舟屋」をもつ、独特の民家が並ぶ。[工業] 西陣織、京友禅、京仏壇、京漆器、清水焼などの多様な地場産業は、需要の減少や高齢化による技術の継承が問題。福知山市には有数の内陸型工業団地があり、化学工業、鉄鋼業、電気機械などの企業が立地。長岡京市など乙訓地域に先端的な電機・精密機械の企業が多い。[第3次産業] 国際的な観光都市で多くの人が訪れる。京都市は2018年から宿泊税を徴収。京都府の22年の観光客数は6668万人でコロナ禍前の9割まで回復。

■ あゆみ、ニュース

794年に長岡京から平安京に遷都して以来、明治維新まで京都は政治や文化の中心であった。金閣、二条城、平等院、清水寺など多くの世界文化遺産があり、国指

定伝統的工芸品や重要文化財も多い。京都市は2007年に古都の景観を守る条例を施行。文化庁は23年3月に同市上京区に移転し、東京と2拠点に。京都三大祭の一つ「葵祭」の王朝行列「路頭の儀」が23年5月、4年ぶりに行われた。

トピックワード

👤 円山応挙、岩倉具視、西園寺公望、横井軍平

🏠 天橋立、京都タワー

🏛 金閣寺、銀閣寺、二条城、平等院(文化遺産)

⭐ 葵祭、時代祭、祇園祭、五山送り火

🍵 西陣織、清水焼、京友禅、丹後ちりめん、京扇子、京鹿の子絞

🌿 宇治茶、京菓子、京野菜、丹波栗、漬物、ゆば

大阪府（おおさか）

面積／1905km²
人口／878万4421人
　うち外国人　26万7918人
市町村／33市9町1村
府庁／大阪市　知事／吉村洋文

■ 都道府県の花・木・鳥
サクラソウ（ほかにウメ）
イチョウ
モズ

■ 自然
[地形] 府域（ふいき）は南北に細長く、三日月の形をしている。面積は全都道府県の中で香川県に次いで2番目に小さい。大部分は淀川や大和川が流れる大阪平野で、西側は大阪湾に面している。海岸線は、ほぼ埋め立てられている。[気候] 温暖で雨が少なく晴天の多い瀬戸内式気候。大阪市周辺の市街地は都市化の影響もあり気温が上がる。

■ 交通
大手私鉄とJRが近接して走り競い合う鉄道激戦地。JRおおさか東線は2019年に新大阪駅まで開業。大阪モノレールの延伸や、大阪市内を南北に貫くなにわ筋線（31年開業）の予定も。

■ 産業
製造品出荷額（せいぞうひんしゅっかがく）18兆6058億円（全国2位）／農業産出額 307億円

[農業] 耕地率や第1次産業の比重は低いが、南部の平野部や台地では近郊農業が行われ、都市に野菜などを出荷。収穫量は春菊が全国1位、フキは3位。ブドウや小松菜、ミカンも多い。くわい、たでもとれる。[林業] 南河内地域は古くからスギやヒノキの木材生産地。[工業] 大阪は「中小企業のまち」と言われ、製造業で30人未満の小規模な事業所が約80%を占める。独自の技術で世界シェアの高いものやインスタントラーメンなどユニークな製品も誕生。大阪から神戸にかけて阪神工業地帯が広がる。出荷額の多い業種は、化学、石油・石炭、鉄鋼、輸送用機械、生産用機械、金属製品、食料品など。[第3次産業] 商品年間販売額（小売業と卸売業の合計）は東京に次いで全国2位（22年）。大きな商業施設も多く、超高層複合ビル「あべのハルカス」や、JR大阪駅に直結した「ルクア大阪」、「グランフロント大阪」なども。23年開業した商業施設「なんばパークス サウス」は、31年開業予定のなにわ筋線沿線。1976年開業の大阪マルビルは老朽化などで解体、2030年に新たなマルビルに。テーマパーク「ユニバーサル・スタジオ・ジャパン」も人気。大阪城公園や通天閣、道頓堀などは長く親しまれてきた。

■ あゆみ、ニュース
淀川の河口（かこう）に位置し、都のあった奈良、京都と瀬戸内海を結ぶ重要な地点として古くから栄えた。1583年には、豊臣秀吉が大坂城を築き始めた。江戸時代になると「天下の台所」「水の都」と呼ばれ、日本の経済や商業の中心地となり、明治以降も繊維など商工業が発展し西日本の中心地に。1970年、日本万国博覧会開催。2020年、大阪市を四つの特別区に再編する「大阪都構想」は住民投票で否決。25年開催の万博は、建設の遅れなど諸問題も。22年、3世紀初めごろのものとみられる木製仮面が東大阪市の「西岩田遺跡」から出土。

トピックワード
- 😊 楠木正成（くすのきまさしげ）、井原西鶴（いはらさいかく）、大塩平八郎（おおしおへいはちろう）、司馬遼太郎（しばりょうたろう）
- 🏠 四天王寺（してんのうじ）、通天閣（つうてんかく）、太陽の塔（たいようのとう）
- 🌍 百舌鳥・古市古墳群（もず・ふるいちこふんぐん）（文化遺産）
- ⭐ 天神祭（てんじんまつり）、岸和田だんじり祭（きしわだだんじりまつり）、十日戎（とおかえびす）
- 🍵 大阪欄間（おおさからんま）、大阪唐木指物（おおさかからきさしもの）、大阪浪華錫器（おおさかなにわすずき）、堺打刃物（さかいうちはもの）、河内木綿（かわちもめん）
- 🍳 たこ焼き、お好み焼き、水ナス

兵庫県（ひょうご）

面積／8401km²
人口／545万9867人
　うち外国人　12万0965人
市町村／29市12町
県庁／神戸市　知事／斎藤元彦

■ 都道府県の花・木・鳥

ノジギク

クスノキ

コウノトリ

■ 自然
[地形] 太平洋と日本海の両方に接するのは、本州では青森県、山口県と兵庫県だけ。中央やや北寄りを中国山地が横切り、山がちな地形だが、瀬戸内海沿いに、肥沃な播磨平野や大阪平野の西部があり、武庫川、加古川、市川、揖保川、千種川などが流れる。神戸市の背後に六甲山地が海岸部まで迫る。淡路島は、本州と四国を結ぶ重要な経路。[気候] 南北の地域差が大きい。瀬戸内海沿岸は、温和で雨が少なく、晴れる日が多い。北部の日本海側の山間部は、冬に降水量が最も多く、多雪地帯。

■ 交通
阪神高速、国道2号に加えて鉄道もJRと阪急、阪神がしのぎを削る。JR福知山線、播但線などが県の南北を結ぶ。神戸空港は2025年に国際チャーター便を運用。豊岡市にコウノトリ但馬空港もある。

■ 産業
製造品出荷額 16兆5023億円（全国5位）／農業産出額 1583億円
[農業] 近畿地方一の農業県。米、野菜、畜産が中心。タマネギの収穫量は2位。みずな、びわは4位。レタス、白菜、キャベツ、卵も多い。ブロイラーの飼養羽数や乳牛も多く、但馬牛も有名。淡路島は花き栽培が盛ん。[水産業] 日本海側でカニ類の漁獲が全国3位、養殖のりは全国2位。瀬戸内海でイワシ類や養殖のカキも多くとれる。いかなご、明石だこも有名。[工業] 重化学工業が中心で、鉄鋼、機械の出荷が多い。灘の酒に代表される飲料・食料品なども多い。阪神工業地帯には、鉄鋼、造船、機械工業などが立地。神戸市のポートアイランドは医療産業都市。[第3次産業] 六甲に、森林植物園、ハイキングコース、有馬温泉などが、但馬地方に、城崎や湯村の温泉がある。姫路城は「平成の大修理」が終わった15年度に過去最多の入城者数約287万人を記録した。

■ あゆみ、ニュース
平安期には大輪田泊が日宋貿易の拠点となり、平清盛が福原京をおいた。明治以後は、臨海工業地帯が造成され、1868年に開港した神戸を中心に日本の近代化の先がけに。1995年1月17日、兵庫県南部地震（阪神・淡路大震災）が発生。被害は死者6400人以上、全・半壊した家屋約25万棟。23年、神戸市立王子動物園のジャイアントパンダ「タンタン（旦旦）」が28歳に。国内最高齢。病気で中国返還を延期。24年、阪神甲子園球場（西宮市）は開場100周年。

■ 環境問題
豊岡市では、1971年に絶滅したコウノトリを人工飼育し、2005年から放鳥。23年8月末に全国の野外個体数は383羽に。

トピックワード
- 😊 大石内蔵助（おおいしくらのすけ）、和辻哲郎（わつじてつろう）、三木清（みききよし）、手塚治虫（てづかおさむ）
- 🏠 神戸港（こうべこう）、明石海峡大橋（あかしかいきょうおおはし）、竹田城跡（たけだじょうせき）
- 🌍 姫路城（ひめじじょう）（文化遺産）、円山川下流域・周辺水田（まるやまがわかりゅういき・しゅうへんすいでん）（ラムサール条約）
- ⭐ 灘のけんか祭り（なだのけんかまつり）、西宮神社十日えびす、赤穂義士祭（あこうぎしさい）
- 🍵 播州そろばん（ばんしゅうそろばん）、出石焼（いずしやき）、播州毛鉤（ばんしゅうけばり）、播州三木打刃物（ばんしゅうみきうちはもの）
- 🍳 灘の清酒、丹波黒大豆

統計｜日本｜私たちの郷土

奈良県

面積／3691km²
人口／132万5385人
うち外国人　1万5308人
市町村／12市15町12村
県庁／奈良市　知事／山下真

■ 都道府県の花・木・鳥

ナラノヤエザクラ（カスミザクラ）／スギ／コマドリ

旧国名
大和

■ 自然
[地形] 南北に長い内陸県で、森林率77％（2022年）。北部の笠置、生駒、金剛山地に囲まれるのが奈良盆地。南北の山地を分けるように吉野川（下流では紀の川）が西へ流れ、十津川（下流では熊野川）は紀伊山地を南へ流れる。[気候] 一般的に内陸性で、とくに奈良盆地では寒暖の差が大きいが、紀伊山地には、太平洋から湿った風が吹きこみ、温暖で雨が多い。

■ 交通
奈良市や生駒市など人口が集中する県北部には隣接する京都府や大阪府にアクセスする鉄道が充実し、吉野などの観光地へ向かうリゾート特急も走る。人口が少ない県南部には、橿原市から十津川村を経て和歌山県新宮市に至る「日本一長い路線バス」が走る。

■ 産業
製造品出荷額 1兆8709億円／農業産出額 390億円
[農業] 大消費地に近い立地を生かし、多品目少量生産の野菜やくだもの、花きなどを栽培。柿の収穫量は全国2位。[林業] 紀伊山地、とくに吉野地方では、霧に保護され、スギやヒノキの良材が多い。製材工業とともに、重要な産業。担い手の育成と機械化が課題となっている。[工業] 明治以後、かや、紡績、メリヤスなどの繊維工業が興り、現在でも大和高田の靴下産業は有名。県の靴下出荷額は全国1位。第2次世界大戦後には、阪神工業地帯から分散した機械、電機、金属などの大工場が進出し、大和郡山の昭和工業団地などを形成した。現在、主要産業は食料品と輸送機械の製造。

[第3次産業] 法隆寺などの仏教建造物、古都奈良の文化財（東大寺、興福寺、春日大社など）、熊野参詣道など三つの世界遺産を抱え、19年は4502万人が訪れ、273万人が宿泊したが、20～21年は観光客も宿泊者も少なかった。

■ あゆみ、ニュース
奈良時代に平城京がおかれるなど、古代日本の政治、文化の中心地だった。古墳や遺跡、国宝や世界遺産も多く、今も発掘される。墨、茶せんなど伝統ある地場産業が残る。2010年、藤原京から平城京への遷都（710年）から1300年を迎えた。18年、興福寺（奈良市）の中金堂が301年ぶりに再建された。22年3月、「なら歴史芸術文化村」（天理市）が開業。仏像など文化財の修復作業の公開など奈良の歴史の発信拠点に。22年12月、富雄丸山古墳で類例のない盾形銅鏡と巨大な「蛇行剣」が出土。23年4月、世界遺産・薬師寺の東塔（国宝）の約110年ぶりの解体修理完了（21年）を祝う落慶法要も。

■ 環境問題
畑を荒らした鹿を収容する鹿苑の特別柵の飼育環境について、過密や衰弱などが問題となっている。

トピックワード
- 😊 筒井順慶、島左近、住井すゑ、福井謙一
- 🏠 吉野山、飛鳥、石舞台古墳、高松塚古墳
- 🏛 法隆寺、東大寺、興福寺、春日大社など（文化遺産）
- ⭐ 東大寺お水取り
- ✍ 奈良筆、奈良墨、高山茶筌
- 🏷 三輪そうめん、吉野くず、柿の葉寿司、奈良漬

和歌山県

面積／4725km²
人口／92万4469人
うち外国人　7872人
市町村／9市20町1村
県庁／和歌山市　知事／岸本周平

■ 都道府県の花・木・鳥

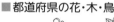

ウメ／ウバメガシ／メジロ

旧国名
紀伊

■ 自然
[地形] 本州南端の紀伊半島の南西部に位置し、平地は北西部の紀の川下流域の和歌山平野ぐらいで、大部分は紀伊山地。県面積の77％（2022年）が森林。本州最南端の潮岬がある。[気候] 海沿いでは黒潮の影響で温暖多雨。とくに南部に雨が多い。「台風銀座」といわれるほど、台風の通過が多い。

■ 交通
JRは紀勢線、和歌山線、阪和線が通り、私鉄も南海電鉄の南海線や高野線などのほか、紀州鉄道、和歌山電鉄が運行。阪和自動車道、紀勢自動車道なども。南紀白浜空港からは羽田に定期便。和歌山下津港は国際拠点港湾。

■ 産業
製造品出荷額 2兆4021億円／農業産出額 1108億円

[農業] 温暖な気候と斜面を利用して有田川、紀の川沿いなどで柑橘類を栽培。ミカン、柿、梅、グリーンピースは収穫量全国1位。農業産出額の約68％を果実が占める。15年、高品質な梅生産で世界農業遺産認定。切り花も多く、スターチスは出荷量1位。サンショウ（20年）の収穫量も1位。ブランドの熊野牛やイノブタも有名。[林業] 企業・団体が植栽や間伐を担う「企業の森」制度を採用。[水産業] 勝浦港は関西のマグロ水揚げの基地。天然のイセエビ、タチウオ、シラスがとれ、養殖のアユが全国3位。[工業] 紀北臨海工業地域が中心で、和歌山北港に製鉄、化学、海南港に化学、電力、有田港に石油精製などの工場が立地。事業所数では食料品や繊維が多い。[第3次産業] 高野

山、熊野古道などに多くの人が訪れる。白浜のアドベンチャーワールドでは23年2月にジャイアントパンダの永明と双子の桜浜、桃浜が中国に戻り、現在、4頭が暮らす。

■ あゆみ、ニュース
江戸時代の紀州藩は、徳川御三家のひとつ。東海道沿線でなく明治以後の発展が遅れ、米国への移民も多かった。熊野三山（本宮、速玉、那智大社）や、空海の開いた高野山金剛峯寺など宗教的聖地がある。1890（明治23）年、オスマン帝国使節団の軍艦が串本町樫野埼沖で座礁し沈没。587人が亡くなったが、大島島民が69人を救助。これがトルコとの友好関係の原点とされる。2019年、31年ぶりに商業捕鯨が再開。「古式捕鯨」発祥の地・太地町を拠点とする沿岸捕鯨船は23年も操業。23年、広川町の白木海岸で、県内初の植物食恐竜の化石を含む多数の脊椎動物の化石が産出する地層が見つかり、22年から発掘調査。串本町で夏に計画されていた民間小型ロケットの初打ち上げが4度目の延期。今後の打ち上げ時期は未定。

トピックワード
- 😊 紀伊国屋文左衛門、徳川吉宗、南方熊楠、岡潔
- 🏠 高野山、和歌山城、那智大滝、根来寺
- 🏛 紀伊山地の霊場と参詣道（文化遺産）
- ⭐ 那智の田楽
- ✍ 紀州漆器、蚊取り線香、那智黒硯
- 🏷 梅干し、湯浅しょうゆ、金山寺味噌、高野豆腐
- 他 備長炭、紀州犬

鳥取県(とっとり)

面積／3507km²
人口／54万6558人
　　うち外国人　4971人
市町村／4市14町1村
県庁／鳥取市　知事／平井伸治(ひらいしんじ)

■ 都道府県の花・木・鳥

二十世紀ナシ(ナシ)
ダイセンキャラボク(イチイ)
オシドリ

■ 自然
[地形] 平地は狭く山がち。東西に細長く、南に中国山地がある。米子(よなご)、倉吉(くらよし)、鳥取の三つの平野から砂丘(さきゅう)の海岸をへて日本海に至(いた)る。大山(だいせん)(1729m)は、中国山地の最高峰(ほう)。[気候] 春から秋は好天が多く、冬は曇(くも)りがちで降雪(こうせつ)がある。対馬海流(つしまかいりゅう)の影響(ひびきあたた)で比較的暖かい。

■ 交通
県内に空港が二つあり、「鳥取砂丘コナン空港」「米子鬼太郎空港」と、ともに県内出身漫画家が生んだキャラクターの名前がついている。1994年に智頭急行が開業し、関西方面行きが便利に。

■ 産業
製造品出荷額(せいぞうひんしゅっかがく) 8441億円／農業産出額 745億円
[農業] 山の斜面(しゃめん)や砂丘を開発して農業を営む。水稲(すいとう)、果樹(かじゅ)、野菜、畜産(ちくさん)のバランスのとれた生産が特徴(とく)。梨(なし)の有数の産地。スイカの収穫量(かくりょう)も多く、県中西部では酪農(らくのう)や肉牛の飼育も盛ん。ブロイラーの飼養(しよう)も多い。砂丘では防砂林やスプリンクラーを用いたかんがい施設(いせん)のもと、ラッキョウ(全国1位・2020年)やナガイモを栽培(さいばい)。[林業] 東部の智頭町(ちづちょう)など、西日本有数のスギの生産地。[水産業] 日本有数の漁業基地(きち)・境港(さかいみなと)ではマグロ漁が盛ん。松葉ガニ(まつばがに)(ズワイガニ)やベニズワイガニのほか、カレイ、ハタハタ、イカ、ブリなどがとれる。カニは漁獲配分で資源管理も。[工業] 鳥取市と米子市に電子・電気部品工場が立地。米子市のパルプ、境港市の水産加工業も盛ん。[第3次産業] 大山や砂丘のほか、温泉も多い。三徳山三佛寺(みとくさんさんぶつじ)の絶壁(ぜっぺき)に立つ投入堂(なげいれどう)は国宝。23

年3月から、山陰有数の観光スポットである水木しげる記念館が、建て替えのため約1年間休館。

■ あゆみ、ニュース
1871(明治4)年、鳥取県となった後、1876年に島根県に併合(へいごう)されたが1881年には再び鳥取県として分離。鳥取市中心の東部と商業都市・米子市中心の西部では、暮(く)らしや気風、方言が異なる。2009年、境港、韓国(かんこく)、ロシアを結ぶ「環日本海定期貨客船(かきゃくせん)」として初入港したDBSクルーズフェリーは10年以上就航(しゅうこう)したが、20年に撤退(てったい)。人口は全国で最も少ないが移住者は多く、23年度上半期(ぶん)は1000人以上に。町家や土蔵群(ぐん)が残る倉吉市若桜地区(わかさ)が、国の重要伝統的建造物群保存地区に。22年、山陰地方に鉄道が開業して120年をむかえ、米子駅で記念

セレモニーがあり特別列車も運行。

■ 環境問題
汽水化(きすいか)を進めている湖山池(こやまいけ)(鳥取市)で、近年、水質が悪化。県では環境改善や水質浄化に取り組んでいる。島根原発(島根県松江市)から半径30km圏(けん)の地域に県内の境港市全域と米子市の一部が含(ふく)まれるため避難(ひなん)訓練を実施(じっし)。

島根県(しまね)

面積／6708km²
人口／65万8809人
　　うち外国人　9118人
市町村／8市10町1村
県庁／松江市　知事／丸山達也(まるやまたつや)

■ 都道府県の花・木・鳥

ボタン
クロマツ
ハクチョウ

■ 自然
[地形] 日本海に面し東西に細長い県。東西に石見高原、中国山地が広がり、山がちで、平野部は北東部の出雲平野と宍道湖(しんじこ)、中海(なかうみ)を含む宍道低地帯が主。宍道湖、中海は汽水湖(きすいこ)。[気候] 日本海岸式。梅雨(ばいう)期の降水量は多い。隠岐(おき)諸島は対馬海流のため比較的温暖(しょうだん)だが、冬の季節風はきびしい。

■ 交通
高速道路の山陰道(さんいんどう)や、広島県と島根県を結ぶ浜田自動車道の整備(せいび)が進む一方で、広島県三次市と県内の江津(ごうつ)市を100kmにわたり結んでいたJR三江線(さんこうせん)が2018年に廃止(はいし)。松江市と出雲大社を結ぶ一畑(いちばた)電車は今も活躍(かつやく)中。隠岐島へは本土から超高速船で約1時間。

■ 産業
製造品出荷額 1兆2866億円／農業産出額 646億円
[農業] 面積の78%(22年)が林野(りんや)で耕地率は低い。米作や果樹栽培が中心。出雲市ではブドウが多く、安来(やすぎ)市は二十世紀梨で有名。奥出雲町、雲南市などで肉用牛を飼育。木炭(もくたん)の生産量は全国2位。[水産業] 浜田港ではアジ、アナゴ、イカなどが水揚げされる。隠岐周辺ではカニもとれる。11年から2位だった宍道湖のシジミ漁獲(ぎょかく)量は14年から9年連続1位。[工業] 安来市の鉄鋼(てっこう)や食料品、機械、木工など。地場産業の比重が大きく、松江市の凝灰質砂岩(ぎょうかいしつさがん)を用いる石灯籠(いしどうろう)、奥出雲町の雲州(うんしゅう)そろばん、江津の石州瓦(せきしゅうがわら)が有名。[第3次産業] 縁結びの神とされる出雲大社が本殿遷宮(ほんでんせんぐう)を行った13年の観光客は過去最高の約3682万人だった。松江城は国宝、石州半紙(せきしゅうばんし)

は無形文化遺産。安来市に難攻不落(なんこうふらく)の月山富田城跡(がっさんとだじょうあと)もある。

■ あゆみ、ニュース
出雲大社のある東部の出雲地方は国造りや国引きなどの神話が多く残る。古代の遺跡では数多くの銅鐸(どうたく)や銅剣(どうけん)が出土。また隠岐諸島は流刑地(るけいち)とされ、後鳥羽上皇(ごとばじょうこう)、後醍醐天皇(ごだいごてんのう)などが流された。隠岐の島町には領土問題が起きている竹島(たけしま)がある。23年11月、JR木次線(きすきせん)のトロッコ列車「奥出雲おろち号」が最後の運行を終えた。運行開始5周年をむかえた山陰線の観光列車「あめつち」が24年度に木次線に乗り入れる。23年春に島根大学に材料エネルギー学部が新設された。

■ 環境問題
中海の国営干拓(かんたく)事業は00年に中止され、中海と宍道湖の淡水化(たんすいか)事業も02年に中止。ともに05年にラムサール条約に登録。島根原発は国内で唯一(ゆいいつ)、県庁所在地にある。1号機は廃炉(はいろ)作業中。2号機は24年8月に再稼働する予定。出雲市ではトキの保護増殖(ぞうしょく)に取り組んでいるが、23年春、トキ分散飼育(しいく)センターで3羽が生まれた。

船をめぐる仕事の仲間

海に囲まれた日本は、海上輸送のために船を造る産業が、古くから発達しました。現在、輸出入のほとんどを海上輸送が担っていて、船は、日本の経済や生活になくてはならないものです。多くの製造業が海外生産をするようになっていますが、船は、多くが国内で生産されています。さまざまな用途で使われる船は、それぞれに適した形や性能を持っています。例えば、オイルタンカー、クルーズ船、カーフェリー、コンテナ船、漁船など多くの種類があります。また、防衛のための艦船や海上保安庁の巡視船なども造っていて、安全保障も支えています。瀬戸内や九州の北部に多くの生産拠点があり、地域にとって大切な産業となっています。

ところで、大きな船体を造る造船は大変重要な産業ですが、造船業だけで船は完成するでしょうか。

船は、船体だけでなく、動力・エネルギーの発生を担うエンジン、推進機能となるプロペラや舵、荷物を積み下ろすクレーン、さらに操縦や安全のためのレーダーなど航海や通信の機器、船を留める錨、救命艇などもあり、大きな船（船舶）などでは細かな分類やその構成品を含めると数万点に及ぶ製品を設置して完成するのです。このような船舶用の製品をつくる産業が舶用工業です。舶用工業は、船を動かすための製品を供給し、造船業とともに、船の大型化、高速化、省エネ化などに対応して、技術向上を図りながら発展してきました。日本で建造される船に使われる舶用製品のほとんどが国内で生産されていますが、日本の舶用工業は技術水準が高く、その製品は世界でも多く使われています。

日本では、これらの造船業・舶用工業の生産性向上や、事業の安定をはかる制度を国が進めています。

船を造る産業は、それを使う海運業とも関係が深いのですが、日本では、さらに、造船業・舶用工業・海運業を中心に研究機関や保険、金融、商社など関連分野が密接につながった「海事クラスター※」を形成しています。（※クラスターとは、ブドウなどの「房」や「集団」のこと）

海事に関連するほとんどの業種が国内にそろっていて、多くの企業や機関が協力する層の厚い日本の海事クラスターは、世界に類がなく、密接な連携で、高い技術力と生産性を確保してきました。このように仲間がつながる特性は日本の強みであり、今後、国際競争力や、船のカーボンニュートラル化などの環境保護、デジタル化・情報通信の技術革新などへの対応に生かしていくことが課題です。

現在、自動運航船に関する新技術の開発も進められています。また、海洋にある石油・天然ガス、メタンハイドレートなどのエネルギー資源の開発にも、特別な船が活躍しています。さらに、新たな分野として、再生可能エネルギーの洋上風力発電の設備を造るために、海底地盤を調査する船や基礎・風車を設置する工事に使う作業台船などが求められています。海上輸送量も増加していて、海に囲まれた日本では、船に関連する仕事の仲間の活躍がこれからも期待されているのです。

海底を掘削する装置を積んだ海洋資源調査船「白嶺」

岡山県

面積／7115㎢
人口／186万5478人
　うち外国人　3万1255人
市町村／15市10町2村
県庁／岡山市　知事／伊原木隆太 ※

■ 都道府県の花・木・鳥

モモ

アカマツ

キジ

旧国名
備前、備中、美作

■ 自然

[地形] 北は中国山地、南は瀬戸内海に面する。中部には吉備高原が広がり、北に津山盆地、県南に吉井川、旭川、高梁川によってつくられた岡山平野が広がる。[気候] やや内陸性で温暖、降水量は中国山地と四国山地にさえぎられて多くない。降水量1㎜未満の日が多く「晴れの国」として知られる。

■ 交通

中心地の岡山市、倉敷市は山陽新幹線が通り、瀬戸大橋で四国とも結ばれるなど交通の要衝。鳥取県とはJR伯備線などで結ばれ、岡山市内は岡山電気軌道の路面電車が走る。路面電車の線路を走れる次世代型バス車両の検討も開始。2018年に瀬戸大橋は開通30年をむかえた。JR吉備線（岡山－総社）の次世代型路面電車（LRT）化は、28年運行開始の方針。

■ 産業

製造品出荷額 8兆3654億円／農業産出額 1526億円
[農業] 米作が中心だが、果物の収穫量が多く、ブドウは全国3位で、マスカットなど高級品も多い。桃は6位。二条大麦は5位。北部の蒜山高原ではジャージー牛の飼育が盛ん。農業産出額は中国・四国で最も多い。卵の生産量は全国4位。[工業] 倉敷市水島を中心とする臨海地区での重化学工業が中心。石油・石炭製品、化学、鉄鋼、輸送用機械の4部門で製造品出荷額の約56％を占める。繊維工業は全国3位。シャツや事務・作業服の出荷額は全国1位。国産ジーンズの発祥地でデニム生地生産が盛ん。地場産業では備前焼や耐火レンガなど。[第

3次産業] 岡山市の岡山駅付近と表町地区が商業の中心で路面電車も走る。同市西端に、運輸、卸売、倉庫業の入った総合流通センターがある。観光は大原美術館や日本三名園の一つ「岡山後楽園」、岡山城（22年に大改修を終えた）、「日本のエーゲ海」と呼ばれる牛窓、蒜山高原が人気。22年の観光客数は約1500万人で、前年より大きく増加。23年、岡山市はユネスコの「創造都市ネットワーク」の文学分野への加盟が認定された。

■ あゆみ、ニュース

県内に先土器時代、縄文、弥生、古墳時代の遺跡が非常に多く、独自の文化圏を形成。平安時代後期には平氏の基盤となり、江戸時代には小さな藩と幕府直轄地に細かく分けられた。高梁市の吹屋地区には古くから鉱山があり、江戸末期から明治期に銅と赤色顔料「ベンガラ」で繁栄した。20年に『ジャパンレッド』発祥の地」として日本遺産に認定。

■ 環境問題

円城浄水場の水から有害性が指摘される有機フッ素化合物（総称PFAS）が国の暫定目標値を上回る濃度で検出され、23年10月には給水所の設置などの対応も行った。

トピックワード

☺ 雪舟、宮本武蔵、犬養毅、竹久夢二、人見絹枝
🏠 岡山城、岡山後楽園、吉備津神社、倉敷美観地区、備中松山城、奥津渓
⭐ 西大寺会陽（はだか祭り）
🍶 備前焼、勝山竹細工
🔖 マスカット、白桃、ママカリ、サワラ

※2024年11月の任期満了にともなう知事選挙が予定されている。

広島県

面積／8479㎢
人口／277万623人
　うち外国人 5万4748人
市町村／14市9町
県庁／広島市　　知事／湯﨑英彦

■ 都道府県の花・木・鳥

モミジ（カエデ）　　モミジ　　アビ

旧国名
安芸、備後

■ 自然

[地形] 中国山地から瀬戸内海沿岸まで山がちで階段状の起伏が見られる。太田川は広島平野を、芦田川は福山平野をつくる。江の川は三次市で3本の支流を集め日本海に注ぐ。瀬戸内海沿岸の海岸線は出入りに富む。芸予諸島の間には多くの海峡があり、とくに狭い海峡は瀬戸と呼ばれる。幅90mの音戸の瀬戸は、内海航路の要衝で海の難所。[気候] 瀬戸内式で雨が少なく夏は高温。北西部は中国山地を越える季節風により、日本海岸式気候の影響を受ける。

■ 交通

JR山陽線と新幹線、福塩線など。広島電鉄の路面電車、新交通システムのアストラムライン、山陽自動車道、中国縦貫自動車道、広島空港など。JR可部線は廃止された未端区間の一部が2017年に復活。

■ 産業

製造品出荷額 9兆9439億円（10位）／農業産出額 1289億円
[農業] 平野が少なく、山の斜面の段々畑が瀬戸内海の沿岸や島に多い。主要な農産物は米、ジャガイモ、芸予諸島のミカンなど。レモンとネーブルは収穫量が全国1位。ハッサクは2位（以上20年）。卵の生産量は3位。和牛などの肉用牛は優れた品質。[林業] 山がちで森林率が72%（22年）。スギ、ヒノキなどを生産。[水産業] 瀬戸内でカタクチイワシが多くとれる。魚介類の養殖が盛んで養殖カキの生産量は全国1位。[工業] 沿岸地域では重化学工業が盛ん。広島の自動車、機械、食料品、福山の鉄鋼、呉の機械、大竹の化学、竹原の銅精錬や、福山、尾道、呉の造船な

どが有名。東広島や三原などで電気機械産業が盛ん。清酒、毛筆、やすり、ミシン針、縫い針、備後絣などの綿織物、福山の琴、府中の桐たんす、広島仏壇や、木彫りの宮島細工などの伝統産業も。[第3次産業] 世界遺産の原爆ドームと厳島神社、しまなみ海道が人気。

■ あゆみ、ニュース

広島市は、かつての城下町で、明治以後、軍都として発展。1945年8月6日、太平洋戦争末期に世界で初めて原子爆弾が投下され、同年末までに約14万人の市民が死亡、市域は廃墟となった。戦後の復興で80年には全国で10番目の政令指定都市に。2016年にアメリカのオバマ大統領（当時）が訪問、19年にローマ・カトリック教会のフランシスコ教皇が訪れた。23年5月、主要7カ国（G7）首脳会議が広島市で開催。ウクライナのゼレンスキー大統領も訪れ、G7首脳とあいついで平和記念資料館を訪問。バイデン氏の訪問は現職米大統領でオバマ氏に続き2人目。

■ 環境問題

原爆投下後に降った「黒い雨」を浴びた84人を被爆者と認めた広島地裁判決（20年）に対し、国などが控訴していたが、21年、広島高裁は控訴を棄却、上告は断念。

トピックワード
😊 加藤友三郎、池田勇人、織田幹雄、平山郁夫
🏠 三段峡、帝釈峡、鞆公園
🌍 原爆ドーム、厳島神社（文化遺産）、宮島（ラムサール条約）
⭐ 壬生の花田植
🍽 熊野筆、広島仏壇、宮島細工
🐟 カキ、のり、もみじまんじゅう

山口県

面積／6113㎢
人口／132万6218人
　うち外国人 1万7036人
市町村／13市6町
県庁／山口市　　知事／村岡嗣政

■ 都道府県の花・木・鳥

ナツミカン　　アカマツ　　ナベヅル

旧国名
周防、長門（長州）

■ 自然

[地形] 本州の西の端に位置し、主に瀬戸内海、日本海、内陸山間の3地域からなる。全体に山がちで、北東部は中国山地の西の端、他の部分も標高500m以下の起伏の小さな山地と丘陵が占める。錦川は安芸灘に、阿武川は日本海に注ぎ、それぞれ岩国、萩でデルタ（三角州）をつくる。秋吉台は日本最大のカルスト台地で「秋芳洞」などの鍾乳洞がある。[気候] 瀬戸内海側、山地、日本海側の3地域で異なるが、おおむね温暖。日本海側で冬の季節風はやや強い。

■ 交通

山陽新幹線、JR山陽線・山陰線・岩徳線・山口線・宇部線・小野田線・美祢線と錦川鉄道（第三セクター）錦川清流線が運行。中国縦貫自動車道、山陽自動車道、

関門自動車道など道路も充実。山口宇部空港からは羽田に定期便も。23年6月末からの大雨でJR美祢線は川に架かる線路が崩落。県は川の改修計画をJR西日本に伝え、路線の早期復旧を要望。

■ 産業

製造品出荷額 6兆6501億円／農業産出額 665億円
[農業] 耕地が少なく、米、ミカンが主体。萩では対馬海流による暖かい気候から夏ミカン類を栽培。[林業] 竹材の品質は評価が高い。マダケは生産量も多い。[水産業] 下関は遠洋・沖合漁業の基地。フグは周防灘のはえ縄漁や全国からの天然・養殖フグも集まる本場。アマダイ、ケンサキイカ、アジ、タチウオなど。[工業] 周南は石油化学、ソーダ、セメント工業。光、下松は鉄鋼、金属、機械

工業。防府は自動車、宇部は化学、電子部品などが盛ん。[第3次産業] 秋吉台、錦帯橋、松陰神社などに多くの人が訪れる。

■ あゆみ、ニュース

古代から大陸と交流があり、下関市と韓国・釜山広域市は1976年から姉妹都市。今はフェリーが通う。2019年、日韓関係の悪化により各地で交流中止が起きたが、県内では「朝鮮通信使」を再現する行事や交流があった。長州藩は明治維新の原動力となり、高杉晋作や木戸孝允、首相となった山県有朋、伊藤博文らが輩出。16年にロシアのプーチン大統領と安倍首相（当時）の首脳会談が行われた。23年10月、岩国市の国名勝・錦帯橋が創建350年に。

■ 環境問題

上関町では、原子力発電所建設計画から約40年たつが、見通しはたっていない。その中で、23年8月に上関町は使用済み核燃料の中間貯蔵施設の建設に向けた調査を受け入れることに。本州唯一のナベヅルの越冬地、周南市の八代盆地では23年度、7羽飛来して、3羽飛び立ち、24年1月現在、4羽で数が少ない状況。

トピックワード
😊 大村益次郎、吉田松陰、金子みすゞ
🏠 瑠璃光寺五重塔、錦帯橋、壇ノ浦古戦場跡、巌流島
🌍 萩反射炉（文化遺産）、秋吉台地下水系（ラムサール条約）
⭐ 阿月神明祭、秋吉台山焼、しものせき海峡まつり
🍽 萩焼、大内塗、赤間硯
🐟 ふぐ料理、岩国ずし、かまぼこ

徳島県 (とくしま)

面積／4147㎢
人口／71万8879人
うち外国人　6894人
市町村／8市15町1村
県庁／徳島市　知事／後藤田正純

■ 都道府県の花・木・鳥

スダチ
ヤマモモ
シラサギ

旧国名　阿波 (あわ)

■ 自然

[地形] 四国の東南部にあり、海をへだてて近畿地方と向かい合う。県の北には讃岐山脈が、南には四国山地があり、その間を中央構造線にそって吉野川が流れている。「四国三郎」と呼ばれる吉野川は、四国山地に源を発する全長194㎞の大河で、徳島平野をつくる。[気候] 温暖多雨で、県南部では梅雨と台風による豪雨が多い。

■ 交通

1985年に大鳴門橋、98年に明石海峡大橋ができ、関西へバスや車で行けるように。県南部を走る阿佐海岸鉄道は、線路と道路の両方を走れる「DMV」を2021年12月から運行している。

■ 産業

製造品出荷額 2兆0578億円／農業産出額 931億円

[農業] 吉野川がつくる平野や温暖な気候で第1次産業が盛ん。県北部の吉野川の中・下流域では畑作が中心で、南部の那賀川、勝浦川流域の水田農業と好対照をなす。洋ランの切り花出荷量も多い。収穫量はスダチが全国1位、ユズが2位(以上20年)、レンコン、ニンジンが3位。なると金時は特産。[水産業] 鳴門ワカメは古くから珍重され、現在は養殖が盛ん。アユやウナギの養殖も。[工業] 食料品、家具などの軽工業が中心。徳島市の化学、食料品、木材工業や、鳴門の化学、阿南の発光ダイオード(LED)、パルプなど。[第3次産業] 商業は徳島市、鳴門、小松島など都市部が中心。阿波踊りは、例年100万人を集める。22年は3年ぶりに本格開催され、4日間で46万人、23年は3日間で54万人。鳴門海峡のうず潮も有名。

■ あゆみ、ニュース

古くから経済・文化の面で大阪とのつながりが強い。「お遍路」として知られる四国八十八カ所霊場めぐりは、阿波の第1番札所霊山寺(鳴門市)から始まる。18年「にし阿波の傾斜地農耕システム」が世界農業遺産に認定。19年、美馬、吉野川市では、天皇の代替わりに伴う儀式「大嘗祭」に供えられる麻織物「麁服」を半年がかりで4反の織物に織り上げた。阿南市の加茂宮ノ前遺跡では弥生時代中期の赤色顔料(水銀朱)の原料と、縄文時代後期に水銀朱を精製した石臼などを発見。勝浦町で、肉食恐竜のものとみられる脛骨や歯の化石を発見。白亜紀前期の化石で、肉食恐竜の歯の化石としては国内最古級。17年から進められた消費者庁の全面移転は見送られたが、20年に恒常的拠点を設置。23年、四国新幹線について、県が淡路島を経由するルートから瀬戸大橋を通る岡山ルートに主張を変更し、四国4県の意見が統一。

■ 環境問題

上勝町は町内ごみをゼロにする「ゼロ・ウェイスト」を宣言し、ごみを45種類に分別して収集。

トピックワード

- 😊 三好長慶、三木武夫、後藤田正晴
- 🏠 祖谷渓、大歩危・小歩危、阿波の土柱、鳴門のうず潮
- ⭐ 阿波踊り
- 🍵 大谷焼、藍染(阿波藍)、阿波和紙
- 🏷 スダチ、阿波尾鶏、鳴門ワカメ、半田そうめん、和三盆糖

香川県 (かがわ)

面積／1877㎢
人口／95万6787人
うち外国人　1万4753人
市町村／8市9町
県庁／高松市　知事／池田豊人

■ 都道府県の花・木・鳥

オリーブ
オリーブ
ホトトギス

旧国名　讃岐 (さぬき)

■ 自然

[地形] 讃岐半島と瀬戸内海の島々からなる。南に讃岐山脈が東西に連なり北に讃岐平野が広がる。瀬戸内海には大小の島々が点在。[気候] 瀬戸内式で、晴天の日が多く雨が少ない。夏は蒸し暑い夕凪、朝凪が特徴。春先から初夏にかけて海上に濃霧が発生しやすい。

■ 交通

かつて本州との行き来は「宇高連絡船」に頼っていたが、1988年に瀬戸大橋が開通したことで車、鉄道で本州へ移動できるようになった。徳島方面にJR高徳線や土讃線が、愛媛県へ予讃線が走る。貴重な夜行列車「サンライズ瀬戸」は東京と高松を結んでいる。高松と金刀比羅宮のある「琴平」などを結ぶ私鉄「ことでん」も活躍。高松空港は、2019年に開港30周年を迎えた。

■ 産業

製造品出荷額 2兆8014億円／農業産出額 855億円

[農業] 温暖少雨の気候を利用して小規模ながら農地の高度利用と集約的経営で米と園芸作物を栽培。ニンニクとはだか麦の収穫量は全国3位。ビワとブロッコリーも多い。特産のオリーブは全国の90%近い収穫量(20年)。県オリジナル品種のうどん用小麦「さぬきの夢」やミカン「小原紅早生」も。[水産業] ハマチ養殖の発祥の地。のりも養殖。燧灘のカタクチイワシをいりこに加工。[鉱業] 庵治石と呼ばれる良質のかこう岩が採れ、墓石や灯籠に使われる。[工業] 坂出には塩田跡に造成された番の州工業地帯がある。石油や造船のほかは中小企業が多い。[第3次産業] 金刀比羅宮は、こんぴら参りで有名。3年ごとに開かれる瀬戸内国際芸術祭は、19年に過去最多の約118万人が訪れた。22年の5回目には、約72万人が訪れた。

■ あゆみ、ニュース

早くから開けた地で、讃岐平野に見られる碁盤目状の地割りは、古代の条里制の名残。江戸時代には塩の生産が盛んで、綿、砂糖と並んで讃岐三白といわれた。面積は47都道府県で最も小さい。雨が少なく、県内にため池が1万2269カ所(21年4月現在)あり、数では全国3位、県土総面積に対するため池の密度は全国一。ため池の満濃池は16年、世界かんがい施設遺産に認定、19年には国の名勝に。23年、高松市で主要7カ国(G7)都市大臣会合が開かれた。ドクターヘリは、全国で最後だったが22年から運用開始し、23年には四国4県で相互に応援する協定も。

■ 環境問題

豊島では、不法投棄された大量の産業廃棄物と汚染土を除去したのち地下水の浄化作業が続いていたが、21年に終了。23年の調査で、島の北海岸前の藻場(魚の赤ちゃんのゆりかご)は健全な状態。

トピックワード

- 😊 空海、平賀源内、菊池寛、大平正芳
- 🏠 栗林公園、金刀比羅宮、満濃池、寒霞渓(小豆島)
- ⭐ さぬき高松まつり、お大師山の火祭り
- 🍵 丸亀うちわ、香川漆器
- 🏷 讃岐うどん、オリーブオイル、小豆島のしょうゆ、そうめん

愛媛県

面積／5676km²
人口／132万7185人
　うち外国人　1万3309人
市町村／11市9町
県庁／松山市　　知事／中村時広

■ 都道府県の花・木・鳥

ミカン

マツ

コマドリ

■ 自然

[地形] 四国の北西部に位置し、四国山地を背に瀬戸内海と豊後水道に面する。東予、中予、南予の地域に分かれる。四国の屋根と称される石鎚山(標高1982m)は西日本最高峰。東部の四国山地は高く険しいが、南部ではゆるやかな山が多い。高知との県境には日本3大カルストの一つで石灰岩が点在する高原の四国カルストがある。佐田岬半島は日本最長(約40km)の半島。[気候] 瀬戸内式で、瀬戸内海沿岸は温暖で雨が少ない。

■ 交通

対岸の広島県と瀬戸内しまなみ海道で結ばれる。県内移動は車が中心だが、松山市には私鉄の伊予鉄道が路面電車を走らせ、JR予土線では東海道新幹線を模したホビートレインを運行。伊予鉄道の、SLを模した「坊っちゃん列車」は運転士不足で運休に。

■ 産業

製造品出荷額 4兆7582億円／農業産出額 1232億円

[農業] ミカンの収穫量は全国2位だが、イヨカン、ポンカンは1位(ともに20年)など、柑橘類全体で1位。はだか麦とキウイフルーツも1位。栗は3位。県の新品種米「ひめの凛」は評価が高い。[林業] ヒノキの生産量は全国3位。干しシイタケも多い。[水産業] 宇和海の真珠は大玉が多く、生産量2位。養殖のマダイは生産量全国1位で、ブリは3位。[鉱業] 別子銅山は江戸時代から続いたが、1973年に閉山した。[工業] 瀬戸内工業地域にあり、四国を代表する工業県。別子銅山の精錬で栄えた新居浜の化学コンビナートには化学、非鉄金属の工場がある。ほかに、松山の農業機械、四国中央市のパルプなど。[第3次産業] 松山市の道後温泉は日本最古の温泉とされ、本館は国の重要文化財。2019年から部分営業しながら耐震補強と保存修理の工事をしてきたが、24年7月に全館で営業を再開する。

■ あゆみ、ニュース

戦国時代、能島、来島(ともに今治市)などに本拠をおいた村上海賊が、織田信長の船団に勝利。江戸時代に伊予国は8藩(西条・小松・今治・松山・新谷・大洲・吉田・宇和島)に分かれていた。23年、大洲市が国際認証団体による「世界の持続可能な観光地100選」の文化・伝統保存保部門で世界1位に。古民家などの歴史的資源の活用が、町並みの保全や地域経済につながる優れた事例とされた。

■ 環境問題

四国唯一の原子力発電所である伊方原発は、16年に3号機が再稼働、17年に運転差し止めの仮処分、18年の仮処分取り消しを経て運転再開。23年2月からの定期検査後、同6月から営業運転を再開。24年12月に運転開始30年。1号機と2号機は廃炉。

高知県

面積／7102km²
人口／68万4964人
　うち外国人　5195人
市町村／11市17町6村
県庁／高知市　　知事／浜田省司

■ 都道府県の花・木・鳥

ヤマモモ

ヤナセスギ(スギ)

ヤイロチョウ

■ 自然

[地形] 太平洋に面し、沖を黒潮が流れる。北の四国山地を背にして周囲から独立した地形。南は土佐湾を囲む弓形の県。南東の端に室戸岬、南西の端に足摺岬が突き出る。中部の高知平野をはさむように四国山地から物部川、仁淀川が流れ、清流、四万十川が西部の中村平野をつくるが、県土の84%(2022年)が森林で森林率全国1位。[気候] 温暖で雨の多い南国。太平洋を流れる黒潮の影響で、夏は高温多雨、冬は温暖少雨。台風の通り道で「台風銀座」とも。

■ 交通

県の中心部を高知自動車道が走る。高知市内に、とさでん交通が路面電車を走らせており、JR土讃線のほか、土佐くろしお鉄道が県の東西に路線を延ばす。高知龍馬空港は国内に7路線あり、23年に台湾に初の定期チャーター便も。

■ 産業

製造品出荷額 6015億円／農業産出額 1073億円

[農業] 暖かい気候を利用した園芸野菜の栽培が中心で、シシトウ、ショウガ、ニラ、ナスの収穫量は日本一。キュウリ、ピーマンなどの促成栽培も盛ん。柑橘類も多く、ユズ、ブンタンは1位(ともに20年)の収穫量。かつては米の二期作が盛んだった。超早場米の「南国そだち」は、7月から収穫、出荷される。切り花のユリの出荷量は全国3位。[林業] スギやヒノキ、きのこや木炭など多彩な林産物がある。ヒノキの素材生産量は1位。[水産業] カツオ、マグロ漁が盛ん。ソウダガツオ類の水揚げ量は日本一。田ノ浦(宿毛市)、清水(土佐清水市)、佐賀(黒潮町)、室戸岬(室戸市)、宇佐(土佐市)など多くの漁港がある。[第2次・第3次産業] 製造業や商業、観光・宿泊業などの比率は低い。保健衛生の割合は高く、10万人当たりの病床数や看護師数が多い。

■ あゆみ、ニュース

関ケ原の合戦後、山内一豊が藩主となる。明治維新では幕末の志士・坂本龍馬や、自由民権運動の板垣退助が活躍。アメリカに渡ったジョン万次郎や中江兆民、幸徳秋水などの思想家、岩崎弥太郎などの実業家、牧野富太郎、寺田寅彦などの学者と、多くの偉人が輩出。「いごっそう」「はちきん」と呼ばれる頑固できっぷのいい独特の気質が残る。23年2月、3年ぶりの高知龍馬マラソンに約7千人が参加。8月には70回目のよさこい祭りが4年ぶりに通常開催。期間中の人出はのべ約107万人。

■ 環境問題

1954年、ビキニ環礁でアメリカが行った水爆実験地周辺で操業していた高知県の元漁船員らが損失補償を求めた訴訟は、2023年も高知地裁で審理が続けられた。全国健康保険協会に対して、労災保険にあたる船員保険適用を求めた訴訟も東京地裁で続く。

福岡県

面積／4988㎢
人口／510万4921人
　うち外国人　8万8051人
市町村／29市29町2村
県庁／福岡市　知事／服部誠太郎

■ 都道府県の花・木・鳥

ウメ
ツツジ

ウグイス

旧国名
豊前（大部分）、筑前、筑後

■ 自然

[地形] 中央部の山地と南部の耳納山地との間を筑後川が西へ流れ、有明海に注ぐ。海岸線は玄界灘沿岸で出入りが多く、福岡平野が面する博多湾も奥深い湾。有明海の海岸線は短いが、干潟が発達。[気候] 温暖で夏の気温は筑紫平野南部で高く、冬は北部沿岸で高い。北部の冬の気象は山陰地方に似て降雪も。

■ 交通

九州と本州を結ぶ交通の要衝。ソウルや上海とも近い。空港は二つあり、福岡空港は市の中心部に近く、北九州空港は海上に設置。2023年、地下鉄七隈線は博多まで延伸し、JR日田彦山線の一部はバス高速輸送システム(BRT)に。

■ 産業

製造品出荷額 9兆4450億円／農業産出額 2021億円

[農業] 市場に恵まれて農産物の種類が多い。筑紫平野では米、麦作が中心。「あまおう」は県開発のブランドイチゴ。タケノコの生産量は全国1位。小麦、水菜、イチゴ、キウイフルーツの収穫量は2位。二条大麦、小松菜、柿は3位。大豆やフキ、ナス、茶も多く、ガーベラ、キク、バラなど切り花の出荷量も多い。[水産業] 玄界灘方面の沿岸漁業が盛ん。マダイは3位、フグ類もとれる。有明海ののりの養殖は全国3位。周防灘南部ではカキの養殖が盛ん。[鉱業] 1997年3月、国内最大の炭鉱、三池鉱が閉山。大産炭地だった筑豊炭田も、すべて閉山。旧産炭地の田川盆地などで石灰石が掘られ、セメント工場が発達した。[工業] 北九州工業地帯は筑豊の石炭を背景に、八幡製鉄所などを中心に日本の四大工業地帯のひとつに発達。現在は鉄鋼業に代わり自動車産業が中心。苅田町や宮若市などに大手自動車メーカーの工場がある。[第3次産業] 福岡は、九州の経済面での中枢機能を果たす。

■ あゆみ、ニュース

古くから大陸文化の入り口で、紀元57年、後漢（中国）の光武帝が倭奴国王に授けたものとみられる金印が、博多湾の志賀島で発見された。北九州市は、官営八幡製鉄所をもとに発展した工業都市の八幡、行政や商業の核・小倉、本州からの玄関・門司、筑豊の石炭の積み出し港・若松、それに戸畑の5市が合併して1963年に発足。県都・福岡市は九州全域の行政、経済、文化の中心で、中世以来、町人まちの旧博多部と、近世の城下町の旧福岡部を合わせて成立。古くからアジア諸国との交流があり、「朝鮮通信使に関する記録」として県内の資料がユネスコ「世界の記憶」にも登録。23年12月、関門海峡付近にあった戦時中の機雷や爆弾を海上自衛隊下関基地隊（山口県）が海中爆破処分した。

トピックワード

- 川上音二郎、広田弘毅、古賀政男、松本清張
- 太宰府天満宮、志賀島、筑後川下流域のクリーク
- 宗像・沖ノ島と関連遺産群、三池炭鉱・官営八幡製鉄所（ともに文化遺産）
- 博多どんたく、博多祇園山笠、博多おくんち
- 博多織、久留米がすり
- 辛子明太子、八女茶

長崎県

通詞・本木 昌造のマルチな貢献

　鎖国政策をとっていた江戸時代でも、長崎港だけは、外国船の入港が許されていました。そこに人工の島・出島が築造され、オランダの商館が置かれていました。オランダ人との会話では、オランダ語の通訳をする通詞（通事ともいう）が活躍していました。

　本木昌造は、10歳のころに母の兄であるオランダ通詞（通訳）本木昌左衛門の養子となり、オランダ語を学び、オランダの書物にも通じるようになりました。養父のあとを継いで少年時代から通詞となり、21歳のとき、オランダ国王の国書を携えた使節・コウプス来訪時の通詞を務め、23歳のときにはロシア極東艦隊司令長官プチャーチン来航時の通詞も務めるなど、若くして重要な会談での通詞を任されたことでも、いかに語学の天分に恵まれ高く評価されていたかがわかります。しかし、昌造の活躍は、それだけにとどまりませんでした。

　少年時代から、多くのオランダの書物に接した昌造は、それらの書物(本)の印刷の鮮明な美しさに目を奪われました。当時の日本の書物は木版刷りで、一枚板に彫ったものを一枚ずつ刷っていました。それは、手数も時間も費用もかかり、仕上がりも不鮮明で部数も限られていて、外国の活字印刷術とはまったく違うものでした。

　昌造は、日本で活字印刷ができるようにしようと試行錯誤の末、アメリカ人の活版技師ガンブルから「電胎法」という高度な活字鋳造法を学び、和文活字を作り上げることに成功しました。そして活字印刷を普及させ「近代活版印刷の祖」と呼ばれているのです。

　日本初の日刊新聞である「横浜毎日新聞」も、長崎で創刊された初めての地方紙も昌造やその門弟が手がけました。

　ところで、活版印刷とはどういうものでしょうか。

　今は、コンピューターによってデータ処理をして印刷していますが、江戸時代から明治、大正、昭和、平成の初めくらいまでの長い間、活版印刷は、社会のさまざまな文字文化を支えていました。各印刷所では、活字を組んで印刷するもととなる原版を作る植字工（鉛の活字一つ一つをひろって原稿どおりに組む専門職）が活躍していました。今でも、特別な印刷物など貴重なものとして使われることもありますが、一般的な印刷物では見ることはできなくなりました。日本で、そのような活字文化のもとをつくったのが昌造だったのです。このように、歴史的な外国との重要な会談の通訳や近代活版印刷の祖として名声が高い昌造ですが、さらに多彩な任務を果たし、日本の発展に貢献したマルチ人間でした。

　知識欲が旺盛な昌造は、オランダの医師や鉱山技師たちについて、物理、化学、数学、測量学、航海学、鉱山学、製鉄・鋳造法、造船術などを学び、工学者、技術家でもありました。

　海軍伝習所※の通詞のかたわら、航海術の練習で乗船し、船長にもなったのです。時には遭難して九死に一生を得る体験もありました。また長崎飽ノ浦製鉄所の最高責任者も務め、長崎で水害があったときには国内初の鉄の橋を架けました。新街学塾を開き、無料で子弟の教育にもあたりました。

　このように後世に多大な恩恵をもたらすマルチな貢献をした本木昌造は、1824(文政7)年に生まれ、2024年は生誕200年に当たります。

※幕府が長崎に開設した海軍教育機関でオランダ海軍士官を教官として招いた。勝海舟や榎本武揚など多くの人材が輩出。

佐賀県

面積／2441km²
人口／80万6877人
　うち外国人　7785人
市町村／10市10町
県庁／佐賀市　　知事／山口祥義

■ 都道府県の花・木・鳥

クスの花
クス
カササギ
（カチガラス）

■ 自然

[地形] 北には玄界灘が、南には広大な干潟のある有明海が広がる。有明海は最大6mの干満差やムツゴロウで知られる。内陸部に天山・脊振山系が連なり、南部はクリーク（水路）がはりめぐらされた佐賀平野が広がる。[気候] 佐賀市の年平均気温は18.1℃（2023年）で、全般的に温暖。

■ 交通

22年、西九州新幹線が開業したが、県内の武雄温泉から新鳥栖間はルートや整備手法が未定。

■ 産業

製造品出荷額 2兆1051億円／農業産出額 1307億円
[農業] 耕地利用率が全国1位。「さがびより」は米の食味ランキングで13年連続特A（22年）。二条大麦の収穫量は全国1位。レンコンは2位。小麦、タマネギ、アスパラガスは3位。県のブランドイチゴ「いちごさん」に続き、ブランドミカン「にじゅうまる」も発売。[水産業] 有明海ののり養殖は収穫量全国1位。玄界灘では沿岸漁業でイカやマアジがとれる。[工業] 中小企業が地域経済を支える。佐賀、鳥栖、唐津に機械・金属、鳥栖に医薬品、伊万里に造船、伊万里、有田、唐津に窯業。

■ あゆみ、ニュース

古くから人が住む開けた土地で、縄文時代の東名遺跡からは、多数の木製品が出土。1989年に弥生時代の大規模な環濠集落跡の吉野ヶ里遺跡（神埼市・神埼郡）が発掘された。7世紀に壱岐・対馬を除く長崎県とともに肥前の国となった。現在の唐津市付近は豊臣秀吉の朝鮮出兵の拠点だった。江戸時代には伊万里や有田で焼き物文化が花開いた。鍋島氏が治めた佐賀藩は、幕末から明治維新にかけて大砲など最先端の科学技術を誇った。2023年11月、佐賀インターナショナルバルーンフェスタが開かれ、4年ぶりに海外からも参加。90.7万人が来場。

■ 環境問題

玄海原発1号機、2号機は廃炉作業中。3号機、4号機は18年に再稼働。24年2月10日現在、3号機は調整運転中、4号機は運転中。諫早湾干拓事業は、1952年に計画発表、97年堤防の閉鎖、2008年に営業を開始。02年には漁獲量の減少で、有明海沿岸の漁業者が工事の中止を求めて提訴。10年に福岡高裁が国に排水門の開門を命じた判決が確定。その後、開門差し止めの仮処分も決定し相反する判断が並立。22年に福岡高裁は開門命令を無効とする判決を出し、23年、最高裁は「開門」判決を「無力化」させる判断を確定させた。22年に佐賀市などで浸水対策のために導入した田んぼダムは、23年にさらに拡大。

トピックワード

😊 江藤新平、大隈重信、辰野金吾、長谷川町子
🏠 虹の松原、吉野ケ里遺跡
🌍 三重津海軍所跡（文化遺産）、東よか干潟、肥前鹿島干潟（ともにラムサール条約）
⭐ 佐賀インターナショナルバルーンフェスタ、唐津くんち
🏺 伊万里焼、有田焼、唐津焼、諸富家具
🍵 佐賀牛、呼子イカ、嬉野茶、のり

長崎県

面積／4131km²
人口／130万6060人
　うち外国人　1万0984人
市町村／13市8町
県庁／長崎市　　知事／大石賢吾

■ 都道府県の花・木・鳥

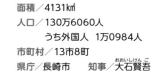

ウンゼンツツジ
（ミヤマキリシマ）
ヒノキ
（ほかにツバキ）
オシドリ

■ 自然

[地形] 肥前半島の南西部で島原、長崎、西彼杵、北松浦の四つの半島が突き出す。県土の4割は五島、対馬、壱岐、平戸など大小の島からなる全国一の離島県。複雑な海岸線の長さは北海道に次いで全国2位。南部には雲仙、多良の火山がある。雲仙・普賢岳は1990年に198年ぶりに噴火。91年には大火砕流が発生。[気候] 長崎市の2023年の年平均気温は18.3℃、年降水量は2134.5mm。南北に長く離島や山岳地帯など、気候の特徴も地域により異なる。

■ 交通

22年、西九州新幹線（長崎～武雄温泉）が開業。全長66kmの独立した区間を「かもめ」が最速23分で結ぶ。長崎市内の路面電車や島原半島に島原鉄道も走る。23年3月、コロナ禍で見合わせていた国際クルーズ船が3年ぶりに寄港。

■ 産業

製造品出荷額 1兆5177億円／農業産出額 1504億円
[農業] 田の面積は九州で最も少なく、畑作主体。ビワの収穫量は全国1位、ミカンは5位。長崎ばれいしょで知られるジャガイモは3位。タマネギ、ニンジン、レタス、かぼちゃ、飼料作物やイチゴも多い。離島での肉牛の生産も盛ん。[水産業] 沖合漁業が盛んな有数の漁業県。対馬などで養殖のクロマグロ（生産量全国1位）や真珠（同1位）も。[鉱業] 九州最後の池島炭鉱は、01年で閉山。[工業] 近代化の一翼を担った造船業が盛ん。大村湾東部や諫早に電子部品、佐世保と長崎に食料品工業。[第3次産業]「坂の街」長崎市は観光名所で訪れる人が多い。

■ あゆみ、ニュース

九州本土の西の端に位置し、鎖国政策下の江戸時代には唯一の外来文化の窓口だった。1571年にポルトガル船が来航。人工島の出島にオランダ商館が築かれた。第2次世界大戦中の1945年8月9日、長崎市に原子爆弾が落とされて多くの人が犠牲になった。2019年、ローマ・カトリック教会のフランシスコ教皇が訪れた。22年10月、元寇の舞台となった鷹島沖からモンゴル軍船の木製いかりが引き揚げられた。23年5月、長崎市で主要7カ国（G7）保健相会合が開かれ、各国の代表者が平和公園を訪問した。10月には4年ぶりに長崎くんちが開かれた。

■ 環境問題

諫早湾の干拓事業では、漁業者の訴えに応じ「開門」を命じた福岡高裁判決（10年）と干拓地で営農する人の主張を受けた長崎地裁の「開門差し止め」判決（17年）の相反する確定判決が共存するなか、23年に最高裁は「開門」判決の強制執行を許さず「無力化」させる判断を確定させた。

トピックワード

😊 楠本イネ、上野彦馬、長岡半太郎
🏠 グラバー園、平和祈念像、浦上天主堂
🌍 軍艦島など、大浦天主堂・原城跡・久賀島（五島列島）集落など（ともに文化遺産）
⭐ 長崎ランタンフェスティバル、長崎くんち
🏺 波佐見焼、長崎べっ甲
🍵 ビワ、からすみ、カステラ

大分県

面積／6341㎢
人口／112万3525人
　うち外国人 1万5286人
市町村／14市3町1村
県庁／大分市　知事／佐藤樹一郎

■ 都道府県の花・木・鳥

ブンゴウメ（ウメ）
ブンゴウメ（ウメ）
メジロ

【旧国名】
豊前（東部）、豊後

■ 自然

[地形] 九州の北東部にあって瀬戸内海と豊後水道に面する。南部に九州山地、中央には久住山、由布岳、国東半島の両子山などの火山群、北西部には筑紫山地がある。東の大野川下流に大分平野が広がり、西の端には日田盆地、周防灘に面して中津平野がある。豊後水道沿岸はリアス海岸で海岸線の出入りが激しいが、瀬戸内海沿岸は対照的に単調。[気候] 沿岸地域は温暖だが、久住山周辺では冬の寒さがきびしく、雪が降ることもある。複雑な地形で、狭い地域内での気候の差が大きい。

■ 交通

東九州自動車道、大分自動車道、JR日豊線で福岡にアクセスできる。日田彦山線は、2023年8月から添田―日田の40㎞でBRTのバスを運行。大阪、山口、兵庫、愛媛、離島など各地にフェリーが就航。

■ 産業

製造品出荷額 4兆7134億円／農業産出額 1245億円
[農業] 野菜とかんきつ類の栽培が中心。カボスの収穫量は全国一（20年）。豊後牛の名で知られる肉牛の飼育も盛ん。[林業] 九州では宮崎に次いで活発。筑後川流域の日田は日本三大林業地のひとつ。シイタケ栽培が盛ん。生シイタケも多いが、特に乾シイタケは全国生産量の約40%を占め1位。ギンナンも1位（20年）。[工業] 大分市鶴崎を中心に臨海工業地域があり、九州で福岡に次ぐ工業県。製鉄や石油、石油化学などの工場がある。大分、臼杵の食料品、佐伯の造船、津久見のセメント、日田のビール、中津の自動車、国東、杵築の精密機器も。石灰石が多く、生産量1位（22年度）。[第3次産業] 府内城址周辺は、県庁、商店、銀行などが集まる。県内の温泉源泉数は5093（うち別府2847）で湧出量ともに日本一（22年3月末）。別府や由布院などの温泉地に多くの人が訪れる。久住高原、高崎山のサルも人気。

■ あゆみ、ニュース

12世紀末にこの地に入った大友氏は、400年にわたって支配したが、関ケ原の戦いで西軍に味方し滅亡した。21代当主の宗麟（1530-1587）は、キリスト教を信仰し南蛮貿易を行った。2023年11月、大分国際車いすマラソンが開かれ、海外15カ国を含む188人が出場。県は佐賀関半島と愛媛県の佐田岬半島を結ぶ豊予海峡ルートをトンネルや橋で結び、鉄道や道路を通す構想を推進。24年1月に九州と四国の広域交通ネットワークについてのシンポジウムも。

■ 環境問題

地熱発電で最大の八丁原発電所や、温泉熱や太陽光、小水力発電などを利用して再生可能エネルギー自給率が高い。

トピックワード

😀 大友宗麟、福沢諭吉、瀧廉太郎、双葉山
🏠 耶馬溪、別府温泉、臼杵石仏、宇佐神宮
🌍 くじゅう坊ガツル・タデ原湿原（ラムサール条約）
⭐ 萬弘寺の市
🏺 竹細工、日田げた、小鹿田焼
🌿 カボス、シイタケ、関アジ・関サバ、とり天

熊本県

面積／7409㎢
人口／173万7946人
　うち外国人 2万0230人
市町村／14市23町8村
県庁／熊本市　知事／蒲島郁夫 ※

■ 都道府県の花・木・鳥

リンドウ
クスノキ
ヒバリ

【旧国名】
肥後

■ 自然

[地形] 九州のほぼ中央に位置する。北に筑肥山地、南東に九州山地があり、北、東、南を山で囲まれる。北東の阿蘇は世界最級のカルデラをもつ複式火山で活動中。2016年に中岳が36年ぶりに爆発的噴火。19年にも小規模な噴火が繰り返し発生。西の海沿いに熊本平野、八代平野、球磨川に沿って人吉盆地があり、宇土半島から南西に大小120余の天草諸島が続く。[気候] 山で囲まれ、海岸部をのぞき内陸型。全体に温暖だが、寒暖の差が大きい。平野部は降水量が比較的少ないが、山間部になるにしたがい多くなる。

■ 交通

九州新幹線で福岡へ早く行ける。熊本市内には路面電車も。20年7月豪雨で被災したJR肥薩線は県の支援策で33年度再開を目標に鉄道の復旧をめざす。また流失した球磨川第四橋梁の架け替え工事が始まり、完成予定の25年度には、くま川鉄道も再開の見通し。

■ 産業

製造品出荷額 3兆2234億円／農業産出額 3512億円（全国5位）
[農業] 有数の農業県。米も多いが、畑作の収穫量でトマト、スイカは全国1位。果樹も多く、シラヌイが1位、夏ミカンが2位（ともに19年）。ナス、ショウガ、メロン、栗が2位。イチゴや花も多い。畳表の原材料のい草は全国1位の主産県。菊池・阿蘇地方では酪農が盛んで生乳生産量は全国3位。[工業] 高性能のIC生産地で電子部品、輸送用機器、生産用機器が多い。第1次産品を原料とする軽工業も盛ん。ほかに八代の紙、水俣の化学工業、長洲町の造船も。南部に木材工業がある。[第3次産業] 阿蘇、天草の二つの国立公園や水前寺公園などがある。熊本城は、21年に天守閣が地震から復旧したが、全体の復旧は52年度になる見通し。

■ あゆみ、ニュース

1876（明治9）年、熊本県、人吉県、天草県が合併、現在の熊本県に。1890年に八代の港周辺に工場が建設されセメント工場も操業。1896〜1900年、夏目漱石が第五高等学校（現在の熊本大学）に赴任。2016年、最大震度7の熊本地震が起き270人以上が犠牲に。

■ 環境問題

チッソが水俣湾に流した有機水銀が原因の水俣病は1956年に公式確認され、2004年の最高裁判決で、国・県の責任が確定。09年の未認定被害者を救済する特別措置法成立後も救済されなかった被害者が賠償求めた訴訟で、23年9月、大阪地裁は原告全員を患者と認める判決。国や県、企業は控訴。23年4月末現在、認定患者2284人のうち9割近くの人が亡くなり、今も多くの人が認定を求める。

トピックワード

😀 北里柴三郎、徳富蘇峰・蘆花、北原白秋、金栗四三
🏠 熊本城、水前寺公園、通潤橋、阿蘇山
🌍 三池炭鉱関連資産（文化遺産）、荒尾干潟（ラムサール条約）
⭐ 火の国まつり
🏺 肥後象がん、山鹿とうろう
🌿 植木スイカ、デコポン、からしれんこん、球磨焼酎

※2024年4月の任期満了にともなう知事選挙が予定されている。

生活を支える縁の下の力持ち・石灰石

資源が少ない日本に自給率100％の良質な鉱物資源があります。それは石灰石で、驚くほど多くのところで利用され、私たちの生活を支えています。

例えば、直接、目にすることがあるものとしては、お菓子などの袋に入っている乾燥剤で、これは生石灰といわれるもの。また黒板に文字を書く時のチョークは炭酸カルシウムで、どちらも石灰石が原料です。しかし、もっと大きなもの、ビル、ダム、道路、橋で使われるセメントなどの土木資材、石膏、漆喰、大理石（変成した石灰石の一種）などの住宅建材、ガラスや紙パルプ、ゴム製品の製造でも使われ、また、火力発電所やごみ焼却施設などで石油や石炭を燃やすと出る有害ガスの除去や製鉄所での鉄原料中の不純物除去にも使われます。さらに農畜産業では、土壌や動物へのミネラル補給に利用したり、医薬品として錠剤や歯科材料、人工骨、ギプスにも使われたりしています。身近な食品にも使われ、こんにゃく、豆腐、パン、かまぼこ、ガムや水あめなど、食品の凝固、乳化、栄養補助、上下水道の浄化など多岐にわたる利用法があります。

このように生活になくてはならない石灰石とは、どういうもので、どこにあるのでしょうか。

石灰岩は、主に方解石（炭酸カルシウム・CaCO₃）という鉱物からできている岩石で、石灰岩を鉱物資源として取り扱う場合の鉱石名が「石灰石」です。太古の海で、海洋底にあるマグマの噴出口（ホットスポット）から上昇してきたマグマが固まり、海面上にまで達した頂にサンゴや石灰藻、コケ虫など炭酸塩の殻を持つさまざまな生物によって礁（岩石やサンゴなどから成る海底の突起した部分）がで

き、このような生物礁が現在の石灰岩の「もと」となりました。このことから、石灰石は、「古代の海からの贈り物」といわれることもあります。

日本は、良質な石灰石に恵まれ、生産量は、2022年度で1億2669万トン。主産地は、大分県、山口県、高知県、福岡県など西日本に多いですが、北海道から沖縄まで、各地に広く分布し、200以上の石灰石鉱山があります。有名な石灰岩地形としては、山口県の秋吉台などのカルスト地形が知られています。

採掘は、露天採掘する鉱山が多く、岩盤を発破して、大型の重機類で立坑に投入します。投入された石灰石はベルトコンベヤーで運ばれ、破砕機やふるいにかけて用途に応じた石灰石製品が生産されます。立坑の工程は、コンピューターにより集中管理されています。採掘にあたっては、騒音、粉じん、落石、水質汚濁などのおそれがあり、鉱山保安法（鉱山労働者に対する危害を防止するとともに鉱害を防止し、鉱物資源の合理的開発を図ることを目的とする）で規制され、環境保全への配慮が求められています。さらに、大型の重機を使う採掘では、地球温暖化対策としてCO_2排出を減らす取り組みがされ、日本のきめ細かな採掘や生産管理の技術を視察するために、海外から訪れる人もあり、指導のため技術者の海外派遣もしています。採掘を終えた跡地を緑化する際も、生物多様性保全などに配慮した取り組みを行っています。現在は潤沢な資源でも、限りあるものとして大切に利用し、リサイクルの方法なども研究される必要があるでしょう。私たちの豊かな生活を支える「海からの贈り物」を安全に生産し、持続可能な使い方を考えていきたいものです。

宮崎県

面積／7734㎢
人口／106万8838人
　うち外国人　8159人
市町村／9市14町3村
県庁／宮崎市　　知事／河野俊嗣

■ 都道府県の花・木・鳥

ハマユウ

フェニックス
（ほかに
ヤマザクラ、
オビスギ）

コシジロ
ヤマドリ

旧国名
日向

■ 自然

[地形] 宮崎平野は代表的な隆起海岸平野で、「○○原」と呼ばれる台地が広がる。太平洋岸の平野や霧島火山群のふもとの都城、小林盆地以外では山地が多い。北部から西部に広がる九州山地は奥深く、椎葉や西米良などの山村が点在。山間部に日本最南端のスキー場がある。新燃岳は2011年に本格的な噴火があり18年にも爆発的噴火。[気候] 黒潮の影響で温暖。快晴日数が多く日照時間が長い。

■ 交通

16年、東九州自動車道の一部区間が開通し、宮崎市から北九州市までの約320㎞が高速道路でつながった。さらに23年3月に清武南－日南北郷が開通。JR日南線、吉都線、日豊線など鉄道の維持・活性化に取り組んでいる。細

島港、宮崎港、油津港は物流の拠点で重要港湾。クルーズ船も寄港。

■ 産業

製造品出荷額　1兆7236億円／農業産出額　3505億円(全国6位)
[農林水産業] 畜産が農業産出額の67％以上を占め、ブロイラーの飼養羽数は全国2位。豚の飼養頭数も2位、肉用牛は3位(以上、飼養頭数は23年)。温暖な気候と日照時間の長さを利用して野菜の促成栽培が行われる。農作物の収穫量はキュウリ、キンカン(20年)、飼料作物のソルゴーが1位。ピーマン、マンゴー(20年)は2位。スギの素材生産量は日本一。日南市のカツオ一本釣り漁と宮崎市の田野・清武地域の干し大根(大根やぐら)は日本農業遺産。[工業] 延岡は化学工業の企業城下町。宮崎市では先端技術産業を誘致。日向市ではリ

チウムイオン電池の素材を生産。県中央の国富町で電子部品大手の半導体工場が24年末に稼働予定。
[第3次産業] 青島や日南海岸に代表される南国情緒ある観光県。スポーツのキャンプ地としても有名。

■ あゆみ、ニュース

江戸時代は小さな藩に分かれていた。明治初期に鹿児島県に合併されたが、分県運動の結果、1883年に宮崎県が再び置かれた。西都原を中心に点在する古墳群、神話のふるさと高千穂などのある「神話の国」。「高千穂郷・椎葉山地域」は世界農業遺産。2023年、G7宮崎農業大臣会合が、宮崎市で開催された。同年、延岡市にある「ブリ御殿」として知られる明治～大正初期の建築「日高家住宅」が国の重要文化財に指定。

■ 環境問題

高千穂町の土呂久公害は1973年に国が公害病に指定。慢性ヒ素中毒症患者は2023年3月現在、216人が認定され、41人が生存。航空自衛隊新田原基地の騒音被害に対し周辺住民が損害賠償などを国に求めた訴訟で、21年、宮崎地裁は、国に賠償を命じたが、夜間などの飛行差し止めなどが認められず、原告も国も控訴している。

トピックワード

👤 伊東マンショ、小村寿太郎、若山牧水

🏠 高千穂峡、西都原古墳群、青島・鬼の洗濯板

⭐ 延岡大師祭、高千穂の夜神楽

🏺 都城大弓、日向ハマグリ碁石、佐土原人形

🏷 地鶏、マンゴー、冷や汁、チキン南蛮

鹿児島県 （かごしま）

面積／9186km²
人口／159万1699人
　　うち外国人 1万3724人
市町村／19市20町4村
県庁／鹿児島市　知事／塩田康一 （しおた こういち）※

■ 都道府県の花・木・鳥

ミヤマキリシマ　カイコウズ（ほかにクスノキ）　ルリカケス

■ 自然

[地形]九州本土と奄美群島など多くの離島からなる。北は九州山地の南西端で、北東に霧島連山。薩摩、大隅の両半島が鹿児島湾と桜島を抱く形で南にのびる。南の海上に、種子島、屋久島などの大隅諸島や奄美大島、徳之島などの奄美群島が広がる。県の象徴である火山・桜島は2011年に観測史上最多の爆発的噴火。19年11月には噴煙が5500mに達する噴火。[気候]屋久島は年間を通じて雨が多く、年間降水量は4000mmを超える。

■ 交通

11年に九州新幹線鹿児島ルートが全通。第3セクターの肥薩おれんじ鉄道は川内―八代（熊本県）間を結ぶ。屋久島、奄美など離島へ鹿児島空港から定期便。鹿児島市に市電も。

■ 産業

製造品出荷額 2兆2062億円／農業産出額 5114億円（全国2位）
[農業]姶良火山の噴出物（シラス）が広く堆積し、土壌はやせて水利も悪いため、畑作と畜産が中心。農業産出額は全国2位で、畜産も2位。そのうち肉用牛、豚、鶏は1位。サツマイモ、サヤエンドウ、そら豆の収穫量は1位。ジャガイモ、かぼちゃ、卵は2位。生茶葉の収穫量は1位。[水産業]枕崎や山川（指宿市）では鰹節生産が盛ん。養殖ブリ、養殖ウナギの生産量は全国一。[工業]肉牛、デンプンなどを原料とした食品加工業が製造品出荷額でも多くを占める。
[第3次産業]離島や、指宿などの温泉に多くの人が訪れる。

■ あゆみ、ニュース

1543年に種子島に鉄砲が伝わる。また49年には、フランシスコ・ザビエルが県内から布教を開始。島津家第28代当主の島津斉彬は人材登用に優れ、幕末から明治にかけて西郷隆盛、大久保利通らが活躍した。屋久島や奄美大島・徳之島は特異な生態系、優れた自然景観で世界自然遺産に登録。種子島に種子島宇宙センター、大隅半島に内之浦宇宙空間観測所があり、ロケットが発射される。

■ 環境問題

2022年、世界自然遺産の登録地域にある奄美大島の湯湾岳では希少な動植物が多い山頂までの歩道が立ち入り禁止に。25年までに運転開始40年をむかえる運転中の川内原発1、2号機は60年までの運転延長を認可された。米軍機訓練移転と自衛隊基地建設工事が23年1月から始まった西之表市の馬毛島では、旧石器時代の「八重石遺跡」が見つかり調査も。海上自衛隊鹿屋航空基地では22年11月から1年間、米空軍の無人偵察機MQ9を運用。

トピックワード

- 👤 西郷隆盛、大久保利通、五代友厚、東郷平八郎
- 🏠 鶴丸城（鹿児島城）、仙巌園
- 🌏 屋久島、奄美大島・徳之島（自然遺産）、旧集成館反射炉跡（文化遺産）、藺牟田池、永田浜、出水ツルの越冬地（いずれもラムサール条約）
- ⭐ おはら祭
- 🍶 本場大島紬、薩摩焼、川辺仏壇、薩摩切子、錫製品
- 🌾 鹿児島茶、桜島大根、いも焼酎、さつまあげ、黒砂糖
- 🔵 桜島・錦江湾ジオパーク

※2024年7月の任期満了にともなう知事選挙が予定されている。

沖縄県 （おきなわ）

面積／2282km²
人口／148万5526人
　　うち外国人 2万1225人
市町村／11市11町19村
県庁／那覇市　知事／玉城デニー （たまき）

■ 都道府県の花・木・鳥

デイゴ　リュウキュウマツ　ノグチゲラ

■ 自然

[地形]琉球弧（九州から台湾まで1000kmにわたる弧状の列島）のほぼ南半分を占め、最大の沖縄本島を中心に沖縄諸島、宮古諸島、八重山諸島など多くの島々からなる。波照間島は、日本の有人島の最南端に位置。島々には亜熱帯植物、周囲にはサンゴ礁が発達。地理的に隔絶しており、特異な動物相がみられる。[気候]四季の変化は小さく、年平均気温は20℃以上。台風の通り道でもある。

■ 交通

海に囲まれ、日本の本土と沖縄、県内の島々は船や飛行機で結ばれる。那覇空港には与那国島、宮古島など離島への便など、国内外に多くの路線。国道58号や高速道路の沖縄道など県内移動は車が中心だが、2003年にモノレール「ゆいレール」が開業。19年に延伸され、さらなる延伸構想や那覇―名護間に鉄軌道を建設する構想もある。

■ 産業

製造品出荷額 4599億円／農業産出額 890億円
[農業]主産物のサトウキビの収穫量は全国の約60％、マンゴー（20年）は50％近く、ゴーヤ（20年）は40％近くを占める。キクの出荷量は2位。全国有数の子牛の産地で在来種のアグー豚も有名。[工業]製糖、果実の食品加工など。製造業では小規模の事業所が多い。
[第3次産業]恵まれた自然、独自の文化など観光資源が多い有数の観光県。19年に1016万人、23年に823.5万人が訪れた。

■ あゆみ、ニュース

太平洋戦争末期の沖縄戦では住民が巻き込まれ、県民の4人に1人が死亡したとされる。敗戦後は米国の占領下にあったが、1972年に本土復帰。2022年に本土復帰50年をむかえたが、今も国内にある米軍専用施設の約70％（面積比）を抱える。19年2月、辺野古埋め立ての是非を問う県民投票が行われ、70％以上が反対した。県の合計特殊出生率は1.80（21年）と全国で最も高く、唯一、自然増を維持してきた。だが、21年2月に初の自然減に転じ、22年2月も連続で自然減。

■ 環境問題

米軍普天間飛行場の移設について、06年に日米が名護市辺野古沿岸部にV字形滑走路を造る新移設案に合意。県内移設に反対する県は埋め立て承認を取り消し、これに国が提訴するなど、多くの訴訟が起こされた。軟弱地盤の発覚に伴って設計変更を承認するよう国が県に「是正指示」を出したのは違法だと県が訴えた訴訟では23年9月に最高裁が県の上告を棄却。県は承認せず、政府が代執行訴訟を提起、12月に国の勝訴決定。

トピックワード

- 👤 尚巴志、謝花昇、船越義珍
- 🏠 首里城、玉泉洞、今帰仁城跡、ひめゆりの塔
- 🌏 琉球王国のグスク及び関連遺産群（文化遺産）、沖縄島北部・西表島（自然遺産）、久米島の渓流・湿地、慶良間諸島海域など（ラムサール条約）
- ⭐ エイサー、ハーリー
- 🍶 紅型染、芭蕉布、宮古上布、八重山上布
- 🌾 泡盛、黒糖、沖縄そば

統計編

統計編では、国や産業団体などが定期的に行っている統計調査を、人口、資源とエネルギー、工業、貿易など分野ごとに収録しました。さらに、統計を手がかりにした自由研究の例や、学年ごとに授業で活用できる統計の一覧も挙げました。統計は、いろいろなことを考えるきっかけになります。たとえば、P148に掲載しているグラフからは、国民1人が1年間に食べるお米の量が50年前の約半分になっていることがわかります。それは、パンやパスタなど主食の選択肢が増えたからでしょうか？　ダイエットでご飯の量を控える人が増えたからでしょうか？　答えは、ひとつとは限りません。みんなと意見を交換しながら、自分で考えてみましょう。

統計の見方・約束ごと

まず、P2～4の「もくじ」を見て、全体の構成と流れをつかんでください。
調べたい事柄がどの項目に入るかが分からないときは、P254から始まる「さくいん」で引いてみましょう。

グラフ、図表を見つけたら

❶ 年次は、ふつう1月から12月までを示しますが、「○○年度」というのは4月から翌年の3月までの12カ月のことです。

❷ 単位に注意してください。ただの「円」のときと「千円」「億円」のときでは、数字の意味がまったく違ってきます。
たとえば、単位が「万台」で、グラフに800とあれば、800×10000で800万台を表しています。

❸ 【注】に注意してください。グラフを読むうえで大切なことが書いてありますから、見落とさないようにしましょう。

❹ 【資料】は、統計数字の出所を示しています。
中身は同じでも出所が異なると、数字が違う場合もあります。

❺ 合計やパーセントの数字が内わけの合計と合わないことがあります。
これは四捨五入によっておこる誤差です。

❻ かんれん のページには、関係の深いグラフや、図表、【注】などがあります。

❼ 「知っトク情報」「キーワード」のコラムが、ところどころにあります。
最近のできごとや、用語の説明、調べ学習のヒントなどが載っています。

❽ 統計数字は、最新のものを使っています。
公表が遅れるものや、数年に1回の調査のものもあります。

グラフの種類と使い方に注意

ここでは、折れ線グラフ、棒グラフ、帯グラフ、円グラフ、
統計地図などを使っています。どのようなときに、
どのようなグラフや図を使うのがよいか、参考にしてください。

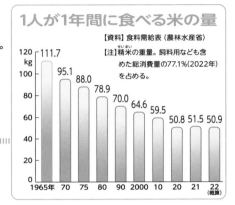

1人が1年間に食べる米の量

【資料】食料需給表（農林水産省）
【注】精米の重量。飼料用なども含めた総消費量の77.1%(2022年)を占める。

年	kg
1965年	111.7
70	95.1
75	88.0
80	78.9
90	70.0
2000	64.6
10	59.5
20	50.8
21	51.5
22(概算)	50.9

統計を手がかりに自由研究

統計の背景を探っていくと、いろいろな社会の姿が見えてきます。
ここでは、統計を手がかりにこんな自由研究ができるという例をいくつか挙げました。
テーマとポイントを提示しましたので、みなさんもぜひトライしてみてください。
ほかにも、「こんな自由研究をした」という例がありましたら、「朝日ジュニア学習年鑑」編集部に教えてください。

➡ テーマとポイント

① 日本列島　列島のすがた
私たちの郷土 ➡ (P100、P101〜128)

テーマ 「北海道と北方領土の面積が
　　　　どれだけ広いかを知りましょう」

「日本の周りと面積」の円グラフを見ると、北海道と北方領土を足した面積は約8万3424平方kmで、日本全体の面積の約22%です。「私たちの郷土」には各都道府県の面積が書かれています。いくつかの都道府県の面積を足して、約8万3424平方kmに近い面積にしてみましょう。

② 日本列島　列島のすがた
➡ (P100)

テーマ 「東京からおもな都市には
　　　　どのような方法で行けるの?」

「世界のなかの日本の位置」には、「東京からのおもな都市、地点への距離」が11カ所あります。それぞれの場所に船や飛行機で行くと、どれくらいの時間がかかるかを調べてみましょう。

③ 私たちの郷土
➡ (P101〜128)

テーマ 「クマはどうして人前に出てくるの?」

2023年は、いくつかの地域でクマによる人身被害が目立ちました。24年2月2日の環境省発表によると、23年度の被害人数は218人、死亡者数は6人です。被害人数が多い5県は秋田県(70人)、岩手県(49人)、福島県(15人)、長野県(12人)、青森県(11人)です。被害が多かった県の地形について、「私たちの郷土」で調べてみましょう。また、クマがどうして人前に出てくるのか、被害が多い県ではどのような対策を取っているのかを各県の公式ホームページなどで調べてみましょう。

④ 国土と自然　気候
➡ (P134)

テーマ 「地球沸騰を真剣に考えましょう」

「2023年の気象」「気象の記録(2023年末現在)」のデータから、日本の異常気象とその原因を考えてみましょう。また、23年夏の世界の平均気温は観測史上最も高く、国際連合のグテーレス事務総長は「地球沸騰」と表現しました。P26「2023年の夏は『地球沸騰』でした」も参考にしながら、「地球沸騰化警告パンフレット」を作成してみましょう。

⑤ 人口　過疎と過密
➡ (P143)

テーマ 「過疎の市町村が最も少ない、または
　　　　多い都道府県はどこでしょうか」

「過疎の市町村の数(都道府県別、2023年4月1日)」を見て、過疎の市町村が少ない都道府県と多い都道府県を調べてみましょう。また、「都道府県名」+「過疎地域」でインターネットを検索すると、その都道府県の過疎地域の市町村名がわかります。次に市町村名で検索して調べたその土地の魅力をポスターなどにまとめてみましょう。

⑥ 水産業　漁業
➡ (P154)

テーマ 「食べる深海魚事典づくり」

「おもな漁港別の水あげ量」の地図があります。いろいろな魚がとれていますね。まずは、地図に載っている魚の調理法などを調べてみましょう。さらに、最近では、各地でとれる深海魚が食事として出されることがあります。キンメダイ、アンコウ、ノドグロはその一例です。全国各地でどのような深海魚がとれ、食事に生かされているかをインターネットなどで調べて、「食べる深海魚事典」をつくってみましょう。

⑦ 交通　空の輸送
➡ (P185)

テーマ 「地方管理空港カタログをつくろう」

「空港（2023年4月現在）」のデータがあります。この中に地方公共団体が設置し、管理する地方管理空港があります。この地方管理空港から関心のある地域の空港をインターネットで調べ、「地方管理空港カタログ」をつくりましょう。また、どの地方管理空港のホームページがわかりやすく、よくできていたか評価してみましょう。

⑧ 情報　新聞
➡ (P189)

テーマ 「報道の自由度、日本の順位は？」

「知っトク情報」に「報道の自由度ランキング」が載っています。インターネットで「報道の自由度ランキング」はどのような基準で決められているか、なぜ日本の報道の自由度ランキングがこんなに低いのかを調べてまとめてみましょう。

⑨ 政治　防衛
➡ (P194)

テーマ 「日本とアメリカのトップを決める
　　　　イベントに注目しよう」

防衛の統計からは、日本とアメリカの関係の深さが読み取れます。2024年は日米のトップを決める選挙があります。日本では自民党の総裁を決める総裁選挙が秋に予定されており（その前に内閣の総辞職や衆議院解散・総選挙が行われて首相が決まることもあります）、アメリカの大統領選挙が11月5日に予定されています。それぞれどのようにして決まるのか、結果はどうなったのか調べてみましょう。アメリカの大統領選挙については、ミニ百科「アメリカ合衆国の歴代大統領」（P64〜67）も参考にしてください。

⑩ 教育　学校と進学率
➡ (P198)

テーマ「学校の先生はなぜ足りないの？」

「学校、教員、在学者の数（2023年5月）」のデータがあります。最も教員数が多いのは、どの学校でしょうか。また、教員不足が大きな社会問題になっています。なぜ、教員不足になっているのかを自分なりに考えてまとめてみましょう。

⑪ 労働　働く人・賃金
➡ (P201)

テーマ 「物流2024年問題ってなんだろう？」

「労働時間」（世界、2021年）のデータがあります。日本の労働時間は、他の国と比べてどうでしょうか。また、2024年4月1日から運送業などで長時間労働ができなくなることから、「物流2024年問題」が起きるといわれています。この問題について、ニュースのことば（P33）も参考にしながらまとめましょう。

⑫ 世界　世界の国ぐに
➡ (P219〜241)

テーマ 「パリオリンピック・パラリンピックは
　　　　どのような大会になるでしょう」

2024年は、フランスのパリで第33回オリンピック、第17回パラリンピックが開催されます。出場国について、「世界の国ぐに」のデータから調べてみましょう。また、この大会の特徴や会場について、P21も参考にしながらまとめましょう。終了後はどのような大会だったか、よかったところと問題点を考えてみましょう。

⑬ 世界　世界の国ぐに
➡ (P219〜241)

テーマ 「大阪・関西万博に参加する国と
　　　　地域を調べてみましょう」

大阪・関西万博が2025年4月13日から10月13日まで、大阪市此花区の人工島・夢洲で行われる予定です。参加する予定の160カ国・地域（24年1月16日外務省発表）を調べてみましょう。また、パビリオンの建設が遅れるなどの問題点も報道されています。問題点について調べ、解決策について考えてみましょう。

⑭ 世界　世界の国ぐに
➡ (P219〜241)

テーマ 「ロシアとウクライナ、イスラエルと
　　　　ハマスの武力紛争はどうなる？」

2022年2月に始まったロシアのウクライナ侵攻、23年10月にイスラム組織ハマスがイスラエルを攻撃したことによって始まったイスラエルのガザ地区攻撃について、関連する国を調べてみましょう。P6「イスラエルがハマスと軍事衝突」、P8「パレスチナ問題の発端とは？」、P10「ロシアのウクライナ侵攻が長期化」、P44「世界の人口と紛争」も参考にしてください。

統計を学習に生かそう

社会科の授業ではいろいろな統計を読み取り、社会の実情について多様な角度から考えます。
統計編に載せたグラフや図表を普段の学習で活用していただくために、
小学3年生から中学3年生までの社会科の授業で活用できる統計を挙げました。

(岸尾祐二／元聖心女子学院初等科教諭)

※社会科の単元名は教科書によって異なります。ここでの単元名は、みなさんが使っている教科書に載っている単元名と異なることがあります。

2023年の台風発生数は17個（平年値*25.1個）だった。日本に上陸
したり接近したりした台風は、どんな経路をたどったか、また日本の
平均気温の変化や2022年の気象災害の状況を確認しよう。

気候 国土と自然

台風の発生数と上陸個数 (1962～2023年)

【資料】気象庁

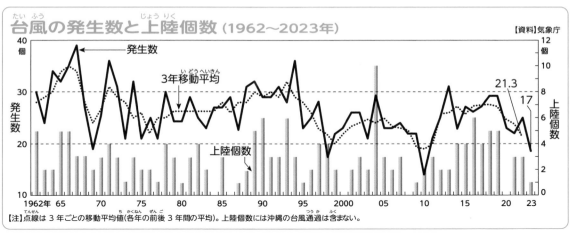

発生数
3年移動平均
上陸個数
21.3
17

【注】点線は3年ごとの移動平均値(各年の前後3年間の平均)。上陸個数には沖縄の台風通過は含まない。

日本の年平均気温の長期的変化

【資料】気象庁

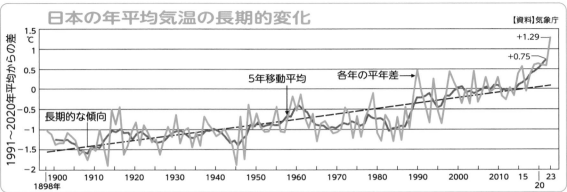

+1.29
+0.75
5年移動平均
各年の平年差
長期的な傾向

2023年日本に近づいた おもな台風の進路

【資料】気象庁

【注】経路上の・印は
通過した日。
→ は消滅を示す。
経路の実線は台風、破線は
熱帯低気圧・温帯低気圧を
示す。

○の数字は台風番号

おもな気象災害 (2022年)

【資料】気象年鑑2023

起こった時期	被害地域	種別	死者・行方不明者(人)	家の損壊・流失(戸)	家屋の浸水(戸)	田畑の損害(ha)	船舶の損害(隻)
8月1〜6日	北日本や北陸	低気圧や前線による大雨など	3	935	6,324	19,058	2
9月17〜20日	西日本から北日本(暴風、九州や四国(大雨)	台風14号	5	1,377	1,356	27,635	223
9月22〜24日	東日本の太平洋側	台風15号	3	3,526	9,502	307	0

＊平年値：1991～2020年の30年平均

地域気象観測システム（アメダス）は、全国に約1300カ所（約17km間隔）あり、降水量を観測。そのうち風向・風速、気温、湿度や積雪を加える地点がある。地域による違いから日本の気候をとらえよう。

2023年の気象

【資料】気象庁

地点	気温（℃）					風速（m/s）				年日照時間(h)	降水量（mm）		
	年平均	最高	起きた日(月.日)	最低	起きた日(月.日)	最大	起きた日	最大瞬間	起きた日		年降水量	日最大	起きた日(月.日)
札　幌	11.0	36.3	8.23	-13.2	1.30	16.5	3.13	25.4	3.12	1890	966	49.5	6.29
仙　台	15.0	36.8	8.28	-7.5	1.25	14.6	11.20	26.5	11.20	2182	1046	97.0	9.6
東　京	17.6	37.7	7.26	-3.4	1.26		4.12	22.6	1.24	2259	1397	168.5	6.2
新　潟	15.4	39.1	8.9	-5.9	1.30	13.0	11.28	24.9	4.8	1944	1866	61.0	5.7
松　本	13.7	36.6	8.18	-12.2	1.26	11.4	1.24	20.9	1.24	2471	927	80.0	6.2
名古屋	17.5	38.9	8.13	-2.0	1.25	11.9	8.15	35.4	7.12	2378	1505	151.0	6.2
大　阪	18.0	38.6	8.13	-2.0	1.25	13.9	8.15	28.2	8.15	2324	1344	135.5	6.2
広　島	17.5	37.4	8.13/9.4	-4.2	1.25	13.8	11.28	20.6	4.8/11.28	2179	1461	95.0	6.30
松　山	17.8	36.7	9.4	-2.8	1.24	11.1	8.10		8.10	2140	1400	155.0	7.1
福　岡	18.5	37.3	8.13	-2.5	1.24/25	12.3	4.22	24.0	8.10	2033	1768	198.0	7.10
鹿児島	19.5	35.6	9.4	-3.1	1.25	17.0	8.9	32.6	8.8	2102	2510	190.0	8.9
那　覇	23.8	34.3	7.23	8.4	1.25	30.9	8.1	52.5	8.2	1861	2292	260.5	8.2

各地の積雪日数と最深積雪（2022年11月～2023年3月）

【資料】気象庁

地点	積　雪　日　数										最深積雪	
	11月		12月		1月		2月		3月		最深(cm)	起きた日(月.日)
	10cm未満	10cm以上	10cm未満	10cm以上	10cm未満	10cm以上	10cm未満	10cm以上	10cm未満	10cm以上		
稚　内	1	0	14	1	11	5	5	6	0	1	100	2.20
釧　路	0	0	3	0	6	1	2	2	1	0	36	2.20
札　幌	1	0	10	2	8	3	8	9	3	0	96	2.26/27
青　森	1	0	7	9	12	9	6	9	1	0	103	2. 5
仙　台	0	0	5	1	4	0	3	0	0	0	21	2.10
秋　田	0	0	5	1	9	3	5	3	0	0	33	2. 1
東　京	0	0	0	0	1	0	0	0	0	0	0	2.10
新　潟	0	0	3	0	3	1	3	1	0	0	68	12.20
金　沢	0	0	5	2	6	2	4	1	0	0	36	12.23
松　本	0	0	2	0	2	1	2	0	0	0	28	2.10
名古屋	0	0	0	2	2	0	2	0	0	0	10	12.24
大　阪	0	0	0	0	0	0	0	0	0	0	-	-
舞　鶴	0	0	1	0	2	3	1	0	0	0	30	1.25
松　江	0	0	2	0	2	3	0	0	0	0	38	1.28
広　島	0	0	0	0	1	0	0	0	0	0	6	12.23/1.25
高　松	0	0	0	0	0	0	0	0	0	0	-	-
福　岡	0	0	0	0	1	0	0	0	0	0	1	12.23
鹿児島	0	0	0	0	1	0	0	0	0	0	4	1.24/25

【注】積雪は地面の半分以上が雪におおわれた時。積雪0cmは深さが1cm未満。資料不足値を含む。

気象の記録（2023年末現在）

【注】全国の気象台や測候所の観測値。閉鎖された測候所やアメダスの観測値も含む。

地名（都道府県）	最高気温	年・月・日
浜　松（静岡）	41.1℃	2020. 8.17
熊　谷（埼玉）	41.1	18. 7.23
美　濃（岐阜）	41.0	18. 8. 8
金　山（〃）	41.0	18. 8. 6
江川崎（高知）	41.0	13. 8.12

地名（都道府県）	最低気温	年・月・日
旭　川（北海道）	-41.0℃	1902. 1.25
帯　広（〃）	-38.2	02. 1.26
江丹別（〃）	-38.1	78. 2.17
富士山（静岡）	-38.0	81. 2.27
歌　登（北海道）	-37.9	78. 2.17

地名（都道府県）	最深積雪	年・月・日
伊吹山（滋賀）	1182cm	1927. 2.14
酸ケ湯（青森）	566	2013. 2.26
守　門（新潟）	463	1981. 2. 9
肘　折（山形）	445	2018. 2.13
津　南（新潟）	419	22. 2.24

地名（都道府県）	日降水量	年・月・日
箱　根（神奈川）	922.5mm	2019.10.12
魚梁瀬（高知）	851.5	11. 7.19
日出岳（奈良）	844	1982. 8. 1
尾　鷲（三重）	806	68. 9.26
内　海（香川）	790	76. 9.11

地名（都道府県）	1時間降水量	年・月・日
香　取（千葉）	153mm	1999.10.27
長浦岳（長崎）	153	82. 7.23
多良間（沖縄）	152	88. 4.28
甲　佐（熊本）	150	2016. 6.21
清　水（高知）	150	1944.10.17

地名（都道府県）	最大風速	年・月・日
富士山（静岡）	72.5m/s	1942. 4. 5
室戸岬（高知）	69.8	65. 9.10
宮古島（沖縄）	60.8	66. 9. 5
雲仙岳（長崎）	60.0	42. 8.27
伊吹山（滋賀）	56.7	61. 9.16

地名（都道府県）	最大瞬間風速	年・月・日
富士山（静岡）	91.0m/s	1966. 9.25
宮古島（沖縄）	85.3	66. 9. 5
室戸岬（高知）	84.5	61. 9.16
与那国島（沖縄）	81.1	2015. 9.28
名　瀬（鹿児島）	78.9	1970. 8.13

気象の記録（非公式）

【資料】気象年鑑

最高気温	42.5℃	1923. 8. 6	徳島県鳴門市撫養
最低気温	-41.5℃	31. 1.27	北海道美深町
1時間降水量	187mm	82. 7.23	長崎県長与町
ひと月の降水量	3514mm	38. 8	奈良県大台ケ原山

【注】観測地点は気象庁以外のところである。

かんれん　世界の気候 →243ページ

建設投資は、建設活動に対する政府と民間の投資額の総計だ。建設業は重要な産業のひとつなので、政府投資額も多い。建設投資額が多い年と少ない年の前後には、日本でどのようなことが起きているか調べてみよう。

建設 国土と自然

建設投資額（名目）

【資料】建設投資見通し（国土交通省）

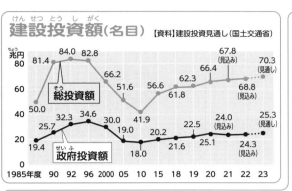

兆円

総投資額: 50.0（1985年度）、81.4、84.0、82.8、66.2、51.6、41.9、56.6、62.3、61.8、66.4、67.8（見込み）、68.8（見込み）、70.3（見通し）

政府投資額: 19.4、25.7、32.3、34.6、30.0、19.0、18.0、20.2、22.5、21.6、25.1、24.0（見込み）、24.3（見込み）、25.3（見通し）

1985年度 90 92 96 2000 05 10 15 18 19 20 21 22 23

国家戦略特区

【資料】内閣府地方創生推進事務局 国家戦略特区事業一覧

⑧宮城県仙台市
「女性活躍・社会起業」のための改革拠点

⑦秋田県仙北市
「農林・医療の交流」のための改革拠点

⑪つくば市（スーパーシティ型）
大胆な規制改革と併せて複数分野の先端的サービスを実施するスーパーシティ型特区

③新潟県新潟市
大規模農業の改革拠点

①東京圏（東京都、神奈川県、千葉県千葉市、成田市）
国際ビジネス、イノベーション（技術革新）の拠点

⑫石川県加賀市・長野県茅野市・岡山県吉備中央町（革新的事業連携型）
3自治体連携により、健康・医療などにおける革新的な事業を先行的に実施する「デジタル田園健康特区」

④兵庫県養父市
中山間地農業の改革拠点

⑨愛知県
「産業の担い手育成」のための教育・雇用・農業等の総合改革拠点

⑤福岡県福岡市・北九州市
創業のための雇用改革拠点

⑩広島県・愛媛県今治市
観光・教育・創業などの国際交流・ビッグデータ活用特区

⑬大阪府・大阪市（スーパーシティ型）
大胆な規制改革と併せて複数分野の先端的サービスを実施するスーパーシティ型特区

②関西圏（大阪府、兵庫県、京都府）
医療等イノベーション拠点、チャレンジ人材支援

⑥沖縄県
国際観光拠点

公共下水道の普及率と利用者数

【資料】都市規模別汚水処理人口普及率（国土交通省）

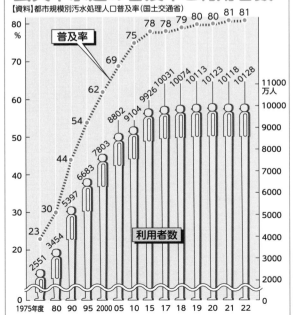

普及率（％）: 23（1975年度）、30、44、54、62、69、75、78、78、79、80、80、81、81

利用者数（万人）: 2551、3454、5397、6683、7803、8802、9104、9926、10031、10074、10113、10123、10118、10128

1975年度 80 90 95 2000 05 10 15 17 18 19 20 21 22

【注】東日本大震災の影響で、2010年度は岩手県、宮城県、福島県、15〜21年度は福島県の一部地域を公表対象外としている。

都市公園の総面積

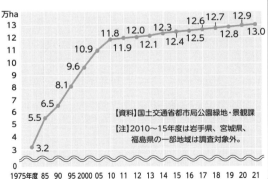

万ha: 3.2（1975年度）、5.5、6.5、8.1、9.6、10.9、11.8、11.9、12.0、12.1、12.3、12.4、12.5、12.6、12.7、12.8、12.9、13.0

1975年度 85 90 95 2000 05 10 11 12 13 14 15 16 17 18 19 20 21

【資料】国土交通省都市局公園緑地・景観課
【注】2010〜15年度は岩手県、宮城県、福島県の一部地域は調査対象外。

知っトク情報

国家戦略特区とは？

特定の地域や分野で規制・制度の緩和や税制面の優遇を行う規制改革制度。例えば、日本は原則として専門的・技術的分野以外の外国人労働者を受け入れていませんが、国家戦略特区の大阪府や東京都、神奈川県、愛知県等では規制が緩和され、外国人の家事代行が認められています。

国土と自然　**山**

日本の山の高さや場所を確認しよう。活火山は「おおむね過去1万年以内に噴火した火山および現在活発な噴気活動のある火山」で、日本に現在111ある。気象庁は50の火山を24時間態勢で観測・監視。

おもな火山

	なまえ		場所	高さ(m)
北海道	大雪山〔旭岳〕	たいせつざん	上川	2291
	十勝岳	とかちだけ	十勝・上川	2077
	ニペソツ山	にぺそつやま	十勝	2013
	羊蹄山〔蝦夷富士〕	ようていざん	後志	1898
	ウペペサンケ山	うぺぺさんけやま	十勝	1848
	利尻山〔利尻富士〕	りしりざん	宗谷(利尻島)	1721
	羅臼岳	らうすだけ	根室・網走	1661
	斜里岳	しゃりだけ	網走	1547
	雌阿寒岳	めあかんだけ	釧路	1499
	駒ケ岳〔剣ケ峯〕	こまがたけ	渡島	1131
	有珠山〔大有珠〕	うすざん	胆振	733
本州東北部	白根山〔日光白根山〕	しらねさん	栃木・群馬	2578
	浅間山	あさまやま	群馬・長野	2568
	男体山	なんたいさん	栃木	2486
	妙高山	みょうこうさん	新潟	2454
	焼山	やけやま	新潟	2400
	燧ケ岳〔柴安嵓〕	ひうちがたけ	福島	2356
	四阿山	あずまやさん	群馬・長野	2354
	鳥海山〔新山〕	ちょうかいさん	秋田・山形	2236
	本白根山	もとしらねさん	群馬	2171
	武尊山	ほたかやま	群馬	2158
	苗場山	なえばさん	新潟・長野	2145
	岩手山	いわてさん	岩手	2038
	西吾妻山	にしあづまやま	山形・福島	2035
	月山	がっさん	山形	1984
	那須岳〔茶臼岳〕	なすだけ	福島・栃木	1915
	蔵王山〔熊野岳〕	ざおうざん	宮城・山形	1841
	赤城山〔黒檜山〕	あかぎさん	群馬	1828
	磐梯山	ばんだいさん	福島	1816
	高原山〔釈迦ケ岳〕	たかはらやま	栃木	1795
	安達太良山〔鉄山〕	あだたらやま	福島	1709
	駒ケ岳〔男女岳〕	こまがたけ	秋田	1637
	栗駒山〔須川岳〕	くりこまやま	岩手・宮城・秋田	1626
	岩木山	いわきさん	青森	1625
	八幡平	はちまんたい	岩手・秋田	1613
	八甲田山〔大岳〕	はっこうださん	青森	1585
	守門岳	すもんだけ	新潟	1537
	榛名山〔掃部ケ岳〕	はるなさん	群馬	1449
	釜臥山・恐山山地	かまふせやま	青森	878
本州中央部	富士山〔剣ケ峯〕	ふじさん	山梨・静岡	3776
	御嶽山〔剣ケ峰〕	おんたけさん	長野・岐阜	3067
	乗鞍岳〔剣ケ峰〕	のりくらだけ	長野・岐阜	3026
	八ケ岳〔赤岳〕	やつがたけ	山梨・長野	2899
	白山〔御前峰〕	はくさん	石川・岐阜	2702
	国見岳	くにみだけ	富山	2621
	蓼科山	たてしなやま	長野	2531
	焼岳	やけだけ	長野・岐阜	2455
	岩菅山〔裏岩菅山〕	いわすげやま	長野	2341
	黒姫山	くろひめやま	長野	2053
	霧ケ峰〔車山〕	きりがみね	長野	1925
	飯縄山〔飯綱山〕	いいづなやま	長野	1917
	愛鷹山〔越前岳〕	あしたかやま	静岡	1504
	箱根山〔神山〕	はこねやま	神奈川・静岡	1438
	天城山〔万三郎岳〕	あまぎさん	静岡	1406
	三原山〔三原新山〕	みはらやま	東京(大島)	758

（火山つづき）

【資料】日本の山岳標高一覧(国土地理院)、理科年表2024(国立天文台)ほか

	なまえ		場所	高さ(m)
南本州西部	大山〔剣ケ峰〕	だいせん	鳥取・岡山	1729
	三瓶山〔男三瓶山〕	さんべさん	島根	1126
九州	くじゅう連山〔中岳〕	くじゅうれんざん	大分	1791
	霧島山〔韓国岳〕	きりしまやま	宮崎・鹿児島	1700
	阿蘇山〔高岳〕	あそさん	熊本	1592
	由布岳〔豊後富士〕	ゆふだけ	大分	1583
	雲仙岳〔平成新山〕	うんぜんだけ	長崎	1483
	御岳〔北岳〕	おんたけ	鹿児島(桜島)	1117
	御岳	おんたけ	鹿児島(中之島)	979
	開聞岳	かいもんだけ	鹿児島	924

おもな山（火山以外）

	なまえ		場所	高さ(m)
北海道	幌尻岳	ぽろしりだけ	日高	2052
	石狩岳	いしかりだけ	十勝・上川	1967
	芦別岳	あしべつだけ	空知・上川	1726
	夕張岳	ゆうばりだけ	空知・上川	1668
本州東北部	白砂山	しらすなやま	群馬・長野	2140
	駒ケ岳〔会津駒ケ岳〕	こまがたけ	福島	2133
	飯豊山	いいでさん	福島	2105
	帝釈山	たいしゃくさん	福島・栃木	2060
	谷川岳〔茂倉岳〕	たにがわだけ	群馬・新潟	1978
	早池峰山	はやちねさん	岩手	1917
	朝日岳〔大朝日岳〕	あさひだけ	山形	1871
本州中央部	北岳	きただけ	山梨	3193
	奥穂高岳	おくほたかだけ	長野・岐阜	3190
	槍ケ岳	やりがたけ	長野	3180
	東岳〔悪沢岳〕	ひがしだけ	静岡	3141
	赤石岳	あかいしだけ	長野・静岡	3121
	荒川岳〔中岳〕	あらかわだけ	静岡	3084
	塩見岳	しおみだけ	長野・静岡	3052
	仙丈ケ岳	せんじょうがたけ	山梨・長野	3033
	立山〔大汝山〕	たてやま	富山	3015
	聖岳〔前聖岳〕	ひじりだけ	長野・静岡	3013
	剱岳	つるぎだけ	富山	2999
	駒ケ岳〔甲斐駒ケ岳〕	こまがたけ	山梨・長野	2967
	駒ケ岳〔木曽駒ケ岳〕	こまがたけ	長野	2956
	白馬岳	しろうまだけ	富山・長野	2932
	薬師岳	やくしだけ	富山	2926
	燕岳	つばくろだけ	長野	2763
	金峰山	きんぷさん	山梨・長野	2599
	甲武信ケ岳	こぶしがたけ	埼玉・山梨・長野	2475
	恵那山	えなさん	長野・岐阜	2191
	大菩薩嶺	だいぼさつれい	山梨	2057
	雲取山	くもとりやま	埼玉・東京	2017
	戸隠山	とがくしやま	長野	1904
	丹沢山	たんざわさん	神奈川	1567
南本州西部・四国	石鎚山〔天狗岳〕	いしづちさん	愛媛	1982
	剣山	つるぎさん	徳島	1955
	八経ケ岳	はっきょうがだけ	奈良	1915
	大台原山〔日出ケ岳〕	おおだいがはらざん	三重・奈良	1695
九州	宮之浦岳	みやのうらだけ	鹿児島(屋久島)	1936
	祖母山	そぼさん	大分・宮崎	1756
	国見岳	くにみだけ	熊本・宮崎	1739

かんれん　世界の高い山 ⇒ 242ページ　【注】山のなまえの後の（ ）の中は最高峰、〔 〕は別名。北海道の「場所」は総合振興局、振興局名。

日本の川は、長さが短く、流れが速い。しかも降水量は梅雨や台風の時期に集中する。自分の住む地域の川の長さや流域面積を確かめ、防災についても考えよう。国を形づくる島や湖も確認しよう。

おもな川

【資料】一級河川の河川延長等調2022.4（国土交通省）ほか

な　ま　え		流域面積（km²）	長さ（km）	流域の都道府県
利 根 川	とねがわ	1万6840	❷322	茨城・栃木・群馬・埼玉・千葉・東京・長野
石 狩 川	いしかりがわ	1万4330	❸268	北海道
信 濃 川	しなのがわ	1万1900	❶367	群馬・新潟・長野
北 上 川	きたかみがわ	1万0150	❺249	岩手・宮城
木 曽 川 ※	きそがわ	9100	❼229	長野・岐阜・愛知・三重・滋賀
十 勝 川	とかちがわ	9010	156	北海道
淀 　 川	よどがわ	8240	※※75	三重・滋賀・京都・大阪・兵庫・奈良
阿賀野川	あがのがわ	7710	❿210	福島・群馬・新潟
最 上 川	もがみがわ	7040	❼229	宮城・山形
天 塩 川	てしおがわ	5590	❹256	北海道
阿武隈川	あぶくまがわ	5400	❻239	宮城・山形・福島
天 竜 川	てんりゅうがわ	5090	❾213	長野・静岡・愛知
雄 物 川	おものがわ	4710	133	秋田
米 代 川	よねしろがわ	4100	136	青森・岩手・秋田
富 士 川	ふじがわ	3990	128	山梨・長野・静岡
江 の 川	ごうのかわ	3900	194	島根・広島
吉 野 川	よしのがわ	3750	194	徳島・香川・愛媛・高知
那 珂 川	なかがわ	3270	150	茨城・栃木・（福島）
荒 　 川	あらかわ	2940	173	東京・埼玉
九頭竜川	くずりゅうがわ	2930	116	福井・岐阜
筑 後 川	ちくごがわ	2863	143	福岡・佐賀・熊本・大分
神 通 川	じんつうがわ	2720	120	富山・岐阜
高 梁 川	たかはしがわ	2670	111	岡山・広島
斐 伊 川	ひいかわ	2540	153	鳥取・島根
岩 木 川	いわきがわ	2540	102	青森
釧 路 川	くしろがわ	2510	154	北海道
新 宮 川	しんぐうがわ	2360	183	三重・奈良・和歌山
四万十川	しまんとがわ	2186	196	愛媛・高知
大 淀 川	おおよどがわ	2230	107	熊本・宮崎・鹿児島
吉 井 川	よしいがわ	2110	133	岡山
馬 淵 川	まべちがわ	2050	142	青森・岩手
常 呂 川	ところがわ	1930	120	北海道
由 良 川	ゆらがわ	1880	146	京都・兵庫
球 磨 川	くまがわ	1880	115	熊本・（宮崎・鹿児島）

【注】❶〜❿は長さによる順位。※は長良川、揖斐川を含む。※※は琵琶湖およびその上流分を含まない長さ。（　）は一部のみ含む。

おもな湖

【資料】全国都道府県市区町村別面積調2023.7（国土地理院）、理科年表2024（国立天文台）

な　ま　え		都道府県	面積（km²）	もっとも深いところ（m）
琵 琶 湖	びわこ	滋 賀	669.3	103.8
霞 ケ 浦	かすみがうら	茨 城	168.2	11.9
サロマ湖※	さろまこ	北 海 道	151.6	19.6
猪苗代湖	いなわしろこ	福 島	103.2	93.5
中 海※	なかうみ	鳥取・島根	85.8	17.1
屈斜路湖	くっしゃろこ	北 海 道	79.5	117.5
宍 道 湖※	しんじこ	島 根	79.3	5.8
支 笏 湖	しこつこ	北 海 道	78.5	360.1
洞 爺 湖	とうやこ	北 海 道	70.7	179.7
浜 名 湖※	はまなこ	静 岡	64.9	13.1
小川原湖※	おがわらこ	青 森	62.0	26.5
十 和 田 湖	とわだこ	青森・秋田	61.1	326.8
風 蓮 湖※	ふうれんこ	北 海 道	64.2	13.0
能 取 湖※	のとろこ	北 海 道	58.2	23.1
北 浦	きたうら	茨 城	35.0	10.0
厚 岸 湖※	あっけしこ	北 海 道	32.7	11.0
網 走 湖※	あばしりこ	北 海 道	32.3	16.3
八郎潟調整池	はちろうがたちょうせいち	秋 田	27.8	11.3
田 沢 湖	たざわこ	秋 田	25.8	423.4
摩 周 湖	ましゅうこ	北 海 道	19.2	211.4
十 三 湖	じゅうさんこ	青 森	17.8	1.5
クッチャロ湖	くっちゃろこ	北 海 道	13.4	3.3
阿 寒 湖	あかんこ	北 海 道	13.3	44.8
諏 訪 湖	すわこ	長 野	12.8	7.6
中禅寺湖	ちゅうぜんじこ	栃 木	11.9	163.0
池 田 湖	いけだこ	鹿 児 島	10.9	233.0
檜 原 湖	ひばらこ	福 島	10.9	30.5
印 旛 沼	いんばぬま	千 葉	9.4	4.8
涸 沼 ※ひぬま★	ひぬま	茨 城	9.3	3.0
濤 沸 湖※	とうふつこ	北 海 道	8.2	2.4

【注】※は、海水と淡水とがまざっている汽水湖。浜名湖は猪鼻湖を含む。
★茨城県の湖沼や河川などの保全施設によると面積9.35km²、最大水深6.5m。

おもな島

【資料】全国都道府県市区町村別面積調2023.7（国土地理院）

な　ま　え		都道府県	面積（km²）
本 　 州	ほんしゅう		22万7938
北 海 道	ほっかいどう		7万7982
九 　 州	きゅうしゅう		3万6782
四 　 国	しこく		1万8296
択 捉 島	えとろふとう	北海道（北方領土）	3167
国 後 島	くなしりとう	北海道（北方領土）	1489
沖 縄 島	おきなわじま	沖　縄	1208
佐 渡 島	さどしま	新　潟	855
奄美大島	あまみおおしま	鹿 児 島	712
対 馬	つしま	長　崎	696
淡 路 島	あわじしま	兵　庫	592
天草下島	あまくさしもしま	熊　本	575
屋 久 島	やくしま	鹿 児 島	504
種 子 島	たねがしま	鹿 児 島	444
福 江 島	ふくえじま	長　崎	326
西 表 島	いりおもてじま	沖　縄	290
徳 之 島	とくのしま	鹿 児 島	248
色 丹 島	しこたんとう	北海道（北方領土）	248
島後（隠岐）	どうご（おき）	島　根	242
天草上島	あまくさかみしま	熊　本	226
石 垣 島	いしがきじま	沖　縄	222
利 尻 島	りしりとう	北 海 道	182
中通島	なかどおりじま	長　崎	168
平 戸 島	ひらどしま	長　崎	163
宮 古 島	みやこじま	沖　縄	159
小 豆 島	しょうどしま	香　川	153
奥 尻 島	おくしりとう	北 海 道	143
壱 岐 島	いきしま	長　崎	135
屋 代 島	やしろじま	山　口	128
沖永良部島	おきのえらぶじま	鹿 児 島	94
江田島・能美島	えたじま・のうみじま	広　島	91
大 島	おおしま	東　京	91
長 島	ながしま	鹿 児 島	91
礼 文 島	れぶんとう	北 海 道	81
加計呂麻島	かけろまじま	鹿 児 島	77
倉 橋 島	くらはしじま	広　島	69
八 丈 島	はちじょうじま	東　京	69
下 甑 島	しもこしきじま	鹿 児 島	66
大 三 島	おおみしま	愛　媛	65
久 米 島	くめじま	沖　縄	60
志 発 島	しぼつとう	北海道（北方領土）	58
喜 界 島	きかいじま	鹿 児 島	57
西ノ島（隠岐）	にしのしま（おき）	島　根	56
三 宅 島	みやけじま	東　京	55
能 登 島	のとじま	石　川	47
上 甑 島	かみこしきじま	鹿 児 島	44
大 島	おおしま	愛　媛	42

かんれん　世界の長い川、大きな島 ➡242ページ

統計｜日本｜国土と自然

137

都道府県（とどうふけん）

各都道府県の面積（めんせき）、人口、人口密度（みつど）を確認し、さらに世帯数（せたいすう）と1世帯あたり平均人員も考え合わせて都道府県の特徴をとらえよう。人口密度が最も低いのはどこか、また1000以上のところはどこだろうか。

面積（めんせき）・世帯数（せたいすう）・人口

【資料】住民基本台帳ほか（総務省）

地方	都道府県	面　積 (km²)	世帯数	人　口　（人）			人口密度 (人／km²)	1世帯あたり平均人員
				総　数	男	女		
全　国		377,974.85	60,266,318	125,416,877	61,175,768	64,241,109	332	2.08
北海道	北　海　道	83,421.62	2,804,281	5,139,913	2,430,979	2,708,934	62	1.83
東北	青　　森	9,645.10	594,597	1,225,497	581,216	644,281	127	2.06
	岩　　手	15,275.02	533,908	1,189,670	574,336	615,334	78	2.23
	宮　　城	＊7,282.29	1,035,949	2,257,472	1,101,028	1,156,444	310	2.18
	秋　　田	11,637.52	425,607	941,021	445,216	495,805	81	2.21
	山　　形	＊9,323.15	421,275	1,042,396	505,038	537,358	112	2.47
	福　　島	13,784.39	796,575	1,818,581	894,008	924,573	132	2.28
関東	茨　　城	6,097.56	1,298,834	2,879,808	1,444,968	1,434,840	472	2.22
	栃　　木	6,408.09	860,314	1,929,434	965,101	964,333	301	2.24
	群　　馬	6,362.28	872,782	1,930,976	957,731	973,245	304	2.21
	埼　　玉	＊3,797.75	3,470,089	7,381,035	3,683,336	3,697,699	1944	2.13
	千　　葉	＊5,156.72	3,023,394	6,310,075	3,142,249	3,167,826	1224	2.09
	東　　京	＊2,199.93	7,451,051	13,841,665	6,797,186	7,044,479	6292	1.86
	神　奈　川	2,416.32	4,512,592	9,212,003	4,585,230	4,626,773	3812	2.04
中部	新　　潟	＊12,583.88	914,487	2,163,908	1,052,557	1,111,351	172	2.37
	富　　山	＊4,247.54	431,110	1,028,440	500,538	527,902	242	2.39
	石　　川	4,186.20	497,350	1,117,303	541,892	575,411	267	2.25
	福　　井	4,190.54	301,715	759,777	370,208	389,569	181	2.52
	山　　梨	＊4,465.27	371,974	812,615	399,285	413,330	182	2.18
	長　　野	＊13,561.56	891,350	2,043,798	1,000,069	1,043,729	151	2.29
	岐　　阜	＊10,621.29	846,707	1,982,294	966,746	1,015,548	187	2.34
	静　　岡	＊7,777.02	1,632,671	3,633,773	1,797,232	1,836,541	467	2.23
	愛　　知	＊5,173.09	3,421,030	7,512,703	3,759,144	3,753,559	1452	2.20
近畿	三　　重	＊5,774.48	812,795	1,772,427	869,284	903,143	307	2.18
	滋　　賀	＊4,017.38	610,361	1,413,989	698,533	715,456	352	2.32
	京　　都	4,612.20	1,246,024	2,501,269	1,197,311	1,303,958	542	2.01
	大　　阪	1,905.34	4,462,498	8,784,421	4,227,429	4,556,992	4610	1.97
	兵　　庫	8,400.95	2,601,174	5,459,867	2,613,028	2,846,839	650	2.10
	奈　　良	3,690.94	607,397	1,325,385	628,265	697,120	359	2.18
	和　歌　山	4,724.68	443,470	924,469	437,855	486,614	196	2.08
中国	鳥　　取	3,507.13	240,643	546,558	261,931	284,627	156	2.27
	島　　根	6,707.81	293,719	658,809	317,334	341,475	98	2.24
	岡　　山	＊7,114.60	866,346	1,865,478	902,019	963,459	262	2.15
	広　　島	8,478.94	1,334,658	2,770,623	1,345,934	1,424,689	327	2.08
	山　　口	6,112.50	659,439	1,326,218	631,982	694,236	217	2.01
四国	徳　　島	4,146.99	338,467	718,879	344,495	374,384	173	2.12
	香　　川	＊1,876.87	447,775	956,787	463,321	493,466	510	2.14
	愛　　媛	5,675.92	656,678	1,327,185	631,184	696,001	234	2.02
	高　　知	7,102.28	350,142	684,964	324,171	360,793	96	1.96
九州	福　　岡	＊4,987.65	2,519,442	5,104,921	2,429,986	2,674,935	1024	2.03
	佐　　賀	2,440.68	343,375	806,877	384,466	422,411	331	2.35
	長　　崎	4,131.06	632,920	1,306,060	616,597	689,463	316	2.06
	熊　　本	＊7,409.18	803,966	1,737,946	826,248	911,698	235	2.16
	大　　分	＊6,340.70	546,685	1,123,525	536,042	587,483	177	2.06
	宮　　崎	＊7,734.16	532,172	1,068,838	506,845	561,993	138	2.01
	鹿　児　島	＊9,186.20	812,740	1,591,699	753,521	838,178	173	1.96
	沖　　縄	2,282.08	693,790	1,485,526	732,694	752,832	651	2.14

【注】面積は「令和5年全国都道府県市区町村別面積調」（国土交通省国土地理院）で2023年7月1日現在。＊印は、境界未定（きょうかいみてい）の地域がある都道府県で、数値は参考値。
世帯数、人口は、2023年1月1日現在。人口密度、1世帯あたり平均人員は、それぞれの資料から算出。2012年7月の改正住民基本台帳法の施行により、外国人を含む数。

2010年10月1日の国勢調査（こくせいちょうさ）で、日本の総人口は1億2800万人を超（こ）えたが、15年調査では国勢調査が開始された1920（大正9）年以来、初めて減少（げんしょう）に転じ、2020年調査でも引き続き減少した。

都道府県　人口

人口の移（うつ）りかわり

【資料】国勢調査（総務省）

地方	都道府県	1920年	1950年	1970年	1990年	2000年	2010年	2015年	2020年
全　国		55,963,053	84,114,574	104,665,171	123,611,167	126,925,843	128,057,352	127,094,745	126,146,099
北海道	北 海 道	2,359,183	4,295,567	5,184,287	5,643,647	5,683,062	5,506,419	5,381,733	5,224,614
東北	青　森	756,454	1,282,867	1,427,520	1,482,873	1,475,728	1,373,339	1,308,265	1,237,984
	岩　手	845,540	1,346,728	1,371,383	1,416,928	1,416,180	1,330,147	1,279,594	1,210,534
	宮　城	961,768	1,663,442	1,819,223	2,248,558	2,365,320	2,348,165	2,333,899	2,301,996
	秋　田	898,537	1,309,031	1,241,376	1,227,478	1,189,279	1,085,997	1,023,119	959,502
	山　形	968,925	1,357,347	1,225,618	1,258,390	1,244,147	1,168,924	1,123,891	1,068,027
	福　島	1,362,750	2,062,394	1,946,077	2,104,058	2,126,935	2,029,064	1,914,039	1,833,152
関東	茨　城	1,350,400	2,039,418	2,143,551	2,845,382	2,985,676	2,969,770	2,916,976	2,867,009
	栃　木	1,046,479	1,550,462	1,580,021	1,935,168	2,004,817	2,007,683	1,974,255	1,933,146
	群　馬	1,052,610	1,601,380	1,658,909	1,966,265	2,024,852	2,008,068	1,973,115	1,939,110
	埼　玉	1,319,533	2,146,445	3,866,472	6,405,319	6,938,006	7,194,556	7,266,534	7,344,765
	千　葉	1,336,155	2,139,037	3,366,624	5,555,429	5,926,285	6,216,289	6,222,666	6,284,480
	東　京	3,699,428	6,277,500	11,408,071	11,855,563	12,064,101	13,159,388	13,515,271	14,047,594
	神 奈 川	1,323,390	2,487,665	5,472,247	7,980,391	8,489,974	9,048,331	9,126,214	9,237,337
中部	新　潟	1,776,474	2,460,997	2,360,982	2,474,583	2,475,733	2,374,450	2,304,264	2,201,272
	富　山	724,276	1,008,790	1,029,695	1,120,161	1,120,851	1,093,247	1,066,328	1,034,814
	石　川	747,360	957,279	1,002,420	1,164,628	1,180,977	1,169,788	1,154,008	1,132,526
	福　井	599,155	752,374	744,230	823,585	828,944	806,314	786,740	766,863
	山　梨	583,453	811,369	762,029	852,966	888,172	863,075	834,930	809,974
	長　野	1,562,722	2,060,831	1,956,917	2,156,627	2,215,168	2,152,449	2,098,804	2,048,011
	岐　阜	1,070,407	1,544,538	1,758,954	2,066,569	2,107,700	2,080,773	2,031,903	1,978,742
	静　岡	1,550,387	2,471,472	3,089,895	3,670,840	3,767,393	3,765,007	3,700,305	3,633,202
	愛　知	2,089,762	3,390,585	5,386,163	6,690,603	7,043,300	7,410,719	7,483,128	7,542,415
近畿	三　重	1,069,270	1,461,197	1,543,083	1,792,514	1,857,339	1,854,724	1,815,865	1,770,254
	滋　賀	651,050	861,180	889,768	1,222,411	1,342,832	1,410,777	1,412,916	1,413,610
	京　都	1,287,147	1,832,934	2,250,087	2,602,460	2,644,391	2,636,092	2,610,353	2,578,087
	大　阪	2,587,847	3,857,047	7,620,480	8,734,516	8,805,081	8,865,245	8,839,469	8,837,685
	兵　庫	2,301,799	3,309,935	4,667,928	5,405,040	5,550,574	5,588,133	5,534,800	5,465,002
	奈　良	564,607	763,883	930,160	1,375,481	1,442,795	1,400,728	1,364,316	1,324,473
	和 歌 山	750,411	982,113	1,042,736	1,074,325	1,069,912	1,002,198	963,579	922,584
中国	鳥　取	454,675	600,177	568,777	615,722	613,289	588,667	573,441	553,407
	島　根	714,712	912,551	773,575	781,021	761,503	717,397	694,352	671,126
	岡　山	1,217,698	1,661,099	1,707,026	1,925,877	1,950,828	1,945,276	1,921,525	1,888,432
	広　島	1,541,905	2,081,967	2,436,135	2,849,847	2,878,915	2,860,750	2,843,990	2,799,702
	山　口	1,041,013	1,540,882	1,511,448	1,572,616	1,527,964	1,451,338	1,404,729	1,342,059
四国	徳　島	670,212	878,511	791,111	831,598	824,108	785,491	755,733	719,559
	香　川	677,852	946,022	907,897	1,023,412	1,022,890	995,842	976,263	950,244
	愛　媛	1,046,720	1,521,878	1,418,124	1,515,025	1,493,092	1,431,493	1,385,262	1,334,841
	高　知	670,895	873,874	786,882	825,034	813,949	764,456	728,276	691,527
九州	福　岡	2,188,249	3,530,169	4,027,416	4,811,050	5,015,699	5,071,968	5,101,556	5,135,214
	佐　賀	673,895	945,082	838,468	877,851	876,654	849,788	832,832	811,442
	長　崎	1,136,182	1,645,492	1,570,245	1,562,959	1,516,523	1,426,779	1,377,187	1,312,317
	熊　本	1,233,233	1,827,582	1,700,229	1,840,326	1,859,344	1,817,426	1,786,170	1,738,301
	大　分	860,282	1,252,999	1,155,566	1,236,942	1,221,140	1,196,529	1,166,338	1,123,852
	宮　崎	651,097	1,091,427	1,051,105	1,168,907	1,170,007	1,135,233	1,104,069	1,069,576
	鹿 児 島	1,415,582	1,804,118	1,729,150	1,797,824	1,786,194	1,706,242	1,648,177	1,588,256
	沖　縄	571,572	914,937	945,111	1,222,398	1,318,220	1,392,818	1,433,566	1,467,480

【注】各年とも10月1日現在。ただし、1950年の沖縄の人口は12月1日現在。

統計｜日本｜人口

人口構成

年齢別人口は、年少者が多く高齢者が少ないとピラミッド形になるが、医療の発達や少子化により、釣り鐘形からつぼ形へと変化する傾向がある。1920年から現在まで形が変化するようすを見てみよう。

年齢別人口ピラミッド（2022年10月1日）

【資料】人口推計（総務省）【注】100歳以上人口は一括して示す。

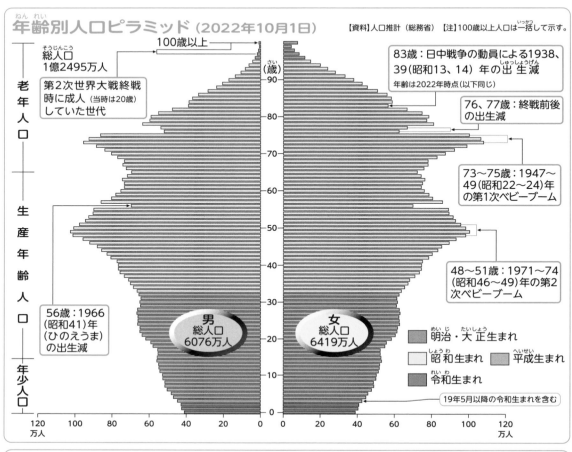

- 総人口 1億2495万人
- 第2次世界大戦終戦時に成人（当時は20歳）していた世代
- 83歳：日中戦争の動員による1938、39（昭和13、14）年の出生減（年齢は2022年時点〈以下同じ〉）
- 76、77歳：終戦前後の出生減
- 73〜75歳：1947〜49（昭和22〜24）年の第1次ベビーブーム
- 48〜51歳：1971〜74（昭和46〜49）年の第2次ベビーブーム
- 56歳：1966（昭和41）年（ひのえうま）の出生減
- 男 総人口 6076万人
- 女 総人口 6419万人
- 明治・大正生まれ
- 昭和生まれ
- 平成生まれ
- 令和生まれ
- 19年5月以降の令和生まれを含む

老年人口／生産年齢人口／年少人口

年齢別にみた人口（男女別）

【注】各年とも10月1日時点。1950年以降は年齢不詳の人口を合計に含む。
【資料】国勢調査（総務省）

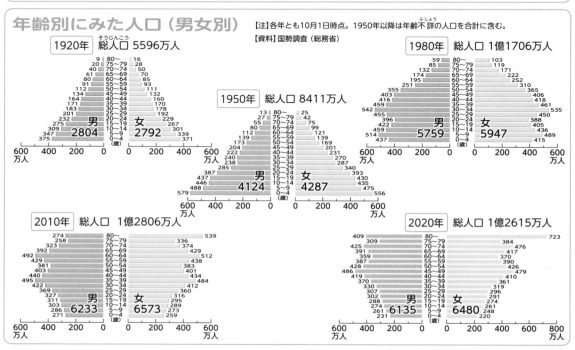

1920年	総人口 5596万人

男 2804 ／ 女 2792

歳	男	女
80〜	9	16
75〜79	20	28
70〜74	40	50
65〜69	61	70
60〜64	80	85
55〜59	91	93
50〜54	112	111
45〜49	134	132
40〜44	164	160
35〜39	201	170
30〜34	232	178
25〜29	201	192
20〜24	232	229
15〜19	275	267
10〜14	309	301
5〜9	347	339
0〜4	375	371

1950年	総人口 8411万人

男 4124 ／ 女 4287

歳	男	女
80〜	13	42
75〜79	27	75
70〜74	55	99
65〜69	112	139
60〜64	139	169
55〜59	204	231
50〜54	222	270
45〜49	240	323
40〜44	238	340
35〜39	285	393
30〜34	387	430
25〜29	437	435
20〜24	446	475
15〜19	488	556
0〜4	579	

1980年	総人口 1億1706万人

男 5759 ／ 女 5947

歳	男	女
80〜	59	103
75〜79	85	119
70〜74	132	171
65〜69	174	222
60〜64	195	252
55〜59	251	310
50〜54	355	365
45〜49	403	406
40〜44	416	418
35〜39	459	461
30〜34	542	535
25〜29	396	388
20〜24	422	405
15〜19	459	436
10〜14	514	489
0〜4	437	415

2010年	総人口 1億2806万人

男 6233 ／ 女 6573

歳	男	女
80〜	274	539
75〜79	258	336
70〜74	323	374
65〜69	392	429
60〜64	492	512
55〜59	429	438
50〜54	381	383
45〜49	403	401
40〜44	440	434
35〜39	495	484
30〜34	422	412
25〜29	369	360
20〜24	327	316
15〜19	311	295
10〜14	303	289
5〜9	286	273
0〜4	271	259

2020年	総人口 1億2615万人

男 6135 ／ 女 6480

歳	男	女
80〜	409	723
75〜79	309	384
70〜74	425	476
65〜69	391	417
60〜64	387	370
55〜59	428	390
50〜54	486	426
45〜49	419	479
40〜44	370	410
35〜39	330	361
30〜34	307	319
25〜29	302	296
20〜24	288	291
15〜19	274	274
10〜14	261	261
5〜9	261	248
0〜4	231	220

地域による年齢、性別の分布の違いをとらえよう。20〜40代の人口が多いのはどこか、また2022年の外国人の人口や、どの国の人が多いかも確認しよう。都道府県別人口についてはP138〜139を参照しよう。

地域別人口ピラミッド（年齢別・男女別、2022年）

【資料】2022年人口推計（総務省）

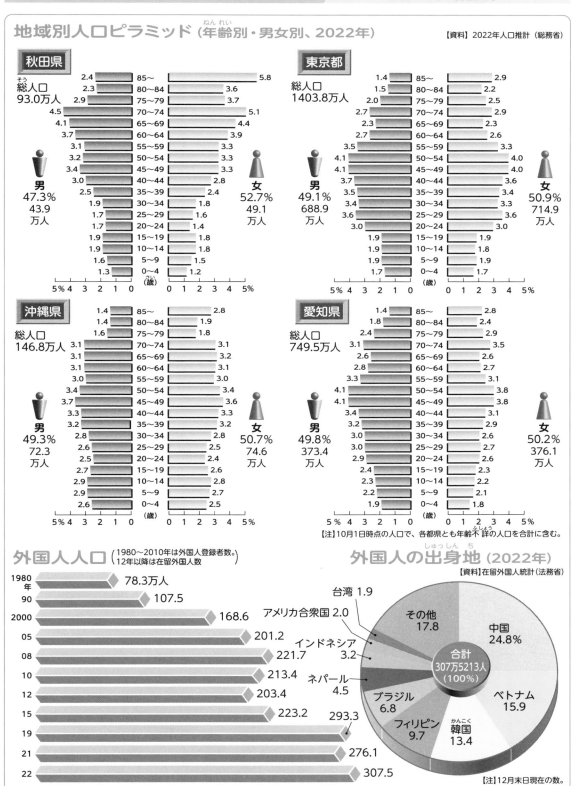

秋田県
総人口 93.0万人
男 47.3% 43.9万人
女 52.7% 49.1万人

男	歳	女
2.4	85〜	5.8
2.3	80〜84	3.6
2.9	75〜79	3.7
4.5	70〜74	5.1
4.1	65〜69	4.4
3.7	60〜64	3.9
3.1	55〜59	3.3
3.2	50〜54	3.3
3.4	45〜49	3.3
3.0	40〜44	2.8
2.5	35〜39	2.4
1.9	30〜34	1.8
1.7	25〜29	1.6
1.7	20〜24	1.4
1.9	15〜19	1.8
1.9	10〜14	1.8
1.6	5〜9	1.5
1.3	0〜4	1.2

東京都
総人口 1403.8万人
男 49.1% 688.9万人
女 50.9% 714.9万人

男	歳	女
1.4	85〜	2.9
1.5	80〜84	2.2
2.0	75〜79	2.5
2.7	70〜74	2.9
2.3	65〜69	2.3
2.7	60〜64	2.6
3.5	55〜59	3.3
4.1	50〜54	4.0
4.1	45〜49	4.0
3.7	40〜44	3.6
3.5	35〜39	3.4
3.4	30〜34	3.3
3.6	25〜29	3.6
3.0	20〜24	3.0
1.9	15〜19	1.9
1.9	10〜14	1.8
1.9	5〜9	1.9
1.7	0〜4	1.7

沖縄県
総人口 146.8万人
男 49.3% 72.3万人
女 50.7% 74.6万人

男	歳	女
1.4	85〜	2.8
1.4	80〜84	1.9
1.6	75〜79	1.8
3.1	70〜74	3.1
3.1	65〜69	3.2
3.1	60〜64	3.1
3.0	55〜59	3.0
3.4	50〜54	3.4
3.7	45〜49	3.6
3.3	40〜44	3.3
3.2	35〜39	3.2
2.8	30〜34	2.8
2.6	25〜29	2.5
2.5	20〜24	2.4
2.7	15〜19	2.6
2.9	10〜14	2.8
2.9	5〜9	2.7
2.6	0〜4	2.5

愛知県
総人口 749.5万人
男 49.8% 373.4万人
女 50.2% 376.1万人

男	歳	女
1.4	85〜	2.8
1.8	80〜84	2.4
2.4	75〜79	2.9
3.1	70〜74	3.5
2.6	65〜69	2.6
2.8	60〜64	2.7
3.3	55〜59	3.1
4.1	50〜54	3.8
4.1	45〜49	3.8
3.4	40〜44	3.1
3.2	35〜39	2.9
3.0	30〜34	2.6
3.0	25〜29	2.7
2.9	20〜24	2.6
2.4	15〜19	2.3
2.3	10〜14	2.2
2.2	5〜9	2.1
1.9	0〜4	1.8

【注】10月1日時点の人口で、各都府県とも年齢不詳の人口を合計に含む。

統計｜日本｜人口

外国人人口

（1980〜2010年は外国人登録者数。12年以降は在留外国人数）

年	万人
1980年	78.3
90	107.5
2000	168.6
05	201.2
08	221.7
10	213.4
12	203.4
15	223.2
19	293.3
21	276.1
22	307.5

外国人の出身地（2022年）

【資料】在留外国人統計（法務省）

合計 307万5213人（100%）

- 中国 24.8%
- ベトナム 15.9
- 韓国 13.4
- フィリピン 9.7
- ブラジル 6.8
- ネパール 4.5
- インドネシア 3.2
- アメリカ合衆国 2.0
- 台湾 1.9
- その他 17.8

【注】12月末日現在の数。

かんれん 都道府県別外国人人口 → 101〜128ページ「私たちの郷土」

人口　人口構成

2020年の国勢調査で、人口は5年前の調査よりさらに減少。15歳未満の人口割合(11.9%)は世界最低水準で、65歳以上の割合(28.6%)は世界最高水準。21年、22年の人口推計この傾向は強まる。

延びる平均寿命

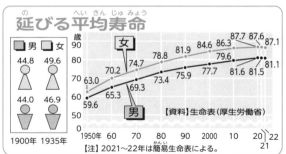

男　44.8　女　49.6（1900年）
男　44.0　女　46.9（1935年）

【資料】生命表（厚生労働省）
【注】2021～22年は簡易生命表による。

女：63.0 70.2 74.7 78.8 81.9 84.6 86.3 87.7 87.6 87.1 / 81.1（21）
男：59.6 65.3 69.3 73.4 75.9 77.7 79.6 81.6 81.5 / 81.1

高齢者人口の割合

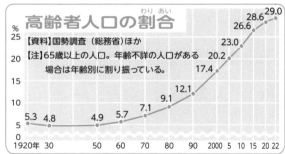

【資料】国勢調査（総務省）ほか
【注】65歳以上の人口。年齢不詳の人口がある場合は年齢別に割り振っている。

5.3 4.8 4.9 5.7 7.1 9.1 12.1 17.4 20.2 23.0 26.6 28.6 29.0
1920年 30 50 60 70 80 90 2000 5 10 15 20 22

高齢者世帯の割合

【注】65歳以上の者のみで構成するか、またはこれに18歳未満の未婚の者が加わった世帯（これを「高齢者世帯」という）。1995年は兵庫県を、2011年は岩手県、宮城県、福島県を、16年は熊本県を除いた数値。

【資料】国民生活基礎調査（厚生労働省）20年は新型コロナ感染拡大により中止。

3.3 4.8 7.7 13.7 17.7 21.0 20.5 25.2 26.6 26.2 28.7 29.0 31.2
1975年 80 90 2000 05 10 11 15 16 17 19 21 22

おもな国の高齢者人口の割合

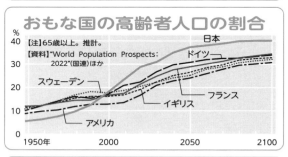

【注】65歳以上。推計。
【資料】"World Population Prospects: 2022"（国連）ほか

日本 / ドイツ / スウェーデン / フランス / イギリス / アメリカ
1950年 2000 2050 2100

人口密度

【資料】国勢調査（総務省）ほか
【注】グラフ内の数字は総人口。1910年と2021、22年は総務省による推計。

年	総人口	人口密度
1910	4918万人	129人／km²
30	6445	169
50	8320	226
60	9342	253
70	1億0372	280
80	1億1706	314
90	1億2361	332
2000	1億2693	340
10	1億2806	343
15	1億2710	341
20	1億2615	338
21	1億2550	337
22	1億2495	335

100人で養う高齢者の数

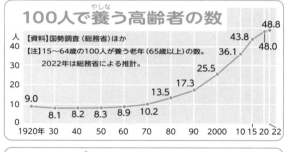

【資料】国勢調査（総務省）ほか
【注】15～64歳の100人が養う老年（65歳以上）の数。2022年は総務省による推計。

9.0 8.1 8.2 8.3 8.9 10.2 13.5 17.3 25.5 36.1 43.8 48.0 48.8
1920年 30 40 50 60 70 80 90 2000 10 15 20 22

女性が産む子どもの数

【注】合計特殊出生率（ある年の15～49歳の女性の年齢別出生率を合計したもの）で、ひとりの女性が生涯に産む平均的な子どもの数を表す。

【資料】人口動態統計（厚生労働省）、研究資料ほか

5.10 4.70 4.11 4.54 3.65 2.00 2.13 1.75 1.54 1.45 1.36 1.39 1.33 1.26 1.30 1.26
1925年 30 40 47 50 60 70 80 90 2000 05 10 15 20 21 22

出生率・死亡率・自然増減率

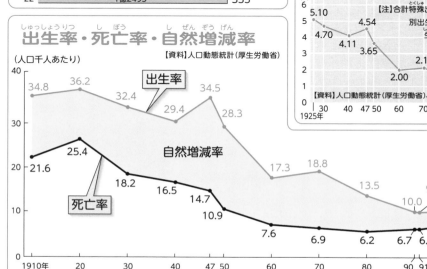

（人口千人あたり）

【資料】人口動態統計（厚生労働省）

出生率：34.8 36.2 32.4 29.4 34.5 28.3 17.3 18.8 13.5 10.0 9.9 10.0 9.5 8.6 9.5 10.3 11.1 12.9
死亡率：21.6 25.4 18.2 16.5 14.7 10.9 7.6 6.9 6.2 6.7 6.7 7.1 7.7 8.4 8.5 8.0 6.8 6.3
自然増減率

1910年 20 30 40 47 50 60 70 80 90 91 94 2000 05 10 15 20 22

【注】1年間の出生数や死亡数をその年の人口で割った比率が、出生率と死亡率。その差が自然増減率。1947年は、第2次世界大戦後のベビーブームの最初の年。

1960〜70年ごろの高度経済成長期に過疎・過密の問題が出てきたが、現在、全国的に過疎市町村がある。過疎市町村の割合と、人口や人口密度(P138–139)、住宅地の価格などをあわせて確認しよう。

過疎と過密　人口

都市別に見た住宅のようす

住宅地の平均価格(1m²あたり、2023年1月1日現在)

仙台市	東京23区	横浜市	名古屋市	大阪市	広島市	福岡市
11.2万円	66.5	23.9	20.1	25.4	14.0	19.6

知っトク情報

全国で空き家が増えている

　2018年の全国の空き家は848万9000戸で、総住宅数(6240万7000戸)に対する割合は13.6%(総務省住宅・土地統計調査)。核家族化が進むなか、高齢となった親世代の住宅が空き家になることも多くなり問題化しています。15年に「空き家対策特別措置法」が施行され、倒壊などの恐れがある危険な「特定空き家」への対策を定めましたが、23年12月には前段階の管理不全の空き家に重い税金がかかるように改正されました。

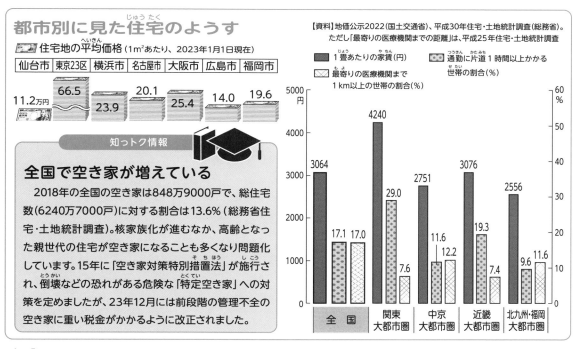

【資料】地価公示2022(国土交通省)、平成30年住宅・土地統計調査(総務省)。ただし「最寄りの医療機関までの距離」は、平成25年住宅・土地統計調査

凡例：
- 1畳あたりの家賃(円)
- 最寄りの医療機関まで1km以上の世帯の割合(%)
- 通勤に片道1時間以上かかる世帯の割合(%)

地域	1畳あたりの家賃(円)	最寄りの医療機関まで1km以上の世帯の割合(%)	通勤に片道1時間以上かかる世帯の割合(%)
全国	3064	17.1	17.0
関東大都市圏	4240	7.6	29.0
中京大都市圏	2751	11.6	12.2
近畿大都市圏	3076	7.4	19.3
北九州・福岡大都市圏	2556	9.6	11.6

過疎の市町村の数(都道府県別、2022年4月1日)

【資料】全国過疎地域連盟

都道府県	全市町村数	過疎の市町村数 市	過疎の市町村数 町	過疎の市町村数 村	過疎の市町村数 計	割合(%)	都道府県	全市町村数	過疎の市町村数 市	過疎の市町村数 町	過疎の市町村数 村	過疎の市町村数 計	割合(%)
全国	1719	311	449	125	885	51.5	三重	29	6	4	0	10	34.5
北海道	179	22	117	13	152	84.9	滋賀	19	3	1	0	4	21.1
青森	40	6	18	6	30	75.0	京都	26	6	5	1	12	46.2
岩手	33	11	10	4	25	75.8	大阪	43	0	3	1	4	9.3
宮城	35	6	10	0	16	45.7	兵庫	41	10	6	0	16	39.0
秋田	25	12	9	2	23	92.0	奈良	39	3	4	12	19	48.7
山形	35	5	14	3	22	62.9	和歌山	30	4	18	1	23	76.7
福島	59	6	19	9	34	57.6	鳥取	19	2	13	0	15	78.9
茨城	44	7	4	0	11	25.0	島根	19	8	10	1	19	100.0
栃木	25	3	3	0	6	24.0	岡山	27	10	7	2	19	70.4
群馬	35	4	6	3	13	37.1	広島	23	9	5	0	14	60.9
埼玉	63	1	5	1	7	11.1	山口	19	7	3	0	10	52.6
千葉	54	8	5	0	13	24.1	徳島	24	4	8	1	13	54.2
東京	40	0	3	4	7	17.5	香川	17	4	6	0	10	58.8
神奈川	33	0	1	0	1	3.0	愛媛	20	6	8	0	14	70.0
新潟	30	14	3	2	19	63.3	高知	34	9	16	4	29	85.3
富山	15	3	1	0	4	26.7	福岡	60	9	12	2	23	38.3
石川	19	5	5	0	10	52.6	佐賀	20	6	5	0	11	55.0
福井	17	3	5	0	8	47.1	長崎	21	12	3	0	15	71.4
山梨	27	6	5	3	14	51.9	熊本	45	10	15	7	32	71.1
長野	77	9	11	20	40	51.9	大分	18	12	2	1	15	83.3
岐阜	42	10	5	2	17	40.5	宮崎	26	7	6	3	16	61.5
静岡	35	2	5	0	7	20.0	鹿児島	43	18	20	4	42	97.7
愛知	54	3	2	1	6	7.4	沖縄	41	2	3	12	17	41.5

【注】割合は、全市町村数に対する過疎の市町村数の割合。過疎地域とは、高度経済成長などにより農村部から都市部へ激しく人口が移動したため、人口や産業が少なくなりすぎ、生産、防災、教育、医療など、その地域社会の維持が困難になった地域をいう。過疎地域自立促進特別措置法(2000年3月制定・10年3月改正)により公示された市町村で、過疎の市町村数には、市町村の一部の区域が過疎地域とみなされている市町村の数も合算している。東京23区は1市と数える。

産業　産業のすがた

第1次、第2次、第3次の各産業で働く人の割合は、1950年からどのように変わったか。また、国内総生産額との関係はどうか。企業の海外進出はどのような傾向があるか、確認しよう。

産業別の国内総生産額

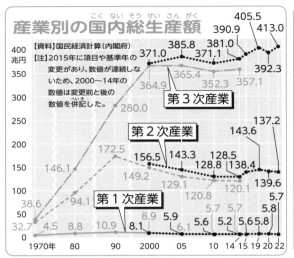

【資料】国民経済計算（内閣府）
【注】2015年に項目や基準年の変更があり、数値が連続しないため、2000～14年の数値は変更前と後の数値を併記した。

第3次産業／第2次産業／第1次産業

産業別の働く人の割合

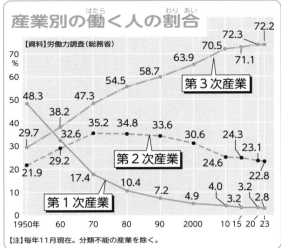

【資料】労働力調査（総務省）
【注】毎年11月現在。分類不能の産業を除く。

第3次産業／第2次産業／第1次産業

企業の海外進出　地域別現地法人数の割合

【資料】海外事業活動基本調査（経済産業省）

年度末	社数	アジア（うち中国）	北米	ヨーロッパ	その他
1995年度末	1万0416社	アジア 44.2%（うち中国 8.7%）	北米 24.8	ヨーロッパ 18.8	その他 12.2
2005年度末	1万5850社	アジア 57.9%（うち中国 25.6%）	北米 17.8	ヨーロッパ 15.0	その他 9.3
2010年度末	1万8599社	アジア 61.8%（うち中国 29.9%）	北米 15.4	ヨーロッパ 13.6	その他 9.2
2020年度末	2万5703社	アジア 67.5%（うち中国 29.1%）	北米 12.6	ヨーロッパ 11.3	その他 8.6
2021年度末	2万5325社	アジア 67.7%（うち中国 28.8%）	北米 12.6	ヨーロッパ 11.1	その他 8.6

最近の海外投資　【資料】国際収支状況（財務省）

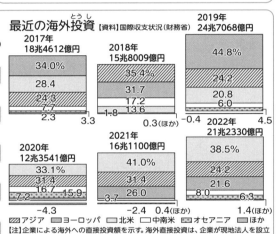

アジア／ヨーロッパ／北米／中南米／オセアニア／ほか

【注】企業による海外への直接投資額を示す。海外直接投資は、企業が現地法人を設立して工場などをつくることや海外企業の売買・合併など事業拡大を目的とした投資。

会社数と売上高

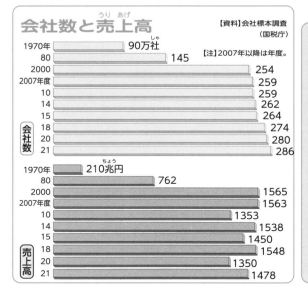

【資料】会社標本調査（国税庁）
【注】2007年以降は年度。

会社数
1970年	90万社
80	145
2000	254
2007年度	259
10	259
14	262
15	264
18	274
20	280
21	286

売上高
1970年	210兆円
80	762
2000	1565
2007年度	1563
10	1353
14	1538
15	1450
18	1548
20	1350
21	1478

知っトク情報

産業界の3分類

　モノやサービスを生み出す産業界は、大きく三つに分けられます。第1次産業は、農業、水産業、林業など、山や海といった自然界のものをとったり栽培や養殖をしたりする仕事です。第2次産業は鉱業や建設業などです。自然界ではなく工場などでモノをつくる製造業を意味します。

　第3次産業は、商業や運輸、通信といった仕事で、モノではなくサービスを提供する仕事です。経済が発達すると、その中心が第1次産業から第3次産業へと移る傾向があります。日本も1950年には50%近くの人が第1次産業で働いていましたが、2023年には2.8%だけになり、逆に第3次産業に就く人は70%以上になっています。

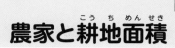

日本で農家数が最も多いのは茨城県で、農家人口が最も多いのは福島県。耕地面積が広く経営規模が大きいのは北海道だった。また、樹園地は静岡県が最も広い。住んでいる県の特色を調べよう。

農家と耕地面積

農業

農家数（2022年12月）・農家人口（2022年12月）・耕地面積（2023年2月）【資料】耕地面積（農林水産省）ほか

地方	都道府県	農家数（万戸）	農家人口（万人）	耕地面積（万ha）					経営規模（ha）	耕地率（%）
				合計	田	普通畑	樹園地	牧草地		
全　国		93.5	304.3	429.7	233.5	112.0	25.4	58.9	4.6	11.5
北海道	北 海 道	2.8	10.0	114.1	22.2	41.8	0.3	49.8	40.3	14.6
東北	青　森	2.6	8.7	14.8	7.8	3.5	2.2	1.3	5.7	15.4
	岩　手	3.0	10.8	14.7	9.3	2.5	0.3	2.7	4.9	9.6
	宮　城	2.5	8.9	12.4	10.2	1.5	0.1	0.6	5.0	17.1
	秋　田	2.4	8.3	14.6	12.8	1.2	0.2	0.4	6.1	12.5
	山　形	2.4	9.1	11.4	9.0	1.2	1.0	0.2	4.7	12.2
	福　島	3.87	13.6	13.5	9.6	2.8	0.6	0.5	3.5	9.8
関東	茨　城	3.91	13.1	15.9	9.4	5.9	0.6	0.04	4.1	26.1
	栃　木	2.9	9.7	12.1	9.4	2.2	0.2	0.2	4.1	18.8
	群　馬	1.9	5.6	6.4	2.4	3.6	0.3	0.1	3.4	10.0
	埼　玉	2.6	8.1	7.3	4.1	3.0	0.3	0.01	2.9	19.2
	千　葉	3.2	10.7	12.0	7.2	4.6	0.3	0.04	3.8	23.3
	東　京	0.5	1.7	0.6	0.02	0.5	0.1	0.01	1.3	2.8
	神 奈 川	1.1	3.5	1.8	0.3	1.1	0.3	―	1.6	7.4
中部	新　潟	3.7	13.0	16.7	14.9	1.6	0.2	0.1	4.5	13.3
	富　山	1.0	3.5	5.8	5.5	0.2	0.1	0.02	6.0	13.6
	石　川	0.8	2.7	4.0	3.3	0.5	0.1	0.1	4.8	9.6
	福　井	0.9	3.1	4.0	3.6	0.3	0.1	0.03	4.7	9.4
	山　梨	1.4	3.9	2.3	0.8	0.5	1.0	0.1	1.7	5.2
	長　野	3.7	11.5	10.4	5.1	3.6	1.4	0.3	2.8	7.7
	岐　阜	1.9	6.4	5.4	4.2	0.9	0.3	0.1	2.9	5.1
	静　岡	2.3	8.2	5.9	2.1	1.4	2.3	0.1	2.6	7.6
	愛　知	2.3	8.2	7.3	4.1	2.6	0.5	0.03	3.1	14.0
近畿	三　重	1.6	5.2	5.6	4.3	0.8	0.5	0.003	3.5	9.8
	滋　賀	1.1	3.9	5.0	4.7	0.3	0.1	0.005	4.5	12.4
	京　都	1.2	3.8	2.9	2.3	0.4	0.3	0.01	2.4	6.4
	大　阪	0.7	2.2	1.2	0.8	0.2	0.2	―	1.8	6.3
	兵　庫	3.4	10.4	7.2	6.6	0.4	0.2	0.03	2.1	8.6
	奈　良	1.0	3.3	1.9	1.4	0.2	0.3	0.004	1.9	5.1
	和 歌 山	1.7	5.1	3.1	0.9	0.2	2.0	0.003	1.9	6.6
中国	鳥　取	1.1	3.7	3.3	2.3	0.8	0.1	0.1	3.0	9.4
	島　根	1.2	4.2	3.6	2.9	0.5	0.1	0.1	2.9	5.3
	岡　山	2.6	8.0	6.2	4.9	0.9	0.4	0.1	2.4	8.7
	広　島	2.0	5.7	5.1	3.9	0.7	0.5	0.1	2.6	6.0
	山　口	1.4	3.6	4.3	3.6	0.4	0.2	0.03	3.2	7.1
四国	徳　島	1.3	4.2	2.8	1.9	0.5	0.3	0.01	2.1	6.6
	香　川	1.5	4.6	2.9	2.4	0.2	0.3	0.002	1.9	15.2
	愛　媛	1.9	5.1	4.4	2.1	0.5	1.8	0.02	2.4	7.8
	高　知	1.2	3.2	2.6	1.9	0.3	0.3	0.02	2.2	3.6
九州	福　岡	2.5	7.9	7.8	6.4	0.7	0.7	0.02	3.1	15.7
	佐　賀	1.2	4.5	5.0	4.2	0.4	0.4	0.01	4.1	20.4
	長　崎	1.7	5.5	4.5	2.1	1.9	0.5	0.03	2.7	10.9
	熊　本	3.0	10.3	10.4	6.4	2.2	1.3	0.5	3.4	14.1
	大　分	1.7	4.6	5.4	3.9	0.9	0.4	0.3	3.2	8.5
	宮　崎	1.7	4.9	6.4	3.4	2.5	0.3	0.1	3.7	8.2
	鹿 児 島	2.5	6.1	11.1	3.4	6.2	1.2	0.3	4.5	12.1
	沖　縄	0.9	2.1	3.6	0.1	2.8	0.2	0.6	4.2	15.8

【注】①樹園地とは、くだものや茶を栽培している土地。②経営規模は耕地面積の合計を農家数で割って出した。③色字は各項目の全国最高を示す。

統計―日本―産業・農業

145

農業　農家で働く人

農家数が減り、2022年の日本の総人口に占める農家人口は2.4%にすぎない。また、高齢化がすすみ、農業に従事する人のうち約80%が60歳以上だ。また農家のうち販売農家は6割にすぎない。

農家人口と農家数

【資料】2020年農林業センサス（農林水産省）、国勢調査、住民基本台帳（総務省）
【注】2000年以降は販売農家だけの数字。2022年の農家数、農家人口は農業構造動態調査のもの。

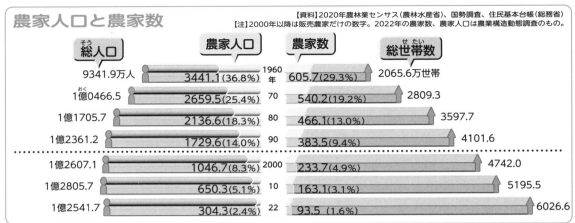

	総人口	農家人口	農家数	総世帯数
1960年	9341.9万人	3441.1（36.8%）	605.7（29.3%）	2065.6万世帯
70	1億0466.5	2659.5（25.4%）	540.2（19.2%）	2809.3
80	1億1705.7	2136.6（18.3%）	466.1（13.0%）	3597.7
90	1億2361.2	1729.6（14.0%）	383.5（9.4%）	4101.6
2000	1億2607.1	1046.7（8.3%）	233.7（4.9%）	4742.0
10	1億2805.7	650.3（5.1%）	163.1（3.1%）	5195.5
22	1億2541.7	304.3（2.4%）	93.5（1.6%）	6026.6

販売農家と自給的農家

【資料】2020年農林業センサス（農林水産省）

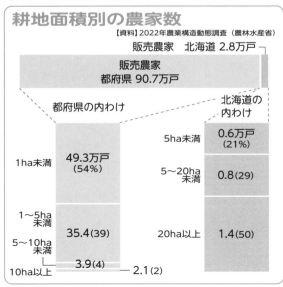

	専業	※第1種兼業	第2種兼業	合計
1960年	208（34%）	204（34%）	194（32%）	606万戸
70	85（16）	181（33）	274（51）	540
80	62（13）	100（22）	304（65）	466

販売農家 ／ 自給的農家

90	47（12）　52（14）	198（52）	86（22）	384
2000	43（14）　35（11）	156（50）	78（25）	312
10	45（18）　23（9）	96（38）	90（35）	253
20		103（59）	72（41）	175

【注】1990年から農家を販売農家と自給的農家とに分けた。自給的農家は、それまでの第2種兼業に入る農家。2020年から販売農家の種別がなくなった。

男女・年齢別の農業で働く人

【資料】農業構造動態調査（農林水産省）

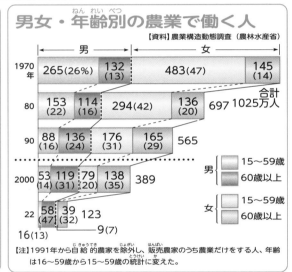

	男		女		合計
1970年	265（26%）	132（13）	483（47）	145（14）	1025万人
80	153（22）　114（16）		294（42）　136（20）		697
90	88（16）　136（24）		176（31）　165（29）		565
2000	53（14）　119（31）　79（20）		138（35）		389
22	58（47）　39（32）		9（7）		123
16（13）					

男：15～59歳／60歳以上
女：15～59歳／60歳以上

【注】1991年から自給的農家を除外し、販売農家のうち農業だけをする人、年齢は16～59歳から15～59歳の統計に変えた。

耕地面積別の農家数

【資料】2022年農業構造動態調査（農林水産省）

販売農家　北海道 2.8万戸
販売農家　都府県 90.7万戸

都府県の内わけ

1ha未満	49.3万戸（54%）
1～5ha未満	35.4（39）
5～10ha未満	3.9（4）
10ha以上	2.1（2）

北海道の内わけ

5ha未満	0.6万戸（21%）
5～20ha未満	0.8（29）
20ha以上	1.4（50）

キーワード

「○○農家」って？

農家：10a以上の耕地を持って農業をしている世帯または、農産物販売金額が年間15万円以上ある世帯
兼業農家：兼業で働く人（1年間に30日以上やとわれて働くか、1年間に15万円以上の売り上げのある商売を営んでいる人）が1人以上いる農家
専業農家：兼業で働く人が1人もいない農家
販売農家：生産物を売る目的で農業を営む、耕地面積が30a以上、または農産物の販売額が50万円以上の農家
自給的農家：販売農家の条件に満たない農家

※兼業農家のうち、農業所得を主とするのが第1種兼業、農業以外の所得を主とするのが第2種兼業。

農業からの所得は販売農家1戸あたり年間約174万円。畜産がさかんな北海道の農家の粗収益は全国平均の4倍以上で、ずばぬけて高い。米の生産額は1985年（3兆8299億円）の半分以下になっている。

農家のくらし　農業

農家1戸あたりの平均所得と農業所得に頼る割合

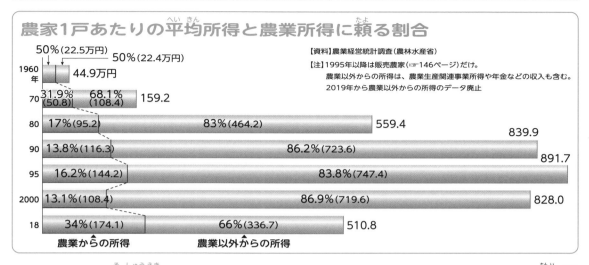

【資料】農業経営統計調査（農林水産省）
【注】1995年以降は販売農家（☞146ページ）だけ。
農業以外からの所得は、農業生産関連事業所得や年金などの収入も含む。
2019年から農業以外からの所得のデータ廃止

年	農業からの所得	農業以外からの所得	合計
1960年	50%(22.5万円)	50%(22.4万円)	44.9万円
70	31.9%(50.8)	68.1%(108.4)	159.2
80	17%(95.2)	83%(464.2)	559.4
90	13.8%(116.3)	86.2%(723.6)	839.9
95	16.2%(144.2)	83.8%(747.4)	891.7
2000	13.1%(108.4)	86.9%(719.6)	828.0
18	34%(174.1)	66%(336.7)	510.8

農家の農業粗収益（販売農家1戸あたりの平均額、2021年）

単位 万円　【資料】農業経営統計調査（農林水産省）

作物	全国	北海道	東北	北陸	関東・山梨・長野	東海	近畿	中国	四国	九州	沖縄
米	101.2	412.9	144.4	233.8	70.3	55.7	65.7	52.4	35.9	62.5	1.0
野菜	188.8	527.4	107.3	54.9	256.5	304.0	103.2	51.1	134.0	289.7	53.7
くだもの	88.9	25.3	92.1	22.1	83.3	75.7	141.1	61.8	107.0	138.0	8.3
畜産	147.5	727.1	104.6	21.5	120.6	147.2	61.2	56.9	38.1	349.3	74.8
その他	95.3	621.9	32.5	30.5	86.5	172.4	41.5	11.2	21.3	173.3	149.3
総粗収益	724.4	3051.6	562.7	436.7	705.1	840.1	473.7	281.2	368.2	1129.3	316.8

【注】北陸＝新潟、富山、石川、福井県。東海＝静岡、愛知、岐阜、三重県。総粗収益にはその他（花など）以外に補助金なども含むため、作物の粗収益の合計と総粗収益は一致しない。

農産物の生産額（2021年）

【資料】農業総産出額及び生産農業所得（農林水産省）

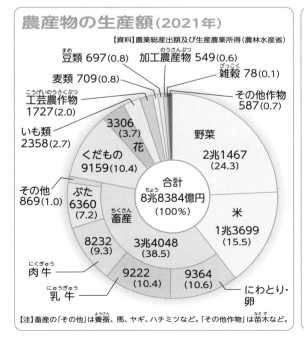

豆類 697(0.8)
麦類 709(0.8)
加工農産物 549(0.6)
雑穀 78(0.1)
その他作物 587(0.7)
工芸農作物 1727(2.0)
いも類 2358(2.7)
花 3306(3.7)
くだもの 9159(10.4)
その他 869(1.0)
ぶた 6360(7.2)
野菜 2兆1467(24.3)
合計 8兆8384億円(100%)
米 1兆3699(15.5)
畜産 3兆4048(38.5)
肉牛 8232(9.3)
乳牛 9222(10.4)
にわとり・卵 9364(10.6)

【注】畜産の「その他」は養蚕、馬、ヤギ、ハチミツなど。「その他作物」は苗木など。

農業機械の普及（農家100戸あたりの台数）

【資料】2015年農林業センサス（農林水産省）　※2020年からデータ廃止

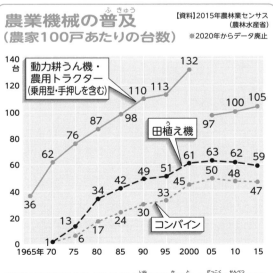

動力耕うん機・農用トラクター（乗用型・手押しを含む）
田植え機
コンバイン

年	動力耕うん機・農用トラクター	田植え機	コンバイン
1965	36		
70	62	1	
75	76	13	6
80	87	34	17
85	98	42	24
90	110	49	30
95	113	51	33
2000	132	61	45
05	97	63	50
10	100	62	48
15	105	59	47

【注】個人で所有するもの。コンバインは稲や麦を刈り取って脱穀や選別をする機械。ほかに農薬をかけるための動力ふんむ機や、米や麦の乾燥機など、いろいろな機械が使われる。5年ごとの調査。2005年からの動力耕うん機・農用トラクターは乗用型トラクターのみの調査のため数値は連続しない。

統計｜日本｜農業

147

農業 **米**

1人が1年間に食べる米の量は1965年の半分以下しかなく、米の作付面積は減りつづけている。ブランド米はコシヒカリが相変わらず人気だが、ひとめぼれ、ヒノヒカリも多く作られている。

米のとれ高と消費量（玄米）

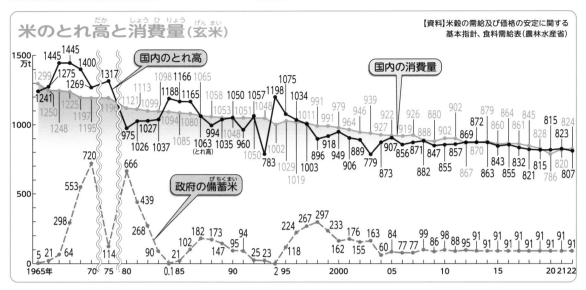

【資料】米穀の需給及び価格の安定に関する基本指針、食料需給表（農林水産省）

米の作付面積・とれ高（2023年10月、都道府県別）

【資料】水陸稲の収穫量（農林水産省）
単位　面積＝万ha　とれ高＝万t（玄米）

都道府県	1961年 面積	1961年 とれ高	2023年 面積	2023年 とれ高	都道府県	1961年 面積	1961年 とれ高	2023年 面積	2023年 とれ高	都道府県	1961年 面積	1961年 とれ高	2023年 面積	2023年 とれ高
全　国	330.1	1241.9	134.4	716.5	新　潟	19.0	80.8	11.6	59.2	鳥　取	3.2	11.5	1.2	5.7
北海道	20.1	85.5	9.3	54.0	富　山	7.5	31.1	3.5	18.6	島　根	5.0	18.2	1.6	8.3
青　森	7.9	37.1	4.1	24.9	石　川	5.4	22.2	2.3	12.1	岡　山	8.4	30.4	2.8	14.3
岩　手	8.0	35.5	4.5	24.9	福　井	4.9	21.0	2.3	11.7	広　島	7.1	26.0	2.1	11.3
宮　城	11.8	52.4	6.1	34.5	山　梨	1.9	8.2	0.5	2.6	山　口	6.5	21.5	1.7	8.7
秋　田	11.9	53.2	8.3	45.8	長　野	7.6	39.2	3.1	18.8	徳　島	3.2	9.4	1.0	4.6
山　形	10.2	48.1	6.1	35.9	岐　阜	6.6	19.5	2.1	10.0	香　川	3.7	14.0	1.0	5.1
福　島	11.2	46.6	5.8	32.8	静　岡	6.1	19.0	1.5	7.8	愛　媛	4.2	15.7	1.3	6.5
茨　城	13.2	45.2	6.0	31.6	愛　知	9.0	24.5	2.6	12.4	高　知	4.0	12.4	1.0	4.7
栃　木	10.6	33.7	5.1	28.4	三　重	7.1	21.7	2.5	12.6	福　岡	9.7	34.9	3.3	15.7
群　馬	5.3	18.3	1.4	7.0	滋　賀	6.3	22.8	2.8	14.3	佐　賀	5.5	21.3	2.2	11.6
埼　玉	9.5	29.3	2.8	13.8	京　都	3.9	12.9	1.4	6.9	長　崎	3.3	10.2	1.0	4.9
千　葉	10.9	47.4	4.8	26.6	大　阪	3.2	9.2	0.4	2.2	熊　本	8.6	31.2	3.0	15.5
東　京	1.3	2.8	0.01	0.05	兵　庫	9.7	35.9	3.4	17.0	大　分	5.7	18.5	1.8	9.0
神奈川	2.6	6.7	0.3	1.4	奈　良	2.9	10.2	0.8	4.3	宮　崎	5.8	15.4	1.5	7.1
					和歌山	2.8	8.6	0.6	2.9	鹿児島	7.9	23.2	1.7	8.3
										沖　縄	—	—	0.06	0.2

【注】沖縄は第2次世界大戦後、1972年までアメリカの支配下にあったため、61年の数字には含まれない。

1人が1年間に食べる米の量

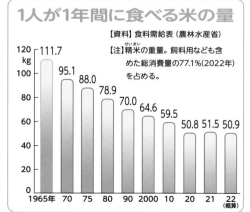

【資料】食料需給表（農林水産省）
【注】精米の重量。飼料用なども含めた総消費量の77.1%（2022年）を占める。

おいしい米づくり（稲の種類）

2022年産 作付割合順位	品種名	作付割合（%）	主要産地	21年産の順位
1	コシヒカリ	33.4	新潟、茨城、栃木	1
2	ひとめぼれ	8.5	宮城、岩手、福島	2
3	ヒノヒカリ	8.1	熊本、大分、鹿児島	3
4	あきたこまち	6.7	秋田、茨城、岩手	4
5	ななつぼし	3.2	北海道	5
6	はえぬき	2.9	山形	6
7	まっしぐら	2.4	青森	7
8	キヌヒカリ	1.9	滋賀、兵庫、京都	8
9	ゆめぴりか	1.8	北海道	10
10	きぬむすめ	1.8	島根、岡山、鳥取	9
上位10品種の合計		70.7		

【資料】令和4年産水稲の品種別作付動向について（米穀安定供給確保支援機構）

かんれん　世界の米、小麦、大麦の生産量 ➡ 246ページ

順位①〜⑤を見て、作物ごとの主産県を知っておこう。また、工芸作物には県の特産物が多い。い草は熊本県八代市、こんにゃくいもは群馬県下仁田町が主産地として有名だ。

野菜、工芸作物 など
農業

野菜のとれ高と主要生産県（2022年）

【資料】野菜の作付面積、収穫量及び出荷量（農林水産省）

作　物	全国	順位①		②		③		④		⑤	
だいこん	118.20万t	千　葉	14.49	北海道	13.01	青　森	10.73	鹿児島	9.04	神奈川	7.54
か　ぶ	10.51	千　葉	2.74	埼　玉	1.63	青　森	0.57	京　都	0.441	滋　賀	0.437
にんじん	58.25	北海道	16.86	千　葉	11.05	徳　島	4.85	青　森	3.44	長　崎	3.29
ご　ぼ　う	11.67	青　森	4.26	茨　城	1.34	北海道	1.04	宮　崎	0.87	群　馬	0.70
れんこん	5.62	茨　城	2.82	佐　賀	0.73	徳　島	0.50	愛　知	0.28	山　口	0.23
さといも	13.87	埼　玉	1.79	宮　崎	1.36	千　葉	1.32	愛　媛	0.89	栃　木	0.74
やまのいも	15.72	北海道	7.75	青　森	4.55	長　野	0.64	千　葉	0.57	群　馬	0.45
はくさい	87.46	茨　城	24.41	長　野	23.35	群　馬	2.70	埼　玉	2.48	北海道	2.35
キャベツ	145.80	群　馬	28.45	愛　知	26.89	千　葉	10.96	茨　城	10.69	長　野	6.86
ほうれんそう	20.98	群　馬	2.23	埼　玉	2.18	千　葉	2.07	茨　城	1.81	宮　崎	1.22
ね　ぎ	44.08	茨　城	5.43	千　葉	5.38	埼　玉	5.13	北海道	1.96	群　馬	1.82
たまねぎ	121.40	北海道	82.14	兵　庫	8.64	佐　賀	8.40	長　崎	2.88	愛　知	2.50
な　す	29.46	高　知	4.06	熊　本	3.34	群　馬	2.85	茨　城	1.79	福　岡	1.75
トマト	70.79	熊　本	13.03	北海道	6.29	愛　知	4.77	茨　城	4.63	栃　木	3.20
きゅうり	54.86	宮　崎	6.45	群　馬	5.58	埼　玉	4.40	福　島	4.05	千　葉	3.14
かぼちゃ	18.29	北海道	9.40	鹿児島	0.69	長　野	0.66	茨　城	0.64	長　崎	0.48
ピーマン	15.00	茨　城	3.33	宮　崎	2.81	高　知	1.38	鹿児島	1.33	岩　手	0.85
さやえんどう	1.93	鹿児島	0.50	愛　知	0.15	福　島	0.11	熊　本	0.10	和歌山	0.07
えだまめ	6.52	北海道	0.88	群　馬	0.71	千　葉	0.58	埼　玉	0.53	山　形	0.50
さやいんげん	3.31	千　葉	0.51	福　島	0.33	北海道	0.26	鹿児島	0.21	沖　縄	0.18
い　ち　ご	16.08	栃　木	2.44	福　岡	1.68	熊　本	1.17	愛　知	1.06	静　岡	1.04
す　い　か	31.59	熊　本	4.80	千　葉	3.68	山　形	3.14	新　潟・鳥　取			1.90
メロン	14.24	茨　城	3.37	熊　本	2.44	北海道	1.99	愛　知	0.99	山　形	0.96
レタス	55.28	長　野	18.26	茨　城	8.68	群　馬	5.67	長　崎	3.70	静　岡	2.57
カリフラワー	2.22	茨　城	0.27	熊　本	0.26	愛　知	0.23	埼　玉・長　野			0.21
ブロッコリー	17.29	北海道	2.76	埼　玉	1.55	愛　知	1.51	香　川	1.33	徳　島	1.17

【注】「やまのいも」には、ながいも及びつくねいもを含むが、じねんじょは除く。

いも・豆類（2022年）

【資料】かんしょの収穫量（農林水産省）ほか

作　物	全国	順位①		②		③		④		⑤	
さつまいも	71.07万t	鹿児島	21.00	茨　城	19.43	千　葉	8.88	宮　崎	7.79	徳　島	2.70
じゃがいも	224.50	北海道	181.90	鹿児島	8.73	長　崎	6.66	茨　城	4.84	千　葉	2.81
だ　い　ず	24.28	北海道	10.89	宮　城	1.58	秋　田	1.15	滋　賀	1.06	福　岡	0.98
あ　ず　き	4.21	北海道	3.93	京　都	0.03	滋　賀	0.02	──		──	
らっかせい	1.75	千　葉	1.49	──		──		──		──	
そ　ば	4.00	北海道	1.83	長　野	0.32	茨　城	0.30	栃　木	0.28	山　形	0.23

工芸作物（2022年）

【資料】茶生産量（農林水産省）ほか

作　物	全国	順位①		②		③		④		⑤	
茶	33.11万t	鹿児島	13.04	静　岡	12.92	三　重	2.58	宮　崎	1.45	京　都	1.26
てんさい	354.50	北海道	354.50	──		──		──		──	
さとうきび	127.20	沖　縄	73.76	鹿児島	53.41	──		──		──	
こんにゃくいも	5.19	群　馬	4.92	──		──		──		──	
い　草	0.58	熊　本	0.58	──		──		──		──	
葉たばこ	0.88	熊　本	0.19	岩　手	0.114	長　崎	0.1099	沖　縄	0.080	青　森	0.0797

【注】工芸作物とは、収穫後、何回も加工の必要がある作物。茶は生葉収穫量で主産県のみの調査。──は、調査をしていないことを示す。てんさいは北海道のみの調査。
さとうきび、い草は調査対象が2県のみ。葉たばこは全国たばこ耕作組合中央会しらべ。葉たばこのみ販売重量で、主産県のみの調査。

かんれん 世界のじゃがいも、だいず、わた、天然ゴムの生産量 ➡ 246〜247ページ

統計｜日本｜農業

麦（むぎ）・くだもの

どの都道府県でどんなくだものがたくさん取れるのかを見てみよう。
また、日本は小麦やくだものの多くを輸入（ゆにゅう）しているため、円高・円安の影響（えいきょう）が多くの食べ物に及ぶことも覚えておこう。

小麦（こむぎ）のとれ高、輸入量（ゆにゅうりょう）、価格（かかく）

【資料】小麦の収穫量（農林水産省）ほか 【注】小麦輸入量は年度の数値、政府売り渡し価格は年度平均の実績価格。

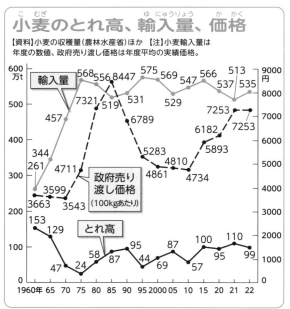

みかん、りんごのとれ高

【資料】りんごの収穫量及び出荷量（農林水産省）ほか

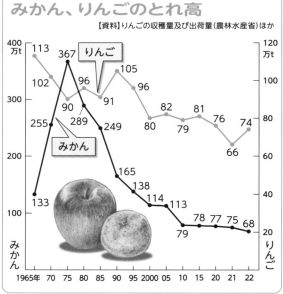

くだもののとれ高と主要生産県（しゅようせいさん）（2022年）

【資料】果樹生産出荷統計（農林水産省）

作物（さくもつ）	全国	順位（じゅんい）①		②		③		④		⑤	
りんご	73.71万t	青森	43.90	長野	13.26	岩手	4.79	山形	4.12	福島	2.37
みかん	68.22	和歌山	15.25	愛媛	10.93	静岡	10.30	熊本	7.50	長崎	4.04
ぶどう	16.26	山梨	4.08	長野	2.89	岡山	1.46	山形	1.40	福岡	0.72
日本なし	19.65	千葉	1.92	茨城	1.78	栃木	1.70	福島	1.52	長野	1.30
西洋なし	2.67	山形	1.82	新潟	0.21	青森	0.19	長野	0.13	福島	0.06
もも	11.69	山梨	3.57	福島	2.77	長野	1.20	山形	0.98	和歌山	0.80
すもも	1.88	山梨	0.59	長野	0.31	山形	0.21	和歌山	0.17	青森	0.10
うめ	8.46	和歌山	5.83	群馬	0.50	福井	0.16	山梨	0.15	神奈川	0.13
びわ	0.23	長崎	0.06	千葉	0.05	香川・鹿児島	0.0169			愛媛	0.0165
かき	21.61	和歌山	4.20	奈良	2.95	福岡	1.77	岐阜	1.62	愛知	1.52
くり	1.56	茨城	0.37	熊本	0.23	愛媛	0.12	岐阜	0.07	長野	0.06

うめとびわは2023年産

くだものの輸入額と相手国（2022年）

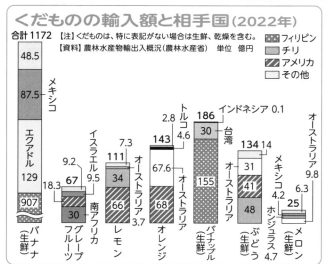

合計 1172 　【注】くだものは、特に表記がない場合は生鮮、乾燥を含む。
【資料】農林水産物輸出入概況（農林水産省） 単位 億円

凡例：フィリピン／チリ／アメリカ／その他

小麦の政府売り渡し価格（せいふうりわたしかかく）

日本に流通する小麦は、国産より価格が安い輸入（ゆにゅう）小麦がほとんどで、おもな輸入相手国はアメリカやオーストラリアです。日本国内の小麦農家を守るため、日本政府は輸入小麦の全量を買い取り、小麦農家への補助金分などを上乗せした「政府売り渡し価格」を定めて製粉（せいふん）会社などに販売（はんばい）しています。輸入相手国が干（かん）ばつなどの災害に見舞（みま）われると、中国やインドなどが経済的に発展して食料需要（しょくりょうじゅよう）が増えたこともあり、小麦の値段が高騰しがちです。「円とドル」（P179）の関係も影響（えいきょう）します。

かんれん　世界の米、小麦、大麦の生産量 ➡ 246ページ

食肉や牛乳、卵のために飼われている家畜の数を都道府県別に確認しよう。牛と豚の飼養地域の大きな違いは何だろうか。また家畜のえさのうち国産の割合はどれくらいか。養蚕の歴史も調べてみよう。

畜産・養蚕　農業

家畜の数 （2023年2月現在）

【資料】畜産統計（農林水産省）
単位　万頭（にわとり、わかどりは万羽）

	乳牛	肉牛	ぶた	にわとり卵用	わかどり肉用
全　国	135.6	268.7	895.6	1億6981.0	1億4146.3
北海道	84.3	56.6	76.0	631.1	536.4
青　森	1.2	5.7	35.6	539.3	690.5
岩　手	4.0	8.9	47.4	519.0	2076.6
宮　城	1.7	8.0	18.0	407.4	207.0
秋　田	0.4	1.9	27.0	236.7	－
山　形	1.1	4.3	17.0	39.7	59.7
福　島	1.1	5.0	12.4	560.7	79.7
茨　城	2.4	5.2	45.8	1230.3	126.5
栃　木	5.4	8.5	30.0	602.0	χ
群　馬	3.3	5.7	59.4	957.9	157.4
埼　玉	0.7	1.7	8.3	366.8	χ
千　葉	2.7	4.3	58.8	1307.3	185.9
東　京	0.1	0.1	0.2	7.3	－
神奈川	0.4	0.5	6.5	103.7	－
新　潟	0.6	1.2	15.8	466.9	125.4
富　山	0.2	0.4	2.4	83.6	－
石　川	0.3	0.4	1.8	130.7	－
福　井	0.1	0.2	0.2	72.5	9.8
山　梨	0.3	0.5	1.0	53.5	38.9
長　野	1.4	2.1	5.4	53.3	67.2
岐　阜	0.5	3.4	9.8	518.9	100.9
静　岡	1.3	2.0	9.1	501.9	107.8
愛　知	2.0	4.2	30.9	796.0	104.8
三　重	0.7	3.1	9.0	622.4	62.8
滋　賀	0.2	2.2	0.1	23.1	χ
京　都	0.4	0.6	1.3	157.6	47.5
大　阪	0.1	0.1	0.2	5.3	－
兵　庫	1.2	5.9	2.1	620.5	222.4
奈　良	0.3	0.4	0.4	31.3	χ
和歌山	0.1	0.3	0.1	26.5	24.9
鳥　取	0.8	2.2	6.2	15.0	322.3
島　根	1.1	3.4	3.7	93.0	χ
岡　山	1.6	3.5	4.2	877.3	281.4
広　島	0.9	2.7	15.1	805.3	χ
山　口	0.2	1.5	3.3	162.7	147.4
徳　島	0.4	2.3	4.7	74.2	372.3
香　川	0.5	2.2	3.1	544.5	219.8
愛　媛	0.5	1.0	19.8	209.4	108.3
高　知	0.3	0.6	2.5	28.7	41.9
福　岡	1.1	2.3	7.9	343.0	118.5
佐　賀	0.2	5.2	8.5	20.0	394.9
長　崎	0.6	9.2	19.5	194.2	302.4
熊　本	4.4	13.9	33.8	255.5	396.9
大　分	1.3	5.3	15.0	96.0	244.7
宮　崎	1.3	26.0	81.8	279.0	2825.4
鹿児島	1.3	35.8	115.3	1158.2	3128.5
沖　縄	0.4	8.1	19.6	151.6	62.8

【注】①わかどりのχは非公表、―は計算できないことを示す。
②乳牛はメス。③色字は全国一。

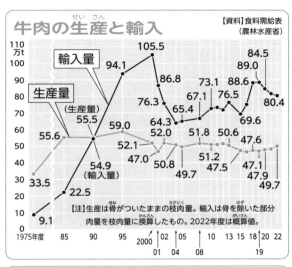

牛肉の生産と輸入

【資料】食料需給表（農林水産省）

【注】生産は骨がついたままの枝肉量。輸入は骨を除いた部分肉量を枝肉量に換算したもの。2022年度は概算値。

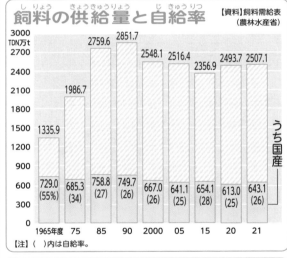

飼料の供給量と自給率

【資料】飼料需給表（農林水産省）

年度	供給量（TDN万t）	うち国産
1965年度	1335.9	729.0（55%）
75	1986.7	685.3（34）
85	2759.6	758.8（27）
90	2851.7	749.7（26）
2000	2548.1	667.0（26）
05	2516.4	641.1（25）
15	2356.9	654.1（28）
20	2493.7	613.0（25）
21	2507.1	643.1（26）

【注】（　）内は自給率。

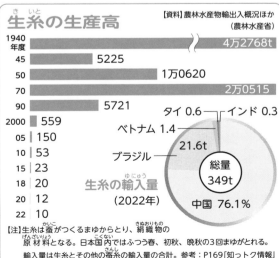

生糸の生産高

【資料】農林水産物輸出入概況ほか（農林水産省）

年度	生産高
1940年度	4万2768t
45	5225
50	1万0620
70	2万0515
90	5721
2000	559
05	150
10	53
15	23
18	20
20	12
22	10

生糸の輸入量（2022年）

総量 349t
中国 76.1%
ブラジル 21.6t
ベトナム 1.4
タイ 0.6
インド 0.3

【注】生糸は蚕がつくるまゆからとり、絹織物の原材料となる。日本国内ではふつう春、初秋、晩秋の3回まゆがとれる。輸入量は生糸とその他の蚕糸の輸入量の合計。参考：P169「知っトク情報」

統計｜日本｜農業

151

林業 **木材**（もくざい）

わが国の森林率（しんりんりつ）は67％（2022年現在）。その面積や木材の種類、輸入状況などをみよう。2020年の林業経営体数は3万4001で5年前より6割以上減ったが、保有山林規模は10ha以上の経営体が50％を超えた（20年農林業センサス）。

木材のとれ高

【資料】木材統計ほか（農林水産省）

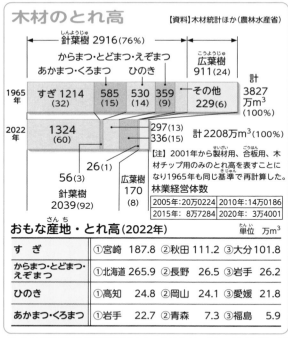

針葉樹（しんようじゅ）2916（76％）
　からまつ・とどまつ・えぞまつ
　あかまつ・くろまつ　ひのき
広葉樹（こうようじゅ）911（24）

| 1965年 | すぎ 1214 (32) | 585 (15) | 530 (14) | 359 (9) | その他 229(6) | 計 3827万m³ (100%) |

2022年 1324 (60)　297(13)　336(15)　計2208万m³(100%)
　26(1)
　56(3)
　針葉樹 2039(92)
　広葉樹 170(8)

【注】2001年から製材用、合板用、木材チップ用のみのとれ高を表すことになり1965年も同じ基準で再計算した。

林業経営体数
| 2005年：20万0224 | 2010年：14万0186 |
| 2015年：8万7284 | 2020年：3万4001 |

おもな産地・とれ高（2022年）　単位 万m³

すぎ	①宮崎 187.8	②秋田 111.2	③大分 101.8
からまつ・とどまつ・えぞまつ	①北海道 265.9	②長野 26.5	③岩手 26.2
ひのき	①高知 24.8	②岡山 24.1	③愛媛 21.8
あかまつ・くろまつ	①岩手 22.7	②青森 7.3	③福島 5.9

木を切った面積・植えた面積

【資料】森林・林業統計要覧（林野庁）

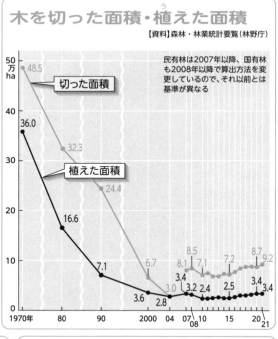

民有林は2007年以降、国有林も2008年以降で算出方法を変更しているので、それ以前とは基準が異なる

切った面積　48.5　36.0　32.3　24.4　16.6　7.1　6.7　3.6　2.8　3.0
植えた面積　8.1　7.1　3.4　3.2　2.4　2.5　3.4　3.4　7.2　8.5　8.7　9.2

1970年　80　90　2000　04　07　08　10　15　21

森林面積（めんせき）（2022年3月末現在）

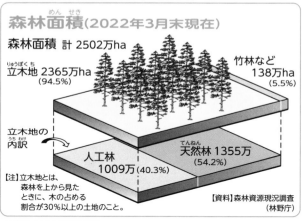

森林面積 計 2502万ha
立木地（りゅうぼくち）2365万ha（94.5%）
竹林など 138万ha（5.5%）

立木地の内訳（うちわけ）
人工林 1009万（40.3%）
天然林（てんねん）1355万（54.2%）

【注】立木地とは、森林を上から見たときに、木の占める割合が30%以上の土地のこと。

【資料】森林資源現況調査（林野庁）

木材の自給率（じきゅうりつ）

【資料】木材需給表（林野庁）

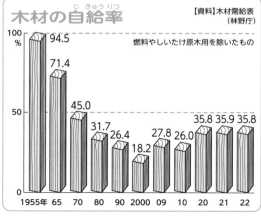

燃料やしいたけ原木用を除いたもの

94.5　71.4　45.0　31.7　26.4　18.2　27.8　26.0　35.8　35.9　35.8
1955年　65　70　80　90　2000　09　10　20　21　22

木材と合板の輸入量（ごうはん　ゆにゅうりょう）

【注】木材（まるた　せいざい）は丸太と製材の合計。　【資料】木材輸入実績（林野庁）、農林水産物輸出入概況（農林水産省）

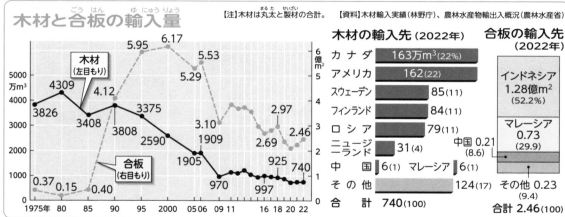

木材（左目もり）
3826　4309　3408　3808　3375　2590　1909　1905　970　997　925　740

合板（右目もり）
0.37　0.15　0.40　4.12　5.95　6.17　5.29　5.53　3.10　2.69　2.97　2.46

1975年　80　85　90　95　2000　05 06　09 11　16　18　20 22

木材の輸入先（2022年）

カナダ	163万m³（22%）
アメリカ	162（22）
スウェーデン	85（11）
フィンランド	84（11）
ロシア	79（11）
ニュージーランド	31（4）
中国	6（1）
マレーシア	6（1）
その他	124（17）
合計	740（100）

合板の輸入先（2022年）

インドネシア	1.28億m²（52.2%）
マレーシア	0.73（29.9）
中国	0.21（8.6）
その他	0.23（9.4）
合計 2.46（100）	

かんれん 世界の木材の生産高 →247ページ

魚のとれ高は、1970年以降、どんな変化が見られるか。漁業別、魚種別、さらに養殖でのとれ高も確認しよう。とれ高は、魚を食べる量や漁業で働く人の状況とどのようにかかわっているだろうか。

漁業 水産業

魚のとれ高（漁業別）
【資料】漁業・養殖業生産統計（農林水産省）

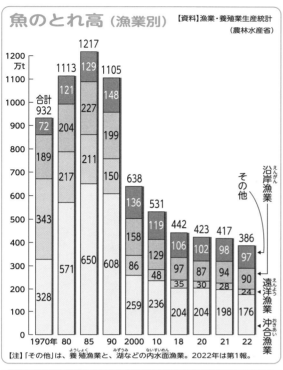

沿岸漁業 / その他 / 遠洋漁業 / 沖合漁業

年	合計	沿岸漁業	沖合漁業	遠洋漁業	その他
1970年	932	328	343	189	72
80	1113	571	217	204	121
85	1217	650	211	227	129
90	1105	608	150	199	148
2000	638	259	86	158	136
10	531	236	48	129	119
18	442	204	35	97	106
20	423	204	30	87	102
21	417	198	28	94	98
22	386	176	24	90	97

【注】「その他」は、養殖業と、湖などの内水面漁業。2022年は第1報。

魚のとれ高（魚種別）
【資料】漁業・養殖業生産統計（農林水産省）

- Ⓐ＝いわし類
- Ⓑ＝あじ・さんま・その他の魚
- Ⓒ＝たら類
- Ⓓ＝いか・かに・えび・たこなど
- Ⓔ＝かつお・まぐろ・かじき類
- Ⓕ＝さば類
- Ⓖ＝貝・海藻類

年	合計	Ⓐ	Ⓑ	Ⓒ	Ⓓ	Ⓔ	Ⓕ	Ⓖ
1970年	860	44	245	246	82	59	130	53
80	991	244	222	165	98	80	130	52
85	1088	420	209	165	85	78	77	54
90	957	411	209	93	89	65	27	63
2000	502	157	92	35	31	45	89	53
10	412	127	56	45	30	49	50	35
15	349	64	94	47	17	41	39	53
20	321	94	67	23	22	38	39	45
21	319	90	60	23	15	41	44	45
22	289	86	63	22	14	30	32	43

【注】養殖、湖などの内水面漁業を除いた海面漁業のデータ。2022年は第1報。

漁業で働く人
【資料】漁業センサス、漁業構造動態調査（農林水産省）

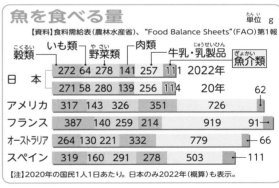

年	男	女	合計（万人）
1970年	45.4	11.6	57.0
80	37.7	8.0	45.7
90	30.3	6.7	37.1
2000	21.6	4.4	26.0
10	17.3	3.0	20.3
13	15.7	2.4	18.1
15	14.5	2.2	16.7
18	13.4	1.8	15.2
20	12.0	1.6	13.6
22	11.0	1.4	12.3

魚を食べる量
単位 g
【資料】食料需給表（農林水産省）、"Food Balance Sheets"（FAO）第1報

	穀類	いも類	野菜類	肉類	牛乳・乳製品	魚介類
日本 2022年	272	64	278	141	257	111
日本 20年	271	58	280	139	256	114 / 62
アメリカ	317	143	326	351	726	
フランス	387	140	259	214	919	91
オーストラリア	264	130	221	332	779	66
スペイン	319	160	291	278	503	111

【注】2020年の国民1人1日あたり。日本のみ2022年（概算）も表示。

統計｜日本｜林業・水産業

漁業の経営（2022年）
【注】漁船漁業を営む個人経営体の全国平均。第1報

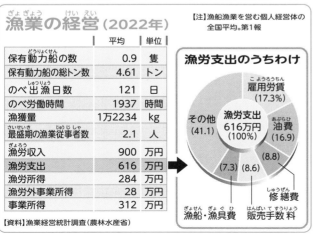

	平均	単位
保有動力船の数	0.9	隻
保有動力船の総トン数	4.61	トン
のべ出漁日数	121	日
のべ労働時間	1937	時間
漁獲量	1万2234	kg
最盛期の漁業従事者数	2.1	人
漁労収入	900	万円
漁労支出	616	万円
漁労所得	284	万円
漁労外事業所得	28	万円
事業所得	312	万円

漁労支出のうちわけ

漁労支出 616万円（100%）
- 雇用労賃（17.3%）
- 油費（16.9）
- (8.8)
- 修繕費
- 販売手数料
- 漁船・漁具費 (8.6)
- (7.3)
- その他（41.1）

【資料】漁業経営統計調査（農林水産省）

海の魚の養殖（とれ高）
【資料】漁業・養殖業生産統計（農林水産省）
2022年は第1報

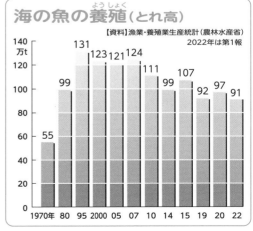

年	とれ高（万t）
1970年	55
80	99
95	131
2000	123
05	121
07	124
10	111
14	99
15	107
19	92
20	97
22	91

かんれん 世界の漁獲高 →247ページ

水産業　漁業

日本は暖流と寒流がぶつかる潮目や大陸棚に恵まれて多くの漁港があるが、減っている。2014年は2900港以上あったが23年は2777港。石巻、銚子、焼津、枕崎など13漁港は水産業で特に重要とされる。

おもな漁港別の水あげ量（2022年）

【資料】水産庁（漁業情報サービスセンター）　単位　万t

【注】数値は2022年速報。（　）で示した魚種は、その漁港に水あげされるおもな魚介類。色字の港は水あげ量上位3位。鳥取県の境は、境港市にある漁港。

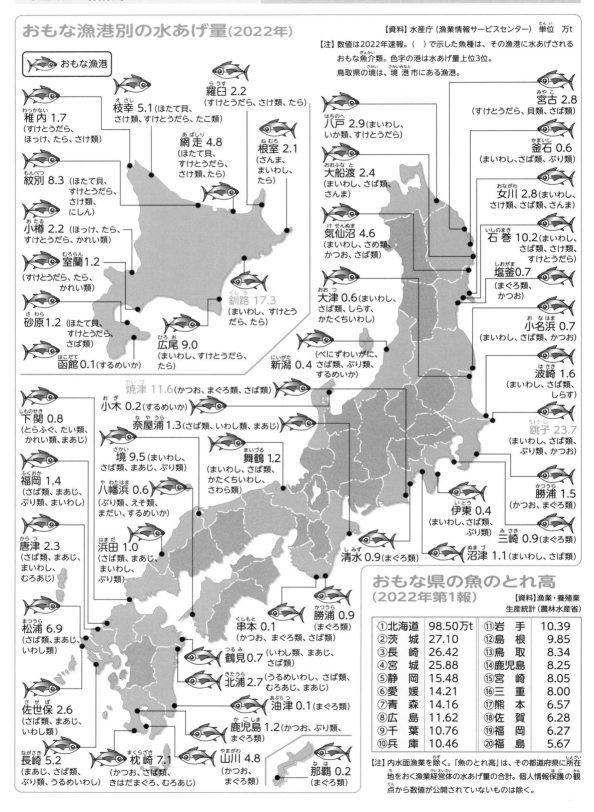

おもな漁港

稚内 1.7（すけとうだら、ほっけ、たら、さけ類）

枝幸 5.1（ほたて貝、さけ類、すけとうだら、たこ類）

紋別 8.3（ほたて貝、すけとうだら、さけ類、にしん）

小樽 2.2（ほっけ、たら、すけとうだら、かれい類）

網走 4.8（ほたて貝、すけとうだら、さけ類、たら）

羅臼 2.2（すけとうだら、さけ類、たら）

根室 2.1（さんま、まいわし、たら）

室蘭 1.2（すけとうだら、たら、かれい類）

砂原 1.2（ほたて貝、すけとうだら、さば類）

函館 0.1（するめいか）

広尾 9.0（まいわし、すけとうだら、たら）

釧路 17.3（まいわし、すけとうだら、たら）

八戸 2.9（まいわし、いか類、すけとうだら）

大船渡 2.4（まいわし、さば類、さんま）

気仙沼 4.6（まいわし、さめ類、かつお、さば類）

大津 0.6（まいわし、さば類、しらす、かたくちいわし）

新潟 0.4（べにずわいがに、さば類、ぶり類、するめいか）

宮古 2.8（すけとうだら、貝類、さば類）

釜石 0.6（まいわし、さば類、ぶり類）

女川 2.8（まいわし、さけ類、さば類、さんま）

石巻 10.2（まいわし、さば類、さけ類、すけとうだら）

塩釜 0.7（まぐろ類、かつお）

小名浜 0.7（まいわし、さば類、かつお）

波崎 1.6（まいわし、さば類、しらす）

銚子 23.7（まいわし、さば類、ぶり類、かつお）

勝浦 1.5（かつお、まぐろ類）

下関 0.8（とらふぐ、たい類、かれい類、まあじ）

福岡 1.4（さば類、まあじ、ぶり類、まいわし）

唐津 2.3（さば類、まあじ、まいわし、むろあじ）

松浦 6.9（さば類、まあじ、いわし類）

佐世保 2.6（さば類、まあじ、いわし類）

長崎 5.2（まあじ、さば類、ぶり類、うるめいわし）

焼津 11.6（かつお、まぐろ類、さば類）

小木 0.2（するめいか）

奈屋浦 1.3（さば類、いわし類、まあじ）

境 9.5（まいわし、さば類、まあじ、ぶり類）

八幡浜 0.6（ぶり類、えそ類、まだい、するめいか）

浜田 1.0（さば類、まあじ、まいわし、ぶり類）

舞鶴 1.2（まいわし、さば類、かたくちいわし、さわら類）

清水 0.9（まぐろ類）

伊東 0.4（まいわし、さば類、ぶり類）

三崎 0.9（まぐろ類）

沼津 1.1（まいわし、さば類）

勝浦 0.9（まぐろ類）

串本 0.1（かつお、まぐろ類、さば類）

鶴見 0.7（いわし類、まあじ、さば類）

北浦 2.7（うるめいわし、さば類、むろあじ、まあじ）

油津 0.1（まぐろ類）

枕崎 7.1（かつお、さば類、きはだまぐろ、むろあじ）

鹿児島 1.2（かつお、ぶり類、まぐろ類）

山川 4.8（かつお、まぐろ類）

那覇 0.2（まぐろ類）

おもな県の魚のとれ高
（2022年第1報）

【資料】漁業・養殖業生産統計（農林水産省）

①北海道	98.50万t	⑪岩　手	10.39
②茨　城	27.10	⑫島　根	9.85
③長　崎	26.42	⑬鳥　取	8.34
④宮　城	25.88	⑭鹿児島	8.25
⑤静　岡	15.48	⑮宮　崎	8.05
⑥愛　媛	14.21	⑯三　重	8.00
⑦青　森	14.16	⑰熊　本	6.57
⑧広　島	11.62	⑱佐　賀	6.28
⑨千　葉	10.76	⑲福　岡	6.27
⑩兵　庫	10.46	⑳福　島	5.67

【注】内水面漁業を除く。「魚のとれ高」は、その都道府県に所在地をおく漁業経営体の水あげ量の合計。個人情報保護の観点から数値が公開されていないものは除く。

わが国の魚介類(食用)の自給率は56%(2022年度概算値)。どの国から最も多額の輸入をしているか、22年に20万t以上輸入した魚介類は何か、また、どの海域で多くの魚をとっているか答えよう。

魚介類の輸入額（輸入相手国別、2022年）

【注】調製品を含む。
【資料】貿易統計（財務省）

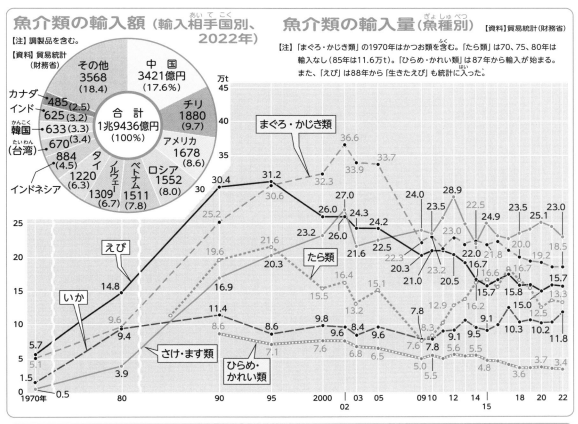

- その他 3568 (18.4)
- 中国 3421億円 (17.6%)
- チリ 1880 (9.7)
- アメリカ 1678 (8.6)
- ロシア 1552 (8.0)
- ベトナム 1511 (7.8)
- ノルウェー 1309 (6.7)
- タイ 1220 (6.3)
- インドネシア 884 (4.5)
- 韓国（台湾）670 (3.4)
- 韓国 633 (3.3)
- インド 625 (3.2)
- カナダ 485 (2.5)
- 合計 1兆9436億円 (100%)

魚介類の輸入量（魚種別）

【資料】貿易統計（財務省）

【注】「まぐろ・かじき類」の1970年はかつお類を含む。「たら類」は70、75、80年は輸入なし(85年は11.6万t)。「ひらめ・かれい類」は87年から輸入が始まる。また、「えび」は88年から「生きたえび」も統計に入った。

(グラフ中のラベル：まぐろ・かじき類、たら類、えび、いか、さけ・ます類、ひらめ・かれい類)

世界の海で日本漁船がとる魚介類（2021年）

【資料】漁業・養殖業水域別生産統計（農林水産省）
〔公表されている最新の数字〕 単位 万t

【注】数字はそれぞれの海域でその年にとれた魚介類の量。（ ）はおもな魚の種類。「内水面」は川や湖。養殖でとれる量も含む。— は漁獲のなかったもの。南氷洋(太平洋)は不明。

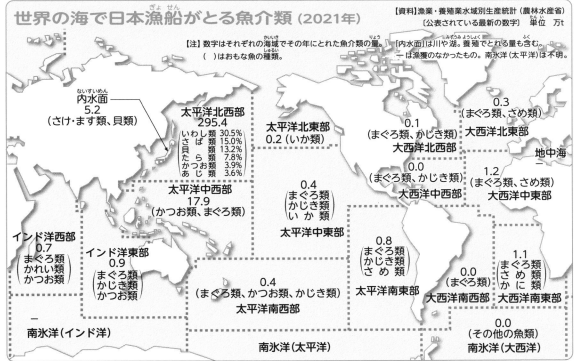

- 内水面 5.2 （さけ・ます類、貝類）
- 太平洋北西部 295.4
  - いわし類 30.5%
  - さば類 15.0%
  - 貝類 13.2%
  - たら類 7.8%
  - かつお類 3.9%
  - あじ類 3.6%
- 太平洋北東部 0.2 （いか類）
- 太平洋中西部 17.9 （かつお類、まぐろ類）
- 太平洋中東部 0.4 （まぐろ類、かじき類、いか類）
- 太平洋南西部 0.4 （まぐろ類、かつお類、かじき類）
- 太平洋南東部 0.8 （まぐろ類、かじき類、さめ類）
- インド洋西部 0.7 （まぐろ類、かれい類、かつお類）
- インド洋東部 0.9 （まぐろ類、かじき類、かつお類）
- 南氷洋(インド洋) —
- 大西洋北西部 0.1 （まぐろ類、かじき類）
- 大西洋北東部 0.3 （まぐろ類、さめ類）
- 大西洋中西部 0.0 （まぐろ類、かじき類）
- 大西洋中東部 1.2 （まぐろ類、さめ類）
- 地中海 —
- 大西洋南西部 0.0 （まぐろ類）
- 大西洋南東部 1.1 （まぐろ類、さめ類、かに類）
- 南氷洋(太平洋)
- 南氷洋(大西洋) 0.0 （その他の魚類）

資源と エネルギー エネルギー

節電や省エネが進んだため、エネルギー供給量は減少傾向にあるが、日本の産業や生活では今も大量のエネルギーを使い、多くを石油や石炭に頼る。その問題点と再生可能エネルギーの利点も調べよう。

エネルギー国内供給の割合

【資料】総合エネルギー統計（資源エネルギー庁）

年度	石油	石炭	天然ガス	原子力	水力	再生可能・未活用エネルギー	合計
1965年度	(60%)	(27)	(3)		(11)		7071ペタジュール
80	(66)	(17)	(7)	(5)	(5)		16627
90	(56.0)	(16.9)	(10.5)	(9.6)	(4.2)	(3.0) (3.0)	19669
2005	(46.8)	(20.8)	(14.8)	(11.6)	(2.9)		22858
10	(40.3)	(22.7)	(18.2)	(11.2)	(3.3)	(4.4)	21995
13	(42.8)	(25.2)	(23.3)	(0.4)	(3.2)	(5.1)	21052
16	(39.6)	(25.4)	(23.8)	(0.8)	(3.4)	(7.0)	19838
20	(36.4)	(24.6)	(23.8)	(1.8)	(3.7)	(9.6)	17942
21	(36.0)	(25.8)	(21.4)	(3.2)	(3.6)	(10.0)	18670

【注1】1992年の計量法改定で、単位カロリー(cal)が国際単位ジュール(J)に切りかえられた。1カロリーは約4.2ジュール。
　　　1ペタジュールは10¹⁵ジュール(10の後ろに0が14個つく大きさ)。水力発電には、河川の流れを利用するもの(再生可能)と揚水式がある。
【注2】再生可能エネルギー(水力を除く)には、太陽光発電、風力発電、バイオマスエネルギー、地熱発電などが含まれる。
【注3】未活用エネルギーには、廃棄物発電、廃タイヤ直接利用、廃プラスチック直接利用の「廃棄物エネルギー回収」、廃熱利用熱供給などが含まれる。

エネルギーの輸入と国産の割合

【資料】総合エネルギー統計（資源エネルギー庁）
【注】輸入されるのはおもに原油だが、石炭なども入っている。

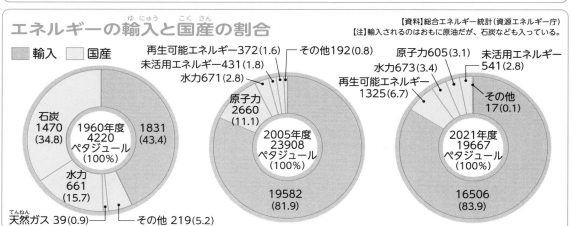

■ 輸入　■ 国産

1960年度 4220ペタジュール (100%)
石炭 1470 (34.8)　1831 (43.4)
水力 661 (15.7)
天然ガス 39 (0.9)　その他 219 (5.2)

2005年度 23908ペタジュール (100%)
再生可能エネルギー 372 (1.6)　その他 192 (0.8)
未活用エネルギー 431 (1.8)
水力 671 (2.8)
原子力 2660 (11.1)
19582 (81.9)

2021年度 19667ペタジュール (100%)
原子力 605 (3.1)　未活用エネルギー 541 (2.8)
水力 673 (3.4)
再生可能エネルギー 1325 (6.7)
その他 17 (0.1)
16506 (83.9)

消費の割合 （2021年度）

【資料】総合エネルギー統計（資源エネルギー庁）

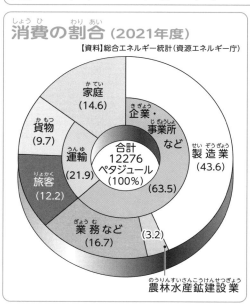

合計 12276ペタジュール (100%)
家庭 (14.6)
貨物 (9.7)
運輸 (21.9)
旅客 (12.2)
業務 など (16.7)
企業・事業所 など
製造業 (43.6)
(63.5)
(3.2)
農林水産鉱建設業

おもな国のエネルギー自給率 （2020年）

【資料】国際エネルギー機関

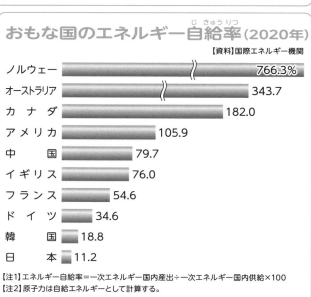

国	自給率
ノルウェー	766.3%
オーストラリア	343.7
カナダ	182.0
アメリカ	105.9
中国	79.7
イギリス	76.0
フランス	54.6
ドイツ	34.6
韓国	18.8
日本	11.2

【注1】エネルギー自給率＝一次エネルギー国内産出÷一次エネルギー国内供給×100
【注2】原子力は自給エネルギーとして計算する。

かんれん 世界のエネルギー ➡249ページ

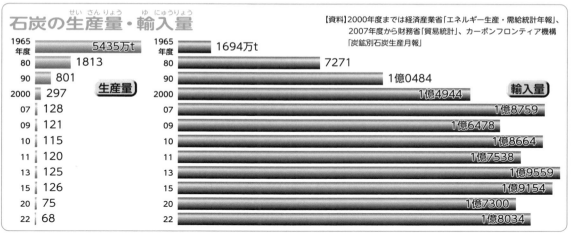

日本は、石油は中東から、石炭はオーストラリアから多く輸入している。
2021年度のエネルギー自給率は13.3%。東日本大震災以降で最も高くなったが、10年度は20.2%だった。化石エネルギー依存度は80%以上。

石炭・石油

資源とエネルギー

石炭の生産量・輸入量

【資料】2000年度までは経済産業省「エネルギー生産・需給統計年報」、2007年度から財務省「貿易統計」、カーボンフロンティア機構「炭鉱別石炭生産月報」

生産量

年度	
1965年度	5435万t
80	1813
90	801
2000	297
07	128
09	121
10	115
11	120
13	125
15	126
20	75
22	68

輸入量

年度	
1965年度	1694万t
80	7271
90	1億0484
2000	1億4944
07	1億8759
09	1億6478
10	1億8664
11	1億7538
13	1億9559
15	1億9154
20	1億7300
22	1億8034

石油製品の生産量

【資料】資源・エネルギー統計年報(経済産業省)ほか
【注】ナフサは石油を蒸留して得られる軽質油。

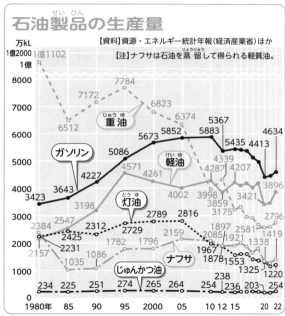

重油 / ガソリン / 軽油 / 灯油 / ナフサ / じゅんかつ油

原油の値段(1kLあたり)

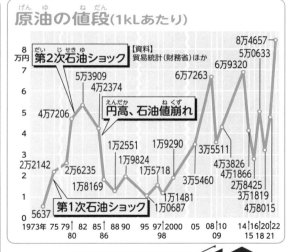

第2次石油ショック
円高、石油値崩れ
第1次石油ショック

【資料】貿易統計(財務省)ほか

原油の輸入量・生産量

【資料】資源・エネルギー統計年報(経済産業省)ほか

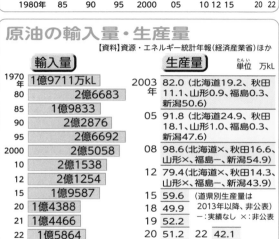

輸入量

1970年	1億9711万kL
80	2億6683
85	1億9833
90	2億2876
95	2億6692
2000	2億5058
10	2億1538
12	2億1254
15	1億9587
20	1億4388
21	1億4466
22	1億5864

生産量 単位 万kL

2003年	82.0 (北海道19.2、秋田11.1、山形0.9、福島0.3、新潟50.6)
05	91.8 (北海道24.9、秋田18.1、山形1.0、福島0.3、新潟47.6)
08	98.6 (北海道×、秋田16.6、山形×、福島一、新潟54.9)
12	79.4 (北海道×、秋田14.3、山形×、福島一、新潟43.9)
15	59.6 (道県別生産量は2013年以降、非公表)
18	49.9
19	52.2
20	51.2	22 42.1

一:実績なし ×:非公表

知っトク情報

日本人と石油

日本は重要なエネルギーである石油の99.7%(2022年・原油)を輸入に頼っています。しかし、日本でも石油がまったく採れないというわけではなく、現在でも、新潟県などの日本海沿岸や北海道で少しだけ原油が採掘されています。太平洋岸でも、静岡県の相良油田で昭和の中ごろまで石油が採られていました。日本における石油の記録も想像以上に古く、最初に現れるのは『日本書紀』で、天智天皇のころ(668年)に、越後の国(今の新潟)から「燃える水」が献上されたと記されています。自然にわき出た原油のようで、臭かったのか「臭水」と呼ばれていました。近年、秋田県でのシェールオイル(地中深くの岩盤に含まれる原油)生産や、石油に代わる藻類から作るオイルも研究されています。

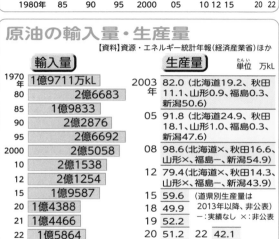

かんれん 輸入品と相手国〈原油〉➡177ページ。 石油の産出国と輸入国 ➡249ページ

資源と
エネルギー　**電力**

1986年にウクライナ（当時はソ連）で、2011年には日本で原子力発電所（原発）の事故が起きた。原発を廃止する方針を打ち出している国や、再生可能エネルギーにはどんなものがあるか調べよう。

日本の発電電力量
単位　億kWh

【資料】資源エネルギー庁　■水力 ■火力 ■原子力 ■風力、太陽光、地熱など

年度					（合計）
1970年度	(801)	(2749)	(46)		3595
80	(921)	(4028)	(826)		5775
2000	(968)	(6692)	(3221)		1兆0915
07	(842)	(8390)	(2638)		1兆1928
10	(907)	(7713)	(2882)		1兆1569
12	(836)	(9868)	(159)		1兆0940
14	(869)	(9554)	(0)	(114)	1兆0537
19	(843)	(6962)	(610)	(217)	8632
20	(845)	(6979)	(370)	(260)	8454
21	(858)	(6814)	(678)	(287)	8636
22	(832)	(6664)	(535)	(316)	8347

原子力発電所の設備容量（2023年1月現在）

【資料】世界の原子力発電開発の動向2023（日本原子力産業協会）　■運転中　■計画中と建設中
（注）ドイツは2023年4月に全基停止。　＊段階的廃止を発表

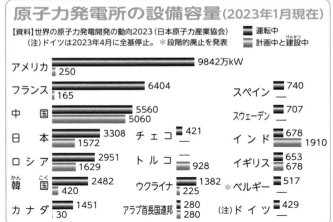

	運転中	計画中と建設中
アメリカ	9842万kW	250
フランス	6404	165
中国	5560	5060
日本	3308	1572
ロシア	2951	1629
韓国	2482	420
カナダ	1451	30
チェコ	421	
トルコ	—	928
ウクライナ	1382	225
アラブ首長国連邦	280	280
スペイン	740	—
スウェーデン	707	—
インド	678	1910
イギリス	653	678
＊ベルギー	517	—
（注）ドイツ	429	—

発電所の数と出力（2023年9月現在）
【資料】電力調査統計（資源エネルギー庁）　単位　万kW

		水力		火力		原子力		新エネルギー①		合計（自家発電などを除く）	
		発電所数	最大出力	発電所数	最大出力	発電所数	最大出力	発電所数	最大出力	発電所数	最大出力
一般電気事業者	北海道電力	56	165.3	12	463.4	1	207.0	Ⓐ1 Ⓓ1	Ⓑ1 5.8	72	841.5
	東北電力	207	244.8	13	1124.0	2	275.0	Ⓐ4 Ⓑ9 Ⓒ1 Ⓒ2	24.2	238	1668.0
	東京電力	164	980.0	10	5.8	1	821.2	Ⓑ3 Ⓒ2 Ⓓ1	5.2	181	1812.2
	中部電力	199	546.7	2	4.9	1	361.7	Ⓑ9 Ⓒ2	5.0	213	918.4
	北陸電力	131	193.9	6	456.6	1	174.6	Ⓑ4	0.4	142	825.4
	関西電力	152	824.9	8	1306.6	3	657.8	Ⓑ3	1.1	166	2790.5
	中国電力	90	290.7	10	723.4	1	82.0	Ⓑ441 Ⓓ1	3.4	543	1099.5
	四国電力	57	115.3	4	328.5	1	89.0	Ⓑ1	0.2	63	533.0
	九州電力	144	359.2	36	835.9	2	414.0	Ⓐ5 Ⓒ1 Ⓓ5	27.5	193	1636.6
	沖縄電力	—	—	24	217.4	—	—	Ⓒ5 Ⓓ1	1.2	30	218.6
JERA		—	—	24	5915.4	—	—	Ⓑ112	0.5	136	5915.9
その他		557	1238.0	338	4724.4	2	226.0	Ⓐ4 Ⓑ3755 Ⓒ350 Ⓓ1	2158.7	5010	8352.9
合計		1757	4958.8	487	1億6106.2	15	3308.3	Ⓐ14 Ⓑ4338 Ⓒ361 Ⓓ12	2233.2	6987	2億6612.5

【注】沖縄以外の各社はグループ会社分を含む合計値。①新エネルギーは地熱Ⓐ、太陽光Ⓑ、風力Ⓒなどの原動力。②東京電力と中部電力の火力は別会社に移行分合算も表示。

発電量の比率（2022年）
【資料】環境エネルギー政策研究所

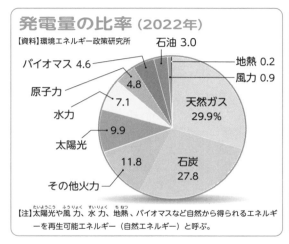

- 石油 3.0
- 地熱 0.2
- 風力 0.9
- バイオマス 4.6
- 原子力 4.8
- 水力 7.1
- 太陽光 9.9
- その他火力 11.8
- 石炭 27.8
- 天然ガス 29.9%

【注】太陽光や風力、水力、地熱、バイオマスなど自然から得られるエネルギーを再生可能エネルギー（自然エネルギー）と呼ぶ。

最大電力発生日の時間別電力使用
【資料】電気事業連合会

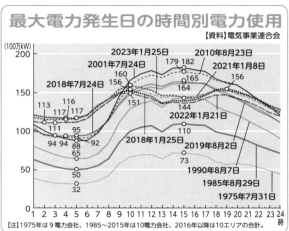

（100万kW）

2023年1月25日　2010年8月23日
2001年7月24日　2021年1月8日
2018年7月24日
2022年1月21日
2018年1月25日
2019年8月2日
1990年8月7日
1985年8月29日
1975年7月31日

113 116 117 117 111 95 94 94 88 92 65 73 50 32　160 156 151 179 182 165 164 144 156 110

【注】1975年は9電力会社、1985〜2015年は10電力会社、2016年以降は10エリアの合計。

かんれん　世界の発電量 ➡249ページ

国内の鉱山でどんな鉱物資源が採れるか、また原油・天然ガスの国内生産量と、ガスの消費量も確認しよう。資源の少ない日本だが、石灰石は2022年度に1億2669万tが国内生産され、輸出もされている。

鉱産資源とガス

資源と
エネルギー

おもな鉱山（2023年12月）

【資料】天然ガス鉱業会、石灰石鉱業協会、和鋼博物館、日本リモナイト、赤石鉱山、春日鉱山ほか

凡例：
- ✳ 金・銀
- ⊞ 油・ガス田
- ◈ 石灰石
- ● 鉄鉱石
- ⋰ 砂鉄
- ◈ けい石

【注】採取量は少量の場合もある。また金・銀については、どちらかだけのところもある。

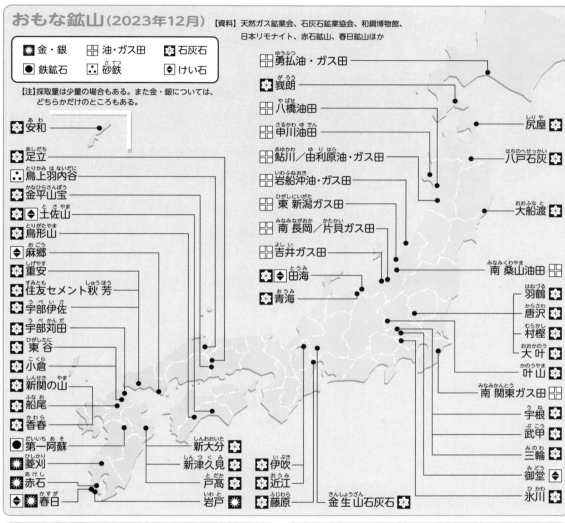

おもな鉱山の位置（地図）：
- 安和
- 足立
- 鳥上羽内谷
- 金平山宝
- 土佐山
- 鳥形山
- 麻郷
- 重安
- 住友セメント秋芳
- 宇部伊佐
- 宇部苅田
- 東谷
- 小倉
- 新関の山
- 船尾
- 香春
- 第一阿蘇
- 菱刈
- 赤石
- 春日
- 新大分
- 新津久見
- 戸髙
- 岩戸
- 伊吹
- 近江
- 藤原
- 金生山石灰石
- 勇払油・ガス田
- 峩朗
- 八橋油田
- 申川油田
- 鮎川／由利原油・ガス田
- 岩船沖油・ガス田
- 東 新潟ガス田
- 南 長岡／片貝ガス田
- 吉井ガス田
- 田海
- 青海
- 尻屋
- 八戸石灰
- 大船渡
- 南 桑山油田
- 羽鶴
- 唐沢
- 村樫
- 大叶
- 叶山
- 南 関東ガス田
- 宇根
- 武甲
- 三輪
- 御堂
- 氷川

わが国の原油・天然ガスの生産量

【資料】天然ガス鉱業会、資源エネルギー庁

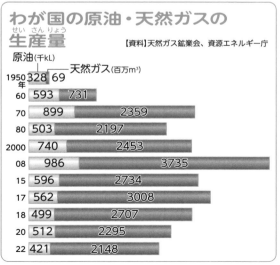

年	原油（千kL）	天然ガス（百万m³）
1950年	328	69
60	593	731
70	899	2359
80	503	2197
2000	740	2453
08	986	3735
15	596	2734
17	562	3008
18	499	2707
20	512	2295
22	421	2148

ガスの消費量

【資料】ガス事業便覧（日本ガス協会）統計年報（資源エネルギー庁）

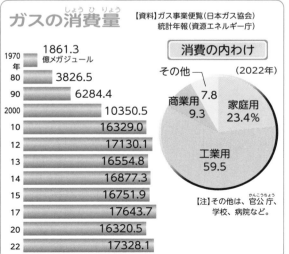

年	億メガジュール
1970年	1861.3
80	3826.5
90	6284.4
2000	10350.5
10	16329.0
12	17130.1
13	16554.8
14	16877.3
15	16751.9
17	17643.7
20	16320.5
22	17328.1

消費の内わけ（2022年）
- 家庭用 23.4%
- 工業用 59.5
- 商業用 9.3
- その他 7.8

【注】その他は、官公庁、学校、病院など。

統計／日本／資源とエネルギー

工業地帯・工業地域

関東から東海、近畿、中国・四国、九州北部に、帯状に連なる工業地帯を太平洋ベルトという。その中でも出荷額が多く、三大工業地帯とよばれる地域はどこか。出荷額が最も多い製造業は何か。

工業地帯・地域別の出荷額の比率

【資料】経済構造実態調査（経済産業省）
従業者4人以上の工場、2021年は全工場

年											出荷額合計
1980年	(17.5%)	(11.7)	(14.1)	(2.7)	(8.4)	(4.6)	(4.4)	(4.0)	(9.7)	(22.8)	212兆1243億円
90	(15.7)	(13.6)	(12.4)	(2.4)	(10.3)	(3.8)	(5.0)	(4.0)	(8.2)	(24.6)	323兆3726億円
2000	(13.2)	(14.1)	(10.7)	(2.5)	(10.0)	(3.8)	(5.5)	(4.2)	(8.0)	(28.0)	300兆4776億円
07	(9.2)	(17.5)	(10.0)	(2.6)	(9.6)	(4.3)	(5.8)	(4.2)	(9.6)	(27.3)	336兆7566億円
10	(8.8)	(16.6)	(10.3)	(2.8)	(10.0)	(4.3)	(5.5)	(4.1)	(10.1)	(27.5)	289兆1077億円
19	(7.7)	(18.2)	(10.3)	(3.1)	(9.8)	(3.9)	(5.3)	(4.4)	(9.6)	(27.7)	322兆5334億円
20	(7.6)	(18.0)	(10.7)	(3.0)	(9.6)	(3.9)	(5.4)	(4.4)	(9.2)	(28.1)	302兆0033億円
21	(7.6)	(17.8)	(10.6)	(2.9)	(9.5)	(4.0)	(5.2)	(4.3)	(9.8)	(28.3)	330兆2200億円

京浜	中京	阪神	北九州	関東内陸	京葉	東海	北陸	瀬戸内	その他
東京・神奈川	愛知・三重	大阪・兵庫	福岡	栃木・群馬・埼玉	千葉	静岡	新潟・富山・石川・福井	岡山・広島・山口・香川・愛媛	

【注】2002年から新聞業、出版業をのぞく。工業地帯・地域の出荷額は、該当の都道府県の額を足したもので、工業地帯・地域のおおまかな傾向です。

太平洋ベルト（2021年）

【資料】経済構造実態調査（経済産業省）

いろいろな製造業と出荷額

【資料】経済構造実態調査（経済産業省）

	重化学工業			軽工業					その他	
	機械工業 一般・電気・輸送・精密 各機械器具	金属工業 鉄鋼・非鉄金属・金属製品	化学工業	石油製品・石炭製品製造	食料品、飲料・たばこ・飼料製造	繊維工業 衣服、その他の製造	よう業・土石製品製造	パルプ・紙・紙加工品製造	木材・木製品、家具・装備品製造	その他	合計 (億円)
2021年	44.5%		14.4	9.6	4.4	12.0	1.1 2.4 1.6			7.7	330兆2200
2020年	45.2		13.1	9.5	3.7	12.9	1.1 2.5 1.6	2.3		8.2	302兆0033
2019年	45.5		13.4	9.1	4.3	12.2	1.1 2.4 1.5	2.4		8.1	322兆5334
2015年	45.2		13.4	9.1	4.6	12.2	1.3 2.4 1.5	2.3		8.0	313兆1286
2007年	47.4		14.0	8.4	4.1	10.2	1.3 2.3 1.5	2.5		8.3	336兆7566
2005年	46.7		12.7	8.5	4.5	10.9	1.5 2.5 2.4 1.6			8.7	295兆8003
1995年	43.6		12.5	7.6	2.5	11.4	3.1 3.3 2.8 2.6			10.6	306兆0296
1975年	29.8	17.1	8.2	5.9	11.9	6.8	3.7 3.3 4.4			8.9	127兆5206
1965年	26.5	17.7	9.4	2.7	12.5	10.3	3.5 3.7 4.9			8.8	29兆4889

※その他＝印刷、プラスチック製品製造、ゴム製品製造、なめし革・同製品・毛皮製造ほか

【注】2005年、07年、15年、19年、20年は従業者4人以上の工場、それ以外はすべての工場が調査対象。年により品目分類が異なる場合もある。

高度経済成長期に進んだ重化学工業の鉄鋼業や石油化学工業の工場は港に近い場所に広がる。各工業地帯・地域の特徴も調べよう。

29人以下の工場と300人以上の工場でその数と出荷額の関係はどうか。

工業地帯・地域のようす

【資料】経済構造実態調査（経済産業省）　全事業所　単位　％

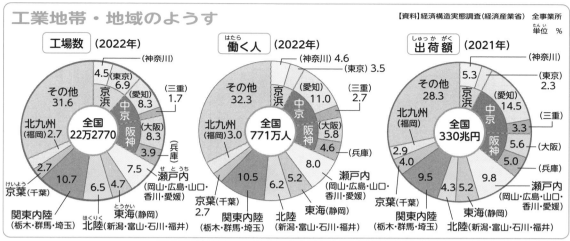

工場数（2022年）

- （神奈川）4.5
- 京浜（東京）6.9
- （愛知）8.3
- 中京（三重）1.7
- 阪神（大阪）8.3
- その他 31.6
- 北九州（福岡）2.7
- 京葉（千葉）2.7
- 関東内陸（栃木・群馬・埼玉）10.7
- 北陸（新潟・富山・石川・福井）6.5
- 東海（静岡）4.7
- 瀬戸内（岡山・広島・山口・香川・愛媛）7.5
- 兵庫 3.9
- 全国 22万2770

働く人（2022年）

- （神奈川）4.6
- （東京）3.5
- 京浜（愛知）11.0
- 中京（三重）2.7
- 阪神（大阪）5.8
- その他 32.3
- 北九州（福岡）3.0
- 京葉（千葉）2.7
- 関東内陸（栃木・群馬・埼玉）10.5
- 北陸（新潟・富山・石川・福井）6.2
- 東海（静岡）5.2
- 瀬戸内（岡山・広島・山口・香川・愛媛）8.0
- 兵庫 4.6
- 全国 771万人

出荷額（2021年）

- （神奈川）5.3
- （東京）2.3
- 京浜（愛知）14.5
- 中京（三重）3.3
- 阪神（大阪）5.6
- その他 28.3
- 北九州（福岡）2.9
- 京葉（千葉）4.0
- 関東内陸（栃木・群馬・埼玉）9.5
- 北陸（新潟・富山・石川・福井）4.3
- 東海（静岡）5.2
- 瀬戸内（岡山・広島・山口・香川・愛媛）9.8
- 兵庫 5.0
- 全国 330兆円

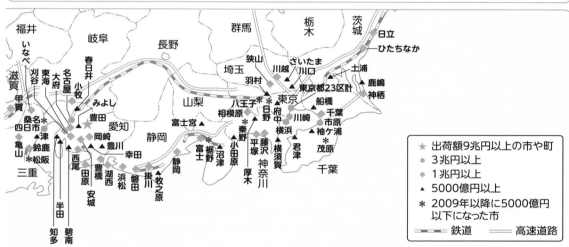

- ★ 出荷額9兆円以上の市や町
- ● 3兆円以上
- ◆ 1兆円以上
- ▲ 5000億円以上
- ＊ 2009年以降に5000億円以下になった市
- ▬▬ 鉄道
- ━━ 高速道路

工場の大きさと生産力 ※

【資料】経済構造実態調査（経済産業省）

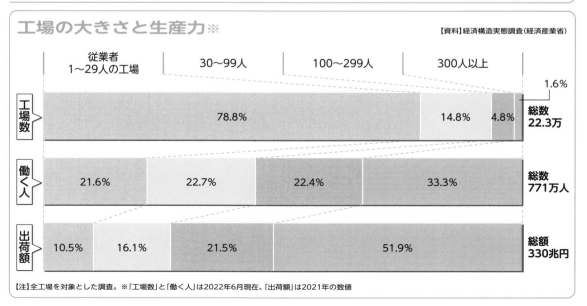

	従業者 1〜29人の工場	30〜99人	100〜299人	300人以上	
工場数	78.8%		14.8%	4.8%	1.6% 総数 22.3万
働く人	21.6%	22.7%	22.4%	33.3%	総数 771万人
出荷額	10.5%	16.1%	21.5%	51.9%	総額 330兆円

【注】全工場を対象とした調査。※「工場数」と「働く人」は2022年6月現在、「出荷額」は2021年の数値

都道府県別の 工業

日本の工業の特徴を時代的な変化とともにとらえよう。工業全体で1960年と2021年では、工場数、働く人、出荷額でどんな変化が見られるか、また、この間、出荷額が最も大きく伸びた工業は何だろうか。

工場数・働く人・出荷額

【資料】工業統計表、経済構造実態調査（経済産業省）
2020年までは4人以上の事業所、2021年は全事業所。
単位 働く人＝万人 出荷額＝兆円

都道府県	総数 工場数	総数 働く人	総数 出荷額	金属工業 工場数	金属工業 出荷額	機械工業 工場数	機械工業 出荷額	化学工業 工場数	化学工業 出荷額
1960年	23万8320	760.2	15.294	4761	1.651	3万6812	4.114	4702	1.458
70	40万5515	1116.4	68.376	6423	6.560	7万3327	22.936	5169	5.535
80	42万9336	1029.2	212.124	7199	17.864	8万8704	69.292	5044	17.961
90	43万5997	1117.3	323.373	6477	18.269	10万5520	141.331	5352	23.503
2000	34万1421	918.4	300.478	5154	11.927	8万6048	138.022	5263	23.762
10	22万4403	766.4	289.108	4486	18.146	6万0074	129.170	4742	26.212
20	17万6858	746.6	302.003	3万0840	39.516	5万1364	136.372	4978	28.603
21	22万2770	771.4	330.220	3万8718	47.551	6万3235	146.868	5623	31.708
北海道	6425	16.5	6.129	861	0.790	755	0.825	127	0.191
青森	1500	5.5	1.695	181	0.420	263	0.470	19	0.037
岩手	2114	8.6	2.713	264	0.257	481	1.527	23	0.059
宮城	3115	11.6	5.003	410	0.468	733	2.271	48	0.098
秋田	1775	6.1	1.406	194	0.179	402	0.786	20	0.068
山形	2701	9.8	3.024	386	0.203	841	1.605	37	0.294
福島	3904	15.5	5.163	552	0.632	1157	2.266	103	0.666
茨城	5692	27.5	13.687	1048	2.756	1561	4.742	210	1.882
栃木	4838	20.0	8.576	843	1.186	1460	3.473	92	0.675
群馬	5702	21.9	8.383	1062	0.909	2007	4.414	102	0.727
埼玉	1万3216	39.0	14.254	2747	1.925	3991	5.359	409	1.714
千葉	5914	20.8	13.097	1381	3.096	1325	1.471	294	2.456
東京	1万5416	26.8	7.623	2505	0.654	4465	3.783	287	0.434
神奈川	9915	35.9	17.375	1907	1.654	4329	7.657	311	1.920
新潟	5777	18.0	5.119	1457	0.915	1567	1.833	80	0.797
富山	2956	12.4	3.904	714	1.065	749	1.147	128	0.723
石川	3206	9.8	2.802	457	0.253	878	1.708	35	0.160
福井	2566	7.5	2.395	261	0.338	408	0.967	67	0.233
山梨	2098	7.4	2.711	238	0.169	650	1.649	26	0.050
長野	6123	20.4	6.646	876	0.569	2531	4.467	57	0.138
岐阜	6487	20.4	6.116	1002	0.860	1662	2.776	112	0.316
静岡	1万0526	40.4	17.291	1572	1.329	3664	8.517	220	2.272
愛知	1万8476	84.7	47.895	3478	4.997	6811	34.128	286	1.396
三重	3867	20.5	11.034	688	1.099	1185	6.143	145	1.348
滋賀	3109	16.8	8.187	453	0.669	902	3.988	121	1.265
京都	5305	14.7	5.907	578	0.432	1340	2.413	140	0.233
大阪	1万8584	44.7	18.606	4809	4.073	5146	6.910	644	1.777
兵庫	8579	35.9	16.502	1817	3.337	2479	6.695	341	2.178
奈良	1876	6.0	1.871	266	0.221	285	0.565	74	0.121
和歌山	1754	5.2	2.402	209	0.527	285	0.479	90	0.441
鳥取	847	3.1	0.844	97	0.060	228	0.366	9	0.005
島根	1213	4.2	1.287	133	0.213	249	0.712	14	0.038
岡山	3923	15.0	8.365	580	1.511	953	1.819	129	1.274
広島	5893	21.3	9.944	1046	2.038	1989	5.390	111	0.383
山口	1993	9.8	6.650	297	1.012	499	1.327	108	2.282
徳島	1301	4.8	2.058	156	0.120	209	0.675	47	0.736
香川	2359	7.2	2.801	377	0.751	514	0.698	58	0.167
愛媛	2596	8.1	4.758	293	1.348	636	0.939	52	0.376
高知	1099	2.4	0.601	122	0.087	218	0.167	18	0.012
福岡	6023	22.9	9.445	1122	1.804	1379	4.082	161	0.568
佐賀	1435	6.2	2.105	164	0.303	286	0.728	43	0.176
長崎	1646	5.4	1.518	211	0.103	376	0.951	22	0.014
熊本	2217	9.3	3.223	268	0.273	441	1.647	53	0.199
大分	1673	6.6	4.713	198	1.642	357	1.324	44	0.586
宮崎	1527	5.5	1.724	128	0.067	213	0.463	40	0.189
鹿児島	2531	7.3	2.206	185	0.123	329	0.477	29	0.024
沖縄	978	2.3	0.460	125	0.091	47	0.016	37	0.008

どの工業が、どの都道府県で多いかを工場数や出荷額で比較し、日本の製造業の地域的特徴を確認しよう。工場数1位のところと、出荷額1位のところが異なるのは、どの工業か。理由も考えよう。

都道府県別の 工業
工業

【注】①総数とは工業全体の合計。②金属工業は、鉄鋼業、非鉄金属、金属製品を含む。③機械工業は、はん用機械、生産用機械、業務用機械、電気機械、輸送用機械、情報通信機械、電子部品・デバイスを含む。④食料品工業は、飲料・たばこ・飼料を含む。⑤このほか木材、家具、印刷、石油・石炭、ゴムなどがある。2000年以前は新聞・出版を含む。繊維工業は、1994年から一部が分類替えされたが、2008年に、また統合されたり、化学工業などから一部移設されたりして、数字の連続性がない場合がある。⑥色字は全国1位。

繊 維 工 業		食 料 品 工 業		パルプ・紙工業		よう業など		都道府県
工場数	出荷額	工場数	出荷額	工場数	出荷額	工場数	出荷額	
3万8773	1.705	3万8772	1.829	7483	0.595	1万3459	0.527	1960年
5万2671	4.283	5万4570	7.028	1万2237	2.255	2万1561	2.448	70
3万9741	7.781	5万2455	22.196	1万2108	6.751	2万2494	8.304	80
3万0515	7.838	5万0776	33.074	1万1405	8.812	2万0753	10.724	90
1万1384	3.008	4万4771	34.821	9589	7.934	1万7388	8.860	2000
1万5902	3.790	3万4673	33.728	6685	7.111	1万1055	7.101	10
9448	3.452	2万5717	38.882	5043	7.096	9058	7.558	20
1万3316	3.653	2万9813	39.505	5960	7.214	1万0871	7.975	21
189	0.030	2150	2.580	104	0.278	496	0.239	北 海 道
115	0.016	443	0.528	34	0.093	107	0.046	青 森
137	0.021	531	0.431	26	0.035	147	0.097	岩 手
119	0.020	796	0.880	76	0.157	175	0.129	宮 城
216	0.035	354	0.118	17	0.028	100	0.043	秋 田
228	0.039	491	0.377	41	0.023	139	0.130	山 形
259	0.046	560	0.420	83	0.189	291	0.236	福 島
154	0.077	776	2.075	138	0.251	448	0.343	茨 城
282	0.062	495	1.622	114	0.279	249	0.194	栃 木
342	0.046	589	1.224	106	0.091	196	0.118	群 馬
362	0.082	1002	2.212	493	0.509	358	0.264	埼 玉
169	0.026	915	1.951	138	0.147	261	0.309	千 葉
738	0.092	873	0.858	527	0.156	272	0.198	東 京
221	0.052	723	1.922	183	0.196	264	0.297	神 奈 川
374	0.063	816	0.848	103	0.184	242	0.115	新 潟
145	0.053	339	0.208	74	0.136	165	0.092	富 山
579	0.156	404	0.166	59	0.022	178	0.057	石 川
619	0.214	249	0.074	86	0.080	108	0.062	福 井
104	0.030	310	0.456	48	0.023	89	0.092	山 梨
108	0.026	904	0.717	112	0.080	241	0.142	長 野
534	0.139	585	0.474	218	0.223	835	0.395	岐 阜
329	0.112	1702	2.335	479	0.861	245	0.190	静 岡
1118	0.358	1298	2.262	428	0.387	802	0.753	愛 知
139	0.057	512	0.601	77	0.090	266	0.259	三 重
292	0.192	300	0.480	85	0.128	255	0.422	滋 賀
969	0.099	638	1.315	179	0.123	214	0.175	京 都
1092	0.283	938	1.589	663	0.342	323	0.264	大 阪
393	0.112	1171	2.199	212	0.325	361	0.356	兵 庫
231	0.057	232	0.272	60	0.067	87	0.037	奈 良
217	0.067	352	0.261	32	0.041	91	0.045	和 歌 山
67	0.013	202	0.183	40	0.089	27	0.007	鳥 取
90	0.029	310	0.092	30	0.030	118	0.038	島 根
530	0.230	458	0.818	80	0.114	291	0.227	岡 山
382	0.159	661	0.665	98	0.100	199	0.135	広 島
69	0.051	391	0.318	31	0.099	168	0.189	山 口
95	0.023	283	0.179	39	0.112	77	0.023	徳 島
149	0.037	477	0.422	79	0.120	164	0.077	香 川
316	0.177	442	0.386	239	0.548	152	0.047	愛 媛
53	0.019	273	0.103	59	0.069	100	0.060	高 知
233	0.056	1062	1.294	116	0.094	380	0.400	福 岡
67	0.020	336	0.501	39	0.075	214	0.046	佐 賀
89	0.026	476	0.306	16	0.007	193	0.050	長 崎
124	0.032	553	0.528	29	0.088	173	0.092	熊 本
61	0.018	382	0.278	22	0.035	134	0.142	大 分
88	0.084	484	0.565	19	0.036	116	0.038	宮 崎
95	0.012	1174	1.176	21	0.052	218	0.251	鹿 児 島
34	0.003	401	0.238	8	0.006	142	0.055	沖 縄

統計─日本─工業

163

工業

鉄鋼業と金属工業

鉄鋼の原料になる鉄鉱石と原料炭はほぼ100%輸入だが、どの国からかを確認しよう。鉄鉱石から銑鉄を取り出す高炉をもつ製鉄所のある場所や、鉄以外の金属（金・銀・銅・なまり）の生産状況も見よう。

工場数・働く人・生産額

30人以上の工場　【資料】経済構造実態調査（経済産業省）

		工場数 (2022)	働く人(万人) (2022)	生産額(億円) (2021)
鉄鋼業	高炉による製鉄業	13	3.6	7兆1063
鉄鋼業	その他の製鉄・製鋼業など	1271	14.6	10兆3342
金属工業	アルミ製造業	50	0.4	5286
金属工業	非鉄金属製造業 （アルミ製造業以外）	860	12.0	10兆3977
金属工業	金属製品製造業	4664	36.8	10兆8141

鉄鋼原料のおもな輸入先（2022年）

【資料】貿易統計（財務省）

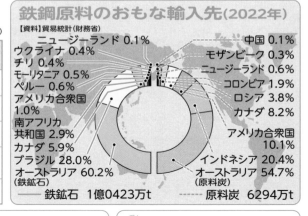

ニュージーランド 0.1%
ウクライナ 0.4%
チリ 0.4%
モーリタニア 0.5%
ペルー 0.6%
アメリカ合衆国 1.0%
南アフリカ共和国 2.9%
カナダ 5.9%
ブラジル 28.0%
オーストラリア 60.2%
（鉄鉱石）

中国 0.1%
モザンビーク 0.3%
ニュージーランド 0.6%
コロンビア 1.9%
ロシア 3.8%
カナダ 8.2%
アメリカ合衆国 10.1%
インドネシア 20.4%
オーストラリア 54.7%
（原料炭）

―― 鉄鉱石　1億0423万t
------ 原料炭　6294万t

高炉のある製鉄所
（2023年9月現在）

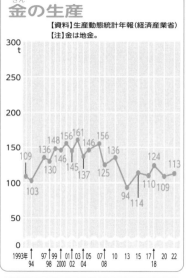

製鉄所名
□ 室蘭
釜石 注6
□ 千葉
□ 鹿島 注1
加古川 □
倉敷 □
福山 □
呉 ☒ 注4
八幡 □ 注5
□ 君津
☒ 京浜 注2
□ 名古屋
☒ 和歌山 注3
□ 大分

注1（鹿島）：2基のうち、1基は2024年度末に休止予定。
注2（京浜）：2023年9月に最後の1基が休止。
注3（和歌山）：2021年9月に1基が休止して現在1基。
注4（呉）：2021年に2基休止し製鉄所閉鎖。
注5（八幡）：2020年9月に1基が休止して現在1基。
注6（釜石）：近代製鉄発祥の地。
高炉：製鉄所の主要な設備で、鉄鉱石を還元処理して銑鉄を取り出す溶鉱炉。大規模施設を持つ鉄鋼会社が保有。

金の生産

【資料】生産動態統計年報（経済産業省）
【注】金は地金。

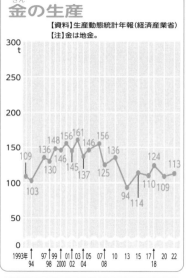

109 103 136 130 148 146 145 156 137 161 146 156 125 136 94 114 110 109 124 113

（1993年～2022年）

銀の生産

【資料】非鉄金属等需給動態統計、2018年以降は生産動態統計年報（ともに経済産業省）

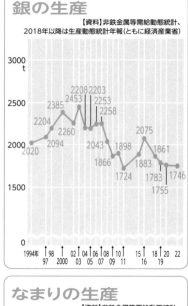

2020 2204 2094 2385 2260 2453 2208 2203 2253 2258 2043 1866 1898 1724 1883 2075 1755 1783 1861 1746

（1994年～2022年）

銅の生産

【資料】非鉄金属等需給動態統計、2018年以降は生産動態統計年報（ともに経済産業省）

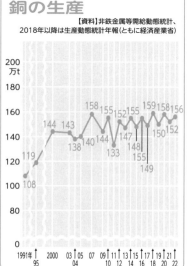

108 119 144 143 138 140 144 133 158 155 147 152 148 155 155 149 159 150 158 152 156

（1991年～2022年）

なまりの生産

【資料】非鉄金属等需給動態統計、2018年以降は生産動態統計年報（ともに経済産業省）

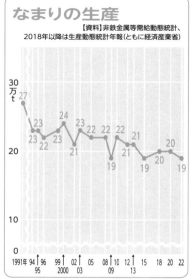

27 23 23 22 23 24 21 23 22 22 22 19 21 21 19 20 20 19

（1991年～2022年）

機械工業では、用途の違う多くの機械をつくるが、身の回りのものや工場で使うものなど、どんなものがあるだろうか。1995年から現在までのさまざまな機械の生産額や生産量の変化を見てみよう。

機械工業　工業

工場数・働く人・生産額

30人以上の工場　【資料】経済構造実態調査（経済産業省）

	工場数 (2022)	働く人(万人) (2022)	生産額(億円) (2021)
一般機械	5989	75.9	29兆1282
電気機械 (含、情報・電子)	4981	92.3	38兆1836
輸送機械	3897	95.8	50兆9951
精密機械	941	12.9	3兆5026

キーワード

機械工業は、大きく次の四つに分類されている

一般機械	ボイラー、モーター、農業用・建設・繊維・食品・運搬機械、産業用ロボットなど。
電気機械	電気機械＝発電・送電用機械、冷蔵庫・洗濯機など家庭用電気製品、電球など照明器具。情報通信機械＝電話、ファクシミリ、コンピューターなど。電子部品・デバイス＝IC、LSI、コンデンサー、液晶素子など。
輸送機械	自動車、鉄道車両、自転車、船、飛行機など。
精密機械	計量器、測定器（はかり、温度計ほか）、測量機械、医療用機械、理化学機械、光学機械（けんび鏡、カメラ、映写機ほか）、時計など。

食料品加工機械の生産額

【資料】生産動態統計（経済産業省）
【注】包装機械、荷造り用機械も含む。

運搬機械と産業用ロボットの生産額

【資料】生産動態統計（経済産業省）
【注】1995～1998年は運搬機械のみの数値。

電気冷蔵庫とパソコンの生産額

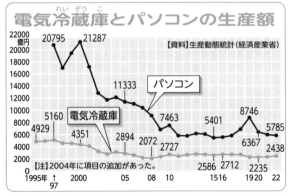

【資料】生産動態統計（経済産業省）
【注】2004年に項目の追加があった。

自動車と航空機の生産額

【資料】生産動態統計（経済産業省）

計測機器と光学機器の生産額

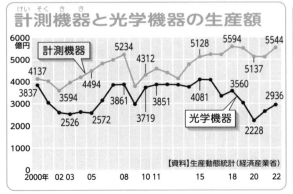

【資料】生産動態統計（経済産業省）

船の生産量（日本と世界）

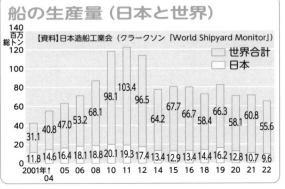

【資料】日本造船工業会（クラークソン「World Shipyard Monitor」）

世界合計　日本

統計｜日本｜工業

165

工業

自動車工業

2022年の自動車国内生産台数は783万5482台。うち、乗用車が656万6318台、トラックが118万4553台、バスが8万4611台。生産額や輸出入、保有台数、国内工場の場所などを確認しよう。

工場数・働く人・生産額

30人以上の工場　【資料】経済構造実態調査（経済産業省）

	工場数 （2022）	働く人（万人） （2022）	生産額（億円） （2021）
自動車製造業 （二輪車ふくむ）	77	17.8	20兆0134
自動車車体・付随車製造業	162	2.1	7230
自動車部分品・付属品製造業	2812	62.0	24兆2214

外国車の輸入

【資料】輸入車新規登録台数速報（日本自動車輸入組合）

◆乗用車の輸入車販売台数

	普通車 （2001cc以上）	小型車 （551～2000cc）	
1980年	1万9859台 2万5012	4万4871	
95	25万7441	10万4824	36万2265
2000	23万0151	3万7616	26万7767
09	13万7601	3万0288	16万7889
10	14万9387	6万3896	21万3283
18	31万0232	3万2538	34万2770
20	27万7160	2万0153	29万7313
21	29万2485	2万2504	31万4989
22	25万6055	2万1992	27万8047
23	26万8051	9425	27万7476

◆メーカー別トップ10（乗用車、2023年）

①メルセデス・ベンツ（ドイツ）5万1228台
②BMW（ドイツ）3万4501
③VW（フォルクスワーゲン）（ドイツ）3万1809
④アウディ（ドイツ）2万4632
⑤BMWミニ（ドイツ）1万7796
⑥ボルボ（スウェーデン）1万3376
⑦ジープ（アメリカ）1万1174
⑧ランドローバー（イギリス）9096
⑨プジョー（フランス）8126
⑩ポルシェ（ドイツ）8002

自動車の輸出

【資料】日本の自動車産業（日本自動車工業会）

凡例：乗用車／トラック／バス

年			
1970年	109万台		
85			673
90			583
95	290	85	4　379
2000	380	62	4　446
08	592	66	15　673
09	321	32	9　362
10	427	45	12　484
20	341	26	7　374
22	332	41	9　381

国内の自動車保有台数

【資料】自動車保有車両数月報（国土交通省）8月末時点。

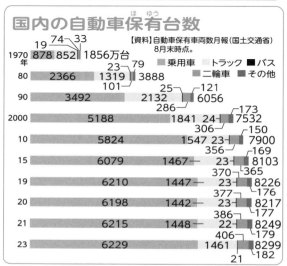

凡例：乗用車／トラック／バス／二輪車／その他

年				
1970年	878	852	74　33	1856万台
80	2366	1319	101　23　79	3888
90	3492	2132	286　25　121	6056
2000	5188	1841	306　24　173	7532
10	5824	1547	356　23　150	7900
15	6079	1467	370　23　169	8103
19	6210	1447	377　23　365	8226
20	6198	1442	386　23　176	8217
21	6215	1448	406　22　177	8249
23	6229	1461	21　179	8299
				182

おもな自動車工場（2023年）

【資料】日本自動車工業会 自動車メーカー各社

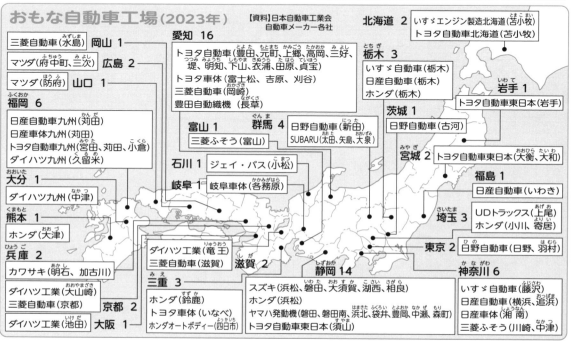

岡山 1
三菱自動車（水島）

広島 2
マツダ（府中町、三次）

山口 1
マツダ（防府）

福岡 6
日産自動車九州（苅田）
日産車体九州（苅田）
トヨタ自動車九州（宮田、苅田、小倉）
ダイハツ九州（久留米）

大分 1
ダイハツ九州（中津）

熊本 1
ホンダ（大津）

兵庫 2
カワサキ（明石、加古川）

京都 2
ダイハツ工業（大山崎）
三菱自動車（京都）

大阪 1
ダイハツ工業（池田）

愛知 16
トヨタ自動車（豊田、元町、上郷、高岡、三好、堤、明知、下山、衣浦、田原、貞宝）
トヨタ車体（富士松、吉原、刈谷）
三菱自動車（岡崎）
豊田自動織機（長草）

富山 1
三菱ふそう（富山）

石川 1
ジェイ・バス（小松）

岐阜 1
岐阜車体（各務原）

滋賀 2
ダイハツ工業（竜王）
三菱自動車（滋賀）

三重 3
ホンダ（鈴鹿）
トヨタ車体（いなべ）
ホンダオートボディー（四日市）

群馬 4
日野自動車（新田）
SUBARU（太田、矢島、大泉）

静岡 14
スズキ（浜松、磐田、大須賀、湖西、相良）
ホンダ（浜松）
ヤマハ発動機（磐田、磐田南、浜北、袋井、豊岡、中瀬、森町）
トヨタ自動車東日本（須山）

北海道 2
いすゞエンジン製造北海道（苫小牧）
トヨタ自動車北海道（苫小牧）

栃木 3
いすゞ自動車（栃木）
日産自動車（栃木）
ホンダ（栃木）

茨城 1
日野自動車（古河）

岩手 1
トヨタ自動車東日本（岩手）

宮城 2
トヨタ自動車東日本（大衡、大和）

福島 1
日産自動車（いわき）

埼玉 3
UDトラックス（上尾）
ホンダ（小川、寄居）

東京 2
日野自動車（日野、羽村）

神奈川 6
いすゞ自動車（藤沢）
日産自動車（横浜、追浜）
日産車体（湘南）
三菱ふそう（川崎、中津）

電気機械・電子工業で生産されるものは、身近な家電、通信や映像機器をはじめ、医療や産業機器など多様。日本の技術は高く、普及率も高い。輸出の変化や生活で使う製品の普及状況も見てみよう。

電気機械・電子工業 工業

工場数・働く人・生産額

30人以上の工場　【資料】経済構造実態調査2022(経済産業省)

	工場数 (2022)	働く人(万人) (2022)	生産額(億円) (2021)
電気機械器具	2707	43.3	17兆4501
情報通信機械器具	500	10.4	5兆1231
電子部品・デバイス・電子回路	1774	38.6	15兆6105

パソコンの生産
【資料】生産動態統計年報(経済産業省)

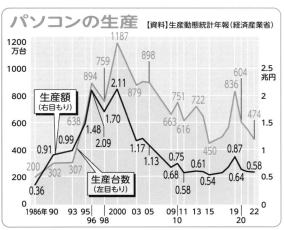

電気製品の輸出
【資料】財務省、日本電機工業会

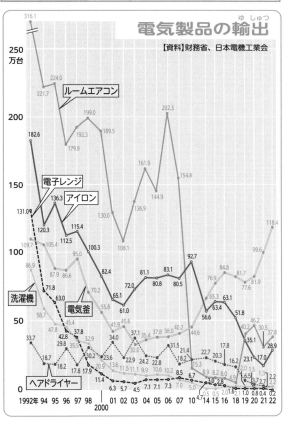

知っトク情報

テレビの父

　ブラウン管を使った世界最初のテレビを発明したのは、浜松高等工業学校(現在の静岡大学工学部)で助教授をしていた高柳健次郎という日本人です。「テレビの父」と呼ばれる彼がブラウン管に最初に映し出したのは、カタカナの「イ」。イを選んだ理由は、いろはの最初の文字だからだそうです。この実験に成功したのが、大正15年12月25日。大正天皇が亡くなった日であり、昭和が始まった日です。

集積回路の生産量
【資料】生産動態統計年報(経済産業省)

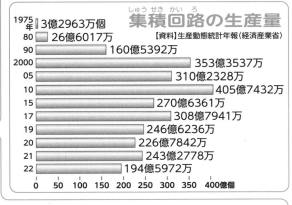

生活のなかの電気・電子製品の普及率

電気冷蔵庫：1971年－91.2%
電気洗濯機：1970年－91.4%
電子レンジ：1997年－90.8%

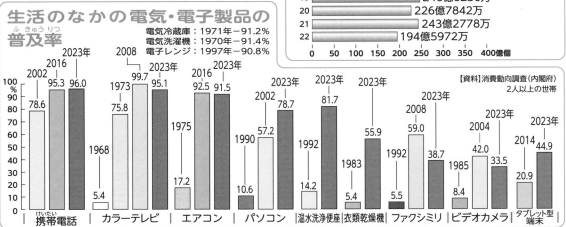

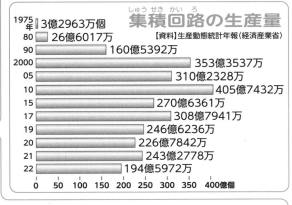

工業　化学工業

化学工業では、プラスチックや合成ゴムなど原料になるものから、洗剤、医薬品、塗料など生活用品まで幅広く生産される。特に医薬品は化学工業出荷額の約28%を占める（2021年：27.7%）。

工場数・働く人・生産額

30人以上の工場　【資料】経済構造実態調査2022（経済産業省）

	工場数 (2022)	働く人(万人) (2022)	生産額(億円) (2021)
化学肥料	55	0.3	1874
ソーダ	15	0.3	1410
化学繊維	50	0.7	2585
医薬品	529	9.9	8兆4694
プラスチック	186	3.6	3兆6302
化粧品・歯みがきなど	272	4.5	1兆9095
石けん・合成洗剤	69	1.0	8703

プラスチック製品の生産

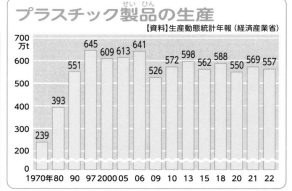

【資料】生産動態統計年報（経済産業省）

複合肥料の生産

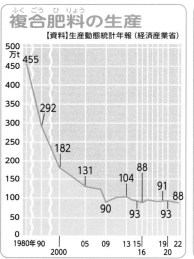

【資料】生産動態統計年報（経済産業省）

合成ゴムの生産

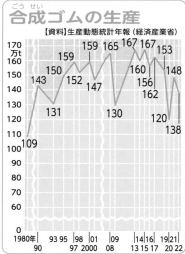

【資料】生産動態統計年報（経済産業省）

医薬品の生産額

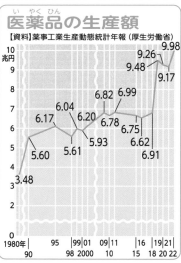

【資料】薬事工業生産動態統計年報（厚生労働省）

石油化学コンビナート（2023年1月）

【資料】石油化学コンビナート所在地（石油化学工業協会）

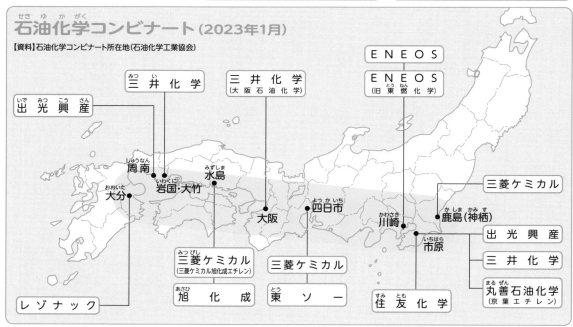

繊維工業には、糸などを作る部門、織りや染め・加工の部門、製品を作る部門がある。工場数や生産額、天然繊維と合成繊維の生産割合、盛んな地域を確認し、各地の織物産地の特徴なども調べてみよう。

繊維工業 工業

工場数・働く人・生産額

30人以上の工場 【資料】経済構造実態調査2022(経済産業省)

	工場数 (2022)	働く人(千人) (2022)	生産額(億円) (2021)
製　糸	—	—	—
紡　績	38	2.7	494
綿　紡　績	12	1.0	269
化学繊維紡績	15	1.0	103
毛　紡　績	11	0.7	122
ねん糸製造	25	1.5	178
織　物	88	6.2	1049
綿・スフ織物	34	2.1	308
絹・人絹織物	43	3.1	518
毛　織　物	11	1.0	222
ニット生地製造	37	1.9	365
衣服その他の製品	1190	79.9	1兆1232

【注】製糸：30人未満の工場はある。

輸出・輸入(2022年)

【資料】貿易統計(財務省) 単位 億円

輸入総額 3兆9530.1
輸出総額 1兆0026.1

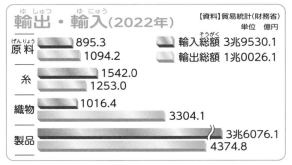

	輸入	輸出
原料	895.3	1094.2
糸	1542.0	1253.0
織物	1016.4	3304.1
製品	3兆6076.1	4374.8

糸の生産量

【資料】生産動態統計年報(経済産業省)、農林水産省

年	天然繊維	再生・半合成繊維	合成繊維	合計
1965	81	47	38	166万t
70	86	40	90	216
90	54	19	110	183
2000	19	8	82	109
05	11	4	58	73
09	6	2	37	45
10	5	1	48	54
20	3		32	34(参考：再生・半合成繊維は0.2)
22	3		35	39(参考：再生・半合成繊維は0.2)

知っトク情報

新たな絹の道ができるかも？

　スカーフや和服に使われる、しなやかで光沢があり肌ざわりもよい絹織物は、蛾の仲間の蚕という昆虫の繭からとる生糸で作ります。絹織物は、その美しさで古くから世界の人を魅了し、古代ローマやペルシャの商人が絹を求めて中国を訪れた交易路が「シルクロード(絹の道)」です。日本では明治時代に重要な輸出品となり、1909(明治42)年に生糸生産高世界一に。しかし昭和初期の世界恐慌や戦争、安価なナイロンの普及、輸入品の増加などが重なり、養蚕農家も減少、戦後は斜陽産業と言われました。しかし近年、新しい高機能シルクや医薬品、化粧品も登場。人工血管の研究も行われています。北上市(岩手)や鶴岡市(山形)では、衰退する養蚕業を再興する取り組みが進み、日本はシルクロードの要衝だったウズベキスタンで技術支援も行っています。

繊維工場の分布 (染色は除く)

【資料】工場数：経済構造実態調査2022(経済産業省) 工場位置：日本化学繊維協会調べ
【注】都道府県別の工場数別色分けは2022年。
おもに各社の事業所名を表示(2024年1月現在)。

- 101～
- 51～100
- 50以下 (30人以上の工場の数)

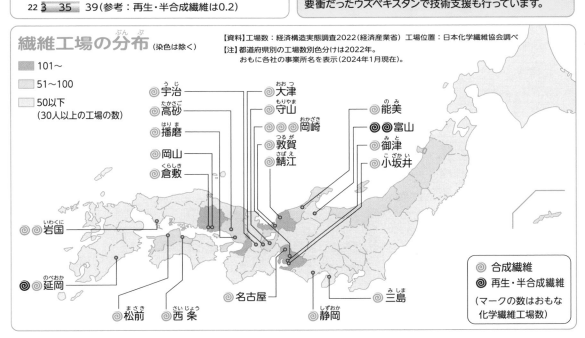

宇治　大津　高砂　守山　播磨　岡崎　能美　岡山　敦賀　富山　倉敷　鯖江　御津　岩国　小坂井　延岡　名古屋　三島　松前　西条　静岡

◎ 合成繊維
◉ 再生・半合成繊維
(マークの数はおもな化学繊維工場数)

食料品・その他の工業

工業

食料品工業の生産工場は中小メーカーが多い。どんな食品の生産額が多いか確認してみよう。ほかの産業の原材料を作るパルプ・紙工業、よう業は、景気に大きく左右され、市況産業といわれる。

食料品工業の工場数・働く人・生産額

30人以上の工場
【資料】経済構造実態調査（経済産業省）

	工場数(2022)	働く人(万人)(2022)	生産額(億円)(2021)		工場数(2022)	働く人(万人)(2022)	生産額(億円)(2021)
肉製品	621	7.2	2兆6963	しょうゆ	46	0.3	910
乳製品	303	3.9	2兆5642	精穀・製粉	153	1.0	8907
水産食料品	1139	8.6	2兆2597	砂糖	17	0.1	1256
野菜・果物・かんづめ	187	1.6	3326	パン・菓子	1458	21.2	4兆5997
みそ	38	0.3	1041	飲料	629	5.6	5兆4633

出荷額の割合（2021年）
30人以上の工場
【注】野菜はつけ物を含む。
【資料】経済構造実態調査（経済産業省）

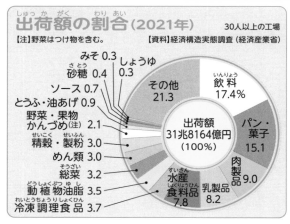

出荷額 31兆8164億円（100%）

みそ 0.3
しょうゆ 0.3
砂糖 0.4
ソース 0.7
とうふ・油あげ 0.9
野菜・果物かんづめ(注) 2.1
精穀・製粉 3.0
めん類 3.0
総菜 3.2
動植物油脂 3.5
冷凍調理食品 3.7
その他 21.3
飲料 17.4%
パン・菓子 15.1
肉製品 9.0
乳製品 8.2
水産食料品 7.8

食料品輸入額の割合（2022年）
【資料】貿易統計（財務省）

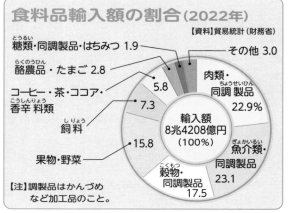

輸入額 8兆4208億円（100%）

糖類・同調製品・はちみつ 1.9
酪農品・たまご 2.8
コーヒー・茶・ココア・香辛料類
飼料
果物・野菜
穀物・同調製品 17.5
魚介類・同調製品 23.1
肉類・同調製品 22.9%
その他 3.0

5.8
7.3
15.8

【注】調製品はかんづめなど加工品のこと。

パルプ・紙工業
30人以上の工場
【資料】経済構造実態調査（経済産業省）

	工場数(2022)	働く人(万人)(2022)	生産額(億円)(2021)
紙製造業	205	2.8	2兆4052
紙製容器製造業	783	5.7	1兆7486
塗工紙製造業	61	0.6	2761
事務用・学用紙製造業	90	0.7	1427
段ボール製造業	32	0.2	635
パルプ製造業	16	0.2	493

よう業
30人以上の工場
【資料】経済構造実態調査（経済産業省）

	工場数(2022)	働く人(万人)(2022)	生産額(億円)(2021)
セメント製造業	41	0.5	3202
セメント製品製造業	499	2.8	8035
陶磁器製造業	196	2.9	7352
板ガラス製造・加工業	106	1.5	2889
ガラス製品製造業	182	2.3	9877
骨材・石工品等製造業	113	0.7	1620

パルプ・紙の生産量

【注】化繊用溶解パルプの統計は2002年以降廃止された。
【資料】生産動態統計年報（経済産業省）

合計	製紙用パルプ	化繊用溶解パルプ	年	紙	板紙(段ボールの原紙や白ボール紙)	合計
863万t	835	28	1975	771	589	1360万t
1140	1132	8	2000	1904	1279	3183
850	850		09	1583	1044	2627
939	939		10	1639	1098	2736
873	873		15	1483	1140	2623
706	706		20	1121	1166	2287
761	761		21	1168	1226	2394
756	756		22	1127	1239	2366

かんれん 世界のパルプの生産量 ➡ 250ページ

世界の国の二酸化炭素排出量や酸性雨の状況を確認しよう。また、有害な紫外線から生物を守るオゾン層の1979年から現在までの変化や、日本の大気汚染の移り変わりもとらえよう。

大気・水の汚染

世界の二酸化炭素排出量（2021年）

【資料】環境省

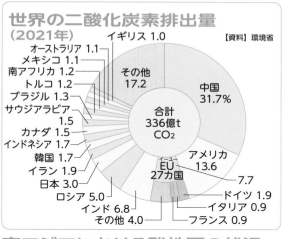

- 中国 31.7%
- アメリカ 13.6
- EU 27か国 7.7
  - ドイツ 1.9
  - イタリア 0.9
  - フランス 0.9
  - その他 4.0
- インド 6.8
- ロシア 5.0
- 日本 3.0
- イラン 1.9
- 韓国 1.7
- インドネシア 1.7
- カナダ 1.7
- サウジアラビア 1.5
- ブラジル 1.3
- トルコ 1.2
- 南アフリカ 1.2
- メキシコ 1.1
- オーストラリア 1.1
- イギリス 1.0
- その他 17.2

合計 336億t CO_2

南極上空のオゾンホールの最大面積の移り変わり

【資料】気象庁

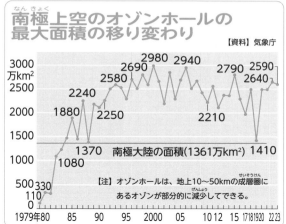

【注】オゾンホールは、地上10〜50kmの成層圏にあるオゾンが部分的に減少してできる。

南極大陸の面積（1361万km²）

東アジアにおける酸性雨の状況
各測定地点における年平均pH（2021年）
（一部、以前の値）

【資料】東アジア酸性雨モニタリングネットワーク

日本	利尻	5.06	ロシア	イルクーツク	4.96
	竜飛岬 (2018)	4.96		プリモルスカヤ	5.56
	東京	5.17		リストヴァンカ	4.85
	伊自良湖	5.06	ベトナム	ハノイ	5.64
	隠岐※	5.13	タイ	バンコク (2020)	5.77
	小笠原※	5.29		マエハエア (2019)	5.15
中国	西安地域	7.13・6.24	ミャンマー	ヤンゴン	6.74
	重慶地域	5.05・5.53	マレーシア	ペタリンジャヤ	4.68
	廈門地域	5.33・4.87		タナラタ (2020)	4.90
	珠海地域	5.45・5.22		クチン	5.34
韓国	カンファ	5.25	インドネシア	ジャカルタ	4.90
	チェジュ	5.69		スルポン	5.47

pHとは水素イオン指数により酸性度を表し、酸性雨を調べる指標。pHが低いほど酸性は強く、水素イオン濃度が高い（中性はpH7、一般にpH5.6以下を酸性雨と呼ぶ。ここでは、5.7以上の場合も表示）。数値が二つのところは2地点での観測値。
※隠岐と小笠原については測定できない期間を含む。

キーワード

「CO_2、SPM、BOD、COD」って？

二酸化炭素（CO_2）：大気中にもあるが、石油や石炭を燃やすと濃度が高くなる。地表からの赤外線を吸収して蓄えるため、温室効果ガスともいわれ、地球温暖化の原因とされる。

浮遊粒子状物質（SPM）：粒の直径が10μm以下の、大気中に浮かぶ物質。ディーゼル車の排ガス、工場のばい煙、道路の粉じんなどが原因。近年、より小さいPM2.5（微小粒子状物質）も問題に。発生源はSPMと同様だが、土壌など自然のものも。

生物化学的酸素要求量（BOD）：水中の有機物が、微生物によって酸化分解される時に必要な酸素量。水がよごれていれば有機物は多く、酸素が多く必要になる。単位はppm

化学的酸素要求量（COD）：水中の有機物を酸化剤で酸化するのに消費される酸素の量。有機物が多いほど、酸素の量も多くなり、水のよごれの程度を示す数値になる。単位はppm

大気汚染の移り変わり（二酸化イオウ、二酸化窒素、浮遊粒子状物質）

【資料】環境省

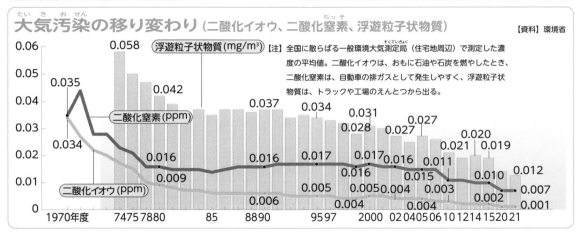

浮遊粒子状物質 (mg/m³)
二酸化窒素 (ppm)
二酸化イオウ (ppm)

【注】全国に散らばる一般環境大気測定局（住宅地周辺）で測定した濃度の平均値。二酸化イオウは、おもに石油や石炭を燃やしたとき、二酸化窒素は、自動車の排ガスとして発生しやすく、浮遊粒子状物質は、トラックや工場のえんとつから出る。

環境

大気・水の汚染

二酸化炭素排出量の変化や、川や湖、住宅地や道路沿いの環境について確認しよう。呼吸器や循環器への影響が心配される大気中のPM2.5や、有機フッ素化合物（PFAS）による水の汚染も問題となっている。

日本の二酸化炭素排出量の移り変わり

【資料】環境省（21年度確報値）
（1人あたり排出量は21年度確報値）

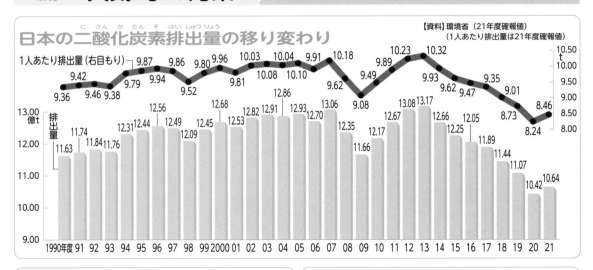

微小粒子状物質（PM2.5）の状況

一般環境大気測定局（住宅地）　【資料】環境省

年度	2015	2017	2020	2021
測定局数	788	827	873	877
有効測定局数	765	814	844	858
環境基準達成局（達成率）	570（74.5%）	732（89.9%）	830（98.3%）	858（100%）
黄砂による不達成局数	21	16	10	0

自動車排出ガス測定局（幹線道路沿い）

年度	2015	2017	2020	2021
測定局数	227	233	243	241
有効測定局数	219	224	237	240
環境基準達成局（達成率）	128（58.4%）	193（86.2%）	233（98.3%）	240（100%）
黄砂による不達成局数	7	6	2	0

光化学スモッグ注意報が出た日数と被害者数（全国）

【資料】環境省

	1975	1980	1990	2000	2010	2020	2022
日	266	86	242	259	182	45	41
人	4万6081	1420	58	1479	128	4	0

BODが高濃度の川（ワースト5）　【資料】環境省

	順位	あてはめ水域名	都道府県	年間平均値(mg/L)
2021年度	1	古川	和歌山	8.7
	2	早戸川 (2)　(2)は水域区分	茨城	7.7
	3	益田川 (3)　(3)は水域区分	島根	7.5
	4	長部川	岩手	6.9
	5	相引川	香川	6.6

知っトク情報

PFASってどんなもの？

近年、各地の水から有害な有機フッ素化合物（PFAS）が見つかっています。水や油をはじき熱に強い性質を利用して防水加工や泡消火剤などに広く使われてきました。しかし分解されにくく水や土、体内にも長く残り、悪影響があるとして、PFASのうちの二つの物質は製造も使用も国際条約で禁止されました。日本でも、環境省は厚生労働省とともに、専門家による水環境の目標値や取り組み方を検討。2021年度の水質測定で、指針値（暫定）を超過した地点は13都府県、81地点（河川：38地点、湖沼：0地点、海域：0地点、地下水：43地点）でした。

汚染のひどい湖沼の水質の推移

【資料】環境省

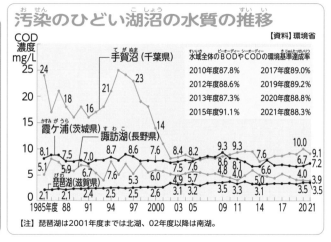

水域全体のBODやCODの環境基準達成率

2010年度87.8%	2017年度89.0%
2012年度88.6%	2019年度89.2%
2013年度87.3%	2020年度88.8%
2015年度91.1%	2021年度88.3%

【注】琵琶湖は2001年度までは北湖、02年度以降は南湖。

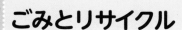

世界的問題のプラスチックや食品ロスなど生活に密着するごみの状況を知ろう。産業廃棄物（21年度実績値の速報）として汚泥（1億6268万t）、動物のふん尿（8127万t）、がれき（5734万t）などが排出されている。

ごみとリサイクル

環境

1人が1日に出す「ごみ量」
（2021年度）

【資料】環境省

1人1日ごみ量（家庭ごみ+事業系ごみ）：g・人口で算出
家庭のごみ

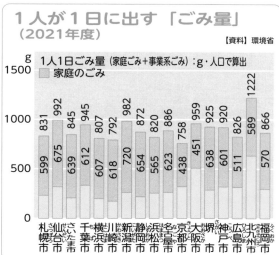

ごみ排出量

【資料】環境省

━は日本人だけの場合
━は外国人を含んだ場合の量

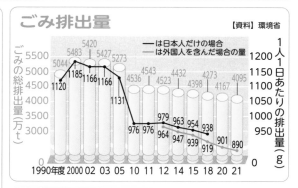

食品ロス発生量の推計

【資料】環境省

□事業系　■家庭　　　単位：万t

年度	事業系	家庭	2030年度目標（489）
2012	331	312	642
2014	339	282	621
2015	357	289	646
2017	328	284	612
2019	309	261	570
2020	275	247	522
2021	279	244	523

公害別の苦情件数（2022年度）

【資料】公害苦情調査（総務省）

焼却（野焼き）	1万1875(16.6%)	飲食店営業・カラオケ	3015(4.2%)
工事・建設作業	1万2492(17.4%)	移動発生源	2178(3.0%)
廃棄物投棄	7840(11.0%)	焼却（施設）	910(1.3%)
自然系	7219(10.1%)	産業排水	1096(1.5%)
産業用機械作動	4411(6.2%)	その他	9146(12.8%)
家庭生活	4347(6.1%)	不明	4612(6.4%)
流出・漏洩	2449(3.4%)	全国(100%)	7万1590

ペットボトルのリサイクル率

【資料】PETボトルリサイクル推進協議会　単位：千t

年度	2006	2011	2014	2015	2018	2020	2022
指定ペットボトル販売量	544	604	569	563	626	551	583
海外再資源化	175	253	199	227	195	144	92
国内再資源化	234	265	271	261	334	345	414
リサイクル率(%)	75.1	85.8	82.6	86.7	84.6	88.8	86.9

世界の使い捨てプラスチック廃棄量
（2019年）

【資料】日本エシカル推進協議会

年間総廃棄量

中国	2536万t
アメリカ	1719
インド	558
日本	471
イギリス	289
ブラジル	281
フランス	232
ロシア	230
インドネシア	226
韓国	225
ベトナム	190
ドイツ	182
スペイン	159
オーストラリア	145
イタリア	139
タイ	126
サウジアラビア	116

1人あたり年間廃棄量

シンガポール	76kg
オーストラリア	59
オマーン	56
オランダ	55
イスラエル	55
スイス	53
アメリカ	53
UAE	52
韓国	44
イギリス	44
クウェート	40
アイルランド	39
日本	37
フランス	36
スロベニア	35

家庭や商店から出たごみのゆくえ

【資料】環境省

【注】2011年度は災害廃棄物を含まない数字。

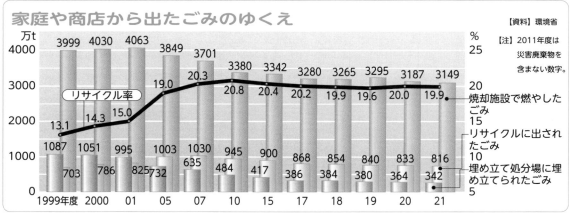

リサイクル率

焼却施設で燃やしたごみ
リサイクルに出されたごみ
埋め立て処分場に埋め立てられたごみ

空港と港

どのようなところに国際戦略港湾・国際拠点港湾があるかを調べてみよう。外航商船とは、外国と貿易をするため、日本と外国の間を行き来する船船をいう。どの港や空港で貿易が盛んかを調べてみよう。

おもな貿易港 （2023年）

【資料】各空港における国際線就航状況調べ（国土交通省）など

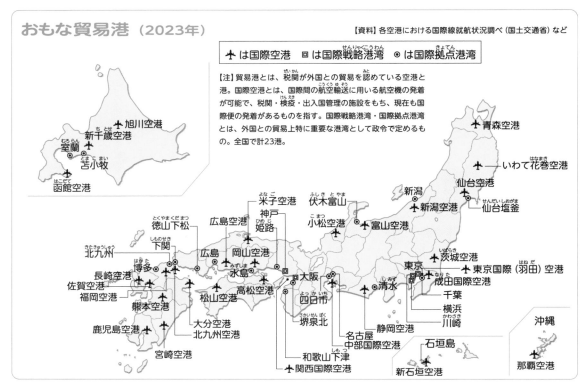

✈ は国際空港　回 は国際戦略港湾　◎ は国際拠点港湾

【注】貿易港とは、税関が外国との貿易を認めている空港と港。国際空港とは、国際間の航空輸送に用いる航空機の発着が可能で、税関・検疫・出入国管理の施設をもち、現在も国際便の発着があるものを指す。国際戦略港湾・国際拠点港湾とは、外国との貿易上特に重要な港湾として政令で定めるもの。全国で計23港。

おもな港の輸出入額 （2022年）

【資料】国土交通省、財務省

港　　　名	入港した外航商船		輸出額	輸入額	おもな活動ととくちょう
	（隻）	（トン）	（円）	（円）	
東　　　京	4409	9412万	7兆4699億	15兆3934億	1941年、貿易港として開港。海面の埋め立てで建設された人工港。
名　古　屋	6811	1億6639万	14兆0130億	7兆1975億	中京工業地帯の中心。自動車の輸出が多い。
横　　　浜	8144	2億2520万	8兆2416億	6兆7324億	京浜工業地帯があり、輸出が多い。
神　　　戸	5935	1億2255万	7兆1880億	4兆8732億	日本の代表的港。繊維製品、機械の輸出入が多い。
大　　　阪	4396	5885万	5兆0034億	6兆3118億	阪神工業地帯の中心。鉄鋼、機械などの輸出が多い。
千　　　葉	3330	8522万	1兆1565億	5兆8063億	1954年開港。輸出は鉄鋼、自動車、輸入は石油、自動車が多い。
博　　　多	2555	3028万	3兆9143億	1兆3798億	福岡市にあり、遣隋使、遣唐使のころからの古い港。
川　　　崎	2204	6422万	1兆2498億	3兆9246億	1951年、横浜港から独立。輸出は自動車、輸入は石油、肉類が多い。
水　　　島	2943	5664万	1兆3019億	2兆4308億	水島臨海工業地帯が発達。石油化学などの工場が並ぶ。
清　　　水	1619	2988万	2兆2495億	1兆4477億	富士山を仰ぎ、三保松原に囲まれた港。自動車部品の輸出が多い。
四　日　市	1465	4424万	1兆0540億	2兆5163億	石油化学コンビナートの中心港。輸入は石油、輸出は自動車が多い。
三　　　河	965	2650万	2兆5310億	8696億	自動車の輸入・輸出が多い。田原、豊橋、蒲郡の3港が併合された。
堺　泉　北	1416	4074万	9826億	2兆3031億	原油などのエネルギー供給拠点。日本有数の中古車輸出拠点。

【注】トンは、入港した外航船の容積の合計。（輸出入額の上位13港）

おもな空港の輸出入額 （2022年）

【資料】国土交通省、財務省

空　港　名	入港した国際線	輸出額	輸入額	おもな活動ととくちょう
	（機）	（トン）	（円）	（円）
成田国際空港	5万7935	235万6119	15兆8430億	20兆0613億	1978年開港。電子部品、電気機器の輸出入が多い。
関西国際空港	2万2579	78万4024	6兆4475億	5兆0287億	1994年開港。関西地方の空の玄関口。
中部国際空港	4782	11万8572	1兆3200億	1兆0149億	2005年開港。中部の「Central」と空の「Air」を合わせた「セントレア」が愛称。
福　岡　空　港	4306	2万5788	2561億	6703億	板付飛行場が1972年に福岡空港になる。半導体の輸入が多い。

【注】トンは荷の積み下ろしの総量。（輸出入額の上位4空港）

日本が輸入しているもの、輸出しているものを、それぞれ確認して、わが国の貿易の特徴をとらえよう。また1960年以降、どんな変化がみられるか。総額と割合の違いに注意しながら考えよう。

輸出入品の種類　貿易

輸入品の種類と割合

【資料】通商白書（経済産業省）、貿易統計（財務省）
輸入の総額を100とした場合の品物別の割合（%）

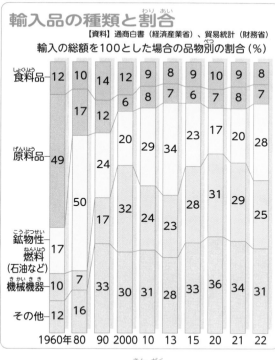

輸出品の種類と割合

【資料】通商白書（経済産業省）、貿易統計（財務省）
輸出の総額を100とした場合の品物別の割合（%）

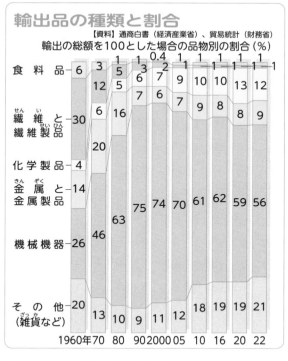

輸入品の種類と金額（2022年）

単位　億円　【資料】財務省

種　類	金　額		種　類	金　額
食料品	9兆4923		化学製品	13兆2969
おもな商品 魚介類	1兆9436	おもな商品	医薬品	5兆7373
肉類	1兆9254		有機化合物	2兆3786
穀物類	1兆4768		一般機械	9兆2826
野菜	6925	おもな商品	電算機類(含周辺機器)	2兆7090
果実	6368		原動機	1兆3489
原料品	8兆1067		電算機類の部分品	5418
おもな商品 非鉄金属鉱	2兆4874		電気機器	17兆2691
鉄鉱石	1兆8056	おもな商品	半導体等電子部品	4兆8942
木材	5479		通信機	3兆7778
大豆	3391		音響映像機器(含部品)	1兆6029
鉱物性燃料	33兆5094		重電機器	9872
おもな商品 原油及び粗油	13兆2691		電気計測機器	8756
液化天然ガス	8兆4642		輸送用機器	3兆3808
石炭	7兆8102	おもな商品	自動車	1兆5051
石油製品	2兆8350		自動車の部分品	1兆0016
液化石油ガス	1兆0394		航空機類	4139
原料別製品	10兆2736		その他	13兆5297
おもな商品 非鉄金属	3兆3403	おもな商品	衣類・同付属品	3兆4957
金属製品	1兆5859		科学光学機器	2兆2057
鉄鋼	1兆4803		家具	9980
織物用糸・繊維製品	1兆2613		バッグ類	7061
木製品等(除家具)	1兆0632		合計	118兆1410
非金属鉱物製品	7762			

【参考】2021年 84兆8750

輸出品の種類と金額（2022年）

単位　億円　【資料】財務省

種　類	金　額		種　類	金　額
食料品	1兆1366		一般機械	18兆9096
原料品	1兆5829	おもな商品	半導体等製造装置	4兆0652
鉱物性燃料	2兆1968		原動機	2兆8448
化学製品	11兆7938		建設用・鉱山用機械	1兆6911
おもな商品 プラスチック	3兆1545		ポンプ・遠心分離機	1兆5472
有機化合物	2兆2086		金属加工機械	1兆1634
医薬品	1兆1428		電算機類の部分品	1兆0245
原料別製品	11兆8181		荷役機械	7127
おもな商品 鉄鋼	4兆7386		ベアリング	5560
非鉄金属	2兆4609		加熱用・冷却用機器	5395
金属製品	1兆3569		電算機類(含周辺機器)	3902
ゴム製品	1兆0832		繊維機械	3014
非金属鉱物製品	1兆0131		電気機器	17兆3370
織物用糸・繊維製品	7727	おもな商品	半導体等電子部品	5兆6761
紙類・紙製品	3618		電気回路等の機器	2兆3221
輸送用機器	19兆0578		電気計測機器	1兆9630
おもな商品 自動車	13兆0117		重電機器	1兆3850
自動車の部分品	3兆8483		音響・映像機器(含部品)	1兆0273
船舶	1兆1570		通信機	4271
二輪自動車	4143		その他	14兆3424
			合計	98兆1750

【参考】2021年 83兆0914

統計―日本―貿易

175

貿易

輸出入

2022年に日本から輸出した地域の割合は、アジア56.4％、北米19.7％、ヨーロッパ10.9％、輸入の地域は、アジア45.2％、北米11.8％、ヨーロッパ11.0％。日本の貿易の状況をとらえよう。

日本の輸出入 （相手国・地域別、商品別、2022年）

単位　100億円【資料】貿易統計（財務省）

【注】① 「魚介類」「肉類」は調製品を含み、「事務用機器」はコンピューターを含む。②円グラフの下の輸出、輸入の帯は、各国・地域ごとに長さが金額に比例する。

韓国

輸出総額 710.6
輸入総額 441.6

輸出：
- 半導体など 51.5
- IC 44.4
- 事務用機器 3.0
- 機械機器 261.1
- 化学製品 140.2
- 鉄鋼製品 36.9
- 鉄鋼 66.8
- 科学光学機器 27.5
- 繊維・同製品 4.6
- その他

輸入：
- 機械機器 117.9
- 化学製品 90.3
- 石油製品 65.4
- 鉄鋼 42.8
- 魚介類 6.3
- 食料品 19.5
- 繊維・同製品 3.7
- その他

中国

輸出総額 1900.4
輸入総額 2484.3

輸出：
- 半導体など 137.7
- 自動車 99.9
- 事務用機器 23.5
- 音響・映像機器の部品 5.4
- 機械機器 998.3
- 化学製品 330.6
- 鉄鋼 66.6
- 金属・同製品 170.4
- 繊維・同製品 21.1
- その他

輸入：
- 通信機 272.2
- 事務用機器 239.6
- 機械機器 1241.7
- 化学製品 225.5
- 衣類・同付属品 190.2
- 金属・同製品 153.8
- 魚介類 34.2
- 食料品 111.8
- 繊維・同製品 73.5
- 鉱物性燃料 19.2（うち石炭 2.2）
- その他

インドネシア

輸出総額 197.9
輸入総額 376.1

輸出：
- 自動車部品 24.7
- 原動機 10.8
- 半導体など 2.3
- 機械機器 100.9
- 鉄鋼製品 24.0
- 鉄鋼 31.3
- 化学製品 22.9
- その他

輸入：
- 液化天然ガス 33.6
- 鉱物性燃料 142.5
- 音響・映像機器 2.0
- 機械機器 43.0
- 食料品 16.9
- 魚介類 8.8
- 木製品など 14.3
- 繊維・同製品 6.4
- その他

台湾

輸出総額 685.7
輸入総額 509.7

輸出：
- 半導体など 118.9
- 電気計測器 14.5
- 事務用機器 2.7
- 機械機器 368.6
- 化学製品 117.3
- 鉄鋼 25.0
- 金属・同製品 63.6
- 繊維・同製品 2.1
- その他

輸入：
- 半導体など 249.5
- 機械機器 328.7
- 事務用機器 14.5
- 化学製品 42.6
- 鉄鋼 14.4
- 魚介類 6.7
- 食料品 9.8
- 繊維・同製品 5.2
- その他

サウジアラビア

輸出総額 66.8
輸入総額 556.9

輸出：
- 自動車 42.6
- 機械機器 55.1
- 鉄鋼 2.4
- 金属・同製品 3.2
- ゴムタイヤ・チューブ 2.2
- 繊維・同製品 1.9
- その他

輸入：
- 原油 524.0
- 鉱物性燃料 538.8
- 石油製品 13.2
- その他

アメリカ合衆国

輸出総額 1825.5
輸入総額 1173.3

輸出：
- 原動機 102.1
- 事務用機器 40.4
- 映像機器 16.7
- 自動車 431.2
- 機械機器 1283.4
- 化学製品 154.0
- 鉄鋼 29.6
- 金属・同製品 73.1
- 科学光学機器 48.6
- その他

輸入：
- 原動機 64.3
- 半導体など 37.8
- 航空機類 21.8
- 事務用機器 10.6
- 機械機器 300.1
- 化学製品 250.1
- 鉱物性燃料 193.8
- 肉類 51.6
- とうもろこし 49.3
- 魚介類 16.8
- 食料品 191.3
- 大豆 24.2
- 木材 10.0
- 繊維・同製品 3.4
- その他

ドイツ

輸出総額 257.0
輸入総額 298.6

輸出：
- 自動車 22.9
- 半導体など 11.5
- 事務用機器 10.1
- 映像機器 2.3
- 機械機器 144.0
- 化学製品 34.8
- 鉄鋼 1.7
- 金属・同製品 8.6
- その他

輸入：
- 自動車 49.6
- 半導体など 8.4
- 機械機器 139.5
- 医薬品 63.0
- 化学製品 101.8
- 金属・同製品 15.3
- 食料品 5.0
- その他

オーストラリア

輸出総額 217.3
輸入総額 1161.2

輸出：
- 事務用機器 1.7
- 映像機器 0.8
- 自動車 110.5
- 機械機器 146.0
- 化学製品 7.1
- 金属・同製品 3.2
- 鉄鋼 2.3
- その他

輸入：
- 石炭 526.2
- 原油 3.3
- 鉱物性燃料 908.8
- 鉄鉱石 95.3
- 肉類 23.8
- 食料品 61.0
- 非鉄金属鉱 37.5
- アルミ・同合金 13.9
- その他

かんれん 世界の貿易 ➡ 251ページ

2022年の輸入総額は約118.5兆円で、鉱物性燃料と電気機器で43.0%を占めた。
総額は前年比で20年：−13.5%、21年：+24.8%、22年：+39.6%と推移。鉱物性燃料は20年：−33.6%、21年：+51.1%、22年：+98.1%。食料自給率38%（22年度概算）。

輸入　貿易

輸入品と相手国（1965・2022年）

【資料】貿易統計（財務省）

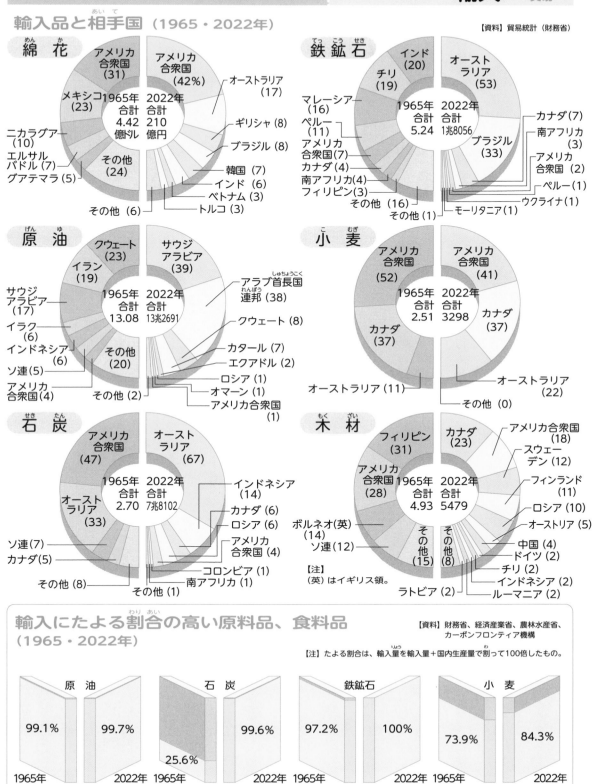

綿花

1965年 合計 4.42 億ドル
- アメリカ合衆国（31）
- メキシコ（23）
- ニカラグア（10）
- エルサルバドル（7）
- グアテマラ（5）
- その他（24）
- その他（6）

2022年 合計 210 億円
- アメリカ合衆国（42%）
- オーストラリア（17）
- ギリシャ（8）
- ブラジル（8）
- 韓国（7）
- インド（6）
- ベトナム（3）
- トルコ（3）

鉄鉱石

1965年 合計 5.24
- インド（20）
- チリ（19）
- マレーシア（16）
- ペルー（11）
- アメリカ合衆国（7）
- カナダ（4）
- 南アフリカ（4）
- フィリピン（3）
- その他（1）

2022年 合計 1兆8056
- オーストラリア（53）
- ブラジル（33）
- カナダ（7）
- 南アフリカ（3）
- アメリカ合衆国（2）
- ペルー（1）
- ウクライナ（1）
- モーリタニア（1）
- その他（16）

原油

1965年 合計 13.08
- クウェート（23）
- イラン（19）
- サウジアラビア（17）
- イラク（6）
- インドネシア（6）
- ソ連（5）
- アメリカ合衆国（4）
- その他（20）

2022年 合計 13兆2691
- サウジアラビア（39）
- アラブ首長国連邦（38）
- クウェート（8）
- カタール（7）
- エクアドル（2）
- ロシア（1）
- オマーン（1）
- アメリカ合衆国（1）
- その他（2）

小麦

1965年 合計 2.51
- アメリカ合衆国（52）
- カナダ（37）
- オーストラリア（11）

2022年 合計 3298
- アメリカ合衆国（41）
- カナダ（37）
- オーストラリア（22）
- その他（0）

石炭

1965年 合計 2.70
- アメリカ合衆国（47）
- オーストラリア（33）
- ソ連（7）
- カナダ（5）
- その他（8）

2022年 合計 7兆8102
- オーストラリア（67）
- インドネシア（14）
- カナダ（6）
- ロシア（6）
- アメリカ合衆国（4）
- コロンビア（1）
- 南アフリカ（1）
- その他（1）

木材

1965年 合計 4.93
- フィリピン（31）
- アメリカ合衆国（28）
- ボルネオ(英)（14）
- ソ連（12）
- その他（15）
- ラトビア（2）

2022年 合計 5479
- カナダ（23）
- アメリカ合衆国（18）
- スウェーデン（12）
- フィンランド（11）
- ロシア（10）
- オーストリア（5）
- 中国（4）
- ドイツ（2）
- チリ（2）
- インドネシア（2）
- ルーマニア（2）
- その他（8）

【注】（英）はイギリス領。

輸入にたよる割合の高い原料品、食料品（1965・2022年）

【資料】財務省、経済産業省、農林水産省、カーボンフロンティア機構

【注】たよる割合は、輸入量を輸入量＋国内生産量で割って100倍したもの。

	1965年	2022年
原油	99.1%	99.7%
石炭	25.6%	99.6%
鉄鉱石	97.2%	100%
小麦	73.9%	84.3%

輸出

2022年の輸出総額は、約98.2兆円。中国とアメリカ合衆国の2国で、約38%を占める。しかし中国の伸び率は低く、中東諸国への輸出が伸びた。総額は、前年比で20年：−11.1%、21年：+21.5%、22年：+18.2%と推移した。

輸出品と相手国・地域（1965・2022年）

【資料】貿易統計（財務省）

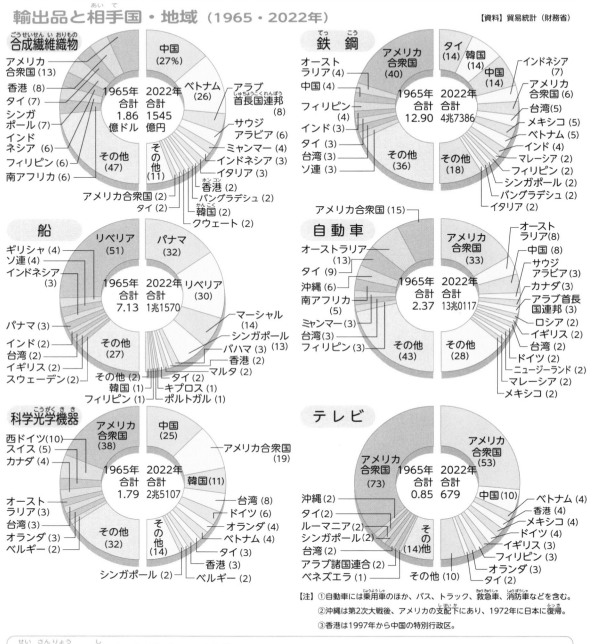

合成繊維織物

1965年 合計 1.86億ドル
- アメリカ合衆国（13）
- 香港（8）
- タイ（7）
- シンガポール（7）
- インドネシア（6）
- フィリピン（6）
- 南アフリカ（6）
- アメリカ合衆国（2）
- タイ（2）
- その他（47）

2022年 合計 1545億円
- 中国（27%）
- ベトナム（26）
- アラブ首長国連邦（8）
- サウジアラビア（6）
- ミャンマー（4）
- インドネシア（3）
- イタリア（3）
- 香港（2）
- バングラデシュ（2）
- 韓国（2）
- クウェート（2）
- その他（11）

鉄鋼

1965年 合計 12.90
- アメリカ合衆国（40）
- オーストラリア（4）
- 中国（4）
- フィリピン（4）
- インド（3）
- タイ（3）
- 台湾（3）
- ソ連（3）
- その他（36）

2022年 合計 4兆7386
- タイ（14）
- 韓国（14）
- 中国（14）
- インドネシア（7）
- アメリカ合衆国（6）
- 台湾（5）
- メキシコ（5）
- ベトナム（5）
- インド（4）
- マレーシア（2）
- フィリピン（2）
- シンガポール（2）
- バングラデシュ（2）
- イタリア（2）
- その他（18）

船

1965年 合計 7.13
- リベリア（51）
- ギリシャ（4）
- ソ連（4）
- インドネシア（3）
- パナマ（3）
- インド（2）
- 台湾（2）
- イギリス（2）
- スウェーデン（2）
- その他（27）
- 韓国（1）
- フィリピン（1）

2022年 合計 1兆1570
- パナマ（32）
- リベリア（30）
- マーシャル（14）
- シンガポール（13）
- バハマ（3）
- 香港（2）
- マルタ（2）
- タイ（2）
- キプロス（1）
- ポルトガル（1）
- その他（2）

自動車

1965年 合計 2.37
- アメリカ合衆国（15）
- オーストラリア（13）
- タイ（9）
- 沖縄（6）
- 南アフリカ（3）
- ミャンマー（3）
- 台湾（3）
- フィリピン（3）
- その他（43）

2022年 合計 13兆0117
- アメリカ合衆国（33）
- オーストラリア（8）
- 中国（8）
- サウジアラビア（3）
- カナダ（3）
- アラブ首長国連邦（3）
- ロシア（2）
- イギリス（2）
- 台湾（2）
- ドイツ（2）
- ニュージーランド（2）
- マレーシア（2）
- メキシコ（2）
- その他（28）

科学光学機器

1965年 合計 1.79
- アメリカ合衆国（38）
- 西ドイツ（10）
- スイス（5）
- カナダ（4）
- オーストラリア（3）
- 台湾（3）
- オランダ（3）
- ベルギー（2）
- その他（32）

2022年 合計 2兆5107
- 中国（25）
- アメリカ合衆国（19）
- 韓国（11）
- 台湾（8）
- ドイツ（6）
- オランダ（4）
- ベトナム（4）
- タイ（3）
- 香港（3）
- ベルギー（2）
- シンガポール（2）
- その他（14）

テレビ

1965年 合計 0.85
- アメリカ合衆国（73）
- 沖縄（2）
- タイ（2）
- ルーマニア（2）
- シンガポール（2）
- 台湾（2）
- アラブ諸国連合（2）
- ベネズエラ（1）
- その他（14）

2022年 合計 679
- アメリカ合衆国（53）
- 中国（10）
- ベトナム（4）
- 香港（4）
- メキシコ（4）
- ドイツ（4）
- イギリス（2）
- フィリピン（3）
- オランダ（3）
- タイ（2）
- その他（10）

【注】①自動車には乗用車のほか、バス、トラック、救急車、消防車などを含む。
②沖縄は第2次大戦後、アメリカの支配下にあり、1972年に日本に復帰。
③香港は1997年から中国の特別行政区。

生産量に占める輸出の割合

【資料】財務省、経済産業省ほか

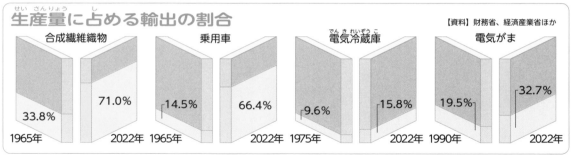

	合成繊維織物	乗用車	電気冷蔵庫	電気がま
1965年	33.8%	14.5%	9.6%（1975年）	19.5%（1990年）
2022年	71.0%	66.4%	15.8%	32.7%

かんれん 世界の貿易の相手国・地域 → 251ページ

経常収支や貿易収支が増えたり減ったりする原因は様々だが、円高・円安とも関係していることをグラフから読み取ろう。また、2022年の貿易収支が過去最大の赤字になった理由を考えてみよう。

貿易と国際収支　貿易

貿易収支

【資料】国際収支状況(暦年)(財務省)
単位 億円

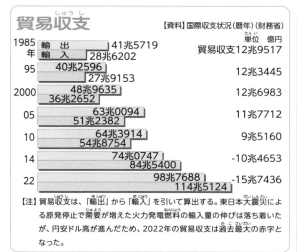

	輸出	輸入	貿易収支
1985年	41兆5719	28兆6202	12兆9517
95	40兆2596	27兆9153	12兆3445
2000	48兆9635	36兆2652	12兆6983
05	63兆0094	51兆2382	11兆7712
10	64兆3914	54兆8754	9兆5160
14	74兆0747	84兆5400	-10兆4653
22	98兆7688	114兆5124	-15兆7436

【注】貿易収支は、「輸出」から「輸入」を引いて算出する。東日本大震災による原発停止で需要が増えた火力発電燃料の輸入量の伸びは落ち着いたが、円安ドル高が進んだため、2022年の貿易収支は過去最大の赤字となった。

経常収支

【資料】国際収支状況(暦年)(財務省)
単位 億円

	貿易・サービス収支	第一次所得収支	第二次所得収支	経常収支
1990年	3兆8628	3兆2874	-6768	6兆4736
92	10兆2054	4兆5125	-4833	14兆2349
94	9兆8345	4兆1307	-6225	13兆3425
96	2兆3174	6兆1544	-9775	7兆4943
98	9兆5299	6兆6146	-1兆1463	14兆9981
2000	7兆4298	7兆6914	-1兆0596	14兆0616
02	6兆4690	7兆8105	-5958	13兆6837
04	10兆196	11兆3488	-8509	19兆6941
06	7兆3460	14兆2277	-1兆2429	20兆3307
08	14兆3402	-1兆3515	-1兆8899	14兆8786
22	-21兆2723	34兆4621	-2兆4753	10兆7144

【注】サービス収支=旅行代金や情報などに支払われた代金の合計。海外旅行者や貿易量が増えると運送費の支払いも増えるので、サービス収支は赤字になることが多い。第一次所得収支=海外にある資産などから生まれる利子や配当(収入)と海外からの出稼ぎ労働者などへの報酬(支出)の合計。第二次所得収支=外国に対する援助などの無償資金協力や国際機関への分担金など。経常収支はこの三つの合計。

円とドル

アメリカの1ドルと交換できる円
【資料】金融経済統計月報(日本銀行)

グラフ 円

200.60
160.10
135.40
124.65　115.98
122.00　111.89　　　109.15
　　　　　　129.92　120.42　115.12
125.25　102.91　81.51
143.40　99.83　115.20　114.90
　　　　102.08　77.57　103.33　131.30

0　1985年 86 87 88 89 90 91 92 93 94 95 96 97 98 99 2000 10 11 15 19 20 21 23

【注】たとえば1ドルのおもちゃを買うのに、1985年は約200円必要だったのが、2015年には約120円になった。この場合、1985年より2015年のほうが「円が強い(高い)」といういい方をする。

キーワード

「国際収支」って?

日本と外国のおかねのやりとりをまとめたものが国際収支です。モノの輸出入の代金や、旅行やサービスの代金などをまとめた「経常収支」と、土地の所有権の移転などをまとめた「資本移転等収支」、外国への投資などをまとめた「金融収支」に分けられます。

統計―日本―貿易

おもな国の製品の貿易額とその割合 (2021年)

【資料】商品分類別輸出入額(総務省)

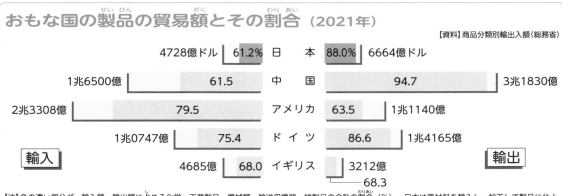

	輸入額	輸入割合	国	輸出割合	輸出額
日本	4728億ドル	61.2%		88.0%	6664億ドル
中国	1兆6500億	61.5		94.7	3兆1830億
アメリカ	2兆3308億	79.5		63.5	1兆1140億
ドイツ	1兆0747億	75.4		86.6	1兆4165億
イギリス	4685億	68.0		68.3	3212億

輸入　輸出

【注】色の濃い部分が、輸入額、輸出額に占める化学・工業製品、機械類、輸送用機器、雑製品の合計の割合(%)。日本は原材料を輸入し、加工して製品に仕上げ、輸出するという「加工貿易」で、経済大国になった。2010年までの日本は輸入よりも輸出の貿易額が多かったが、11年から5年連続で貿易収支が赤字になった。16年に6年ぶりに黒字となった後、22年まで7年連続で黒字となっている。なお、日本、アメリカ、イギリス、中国は「一般貿易方式」(再輸出を含むすべての輸出入を記録)だが、ドイツは「特別貿易方式」(税関を通過した輸出入のみ記録)での数値。

小売店・デパート・スーパー

コンビニエンスストアは、24時間営業で手軽に商品を購入できることから人気を集めている。コンビニエンスストアで、食品以外の商品の売上高が約30%あることに注目しよう。

商店の数、働く人、売上高
（2016年）

【資料】経済センサス（経済産業省）

分類		商店数	働く人	年間売上高
合計		135万5060	1159.6万人	581兆6263億円
おろし売店	総合商社など	1410	3.9	30兆1266
	せんい、衣服	2万2883	24.5	12兆4209
	飲食料品	7万0613	77.2	88兆8965
	建築材料、鉱物、金属材料など	8万5388	75.8	115兆6454
	機械器具	9万8974	121.8	116兆0704
	その他	8万5163	90.7	73兆2421
小売店	デパート、総合スーパー	1590	33.1	12兆6348
	織物、衣服	14万0465	69.8	9兆9869
	飲食料品	29万9120	301.2	41兆5683
	機械器具など	14万2223	88.4	27兆1135
	その他	36万9061	239.1	43兆5288

おろし売店・小売店の数
（働く人の数別、2016年）【資料】経済産業省

働く人
- 9人以下　おろし売店 18万2486　小売店 28万5203
- 10〜99人　10万7775　15万5489
- 100人以上　6万5293　17万4934

総数　おろし売店 35万5554　小売店 61万5626

【注】店の数は企業と事業所の合計。

生活協同組合

【資料】厚生労働省

年度	組合数	組合員数	供給・利用事業高
1970	1248	1266万人	2445億円
80	1335	2317	1兆2348
90	1259	3700	2兆9712
2000	1167	5354	3兆3752
20	1081	6767	3兆0676
22	1106	6890	3兆2895

デパートとスーパーの売上高
（2022年度）

【資料】商業動態統計年報（経済産業省）

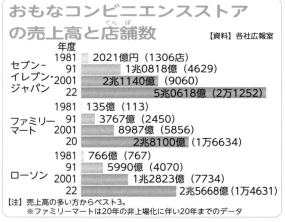

デパート
合計5兆6738億円（100%）
- 衣料品・身の回り品　2兆3987億（42）
- 飲食料品　1兆6417億（29）
- その他　1兆6334億（29）

スーパー
合計15兆2180億円（100%）
- 衣料品・身の回り品　8315億（5）
- 飲食料品　12兆1083億（80）
- その他　2兆2781億（15）

【注】「その他」は家具、電気製品、家庭用品、食堂など。

おもなコンビニエンスストアの売上高と店舗数

【資料】各社広報室

セブン‐イレブン・ジャパン
- 1981　2021億円（1306店）
- 91　1兆0818億（4629）
- 2001　2兆1140億（9060）
- 22　5兆0618億（2万1252）

ファミリーマート
- 1981　135億（113）
- 91　3767億（2450）
- 2001　8987億（5856）
- 20　2兆8100億（1万6634）

ローソン
- 1981　766億（767）
- 91　5990億（4070）
- 2001　1兆2823億（7734）
- 22　2兆5668億（1万4631）

【注】売上高の多い方からベスト3。
※ファミリーマートは20年の非上場化に伴い20年までのデータ

おもな外食産業の売上高

【資料】各社広報室

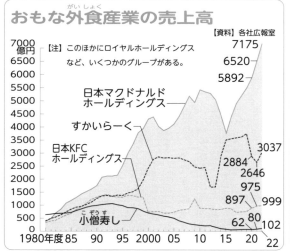

【注】このほかにロイヤルホールディングスなど、いくつかのグループがある。

- 日本マクドナルドホールディングス　7175
- すかいらーく　6520　5892　3037
- 日本KFCホールディングス　2884　2646　975　897　999
- 小僧寿し　62　80　102

1980年度 85 90 95 2000 05 10 15 20 22

コンビニエンスストアの商品販売額

【資料】商業動態統計年報（経済産業省）

2010年
合計 8兆1136億円（100%）
- サービス売上高　3518億（4.3）
- 食品以外の商品　2兆6003億（32.0）
- 加工食品　2兆4164億（29.8）
- ファストフード類　2兆7451億（33.8）
- 店舗数　4万2347

20
11兆6423億（100）
- サービス売上高　6132億（5.3）
- 食品以外の商品　3兆6327億（31.2）
- 加工食品　3兆0883億（26.5）
- ファストフード類　4兆3081億（37.0）
- 店舗数　5万6542

22
12兆3530億（100）
- サービス売上高　6641億（5.4）
- 食品以外の商品　3兆9848億（32.3）
- 加工食品　3兆2005億（26.0）
- ファストフード類　4兆5036億（36.5）
- 店舗数　5万6149

2023年は日本銀行券の出回り高が22年の132.19兆円と比べるとやや減少している。また、景気は低迷しているが、個人の預金額は増えており、銀行の貸しつけ先も個人が最も多い。

お金の動き　商業

通貨の出回り高

各年とも12月末
【資料】金融経済統計月報(日本銀行)

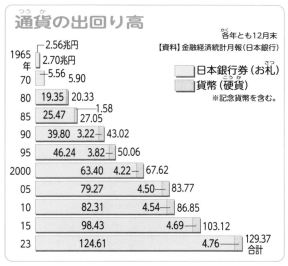

日本銀行券(お札)
貨幣(硬貨)
※記念貨幣を含む。

年	日本銀行券	貨幣	合計
1965年	2.56兆円		2.70兆円
70	5.56		5.90
80	19.35		20.33
85	25.47	1.58	27.05
90	39.80	3.22	43.02
95	46.24	3.82	50.06
2000	63.40	4.22	67.62
05	79.27	4.50	83.77
10	82.31	4.54	86.85
15	98.43	4.69	103.12
23	124.61	4.76	129.37 合計

日本銀行券と貨幣の出回り高（2023年12月末）

【資料】金融経済統計月報(日本銀行)

日本銀行券	1万円札	115兆9957億円
	5000円札	3兆7326億
	2000円札	1938億
	1000円札	4兆5473億
	500円札	970億
貨幣	500円硬貨	2兆2866億
	100円硬貨	1兆0733億
	50円硬貨	2133億
	10円硬貨	1874億
	5円硬貨	510億
	1円硬貨	364億

国内銀行の預金額

各年とも3月末
【資料】預金者別預金(日本銀行)

年	会社など	個人	公金など	合計
1965年	12.5	6.0		18.5兆円
70	23.2	13.5		36.7
80	84.1	61.4		145.5
85	128.3	93.2		221.5
90	194.5	196.4		390.9
95	151.8	226.8		378.6
2000	142.5	286.2	41.3	470.0
15	203.3	430.4	40.0	673.7
23	330.6	553.8	72.7	957.1 合計

個人の預貯金額の移り変わり

各年とも3月末
【資料】家計の金融機関別預金残高
(日本銀行)

年	銀行	郵便局	信用金庫	農協	その他	合計
1970年	38%	19 15	13 9			41兆円
75	36	23	14 13	9	5	106
80	32	30	13 12	8	5	208
85	32	32	12 12	7	5	318
90	42	29	12 12	5		467
95	39	35	11 11	4		613
2000	40	36	11	9	4	711
23	56		35		10 / 0.05	1007 合計

相互銀行

国内銀行　中小企業金融機関など　在日外国銀行
農林水産金融機関

【注】2023年の「中小企業金融機関など」には、ゆうちょ銀行を含む。

全国の銀行の貸しつけ先（2023年）

3月末の貸しつけ残高
【資料】金融経済統計月報 (日本銀行)

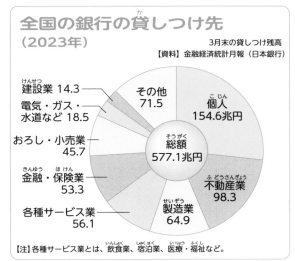

- 建設業 14.3
- 電気・ガス・水道など 18.5
- おろし・小売業 45.7
- 金融・保険業 53.3
- 各種サービス業 56.1
- 製造業 64.9
- 不動産業 98.3
- 個人 154.6兆円
- その他 71.5
- 総額 577.1兆円

【注】各種サービス業とは、飲食業、宿泊業、医療・福祉など。

キ ー ワ ー ド

「日本銀行」って？

「日本銀行」(日銀)は日本で唯一、お札を発行できる「発券銀行」です。また、日銀は「銀行の銀行」で、一般の銀行は日銀にお金を預けたり、日銀からお金を借りたりしています。さらに、日銀は「政府の銀行」で、国のお金の出し入れを扱います。日銀は個人や会社などとは取引をしませんが、景気に合わせて金利を調整して物価を安定させたり、銀行の経営状態をチェックしてお金の流れを守ったりする役割を担っています。

2023年3月現在、高速道路の総延長は9186km（供用中）。首都高速の1日の交通量（21年度平均）は約100万台。高速道路利用車両のETC（自動料金収受システム）利用率は9割以上。各地域の高速道路の現状（供用中・建設中・計画）を見よう。

高速自動車国道（2023年3月）おもな路線

【資料】国土交通省

北海道縦貫自動車道	北関東自動車道	関西国際空港線	四国縦貫自動車道
北海道横断自動車道	成田国際空港線	中国縦貫自動車道	四国横断自動車道
東北縦貫自動車道	中央自動車道	山陽自動車道	九州縦貫自動車道
東北横断自動車道	第一東海自動車道（東名）	中国横断自動車道	九州横断自動車道
日本海沿岸東北自動車道	東海北陸自動車道	山陰自動車道	東九州自動車道
東北中央自動車道	第二東海自動車道（新東名）	関門自動車道	沖縄自動車道
関越自動車道	中部横断自動車道		
常磐自動車道	北陸自動車道		
東関東自動車道	近畿自動車道		

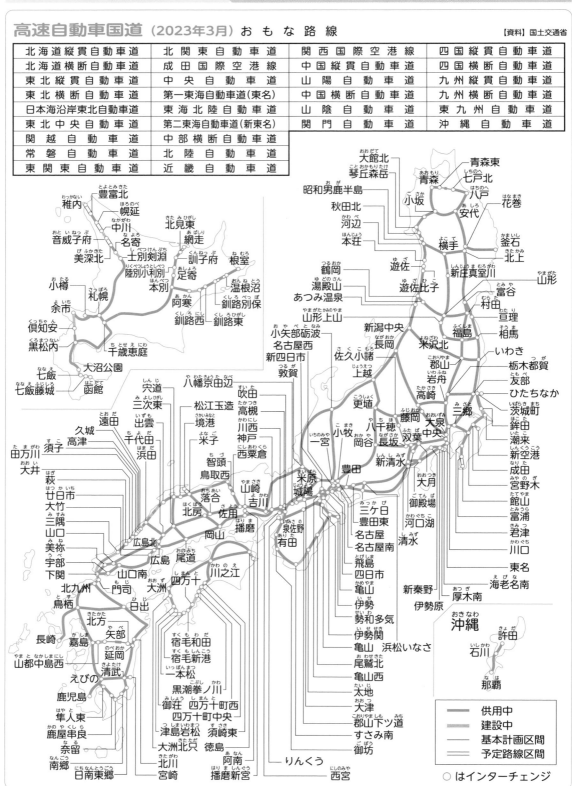

凡例: 供用中 / 建設中 / 基本計画区間 / 予定路線区間 / ○はインターチェンジ

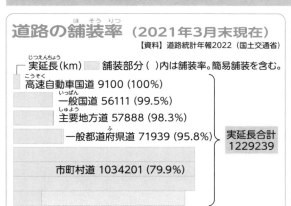

日本の道路の総延長や交通量を確認しよう。長い橋やトンネルについても調べよう。国道のアスファルト舗装が始まったのは1919年だが、現在はどのくらい舗装されているだろうか。

道路・高速バス　交通

道路の舗装率 （2021年3月末現在）

【資料】道路統計年報2022（国土交通省）

実延長（km）　□ 舗装部分（ ）内は舗装率。簡易舗装を含む。

- 高速自動車国道 9100（100%）
- 一般国道 56111（99.5%）
- 主要地方道 57888（98.3%）
- 一般都道府県道 71939（95.8%）
- 市町村道 1034201（79.9%）

実延長合計 1229239

【参考】まだ使っていない（未供用）道路なども含めた総延長は128万3726km。
主要地方道は、とくに重要な都道府県道と市道。

高速バスの利用

【資料】国土交通省自動車局旅客課

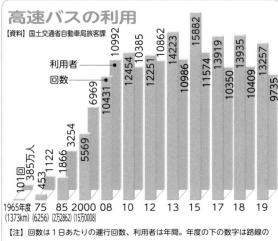

利用者　●
回数　○

	1965年度	75	85	2000	08	10	12	13	15	17	18	19
回数	101回	453	1122	1866	5569	10431	12454	12251	10986	11574	10350	10409
利用者	385万人			3254	6969	10992	10385	10862	14223	15882	13919	13935

（1373km）（6256）（2万2862）（15万0008）

9735　13257

【注】回数は1日あたりの運行回数、利用者は年間。年度の下の数字は路線の
長さの合計。2002年で統計中止。2006年度以降、統計範囲を変更。

道路の平均交通量

【資料】道路交通センサス（国土交通省）

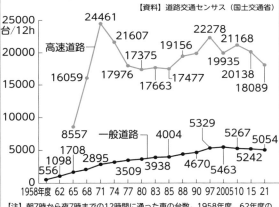

25000
台/12h
20000
15000
10000
5000
0

高速道路
24461
21607
17375　17976　17663　17477　19156　22278　21168　19935　20138　18089
16059
8557

一般道路
5329　5267　5054
1098　1708　2895　3509　3938　4004　4670　5463　5242
556

1958年度 62 65 68 71 74 77 80 83 85 88 90 97 2005 10 15 21

【注】朝7時から夜7時までの12時間に通った車の台数。1958年度、62年度の
数値には自動二輪車が含まれる。

交通量の多い一般道路 （2021年度）

【資料】道路交通センサス（国土交通省）

順位	交通量（台/12h）	観測地点名	路線名
1	100452	神奈川県横浜市旭区桐が作	一般国道１６号（保土ケ谷バイパス）
2	97586	新潟県新潟市中央区紫竹山	一般国道８号
3	76465	大阪府吹田市南吹田	一般国道４２３号
4	73881	大阪府東大阪市本庄西	大阪中央環状線
5	70945	岡山県岡山市中区平井	一般国道２号（岡山バイパス）
6	68501	愛知県知立市上重原町間瀬口	一般国道２３号
7	67712	新潟県新潟市東区寺山	一般国道７号
8	67210	福岡県福岡市東区下原	一般国道３号
9	64885	静岡県磐田市小立野	一般国道１号（浜松ＢＰ）
10	64344	千葉県市川市原木	一般国道３５７号

【注】平日の朝7時から夜7時までの調査。一般国道の有料区間を除く。1路線に
つき1区間のみ対象。

長い橋とトンネルのベスト10

【資料】（一社）日本トンネル技術協会、本州四国連絡高速道路（株）

橋 （2023年12月現在）

順位	名称	中央支間長（m）①	所在都道府県
1	明石海峡大橋	1991	兵庫
2	南備讃瀬戸大橋	1100	香川
3	来島海峡第三大橋	1030	愛媛
4	来島海峡第二大橋	1020	愛媛
5	北備讃瀬戸大橋	990	香川
6	下津井瀬戸大橋	940	岡山〜香川
7	多々羅大橋	890	広島〜愛媛
8	大鳴門橋	876	兵庫〜徳島
9	因島大橋	770	広島
10	安芸灘大橋	750	広島

道路トンネル② （2023年12月現在）

順位	名称	延長（m）③	所在都道府県
1	関越トンネル	11055	群馬〜新潟
2	飛騨トンネル	10710	岐阜
3	東京湾アクアトンネル	9547	神奈川〜千葉
4	栗子トンネル	8972	山形〜福島
5	恵那山トンネル	8649	長野〜岐阜
6	新神戸トンネル	8060	兵庫
7	雁坂トンネル	6625	山梨〜埼玉
8	肥後トンネル	6340	熊本
9	加久藤トンネル	6265	熊本〜宮崎
10	温海トンネル	6022	山形

【注】①塔と塔の間の距離　②首都高速道路など都市トンネルは除く　③上下線2本のトンネルがある場合は延長が長いほうを記載している。

交通 **鉄道**（てつどう）

鉄道は、省エネの交通手段（1人1kmあたりCO_2排出量・鉄道25g、バス90g、自家用乗用車132g＝2021年度）だが、国内で利用されている距離や人数はどれくらいか、3大都市圏の利用状況も見てみよう。

JRと私鉄の旅客数

【資料】鉄道輸送統計年報（国土交通省）

年度	JR（国鉄）普通	JR（国鉄）定期	私鉄定期	私鉄普通
1950年度	13	18	26	27億人
70	22	44	62	36
90	31	53	84	52
2000	33	54	75	55
10	33	55	77	62
18	37	58	88	69
19	36	59	89	68
20	21	46	66	43
22	31	48	72	59

JRと私鉄の営業キロ数

【資料】鉄道輸送統計年報（国土交通省）

年度末	JR（国鉄）	私鉄
1960年度末	2万0482	7420km
80	2万1322	5594
90	2万0166	6630
2000	2万0057（うち新幹線2154）	7444
10	2万0124（うち新幹線2620）	7519
19	1万9949（うち新幹線2997）	7840
21	1万9676（うち新幹線2997）	7841
22	1万9745（うち新幹線3067）	7852

【注】私鉄には、路面電車を含む。JRは1987年から。

JRの車両数

【資料】国土交通省

1965年度末		2023年3月
3164両	蒸気機関車	12両
1369	電気機関車	442
8569	ディーゼル機関車	242
582	電車	1万7640
488	新幹線電車	4966
4595	気動車	2130
1万0362	客車	84
	貨車	9109
14万2258		

【注】2023年3月現在のJRの電化区間は1万2497.1kmで、総営業キロの63.5%。

JRの主な駅の1日平均乗客数 （2022年度）

【資料】JR東日本、JR東海、JR西日本

駅　　　名	都府県	乗客数（人）
新　宿　しんじゅく	東　京	60万2558
池　袋　いけぶくろ	〃	45万8791
東　京　とうきょう	〃	42万4658
大　阪　おおさか	大　阪	34万7078
横　浜　よこはま	神奈川	34万0536
渋　谷　しぶや	東　京	29万2631
品　川　しながわ	〃	24万8650＊
大　宮　おおみや	埼　玉	22万6249
新　橋　しんばし	東　京	19万3244
秋葉原　あきはばら	〃	19万0506
北千住　きたせんじゅ	〃	18万3824
名古屋　なごや	愛　知	17万7000
川　崎　かわさき	神奈川	17万5876
高田馬場　たかだのばば	東　京	16万7265
京　都　きょうと	京　都	14万9406＊
上　野　うえの	東　京	14万7777
立　川　たちかわ	〃	14万4457
天王寺　てんのうじ	大　阪	12万7748
西船橋　にしふなばし	千　葉	11万9941
中　野　なかの	東　京	11万9846

【注】新幹線を含む。ただし＊は東海道新幹線分を含まず。3社の数値からの概算。

地下鉄の営業キロ数

【資料】1965〜80年度 都市交通年報（国土交通省） 1990〜2022年度 日本地下鉄協会、9都市（※）の地下鉄を集計。

年度	営業キロ	輸送人員
1965年度	123km	
70	236	
80	373	
90	516	輸送人員（46億6100万人）
2000	656	（46億7900万人）
10	743	（52億3700万人）
19	757	（62億1400万人）
22	766	（50億9200万人）

【注】1927（昭和2）年、東京の浅草—上野間に、初の地下鉄が開通。※札幌、仙台、東京、横浜、名古屋、京都、大阪、神戸、福岡の9都市（10社局）。ほかに千葉県、埼玉県、広島県と横浜市にも5つの地下鉄があり、それを含めると2022年度で、営業キロ852km、輸送人員53億731万人。

知っトク情報

新幹線は環境に優しい？

　江戸から京都まで約500km。今なら新幹線で2時間10分ほどだが、昔は東海道を15日ほどかけて歩きました。『大江戸えねるぎー事情』（講談社文庫）という本によると、この間を歩くのに必要なエネルギーは約3万kcalで、石油換算だと約3リットル分。一方、約3万500kcalあれば、この間を新幹線で人1人運べます。つまりエネルギーは歩行者並みで、時間は150分の1ですむのです。新幹線がいかにエコロジカルな乗り物かがわかりますね。

3大都市圏の旅客輸送量 （2018年度）

【資料】都市交通年報（国土交通省）

単位 百万人

交通圏	JR	私鉄	地下鉄	バス	合計
首都交通圏	6031	6024	4041	バス985	17650
中京交通圏	1478	（JR 267、私鉄 522、地下鉄 488、バス 137、タクシー・ハイヤー 64、路面電車 —）			タクシー・ハイヤー531 / 路面電車39
京阪神交通圏	5544	（JR 1446、私鉄 2217、地下鉄 1158、バス 484、タクシー・ハイヤー 213、路面電車 25）			

【注】自家用車を除いた数値。首都交通圏は東京駅中心半径50km、中京交通圏は名古屋駅中心半径40km、京阪神交通圏は大阪駅中心半径50kmの範囲。

2019年度に航空機を利用した日本の旅行客は、国内線で1億0187万人、国際線で2143万人だった。20年度は新型コロナウイルスの影響で、国内線3377万人、国際線81万人に。22年度は国内線9066万人、国際線951万人に回復した。

空の輸送 交通

おもな国内線の航空旅客数 （2022年度）

【資料】航空輸送統計（国土交通省）

順位	路　　　　　線	旅客数	座席利用率
1	東京（羽田）〜札幌（新千歳）	763万人	69.3%
2	〃　　　　〜福岡	752	69.4
3	〃　　　　〜沖縄（那覇）	584	77.1
4	〃　　　　〜大阪	445	68.7
5	〃　　　　〜鹿児島	207	65.3
6	東京（成田）〜札幌（新千歳）	182	71.4
7	福岡　　　〜沖縄（那覇）	181	64.0
8	東京（羽田）〜熊本	160	61.1
9	〃　　　　〜広島	148	56.1
10	東京（成田）〜福岡	140	78.8
11	東京（羽田）〜長崎	135	64.4
12	中部　　　〜札幌（新千歳）	130	75.5
13	関西　　　　　〃	124	76.4
14	東京（羽田）〜松山	122	66.1
15	中部　　　〜沖縄（那覇）	121	68.0

空港 （2023年4月現在）

【資料】空港分布図（国土交通省）

礼文　稚内
利尻　紋別
中標津　女満別
旭川　釧路
札幌　千歳　帯広
新千歳
奥尻　函館
大館能代
青森　三沢
秋田　花巻
庄内　山形
佐渡　仙台
新潟
能登　福島
富山　松本
小松　百里（茨城）
福井　調布　成田国際
隠岐　東京国際（羽田）
美保　鳥取　但馬
出雲　岡山　名古屋
岩国　大阪国際（伊丹）　新島
石見　山口宇部　八尾　大島
北九州　岡南　高松　関西国際　三宅島
対馬　高知　中部国際
壱岐　徳島
小値賀　福岡　松山　南紀白浜　八丈島
上五島　長崎　佐賀　大分　神戸　神津島
福江　熊本　大分県央
天草　宮崎
鹿児島
屋久島　種子島
伊江島　北大東
粟国　那覇　南大東
久米島　慶良間
奄美
喜界　下地島
多良間　宮古
徳之島　与那国　新石垣
沖永良部　波照間
与論

会社管理空港＝4
✈（株式会社が設置し、管理する空港）

国管理空港＝19
◎（国が設置し、管理する空港）

特定地方管理空港＝5
△（国が設置し、地方公共団体が管理する空港）

地方管理空港＝54
○（地方公共団体が設置し、管理する空港）

共用空港＝8
✳（自衛隊等が設置し、管理する飛行場）

● その他の空港＝7

【注】使用中の空港の数。ただし礼文空港は休止中。

統計｜日本｜交通

かんれん 外国に行った日本人と、日本に来た外国人 ➡ 245ページ

交通　**輸送量**（ゆそうりょう）

人や物は、どんな交通手段で、どれくらいの数や量が運ばれているだろうか。乗り物別の輸送の特徴や1970年度からの変化をとらえてみよう。小口貨物量が伸びているのはなぜか考えてみよう。

乗り物別の旅客の数と輸送量

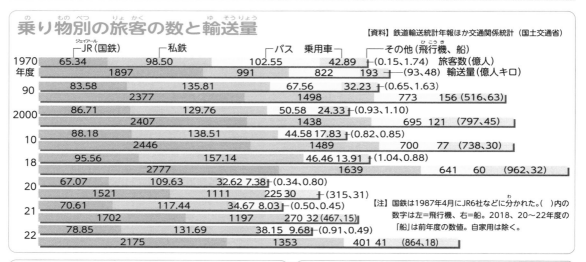

【資料】鉄道輸送統計年報ほか交通関係統計（国土交通省）

年度	JR（国鉄）	私鉄	バス	乗用車	その他（飛行機、船）
1970年度	65.34	98.50	102.55	42.89	(0.15、1.74) 旅客数(億人)
	1897	991	822	193	(93、48) 輸送量(億人キロ)
90	83.58	135.81	67.56	32.23	(0.65、1.63)
	2377	1498	773	156	(516、63)
2000	86.71	129.76	50.58	24.33	(0.93、1.10)
	2407	1438	695	121	(797、45)
10	88.18	138.51	44.58 17.83		(0.82、0.85)
	2446	1489	700	77	(738、30)
18	95.56	157.14	46.46 13.91		(1.04、0.88)
	2777	1639	641	60	(962、32)
20	67.07	109.63	32.62 7.38		(0.34、0.80)
	1521	1111	225 30		(315、31)
21	70.61	117.44	34.67 8.03		(0.50、0.45)
	1702	1197	270 32		(467、15)
22	78.85	131.69	38.15 9.68		(0.91、0.49)
	2175	1353	401 41		(864、18)

【注】国鉄は1987年4月にJR6社などに分かれた。（ ）内の数字は左＝飛行機、右＝船。2018、20〜22年度の「船」は前年度の数値。自家用は除く。

小口貨物の輸送

【資料】宅配便等取扱実績（国土交通省）

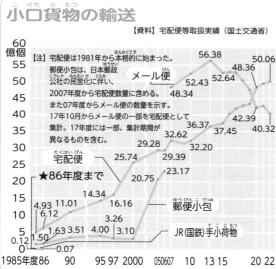

【注】宅配便は1981年から本格的に始まった。郵便小包は、日本郵政公社の民営化に伴い、2007年度から宅配便数量に含める。また07年度からメール便の数量を示す。17年10月からメール便の一部を宅配便として集計。17年度には一部、集計期間が異なるものを含む。

メール便
宅配便
★86年度まで
郵便小包
JR（国鉄）手小荷物

貨物の輸送量

【資料】鉄道輸送統計年報（国土交通省）ほか

年度	鉄道	自動車	船
1970年度	2.56	46.26	3.52億t
80	1.63	53.18	5.00
90	0.87	61.14	5.75
2000	0.59	57.74	5.37
10	0.44	44.54	3.67
15	0.43	42.89	3.65
19	0.43	43.3	3.41
20	0.39	37.87	3.06
22	0.38	38.26	3.21

【注】飛行機は2019年度：78万t、20年度：43万t、21年度：48万t、22年度：55万t。

国内船の輸送量

【資料】内航船舶輸送統計年報（国土交通省）

年度	客船	貨物船
1970年度	1億7400万人	3億7665万t
90	1億6300万	5億7520万
2000	1億1013万	5億3702万
10	8505万	3億6673万
20	8020万	3億0608万
21	4530万	3億2466万
22	4910万	3億2093万

世界の海上輸送と日本の輸送量

単位：百万トン

【資料】2008年、2010年：「海事レポート2019」、それ以外：「海事レポート2023」

	世界	日本	%		世界	日本	%
1989	4110	598	14.5	2015	10819	1056	9.8
1994	4981	670	13.5	2018	11925	1032	8.7
2008	8627	866	10	2019	11980	960	8.0
2010	9071	819	9.0	2020	11586	889	7.7
2013	10282	1027	10.0	2021	11982	883	7.4
				2022推計	11920	929	7.8

知っトク情報

船の国籍と持ち主の国が違うわけ

　船は、持ち主である船主（せんしゅ）の国と、船の国籍（船籍）（せんせき）が異なる場合がたくさんあります。2020年の世界の貨物船6万1910隻のうちの1割以上にあたる6698隻の船籍を持っていたパナマが最多です。パナマは南北アメリカ大陸の間にある北海道より面積の小さい国ですが、なぜパナマ船籍の船が多いのでしょうか。それは、パナマの制度によりパナマ船籍にしておくと税金がかからないからです。一方、パナマには登録料が入ります。ほかにもマーシャル諸島やリベリアなど小さな国が多くの船籍を持っています。日本の船の約6割がパナマ船籍となっています。

世界のインターネット利用率は、2023年には67%となり、世界人口の6割以上の人が利用するようになったが、国により普及率は異なる。国際電話についても、日本からどこの国にどのくらいかけているか、利用状況を確認しよう。

情報の利用・国際通信
情報

世界のインターネット利用率

【資料】International Telecommunication Union

【注】2023年は推定値。

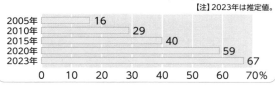

年	利用率
2005年	16
2010年	29
2015年	40
2020年	59
2023年	67

各国のインターネット普及率 (2022年)

（人口あたりの割合）

【資料】International Telecommunication Union

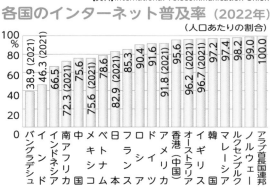

国	普及率
バングラデシュ	38.9 (2021)
インド	46.3 (2021)
インドネシア	66.5
南アフリカ	72.3 (2021)
中国	75.6
メキシコ	75.6 (2021)
ベトナム	78.6
日本	82.9 (2021)
フランス	85.3
ロシア	90.4
ブラジル	91.6
アメリカ	91.8 (2021)
香港（中国）	95.6
オーストラリア	96.2 (2021)
イギリス	96.7 (2021)
韓国	97.2
マレーシア	97.4
ルクセンブルク	98.2
ノルウェー	99.0
アラブ首長国連邦	100.0

日本のインターネット普及状況

【資料】通信利用動向調査（総務省）

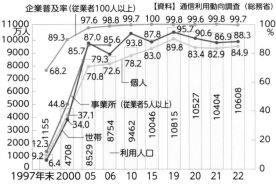

企業普及率（従業者100人以上）: 89.3 97.6 98.8 99.7 100 99.8 99.6 99.8 99.7
（87.0 85.6 93.8 87.8 95.7 90.6 86.9 88.3）
85.7 79.3 83.0 89.8 83.4 82.9 84.9
68.2 70.8 72.6 78.2

利用人口: 1155 4708 8529 8754 9462 10046 10815 10527 10404 10608
個人 / 事業所（従業者5人以上）/ 世帯

44.8 37.1 34.0
12.3 9.2 6.4

1997年末 2000 05 06 10 15 19 20 21 22

【注】個人は、過去1年間に利用機器・目的を問わず利用した者。世帯は、その中の誰かが過去1年間に利用した世帯。企業の1997年は従業者300人以上の企業。事業所は2007年以降、調査なし。01年以降の利用人口は推計。17年以降は公表がなく、推計人口から編集部で概算した。

ブロードバンド回線の契約数

【資料】情報通信統計データベース（総務省）

凡例: 光ファイバー / 無線 / ケーブルテレビ回線 / DSL

年度	合計	光ファイバー	無線	ケーブルテレビ	DSL
2000年度末	186	0.09	0.02	78	7
03	1495	3	114	258	1120
06	2643	880	1	361	1401
10	3410	2022	567※	820	—
15	3782	2788	1 673※	320	—
20	4268	3502	(0.4)	658 107	—
22	4617	3954	(0.1)	628 36	—

（※2010年度末から集計を一部変更、※18年6月末から集計を一部変更）

キーワード

「ブロードバンド」って？

文字、画像などの大量のデータを、一度に高速で送るシステムのことです。光ファイバーや DSL（デジタル加入者線）、ケーブルテレビ回線などが使われます。電話回線（ナローバンド）にくらべ、スピードが速く、音楽や動画もスムーズに送れます。

ソーシャルメディア系サービス／アプリ等の利用率

【資料】2022年度情報通信メディアの利用時間と情報行動に関する調査（総務省）

凡例: 10代 20代 30代 40代 50代

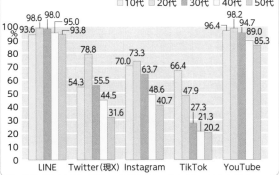

サービス	10代	20代	30代	40代	50代
LINE	93.6	98.6	98.0	95.0	93.8
Twitter(現X)	78.8	54.3	55.5	44.5	31.6
Instagram	73.3	70.0	63.7	48.6	40.7
TikTok	66.4	47.9	27.3	21.3	20.2
YouTube	96.4	98.2	94.7	89.0	85.3

国際電話の量
（日本からの発信時間、2021年度）

【資料】通信量からみた我が国の音声通信利用状況（総務省）

国	割合	国	割合
アメリカ（本土）	33.0%	台湾	3.4%
中国	17.1%	シンガポール	2.5%
韓国	7.1%	イギリス	2.0%
香港	4.5%	ドイツ	1.6%
フィリピン	3.8%	ベトナム	1.4%
タイ	3.8%	フランス	1.4%
バングラデシュ	3.4%	その他	15.1%

合計　1億7420万分（100%）

国際電話の利用回数

【資料】通信量からみた我が国の音声通信利用状況（総務省）

百万回

年度	回数
1970年度	2.2
80	23.2
85	95.6
95	683.2
2000	1220.4
05	1430.0
06	1106.9
08	1085.8
10	879.8
12	818.2
15	512.6
20	367.6
21	498.5

【注】1989年度からは日本国際通信、国際デジタル通信を含む。

電話・郵便

電話や郵便は重要な通信手段であるが、固定電話と移動電話の利用状況や、通常郵便と小包郵便の変化を見よう。インターネット回線を使うIP電話は2023年3月末で4568.9万件の利用。無料通話アプリやWEB会議ツールも普及。

電話の加入数

【資料】情報通信統計（総務省）

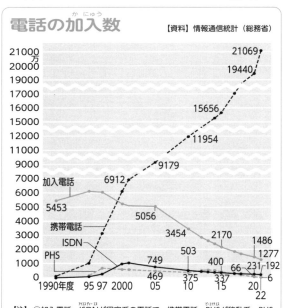
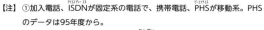

【注】①加入電話、ISDNが固定系の電話で、携帯電話、PHSが移動系。PHSのデータは95年度から。
②会社などの電話には、1加入で何台もの電話機がつくため、電話機の数は加入数よりかなり多くなる。

電話機の生産台数

単位 万台

【資料】機械統計年報・生産動態統計（経済産業省）
【注】2019年以降の携帯電話のデータは不明。
電話機の生産台数
2019年：18万台
2020年：15万台
2021年：13万台
2022年：11万台

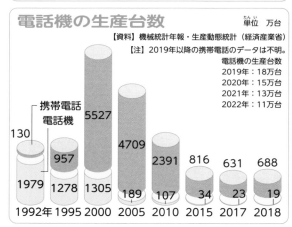

電話通信料の変化

【資料】家計調査（総務省）

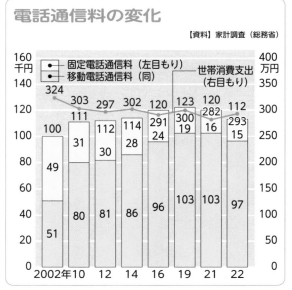

郵便局の数

【資料】日本郵政

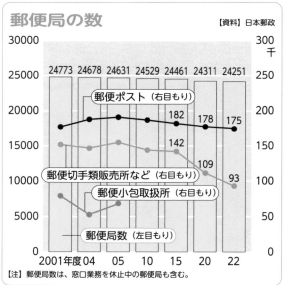

【注】郵便局数は、窓口業務を休止中の郵便局も含む。

郵便の数

【注】通常郵便とは、はがき、手紙（封書）、書留、速達など。
＊速報値。

【資料】日本郵政公社、日本郵政

【注】2005年度以降はゆうパックの取扱数（ゆうメールも含む）。

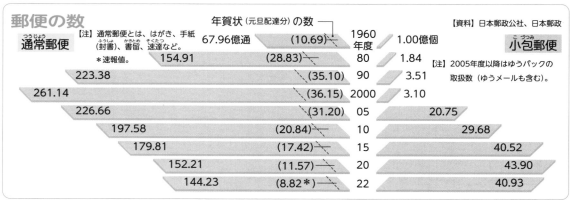

通常郵便	年賀状（元旦配達分）の数		小包郵便
67.96億通	(10.69)	1960年度	1.00億個
154.91	(28.83)	80	1.84
223.38	(35.10)	90	3.51
261.14	(36.15)	2000	3.10
226.66	(31.20)	05	20.75
197.58	(20.84)	10	29.68
179.81	(17.42)	15	40.52
152.21	(11.57)	20	43.90
144.23	(8.82＊)	22	40.93

日本では、現在、電子新聞などのデジタルサービスも普及してきているが、紙の新聞がどれくらい発行されているか、1950年からの推移や日本各地の新聞、世界の状況も確認し、新聞の役割も考えてみよう。

新聞　情報

日本の新聞の販売部数（2023年11月）

【資料】日本ABC協会

新聞名	販売部数	新聞名	販売部数	新聞名	販売部数	新聞名	販売部数	新聞名	販売部数
読　売　新　聞	613万部	河　北　新　報	38	南　日　本　新　聞	24	山梨日日新聞	16	神奈川新聞	13
朝　日　新　聞	353	西　日　本　新　聞	37	熊本日日新聞	23	山陰中央新報	16	岐　阜　新　聞	12
中　日　新　聞	177	東　京　新　聞	37	福　島　民　報	21	福　井　新　聞	16	佐　賀　新　聞	12
毎　日　新　聞	160	神　戸　新　聞	37	北　日　本　新　聞	20	宮崎日日新聞	16	茨　城　新　聞	12
日本経済新聞	141	新　潟　日　報	36	秋田魁新報	19	長　崎　新　聞	16	デーリー東北	9
産　経　新　聞	89	北國(富山)新聞	31	東　奥　日　報	18	大分合同新聞	16	北陸中日新聞	7
北海道新聞	80	京　都　新　聞	31	山　形　新　聞	18	四　国　新　聞	15		
中　国　新　聞	50	山　陽　新　聞	28	愛　媛　新　聞	18	福　島　民　友	15	日本農業新聞	28
静　岡　新　聞	48	下　野　新　聞	27	岩　手　日　報	17	日　本　海　新　聞	14	沖縄タイムス	13
信濃毎日新聞	39	上　毛　新　聞	25	徳　島　新　聞	17	高　知　新　聞	14	琉　球　新　報	13

【注】日本ABC協会加盟の主要日刊紙の朝刊部数。日本農業新聞は自社サイトから（2023年10月データ）。琉球新報と沖縄タイムスは広告会社資料による。

世界各国・地域の日刊紙の発行部数（2022年）

【資料】日本新聞年鑑2024

国・地域	発行部数
イギリス	5766千部
イタリア	1371
オーストリア	1542
チェコ	698
ドイツ	14735
フランス	4011
ロシア	―
アメリカ	24041
カナダ	2883
チリ	358
ブラジル	6347
イスラエル	515
インド	131277
シンガポール	420
中国	141633
香港	2987
トルコ	3353
パキスタン	5677
オーストラリア	647
エジプト	4303

世界の新聞の状況

【資料】日本新聞年鑑2024

　多くの国で、引き続き、新聞の発行部数は減少傾向で、特に紙媒体は物価上昇によるコスト増の影響もあり、きびしい状況が続いています。アメリカでは地方紙の衰退が目立ち、信頼できるニュースへのアクセスが限られた「ニュース砂漠」の地域が広がっています。紙媒体に代わり電子版は増加し、各国で巨大IT企業に対する記事使用料の支払い義務化や市場の寡占を防ぐことも考えられています。EUではインターネット上で偽情報が広がったり言論がゆがめられたりするなど、民主主義を揺るがす心配からデジタル規制に乗り出しています。一方で、多くの国で報道や記者の安全が脅かされています。ロシアのプーチン政権による強権統治は2022年のウクライナ侵攻後、決定的となり、メキシコ、ブラジル、イラン、中国・香港、ミャンマーなどでもメディアや記者に対する弾圧が続いています。

報道の自由度ランキング（国際ジャーナリスト組織「国境なき記者団」2023年発表）
1位：ノルウェー／6位：オランダ／21位：ドイツ／24位：フランス／25位：南アフリカ／32位：ジャマイカ／47位：韓国／68位：日本／97位：イスラエル／106位：タイ／140位：香港／145位：アラブ首長国連邦／164位：ロシア／177位：イラン／178位：ベトナム／179位：中国／180位：北朝鮮

日刊紙の発行部数（日本）

【資料】日本新聞協会

朝夕刊セットを2部とし、朝刊単独紙、夕刊単独紙を合算した場合の1日あたり部数。（ ）は1部あたり人口。

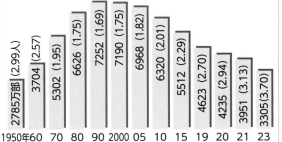

年	部数（1部あたり人口）
1950年	2785万部（2.99人）
60	3704（2.57）
70	5302（1.95）
80	6626（1.75）
90	7252（1.69）
2000	7190（1.75）
05	6968（1.82）
10	6320（2.01）
15	5512（2.29）
19	4623（2.70）
20	4235（2.94）
21	3951（3.13）
23	3305（3.70）

放送

自分が見るテレビ番組について、全国のどのテレビ局で放送されているかを確認し、その番組を報道、教養、娯楽などに分けてみよう。現在、4Kや8Kなど、立体感や臨場感のある映像の高度化が進められている。

おもな民間テレビ局 （2023年）

【資料】日本民間放送連盟

都道府県ほか	テレビ局
北 海 道	北海道放送※、札幌テレビ放送、北海道テレビ放送、北海道文化放送、テレビ北海道
青 森	青森放送※、青森テレビ、青森朝日放送
岩 手	IBC岩手放送※、テレビ岩手、岩手めんこいテレビ、岩手朝日テレビ
宮 城	東北放送※、仙台放送、宮城テレビ放送、東日本放送
秋 田	秋田放送※、秋田テレビ、秋田朝日放送
山 形	山形放送※、山形テレビ、テレビユー山形、さくらんぼテレビジョン
福 島	福島テレビ、福島中央テレビ、福島放送、テレビユー福島

栃 木	とちぎテレビ	群 馬	群馬テレビ
埼 玉	テレビ埼玉	千 葉	千葉テレビ放送

都道府県ほか	テレビ局
東 京	TBSテレビ、日本テレビ放送網、テレビ朝日、フジテレビジョン、テレビ東京、東京メトロポリタンテレビジョン
神 奈 川	テレビ神奈川
新 潟	新潟放送※、NST新潟総合テレビ、テレビ新潟放送網、新潟テレビ21
富 山	北日本放送※、富山テレビ放送、チューリップテレビ
石 川	北陸放送※、石川テレビ放送、テレビ金沢、北陸朝日放送
福 井	福井放送※、福井テレビジョン放送
山 梨	山梨放送※、テレビ山梨
長 野	信越放送※、長野放送、テレビ信州、長野朝日放送
岐 阜	岐阜放送※
静 岡	静岡放送※、テレビ静岡、静岡朝日テレビ、静岡第一テレビ

【注】日本民間放送連盟加入の会社。※はラジオ・テレビ兼営。12月1日現在。

都道府県ほか	テレビ局		
愛 知	CBCテレビ、東海テレビ放送、名古屋テレビ放送、中京テレビ放送、テレビ愛知		
三 重	三重テレビ放送	滋 賀	びわ湖放送
京 都	京都放送※		
大 阪	毎日放送、朝日放送テレビ、読売テレビ放送、関西テレビ放送、テレビ大阪		
兵 庫	サンテレビジョン		
奈 良	奈良テレビ放送		
和 歌 山	テレビ和歌山		
鳥 取	山陰放送※、日本海テレビ		
島 根	TSKさんいん中央テレビ		
岡 山	RSK山陽放送※、岡山放送、テレビせとうち		
広 島	中国放送※、広島テレビ放送、広島ホームテレビ、テレビ新広島		
山 口	山口放送※、テレビ山口、山口朝日放送		
徳 島	四国放送※		
香 川	西日本放送※、瀬戸内海放送		
愛 媛	南海放送※、テレビ愛媛、あいテレビ、愛媛朝日テレビ		
高 知	高知放送※、テレビ高知、高知さんさんテレビ		
福 岡	RKB毎日放送※、九州朝日放送※、テレビ西日本、福岡放送、TVQ九州放送		
佐 賀	サガテレビ		
長 崎	長崎放送※、テレビ長崎、長崎文化放送、長崎国際テレビ		
熊 本	熊本放送※、テレビ熊本、熊本県民テレビ、熊本朝日放送		
大 分	大分放送※、テレビ大分、大分朝日放送		
宮 崎	宮崎放送※、テレビ宮崎		
鹿 児 島	南日本放送※、鹿児島テレビ放送、鹿児島放送、鹿児島読売テレビ		
沖 縄	琉球放送※、沖縄テレビ放送、琉球朝日放送		
B S 局	WOWOW、BS日本、BS-TBS、ビーエスフジ、BS朝日、BSテレビ東京、日本BS放送、ジェイ・スポーツ、ブロードキャスト・サテライト・ディズニー、ワールド・ハイビジョン・チャンネル、BSよしもと、BS松竹東急、ジャパネットブロードキャスティング		

テレビの受信契約数

【資料】情報通信統計（総務省）、NHK

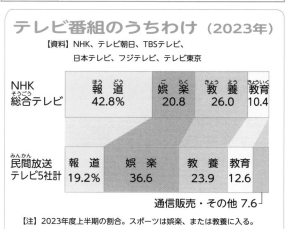

3500万件

【注】1989年度から、NHK衛星放送の受信契約が始まった。

NHK-BS
地上放送（NHK）
WOWOW
衛星放送
スカパー！

3152 3198
2926 3118
2654 2800
2764 2665 2265 2268
2497 2408 2274
1993 2203
1822 1567 2180
1254
1062
817
737 228 281
686 236 205 349 362 340 303 256
121 265 280 279
21 17 222 238 251

60年度末65 75 80 85 90 95 2000 05 10 15 20 22

【注】NHKのテレビ放送の開始は、1953年2月（契約数866件）。カラー放送は60年から。アナログ放送は、2011年7月（東北3県は12年3月末）に終了した。

テレビ番組のうちわけ （2023年）

【資料】NHK、テレビ朝日、TBSテレビ、日本テレビ、フジテレビ、テレビ東京

NHK総合テレビ	報道 42.8%	娯楽 20.8	教養 26.0	教育 10.4
民間放送テレビ5社計	報道 19.2%	娯楽 36.6	教養 23.9	教育 12.6

通信販売・その他 7.6

【注】2023年度上半期の割合。スポーツは娯楽、または教養に入る。

2022年の出版物刊行総部数は約20.7億冊（本＋雑誌）だが、1970年、1997年、2022年の刊行部数を比べると、どんな変化があるか、また電子出版では、コミックがどれくらいの割合を占めているか、確認しよう。

出版物の刊行部数

【資料】出版指標年報（出版科学研究所）

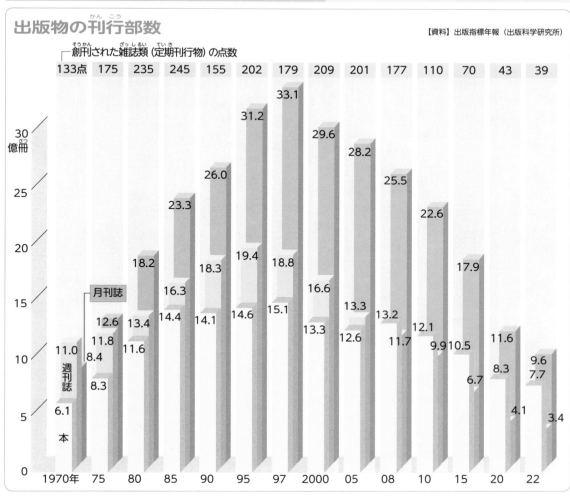

創刊された雑誌類（定期刊行物）の点数

1970年	75	80	85	90	95	97	2000	05	08	10	15	20	22
133点	175	235	245	155	202	179	209	201	177	110	70	43	39

電子出版市場の進行状況

【資料】出版指標年報（出版科学研究所）

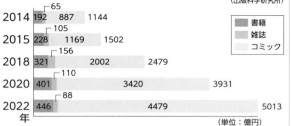

凡例：書籍／雑誌／コミック

年				計
2014	65 / 192	887	1144	
2015	105 / 228	1169	1502	
2018	156 / 321	2002	2479	
2020	110 / 401	3420	3931	
2022	88 / 446	4479	5013	

（単位：億円）

各国の本の出版点数とデジタル率（2022年）

【資料】世界知的所有権機関（WIPO）

国名	出版点数	デジタル率	国名	出版点数	デジタル率
アイルランド	2162	21.7%	チェコ	1万3413	20.3%
イタリア	12万1127	30.7	ノルウェー	6万6212	47.5
エストニア	5534	39.5	フィンランド	1万2390	47.5
ギリシャ	1万3218	13.3	マルタ	571	4.0
スペイン	8万3091	31.3	ブラジル	14万6575	72.4

日本の本の出版点数（2022年）

【資料】出版指標年報2023（出版科学研究所）

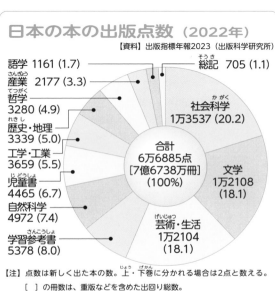

語学 1161 (1.7)
総記 705 (1.1)
産業 2177 (3.3)
社会科学 1万3537 (20.2)
哲学 3280 (4.9)
歴史・地理 3339 (5.0)
工学・工業 3659 (5.5)
児童書 4465 (6.7)
自然科学 4972 (7.4)
学習参考書 5378 (8.0)
文学 1万2108 (18.1)
芸術・生活 1万2104 (18.1)
合計 6万6885点 [7億6738万冊] (100%)

【注】点数は新しく出た本の数。上・下巻に分かれる場合は2点と数える。
[ ] の冊数は、重版などを含めた出回り総数。

政治 国の財政

国や地方自治体が行う経済活動を財政という。国は国民が納める税金を使って、公共事業や公的サービスを行う。2023年は国の予算や国債発行額が大幅に減少している。

国の予算

単位：億円　【資料】財務省
【注】一般会計の補正後予算。

1965年度	3兆7447
70	8兆2131
75	20兆8372
80	43兆6814
85	53兆2229
90	69兆6512
95	78兆0340
2000	89兆7702
05	86兆7048
11	107兆5105
23	127兆5804

国の歳入（2023年度予算）

単位：億円
【資料】令和5年度補正予算第2号（財務省）
【注】一般会計の補正後予算。

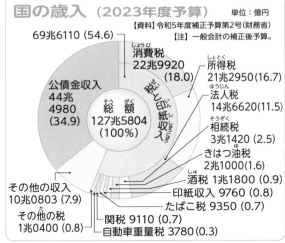

- 公債金収入 44兆4980（34.9）
- 69兆6110（54.6）税と印紙収入
- 総額 127兆5804（100%）
- 消費税 22兆9920（18.0）
- 所得税 21兆2950（16.7）
- 法人税 14兆6620（11.5）
- 相続税 3兆1420（2.5）
- きはつ油税 2兆1000（1.6）
- 酒税 1兆1800（0.9）
- 印紙収入 9760（0.8）
- たばこ税 9350（0.7）
- 関税 9110（0.7）
- 自動車重量税 3780（0.3）
- その他の税 1兆0400（0.8）
- その他の収入 10兆0803（7.9）

「赤字国債、建設国債」って？

キーワード

　家庭で、毎月の収入以上におかねが必要になった場合は、銀行などから借ります。国も同じで、収入（歳入）より、支出（歳出）が多い場合、おかねを貸してくれるところをさがします。国債は「これだけ、おかねを借りました」という借金の証拠です。国を運営していくための費用は、税金でまかなうのが原則です。でも、道路や空港をつくるには、たくさんのおかねが必要です。こうしたものをつくるための借金を「建設国債」といい、あとに道路などの施設が残ります。税金でまかなうべき費用が足りなくなって借金をするのが「赤字国債」です。こちらは、施設等は残らず、あとの世代に負担を残します。

国の歳出（2023年度予算）

単位：億円
【資料】令和5年度補正予算第2号及び特第2号等の説明（財務省）
【注】一般会計の補正後予算。

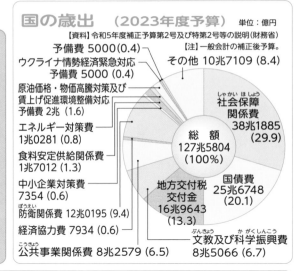

- 予備費 5000（0.4）
- ウクライナ情勢経済緊急対応予備費 5000（0.4）
- 原油価格・物価高騰対策及び賃上げ促進環境整備対応予備費 2兆（1.6）
- エネルギー対策費 1兆0281（0.8）
- 食料安定供給関係費 1兆7012（1.3）
- 中小企業対策費 7354（0.6）
- 防衛関係費 12兆0195（9.4）
- 経済協力費 7934（0.6）
- 公共事業関係費 8兆2579（6.5）
- その他 10兆7109（8.4）
- 社会保障関係費 38兆1885（29.9）
- 総額 127兆5804（100%）
- 国債費 25兆6748（20.1）
- 地方交付税交付金 16兆9643（13.3）
- 文教及び科学振興費 8兆5066（6.7）

国債の発行額と残高

【資料】財務省

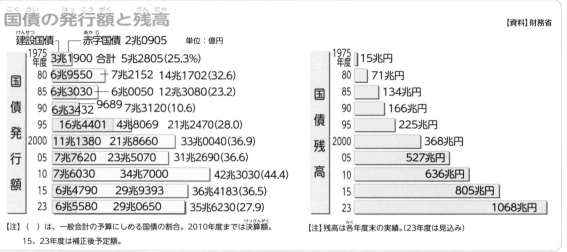

建設国債　赤字国債 2兆0905　単位：億円

国債発行額	建設国債	赤字国債	合計
1975年度	3兆1900	1兆	合計 5兆2805（25.3%）
80	6兆9550	7兆2152	14兆1702（32.6）
85	6兆3030	6兆0050	12兆3080（23.2）
90	6兆3432	9689	7兆3120（10.6）
95	16兆4401	4兆8069	21兆2470（28.0）
2000	11兆1380	21兆8660	33兆0040（36.9）
05	7兆7620	23兆5070	31兆2690（36.6）
10	7兆6030	34兆7000	42兆3030（44.4）
15	6兆4790	29兆9393	36兆4183（36.5）
23	6兆5580	29兆0650	35兆6230（27.9）

国債残高	
1975年度	15兆円
80	71兆円
85	134兆円
90	166兆円
95	225兆円
2000	368兆円
05	527兆円
10	636兆円
15	805兆円
23	1068兆円

【注】（　）は、一般会計の予算にしめる国債の割合。2010年度までは決算額。
　　　15、23年度は補正後予定額。

【注】残高は各年度末の実績。（23年度は見込み）

地方自治体が仕事をするためのおかねには、住んでいる人や会社が支払う地方税と、国から出る地方交付税や国庫支出金の2種類がある。47都道府県合計、市町村合計の決算は黒字だ。

地方の財政・税金　政治

都道府県と市町村の歳入と歳出 （2022年度決算）

【資料】都道府県・市町村普通会計決算の概要（総務省）

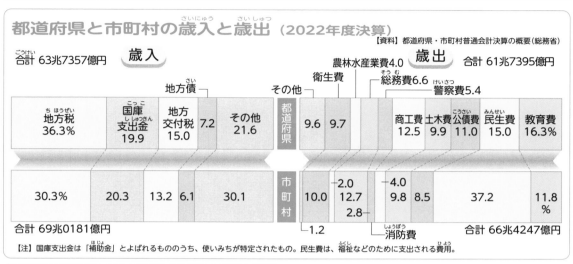

歳入

合計 63兆7357億円

都道府県
| 地方税 36.3% | 国庫支出金 19.9 | 地方交付税 15.0 | 地方債 7.2 | その他 21.6 |

市町村
| 30.3% | 20.3 | 13.2 | 6.1 | 30.1 |

合計 69兆0181億円

歳出

合計 61兆7395億円

都道府県
| 衛生費 9.6 | その他 9.7 | 農林水産業費4.0 | 総務費6.6 | 警察費5.4 | 商工費 12.5 | 土木費 9.9 | 公債費 11.0 | 民生費 15.0 | 教育費 16.3% |

市町村
| 10.0 | 1.2 | 2.0 | 12.7 | 2.8 | 4.0 | 9.8 | 8.5 | 37.2 | 11.8% |

消防費

合計 66兆4247億円

【注】国庫支出金は「補助金」とよばれるもののうち、使いみちが特定されたもの。民生費は、福祉などのために支出される費用。

国税と地方税の割合

（2023年度当初予算）

【資料】地方税に関する参考計数資料（総務省）

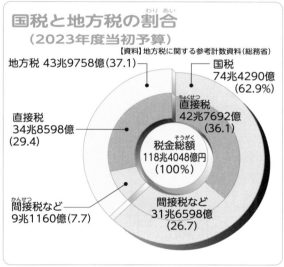

地方税 43兆9758億（37.1）
国税 74兆4290億（62.9%）
直接税 42兆7692億（36.1）
直接税 34兆8598億（29.4）
税金総額 118兆4048億円（100%）
間接税など 9兆1160億（7.7）
間接税など 31兆6598億（26.7）

所得に対する税金と社会保障の負担率

【資料】負担率に関する資料（財務省）

	税金の負担率	社会保障の負担率	
日　本（2020年度）	28.1	19.8	計(国民負担率)47.9%
アメリカ（2020年）	23.8	8.5	32.3
イギリス（2020年）	34.3	11.7	46.0
ド　イ　ツ（2020年）	30.3	23.7	54.0
フランス（2020年）	45.0	24.9	69.9

【注】国民負担率＝国民所得に対する税金総額の割合と社会保障負担額の割合を合計したもの。

知っトク情報

地方財政の課題

　都道府県や市町村の財政全体が地方財政です。現在、日本の財政はとても厳しい状況にありますが、地方財政も例外ではありません。一方で、地方分権や高齢化の進展などにともない、地方自治体の役割はますます大きくなっていくと考えられます。このため、行政・財政改革の推進などによって地方財政の健全化を進めるとともに、地方自治体が地域の実情に応じた自主的な財政運営を行うことができるよう、地方税財源の充実強化をはかる必要があります。

直接税と間接税などの比率

（国税＋地方税）

【資料】わが国税制・財政の現状全般に関する資料（財務省）

	直接税	間接税など
日　本（2020年度）	65%	35%
アメリカ（2020年）	77	23
イギリス（2020年）	58	42
ド　イ　ツ（2020年）	55	45
フランス（2020年）	55	45

【注】①「直接税」は、個人の収入から払う所得税や会社が払う法人税など。「間接税など」は、消費税（国によっては付加価値税ともよぶ）や酒税、たばこ税、きはつ油税など。②日本は当初予算。

統計｜日本｜政治

1951年に (旧) 日米安全保障条約が結ばれ、以降、日本はアメリカ軍
にっぺいあんぜん ほ しょうじょうやく
に基地や施設を提供している。おもな基地の位置を見てみよう。また、
き ち し せつ ていきょう
なぜ沖縄県にアメリカ軍専用基地が集中しているかを考えよう。
おきなわけん せんよう

自衛隊とアメリカ軍のおもな基地 (2022年度末)
じ えい たい き ち

【資料】防衛白書 (防衛省)
在日米軍の対象防衛関係施設の一覧 (防衛省・自衛隊)

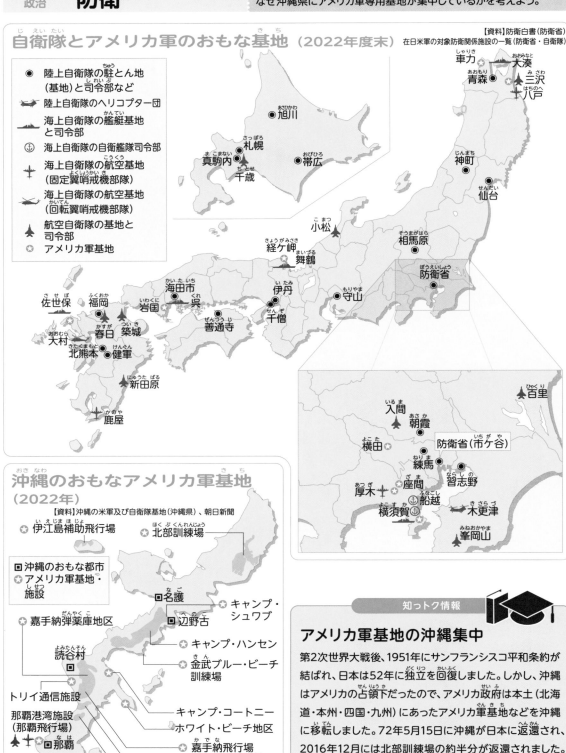

凡例：
- ◉ 陸上自衛隊の駐とん地 (基地) と司令部など
- ヘリコプター 陸上自衛隊のヘリコプター団
- 海上自衛隊の艦艇基地と司令部
- ⚓ 海上自衛隊の自衛艦隊司令部
- ✈ 海上自衛隊の航空基地 (固定翼哨戒機部隊)
- ヘリ 海上自衛隊の航空基地 (回転翼哨戒機部隊)
- ✈ 航空自衛隊の基地と司令部
- ☆ アメリカ軍基地

沖縄のおもなアメリカ軍基地 (2022年)
おき なわ き ち

【資料】沖縄の米軍及び自衛隊基地 (沖縄県)、朝日新聞

- ☆ 伊江島補助飛行場
- ☆ 北部訓練場
- ◻ 沖縄のおもな都市
- ☆ アメリカ軍基地・施設
- ☆ 嘉手納弾薬庫地区
- 読谷村
- トリイ通信施設
- 那覇港湾施設 (那覇飛行場)
- ◻ 名護
- ◻ 辺野古
- ☆ キャンプ・シュワブ
- ☆ キャンプ・ハンセン
- ☆ 金武ブルー・ビーチ訓練場
- ☆ キャンプ・コートニー
- ☆ ホワイト・ビーチ地区
- ☆ 嘉手納飛行場
- ☆ キャンプ瑞慶覧
- ☆ 普天間飛行場
- ◻ 那覇

知っトク情報

アメリカ軍基地の沖縄集中

第2次世界大戦後、1951年にサンフランシスコ平和条約が結ばれ、日本は52年に独立を回復しました。しかし、沖縄はアメリカの占領下だったので、アメリカ政府は本土 (北海道・本州・四国・九州) にあったアメリカ軍基地などを沖縄に移転しました。72年5月15日に沖縄が日本に返還され、2016年12月には北部訓練場の約半分が返還されました。しかし、今も日本にあるアメリカ軍の専用基地や施設の面積の約70%が沖縄に集中しています。

家庭では、どれくらいの収入があり、それをどのように使っているのだろうか。収入とエンゲル係数にはどのような関係があるか。収入、貯蓄、借金の変化を確認し、その背景も考えてみよう。

家計 くらし

1カ月平均の家計費（全国勤労者世帯1世帯あたり）

【資料】家計調査（総務省）

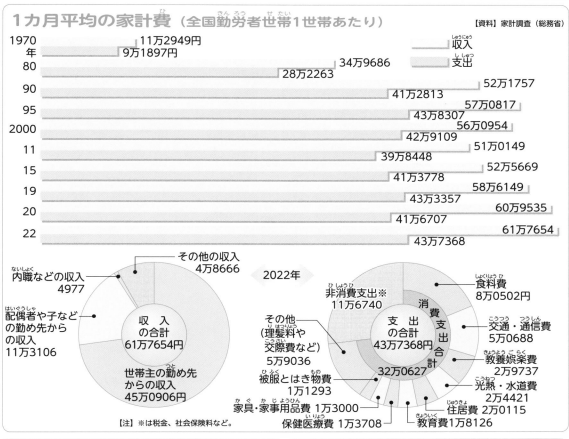

収入
支出

年		
1970年	収入 11万2949円	支出 9万1897円
80	収入 34万9686	支出 28万2263
90	収入 52万1757	支出 41万2813
95	収入 57万0817	支出 43万8307
2000	収入 56万0954	支出 42万9109
11	収入 51万0149	支出 39万8448
15	収入 52万5669	支出 41万3778
19	収入 58万6149	支出 43万3357
20	収入 60万9535	支出 41万6707
22	収入 61万7654	支出 43万7368

2022年

収入の合計 61万7654円

- その他の収入 4万8666
- 内職などの収入 4977
- 配偶者や子などの勤め先からの収入 11万3106
- 世帯主の勤め先からの収入 45万0906円

支出の合計 43万7368円

- 非消費支出※ 11万6740
- 消費支出 32万0627
- 食料費 8万0502円
- 交通・通信費 5万0688
- 教養娯楽費 2万9737
- 光熱・水道費 2万4421
- 住居費 2万0115
- 教育費 1万8126
- 保健医療費 1万3708
- 家具・家事用品費 1万3000
- 被服とはき物費 1万1293
- その他（理髪料や交際費など） 5万9036

【注】※は税金、社会保険料など。

年間収入と貯蓄高（全国勤労者世帯1世帯あたり）

【資料】家計調査（総務省）

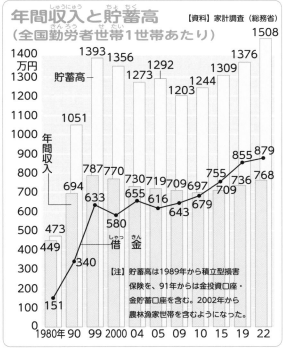

	貯蓄高	年間収入	借金
1980年	473	449	151
90	694	633	340
99	1051	787	580
2000	1393	770	
04	1356	730	655
05	1273	719	616
09	1292	709	643
10	1203	697	679
15	1244	755	709
19	1309	855	736
22	1376 / 1508	879	768

【注】貯蓄高は1989年から積立型損害保険を、91年からは金投資口座・金貯蓄口座を含む。2002年から農林漁家世帯を含むようになった。

エンゲル係数の推移（全国勤労者世帯）

【資料】家計調査（総務省）

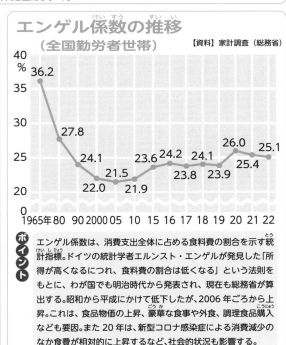

年	%
1965年	36.2
80	27.8
90	24.1
2000	22.0
05	21.5
10	21.9
15	23.6
16	24.2
17	23.8
18	24.1
19	23.9
20	26.0
21	25.4
22	25.1

ポイント エンゲル係数は、消費支出全体に占める食料費の割合を示す統計指標。ドイツの統計学者エルンスト・エンゲルが発見した「所得が高くなるにつれ、食料費の割合は低くなる」という法則をもとに、わが国でも明治時代から発表され、現在も総務省が算出する。昭和から平成にかけて低下したが、2006年ごろから上昇。これは、食品物価の上昇、豪華な食事や外食、調理食品購入なども要因。また20年は、新型コロナ感染症による消費減少のなか食費が相対的に上昇するなど、社会的状況も影響する。

くらし

物価・住宅と土地

モノの値段と、私たちのくらしはどのように関係しているだろうか。土地や肉・野菜などの値段の変化を見て、物価に影響を及ぼすものの例を考えてみよう。また、各国の物価の変化と日本の状況を比べよう。

小売物価（東京）

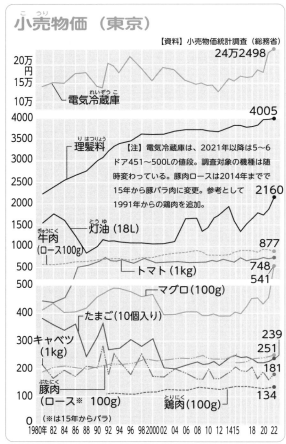

【資料】小売物価統計調査（総務省）

24万2498

電気冷蔵庫

4005

理髪料

【注】電気冷蔵庫は、2021年以降は5〜6ドア451〜500Lの値段。調査対象の機種は随時変わっている。豚肉ロースは2014年までで15年から豚バラ肉に変更。参考として1991年からの鶏肉を追加。

2160

灯油（18L）

877

牛肉（ロース100g）

トマト（1kg）　748

541

マグロ（100g）

たまご（10個入り）

キャベツ（1kg）　239

251

181

豚肉（ロース※ 100g）　鶏肉（100g）　134

（※は15年からバラ）

1980年 82 84 86 88 90 92 94 96 98 2000 02 04 06 08 10 12 1415 18 20 22

住宅の広さ

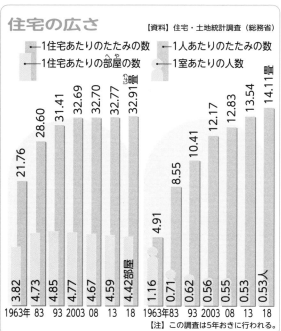

【資料】住宅・土地統計調査（総務省）

- 1住宅あたりのたたみの数
- 1人あたりのたたみの数
- 1住宅あたりの部屋の数
- 1室あたりの人数

21.76　28.60　31.41　32.69　32.70　32.77　32.91畳

3.82　4.73　4.85　4.77　4.67　4.59　4.42部屋

4.91　8.55　10.41　12.17　12.83　13.54　14.11畳

1.16　0.71　0.62　0.56　0.55　0.53　0.53人

1963年 83　93 2003 08　13　18　1963年83　93 2003 08　13　18

【注】この調査は5年おきに行われる。

消費者物価

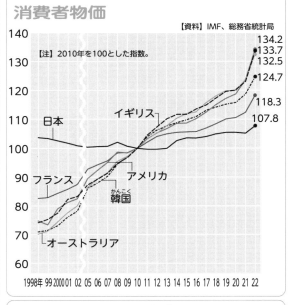

【資料】IMF、総務省統計局

【注】2010年を100とした指数。

134.2
133.7
132.5
124.7
118.3
107.8

日本　イギリス

フランス　アメリカ　韓国

オーストラリア

1998年 99 2000 01 02 05 06 07 08 09 10 11 12 13 14 15 16 17 18 19 20 21 22

都市の住宅地の値段

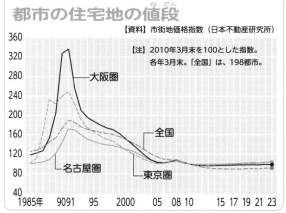

【資料】市街地価格指数（日本不動産研究所）

【注】2010年3月末を100とした指数。各年3月末。「全国」は、198都市。

大阪圏

全国

名古屋圏　東京圏

1985年 9091　95　2000　05　08 10　15 17 19 21 23

キ・ー・ワ・ー・ド

「消費者物価指数」って？

　消費者が買うモノやサービスの値段の状況を示すのが消費者物価指数（CPI）。毎月1回、約600品目の小売価格を調べ、基準年（最近は2020年）を100とした指数で総務省が発表。すべての商品を総合した指数が総合指数です。14年は消費税が8％になり、実際の支払いが増えたので、ものの値段が上がったことになり、基準年（20年）より総合指数で2.7％の物価上昇になりました。21年は−0.2％で下落、22年は+2.5％の上昇になりました。生活の中で物価の変化に気をつけてみましょう。

日本全体の収入ともいえる国内総生産は、各産業がどんな割合で生み出しているのだろうか。国民1人あたりの所得は、年間どれくらいか。また、都道府県による違いと産業の関係も考えよう。

国内総生産と国民所得　くらし

国内総生産

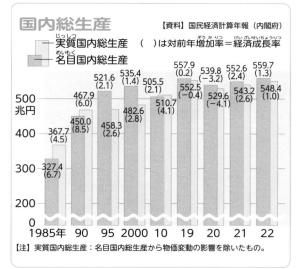

【資料】国民経済計算年報（内閣府）

　□ 実質国内総生産　（　）は対前年増加率＝経済成長率
　■ 名目国内総生産

年	実質	名目
1985年	327.4 (6.7)	
90	367.7 (4.5)	450.0 (8.5)
95	467.9 (6.0)	458.3 (2.6)
2000	521.6 (2.1)	482.6 (2.8)
10	535.4 (1.4)	505.5 (2.1) 510.7 (4.1)
19	557.9 (0.2)	552.5 (-0.4)
20	539.8 (-3.2)	529.6 (-4.1)
21	552.6 (2.4)	543.2 (2.6)
22	559.7 (1.3)	548.4 (1.0)

（500兆円、400、300、200、100、0）

【注】実質国内総生産：名目国内総生産から物価変動の影響を除いたもの。

国民所得

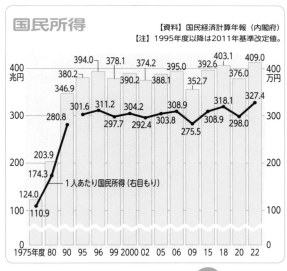

【資料】国民経済計算年報（内閣府）
【注】1995年度以降は2011年基準改定値。

400兆円 / 400万円

年度	国民所得	1人あたり
1975年度	124.0	110.9
80	203.9	174.3
90	346.9	280.8
95	380.2	301.6
96	394.0	311.2
99	378.1	297.7
2000	390.2	304.2
02	374.2	292.4
05	388.1	303.8
06	395.0	308.9
09	352.7	275.5
15	392.6	308.9
18	403.1	318.1
20	376.0	298.0
22	409.0	327.4

1人あたり国民所得（右目もり）

国内総生産（産業別）

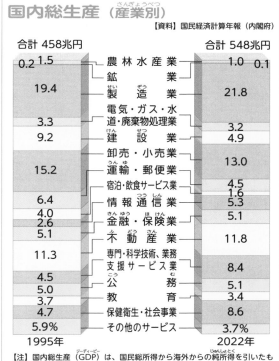

【資料】国民経済計算年報（内閣府）

合計 458兆円 ／ 合計 548兆円

産業	1995年	2022年
農林水産業	1.5	1.0
鉱業	0.2	0.1
製造業	19.4	21.8
電気・ガス・水道・廃棄物処理業	3.3	3.2
建設業	9.2	4.9
卸売・小売業	15.2	13.0
運輸・郵便業		4.5
宿泊・飲食サービス業	6.4	1.6
情報通信業	4.0	5.3
金融・保険業	2.6	5.1
不動産業	5.1	11.8
専門・科学技術、業務支援サービス業	11.3	8.4
公務	4.5	5.1
教育	5.0	3.4
保健衛生・社会事業	3.7	8.6
その他のサービス	4.7	3.7%
	5.9%	

【注】国内総生産（GDP）は、国民総所得から海外からの純所得を引いたもの。統計上の都合により100％にならない。実質値。

1人あたり県民所得（2020年度）

単位　万円　【資料】県民経済計算（内閣府）

都道府県	所得	都道府県	所得
北海道	268	滋賀	310
青森	263	京都	275
岩手	267	大阪	283
宮城	280	兵庫	289
秋田	258	奈良	250
山形	284	和歌山	275
福島	283	鳥取	231
茨城	310	島根	277
栃木	313	岡山	267
群馬	294	広島	297
埼玉	289	山口	296
千葉	299	徳島	301
東京	521	香川	277
神奈川	296	愛媛	247
新潟	278	高知	249
富山	312	福岡	263
石川	277	佐賀	258
福井	318	長崎	248
山梨	298	熊本	250
長野	279	大分	260
岐阜	288	宮崎	229
静岡	311	鹿児島	241
愛知	343	沖縄	217
三重	295	全国	312

キーワード

GNP、GDP、GNI

　GNP（国民総生産）は、その国に1年以上住んでいる人や企業が国内外で生産したモノやサービスなどの総額。日本では1993年から、GDP（国内総生産）を使うようになりました。GDPは、国内で生産されたモノやサービスなどの総額で、国内の外国人や外国系企業の所得も含みますが、海外の日本企業の所得は含みません。2000年からはGNI（国民総所得）も用いられています。これはGNPとほぼ同じですが、GDPに海外投資で得た収益なども加えた「所得」の合計です。

【注】このページの15年度以降の数値は、「毎月勤労統計」の再集計に伴う改定がされたもので、それ以前の期間と連続性がない場合がある。

教育 学校と進学率

少子化が進み、1982年度からは小学校の児童数が減少傾向にある。2023年度は22年度より10万2000人減少し、過去最少を更新した。進学率の移り変わりなどを確認しよう。

学校、教員、在学者の数（2023年5月）

【資料】学校基本調査（文部科学省）

	学校数	教員数	在学者数
幼　稚　園	1万5819	22万7713	168万5104
小　学　校	1万8980	42万4297	604万9685
中　学　校	9944	24万7485	317万7508
義務教育学校	207	7448	7万6045
高　等　学　校	4791	22万3246	291万8501
中等教育学校	57	2829	3万3817
特別支援学校	1178	8万7869	15万1362
高等専門学校	58	3984	5万6576
短　期　大　学	303	6529	8万6689
大　　　学	810	19万1878	294万5599
専　修　学　校	3020	3万9306	60万7951
各　種　学　校	1015	8491	10万8171

【注】学校数は本校と分校、および国立、公立、私立の合計。教員数は本務者のみ。幼稚園には幼保連携型認定こども園を含む。義務教育学校は小中一貫校。中等教育学校は中高一貫教育を行う6年制の学校を指す。

児童、生徒、学生の数

単位 万人　【資料】学校基本調査（文部科学省）

年度	小学校	中学校	高等学校	中等教育学校	大学	短期大学
1960	1259	590	324	—	63	8.3
70	949	472	423	—	141	26.3
80	1183	509	462	—	184	37.1
90	937	537	562	—	213	47.9
2000	737	410	417	0.2	274	32.8
23	605	318	292	3.4	295	8.7

進学率の推移

【資料】学校基本調査（文部科学省）

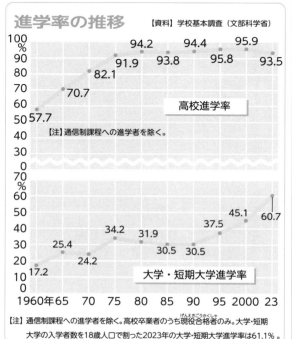

高校進学率
57.7　70.7　82.1　91.9　94.2　93.8　94.4　95.8　95.9　93.5

【注】通信制課程への進学者を除く。

大学・短期大学進学率
17.2　25.4　24.2　34.2　31.9　30.5　30.5　37.5　45.1　60.7

1960年 65　70　75　80　85　90　95　2000　23

【注】通信制課程への進学者を除く。高校卒業者のうち現役合格者のみ。大学・短期大学の入学者数を18歳人口で割った2023年の大学・短期大学進学率は61.1％。

在学者1人あたりの学校教育費（年間）

公立学校

【資料】国、地方自治体の支出：地方教育費調査（2021年度）
親の支出：子供の学習費調査（2021年度）（ともに文部科学省）

	国、地方自治体の支出	親の支出	合計
小学校	98.1	6.6	104.7万円
中学校	113.7	13.2	126.9
全日制高校	133.3	30.9	164.2

私立学校の授業料など（全国平均）

【資料】私立高等学校等の初年度生徒等納付金平均額（文部科学省）

		授業料	入学金	施設整備費	合計
小学校	1982年度	19.6	11.7	14.5	45.8万円
	2022年度	48.2	18.8	20.2	87.2
中学校	1982年度	21.1	13.1	13.5	47.7
	2022年度	44.2	19.0	18.3	81.5
全日制高校	1982年度	18.4	10.8	11.0	40.2
	2022年度	44.5	16.4	15.0	75.9

世界の大学型高等教育への進学率（2020年）

【資料】データブック国際労働比較2023（労働政策研究・研修機構）

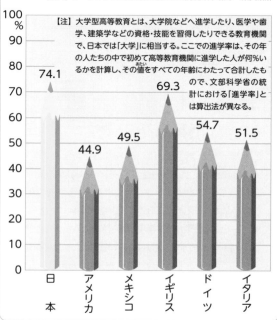

【注】大学型高等教育とは、大学院などへ進学したり、医学や歯学、建築学などの資格・技能を習得したりできる教育機関で、日本では「大学」に相当する。ここでの進学率は、その年の人たちの中で初めて高等教育機関に進学した人が何％いるかを計算し、その値をすべての年齢にわたって合計したもので、文部科学省の統計における「進学率」とは算出法が異なる。

国	進学率
日本	74.1
アメリカ	44.9
メキシコ	49.5
イギリス	69.3
ドイツ	54.7
イタリア	51.5

病気になったり、職を失ったり、年をとったりしても、安心して暮らせる
しくみが社会保障制度だ。社会保障制度にはどのようなものがあり、
税金がいくら使われているかを知っておこう。

しくみと費用
社会保障

おもな社会保障のしくみ

| 社会保険 | **医療保険** 毎月一定のお金を積み立てておいて、病気やけがをした時に必要な治療費や入院費をその中から支払う制度。積み立ては、働いている人、会社、地方自治体、政府などが分担する。病気になってもだれもが医療費の心配をせずにお医者さんにかかれるように、日本では国民皆保険制度で、1961年からすべての人が医療保険に入るように定められている。 |
| | **年金保険** 高齢や体の障害のために収入がなくなったり、少なくなったりした時に、生活費が支給される制度。国家公務員、地方公務員、会社員、私立学校の教職員など職種によって五つの保険に分かれていたが、それぞれ少しずつ制度が違うため、政府はこれをそろえる手始めとして、1986年4月から全国民共通の「基礎年金」を支給する国民年金制度を導入した。 |

社会保険	**雇用保険** 失業して収入がなくなった時、手当を一定の期間支給して、次の仕事を落ちついて探せるようにするのがねらい。全産業に適用される。
	労働者災害補償保険 仕事中にけがをした時や、仕事が原因で病気になった時に、医療費や生活費が支給される。死亡の場合には、遺族に一時金や年金を支給。
	介護保険 40歳以上が加入。介護が必要と認定されると、費用の一部を支払って介護サービスを利用できる。

| 社会福祉など | **児童手当** 「次代の社会を担う児童の健やかな成長に資する」目的で、3歳未満の子と第3子以降（小学生まで）が月1万5000円、3歳から小学生までの第1子・第2子と中学生は月1万円が支給される手当。 |
| | **生活保護** 収入がないか非常に少ない人たちの生活を、困っている程度に応じて保護し、助ける制度。 |

社会保障関係費
【資料】財務省

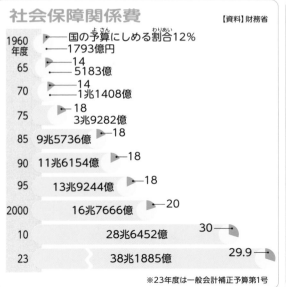

1960年度	国の予算にしめる割合12% ／ 1793億円
65	14 ／ 5183億
70	14 ／ 1兆1408億
75	18 ／ 3兆9282億
85	18 ／ 9兆5736億
90	18 ／ 11兆6154億
95	18 ／ 13兆9244億
2000	20 ／ 16兆7666億
10	30 ／ 28兆6452億
23	29.9 ／ 38兆1885億

※23年度は一般会計補正予算第1号

社会保障関係費の使いみち
（2023年度予算）
【資料】財務省

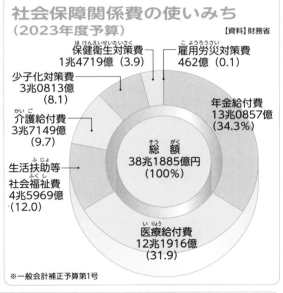

保健衛生対策費 1兆4719億（3.9）
雇用労災対策費 462億（0.1）
少子化対策費 3兆0813億（8.1）
介護給付費 3兆7149億（9.7）
年金給付費 13兆0857億（34.3%）
総額 38兆1885億円（100%）
生活扶助等社会福祉費 4兆5969億（12.0）
医療給付費 12兆1916億（31.9）

※一般会計補正予算第1号

社会保障費（世界、2019～20年度）
【資料】社会保障費用統計（国立社会保障・人口問題研究所）

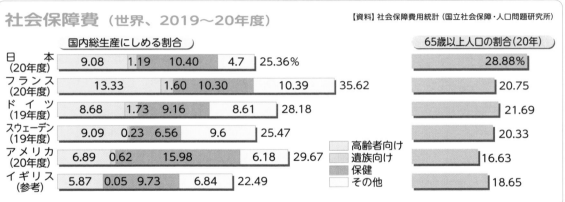

	国内総生産にしめる割合					65歳以上人口の割合（20年）
日本（20年度）	9.08	1.19	10.40	4.7	25.36%	28.88%
フランス（20年度）	13.33	1.60	10.30	10.39	35.62	20.75
ドイツ（19年度）	8.68	1.73	9.16	8.61	28.18	21.69
スウェーデン（19年度）	9.09	0.23	6.56	9.6	25.47	20.33
アメリカ（20年度）	6.89	0.62	15.98	6.18	29.67	16.63
イギリス（参考）	5.87	0.05	9.73	6.84	22.49	18.65

高齢者向け／遺族向け／保健／その他

保険と福祉

介護を認められた人の数は年々増加している。社会福祉費で一番大きな割合を占める支出をグラフから読み取ろう。また、日本で生活保護を受けている人のうち、約半数は65歳以上の高齢者だ。

医療保険が適用される人の数（2021年度末）

【資料】医療保険に関する基礎資料（厚生労働省）

生活保護204万
船員保険その他13万
各種共済組合869万
後期高齢者医療制度1843万
全国健康保険協会管掌健康保険4027万人
国民健康保険2805万
組合管掌健康保険2838万

合計1億2507万人

※合計数は総務省統計局「人口推計」月報による2022年4月1日の総人口のため、−92の差異が生じた。

【注】保険の適用を受ける家族を含んだ数。政府管掌健康保険は2008年10月から全国健康保険協会管掌健康保険（協会けんぽ）に移行した。

介護を認められた人の数

【資料】介護保険事業状況報告（暫定）（厚生労働省）

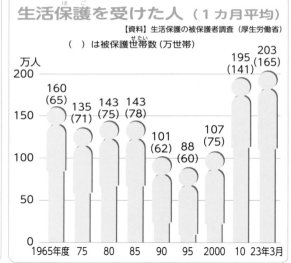

年	人数（万人）
2000年4月末	218
01	258
05	411
10	487
23	696

要支援　要介護1　要介護2　要介護3　要介護4　要介護5

【注】介護が必要な人が受ける介護サービスの料金は、要介護度（要支援度）に応じて介護保険から支払われる。要介護認定は市町村が行う。2006年4月から「要支援」「要介護1」が「要支援1」「要支援2」「要介護1」に再編された。10年、23年の要支援は、「要支援1」「要支援2」の合計。

生活扶助等社会福祉費の使いみち（2022年度予算）

【資料】厚生労働省

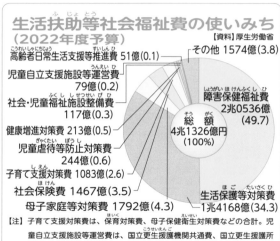

高齢者日常生活支援等推進費51億(0.1)
児童自立支援施設等運営費79億(0.2)
社会・児童福祉施設整備費117億(0.3)
健康増進対策費213億(0.5)
児童虐待等防止対策費244億(0.6)
子育て支援対策費1083億(2.6)
社会保険費1467億(3.5)
母子家庭等対策費1792億(4.3)
その他1574億(3.8)
障害保健福祉費2兆0536億(49.7)
生活保護等対策費1兆4168億(34.3)

総額4兆1326億円(100%)

【注】子育て支援対策費は、保育対策費、母子保健衛生対策費などの合計。児童自立支援施設等運営費は、国立更生援護機関共通費、国立更生援護所運営費などの合計。社会保険費は医療保険給付諸費、介護保険制度運営推進費などの合計。

生活保護を受けた人（1カ月平均）

【資料】生活保護の被保護者調査（厚生労働省）

（　）は被保護世帯数（万世帯）

年度	万人	被保護世帯数
1965年度	160	(65)
75	135	(71)
80	143	(75)
85	143	(78)
90	101	(62)
95	88	(60)
2000	107	(75)
10	195	(141)
23年3月	203	(165)

社会福祉施設の数

【資料】社会福祉施設等調査の概況（厚生労働省）

□ 児童福祉施設
■ 老人福祉施設
□ その他の施設

年	児童福祉施設	老人福祉施設	合計
1965年	1万4020	795	1万6453
75	2万6546	2155	3万3096
80	3万1980	3354	4万1931
85	3万3309	4610	4万7943
90	3万3176	6506	5万1006
95	3万3231	1万2904	5万8768
2000	3万3089	1万1628	5万8860
10	3万1623	4858	5万0343
21	4万6560	5192	8万2611

【注】その他の施設には、身体障害者や知的障害者の暮らしを助ける施設など、いろいろな福祉施設が含まれる。

キーワード

児童福祉施設とは？

児童とは、0〜17歳の男女です。児童福祉法という法律で、保育所（保育園）など12種類の児童福祉施設が定められています。乳幼児を保護する乳児院、保護者がいない子どもなどを養護する児童養護施設、学校などで集団生活を送れるように指導する児童発達支援センターなどがあります。生活指導を必要とする子どもを保護して導く児童自立支援施設、お金がない妊婦のための助産施設、みんなが遊ぶ児童館や児童遊園などの児童厚生施設も児童福祉施設です。

日本には6925万人の労働者がいる（2023年調べ）。賃金の平均は男性が34.2万円、女性は25.9万円だ（22年調べ）。なぜ、女性の労働者は男性より賃金が少ないか考えてみよう。

働く人・賃金　労働

仕事についている人の数（その年の平均）

【資料】労働力調査(基本集計)（総務省）

□ 自営　▨ 家族従業者*　▨ やとわれている人
*個人商店や農家などで家業を手伝う家族

	1960年	70	80	90	2000	10	23
合計	4436万人	5094	5536	6249	6446	6298	6925
自営				878(607)	731(527)	582(436)	512(369)
家族従業者	1006(721)	977(692)	951(658)	517(93)	340(63)	190(34)	126(26)
	1061(277)	804(186)	603(112)				
やとわれている人	2370(1632)	3306(2210)	3971(2617)	4835(3001)	5356(3216)	5500(3159)	6076(3282)

【注】（　）内は男。合計が総数に満たないのは、分類できない人たちがいるため。

労働時間（世界、2021年）

【資料】データブック国際労働比較2023（労働政策研究・研修機構）

国	時間
日本	39.8時間
アメリカ	39.9
イギリス	39.4
ドイツ	36.7
フランス	31.6
シンガポール	42.8
オーストラリア	36.7
韓国	41.6

【注】1人1週間あたりの平均。製造業の週あたりの労働時間。国によって調べ方がちがうので、だいたいの目安。イギリスは2019年のデータ。

賃金（年齢別・男女別、2022年）

【資料】賃金構造基本統計調査（厚生労働省）

【注】10人以上の会社に勤める労働者1人1カ月あたりの賃金。

	女	男
平均	25.9万円	34.2万円
～19歳	17.8	18.8
20～24歳	21.6	22.1
25～29歳	24.1	25.9
30～34歳	25.4	29.7
35～39歳	26.8	33.6
40～44歳	27.6	36.4
45～49歳	27.9	38.8
50～54歳	27.9	41.1
55～59歳	28.0	41.7
60～64歳	23.7	32.2
65～69歳	21.6	27.5
70歳～	21.8	24.6

【注】金額はキーワード①の賃金（所定内賃金）。

賃金（全産業）

【資料】毎月勤労統計調査（厚生労働省）

【注】つねに30人以上（2022年は5人以上）をやとっている事業所に勤める労働者1人1カ月あたりの平均賃金。1965、70年はキーワード③の賃金のみ。

毎月決まって支払われる賃金（キーワード②）
総賃金（キーワード③）

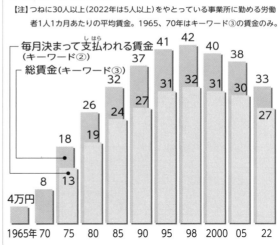

1965年	70	75	80	85	90	95	98	2000	05	22
4万円	8	18 / 13	26 / 19	32 / 24	37 / 27	41 / 31	42 / 32	40 / 31	38 / 30	33 / 27

キーワード

「賃金・手当」って？

　会社などで働く人たちは、ふつうは月1回、賃金（給料）をもらいます。厚生労働省が発表している賃金の統計では、以下の3つが使われています。

① だれにでも支払われる基本賃金（所定内賃金）

② ①＋所定外賃金（決められた時間以上に働いたときの時間外手当）

③ ②＋臨時に支払われるボーナス（賞与）など

賃金（世界、2021年）

【資料】データブック国際労働比較2023（労働政策研究・研修機構）

	比率		
日本	100	2468円	
ドイツ	172.0	32.7ユーロ	（5117円）
アメリカ	141.3	31.78ドル	（3681円）
フランス	142.0	27.0ユーロ	（3535円）
イギリス	110.9	19.50ポンド	（3051円）

【注】左はしの数字は日本を100とした比率。製造業労働者の1時間あたりの賃金。各国の比率、日本円への換算は2022年1月4日のレート（1ドル115.84円、1ユーロ130.92円、1ポンド156.48円）で計算。イギリスは2019年のデータ。

統計―日本―社会保障・労働

201

交通事故・水の事故など

事故

2022年の交通事故による死者数は2610人で、1970年の16%程度だ。死者は2009年に1952年(死者数4696人)以来57年ぶりに4000人台となり、2016～22年は4000人を下回った。

交通事故の発生状況

【資料】交通事故発生状況の推移(警察庁)、交通安全白書(内閣府)

年	事 故 件 数	死　　者	け　　が	自動車の台数
1970	71万8080件	*1万6765人	98万1096人	1653万台
75	47万2938	1万0792	62万2467	2787万
80	47万6677	8760	59万8719	3733万
85	55万2788	9261	68万1346	4636万
90	64万3097	1万1227	79万0295	5799万
95	76万1794	1万0684	92万2677	6810万
2000	93万1950	9073	115万5707	7458万
04	*95万2709	7425	*118万3616	7739万
07	83万2691	5782	103万4653	7924万
22	30万0839	2610	35万6601	*8217万

【注】人間にけがなどの被害があった事故の件数だけをあげている。死者は事故後24時間以内に死亡した人の数。自動車の台数は各年3月末現在、(一財)自動車検査登録情報協会しらべ。1975年から沖縄県を含む。*は最高値。

水の事故

【資料】水難の概況、夏期における水難の概況(警察庁)

年	1年間の水死者	夏(6～8月)の事故※		
		死　者〈行方不明を含む〉	助けられた人	合　計
1980	2426人	1060 (447)人	1180(590)人	2240人
85	2004	1015 (316)	933(452)	1948
90	1479	703 (158)	767(331)	1470
95	1214	588 (126)	518(225)	1106
2000	1034	561 (75)	694(245)	1255
05	825	403 (48)	401(109)	804
10	877	443 (49)	411(167)	854
22	727	228 (9)	329 (95)	557

【注】1年間の水死者は行方不明を含む。( )は中学生以下の数。※2022年は7～8月。

交通事故死の違反別件数 (2022年)

【資料】交通安全白書(内閣府)

歩行者の不注意 108(4.2)
当事者不明(ひき逃げなど) 2(0.1)
スピード違反 98件(3.8%)
運転のあやまり 361(14.2)
安全の不確認 257(10.1)
わき見運転 233(9.1)
安全運転義務違反 1334(52.3)
その他の前方不注意 483(19.0)
信号無視 116(4.5)
一時不停止など 79(3.1)
よっぱらい運転 12(0.5)
その他 801(31.4)

合計 2550件(100%)
運転者の不注意 2442(95.8)

火事

【資料】火災の状況(消防庁)

年	件　　　数	建物の焼けた面積	死　　者	けがをした人
1960	4万3679件	206万m²	780人	8113人
70	6万3905	271万	1595	9725
80	5万9885	213万	1947	8049
90	5万6505	167万	1828	7097
2000	6万2454	159万	2034	8281
10	4万6620	119万	1738	7305
22	3万6314	106万	1452	5750

自殺者の数

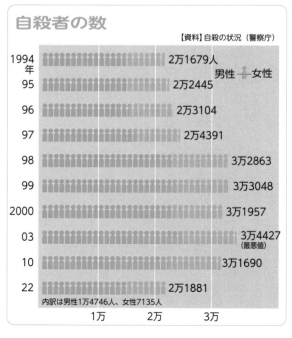

【資料】自殺の状況(警察庁)

年		男性 ― 女性
1994年	2万1679人	
95	2万2445	
96	2万3104	
97	2万4391	
98	3万2863	
99	3万3048	
2000	3万1957	
03	3万4427 (最悪値)	
10	3万1690	
22	2万1881	

内訳は男性1万4746人、女性7135人

1万　2万　3万

年代別自殺者数 (2022年)

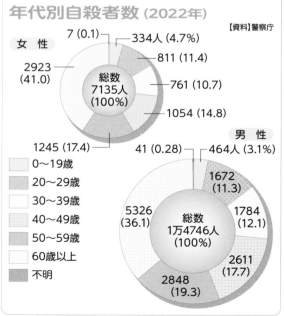

【資料】警察庁

女性
7 (0.1)
334人 (4.7%)
811 (11.4)
761 (10.7)
1054 (14.8)
2923 (41.0)
1245 (17.4)

総数 7135人(100%)

男性
41 (0.28)
464人 (3.1%)
1672 (11.3)
1784 (12.1)
2611 (17.7)
2848 (19.3)
5326 (36.1)

総数 1万4746人(100%)

- 0～19歳
- 20～29歳
- 30～39歳
- 40～49歳
- 50～59歳
- 60歳以上
- 不明

小・中学生の体格は、1950年と比べると向上しているが、最近はほとんど横ばいだ。また、小学生の体力・基礎的な運動能力は、1985年ごろと比べると男女ともに低い水準にある。

小学生、中学生の体格（2022年）

【資料】学校保健統計調査（文部科学省）

	年度	小学1年		小学2年		小学3年		小学4年		小学5年		小学6年		中学1年		中学2年		中学3年	
		男	女	男	女	男	女	男	女	男	女	男	女	男	女	男	女	男	女
身長（cm）	1920	107.0	105.8	112.1	110.3	116.4	115.2	120.9	119.7	125.5	124.2	129.4	129.7	134.8	136.1	140.6	141.5	148.2	146.4
	30	108.1	106.9	113.2	111.9	118.0	116.7	122.6	121.3	127.0	126.0	131.4	131.3	137.1	138.4	143.3	143.5	150.7	147.7
	50	108.6	107.8	113.6	112.8	118.4	117.6	122.9	122.1	127.1	126.6	131.1	131.7	136.0	137.3	141.2	142.5	147.3	146.6
	60	111.7	110.6	117.0	115.9	121.9	121.1	126.8	126.3	131.6	132.0	136.2	138.1	141.9	144.0	148.1	148.1	155.1	150.7
	70	114.5	113.6	120.2	119.3	125.5	124.6	130.4	130.1	135.3	136.2	140.5	142.9	147.1	148.4	154.0	152.1	160.5	154.2
	80	115.8	114.9	121.4	120.6	126.9	126.2	132.0	131.9	137.3	138.3	142.9	144.9	149.8	150.6	156.9	154.0	163.6	156.0
	90	116.8	116.0	122.5	121.8	128.1	127.4	133.2	133.1	138.6	139.5	144.4	146.3	151.4	151.5	158.8	154.7	164.5	156.0
	2000	116.7	115.8	122.5	121.7	128.1	127.5	133.6	133.5	139.1	140.3	145.3	147.1	152.9	152.1	160.0	155.1	165.5	156.8
	22	117.0	116.0	122.9	122.0	128.5	128.1	133.9	134.5	139.7	141.4	146.1	147.9	154.0	152.2	160.9	154.9	165.8	156.5
体重（kg）	1920	17.6	17.0	19.4	18.6	21.2	20.0	23.2	22.4	25.3	24.6	27.5	27.4	30.5	31.3	34.6	35.7	39.9	40.1
	30	17.9	17.3	19.8	19.0	21.8	20.9	23.8	23.0	25.9	25.4	28.4	28.5	31.8	33.2	36.2	37.7	42.0	42.1
	50	18.5	17.9	20.4	19.8	22.4	21.8	24.4	23.8	26.4	26.0	28.7	28.8	31.5	32.6	35.1	36.9	39.7	41.2
	60	19.1	18.5	21.0	20.5	23.2	22.7	25.5	25.2	28.0	28.2	30.7	32.3	34.6	36.9	39.3	41.5	45.3	45.3
	70	20.1	19.5	22.4	21.8	25.0	24.4	27.6	27.2	30.5	31.0	33.8	35.7	38.5	40.6	43.7	44.9	49.6	48.3
	80	20.8	20.3	23.2	22.6	26.0	25.5	28.9	28.5	32.4	32.6	36.2	37.3	41.4	42.6	46.7	46.5	52.4	49.6
	90	21.5	21.1	24.0	23.6	27.2	26.6	30.3	29.9	33.9	34.0	38.0	38.9	43.5	43.9	49.0	47.5	54.2	50.2
	2000	21.8	21.3	24.4	23.8	27.7	27.0	31.2	30.7	35.1	34.9	39.4	40.1	45.4	45.0	50.4	48.3	55.4	50.7
	22	21.8	21.3	24.6	24.0	28.0	27.3	31.5	31.1	35.7	35.5	40.0	40.5	45.7	44.5	50.6	47.7	55.0	49.9
肥満傾向児の出現率（％）	1980	2.64	2.73	3.55	3.45	4.90	5.03	5.71	5.54	6.86	6.78	7.65	7.03	7.48	7.30	6.93	6.48	6.07	5.75
	90	3.98	4.32	4.65	4.43	6.46	6.26	7.74	7.33	8.93	7.38	9.43	7.57	9.64	8.34	8.80	7.61	8.64	6.77
	2000	5.04	4.57	5.83	5.48	8.08	7.27	9.54	8.79	10.43	9.45	11.21	9.78	11.28	10.05	10.36	8.74	9.33	7.86
	10	4.46	4.23	5.62	5.13	7.20	6.90	9.06	7.51	10.37	8.13	11.09	8.83	10.99	8.92	9.41	7.96	9.37	7.89
	22	5.74	5.50	8.02	7.23	11.14	9.07	13.17	9.57	15.11	9.74	13.95	10.47	13.27	9.51	12.25	9.05	11.31	7.71

【注】中学校には中等教育学校（中高一貫校）の前期課程（中学校に相当）を含む。肥満傾向児とは、1980～2000年度は性・年別平均体重の120％以上の体重の児童。10、22年度は、以下の式から肥満度を算出し、これが20％以上の者を肥満傾向児としている。

肥満度＝（実測体重－身長別標準体重）÷身長別標準体重×100

小学生、中学生の体力と運動能力（2022年）

【資料】令和4年度体力・運動能力調査（文部科学省）

	反復横とび（点）		上体起こし（回）		にぎる力（kg）		座って前に体を曲げる(cm)	
	男	女	男	女	男	女	男	女
小学5年	42.73	39.93	20.01	18.50	16.73	16.45	34.35	8.20
小学6年	45.51	42.15	21.63	19.48	19.48	18.66	36.61	8.50
中学1年	50.14	45.20	23.68	19.93	24.69	21.38	40.67	9.97
中学2年	52.95	47.86	26.59	22.54	30.21	23.99	45.14	10.31

	50mを走る（秒）		立ち幅とび（cm）		ボール投げ（m）		20mシャトルラン（回）	
	男	女	男	女	男	女	男	女
小学5年	9.30	9.57	156.04	148.68	21.88	13.42	51.19	40.44
小学6年	8.94	9.26	166.14	154.71	25.39	15.22	57.46	45.08
中学1年	8.37	9.02	186.11	167.06	17.98	11.58	67.24	49.37
中学2年	7.83	8.76	203.79	172.96	21.03	13.32	83.08	56.25

【注】①「反復横とび」は、20秒間で1mはなれた左右と中央の3本の線をまたいだ回数。②「座って前に体を曲げる」は、ひざを伸ばしたまま座り、上体を前に曲げ、机状の台をどれくらい押しやれるかを測定。③「ボール投げ」のボールは、小学生はソフトボール、中学生はハンドボール。④「20mシャトルラン」は、20m間隔の2本の平行線の間をCD（テープ）の信号音に合わせて折り返す。信号音はだんだん速くなり、音についていけなくなるまで続ける。⑤中学校には中等教育学校の前期課程を含む。

統計―日本―事故・保健と衛生

病気（びょうき）

死亡の原因の1位はがんで、死亡者全体の約25%を占める。また、老人1人あたりの医療費は上昇しており、2014〜21年度は80万円を超えた。

死亡者数の変化（しぼう）

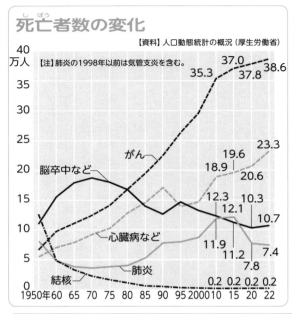

【資料】人口動態統計の概況（厚生労働省）

【注】肺炎の1998年以前は気管支炎を含む。

医療費（いりょうひ）（国民1人あたり・老人1人あたり）

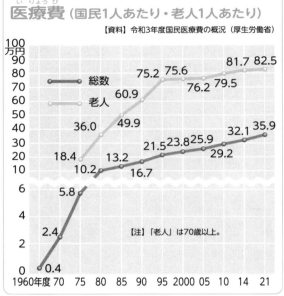

【資料】令和3年度国民医療費の概況（厚生労働省）

【注】「老人」は70歳以上。

死亡者の数（原因別、2022年）（げんいんべつ）

【資料】人口動態統計の概況（厚生労働省）

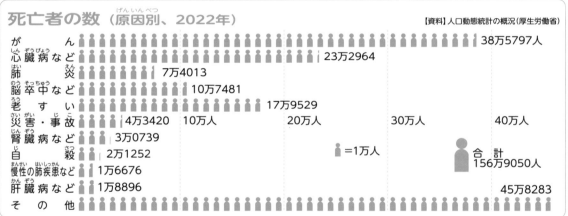

が　　　　ん	38万5797人
心臓病 など（しんぞうびょう）	23万2964
肺炎（はいえん）	7万4013
脳卒中 など（のうそっちゅう）	10万7481
老すい（ろう）	17万9529
災害・事故（さいがい・じこ）	4万3420
腎臓病 など（じんぞう）	3万0739
自殺（じさつ）	2万1252
慢性の肺疾患 など（まんせい　はいしっかん）	1万6676
肝臓病 など（かんぞう）	1万8896
そ の 他	45万8283

👤 =1万人

合　計
156万9050人

各国の保健のようす（ほけん）（2018年）

【資料】OECD Health Data

国　　　　名	国民1人あたりの医療・保険支出	医師数（1000人あたり）	病院のベッド数（1000人あたり）	平均入院日数	1人あたりの外来受診回数（年間）
日　　　　本	4504ドル	2.5人	13.0床	16.1日	12.6回 (2017年)
韓　　　　国	3085	2.4	12.4	7.5	16.9
フィンランド	4332	3.2 (2014年)	3.6	6.4	4.4
イ ギ リ ス	4290	2.8	2.5	5.9	5.0 (2009年)
ド　イ　ツ	6224	4.3	8.0 (2017年)	7.5 (2017年)	9.9
ス　イ　ス	7280	4.3	4.6	6.9	4.3 (2017年)
スウェーデン	5434	4.3 (2017年)	2.1	5.5	2.7
アメリカ	10637	2.6	2.9 (2017年)	5.5 (2017年)	4.0 (2011年)
メ キ シ コ	1145	2.4	1.0	—	2.8

世界記録と日本記録　スポーツ

マラソンが今と同じ距離（42.195km）で正式採用されたのは1924年パリ五輪。その時の男子マラソンの優勝タイムは2時間41分22秒だった。世界と日本の記録の差を読みとろう。

陸上競技（2024年2月）

記録（年）　選手名（国籍、所属）

【資料】ワールドアスレティックス、日本陸上競技連盟

種目	世界記録（男）	世界記録（女）	日本記録（男）	日本記録（女）
100m	9秒58(09) U.ボルト（ジャマイカ）	10秒49(88) F.ジョイナー（アメリカ）	9秒95(21) 山県亮太（セイコー）	11秒21(10) 福島千里（北海道ハイテクAC）
200m	19秒19(09) U.ボルト（ジャマイカ）	21秒34(88) F.ジョイナー（アメリカ）	20秒03(03) 末続慎吾（ミズノ）	22秒88(16) 福島千里（北海道ハイテクAC）
400m	43秒03(16) W.ファンニーケルク（南アフリカ）	47秒60(85) M.コッホ（東ドイツ）	44秒77(23) 佐藤拳太郎（富士通）	51秒75(08) 丹野麻美（ナチュリル）
800m	1分40秒91(12) D.ルディシャ（ケニア）	1分53秒28(83) J.クラトフビロバ（チェコスロバキア）	1分45秒75(14,21) 川元 奨(日本大)、源 裕貴(環太平洋大)	1分57秒45(05) 杉森美保（京セラ）
1000m	2分11秒96(99) N.ヌゲニ（ケニア）	2分28秒98(96) S.マステルコワ（ロシア）	2分18秒69(22) 薄田健太郎（筑波大）	2分37秒33(22) 田中希実（豊田自動織機TC）
1500m	3分26秒00(98) H.エルゲルージ（モロッコ）	3分49秒11(23) F.キピエゴン（ケニア）	3分35秒42(21) 河村一輝（トーエネック）	3分59秒19(21) 田中希実（豊田自動織機TC）
2000m	4分43秒13(23) J.インゲブリクトセン（ノルウェー）	5分21秒56(21) F.ニヨンサバ（ブルンジ）	5分07秒24(06) 小林史和（NTN）	5分47秒17(16) 木村友香（ユニバーサルエンターテインメント）
3000m	7分20秒67(96) D.コメン（ケニア）	8分06秒11(93) 王軍霞（中国）	7分40秒09(14) 大迫 傑（日清食品グループ）	8分40秒84(21) 田中希実（豊田自動織機TC）
5000m	12分35秒36(20) J.チェプテゲイ（ウガンダ）	14分00秒21(23) G.ツェガイ（エチオピア）	13分08秒40(15) 大迫 傑（ナイキ オレゴンプロジェクト）	14分29秒18(23) 田中希実（New Balance）
10000m	26分11秒00(20) J.チェプテゲイ（ウガンダ）	29分01秒03(21) L.ギデイ（エチオピア）	27分09秒80(23) 塩尻和也（富士通）	30分20秒44(20) 新谷仁美（積水化学）
マラソン	2時間00分35秒(23) K.キプタム（ケニア）	2時間11分53秒(23) T.アセファ（エチオピア）	2時間04分56秒(21) 鈴木健吾（富士通）	2時間18分59秒(24) 前田穂南（天満屋）
100mハードル		12秒12(22) T.アムサン（ナイジェリア）		12秒73(22) 福部真子（日本建設工業）
110mハードル	12秒80(12) A.メリット（アメリカ）		13秒04(23) 泉谷駿介(住友電工)　村竹ラシッド(順天堂大)	
400mハードル	45秒94(21) K.ワーホルム（ノルウェー）	50秒68(22) S.マクラフリン（アメリカ）	47秒89(01) 為末 大（法政大）	55秒34(11) 久保倉里美（新潟アルビレックスRC）
3000m障害	7分52秒11(23) L.ギルマ（エチオピア）	8分44秒32(18) B.チェプコエチ（ケニア）	8分09秒91(23) 三浦龍司（順天堂大）	9分33秒93(08) 早狩実紀（京都光華AC）
400mリレー	36秒84(12) ジャマイカチーム（ジャマイカ）	40秒82(12) アメリカチーム（アメリカ）	37秒43(19) 多田・白石 桐生・サニブラウン（日本）	43秒33(23) 青木・君嶋 児玉・御家瀬（日本）
800mリレー	1分18秒63(14) ジャマイカチーム（ジャマイカ）	1分27秒46(00) アメリカチーム（アメリカ）	1分21秒44(22) 西・三浦 新上・千田（早稲田大）	1分34秒57(19) 山田・三宅 児玉・青野（日本）
1600mリレー	2分54秒29(93) アメリカチーム（アメリカ）	3分15秒17(88) ナショナルチーム（ソ連）	2分59秒51(22) 佐藤・川端・ウォルシュ 中島（日本）	3分28秒91(15) 青山・市川 千葉・青木（日本）
20km競歩	1時間16分36秒(15) 鈴木雄介（日本）	1時間23分49秒(21) 楊家玉（中国）	1時間16分36秒(15) 鈴木雄介（富士通）	1時間27分41秒(19) 岡田久美子（ビックカメラ）
50km競歩	3時間32分33秒(14) Y.ディニ（フランス）	3時間59分15秒(19) 劉虹（中国）	3時間36分45秒(19) 川野将虎（東洋大学）	4時間19分56秒(19) 渕瀬真寿美（建装工業陸上部）
走り高とび	2m45(93) J.ソトマヨル（キューバ）	2m09(87) S.コスタディノワ（ブルガリア）	2m35(19) 戸邉直人（つくばツインピークス）	1m96(01) 今井美希（ミズノ）
走り幅とび	8m95(91) M.パウエル（アメリカ）	7m52(88) G.チスチャコワ（ソ連）	8m40(19) 城山正太郎（ゼンリン）	6m97(23) 秦 澄美鈴（シバタ工業）
三段とび	18m29(95) J.エドワーズ（イギリス）	15m74(22) Y.ロハス（ベネズエラ）	17m15(86) 山下訓史（日本電気）	14m16(23) 森本麻里子（内田建設AC）
棒高とび	6m23(23) A.デュプランティス（スウェーデン）	5m06(09) Y.イシンバエワ（ロシア）	5m83(05) 沢野大地（ニシ・スポーツ）	4m48(23) 諸田実咲（アットホーム）
砲丸投げ	23m56(23) R.クラウザー（アメリカ）	22m63(87) N.リソフスカヤ（ソ連）	18m85(18) 中村太地（チームミズノ）	18m22(04) 森 千夏（スズキ）
円盤投げ	74m08(86) J.シュルト（東ドイツ）	76m80(88) G.ラインシュ（東ドイツ）	62m59(20) 堤 雄司（ALSOK群馬）	59m03(19) 郡 菜々佳（九州共立大）
やり投げ	98m48(96) J.ゼレズニー（チェコ）	72m28(08) B.シュポタコバ（チェコ）	87m60(89) 溝口和洋（ゴールドウイン）	67m38(23) 北口榛花（JAL）
ハンマー投げ	86m74(86) Y.セディフ（ソ連）	82m98(16) A.ブウォダルチク（ポーランド）	84m86(03) 室伏広治（ミズノ）	69m89(23) マッカーサー・ジョイ（在外）
7種競技		7291点(88) J.カーシー（アメリカ）		5975点(21) 山崎有紀（スズキ）
10種競技	9126点(18) K.メイエール（フランス）		8308点(14) 右代啓祐（スズキ浜松AC）	7244点(18) 山崎有紀（スズキ浜松AC）

【注】選手の国籍、所属は大会出場時の届け出による。競歩は道路の記録。10種競技は100m、走り幅とび、砲丸投げ、走り高とび、400m、110mハードル、円盤投げ、棒高とび、やり投げ、1500m。7種競技は100mハードル、走り高とび、砲丸投げ、200m、走り幅とび、やり投げ、800m。

統計　日本一　保健と衛生・スポーツ

世界記録と日本記録

スポーツ

2009年に驚異的な記録が出て注目された、英スピード社製「レーザー・レーサー」などの「高速水着」が、10年から禁止になり、織物素材のみとなった。しかしその後も、記録は次々と更新されている。

水泳競技（2023年3月：世界、10月：日本）

記録(年)　選手名(国籍、所属)　【資料】日本水泳連盟

種目	世界記録（男）	世界記録（女）	日本記録（男）	日本記録（女）
50m自由形	20秒91(09) C.シエロフィリョ(ブラジル)	23秒67(17) S.シェーストレム(スウェーデン)	21秒67(19) 塩浦慎理(イトマン東進)	24秒21(18) 池江璃花子(ルネサンス亀戸)
100m自由形	46秒86(22) D.ポポビチ(ルーマニア)	51秒71(17) S.シェーストレム(スウェーデン)	47秒85(23) 松元克央(ミツウロコ／三菱養和SS)	52秒79(18) 池江璃花子(ルネサンス)
200m自由形	1分42秒00(09) P.ビーデルマン(ドイツ)	1分52秒98(09) F.ペレグリニ(イタリア)	1分44秒65(21) 松元克央(セントラルスポーツ)	1分54秒85(18) 池江璃花子(日本)
400m自由形	3分40秒07(09) P.ビーデルマン(ドイツ)	3分56秒40(22) A.ティットマス(オーストラリア)	3分43秒90(14) 萩野公介(東洋大)	4分05秒19(07) 柴田亜衣(日本)
800m自由形	7分32秒12(09) 張琳(中国)	8分04秒79(16) K.レデッキー(アメリカ)	7分49秒55(21) 黒川紫唯(イトマン富田林／近畿大)	8分23秒68(04) 山田沙知子(KONAMI)
1500m自由形	14分31秒02(12) 孫楊(中国)	15分20秒48(18) K.レデッキー(アメリカ)	14分54秒80(14) 山本耕平(ミズノ)	15分58秒55(07) 柴田亜衣(日本)
50m平泳ぎ	25秒95(17) A.ピーティ(イギリス)	29秒30(21) B.ピラト(イタリア)	26秒94(18) 小関也朱篤(日本)	30秒10(23) 鈴木聡美(ミキハウス)
100m平泳ぎ	56秒88(19) A.ピーティ(イギリス)	1分04秒13(17) L.キング(アメリカ)	58秒78(18) 小関也朱篤(日本)	1分05秒19(22) 青木玲緒樹(ミズノ)
200m平泳ぎ	2分05秒95(22) Z.スタブルティクック(オーストラリア)	2分18秒95(21) T.スクンマカー(南アフリカ)	2分06秒40(21) 佐藤翔馬(東京SC／慶應義塾大)	2分19秒65(16) 金藤理絵(Jaked/ぎふ瑞穂SG)
50mバタフライ	22秒27(18) A.ゴボロフ(ウクライナ)	24秒43(14) S.シェーストレム(スウェーデン)	23秒17(21) 川本武史(TOYOTA)	25秒11(18) 池江璃花子(日本)
100mバタフライ	49秒45(21) C.ドレッセル(アメリカ)	55秒48(16) S.シェーストレム(スウェーデン)	50秒81(22) 水沼尚輝(JAPAN)	56秒08(18) 池江璃花子(日本)
200mバタフライ	1分50秒34(22) K.ミラーク(ハンガリー)	2分01秒81(09) 劉子歌(中国)	1分52秒53(20) 瀬戸大也(日本)	2分04秒69(12) 星　奈津美(スウィン大教)
50m背泳ぎ	23秒71(22) H.アームストロング(アメリカ)	26秒98(18) 劉湘(中国)	24秒24(09) 古賀淳也(日本)	27秒51(13) 寺川　綾(ミズノ)
100m背泳ぎ	51秒60(22) T.チェコン(イタリア)	57秒45(21) K.マックイーン(オーストラリア)	52秒24(09) 入江陵介(近畿大)	58秒70(13) 寺川　綾(日本)
200m背泳ぎ	1分51秒92(09) A.ピアソル(アメリカ)	2分03秒35(19) R.スミス(アメリカ)	1分52秒51(09) 入江陵介(日本)	2分07秒13(08) 中村礼子(日本)
200m個人メドレー	1分54秒00(11) R.ロクテ(アメリカ)	2分06秒12(15) K.ホッスー(ハンガリー)	1分55秒07(16) 萩野公介(東洋大)	2分07秒91(17) 大橋悠依(日本)
400m個人メドレー	4分03秒84(08) M.フェルプス(アメリカ)	4分26秒36(16) K.ホッスー(ハンガリー)	4分06秒05(16) 萩野公介(日本)	4分30秒82(18) 大橋悠依(イトマン東進)
200mリレー			1分27秒48(21) 塩浦・難波 関・中村(JAPAN)	1分39秒67(21) 五十嵐・池江 酒井・大本(JAPAN)
400mリレー	3分08秒24(08) M.フェルプス・G.ウェーバーゲール C.ジョーンズ・J.レザク(アメリカ)	3分29秒69(21) B.キャンベル・M.ハリス E.マキオン・C.キャンベル(オーストラリア)	3分12秒54(18) 中村・塩浦 松元・溝畑(日本)	3分36秒17(19) 大本・青木 佐藤・白井(日本)
800mリレー	6分58秒55(09) M.フェルプス・R.ベレンズ D.ウォルターズ・R.ロクテ(アメリカ)	7分39秒29(22) A.ティットマス・M.ウィルソン M.オキャラハン・K.メルバートン(オーストラリア)	7分02秒26(09) 内田・奥村 日原・松田(日本)	7分48秒96(18) 五十嵐・池江 白井・大橋(日本)
200mメドレーリレー			1分37秒64(21) 宇野・谷口 阪本・難波(三重県選抜)	1分50秒73(22) 伊与田・吉田 広下・神野(中京大)
400mメドレーリレー	3分26秒78(21) R.マーフィー・M.アンドルー C.ドレッセル・Z.アップル(アメリカ)	3分50秒40(19) R.スミス・L.キング K.ダーリア・S.マニュエル(アメリカ)	3分29秒91(21) 入江・武良 水沼・中村(日本)	3分54秒73(18) 酒井・鈴木 池江・青木(日本)

【注】選手の国籍、所属は大会出場時の届け出による。国際水泳連盟未公認の記録は含まない。

はみ出し情報　➡　日本水泳連盟　https://swim.or.jp　国際水泳連盟　https://www.fina.org

50・100・200m自由形、50・100mバタフライで中学記録を持っている池江璃花子選手は、100m・200m自由形や50m・100mバタフライ、800mリレー、400mメドレーリレーなどで日本記録を更新している。

中学生の記録　スポーツ

中学記録（陸上競技、2023年10月）　記録（年）　選手名(学校名)

【資料】日本中学校体育連盟

種目	男			女		
100m	10秒54（23）	片山瑛太	（千葉・鎌ケ谷二）	11秒61（10）	土井杏南	（埼玉・朝霞一）
200m	21秒18（10）	日吉克実	（静岡・伊豆修善寺）	23秒99（19）	ハッサン・ナワール	（千葉・松戸五）
400m	48秒18（09）	谷川鈴扇	（群馬・邑楽）	56秒64（16）*	井戸アビゲイル風果	（岐阜・美濃加茂西）
800m	1分52秒43（16）	馬場勇一郎	（愛知・上郷）	2分07秒19（13）	高橋ひな	（兵庫・山陽）
1500m	3分49秒02（21）	川口峻太朗	（岡山・京山）	4分19秒46（10）	福田有以	（兵庫・稲美北）
3000m	8分11秒12（22）	増子陽太	（福島・鏡石）	9分10秒18（93）*	山中美和子	（奈良・香芝）
100mハードル				13秒42（22）	香取奈摘	（茨城・三和）
110mハードル	13秒50（23）	高城昊紀	（宮崎・宮西付属）			
400mリレー	42秒25（19）	斉藤・田村　内屋・大石	（静岡・吉田）	47秒04（19）	岡・福井　稲荷・藤木	（和歌山・桐蔭）
同・選抜	41秒26（08）	小池・綱川　梨本・田子	（千葉・選抜）	46秒34（18）	森澤・渡辺　佐藤・ハッサン	（千葉・選抜）
走り高とび	2m10（86）	境田裕之	（北海道・春光台）	1m87（81）	佐藤恵	（新潟・木戸）
走り幅とび	7m40（16）	和田晃輝	（大阪・楠葉西）	6m20（16）	藤山有希	（神奈川・足柄台）
棒高とび	5m05（18）	古沢一生	（群馬・新町）	3m90（20）*	柳川美空	（群馬・南橘）
砲丸投げ	17m85（15）	奥村仁志	（福井・和泉）	17m45（19）	奥山琴末	（岡山・上道）
4種競技	3091点（20）	高橋大史	（山形・上山南）	3233点（20）	林美希	（愛知・翔南）

【注】100m～400m、ハードル、リレーは電気計時。ハードル、砲丸（男は5kg、女は2.721kg）は中学用。4種競技の男は110mハードル、砲丸投げ（砲丸は4kg）、走り高とび、400m。女は100mハードル、砲丸投げ、走り高とび、200m。*全日本中学陸上選手権では実施していない種目での記録。

中学記録（水泳競技、2023年10月）　記録（年）　選手名(所属チーム名)

【資料】日本水泳連盟

種目	男			女		
50m自由形	23秒25（23）	松山育	（文の里）	24秒74（16）	池江璃花子	（ルネサンス亀戸）
100m自由形	50秒46（23）	松山育	（大阪府）	53秒99（16）	池江璃花子	（ルネサンス亀戸）
200m自由形	1分49秒25（10）	萩野公介	（御幸ケ原SS）	1分58秒01（15）	池江璃花子	（日本）
400m自由形	3分53秒84（19）	高木陸	（大阪府）	4分10秒56（21）	竹澤瑠珂	（武蔵野中学校）
800m自由形	8分05秒28（19）	高木陸	（KTV豊中）	8分35秒45（00）	溝口愛	（大阪・箕面第四中）
1500m自由形	15分25秒32（22）	今福和志	（枚方SS牧野）	16分25秒62（21）	青木虹光	（県央SS）
50m平泳ぎ	28秒30（21）	岡留大和	（稲毛インター）	31秒15（15）	宮坂倖乃	（コナミ北浦和）
100m平泳ぎ	1分01秒97（21）	岡留大和	（稲毛インター）	1分07秒10（11）	渡部香生子	（JSS立石）
200m平泳ぎ	2分11秒95（09）	山口観弘	（志布志DC）	2分23秒43（15）	今井月	（日本）
50mバタフライ	24秒41（21）	光永翔音	（ダンロップS松戸）	26秒17（15）	池江璃花子	（ルネサンス亀戸）
100mバタフライ	53秒13（08）	小堀勇気	（能美SC）	57秒56（15）	池江璃花子	（ルネサンス亀戸）
200mバタフライ	1分57秒66（09）	小堀勇気	（日本）	2分07秒89（15）	長谷川涼香	（日本）
50m背泳ぎ	25秒96（21）	寺川琉之介	（ビート伊万里）	28秒21（22）	伊東開耶	（セントラル藤が丘）
100m背泳ぎ	55秒33（09）	萩野公介	（栃木県）	1分00秒12（16）	酒井夏海	（スウィン南越谷）
200m背泳ぎ	1分59秒71（09）	萩野公介	（御幸ケ原SS）	2分09秒52（09）	神村万里恵	（セントラル成瀬）
200m個人メドレー	1分59秒26（09）	萩野公介	（栃木県）	2分11秒45（15）	今井月	（日本）
400m個人メドレー	4分16秒50（09）	萩野公介	（栃木・作新学院中）	4分36秒71（22）	成田実生	（金町SC）
200mリレー	1分36秒24（19）	重藤・錦織　高嶋・伊藤	（イトマン選抜）	1分44秒14（17）	大内・佐々木　城戸・栗山	（ダンロップSC）
400mリレー	3分28秒84（23）	嶋田・安藤　今福・舟橋	（枚方SS）	3分43秒79（15）	池江・牧野　今井・持田	（日本）
800mリレー	7分39秒53（09）	萩野・浦　渋谷・瀬戸	（日本）	8分09秒26（14）	持田・池江　佐藤・牧野	（日本）
200mメドレー	1分45秒34（23）	森田・牟田　住川・中園	（大野城SC）	1分56秒05（96）	池田・林　青山・中山	（イトマンSS選抜）
400mメドレー	3分45秒71（09）	萩野・山口　瀬戸・浦	（日本）	4分04秒11（14）	白井・今井　長谷川・池江	（日本）

【注】選手の所属は大会出場時の届け出による。

統計—日本—スポーツ

各国の比較

世界の国ぐにの暮らしの違いを確認しよう。人口、人口密度、所得、貿易額、学校や医師の数、電話などの普及状況から、各国の特徴と問題点をとらえて、わが国や世界の課題を考えてみよう。

各国の暮らし

【資料】世界銀行、国連、ITU、ILO、総務省、OECD、日本自動車工業会

	日 本	アメリカ	インドネシア	エチオピア
人口 (2022年)	1億2428万人	3億3750万人	2億7462万人	1億2182万人
人口増加率 (2021−2022年)	-0.5%	0.3%	0.6%	2.6%
人口密度 (1km²あたり・2022年)	328.9人	37.0人	144.2人	123.4人
GNI (国民総所得・2022年)	5兆3100億ドル	25兆4544億ドル	1兆2609億ドル	1261億ドル
1人あたりGNI (2022年)【注】	4万2440ドル	7万6370ドル	4580ドル	1020ドル
輸入額 (2022年)	8986億ドル	3兆3729億ドル	2374億ドル	165億ドル
輸出額 (2022年)	7467億ドル	2兆0621億ドル	2920億ドル	31億ドル
学校で学ぶ年数	15.2 (2019年)	16.3 (2020年)	13.6 (2018年)	8.4 (2012年)
教師1人あたりの子どもの数 (小学校)	15.7人 (2017年)	14.2人 (2017年)	17.0人 (2018年)	55.1人 (2011年)
衛生的な水供給 (100人あたり・2022年)	99% (人)	100% (人)	94% (人)	52% (人)
医師の数 (1万人あたり・2020年)	26.1人	35.6人	7.0人 (2021年)	1.0人
5歳未満で亡くなる人数 (出生1000人中・2021年)	2.3人	5.9人	21.4人	43.7人
電話保有数 (100人あたり・2020年)	216.5台	137.3台	118.0台	56.7台
固定電話/移動電話 (100人あたり・2022年)	49.0台 167.5台	27.1台 110.2台	3.1台 114.9台	0.7台 56.0台
産業別人口 (2022年)	第1次産業 3% 第2次産業 23% 第3次産業 72%	第1次産業 2% 第2次産業 19% 第3次産業 79%	第1次産業 29% 第2次産業 22% 第3次産業 49%	第1次産業 64% 第2次産業 6% 第3次産業 30% (2020年)
乗用車の保有台数 (1000人あたり・2021年)	500台	341台	58台	2台 (2020年)

【注】世界銀行（国際復興開発銀行）は、世界の国・地域を1人あたりGNIによって分け、1人あたりGNI（2022年）が1135ドル以下の国を低所得国（26カ国）、1136〜4465ドルを低位中所得国（54カ国）、4466〜1万3845ドルを高位中所得国（54カ国）、1万3846ドル以上を高所得国（83カ国）と呼んでいる。先進国の多くが高所得国にあたり、産油国も少し含まれる。開発途上国はだいたい低所得国と中所得国にあたる。ただし、この分類にはデータ不明の国は含まれていない。GNIと1人あたりGNIは2023年に確認。

世界大図鑑

国連に加盟している193カ国に
日本政府が承認している国連非加盟国のクック諸島、バチカン、

コソボ、ニウエを加えると、197カ国になります。
それぞれの国の人口や面積、首都、通貨、国民総所得、
宗教、使われている言語などをまとめた「世界の国ぐに」や
産業の統計などから、
世界各国の現在の姿を学びましょう。

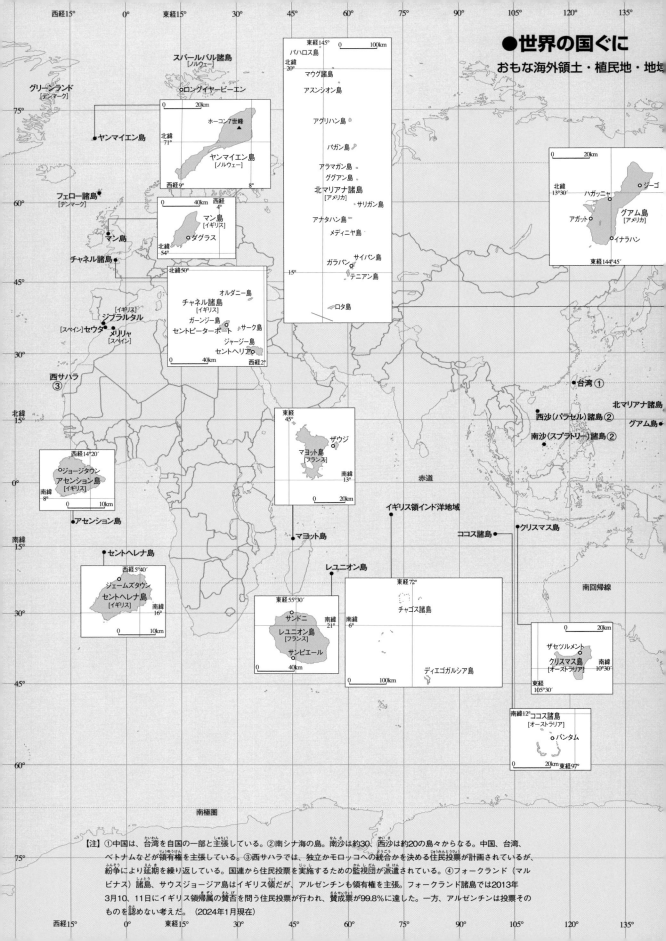

●世界の国ぐに
おもな海外領土・植民地・地域

【注】①中国は、台湾を自国の一部と主張している。②南シナ海の島。南沙は約30、西沙は約20の島々からなる。中国、台湾、ベトナムなどが領有権を主張している。③西サハラでは、独立かモロッコへの統合かを決める住民投票が計画されているが、紛争により延期を繰り返している。国連から住民投票を実施するための監視団が派遣されている。④フォークランド（マルビナス）諸島、サウスジョージア島はイギリス領だが、アルゼンチンも領有権を主張。フォークランド諸島では2013年3月10、11日にイギリス領帰属の賛否を問う住民投票が行われ、賛成票が99.8％に達した。一方、アルゼンチンは投票そのものを認めない考えだ。（2024年1月現在）

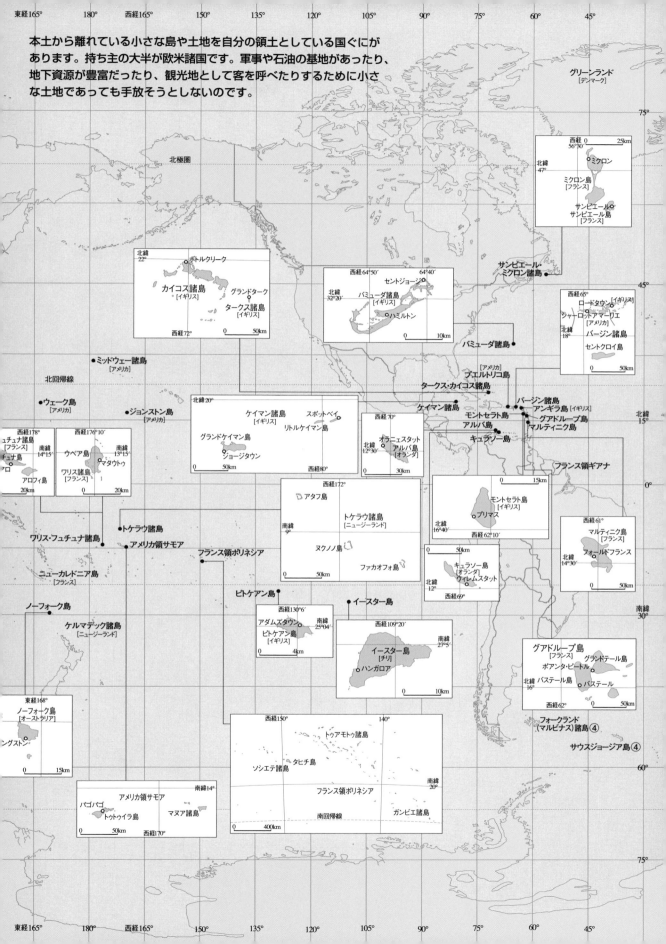

本土から離れている小さな島や土地を自分の領土としている国ぐにがあります。持ち主の大半が欧米諸国です。軍事や石油の基地があったり、地下資源が豊富だったり、観光地として客を呼べたりするために小さな土地であっても手放そうとしないのです。

東経165° 180° 西経165° 150° 135° 120° 105° 90° 75° 60° 45°

北極圏

北回帰線

グリーンランド
[デンマーク]

75°

西経 0 25km
56°30′
北緯
47° ○ミクロン
ミクロン島
[フランス]
○サンピエール
サンピエール島
[フランス]

北緯
22° ○ボトルクリーク
カイコス諸島
[イギリス]
○グランドターク
タークス諸島
[イギリス]
西経72° 0 50km

西経64°50′ 64°40′
○セントジョージ
北緯
32°20′ バミューダ諸島
[イギリス]
○ハミルトン
0 10km

サンピエール・
ミクロン諸島●

45°

西経65° ○ロードタウン[イギリス]
○シャーロットアマーリエ
[アメリカ]
北緯 バージン諸島
18° セントクロイ島
0 50km

●ミッドウェー諸島
[アメリカ]

バミューダ諸島●

[アメリカ]
プエルトリコ島●

●ウェーク島
[アメリカ]

●ジョンストン島
[アメリカ]

北緯20°
ケイマン諸島
[イギリス]
○スポットベイ
リトルケイマン島
グランドケイマン島
○ジョージタウン
0 50km 西経80°

タークス・カイコス諸島●

ケイマン諸島●

西経70°
北緯 ○オラニェスタット
12°30′ アルバ島
[オランダ]
0 30km

バージン諸島●
アンギラ島[イギリス]
グアドループ島●
モントセラト島● マルティニク島●
アルバ島●
キュラソー島●

北緯
15°

西経178°
ュチュナ諸島
[フランス]
南緯
チュナ島 14°15′
ロ
アロフィ島
0 20km

西経176°10′
南緯
ウベア島 13°15′
○マタウトウ
ワリス諸島
[フランス]
0 20km

フランス領ギアナ

0°

西経172°
○アタフ島
トケラウ諸島
[ニュージーランド]
南緯
9°
○ヌクノノ島
○ファカオフォ島
0 50km

北緯 ○モントセラト島
16°40′ [イギリス]
○プリマス
西経62°10′
0 50km

西経61°
マルティニク島
[フランス]
北緯 ○フォールドフランス
14°30′
0 50km

南緯
30°

ワリス・フュチュナ諸島●
アメリカ領サモア●

トケラウ諸島●

北緯 ○キュラソー島
12′ [オランダ]
○ウィレムスタット
西経69° 0 50km

ニューカレドニア島●
[フランス]

フランス領ポリネシア●

ピトケアン島●

●イースター島

●ノーフォーク島

ケルマデック諸島●
[ニュージーランド]

西経130°6′
○アダムズタウン 南緯
ピトケアン島 25°04′
[イギリス]
0 4km

西経109°20′
南緯
27°5′
イースター島
[チリ]
○ハンガロア
0 10km

グアドループ島
[フランス]
グランドテール島
ボアンタ・ピートル○
北緯 バステール島 ○バステール
16°
西経62°
0 50km

フォークランド
(マルビナス)諸島④
サウスジョージア島④

東経168°
ノーフォーク島
[オーストラリア]
ングストン
0 15km

西経150° 140°
トゥアモトゥ諸島
タヒチ島
ソシエテ諸島
フランス領ポリネシア
ガンビエ諸島
南緯
20°
南回帰線
0 400km

60°

アメリカ領サモア 南緯14°
パゴパゴ○
トゥトゥイラ島 マヌア諸島
0 50km
西経170°

75°

東経165° 180° 西経165° 150° 135° 120° 105° 90° 75° 60° 45°

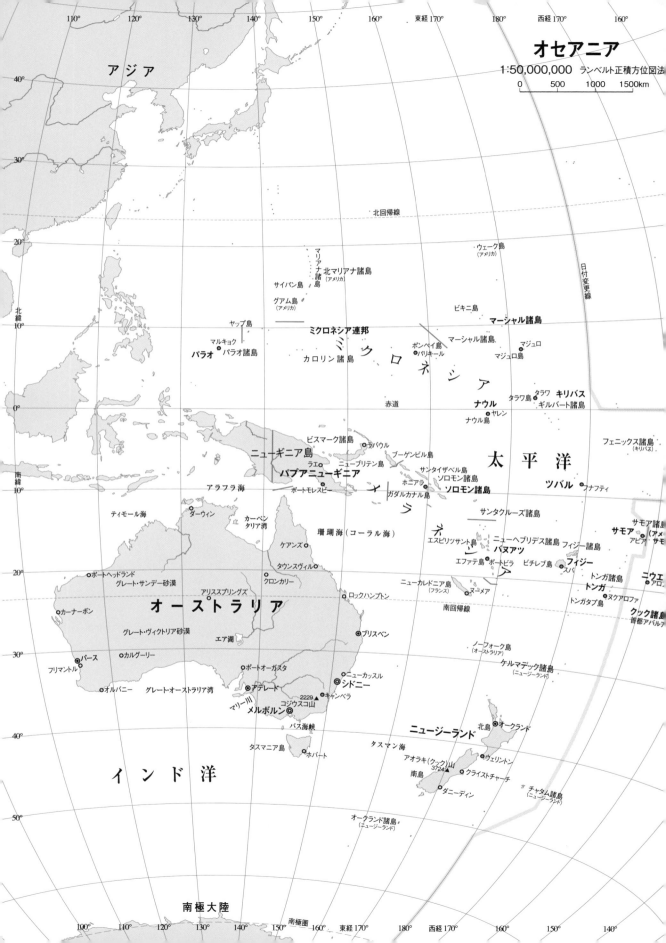

オセアニア

1:50,000,000 ランベルト正積方位図法

0 500 1000 1500km

アジア

北回帰線

ウェーク島
(アメリカ)

マリアナ諸島
北マリアナ諸島
(アメリカ)

サイパン島

グアム島
(アメリカ)

ビキニ島

マーシャル諸島

ヤップ島

ミクロネシア連邦

ポンペイ島
パリキール

マーシャル諸島

マジュロ

マルキョク

カロリン諸島

マジュロ島

パラオ

パラオ諸島

ミ
ク
ロ
ネ
シ
ア

北緯10°

赤道

タラワ島

タラワ キリバス

ナウル

ギルバート諸島

フェニックス諸島
(キリバス)

ヤレン

ナウル島

0°

南緯10°

ビスマーク諸島

ニューギニア島

ラバウル

ブーゲンビル島

太 平 洋

ラエ

ニューブリテン島

サンタイザベル島

パプアニューギニア

ソロモン諸島

ツバル

フナフティ

ホニアラ

ポートモレスビー

ガダルカナル島

ソロモン諸島

メ

アラフラ海

ラ

サンタクルーズ諸島

ネ

エスピリッツサント島

ニューヘブリデス諸島

フィジー諸島

サモア諸島

ティモール海

ダーウィン

カーペン
タリア湾

珊瑚海(コーラル海)

シ

バヌアツ

サモア
(アメ
アピア サモア

エファテ島

ポートビラ

ビチレブ島

ケアンズ

フィジー

スパ

ニューカレドニア島
(フランス)

タウンズヴィル

ア

トンガ諸島

ニウエ
(

ポートヘッドランド

グレート・サンデー砂漠

クロンカリー

ヌーメア

トンガ

ロックハンプトン

南回帰線

トンガタプ島

ヌクアロファ

クック諸島

首都アバルテ

カーナーボン

オーストラリア

グレート・ヴィクトリア砂漠

エア湖

ブリスベン

ノーフォーク島
(オーストラリア)

バース

カルグーリー

ケルマデック諸島
(ニュージーランド)

フリマントル

ポートオーガスタ

ニューカッスル

シドニー

オルバニー

グレート・オーストラリア湾

アデレード

キャンベラ

マリー川

2229
コジウスコ山

メルボルン

バス海峡

ニュージーランド

北島

オークランド

タスマニア島

ホバート

タスマン海

ウェリントン

アオラキ(クック)山

3724

クライストチャーチ

チャタム諸島
(ニュージーランド)

南島

イ ン ド 洋

ダニーディン

オークランド諸島
(ニュージーランド)

南極大陸

北アメリカ

1:37,000,000　ランベルト正積方位図法

0　500　1000　1500km

世界の国ぐに

表の見方

日本 / Japan

面積 38	人口 12542　首都 東京

通貨　円（1ドル＝143.28円）

所得　42440ドル

宗教　仏教、神道、キリスト教など

住民　日本人。少数民族としてアイヌなど

言語　日本語　独立　─

高い技術力を持つ工業先進国。2022年まで世界3位だった名目GDPがドイツに抜かれて世界4位になることがほぼ確定した。長引く経済低迷、21年以降に急速に進んだ円安ドル高などが要因として考えられる。人口減少による国際競争力の低下が危惧されている。独自の歴史、文化を求めて日本を訪れる外国人観光客が増えている。23年の訪日外客数は2500万人以上。

❶国名（五十音順・一部例外あり）

❷英語表記 ❶の英語表記です。本書では「Republic of」（共和国）を略すなど、簡略化している場合があります

❸面積 外務省ウェブサイトの2024年1月時点での掲載の値。単位＝万k㎡。1万k㎡以上の国は小数点以下第1位を四捨五入、それ以下の国は小数点以下で0の次の数字1桁まで掲載

❹人口 外務省ウェブサイトの2024年1月時点での掲載の値。単位＝万人。小数点以下第1位を四捨五入、ニウエとバチカンのみ例外。日本のみ総務省（住民基本台帳）

❺首都 2024年しらべ。地図上の●は首都の位置

❻通貨 注釈がないものは、レート＝2024年1月4日のもの

❼所得 一人あたりの国民総所得（GNI）。GDPベースとある場合は一人あたりの国内総生産。世界銀行ウェブサイトの2024年1月時点での掲載の値。掲載がなかった場合は外務省ウェブサイトの2024年1月時点での掲載の値。この数字で、経済的に富める国なのか、貧しい国なのかがわかる。単位＝米ドル。米ドル以外の貨幣で掲載されている場合は、日本銀行報告省令レートの当該年12月分レートに基づき米ドル換算。データが不明の場合は「─」と表示している

❽宗教 おもな宗教

❾住民 おもに住んでいる民族

❿言語 おもに使われている言葉

⓫独立 1943年以降に独立した国の独立年。ここをみることで比較的最近独立した新しい国なのか、または昔からあった国なのかがわかる。決まった独立年のない国は「─」と表示している

※国際連合安全保障理事会常任理事国のアメリカ、イギリス、中国、フランス、ロシアについては大きな枠で解説しています

【資料】世界銀行、外務省、総務省、日本銀行、朝日新聞出版しらべ

※新型コロナウイルス感染者・死者数は23年末のもの

「世界の国ぐに」では国連加盟国の193カ国に加え、日本政府が承認している国連非加盟国のクック諸島（P226）、コソボ（P226）、ニウエ（P233）、バチカン（P234）を加えた197カ国を紹介しています。
197カ国の地理・経済・その国の時事問題などについてまとめていますので、学習の参考にしてください。

※「朝鮮民主主義人民共和国」（北朝鮮・P231）は国連加盟国ですが、日本政府は承認していません。

アイスランド / Iceland

面積 10　人口 39

首都 レイキャビク

通貨 1アイスランド・クローナ＝1.04円

所得 68660ドル　宗教 福音ルーテル派

住民 アイスランド人（北方ゲルマン系）

言語 アイスランド語　独立 1944

北端が北極圏に接する世界最北の島国。バイキングが9世紀に建てた。夏は夜でも太陽が沈まない白夜で知られる。火山国。島内には約30の活火山がある。噴き出すマグマを見物しに多数の観光客が訪れる。主産業はアルミニウム精錬と観光業。漁場に恵まれており、漁業も盛ん。

アイルランド / Ireland

面積 7　人口 512　首都 ダブリン

通貨 1ユーロ＝156.46円

所得 79730ドル　宗教 カトリック

住民 アイルランド人（ケルト系）

言語 アイルランド語、英語

独立 ─

グレートブリテン島などとイギリス諸島を形成する、アイルランド島の大部分を占める国。一年中美しい緑が絶えないことから「エメラルドの島」とも呼ばれる。ウイスキー発祥の地。1937年にアイルランド共和国として英国から独立。英国のEU離脱をめぐり同国との間で国境管理が争点になった。

アゼルバイジャン / Azerbaijan

面積 9　人口 1040　首都 バクー

通貨 1アゼルバイジャン・マナト＝84.27円

所得 5660ドル　宗教 イスラム教シーア派

住民 アゼルバイジャン人。ほかにレズギン人など

言語 アゼルバイジャン語　独立 1991

かつては世界の原油の半分を生産していた産油国。カスピ海沿岸で産出した石油を輸出するための長距離パイプラインが経済を支えている。同国西部ナゴルノ・カラバフ自治州の帰属をアルメニアと長年争ってきたが、2023年に同地域の主権を奪還。30年以上におよぶ紛争が終結した。

アフガニスタン / Afghanistan

面積 65　人口 3890

首都 カブール　通貨 1アフガニ＝2.05円

所得 380ドル　宗教 イスラム教

住民 パシュトゥーン人、タジク人、ウズベク人など

言語 パシュトゥー語、ダリ語　独立 ─

大半が岩山と乾いた高原の国。シルクロードが通り、多数の民族が行き交ったことから、かつては「文明の交差点」と呼ばれた。欧米などの多国籍軍との戦争を経て崩壊した武装勢力タリバンによる政権が2021年に復活。テロが頻発するなど、情勢の不安定化が進んでいる。

アメリカ合衆国
United States of America

面積 983　人口 33500　首都 ワシントン
通貨 1ドル=143.28円
所得 76770ドル　宗教 プロテスタント、カトリック
住民 ヨーロッパ系。ほかにアフリカ系、アジア系など
言語 英語　独立 ―

経済力と軍事力が世界一の超大国。多様な民族で構成される多民族国家。ＧＤＰは2位中国を大きく上回る。国際社会で強い発言力を持ち、軍事的影響力を全世界で発揮。2022年に起きたロシアによるウクライナ侵攻では、武器を供給するなどウクライナを強力に支援。中国と

2024年11月のアメリカ大統領選挙に向け、民主党のバイデン大統領、共和党のトランプ前大統領が立候補を表明。バイデン氏(左)は高齢による健康不安がささやかれ、トランプ氏は20年の大統領選挙の結果を不正に覆そうとしたなど四つの事件で起訴され91件の罪に問われているが、民主・共和党の両党とも24年1月時点で他に有力候補はいない

は、貿易や知的財産権をめぐる摩擦や軍備増強に対する懸念などから、近年、対立が続く。中国が自国の一部と主張する台湾への軍事支援も両国関係悪化の要因になっている。23年、パレスチナのガザ地区に侵攻したイスラエルを支援。その外交姿勢に国内外から批判の声が上がった。

アラブ首長国連邦
United Arab Emirates

面積 8　人口 989
首都 アブダビ
通貨 1UAEディルハム=39.01円
所得 49160ドル
宗教 イスラム教　住民 アラブ人
言語 アラビア語　独立 1971

七つの首長国がつくるペルシャ湾入り口の連邦国。石油輸出が国の収入の多くを占める。日本にとって重要な石油輸入相手国。近年は石油依存型経済からの脱却を目指して産業の多角化を推進している。首長国のひとつドバイは中東経済の中心地で、観光地としても人気が高い。

アルジェリア
Algeria

面積 238　人口 4490　首都 アルジェ
通貨 1アルジェリア・ディナール=1.06円
所得 3920ドル　宗教 イスラム教スンニ派
住民 アラブ人。ほかにベルベル人など
言語 アラビア語、ベルベル語、フランス語
独立 1962

アフリカで最も広い国。サハラ砂漠が国土の9割を覆っている。石油や天然ガスが豊富。首都アルジェは、カミュの名作『異邦人』の舞台。オスマン帝国の歴史を今に伝える旧市街カスバが世界遺産に登録されている。西サハラをめぐる問題から隣国モロッコと対立している。

アルゼンチン
Argentina

面積 278　人口 4623
首都 ブエノスアイレス
通貨 1アルゼンチン・ペソ=0.18円
所得 11590ドル　宗教 カトリック
住民 ヨーロッパ系。ほかに先住民系
言語 スペイン語　独立 ―

かつて「世界の食糧庫」と呼ばれた国。見渡す限りの草原パンパで小麦や大豆を生産する。20世紀前半にはヨーロッパ各国からの移民が「南米のヨーロッパ」と呼ばれる欧風都市を築き上げた。経済は危機的状況が続く。激しいインフレが国民生活を直撃している。

アルバニア
Albania

面積 3　人口 276　首都 ティラナ
通貨 1レク=1.52円
所得 6770ドル
宗教 イスラム教、アルバニア正教
住民 アルバニア人
言語 アルバニア語　独立 ―

四国の1.5倍ほどの国土がほとんど山と高原という、山あいの小国。20世紀半ばから社会主義政策をとるが、他の社会主義国家と思想的に対立、鎖国状態を長年続けてきた。冷戦終結後、鎖国状態は解消したが、経済基盤は脆弱。主産業は農業と、衣類などの製造業。

アルメニア
Armenia

面積 3　人口 280　首都 エレバン
通貨 1ドラム=0.35円
所得 5960ドル　宗教 アルメニア教会
住民 アルメニア人。ほかにクルド人、ロシア人など
言語 アルメニア語　独立 1991

世界で初めてキリスト教を国教にした国。アジアとヨーロッパ、ロシアを結ぶ場所にあり、常に隣国の支配を受けてきた。世界最古といわれるワイン産地の一つ。2023年、アゼルバイジャンの軍事行動により、長年にわたり同国と領有を争っていたナゴルノ・カラバフ自治州の支配権を失った。

アンゴラ
Angola

面積 125　人口 3558　首都 ルアンダ
通貨 1クワンザ=0.17円
所得 1880ドル　宗教 伝統宗教など
住民 オビンブンドゥ族、キンブンドゥ族、バコンゴ族など
言語 ポルトガル語　独立 1975

独立以来27年もの間、内戦が続いた国。内戦中は、対立する国内の組織を米国と旧ソ連がそれぞれ支援し、冷戦の代理戦争といわれた。石油、ダイヤモンドを輸出。産油量はアフリカ有数。石油依存型経済からの脱却が課題。産業多角化を目指して経済開発が進められている。

アンティグア・バーブーダ
Antigua and Barbuda

面積 0.04　人口 9
首都 セントジョンズ
通貨 1東カリブ・ドル=53.06円
所得 19050ドル　宗教 英国国教会、カトリック
住民 アフリカ系など
言語 英語　独立 1981

海岸線が美しいリゾート地として知られるカリブの小国。三つの島からなる。首都があるアンティグア島は東西が20kmほどの小さな島。平均気温が25℃を超える常夏の国。ハリケーン被害が頻発し、経済基盤は脆弱。観光業依存脱却を目指し、産業の多角化に取り組んでいる。

アンドラ Andorra

面積 0.05 人口 8
首都 アンドララベリャ 通貨 1ユーロ=156.46円
所得 44350ドル 宗教 カトリック
住民 スペイン人（カタルーニャ系）など
言語 カタルーニャ語、スペイン語、フランス語など
独立 1993

フランスとスペインの国境沿い、ピレネー山脈の谷間にあるとても小さな国。かつて鉄鉱石の産地として栄えた。現在は、観光業が経済の柱。スキーリゾートとして知られる。タックスヘイブン（租税回避地）だったが方針転換。2012年以降、法人税や付加価値税などを次々導入した。

イギリス United Kingdom

面積 24 人口 6708
首都 ロンドン
通貨 1イギリス・ポンド=181.61円
所得 49240ドル 宗教 英国国教会
住民 アングロサクソン系、ケルト系
言語 英語 独立 ―

伝統を守る立憲君主国であると同時に、産業が発達した先進国。18世紀、世界に先駆けて起こった産業革命によって国力を増強。19世紀には世界中に植民地を築き、イギリス（大英）帝国と呼ばれた。工業で先端的な技術力を持ち、石油など資源も豊富。ロンドンは世界最大級の金

イラク Iraq

面積 44 人口 3965
首都 バグダッド
通貨 1イラク・ディナール=0.11円
所得 5270ドル 宗教 イスラム教
住民 アラブ人。ほかにクルド人など
言語 アラビア語 独立 ―

世界5位の石油埋蔵国。古代メソポタミア文明が栄えたチグリス川が中央を流れ、国土の大部分は砂漠。2003年に起きた米国との戦争により独裁政治体制が崩壊した。以来、今日まで不安定な情勢が続く。23年、親イラン勢力がこの国に駐留する米軍を攻撃。これに対し米軍が反撃する事態に発展。

イエメン Yemen

面積 56 人口 2983
首都 サヌア
通貨 1イエメン・リアル=0.57円
所得 1000ドル 宗教 イスラム教
住民 アラブ人。ほかにインド系
言語 アラビア語 独立 ―

紀元前には海洋貿易の中継地として栄えた国。石油生産力が低く、アラブの最貧国。モカ・コーヒーの原産地。2015年に反政府勢力が実権を掌握し、これを認めないサウジアラビアらアラブ連合軍が軍事介入して内戦状態に。23年、反政府勢力が日本企業の運航船を拿捕する事件が発生。

POINT
★18世紀に世界に先駆けて産業革命が起こる
★20世紀初頭まで、イギリス帝国として世界に君臨
★2022年、エリザベス女王の死去にともなって長男で皇太子だったチャールズ氏が新国王に即位した

2023年7月、日本やカナダ、オーストラリアなどTPP（環太平洋経済連携協定）に加盟する11カ国が閣僚会合を開き、イギリスの加盟を正式に決定した。18年に発効したTPPに加盟国が増えるのは初めて。TPP加入が大筋合意された3月、スナク首相（写真）は「EU離脱後の自由がもたらす経済的利益を象徴している」と述べた

融センター。2020年、EUを離脱。現在、新たなルールの下でEUとの関係構築が進められている。高インフレに直面し、景気は停滞。22年、ジョンソン首相の辞任を受けて就任したトラス首相が経済政策で失敗し、就任44日で辞任表明。スナク氏が新首相に就任した。

イラン Iran

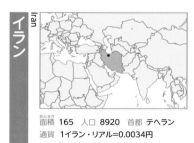

面積 165 人口 8920 首都 テヘラン
通貨 1イラン・リアル=0.0034円
所得 3980ドル
宗教 イスラム教シーア派
住民 ペルシャ人。ほかに少数民族
言語 ペルシャ語 独立 ―

中東諸国の中でも南アジアに近い国。石油埋蔵量は世界4位。20世紀初頭までペルシャと呼ばれていた。核開発疑惑で米国と対立。ウクライナに侵攻したロシアと関係を深めているほか、中国とも接近。対立してきたサウジアラビアと国交を回復するなど、新秩序形成を進めている。

イスラエル Israel

面積 2 人口 950 首都 エルサレム*
通貨 1新シェケル=39.22円
所得 55140ドル
宗教 ユダヤ教、イスラム教など
住民 ユダヤ人。ほかにアラブ人など
言語 ヘブライ語、アラビア語 独立 1948

ユダヤ教、キリスト教、イスラム教の聖地とされるエルサレムがある国。1948年にユダヤ人が建国。これに反対するアラブ諸国と衝突し、4度にわたる戦争を経験。2023年、紛争状態にあるパレスチナのガザ地区に侵攻。民間人が多数犠牲になり、国際社会の非難を浴びている。

イタリア Italy

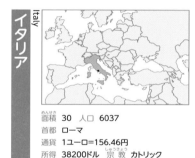

面積 30 人口 6037
首都 ローマ
通貨 1ユーロ=156.46円
所得 38200ドル 宗教 カトリック
住民 イタリア人
言語 イタリア語 独立 ―

芸術とファッション、サッカーの国。国のあちこちに古代ローマ時代の遺跡が点在する。かつては絵画や彫刻で、現在はファッションで世界中に影響を与えている。2022年、右翼政党の女性党首メローニ氏が首相に就任。アフリカから渡ってくる難民への対応に苦慮している。

インド India

面積 329 人口 141717 首都 デリー
通貨 1インド・ルピー=1.72円 所得 2390ドル
宗教 ヒンドゥー教、イスラム教、キリスト教、シーク教
住民 インド・アーリア族、ドラビダ族など
言語 ヒンディー語、英語 独立 1947

14億人以上の人口を抱える国。2023年に中国を抜き人口世界一になった。844の方言があり、憲法記載の地方言語が21ある。仏教発祥の地だが、宗教はヒンドゥー教が中心。主力はIT産業と製造業。宇宙開発を積極推進。23年には月に無人探査機を着陸させた。

*首都エルサレムは日本を含め国際的には認められていない

インドネシア Indonesia

面積　192　人口　27000
首都　ジャカルタ
通貨　1ルピア=0.0092円
所得　4580ドル　宗教　イスラム教など
住民　マレー系。ほかに中国系
言語　インドネシア語　独立　1945

赤道付近の太平洋上に浮かぶ1万4572もの島々からなる国。首都ジャカルタがあるジャワ島や、リゾート地のバリ島など、島ごとの個性が豊か。2045年までに首都をカリマンタン東部に移転する予定。主要産業は鉱業、製造業。経済は堅調。ASEANの経済大国として存在感を示している。

ウガンダ Uganda

面積　24　人口　4427　首都　カンパラ
通貨　1ウガンダ・シリング=0.038円
所得　930ドル　宗教　キリスト教など
住民　バガンダ族、ランゴ族、アチョリ族など
言語　英語、スワヒリ語、ルガンダ語
独立　1962

絶滅危惧種マウンテンゴリラが400頭ほどいる国。南西部にあるブウィンディ原生国立公園にマウンテンゴリラが生息し、観察ツアーが組まれている。主力産業はコーヒーや紅茶、綿花、砂糖などの農業。難民受け入れに積極的。現在、近隣国から約150万人の難民を受け入れている。

ウクライナ Ukraine

面積　60　人口　4159（クリミアを除く）
首都　キーウ
通貨　1グリブナ=3.77円
所得　4260ドル　宗教　ウクライナ正教など
住民　ウクライナ人。ほかにロシア人など
言語　ウクライナ語　独立　1991

国土の半分が肥沃な黒土に覆われた農業国。1986年に史上最悪の原発事故がチェルノブイリ（チョルノービリ）原発で発生。2022年2月、隣国ロシアが侵攻し、戦争状態に。欧米の軍事協力を得て応戦。戦況は一進一退。23年8月までに両軍合わせて約20万人が死亡したとの見方がある。

ウズベキスタン Uzbekistan

面積　45　人口　3520　首都　タシケント
通貨　1スム=0.012円　所得　2190ドル
宗教　イスラム教スンニ派
住民　ウズベク人。ほかにロシア系、タジク系など
言語　ウズベク語、ロシア語　独立　1991

アジアとヨーロッパを結ぶ貿易路シルクロードの中継地として栄えた国。中世に建てられたイスラム建築が立ち並ぶ旧市街地など、4カ所の世界文化遺産がある。旧ソ連の構成国。米GMの工場があり、自動車を製造、輸出するほか、伝統産業の繊維や天然ガス、ウランを輸出する。

ウルグアイ Uruguay

面積　18　人口　349　首都　モンテビデオ
通貨　1ウルグアイ・ペソ=3.67円
所得　18000ドル　宗教　カトリック
住民　ヨーロッパ系、ヨーロッパ系と先住民の混血など
言語　スペイン語　独立　―

アルゼンチンとブラジルに挟まれ、常に両国と深い関わりを持ってきた国。国土の大半が肥沃な草原パンパに覆われている。主産業は農牧業で、牛肉、小麦を輸出する。スペイン植民地時代の雰囲気を残す、古い街並みのコロニア・デル・サクラメントが世界遺産に登録されている。

エクアドル Ecuador

面積　26　人口　1776　首都　キト
通貨　1ドル=143.28円
所得　6300ドル　宗教　カトリック
住民　ヨーロッパ系と先住民の混血、ヨーロッパ系など
言語　スペイン語　独立　―

スペイン語で「赤道」を意味する国名の通り、赤道直下に位置する国。ダーウィンの進化論ゆかりの地であり、世界遺産登録第1号のガラパゴス諸島はこの国に属する。石油産業のほか、農水産業が経済の柱。近年は社会不安が拡大。2023年の大統領選前には候補者が暗殺される事件が起きた。

エジプト Egypt

面積　100　人口　10926
首都　カイロ
通貨　1エジプト・ポンド=4.64円
所得　4100ドル　宗教　イスラム教
住民　アラブ人
言語　アラビア語　独立　―

ピラミッドなどの巨大遺跡が、紀元前の王朝の栄華を今に伝える国。国土の大半が砂漠だが、世界1位の長さを誇るナイル川流域は土壌豊か。首都カイロの過密を解消するため、新首都への機能移転が予定されている。ナイル川上流にダムを建設したエチオピアと激しく対立している。

エストニア Estonia

面積　5　人口　137　首都　タリン
通貨　1ユーロ=156.46円　所得　27120ドル
宗教　プロテスタント、ロシア正教
住民　エストニア人（フィン系）。ほかにロシア人など
言語　エストニア語　独立　1991

バルト三国の一国。ドイツ、ロシアなど、周辺諸国の支配と影響を受け続けてきた。首都タリンの旧市街には中世の街がそのまま保存されており、白夜の時期には多数の観光客が訪れる。IT産業が盛ん。「Skype」はこの国生まれ。行政サービスの電子化で世界の先頭を行く。

エスワティニ Eswatini

面積　2　人口　120　首都　ムババーネ
通貨　1リランゲニ=7.72円
所得　3750ドル　宗教　伝統宗教、キリスト教
住民　スワジ族。ほかにズールー族、トンガ族など
言語　英語、スワジ語　独立　1968

南アフリカ共和国とモザンビークの国境沿いにある国。国王が強い権限を持つ絶対君主国。砂糖、木材、柑橘類を生産する。南アと経済的に密接。HIV／エイズの蔓延が深刻。2021年、絶対君主制に反対し、民主化を求めるデモが拡大。治安部隊との衝突が繰り返された。

エチオピア

Ethiopia

面積 110　人口 11787
首都 アディスアベバ
通貨 1ブル＝2.55円　所得 1020ドル
宗教 イスラム教、エチオピア正教、キリスト教
住民 アムハラ族、オロモ族など約80民族
言語 アムハラ語、英語　独立 ―

5000m走以上の陸上競技ではめっぽう強い長距離王国。19世紀からアフリカの植民地化が進むなか独立を保ったことが誇り。政府軍と少数民族勢力の内戦が2022年に停戦。ナイル川上流に建設した巨大ダムをめぐり、下流のスーダン、エジプトと対立。協議が続いている。

エリトリア

Eritrea

面積 12　人口 550　首都 アスマラ
通貨 1ナクファ＝9.55円　所得 610ドル
宗教 キリスト教、イスラム教
住民 ティグライ族、アファール族など
言語 ティグリニャ語、アラビア語
独立 1993

酷暑で世界一といわれる国。低地では50℃を超えることも。20世紀半ばに隣国エチオピアからの独立を目指し、30年におよぶ闘争を続けた。独立後も敵対していたエチオピアと2018年に関係改善。国民の多くが農業や牧畜に携わっている。深刻な干ばつ被害がたびたび発生している。

エルサルバドル

El Salvador

面積 2　人口 649
首都 サンサルバドル
通貨 1ドル＝143.28円
所得 4720ドル　宗教 カトリック
住民 先住民とスペイン系の混血など
言語 スペイン語　独立 ―

九州の半分程度という中米最小国。小さな国土に火山性の山脈があり、大規模な地震にたびたび見舞われている。独立以来、クーデターが繰り返された。現在も社会情勢は不安定。貧困や暴力の蔓延など深刻な社会問題を抱える。2021年に暗号資産を法定通貨としたことが話題に。

オーストラリア

Australia

面積 769　人口 2626
首都 キャンベラ
通貨 1オーストラリア・ドル＝96.43円
所得 60840ドル　宗教 キリスト教
住民 ヨーロッパ系。ほかに先住民など
言語 英語　独立 ―

ひとつの大陸を一国が統治している唯一の国。他の大陸から遠く離れているため、動植物の生態系は個性的。カンガルーやコアラなど、原始的な哺乳類が国のシンボル。経済が発展した先進国。石炭や鉄鉱石を輸出。経済で密接な中国との関係が悪化。関係改善が模索されている。

オーストリア

Austria

面積 8　人口 908
首都 ウィーン
通貨 1ユーロ＝156.46円
所得 55720ドル　宗教 カトリック
住民 ほとんどがドイツ系
言語 ドイツ語　独立 ―

ウィーン交響楽団やウィーン少年合唱団で世界的に有名な、クラシック音楽の中心国。首都ウィーンは音楽の都と呼ばれる。13世紀から数百年にわたるハプスブルク家の統治下で、独自の芸術が発展。永世中立国。主産業は自動車などの工業と、乳製品、パン、ソーセージなどの食品産業。

オマーン

Oman

面積 31　人口 500
首都 マスカット
通貨 1オマーン・リアル＝372.58円
所得 20020ドル　宗教 イスラム教
住民 アラブ人
言語 アラビア語　独立 ―

アラビア海に面する産油国で、主要産業は石油関連業のほか農漁業など。日本にとってはインゲンの主要輸入先でもある。この国にとって日本は輸出入とも最上位国のひとつ。全方位外交を展開。幅広い国と平和的な関係を築いていることから「中東のスイス」と呼ばれる。

オランダ

Netherlands

面積 4　人口 1747　首都 アムステルダム
通貨 1ユーロ＝156.46円
所得 60230ドル
宗教 カトリック、プロテスタント
住民 オランダ人（ゲルマン系）
言語 オランダ語　独立 ―

海抜0m以下の干拓地が国土の4分の1を占める国。鎖国時代の日本と交流していた数少ない国のひとつ。ポンプ、ペンキ、ホースの語源はオランダ語。チューリップ栽培に代表される園芸、農業が干拓地で行われている。石油精製のシェルなど、多数の多国籍企業の拠点。

ガイアナ

Guyana

面積 22　人口 79　首都 ジョージタウン
通貨 1ガイアナ・ドル＝0.69円
所得 14920ドル
宗教 キリスト教、ヒンドゥー教
住民 インド系、アフリカ系など
言語 英語、クレオール語など　独立 1966

国土の5分の4を密林が覆う熱帯の国。ベネズエラおよびブラジルとの国境周辺には、岩盤がむき出しの台形状の山々が立ち並ぶギアナ高地がある。近年、新たに発見された油田で石油生産がはじまり、爆発的ともいえる経済成長が続いている。隣国ベネズエラとの間に領土問題がある。

カザフスタン

Kazakhstan

面積 272　人口 1960　首都 アスタナ
通貨 1テンゲ＝0.31円
所得 9620ドル　宗教 イスラム教スンニ派
住民 カザフ人。ほかにロシア系、ウズベク系など
言語 カザフ語、ロシア語　独立 1991

旧ソ連構成国による独立国家共同体（CIS）の中でロシアの次に広い国。面積は日本の約7倍。鉱業や金属加工業が盛ん。世界最大級のカシャガン油田など巨大油田が多い。2022年1月、燃料費値上がりへの抗議デモが拡大。ロシア軍の協力を得た政府側がこれを武力鎮圧した。

カタール Qatar

面積 1　人口 300　首都 ドーハ
通貨 1カタール・リヤル=39.40円
所得 70120ドル
宗教 イスラム教
住民 アラブ人
言語 アラビア語　独立 1971

石油と天然ガスの輸出益を財源に充実した社会保障を実現している国。医療や教育は無料。2019年、OPEC(石油輸出国機構)を脱退。22年、中東で初めてサッカー・ワールドカップを開催。外交で地域情勢の安定化に貢献。イスラエルとパレスチナの紛争でも仲介役を務める。

ガーナ Ghana

面積 24　人口 3283　首都 アクラ
通貨 1ガーナ・セディ=12.00円
所得 2380ドル
宗教 伝統宗教、キリスト教、イスラム教
住民 アカン族、ガ族、エベ族、ダゴンバ族など
言語 英語　独立 1957

チョコレートの原料になるカカオ豆の生産で知られる国。内陸部では金やダイヤモンドが採掘される。中世にはゴールドコーストと呼ばれ、ヨーロッパ人が押し寄せた。油田開発によって急成長を果たしたが、近年、経済が急速に悪化。2022年に債務不履行に陥りIMFの支援を受けた。

カナダ Canada

面積 999　人口 3699　首都 オタワ
通貨 1カナダ・ドル=107.44円
所得 52960ドル　宗教 カトリック
住民 イギリス系、フランス系、先住民イヌイットなど
言語 英語、フランス語　独立 —

世界で2番目に広い国。面積は日本の26倍。カナディアンロッキーやナイアガラの滝など雄大な景観地が有名。200以上の民族が住む多民族国家。移民が人口の約4分の1を占める。金融や工業が発達した先進国。石油埋蔵量世界3位。石油や天然ガス、石炭を輸出する。

カボベルデ Cabo Verde

面積 0.4　人口 56　首都 プライア
通貨 1カボベルデ・エスクード=1.42円
所得 3950ドル　宗教 カトリック
住民 ほとんどがポルトガル人とアフリカ系の混血
言語 ポルトガル語、クレオール語　独立 1975

アフリカ大陸から西側に500km以上離れた大西洋上の島々からなる国。年間を通じて降水量が少なく、サハラ砂漠からは砂嵐が吹きつける。地形や天候に恵まれないため、農業には不向き。マグロやエビなどの漁業が中心。外国への出稼ぎ労働者からの送金も大切な収入源。

ガボン Gabon

面積 27　人口 239　首都 リーブルビル
通貨 1CFAフラン=0.24円
所得 7530ドル
宗教 キリスト教、伝統宗教
住民 ファン族、プヌ族、ミエネ族、テケ族、コタ族
言語 フランス語　独立 1960

中部アフリカ有数の産油国。赤道直下に位置し、国土の4分の3はジャングル。石油、マンガン、木材が輸出収入の9割を占める。1952年にノーベル平和賞を受賞した医師シュバイツァーが赴任した国。2023年、軍によるクーデターが発生。軍トップが暫定大統領に就任。

カメルーン Cameroon

面積 48　人口 2791　首都 ヤウンデ
通貨 1CFAフラン=0.24円
所得 1640ドル
宗教 伝統宗教、キリスト教、イスラム教
住民 ドゥアラ族、バミレケ族、バムン族、フルベ族など
言語 フランス語、英語　独立 1960

気候が地域ごとに多様であることや、200以上の民族が存在し、言語、文化、宗教が多岐にわたることから、アフリカの縮図と呼ばれる国。圧倒的多数を占める仏語圏と、分離独立を求める英語圏が激しく対立している。テロも頻発。洪水などの自然災害による食糧危機にも直面。

ガンビア Gambia

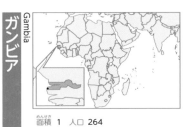

面積 1　人口 264
首都 バンジュール
通貨 1ダラシ=2.13円
所得 800ドル　宗教 イスラム教など
住民 マンディンゴ族、ウォロフ族など
言語 英語、マンディンゴ語　独立 1965

大西洋沿岸を除く三方をセネガルに囲まれている国。労働人口の約75%が農業従事者という農業国。1976年にベストセラーになった小説『ルーツ』のモデル国。頻発する洪水が食糧危機を引き起こしている。新型コロナウイルスの流行やウクライナ情勢によって危機的状況が拡大。

カンボジア Cambodia

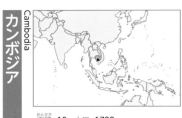

面積 18　人口 1720
首都 プノンペン
通貨 1リエル=0.035円
所得 1690ドル　宗教 上座部仏教
住民 ほとんどがカンボジア(クメール)人
言語 カンボジア語　独立 1953

大河メコン川の恵みを受ける農業国。1970年代に、ポル・ポト政権下で170万人が虐殺されるという不幸な歴史を経験。アンコール朝の栄華を伝える寺院アンコールワットが有名。縫製業が牽引役となり経済が急成長。政治経済で中国と密接な関係を築いている。

北マケドニア North Macedonia

面積 3　人口 207　首都 スコピエ
通貨 1マケドニア・デナル=2.54円
所得 6660ドル
宗教 マケドニア正教、イスラム教
住民 マケドニア人、アルバニア人
言語 マケドニア語など　独立 1991

旧ユーゴスラビア構成国。紀元前に存在したマケドニア王国が国名の由来だが、民族的なつながりはない。その名称の使用にギリシャが異を唱え、不仲に。2018年、国名を「北マケドニア共和国」にすることでギリシャと合意。19年に新国名の使用を開始。EU加盟を目指している。

Guinea
ギニア

面積 25　人口 1350
首都 コナクリ
通貨 1ギニア・フラン=0.017円
所得 1190ドル　宗教 イスラム教など
住民 マリンケ族、プル族、スース族など
言語 フランス語　独立 1958

埋蔵量が世界の3分の1を占めるボーキサイトをはじめ、金やダイヤモンドなど地下資源に恵まれた国。しかし政情不安から経済は未発達。首都コナクリは、国の首都として最も雨量が多い。2021年、クーデターが発生し、軍事政権が発足。民政移管の早期実現が求められている。

Guinea-Bissau
ギニアビサウ

面積 4　人口 211　首都 ビサウ
通貨 1CFAフラン=0.24円
所得 820ドル
宗教 伝統宗教、イスラム教、キリスト教
住民 バランテ族、フラ族、マンディンゴ族など
言語 ポルトガル語　独立 1973

西アフリカ西岸に位置し、セネガルとギニアに挟まれた国。主要産業は農林水産業で、カシューナッツ、落花生、エビ、イカを輸出。経済基盤は極めて脆弱で、世界最貧国のひとつ。2009年の大統領暗殺をきっかけに政情が混乱。22年にもクーデター未遂事件が発生した。

Cyprus
キプロス

面積 0.9　人口 124　首都 ニコシア
通貨 1ユーロ=156.46円
所得 31520ドル
宗教 ギリシャ正教、イスラム教
住民 ギリシャ系、トルコ系など
言語 ギリシャ語、トルコ語　独立 1960

女神アフロディーテ(ビーナス)誕生伝説のある島、キプロス島からなる国。南部はギリシャ系住民、北部はトルコ系住民による政府が支配する分断状態。統一に向けて両者および関係国間で話し合いが行われてきたが、解決のめどはたっていない。主力産業は観光業、海運業。

Cuba
キューバ

面積 11　人口 1121　首都 ハバナ
通貨 1キューバ・ペソ=5.97円
所得 8920ドル　宗教 カトリック
住民 スペイン系とアフリカ系の混血、ヨーロッパ系など
言語 スペイン語　独立 ―

ラム酒や葉巻の生産で知られる国。1959年の革命以来、社会主義国家の道をとったことで米国と激しく対立。61年から54年にわたり両国は断交状態に。2015年に国交が回復したが再び後退。21年には経済困窮を背景に、社会主義国家としては異例の反政府デモが発生、拡大した。

Greece
ギリシャ

面積 13　人口 1064　首都 アテネ
通貨 1ユーロ=156.46円
所得 21810ドル
宗教 ギリシャ正教
住民 ギリシャ人
言語 ギリシャ語　独立 ―

ヨーロッパの揺りかごと呼ばれる国。古代ギリシャ文明が欧州全体に影響を与えた。パルテノン神殿などの古代遺跡を目当てに訪れる外国人観光客は3200万人以上(2019年)だった。10年に財政難から一時、国家破綻の危機に陥った。現在は好調な観光業が後押しし、経済は堅調に推移している。

Kiribati
キリバス

面積 0.07　人口 13　首都 タラワ
通貨 1オーストラリア・ドル=96.43円
所得 2810ドル　宗教 キリスト教
住民 ミクロネシア系、ポリネシア系など
言語 キリバス語、英語　独立 1979

世界で最初に日付が変わるミレニアム島など、多数の島々からなる国。排他的経済水域の面積は世界有数で、入漁料が貴重な収入源になっている。そのほか観光やコプラ*の生産など。後発開発途上国のひとつ。地球温暖化による海面上昇によって、国土水没の危機にある。

Kyrgyz
キルギス

面積 20　人口 670　首都 ビシケク
通貨 1ソム=1.61円　所得 1440ドル
宗教 イスラム教スンニ派など
住民 キルギス系。ほかにウズベク系、ロシア系など
言語 キルギス語　独立 1991

万年雪をいただくテンシャン山脈や、平均標高5000mのパミール高原、広く透明度の高いイシク・クル湖など自然に恵まれ、中央アジアのスイスと呼ばれる国。隣国タジキスタンとの間に国境問題がある。2022年には大規模な衝突が発生。両国に多数の犠牲者が出た。

Guatemala
グアテマラ

面積 11　人口 1711
首都 グアテマラ市
通貨 1ケツァル=18.34円
所得 5350ドル　宗教 キリスト教
住民 先住民とスペイン系の混血など
言語 スペイン語　独立 ―

古代マヤ文明とコーヒーの国。密林に巨大なピラミッドが点在するティカルをはじめ、神秘的な遺跡群が観光資源になっている。コーヒー、バナナ、砂糖、カルダモン(香辛料の一種)などの農産品、衣類などの繊維製品を生産する。国民の半数以上が貧困層。貧困削減や治安改善が課題。

Kuwait
クウェート

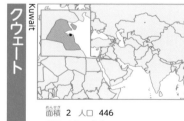

面積 2　人口 446
首都 クウェート市
通貨 1クウェート・ディナール=466.31円
所得 40600ドル　宗教 イスラム教
住民 アラブ人
言語 アラビア語　独立 1961

豊富な石油によって豊かになった国。砂漠の国だが、都市部には近代的なビルが立ち並ぶ。公的医療機関の医療費や教育費は無料。1990年に隣国イラクに侵略されたが、湾岸戦争終結後、急速に復興。2021年、数兆円に及ぶイラクからの賠償金の支払いが完了した。

＊ココナツの加工品

クック諸島 Cook Islands

面積 0.02　人口 2　首都 アバルア
通貨 1ニュージーランド・ドル=89.54円
所得 19626ドル（21年・GDPベース）*
宗教 キリスト教
住民 マオリ族。ほかにポリネシア系など
言語 マオリ語、英語　独立 ―

太平洋の探索で功績を挙げた探検家、ジェームズ・クックが調査をした国。南太平洋に浮かぶ15の島々からなる。国を運営する権限の一部を相手国に委ねる自由連合関係をニュージーランドと結んでいる。主軸は観光業。美しいビーチリゾートを求めて、世界中から旅行者が訪れる。

グレナダ Grenada

面積 0.03　人口 11
首都 セントジョージズ
通貨 1東カリブ・ドル=53.06円　所得 9070ドル
宗教 キリスト教など
住民 アフリカ系、インド系、ヨーロッパ系
言語 英語　独立 1974

香辛料の島と呼ばれるカリブの島国。ナツメグやシナモン、クローブ、バニラなどの生産量は世界屈指。国旗にはナツメグの実が描かれている。年間の最高気温の平均は30℃近いが、海から風が吹きつけて過ごしやすい。自然豊かなリゾート地として観光客が多い。

クロアチア Croatia

面積 6　人口 387　首都 ザグレブ
通貨 1ユーロ=156.46円
所得 19600ドル
宗教 カトリック、セルビア正教
住民 クロアチア人。ほかにセルビア人など
言語 クロアチア語　独立 1991

旧ユーゴスラビアに属していた。周辺国との間に民族問題を抱え、1990年代には紛争が繰り返された。繊維、船舶などの製造業、観光業が盛ん。アドリア海沿岸のビーチリゾートや、中世ながらの城壁の街ドブロブニクが人気。2023年にEU共通通貨ユーロを導入した。

ケニア Kenya

面積 58　人口 5300　首都 ナイロビ
通貨 1ケニア・シリング=0.91円
所得 2170ドル
宗教 伝統宗教、キリスト教、イスラム教
住民 キクユ族、ルフィア族など
言語 スワヒリ語、英語　独立 1963

ゾウやライオンを間近に見られる、アフリカ随一の観光スポットとして知られる国。赤道直下に位置するが、首都ナイロビは標高1700mにあり、涼しい。5000m級のケニア山は万年雪に覆われている。農業国だが、近年は製造、建設、輸送などが発展。今後も成長が期待されている。

コスタリカ Costa Rica

面積 5　人口 515　首都 サンホセ
通貨 1コスタリカ・コロン=0.28円
所得 12920ドル　宗教 カトリック
住民 スペイン系と先住民の混血。ほかにアフリカ系など
言語 スペイン語　独立 ―

地球上の動植物のうち約5%の種が生息し、生物の宝庫といわれる国。豊かな自然を求めて多数の人が訪れる。コーヒーやバナナ、パイナップルの生産が盛ん。脱化石燃料に積極的。関税が免除される自由貿易地域で外国企業が活発に活動し、経済を牽引している。

コソボ Kosovo

面積 1　人口 179　首都 プリシュティナ
通貨 1ユーロ=156.46円　所得 5660ドル
宗教 イスラム教、セルビア正教など
住民 アルバニア人、セルビア人、トルコ人など
言語 アルバニア語、セルビア語など
独立 2008

2008年に独立したバルカン半島の内陸国。かつてはセルビア国内の自治州だった。住民の多数をアルバニア人が占めることから、セルビア人が多数を占めるセルビアからの分離独立を強く望んだ。独立後の現在もセルビアと対立。23年にはセルビア軍が国境付近に展開し、緊張が高まった。

コートジボワール Côte d'Ivoire

面積 32　人口 2816
首都 ヤムスクロ（実質的首都機能はアビジャン）
通貨 1CFAフラン=0.24円　所得 2620ドル
宗教 伝統宗教、イスラム教、キリスト教
住民 セヌフォ族、バウレ族、グロ族など
言語 フランス語　独立 1960

世界一のカカオ豆輸出国。人口の50%が農業に従事している。中世には奴隷や象牙の貿易拠点として栄えた。日本では国名を訳して象牙海岸と呼ばれていた。1990年代から長期にわたり政治的混迷が続いたが、2010年代に収束。低迷していた経済が回復し、近年は高度成長が続いている。

コモロ Comoros

面積 0.2　人口 89　首都 モロニ
通貨 1コモロ・フラン=0.32円
所得 1610ドル　宗教 イスラム教
住民 バンツー系。ほかにアラブ人、マダガスカル人、インド人など
言語 フランス語、アラビア語など　独立 1975

「生きた化石」シーラカンスがいる国。1980年代には近海でビデオ撮影されている。アフリカ大陸とマダガスカル島に挟まれた洋上の3島からなる。香水の原料イランイランの生産量で世界一。バニラ、クローブも生産するが、価格が不安定で経済は困窮している。

コロンビア Colombia

面積 114　人口 5187　首都 ボゴタ
通貨 1コロンビア・ペソ=0.037円
所得 6500ドル　宗教 カトリック
住民 ヨーロッパ系と先住民の混血、アフリカ系など
言語 スペイン語　独立 ―

かつて麻薬組織と左翼ゲリラの活動が活発で危険地帯とされていた国。軍事措置によって麻薬組織の活動は沈静化。政府と左翼ゲリラの和平交渉を主導したサントス大統領（当時）が2016年にノーベル平和賞受賞。世界3位のコーヒー生産国。カーネーションの生産で世界一。

コンゴ共和国
Republic of Congo

面積 34　人口 584　首都 ブラザビル
通貨 1CFAフラン=0.24円
所得 2290ドル
宗教 伝統宗教、キリスト教
住民 コンゴ族、テケ族、ブバンギ族など
言語 フランス語など　独立 1960

国土の半分を密林が覆う赤道直下の国。貿易収入は石油が大半を占める。13〜15世紀に栄えたコンゴ王国が起源。植民地時代を経て隣国のコンゴ民主共和国（旧ザイール）と二分された。1997年から内戦が始まり2003年まで続いた。石油生産の拡大によって経済は順調。

コンゴ民主共和国
Democratic Republic of the Congo

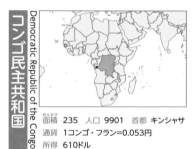

面積 235　人口 9901　首都 キンシャサ
通貨 1コンゴ・フラン=0.053円
所得 610ドル
宗教 キリスト教、イスラム教、伝統宗教
住民 バンツー系、ナイル系など
言語 フランス語など　独立 1960

アフリカ中央部に位置する国。コンゴ共和国同様、コンゴ王国が起源。1971年から97年まではザイール共和国と呼ばれた。97年に当時の反政府組織が国権を掌握し、この国を興した。武装勢力が跋扈し、国内情勢は不安定。ルワンダとの国境では国軍どうしの衝突も起きている。

サウジアラビア
Saudi Arabia

面積 215　人口 3534　首都 リヤド
通貨 1サウジアラビア・リヤル=38.23円
所得 27680ドル
宗教 イスラム教ワッハーブ派
住民 アラブ人
言語 アラビア語　独立 —

世界有数の石油産出国。埋蔵量は世界全体の約6分の1。日本が輸入している石油の3分の1は同国産。アラブ・イスラム諸国の中心的存在で、地域の政治経済を主導。2023年、宗派対立に起因して敵対していたイランと7年ぶりに国交再開。イスラエルとの関係正常化交渉は中断。

サモア
Samoa

面積 0.3　人口 22　首都 アピア
通貨 1タラ=53円（23年8月）
所得 3660ドル　宗教 キリスト教
住民 サモア人（ポリネシア系）。ほかにヨーロッパ系の混血など
言語 サモア語、英語　独立 1962

日付変更線近くの南太平洋上に浮かぶ九つの島からなる国。年間平均気温が25℃以上の常夏の島。欧米に統治されるまでサモア人が統治する王国があり、その伝統が今も色濃く残っている。主産業は観光業と農業、漁業。2021年、政権が交代し、同国初となる女性首相が就任した。

サントメ・プリンシペ
Sao Tome and Principe

面積 0.1　人口 22　首都 サントメ
通貨 1ドブラ=6.39円
所得 2400ドル
宗教 キリスト教
住民 バンツー系、ポルトガル人との混血
言語 ポルトガル語　独立 1975

国土面積が東京都の半分ほどの小さな国。大西洋上にあるサントメ島とプリンシペ島、そのほか四つの島からなる。輸出はほぼすべてがカカオ豆。最貧国のひとつで国際社会から経済援助を受けている。2000年代に近海で油田が発見されたが、深海部のため開発が遅れている。

ザンビア
Zambia

面積 75　人口 2001　首都 ルサカ
通貨 1クワチャ=5.57円
所得 1240ドル
宗教 キリスト教、伝統宗教など
住民 トンガ系、ニャンジャ系など73部族
言語 英語、ベンバ語など　独立 1964

世界三大瀑布（滝）のひとつ、ビクトリアの滝がある国。アフリカ南部の内陸国で、八つの国と国境を接する。主要産業は銅、コバルトなどの鉱工業。銅の国際価格下落に起因して経済が悪化。2020年、債務不履行に陥った。債務再編が進められているが、先行きは不透明。

サンマリノ
San Marino

面積 0.006　人口 3　首都 サンマリノ
通貨 1ユーロ=156.46円
所得 47120ドル
宗教 カトリック
住民 ほとんどがイタリア人
言語 イタリア語　独立 —

四方をイタリアに囲まれている、世界で5番目に小さな国。標高約740mのティターノ山の山頂に築かれた旧市街には、中世の風情が今も色濃く残る。年間数百万人の観光客が訪れ、重要な収入源になっている。2008年に歴史地区とティターノ山が世界遺産に登録された。

シエラレオネ
Sierra Leone

面積 7　人口 814
首都 フリータウン
通貨 1レオン=0.0073円　所得 600ドル
宗教 イスラム教、キリスト教、伝統宗教
住民 メンデ族、テムネ族、リンバ族など
言語 英語など　独立 1961

ダイヤモンドの産地として知られる西アフリカの国。独立以降、内紛が繰り返された。特に1991年にダイヤモンドの利権をめぐって勃発した内戦では10年間で5万人が死亡。多数の若年者が犠牲になった影響で、当時、平均寿命は35歳前後だった。現在も短命国のひとつ。

ジブチ
Djibouti

面積 2　人口 100　首都 ジブチ
通貨 1ジブチ・フラン=0.81円
所得 3310ドル　宗教 イスラム教
住民 ソマリア系イッサ人、エチオピア系アファール人など
言語 アラビア語、フランス語　独立 1977

インド洋と紅海がぶつかる地点にあり、貿易に最適な環境にある国。港湾施設の利用料金が収入源。夏は50℃を超える酷暑地帯。ソマリア沖の海賊を監視警戒している自衛隊の拠点がある。2023年には、情勢が悪化したスーダンから日本人を退避させるための拠点になった。

統計｜世界｜世界の国ぐに

ジャマイカ Jamaica

面積 1　人口 283　首都 キングストン
通貨 1ジャマイカ・ドル＝0.93円
所得 5760ドル
宗教 プロテスタントなど
住民 アフリカ系など
言語 英語　独立 1962

高級コーヒー豆・ブルーマウンテンの生産国。主要産業は観光、ボーキサイトなどの鉱業、コーヒーや砂糖などの農業。ボーキサイトの産出量は世界有数。ハリケーン被害が頻発し、経済基盤は脆弱。2018年、この国固有の音楽レゲエが、ユネスコ無形文化遺産に選ばれた。

ジョージア Georgia

面積 7　人口 370　首都 トビリシ
通貨 1ラリ＝53.56円
所得 5600ドル　宗教 ジョージア正教
住民 ジョージア系。ほかにアゼルバイジャン系、アルメニア系、ロシア系など
言語 ジョージア語　独立 1991

ロシア、中東、ヨーロッパ人が行き交う東西文化の交差点に位置する国。世界最古といわれるワイン産地の一つ。2015年に日本での国名呼称が「グルジア」から「ジョージア」に変更された。ロシアとの国境沿いにある地域の分離独立問題をめぐり、独立を支援するロシアと対立している。

シリア Syria

面積 19　人口 2156　首都 ダマスカス
通貨 1シリア・ポンド＝0.045円(22年9月)
所得 560ドル　宗教 イスラム教
住民 アラブ人。ほかにアルメニア人、クルド人など
言語 アラビア語　独立 1946

先史から中世の遺跡が点在する歴史ある国。2011年から、アサド政権と過激派組織「イスラム国」(ＩＳ)、反体制派が激しい内戦を繰り広げた。アサド政権と反体制派との攻防は、いまだに続いている。23年、隣国トルコ南部を震源とする大地震によって6000人以上が死亡した。

シンガポール Singapore

面積 0.07　人口 564　首都 シンガポール
通貨 1シンガポール・ドル＝107.88円　独立 1965
所得 67200ドル
宗教 仏教、イスラム教、道教、ヒンドゥー教
住民 中国系。ほかにマレー系、インド系など
言語 マレー語、中国語、英語、タミル語

マレー半島の南端に接するシンガポール島を中心とする島国。1965年にマレーシアから分離独立した。ＩＴ機器や化学工業品など製造業が盛ん。東南アジア随一の経済先進国で国際金融センターとしての地位を確立。公共の場での喫煙やゴミのポイ捨てを厳しく禁じている。

ジンバブエ Zimbabwe

面積 39　人口 1509　首都 ハラレ
通貨 1ドル＝143.28円
所得 1710ドル　宗教 伝統宗教、キリスト教
住民 ショナ族、ンデベレ族など
言語 英語、ショナ語、ンデベレ語
独立 1980

アフリカ南部の内陸国。中世に建造されたジンバブエ遺跡がある。世界有数のダイヤモンド生産国。経済政策の失敗で極度のインフレーションになり、経済が破綻状態にある。2023年の大統領選挙で、現職のムナンガグワ氏が再選したが、選挙の公正性をめぐり混乱が起きた。

スイス Switzerland

面積 4　人口 867　首都 ベルン
通貨 1スイス・フラン＝168.65円
所得 95490ドル
宗教 カトリック、プロテスタント
住民 ドイツ系、フランス系、イタリア系など
言語 ドイツ語など　独立 ―

ヨーロッパの屋根、アルプス山脈とジュラ山脈が国土の70%を占める山岳国。多数の観光客が避暑やウィンタースポーツのために訪れ、重要な収入源になっている。高級時計やカメラなどの精密機器や医薬品を製造する。永世中立国だが、軍備を持ち、国民には兵役がある。

スウェーデン Sweden

面積 45　人口 1052
首都 ストックホルム
通貨 1スウェーデン・クローナ＝13.94円
所得 63500ドル　宗教 福音ルーテル派
住民 スウェーデン人(北方ゲルマン系)など
言語 スウェーデン語　独立 ―

高度な社会福祉を高額な税負担で実現している国。製造業を中心に国際競争力が高い。ダイナマイトの発明者、アルフレッド・ノーベルの出身国。電子マネーの普及に積極的。軍事的に中立の立場をとってきたが、ロシアのウクライナ侵攻を受けて方針転換。NATO加盟を申請した。

スーダン Sudan

面積 188　人口 4281　首都 ハルツーム
通貨 1スーダン・ポンド＝0.24円
所得 760ドル
宗教 イスラム教、キリスト教、伝統宗教
住民 アラブ系、アフリカ系、ベジャ族など
言語 アラビア語、英語　独立 1956

北部のアラブ系民族と南部のアフリカ系民族が対立し、内戦を繰り返してきた国。2011年に南スーダンが分離独立。19年、クーデターによって長期独裁政権が崩壊。以降、民主化が進められていたが、23年に国軍と準軍事組織による紛争が勃発。激しい戦闘で多数が犠牲に。

スペイン Spain

面積 51　人口 4760　首都 マドリード
通貨 1ユーロ＝156.46円
所得 32090ドル　宗教 カトリック
住民 スペイン人。ほかにバスク人
言語 スペイン語、カタルーニャ語、バスク語など
独立 ―

闘牛、フラメンコなどの伝統文化が生活に根づいている国。ピカソ、ダリ、ガウディら独創的な芸術家の出身地。新型コロナウイルス感染症の世界的流行が経済に打撃。失業者が急増したことから、困窮者の救済を目的としてベーシックインカム(最低所得保障)制度を導入した。

スリナム
Suriname

面積 16　人口 59　首都 パラマリボ

通貨 1スリナム・ドル=3.94円

所得 4970ドル

宗教 キリスト教、ヒンドゥー教

住民 インド系、クレオール系など

言語 オランダ語など　独立 1975

人種構成が多彩な国。インド系とクレオール系黒人を中心に、インドネシア系や中国系もいる。植民地時代、労働力を世界各国に求めたことが、特殊な人種構成の要因。ボーキサイトや金を輸出する。農産物は砂糖、米、バナナなど。経済基盤は脆弱で、危機的状況が続いている。

スリランカ
Sri Lanka

面積 7　人口 2218

首都 スリジャヤワルダネプラ・コッテ

通貨 1スリランカ・ルピー=0.44円　所得 3610ドル

宗教 上座部仏教、ヒンドゥー教

住民 シンハラ人。ほかにタミル人、ムーア人

言語 シンハラ語、タミル語、英語　独立 1948

インド半島南端のインド洋上に浮かぶ島国で、セイロンティーと呼ばれる紅茶が特産品。2009年に内戦が終結して以降、急成長を遂げたが、対外債務の拡大にともない減速。債務不履行に陥りIMFの支援を受けた。22年、大規模な抗議活動が発生し、大統領が辞任に追い込まれた。

スロバキア
Slovakia

面積 5　人口 543

首都 ブラチスラバ

通貨 1ユーロ=156.46円

所得 22070ドル　宗教 カトリック

住民 スロバキア人。ほかにハンガリー人

言語 スロバキア語　独立 1993

かつて隣国チェコとひとつの国家を形成していた国。1993年に分離独立した。市街には中世の教会や城など、歴史的な建造物が残っている。自動車、電気機器などの製造業が発達。カヌー競技が盛ん。2023年の総選挙で親ロシア政党が第1党に。EUのウクライナ支援に暗雲。

スロベニア
Slovenia

面積 2　人口 210

首都 リュブリャナ

通貨 1ユーロ=156.46円

所得 29590ドル　宗教 カトリック

住民 スロベニア人

言語 スロベニア語　独立 1991

バルカン半島の付け根に位置する国。アルプス山脈、アドリア海、ヨーロッパ最大のポストイナ鍾乳洞などの景勝地があり、多数の観光客が訪れる。旧ユーゴスラビア時代から工業が発達。自動車や電気機器の製造、金属加工が主産業。2022年、同国初となる女性大統領が誕生した。

赤道ギニア
Equatorial Guinea

面積 3　人口 167　首都 マラボ

通貨 1CFAフラン=0.24円　所得 5240ドル

宗教 キリスト教、伝統宗教

住民 ブビ族、ファン族、コンベ族、ベレンゲ族など

言語 スペイン語など　独立 1968

アフリカ中部、赤道近くに位置する国。大西洋沿岸の陸地と、ビオコ島などの島々からなる。農業国だったが、大規模な海底油田が発見されたことにより、飛躍的な経済成長を遂げた。一方で国民は貧困に苦しんでいる。ンゲマ大統領による独裁政権は43年に及ぶ。

セーシェル
Seychelles

面積 0.05　人口 10　首都 ビクトリア

通貨 1セーシェル・ルピー=10.63円

所得 12010ドル　宗教 キリスト教

住民 ほとんどがクレオール系(ヨーロッパ系とアフリカ系の混血)

言語 英語、フランス語、クレオール語　独立 1976

リクガメとして世界最大のゾウガメが生息する国。インド洋上に浮かぶ115の島々からなり、島ごとに珍しい動植物を見ることができる。高級リゾートして知られる。産業の中心は観光業だが、外部環境の影響を受けやすく脆弱。水産資源の活用による経済基盤の安定化が課題。

セネガル
Senegal

面積 20　人口 1732

首都 ダカール

通貨 1CFAフラン=0.24円

所得 1620ドル　宗教 イスラム教

住民 ウォロフ族、プル族、セレール族など

言語 フランス語、ウォロフ語　独立 1960

世界的なオフロードレース、ダカール・ラリーのゴール地点になったことで知られる国。広大なサハラ砂漠の西南側の端に位置する。漁業が盛ん。魚介類の消費量も多い。構造改革によって経済基盤は安定。一方で、都市と地方の格差、貧富の格差などさまざまな問題を抱えている。

セルビア
Serbia

面積 8　人口 693

首都 ベオグラード

通貨 1セルビア・ディナール=1.34円

所得 9290ドル　宗教 セルビア正教

住民 セルビア人、ハンガリー人

言語 セルビア語　独立 1992*

国家連合セルビア・モンテネグロから2006年にモンテネグロが分離し、残るセルビアが従来の国家体制を引き継いだ。この国の一部だったコソボが08年に独立を宣言(P226)して以来、対立。23年には軍がコソボとの国境付近に移動し、軍事衝突の懸念が高まった。

セントクリストファー・ネビス
St. Christopher and Nevis

面積 0.03　人口 5

首都 バステール

通貨 1東カリブ・ドル=53.06円

所得 20020ドル　宗教 カトリック、英国国教会

住民 ほとんどがアフリカ系とその混血

言語 英語　独立 1983

カリブ海に浮かぶセントクリストファー島とネビス島からなり、両島あわせても淡路島の半分ほどの小さな島国。2005年に、それまで経済の中心だった砂糖産業を閉鎖。現在は観光業が柱。砂糖産業多様化基金(SIDF)に25万ドルを寄付すれば市民権を得られることで知られる。

*ユーゴスラビア社会主義連邦共和国が解体した年

セントビンセント・グレナディーン
St. Vincent and the Grenadines

面積 0.04 人口 11 首都 キングズタウン
通貨 1東カリブ・ドル＝53.06円
所得 9110ドル
宗教 カトリック、英国国教会
住民 ほとんどがアフリカ系とその混血
言語 英語 独立 1979

セントビンセント島と600もの島々で構成されるグレナディーン諸島からなる国。グレナディーン諸島はリゾート地として人気。セントビンセント島は火山島。20世紀初頭に噴火し、犠牲者が多数出た。2021年にも火山が噴火。島中が灰に覆われた。観光業とバナナの輸出が経済の柱。

セントルシア
St. Lucia

面積 0.06 人口 18 首都 カストリーズ
通貨 1東カリブ・ドル＝53.06円
所得 12400ドル
宗教 キリスト教など
住民 ほとんどがアフリカ系とその混血
言語 英語など 独立 1979

カリブ海と熱帯の自然を堪能できるリゾートの国。年間平均気温26℃以上の常夏の島。バナナやココナツなどの伝統作物が経済の要だったが、近年は観光に力を入れている。双子の火山を取り巻くように雄大な自然が広がるピトン管理地域が、世界遺産に指定されている。

ソマリア
Somalia

面積 64 人口 1706
首都 モガディシオ
通貨 1ソマリア・シリング＝0.25円
所得 600ドル
宗教 イスラム教 住民 ソマリ族
言語 ソマリ語、アラビア語、英語など 独立 1960

インド洋に突き出た「アフリカの角」と呼ばれる地域に位置する国。クーデターや戦争が絶えず、多数の難民が近国に流出した。1991年の政権崩壊以降、20年以上にわたり無政府状態が続いた。現在もテロが頻発。干ばつやウクライナ危機の影響を受け、食糧危機が深刻化。

ソロモン諸島
Solomon Islands

面積 3 人口 71 首都 ホニアラ
通貨 1ソロモン・ドル＝17.07円
所得 2210ドル 宗教 キリスト教
住民 メラネシア系。ほかにポリネシア系など
言語 英語、ピジン英語 独立 1978

第2次大戦で旧日本軍と連合軍が熾烈な戦闘を繰り広げたガダルカナル島を含む、100以上の島からなる国。日本に魚類や木材を輸出。特殊な鋼材や蓄電池に使用されるニッケル鉱床の開発が進められているが経済効果は少ない。近年、政治経済両面で中国と関係を深めている。

タイ
Thailand

面積 51 人口 6609
首都 バンコク
通貨 1バーツ＝4.16円
所得 7230ドル 宗教 上座部仏教
住民 タイ族。ほかに中国系など
言語 タイ語 独立 ―

世界で1、2位を争う米の輸出国。日本米と異なる細長い米を作る。経済の柱は観光と製造。第2次大戦前は、周辺国が植民地化するなか、独立を保った。2023年の総選挙では民主派の野党が躍進し第1党に。14年以来、続いてきた軍政から民政への復帰が期待されている。

大韓民国
Republic of Korea

面積 10 人口 5156 首都 ソウル
通貨 1ウォン＝0.11円
所得 36190ドル
宗教 キリスト教、仏教など
住民 韓民族 言語 韓国語(朝鮮語)
独立 1948

日本からとても近い外国。対馬と釜山の距離は、約50km。日本と政治経済、文化で密接に関係するが、日本の植民地支配を経験し、反日感情が残る。2022年の大統領選で尹錫悦氏が当選。前政権で冷え込んだ日韓関係の改善に努め、シャトル外交や通貨スワップ協定の再開を実現した。

タジキスタン
Tajikistan

面積 14 人口 1010
首都 ドゥシャンベ
通貨 1ソモニ＝13.13円 所得 1210ドル
宗教 イスラム教スンニ派
住民 タジク系。ほかにウズベク系など
言語 タジク語など 独立 1991

国土の標高が世界一高い国。平均標高5000mという「世界の屋根」パミール高原が東側に広がる。主な産業は綿花の栽培と繊維製造。旧ソ連時代から貧困国。生活の随所にイスラム文化が浸透している。2022年、国境をめぐって隣国キルギスと衝突。両国に多数の犠牲者が出た。

タンザニア
Tanzania

面積 95 人口 6100
首都 ダルエスサラーム (法律上の首都はドドマ)
通貨 1タンザニア・シリング＝0.057円
所得 1200ドル 宗教 イスラム教、キリスト教など
住民 スクマ族など約130民族
言語 スワヒリ語、英語 独立 1961

野生動物の宝庫として知られる国。標高1000mの高地に広がる草原に、キリンやライオンなど、アフリカを代表する動物が生息する。アフリカ最高峰のキリマンジャロとアフリカ最大の湖、ビクトリア湖がある。コーヒーやタバコなどを生産、輸出する。近年は建設業や製造業が拡大し経済を牽引。

チェコ
Czech Republic

面積 8 人口 1051
首都 プラハ
通貨 1チェコ・コルナ＝6.35円
所得 26100ドル 宗教 カトリック
住民 チェコ人。ほかにスロバキア人など
言語 チェコ語 独立 1993

1993年にチェコスロバキアから分かれた国。分離前から工業が発達。自動車や機械、化学製品を輸出している。ガラス細工などの伝統的産業が有名。首都プラハは小説『変身』の舞台で、作者カフカの出身地。プラハ歴史地区をはじめ、中世の歴史を今に伝える世界遺産が多数ある。

チャド Chad

面積 128　人口 1718　首都 ンジャメナ
通貨 1CFAフラン=0.24円
所得 690ドル
宗教 イスラム教、キリスト教など
住民 サラ族、チャド・アラブ族など
言語 フランス語、アラビア語　独立 1960

北にサハラ砂漠、西にチャド湖があるアフリカ中央部の国。チャド湖は、1960年代には四国よりも大きい湖だったが、干ばつの影響で現在の面積は20分の1に。最貧国のひとつ。反政府勢力が活発に活動。紛争が激化している隣国スーダンから、多数の難民が流入している。

中央アフリカ Central African Republic

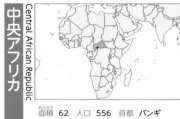

面積 62　人口 556　首都 バンギ
通貨 1CFAフラン=0.24円
所得 480ドル
宗教 キリスト教、伝統宗教など
住民 バンダ族、バヤ族、サラ族など
言語 フランス語、サンゴ語など　独立 1960

アフリカ大陸の中央部に位置する国。原生林にはゴリラやチンパンジーが、サバンナ地帯にはライオンやゾウが生息する。主な産業は農業と林業、ダイヤモンド、金などの鉱業。武装勢力が跋扈。2019年に政府と14の武装勢力が和平に合意した。深刻な食糧危機に陥っている。

チュニジア Tunisia

面積 16　人口 1194
首都 チュニス
通貨 1チュニジア・ディナール=46.31円
所得 3830ドル　宗教 イスラム教スンニ派
住民 アラブ人など
言語 アラビア語、フランス語　独立 1956

地中海に面し、紀元前から貿易港として栄えてきた北アフリカの国。イスラム様式に彩られた街並みは中世の姿を残す。2011年、市民デモをきっかけに長期政権が崩壊。「アラブの春」のきっかけとなった。欧州に密航しようとするアフリカ諸国の人々がこの国に押し寄せている。

中華人民共和国 People's Republic of China

面積 960　人口 140000
首都 北京　通貨 1元=20.03円
所得 12850ドル
宗教 仏教、キリスト教、イスラム教など
住民 漢民族。政府認定の少数民族が55族
言語 中国語　独立 —

社会主義国家でありながら、市場経済化で経済が発展した大国。貿易やアジア太平洋地域の安全保障をめぐり欧米と対立する一方、新しい世界秩序の構築を目指して新興国との関係を深めている。これまで世界で最も人口が多い国だったが、2023年にインドに抜かれて2位に。

POINT
★辛亥革命を経て1912年に中華民国誕生
★1949年に社会主義国家、中華人民共和国成立
★1989年6月4日に天安門事件発生
★2023年、全国人民代表大会で習近平氏が異例の3期目となる国家主席に選出された

東京電力福島第一原発の処理水の海洋放出を受けて2023年8月24日、中国は日本産水産物の全面禁輸を発表した。写真は前日の23日、上海市内の漁業博覧会に展示された日本産の魚

台湾　東シナ海に浮かぶ島。主要都市は台北、高雄などで、人口は約2360万。第2次世界大戦後、共産党との内戦に敗れた中華民国総統、蒋介石が移住したのが現在の台湾のはじまり。中国は、台湾は中国の一部であると主張。米国は台湾防衛への関与を明言している。主力産業はIT機器製造。

朝鮮民主主義人民共和国 Democratic People's Republic of Korea

面積 12　人口 2578　首都 平壌
通貨 1ウォン=0.96円(20年)
所得 1205ドル(20年)*
宗教 仏教徒やキリスト教徒がいるとされるが、詳細は不明
住民 朝鮮民族　言語 朝鮮語　独立 1948

第2次世界大戦後、朝鮮半島にあった国が分裂してできたのが、北半分を占めるこの国と南の大韓民国。核実験とミサイル発射実験を繰り返し、国際社会と激しく対立。2023年には軍事偵察衛星を打ち上げ、地球周回軌道に投入したと発表。改善しかけた韓国との関係が再び悪化した。

チリ Chile

面積 76　人口 1949
首都 サンティアゴ
通貨 1チリ・ペソ=0.16円
所得 15360ドル　宗教 カトリック
住民 ヨーロッパ系。ほかに先住民系
言語 スペイン語　独立 —

世界で最も細長い国。国土の東西距離は平均約170km、南北距離は東京〜シンガポール間に匹敵する4300km。モアイ像があるイースター島はこの国の領土。主力産業は銅生産。銅、魚類、ワインを輸出する。近隣諸国からの不法移民の流入が大きな社会課題になっている。

ツバル Tuvalu

面積 0.003　人口 1
首都 フナフティ
通貨 1オーストラリア・ドル=96.43円
所得 7160ドル　宗教 キリスト教
住民 ほとんどがポリネシア系
言語 英語、ツバル語　独立 1978

南太平洋に浮かぶ九つの島々からなる国。国旗にも九つの星が並ぶ。国土の標高が低いことから、地球温暖化による水没が問題になっている。漁業と農業以外にめぼしい産業はない。さらなる海面上昇を見越し、オーストラリアへの移住を可能にする協定を同国と結んだ。

デンマーク Denmark

面積 4　人口 596
首都 コペンハーゲン
通貨 1デンマーク・クローネ=21.00円
所得 73520ドル　宗教 福音ルーテル派
住民 デンマーク人(北方ゲルマン系)
言語 デンマーク語　独立 —

童話と福祉の国。『人魚姫』の作者、アンデルセンの出身国で、首都コペンハーゲンには人魚姫の像がある。社会福祉制度は世界最高水準で、医療費は無料。国連の関連団体が発表した2023年の幸福度ランキング2位。北極圏にある世界最大の島グリーンランドは、この国に属する。

＊日本銀行報告省令レート20年12月分に基づき韓国ウォンを米ドル換算

統計｜世界｜世界の国ぐに

ドイツ Germany

面積 36　人口 8319　首都 ベルリン
通貨 1ユーロ=156.46円
所得 54030ドル
宗教 プロテスタント、カトリックなど
住民 ドイツ人（ゲルマン系）
言語 ドイツ語　独立 ―

世界屈指の工業国。世界4位だった名目GDPが、2023年に日本を抜き3位になることが、ほぼ確定した。自動車、電気、化学などの製造業が経済を牽引。ただしエネルギー価格高騰の影響で経済は停滞気味。ベートーベンやバッハなどの音楽家、ニーチェ、マルクスなどの思想家が輩出。

トーゴ Togo

面積 5　人口 864
首都 ロメ
通貨 1CFAフラン=0.24円
所得 1010ドル　宗教 伝統宗教など
住民 エヴェ族。ほかに約40の部族
言語 フランス語など　独立 1960

ギニア湾に面する西アフリカの国。ガーナとベナンの間に挟まるように、南北に細長い国土を持つ。労働人口の7割が農業に従事する農業国で、主産品はカカオ、コーヒー豆、綿花など。そのほか、リン鉱石やセメントを輸出する。後発開発途上国のひとつ。経済基盤の強化が課題。

ドミニカ共和国 Dominican Republic

面積 5　人口 1095　首都 サントドミンゴ
通貨 1ドミニカ共和国・ペソ=2.47円
所得 9050ドル　宗教 カトリック
住民 アフリカ系とヨーロッパ系の混血。
　　　ほかにアフリカ系など
言語 スペイン語　独立 ―

多数の米大リーグ選手が輩出している野球大国。15世紀にコロンブスが発見した西インド諸島イスパニョーラ島の東側3分の2を占める。主産業は観光業。邸宅や墓など、コロンブスにまつわる史跡が人気。そのほか、砂糖やコーヒー豆、カカオなどの農業、繊維工業など。

ドミニカ国 Commonwealth of Dominica

面積 0.08　人口 7　首都 ロゾー
通貨 1東カリブ・ドル=53.06円
所得 8430ドル
宗教 カトリック、プロテスタント
住民 アフリカ系など
言語 英語など　独立 1978

多数の島々が浮かぶ、カリブ海の小アンティル諸島にある島国。熱帯雨林に覆われ、多種多様な植物が原生していることから、「カリブ海の植物園」と呼ばれる。主要産業は観光と農業。バナナ、ココナツ、ライムを生産する。国際情勢や自然災害の影響を受けやすく経済は脆弱。

トリニダード・トバゴ Trinidad and Tobago

面積 0.5　人口 153
首都 ポートオブスペイン
通貨 1トリニダード・トバゴ・ドル=21.14円
所得 16190ドル　宗教 キリスト教など
住民 インド系、アフリカ系など
言語 英語など　独立 1962

カリブ海諸国の代表的な産油国。小アンティル諸島の南端に位置し、トリニダード島とトバゴ島の2島からなる。アンモニア生産国としても世界屈指。国際原油価格変動の影響を受けるため経済は不安定。ヨーロッパから伝わったカーニバルでは、スチールパンのリズムに乗り人々が熱狂する。

トルクメニスタン Turkmenistan

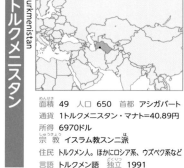

面積 49　人口 650　首都 アシガバート
通貨 1トルクメニスタン・マナト=40.89円
所得 6970ドル
宗教 イスラム教スンニ派
住民 トルクメン人。ほかにロシア系、ウズベク系など
言語 トルクメン語　独立 1991

中央アジアで最も乾燥した国。国土はカラクム砂漠に覆われている。全長1100kmに及ぶカラクム運河による灌漑農業で綿花を生産。天然ガスの埋蔵量は世界4位。2022年、独裁を続けてきたベルドイムハメドフ大統領の長男セルダル氏が3代目大統領に選出された。永世中立国。

トルコ Turkey

面積 78　人口 8528　首都 アンカラ
通貨 1トルコ・リラ=4.82円
所得 10640ドル　宗教 イスラム教スンニ派
住民 トルコ人。ほかにクルド人、アルメニア人など
言語 トルコ語、クルド語　独立 ―

国土の大部分がアジア大陸にあるが、政治経済ではヨーロッパとの関係が強い。中世にはオスマン帝国が欧州、アジア、アフリカまで勢力を伸ばした。ロシアのウクライナ侵攻で両国の仲介役を担うなど外交で存在感を示している。2023年2月に大地震が発生。死者5万人以上。

トンガ Tonga

面積 0.07　人口 11
首都 ヌクアロファ
通貨 1パアンガ=61.30円
所得 4930ドル　宗教 キリスト教
住民 ほとんどがポリネシア系
言語 英語、トンガ語　独立 1970

日本向けのカボチャが最大の輸出品という南太平洋の島国。漁業も盛んで、日本にマグロを輸出する。経済力は弱く、海外からの援助に頼っている。国王が強い政治権限を持つ。2022年1月、同国付近の海底火山で大規模な噴火が発生。大量降灰や津波による被害が発生した。

ナイジェリア Nigeria

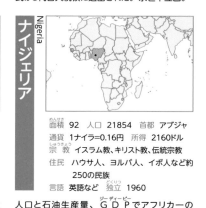

面積 92　人口 21854　首都 アブジャ
通貨 1ナイラ=0.16円　所得 2160ドル
宗教 イスラム教、キリスト教、伝統宗教
住民 ハウサ人、ヨルバ人、イボ人など約250の民族
言語 英語など　独立 1960

人口と石油生産量、GDPでアフリカ一の国。人口2億1800万人は、2位のエジプトの約2倍。アフリカ有数の埋蔵量を誇る石油の輸出で経済発展を遂げたが、近年は原油価格の変動を受けて不安定。イスラム過激派など武装集団による襲撃事件が多発。治安対策が課題。

ナウル Nauru

面積 0.002 人口 1
首都 ヤレン
通貨 1オーストラリア・ドル=96.43円
所得 17800ドル
宗教 キリスト教 住民 ミクロネシア系
言語 英語、ナウル語 独立 1968

島の中央にある台地から採掘されるリン鉱石の輸出で豊かな社会を築いた国。近年はリン鉱石が枯渇。他に産業もなく、経済は破綻状態。オーストラリアから経済支援を受けている。面積21km²と、品川区ほどの大きさ。政府観光局が発信するX（旧ツイッター）が日本で話題に。

ニカラグア Nicaragua

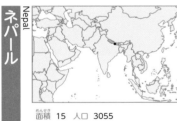

面積 13 人口 662
首都 マナグア
通貨 1コルドバ=3.92円
所得 2090ドル 宗教 カトリック
住民 先住民とスペイン系の混血など
言語 スペイン語 独立 ―

中米の真ん中に位置する高温多湿の国。カリブ海側は熱帯雨林地帯、太平洋側は火山地帯で、世界でも珍しい淡水産のサメがすむニカラグア湖がある。コーヒー豆や砂糖、牛肉を輸出する。貧困問題が深刻。オルテガ大統領の独裁政治に対し、国際社会の非難が高まっている。

ネパール Nepal

面積 15 人口 3055
首都 カトマンズ
通貨 1ネパール・ルピー=1.07円
所得 1340ドル 宗教 ヒンドゥー教など
住民 グルン族、ネワール族など
言語 ネパール語 独立 ―

8000m超級の山々を見上げる山岳国家。ヒマラヤ山脈の南側に位置し、国境沿いには世界の最高峰エベレストがそびえる。2008年に王制を廃止し、共和制へ移行した。主産業は米、トウモロコシなどの農業。アジア最貧国のひとつ。出稼ぎ労働者からの送金が貴重な外貨収入源。

ナミビア Namibia

面積 82 人口 257 首都 ウィントフーク
通貨 1ナミビア・ドル=7.64円
所得 5010ドル 宗教 伝統宗教、キリスト教
住民 オバンボ族。ほかにカバンゴ族、
ダマラ族など
言語 英語、アフリカーンス語 独立 1990

世界最古といわれるナミブ砂漠が広がる国。オレンジ色の砂地が無限に広がる様子から、世界一美しい砂漠ともいわれる。1945年から90年まで南アフリカが不法統治していた。ダイヤモンド、ウラン、銅、天然ガスなど地下資源が豊富。環境にも恵まれ、漁業や牧畜業が盛ん。

ニジェール Niger

面積 127 人口 2621 首都 ニアメー
通貨 1CFAフラン=0.24円
所得 580ドル 宗教 イスラム教など
住民 ハウサ族、ジェルマ・ソンガイ族、カヌウリ族など
言語 フランス語、ハウサ語 独立 1960

国土の大部分がサハラ砂漠に覆われた国。ウランの生産量は世界有数。ウランの需要低迷で経済が一時困窮したが、近年は価格が再び上昇し、採掘が活発化。後発開発途上国のひとつ。2023年、軍によるクーデターが発生。背景に旧宗主国のフランスに対する反発がある。

ノルウェー Norway

面積 39 人口 525 首都 オスロ
通貨 1ノルウェー・クローネ=13.87円
所得 95520ドル
宗教 福音ルーテル派
住民 ノルウェー人（北方ゲルマン系）
言語 ノルウェー語 独立 ―

氷河に浸食されてできた複雑な地形、フィヨルドが大西洋沿岸を覆う国。水資源が豊富。国内の電力需要の大半を水力発電でまかなう。北海に油田があり、欧州を中心に石油・天然ガスを輸出。日本ではサーモンなど魚介類が有名。現代スキー発祥の地。EUには加盟していない。

ニウエ Niue

面積 0.03 人口 0.19 首都 アロフィ
通貨 1ニュージーランド・ドル=89.54円
所得 15924ドル（19年・GDPベース）*
宗教 キリスト教など
住民 ニウエ人（ポリネシア系）など
言語 ニウエ語（ポリネシア語系）、英語 独立 ―

ニュージーランドの北東2400kmの南太平洋上に浮かぶ島国。世界で2番目に人口が少ない（約1900人）。面積は日本の徳之島と同程度。かつてはニュージーランド属領だった。現在は同国と自由連合関係を結び、防衛や外交を委ねている。産業はココナツ、タロイモなどの農業や観光業。

ニュージーランド New Zealand

面積 27 人口 504 首都 ウェリントン
通貨 1ニュージーランド・ドル=89.54円
所得 49090ドル 宗教 キリスト教
住民 ヨーロッパ系。ほかに先住民マオリなど
言語 英語など 独立 1947

日本の4分の3ほどの国土に約504万人が住む、人口密度が低い国。羊や牛の牧畜が盛んで、羊毛や牛肉、乳製品が輸出品の要。当地特有の飛べない鳥、キウイが国鳥。ラグビー強国。厳格な行動制限によって新型コロナウイルスの感染拡大を防いだことが注目された。

ハイチ Haiti

面積 3 人口 1158
首都 ポルトープランス
通貨 1グルド=1.09円 所得 1610ドル
宗教 キリスト教、ブードゥー教
住民 アフリカ系など
言語 フランス語、クレオール語 独立 ―

世界で初めて黒人が築いた独立国。カリブ海に浮かぶイスパニョーラ島の西側3分の1を占める。1990年代から政情不安に陥り、経済は極度に困窮。2010年の大地震で30万人以上が死亡。治安悪化が深刻。武装集団による犯罪が横行している。23年、国連による治安回復活動が決定。

*日本銀行報告省令レート19年12月分に基づきニュージーランド・ドルを米ドル換算

統計｜世界｜世界の国ぐに

パキスタン
Pakistan

面積 80　人口 24149
首都 イスラマバード
通貨 1パキスタン・ルピー=0.51円
所得 1560ドル　宗教 イスラム教
住民 パンジャブ人など
言語 ウルドゥー語、英語　独立 1947

インダス文明発祥の地にある国。モヘンジョダロ、ハラッパなど、古代都市遺跡がある。1947年にイギリス領インド帝国から独立。インドとは政治的に対立。経済基盤は脆弱。2023年には債務不履行の不安が高まり、IMFの支援を受けた。イスラム武装勢力によるテロが頻発している。

バチカン
Vatican

面積 0.00004　人口 0.06
首都 バチカン
通貨 1ユーロ=156.46円
所得 ―　宗教 カトリック
住民 イタリア人が多い
言語 イタリア語、ラテン語　独立 ―

イタリアのローマ市内に位置する世界最小の独立国家。ローマ教皇を元首とし、国民はカトリック教会の聖職者や衛兵という、世界でも珍しい、宗教のために存在する国家。国土全体が世界遺産。新型コロナウイルス感染症の影響で観光業が低迷。一時、財政難に陥った。

パナマ
Panama

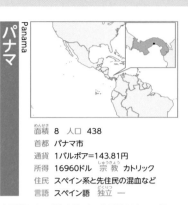

面積 8　人口 438
首都 パナマ市
通貨 1バルボア=143.81円
所得 16960ドル　宗教 カトリック
住民 スペイン系と先住民の混血など
言語 スペイン語　独立 ―

太平洋とカリブ海を結ぶ、全長約80kmのパナマ運河がある国。一般的な船の場合、9時間ほどでパナマを通り抜けられる。2016年には拡張工事が完了。運河を通る船は年間約1万4000隻。23年は干ばつの影響で運河の水位が低下したため、やむなく受け入れ船舶数を削減した。

バヌアツ
Vanuatu

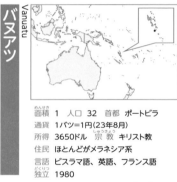

面積 1　人口 32　首都 ポートビラ
通貨 1バツ=1円（23年8月）
所得 3650ドル　宗教 キリスト教
住民 ほとんどがメラネシア系
言語 ビスラマ語、英語、フランス語
独立 1980

足にゴムひもを結びつけて高所から飛び降りる、バンジージャンプが生まれた国。現地の成人の儀式がその起源といわれる。南太平洋に浮かぶ83の島々からなる。産業は観光業と農業。コプラ*や木材を生産する。ダイビングスポットとして知られ、一部の島ではリゾート開発が進んでいる。

バハマ
Bahamas

面積 1　人口 41　首都 ナッソー
通貨 1バハマ・ドル=143.47円
所得 31520ドル
宗教 キリスト教
住民 アフリカ系。ほかにヨーロッパ系など
言語 英語　独立 1973

米フロリダ半島にほど近い大西洋上の島国。カリブ海諸国の中でも指折りのリゾート地。街にはパステルカラーの建物が並び、独特の景観をつくり出している。観光客は、昼はビーチで、夜はカジノで休暇を楽しむ。中央銀行が世界で初めてデジタル通貨を発行し、注目されている。

パプアニューギニア
Papua New Guinea

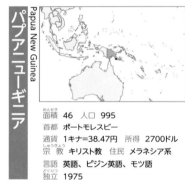

面積 46　人口 995
首都 ポートモレスビー
通貨 1キナ=38.47円　所得 2700ドル
宗教 キリスト教　住民 メラネシア系
言語 英語、ピジン英語、モツ語
独立 1975

最後の秘境といわれる、原生林に覆われた島国。太平洋に浮かぶニューギニア島の東半分と周辺の島からなる。極楽鳥など珍しい動植物の宝庫。豊富な原生林を伐採、輸出しているほか、金、原油などの地下資源にも恵まれている。東部の自治州に独立を目指す動きがある。

パラオ
Palau

面積 0.05　人口 2　首都 マルキョク
通貨 1ドル=143.28円
所得 13420ドル　宗教 キリスト教
住民 ミクロネシア系
言語 パラオ語、英語
独立 1994

日の丸にそっくりな、青地に黄色の丸が描かれた国旗を有する国。親日国として知られ、日本語を話す年配者も多い。太平洋に浮かぶ200以上の島々からなるが、人が住んでいる島は九つだけ。商業用漁業は禁止。海洋保護に力を入れることで、ダイビング客増を目指したい考え。

パラグアイ
Paraguay

面積 41　人口 678
首都 アスンシオン
通貨 1グアラニー=0.020円
所得 5920ドル　宗教 カトリック
住民 ヨーロッパ系と先住民の混血など
言語 スペイン語、グアラニ語　独立 ―

ブラジルとアルゼンチン、ボリビアに囲まれた内陸国。国民の多くが白人と先住民の混血。1930年代から日本人が移住し、農業に従事。大豆の生産拡大に貢献し、その輸出量は世界3位。牧畜も盛んで、牛肉輸出量は世界有数。天候の影響を受けやすい第1次産業中心で経済は不安定。

バルバドス
Barbados

面積 0.04　人口 28
首都 ブリッジタウン
通貨 1バルバドス・ドル=71.09円
所得 19490ドル　宗教 キリスト教
住民 アフリカ系、ヨーロッパ系など
言語 英語　独立 1966

カリブ海の小国ながら、観光や電子部品の製造、輸出で豊かな生活を築いた国。サトウキビの生産が盛んで、高級ラム酒の産地として知られる。2021年、エリザベス英国女王を元首とする立憲君主制から共和制へと移行。これまで総督を務めていたメイソン氏が初代大統領に就任した。

*ココナツの加工品

バーレーン
Bahrain

面積 0.08　人口 150
首都 マナマ
通貨 1バーレーン・ディナール=381.50円
所得 27720ドル　宗教 イスラム教
住民 アラブ人
言語 アラビア語　独立 1971

サウジアラビアと橋で結ばれているペルシャ湾の島国。主産業は石油の輸出だが、資源の枯渇をにらみ、工業、金融、観光に力を入れる。中東初のF1グランプリ開催国。2011年、「アラブの春」をきっかけに民主化を推進したが政治体制の革新にはいたらなかった。

ハンガリー
Hungary

面積 9　人口 960　首都 ブダペスト
通貨 1フォリント=0.41円
所得 19010ドル　宗教 カトリックなど
住民 ハンガリー人など
言語 ハンガリー語
独立 ―

ヨーロッパ随一の温泉大国。首都ブダペストは「ドナウの真珠」と呼ばれ、世界遺産に登録されている。ノーベル賞受賞者など、有能な科学者が大勢輩出。非自由主義的姿勢をとるオルバン首相が支持を集める。ウクライナのEU加盟に反対するなど、ロシア寄りの姿勢を見せる。

バングラデシュ
Bangladesh

面積 15　人口 17118
首都 ダッカ
通貨 1タカ=1.31円　所得 2820ドル
宗教 イスラム教、ヒンドゥー教
住民 ほとんどがベンガル人
言語 ベンガル語　独立 1971

人口密度がとても高い国。人口は日本より4700万人ほど多く、国土面積は日本の5分の2。ガンジス川とブラマプトラ川の恵みを受け、土壌は肥沃。衣料品の輸出が経済成長の牽引役。隣国ミャンマーで迫害を受け、この国に逃れてきた少数民族ロヒンギャ難民の帰還問題を抱える。

東ティモール
Timor-Leste

面積 1　人口 134　首都 ディリ
通貨 1ドル=143.28円
所得 1980ドル　宗教 キリスト教
住民 メラネシア系。ほかにマレー系など
言語 テトゥン語、ポルトガル語、インドネシア語、英語
独立 2002

いくつもの国に支配を受けた歴史を持つ国。1976年から独立まではインドネシアに併合されていた。独立後は国連東ティモール統合ミッションが治安維持にあたった。石油と天然ガスの収入が経済の柱。長年にわたり目標としてきたASEAN加盟が原則として承認された。

フィジー
Fiji

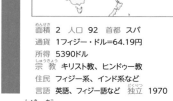

面積 2　人口 92　首都 スバ
通貨 1フィジー・ドル=64.19円
所得 5390ドル
宗教 キリスト教、ヒンドゥー教
住民 フィジー系、インド系など
言語 英語、フィジー語など　独立 1970

サンゴ礁に囲まれた島々からなる国。リゾート地として知られている。産業の中心は観光、衣料品、砂糖だが、砂糖産業は衰退。インド系住民とフィジー系住民との対立を背景に、長年、政情不安が続いた。コロナ禍によって経済が一時、危機的状況に。現在は回復しつつある。

フィリピン
Philippines

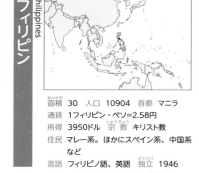

面積 30　人口 10904　首都 マニラ
通貨 1フィリピン・ペソ=2.58円
所得 3950ドル　宗教 キリスト教
住民 マレー系。ほかにスペイン系、中国系など
言語 フィリピノ語、英語　独立 1946

アジアのキリスト教国。スペイン植民統治と米国統治を経験。言語や現代文化は米国の影響を受けている。米、バナナなどを生産。近年は製造業や、コールセンターなどの業務請負が拡大。南シナ海の領有権をめぐり中国との間に摩擦。両国の船が衝突するトラブルも。

フィンランド
Finland

面積 34　人口 555　首都 ヘルシンキ
通貨 1ユーロ=156.46円　所得 54930ドル
宗教 福音ルーテル派など
住民 フィン人。ほかにサーミ人など
言語 フィンランド語、スウェーデン語
独立 ―

「ムーミン」が生まれた国。国土の4分の1が北極圏。森林に覆われ、湖や沼も多いことから「森と湖の国」といわれる。国連の関連団体が発表した2023年の幸福度ランキング1位。IT産業が拡大。隣国ロシアの軍事的脅威を警戒。同国のウクライナ侵攻を受け、23年にNATOに加盟。

ブータン
Bhutan

面積 4　人口 78
首都 ティンプー
通貨 1ヌルタム=1.72円
所得 3290ドル　宗教 チベット仏教など
住民 チベット系。ほかにネパール系など
言語 ゾンカ語　独立 ―

ヒマラヤ山脈東端の農業国。水力発電で得た電力を輸出しているのをはじめ、インドと経済的に強く結びついている。1970年まで鎖国状態にあった。国民の幸福を尊重する国として知られる。国民は伝統や精神性を大切にしている。人々は和服によく似た民族衣装を着用している。

ブラジル
Brazil

面積 851　人口 21531
首都 ブラジリア
通貨 1レアル=29.15円
所得 8140ドル　宗教 カトリックなど
住民 ヨーロッパ系、混血、アフリカ系など
言語 ポルトガル語　独立 ―

南米一の経済大国。主要産業は自動車、航空機などの製造業、鉄鉱石などの鉱業、コーヒーなどの農業。コーヒー豆の生産量世界一。近年はマイナス成長を経験するなど停滞気味。人種のるつぼといわれる。多数の日系人が在住。新型コロナウイルスの感染拡大により約70万人が死亡した。

フランス France

面積 55　人口 6804　首都 パリ
通貨 1ユーロ=156.46円
所得 45290ドル　宗教 カトリックなど
住民 フランス人(ケルト系、ゲルマン系など の混血)など
言語 フランス語　独立 ―

高い技術力を持つ先進工業国。GDPで世界7位の経済大国。EUではドイツとともに主導的役割を果たしている。16〜18世紀には華やかな王朝文化が花開いた。第2次世界大戦頃まで、世界各地に植民地を築く。旧植民地とは、現在に至るまで政治経済で強く結びついて

★18世紀のフランス革命で旧体制が崩壊し、共和制成立
★19世紀初頭、ナポレオンが欧州を席巻
★1940年、ドイツ軍に占領される。44年に解放

パリ郊外で2023年6月27日にアルジェリア系少年が警官に射殺された事件をめぐり、フランス各地で抗議デモが行われ、一部が暴徒化。怒りの矛先は事件だけでなく警察の人種差別にも向けられ、車や建物に放火するなど暴動に発展し、1万2000人以上が逮捕された。写真は低所得者向け公営住宅の集まる地区で燃やされていた車

きた。しかし近年、クーデターにより政治体制が一変し、反フランスの姿勢を明確に示す国が相次いでいる。平野が広がり、いく筋もの大河が流れる恵まれた地形から、西欧最大の農業国となっている。近年、テロが多発。2015年のパリ同時多発テロでは130人が死亡。

ブルガリア Bulgaria

面積 11　人口 647　首都 ソフィア
通貨 1レフ=80.05円
所得 13350ドル　宗教 ブルガリア正教など
住民 ブルガリア人。ほかにトルコ系、ロマなど
言語 ブルガリア語　独立 ―

ヨーグルトで有名な国。その起源は5000年前にさかのぼる。農業が盛んで、小麦、タバコなど多様な作物を生産する。国花のバラは、この国の特産品。高級なローズオイルの生産量で世界1位。機械、石油化学などの工業が発達している。EUの単一通貨ユーロを導入する予定。

ブルキナファソ Burkina Faso

面積 27　人口 2267　首都 ワガドゥグ
通貨 1CFAフラン=0.24円
所得 850ドル
宗教 イスラム教、伝統宗教、キリスト教
住民 モシ族、グルマンチェ族、ヤルセ族など
言語 フランス語など　独立 1960

サハラ砂漠の南部に位置し、マリ、ガーナ、トーゴなど6カ国と国境を接する。粟やタロイモ、綿花を生産する農業国。政情は極めて不安定。2022年には軍事クーデターが2回発生。現政権は、かつての宗主国フランスとの関係を断ち、親ロシアへと政策を転換した。

ブルネイ Brunei

面積 0.6　人口 44
首都 バンダルスリブガワン
通貨 1ブルネイ・ドル=107.97円
所得 31410ドル　宗教 イスラム教など
住民 マレー系。ほかに中国系など
言語 マレー語、英語、中国語　独立 1984

マレーシアに三方を囲まれる小さな国。国王が世界屈指の資産家として知られる。収入源は石油と天然ガス。日本は同国の石油輸出量の約5%、天然ガスの約6割を輸入している。資源の枯渇を見越し、産業の多角化を推進。イスラム教を国教とし、飲酒や男女共学は禁止。

ブルンジ Burundi

面積 3　人口 1153　首都 ブジュンブラ
通貨 1ブルンジ・フラン=0.050円
所得 240ドル
宗教 キリスト教、伝統宗教
住民 フツ族。ほかにツチ族、トゥワ族
言語 キルンジ語、フランス語　独立 1962

コンゴ民主共和国とルワンダ、タンザニアの3国に囲まれた国。独立以来、国民の大多数を占めるフツ族と少数派のツチ族が激しく対立し、多数が死亡した。国土のほとんどが標高1500m以上の高原。コーヒーや茶を生産、輸出する。そのほか金を輸出している。経済基盤は極めて脆弱。

ベトナム Viet Nam

面積 33　人口 9946
首都 ハノイ
通貨 1ドン=0.0059円
所得 4010ドル　宗教 大乗仏教など
住民 キン族。ほかに53の少数民族
言語 ベトナム語　独立 1945

インドシナ半島東部の海岸沿いに細長く続く国土を有する。南北に分裂した国家は、1960年代のベトナム戦争を経て統一され、社会主義国家になった。衣料品から携帯電話まで、さまざまな製品の生産拠点として発展。コロナ禍で後退した経済が急回復。今後も成長が続くと期待されている。

ベナン Benin

面積 11　人口 1299　首都 ポルトノボ
通貨 1CFAフラン=0.24円　所得 1400ドル
宗教 伝統宗教、キリスト教、イスラム教
住民 フォン族、ヨルバ族、アジャ族、バリタ族など46部族
言語 フランス語　独立 1960

ギニア湾に面する西アフリカの国。国土は東西に100km、南北は670km以上と細長い。かつて奴隷貿易の拠点があり、沿岸は奴隷海岸と呼ばれた。1989年に社会主義政策から自由経済に転身した。主産物は綿花やパーム油など。貿易港コトヌーの港湾サービスも重要な収入源。

ベネズエラ Venezuela

面積 91　人口 2795
首都 カラカス
通貨 1ボリバル・デジタル=26.34円(21年10月)
所得 13010ドル　宗教 カトリック
住民 ヨーロッパ系、先住民など
言語 スペイン語　独立 ―

南米を代表する産油国。石油埋蔵量は世界1位。原油高を背景に豊かな社会を築いたが、長期政権を維持してきたチャベス大統領の死去(2013年)後、状況が一変。国際原油価格の下落によって一時、経済危機に陥った。隣国ガイアナの一部地域の領有権を主張。混乱が深まっている。

ベラルーシ
Belarus

面積 21　人口 926　首都 ミンスク
通貨 1ベラルーシ・ルーブル=43.41円
所得 7210ドル　宗教 ロシア正教など
住民 ベラルーシ人。ほかにロシア人、ポーランド人など
言語 ベラルーシ語、ロシア語　独立 1991

ヨーロッパ東端の内陸国。旧ソ連構成国。現在もロシアと密接。2022年のウクライナ侵攻ではロシアへの支援態勢を明確に打ち出した。街には旧ソ連風の建物が立ち並ぶ。主力産業は化学肥料や自動車など。1986年のチェルノブイリ原発事故によって200万人が被曝。

ベリーズ
Belize

面積 2　人口 41　首都 ベルモパン
通貨 1ベリーズ・ドル=71.13円
所得 6630ドル
宗教 カトリック、英国国教会など
住民 先住民とスペイン系の混血など
言語 英語、スペイン語など　独立 1981

かつてマヤ文明が栄えた地にある国。ユカタン半島の付け根に位置し、カリブ海に面している。国土の3分の2が森林。その中に壁面の装飾が美しいマヤ文明の遺跡が点在する。森林は資源としても活用され、家具の材料に最適なマホガニー材が特産物。主産業は農業と観光業。

ペルー
Peru

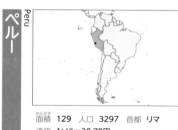

面積 129　人口 3297　首都 リマ
通貨 1ソル=38.70円
所得 6740ドル　宗教 カトリック
住民 先住民、ヨーロッパ系など
言語 スペイン語、ケチュア語、アイマラ語
独立 —

黄金仮面で知られるインカ帝国が栄えた地。空中遺跡マチュピチュやナスカの地上絵など遺跡が観光資源になっている。銅、金、亜鉛などの輸出が経済の基盤。内需が活発。政治は混乱が続く。2022年には罷免された大統領の支持者らによるデモが激化し死者が出た。

ベルギー
Belgium

面積 3　人口 1170　首都 ブリュッセル
通貨 1ユーロ=156.46円
所得 53890ドル　宗教 カトリック
住民 フラマン人(オランダ系)、ワロン人(フランス系)など
言語 フランス語、オランダ語、ドイツ語　独立 —

レストラン数が多いことや、ワッフル、生チョコレートなどのお菓子で知られるグルメの国。小便小僧発祥の地。主産業は工業。自動車や電気機器のほか、航空宇宙、医薬品、バイオテクノロジーなど先端産業が発達。北部のオランダ語圏と南部のフランス語圏に政治的対立がある。

ボスニア・ヘルツェゴビナ
Bosnia and Herzegovina

面積 5　人口 323　首都 サラエボ
通貨 1コンベルティビルナ・マルカ=80.28円
所得 7660ドル
宗教 イスラム教、セルビア正教、カトリック
住民 イスラム系、セルビア人、クロアチア人
言語 ボスニア語、セルビア語、クロアチア語　独立 1992

旧ユーゴスラビア構成国。イスラム系とクロアチア人中心のボスニア・ヘルツェゴビナ連邦と、セルビア人中心のスルプスカ共和国からなる。3民族は1990年代に激しい紛争を繰り広げた。現在も民族間に対立が存在する。主産業は鉱業と林業、繊維工業など。経済基盤の強化が課題。

ボツワナ
Botswana

面積 57　人口 263　首都 ハボローネ
通貨 1プラ=10.70円　所得 7430ドル
宗教 伝統宗教、キリスト教
住民 ツワナ族、カランガ族、ムブクシュ族など
言語 英語、ツワナ語　独立 1966

世界屈指のダイヤモンド生産国であり、銅、ニッケル、石炭など、地下資源に恵まれた豊かな国。北部には巨大湿原が広がる。カラハリ砂漠に覆われた南部には、その生活が映画に取り上げられたことで注目を集めた先住民のサン族(ブッシュマン)が暮らしている。

ポーランド
Poland

面積 32　人口 3801
首都 ワルシャワ
通貨 1ズロチ=30円(23年1月)
所得 18900ドル　宗教 カトリック
住民 ほとんどがポーランド人(スラブ系)
言語 ポーランド語　独立 —

東ヨーロッパ諸国の中で、いち早く民主化の道を進んだ国。国名が野原を意味する「pole」に由来するという説があるように、国土には平原が多い。主産業は鉄鋼、機械工業など。音楽家ショパンの出身地。2022年、ロシアの侵攻を受けた隣国ウクライナから、多数の難民を受け入れた。

ボリビア
Bolivia

面積 110　人口 1222
首都 ラパス(憲法上の首都はスクレ)
通貨 1ボリビアーノ=20.75円
所得 3490ドル　宗教 カトリック
住民 先住民、ヨーロッパ系など
言語 スペイン語、ケチュア語、アイマラ語　独立 —

世界最高地点の首都(ラパス)がある国。金、銀、天然ガスを輸出する。リチウムの埋蔵量も豊富。ウユニ塩湖に世界の50%のリチウムがあるといわれる。先住民人口比率が高い(約4割)。2023年、パレスチナのガザ地区に侵攻したイスラエルを非難し、同国との国交を断絶した。

ポルトガル
Portugal

面積 9　人口 1029
首都 リスボン
通貨 1ユーロ=156.46円
所得 25950ドル　宗教 カトリック
住民 ポルトガル人
言語 ポルトガル語　独立 —

ヨーロッパ大陸最西端にある国。大航海時代の主役の一国で、南米やアフリカ、アジアに多数の植民地を築いた。観光が重要な産業。ポートワインが有名。コルクの生産で世界一。経済の長期低迷から財政破綻の危機に陥ったが、EUやIMFの支援を受けて景気回復。

統計｜世界｜世界の国ぐに

ホンジュラス
Honduras

面積　11　人口　975
首都　テグシガルパ
通貨　1レンピラ=5.81円
所得　2750ドル　宗教　カトリック
住民　先住民とスペイン系の混血など
言語　スペイン語　独立　ー

紀元前から16世紀まで中米に存在したマヤ文明の遺跡がある国。サッカー・ワールドカップ予選を機に、隣国エルサルバドルとの戦争に発展した1969年のサッカー戦争が有名。主産業は農業と水産業。近年、深刻な治安悪化を背景に、この国を脱出し、米国に向かう移民集団が発生している。

マーシャル諸島
Marshall Islands

面積　0.02*1　人口　4
首都　マジュロ
通貨　1ドル=143.28円
所得　7270ドル　宗教　キリスト教
住民　ミクロネシア系
言語　英語、マーシャル語　独立　1986

国土がすべて珊瑚環礁の島々という南太平洋の国。カヌーで島間を航海する先住民が暮らす。コプラ*2の生産と漁業が中心で、経済力は低い。国防と安全保障を米国に委ねる代わりに財政支援を受けている。1954年に同国のビキニ環礁で米国が水爆実験を行い、日本漁船が被曝した。

マダガスカル
Madagascar

面積　59　人口　2843　首都　アンタナナリボ
通貨　1アリアリ=0.031円
所得　510ドル
宗教　キリスト教、伝統宗教、イスラム教
住民　マレー系メリナ族など約18部族
言語　マダガスカル語など　独立　1960

アフリカのアジアと呼ばれる島国。アフリカ大陸から500km程のインド洋上にあるが、この島だけにすむアイアイ、インドネシア原産のキツネザルが生息するなど生態系はアフリカと異なる。香料の原料となるバニラの生産は世界屈指。近年、干ばつによって深刻な飢餓が起きている。

マラウイ
Malawi

面積　12　人口　2041　首都　リロングウェ
通貨　1マラウイ・クワチャ=0.085円
所得　640ドル
宗教　キリスト教、イスラム教、伝統宗教
住民　バンツー系チェワ族、トゥンブーカ族など
言語　チェワ語、英語など　独立　1964

国土の5分の1をマラウイ湖が占める国。マラウイ湖は東西に80km、南北に600kmと細長く、国土もこれに沿うように細長い。労働者の大半が農業に従事。紅茶、タバコ、砂糖、コーヒー、ナッツを生産、輸出する。最貧国のひとつ。水害がたびたび発生し、大きな被害をもたらしている。

マリ
Mali

面積　124　人口　2259　首都　バマコ
通貨　1CFAフラン=0.24円
所得　850ドル　宗教　イスラム教など
住民　バンバラ族が最大。ほか22以上の少数民族
言語　フランス語、バンバラ語など　独立　1960

サハラ砂漠を往来するラクダ隊商の基地として栄え、数々の王国が盛衰を繰り返した場所にある国。主産業は農業と鉱業。クーデターが繰り返されるなど不安定な状況が続く。現政府は旧宗主国フランスとの関係が悪化する一方、ロシアと関係を深めている。

マルタ
Malta

面積　0.03　人口　52
首都　バレッタ　通貨　1ユーロ=156.46円
所得　32860ドル　宗教　カトリック
住民　北アフリカ系、中近東系、ヨーロッパ系
言語　マルタ語、英語　独立　1964

ヨーロッパとアフリカを結ぶ地中海の中継拠点として栄えた島国。中世のマルタ騎士団ゆかりの砦や紀元前の神殿などの歴史的建造物がある。主産業は観光業と造船、船舶修理、半導体、繊維などの製造業。アフリカから海を渡り大挙して訪れる難民への対処に苦慮している。

マレーシア
Malaysia

面積　33　人口　3350
首都　クアラルンプール
通貨　1リンギ=31.03円　所得　11830ドル
宗教　イスラム教、仏教、儒教、ヒンドゥー教など
住民　マレー系、中国系、インド系など
言語　マレー語など　独立　1957

外国企業の誘致で発展した東南アジアの国。天然ゴムやスズなど植民地時代の産業から、半導体など電気電子機器製造へと移行して成長を遂げた。現在も安定成長を維持。かつてはシンガポールとひとつの国だった。国土面積は日本と同程度。その7割が熱帯雨林に覆われている。

ミクロネシア連邦
Federated States of Micronesia

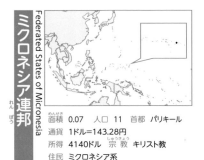

面積　0.07　人口　11　首都　パリキール
通貨　1ドル=143.28円
所得　4140ドル　宗教　キリスト教
住民　ミクロネシア系
言語　英語、現地の8言語
独立　1986

西太平洋の赤道近くに点在する600以上の島々からなる国。総面積は奄美大島と同程度。世界最大の環礁チュークラグーンに世界中からダイバーが訪れる。コプラ*2やバナナ、魚類を輸出。国防と安全保障を米国に委ねる代わりに受けている財政援助が収入の4割以上を占める。

南アフリカ共和国
South Africa

面積　122　人口　6004
首都　プレトリア　通貨　1ランド=7.66円
所得　6780ドル　宗教　キリスト教など
住民　バンツー系アフリカ人、ヨーロッパ系など
言語　英語、アフリカーンス語など　独立　ー

製造業や金融業が発展したアフリカ屈指の経済大国。ダイヤモンド、金など鉱物資源が豊富。ただし近年の同国経済は、インフレや電力不足の影響を受け低迷している。悪名高い人種隔離政策、アパルトヘイトを実施していた。1991年にこの政策を撤廃。2023年ラグビーW杯優勝国。

*1 ビキニ環礁、エニウェトク環礁、クエゼリン環礁、マジュロ環礁、ロンゲラップ環礁、ウトリック環礁を含むラグーン（内海）の面積は120　*2 ココナッツの加工品

南スーダン
South Sudan

面積 64　人口 1106　首都 ジュバ
通貨 1南スーダン・ポンド=0.59円(21年2月)
所得 1040ドル
宗教 キリスト教、伝統宗教
住民 ディンカ族、シルク族、ヌエル族など数十の部族
言語 英語など　独立 2011

南北に分かれて内戦を繰り返してきたスーダンの南部地域が、2011年に分離独立してできた国。13年に政府軍と反政府勢力の戦闘が内戦に発展。両者は18年に和平合意し、現在は暫定政府が政権を担う。政情は不安定。深刻な食糧危機が続いている。

モザンビーク
Mozambique

面積 80　人口 3296
首都 マプト
通貨 1メティカル=2.25円
所得 440ドル　宗教 キリスト教など
住民 マクア・ロムウェ族など43部族
言語 ポルトガル語　独立 1975

アフリカ大陸の南東部にあり、海峡を挟んでマダガスカル島と向かい合う国。1975年にポルトガルから独立した後、内戦が繰り広げられた。現在は、豊富な資源と海外からの投資を背景に、経済が拡大。しかし一方、武装勢力が活発に活動。ガス田開発への影響が懸念されている。

モーリタニア
Mauritania

面積 103　人口 465
首都 ヌアクショット
通貨 1ウギア=3.61円
所得 2080ドル　宗教 イスラム教
住民 モール人、アフリカ系
言語 アラビア語、フランス語など　独立 1960

砂漠の中に人々が暮らす国。国土の4分の3以上をサハラ砂漠が占める。首都ヌアクショットはサハラ砂漠の中で最大の都市。砂漠の中の旧市街が、地の果てをイメージさせる。主産業は農牧業と漁業、鉱業。タコや鉄鉱石を輸出する。油田も確認されているが、石油生産量はわずか。

ミャンマー
Myanmar

面積 68　人口 5114
首都 ネピドー　通貨 1チャット=0.068円
所得 1270ドル
宗教 仏教など
住民 ビルマ族。ほかに少数民族
言語 ミャンマー語　独立 1948

27年にわたり軍事政権が続いてきた国。2015年の総選挙で民主化指導者、アウンサンスーチー氏率いる政党が大勝し、16年に民主的な新政権が誕生した。しかし、21年のクーデターで再び軍政に。民主派および少数民族が武装蜂起し、国軍と激しい戦闘を繰り広げている。

モナコ
Monaco

面積 0.0002　人口 4
首都 モナコ
通貨 1ユーロ=156.46円
所得 234316ドル(21年・GDPベース)
宗教 カトリック　住民 フランス系など
言語 フランス語　独立 ―

F1モナコ・グランプリが市街地で開催される国。バチカンに次いで世界で2番目に小さな国で、面積は約2㎢、皇居の2倍程度。観光が最大の産業。豪華なカジノ施設、グランカジノが世界的に有名。元首のアルベール2世は環境保護に熱心なことで知られている。

モルディブ
Maldives

面積 0.03　人口 52
首都 マレ
通貨 1ルフィア=9.31円
所得 10880ドル　宗教 イスラム教
住民 モルディブ人
言語 ディベヒ語　独立 1965

ダイバー憧れの美しいダイビングスポットで知られる国。1192の島からなる。このうちリゾート島は159ある。海中には数百種の珊瑚と数千種の魚類が生息するという。標高が低く、最高地点は2.5m。国土水没の恐れがある。隣国インドとかかわりが深いが、近年は中国とも接近している。

メキシコ
Mexico

面積 196　人口 12601
首都 メキシコ市
通貨 1メキシコ・ペソ=8.46円
所得 10820ドル　宗教 カトリック
住民 スペイン系と先住民の混血など
言語 スペイン語　独立 ―

太陽の国と呼ばれる国。太陽を信仰するアステカ帝国が栄えた地にある。米国との国境沿いは乾燥地帯。太平洋沿岸は高温多湿。銀の産出量は世界有数。麻薬組織の犯罪が深刻。2020年以降、新型コロナウイルス感染症で大きな打撃を受けた経済は、順調に回復している。

モーリシャス
Mauritius

面積 0.2　人口 126　首都 ポートルイス
通貨 1モーリシャス・ルピー=3.22円
所得 10360ドル
宗教 ヒンドゥー教、キリスト教、イスラム教など
住民 インド系、クレオール系、中国系など
言語 英語など　独立 1968

アフリカ大陸東部のインド洋上に浮かぶマダガスカル島の、さらに東側にある島国。大航海時代にドードー鳥という珍種の鳥が乱獲され、絶滅したことで知られる。同時代から各国王室御用達のリゾート地。2020年、同国沖で日本の貨物船が座礁。重油流出により深刻な環境汚染が発生。

モルドバ
Moldova

面積 3　人口 260　首都 キシナウ
通貨 1モルドバ・レイ=8.21円
所得 5500ドル　宗教 キリスト教(正教)
住民 モルドバ人。ほかにウクライナ人、
　　　ロシア人など
言語 モルドバ語　独立 1991

ウクライナとルーマニアに挟まれた、旧ソ連構成国。国土は肥沃な黒土に覆われ、農業が産業の中心。ロシア系住民が多い沿ドニエストル地域にはロシア軍が駐留し、独立状態にある。2022年のロシアによるウクライナ侵攻をきっかけに、ロシアに対する警戒感が高まっている。

モロッコ　Morocco

面積　45　人口　3603　首都　ラバト
通貨　1モロッコ・ディルハム＝14.44円
所得　3670ドル　宗教　イスラム教
住民　アラブ人。ほかにベルベル人
言語　アラビア語、ベルベル語、フランス語
独立　1956

ヨーロッパに最も近いアフリカの国。スペインとは海を挟んで14kmの距離。アラブとアフリカ、ヨーロッパから影響を受け、独自の混合文化が発展。モロッコじゅうたんが有名。同国が実効支配する西サハラをめぐりアルジェリアと対立。2023年9月、巨大地震が発生し約3000人が死亡。

モンゴル　Mongolia

面積　156　人口　345
首都　ウランバートル
通貨　1ツグリク＝0.04円（22年平均）
所得　4260ドル　宗教　チベット仏教
住民　モンゴル人。ほかにカザフ人など
言語　モンゴル語、カザフ語　独立　─

遊牧民族が伝統を守って暮らす国。ゲルと呼ばれる移動式住居で暮らす遊牧民が国民の約3割を占める。日本の大相撲でモンゴル出身者が活躍。石炭や銅、蛍石を輸出。金やウラン、レアメタルの開発にも積極的。コロナ禍で悪化した経済は徐々に回復している。

モンテネグロ　Montenegro

面積　1　人口　62　首都　ポドゴリツァ
通貨　1ユーロ＝156.46円　所得　10480ドル
宗教　キリスト教（正教）、イスラム教など
住民　モンテネグロ人、セルビア人、ボスニア系イスラム教徒など
言語　モンテネグロ語　独立　2006

2006年に旧セルビア・モンテネグロから独立して生まれた新しい国。「黒い山」を意味する国名の通り、国土は険しい山々に覆われている。アドリア海沿岸には中世の面影が残る城塞都市があり、年間約200万人の観光客が訪れる。主産業は観光業、アルミニウムの製造、農業など。

ヨルダン　Jordan

面積　9　人口　1129　首都　アンマン
通貨　1ヨルダン・ディナール＝201.99円
所得　4350ドル
宗教　イスラム教スンニ派
住民　ほとんどがアラブ人（パレスチナ系）
言語　アラビア語、英語　独立　1946

イスラエルやサウジアラビアなどと国境を接する国。古代遺跡をめぐる観光が重要な収入源。リン鉱石の産地であり、これを原料とする化学肥料を製造する。塩分が濃く、体が簡単に浮く湖、死海がある。経済低迷が続く。2023年、隣国イスラエルのガザ侵攻を非難し、同国駐在大使を召還。

ラオス　Laos

面積　24　人口　734
首都　ビエンチャン
通貨　1キップ＝0.0070円
所得　2310ドル　宗教　仏教、伝統宗教
住民　ラオ族。ほかに48の少数民族
言語　ラオス語　独立　1953

密林に覆われ、東南アジア最後の秘境といわれる国。国民の65％が仏教徒。山がちな環境や多雨を生かし、巨大ダムを次々と建設。水力発電による電力を隣国に売り、「東南アジアのバッテリー」と呼ばれている。中国との関係を深めている。2021年には両国を結ぶ鉄道が開通した。

ラトビア　Latvia

面積　7　人口　189　首都　リガ
通貨　1ユーロ＝156.46円　所得　21850ドル
宗教　プロテスタント、カトリック
住民　ラトビア人。ほかにロシア人、ベラルーシ人など
言語　ラトビア語　独立　1991

バルト海を望む、バルト三国の一国。首都リガは、中世の教会や城壁、アールヌーボー建築など、時の流れを感じさせる街並みから「バルトのパリ」と呼ばれ、世界遺産である。森林資源に恵まれ木材産業が盛んなほか、化学、製薬などの分野に強みを持つ。近年はIT産業も成長。

リトアニア　Lithuania

面積　7　人口　282　首都　ビリニュス
通貨　1ユーロ＝156.46円
所得　23870ドル　宗教　カトリック
住民　リトアニア人。ほかにロシア人、ポーランド人など
言語　リトアニア語　独立　1991

バルト三国の一国。中世にバルト海から黒海にかけて勢力を広げたリトアニア大公国が起源。4000以上の湖と森林が独特の景観を織りなす。天然琥珀の名産地。バスケットボールが国技。産業は製造業、木材加工、ITなど。ロシアへのエネルギー依存からの脱却を急ぎ進めている。

リビア　Libya

面積　176　人口　681
首都　トリポリ
通貨　1リビア・ディナール＝29.88円
所得　7260ドル
宗教　イスラム教　住民　アラブ人
言語　アラビア語　独立　1951

エジプトとアルジェリアの間に挟まれた国。1969年の革命以来、カダフィ大佐が国を主導したが、2011年、反政府デモをきっかけに内戦化し大佐は殺害された。暫定政府と反政府勢力が20年に停戦で合意。暫定統一政府が政権を担う。23年に大洪水が発生し、膨大な数の死者が出た。

リヒテンシュタイン　Liechtenstein

面積　0.02　人口　4
首都　ファドゥーツ
通貨　1スイス・フラン＝168.65円
所得　116600ドル
宗教　カトリック　住民　ドイツ系
言語　ドイツ語　独立　─

アルプスの麓にある国。スイスとオーストリアに挟まれている。面積は世界で6番目に狭い。山間に小さな町々が点在し、落ち着きのある欧州の田舎といった風情だが、精密機械や歯科用機器の分野では世界屈指の技術力をもつ。19世紀から軍を持たない中立政策を続けている。

リベリア Liberia

面積 11　人口 530　首都 モンロビア
通貨 1リベリア・ドル=0.76円
所得 680ドル
宗教 キリスト教、イスラム教
住民 クペレ族、バサ族、グレボ族など16部族
言語 英語　独立 ―

米国で解放された奴隷が西アフリカにつくった国。自由を意味するlibertyが国名の由来。この国の船として船籍を登録する他国の船が多いため、商船の船舶保有船腹量は世界1位。2014年、致死率が高いエボラ出血熱が大流行し、4800人以上が死亡した。

ルワンダ Rwanda

面積 3　人口 1263　首都 キガリ
通貨 1ルワンダ・フラン=0.11円
所得 930ドル　宗教 キリスト教、イスラム教
住民 フツ族。ほかにツチ族、トゥワ族
言語 キニャルワンダ語、フランス語、英語
独立 1962

赤道の南側に位置する東アフリカの国。起伏が激しく、千の丘の国といわれる。多数部族のフツ族と少数のツチ族が激しく対立。1994年にはフツ族による大量虐殺が発生した。一時、経済破綻したが、近年になり急成長を遂げた。国会議員に女性が占める割合が世界一高い。

ルクセンブルク Luxembourg

面積 0.3　人口 66　首都 ルクセンブルク
通貨 1ユーロ=156.46円
所得 89200ドル　宗教 カトリック
住民 ルクセンブルク人（ゲルマン系）
言語 ルクセンブルク語、フランス語、ドイツ語
独立 ―

切り立つ岩の上に多くの要塞が築かれ、城塞都市として発展したヨーロッパの小国。国民1人あたりのGNI（国民総所得）は世界最高水準。伝統的に鉄鋼業が盛ん。金融サービスが発達し、欧州の金融センターの一角を担う。宇宙資源活用研究に国を挙げて取り組んでいる。

レソト Lesotho

面積 3　人口 231
首都 マセル
通貨 1ロチ=7.66円
所得 1230ドル　宗教 キリスト教
住民 バント族
言語 英語、セソト語　独立 1966

南アフリカに四方を囲まれた国。大部分が標高2000m以上の高地にあり、最も低い場所でも1300m以上。涼しく過ごしやすいため、観光客が多い。産業は衣類、靴などの軽工業。穀物を生産するが、土壌に恵まれず生産能力は低い。後発開発途上国。HIV対策が課題。

ルーマニア Romania

面積 24　人口 1903
首都 ブカレスト
通貨 1ルーマニア・レイ=31.73円
所得 15570ドル　宗教 ルーマニア正教
住民 ルーマニア人。ほかにハンガリー人
言語 ルーマニア語　独立 ―

15世紀のルーマニアに実在したドラキュラ公が、敵兵を残忍に殺害した史実が吸血鬼物語のモデル。東欧で唯一、ラテン民族によって構成される。石油などの資源に恵まれ工業も発達。世界金融危機(P98)後にIMFなどの支援を受けたが、構造改革で経済は回復。

レバノン Lebanon

面積 1　人口 529　首都 ベイルート
通貨 1レバノン・ポンド=0.0096円
所得 4970ドル
宗教 キリスト教、イスラム教など
住民 アラブ人
言語 アラビア語　独立 1943

東地中海の交易拠点として発展した歴史を持つ国。1975年から15年にわたる内戦で国内は荒廃。以来、政情不安が続いてきた。近年は経済危機が急進行。2023年、この国に拠点を置くイスラム教シーア派組織ヒズボラとイスラエルが交戦。中東情勢のさらなる悪化が懸念される。

ロシア連邦 Russia

面積 1709　人口 14645　首都 モスクワ
通貨 1ルーブル=1.56円
所得 12750ドル　宗教 ロシア正教
住民 ロシア人。ほかにタタール人など少数民族
言語 ロシア語　独立 右欄★印参照

最も面積が広い国。アジアから東欧にかけ、14の国と地続きで国境を接する。かつては米国と並ぶ超大国だったソビエト連邦の一構成国だった。冷戦時代、世界初の有人宇宙飛行を達成。バレエやクラシック音楽、文学など、芸術・文化が独自に発展。石油生産量は世界有

POINT

★18〜20世紀にロシア帝国が繁栄
★ロシア革命を経て1922年にソビエト連邦建国
★1991年、ソビエト連邦が崩壊し、ロシア連邦成立

ロシアによるウクライナ侵攻をめぐり、国際刑事裁判所（ICC）は2023年3月17日、戦争犯罪の容疑でロシアのプーチン大統領（写真）に逮捕状を出したと発表した。22年2月の侵攻以降、ロシアが占領したウクライナの地域から子どもを含む住民をロシアに連行した行為に責任があるとしている。

数。巨大な軍事力を背景に国際社会に影響を及ぼす。2022年、突如として隣国ウクライナに軍事侵攻を開始。現在に至るまで同国各地に激しい攻撃を続けている。プーチン大統領は強硬姿勢を崩していない。新秩序形成を目指し、中国やイランなどと積極的な外交を展開している。

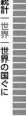

世界　自然

地球は「水の惑星」といわれるが、大きさや海と陸の割合はどうか。また地球上にはどのような山や海、川、島、砂漠、海溝（海底の特に深いところ）があるか。どこにあるかも確認しよう。

地球の大きさ

【資料】天文年鑑2024、理科年表2024（国立天文台）ほか

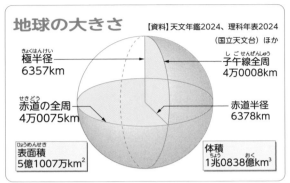

極半径 6357km
子午線全周 4万0008km
赤道の全周 4万0075km
赤道半径 6378km
表面積 5億1007万km²
体積 1兆0838億km³

海と陸地の割合

【資料】理科年表2024（国立天文台）

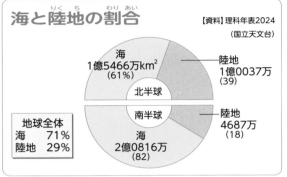

海 1億5466万km²（61%）
陸地 1億0037万（39）
北半球
南半球
海 2億0816万（82）
陸地 4687万（18）

地球全体
海 71%
陸地 29%

海の広さ

【資料】理科年表2024（国立天文台）

その他 3581万（10）
北極海 949万
地中海 251万
ベーリング海 226万など
インド洋 7343万（20）
合計 3億6203万km²（100%）
太平洋 1億6624万km²（46）
大西洋 8656万（24）

深い海溝

【資料】理科年表2024（国立天文台）

な　　ま　　え	深さ(m)	長さ(km)	幅 (km)
①マ リ ア ナ	1万0920	2550	70
②ト ン ガ	1万0800	1400	55
③フ ィ リ ピ ン	1万0057	1400	60
④ケ ル マ デ ッ ク	1万0047	1500	60
⑤伊 豆 ・ 小 笠 原	9780	850	90
⑥千 島 ・ カ ム チ ャ ツ カ	9550	2200	120
⑦北 ニ ュ ー ヘ ブ リ デ ス	9175	500	70
⑧ヤ ッ プ	8946	700	40
⑨ニ ュ ー ブ リ テ ン	8940	1100	50
⑩プ エ ル ト リ コ	8605	1500	120

【注】深さは、もっとも深いところ。幅は平均。

高い山

【資料】理科年表2024（国立天文台）

な　　ま　　え	あるところ	高さ(m)
①チョモランマ	ヒ マ ラ ヤ	8848
②K 2	カ ラ コ ル ム	8611
③カンチェンジュンガ	ヒ マ ラ ヤ	8586
④ロ ー ツ ェ	〃	8516
⑤マ カ ル ウ	〃	8463
⑥チ ョ ー オ ユ	〃	8201
⑦ダ ウ ラ ギ リ	〃	8167
⑧マ ナ ス ル	〃	8163
⑨ナ ン ガ パ ル バ ッ ト	〃	8126
⑩アンナプルナ	〃	8091

【注】チョモランマ＝エベレストまたはサガルマタ、K2＝ゴドウィンオースチンとしても知られる。

大きな島

【資料】理科年表2024（国立天文台）

な　　ま　　え	国　　　名	大きさ(万km²)
①グリーンランド	デ ン マ ー ク	217.56
②ニューギニア(イリアン)	インドネシアほか	80.85
③ボルネオ(カリマンタン)	〃	74.56
④マ ダ ガ ス カ ル	マ ダ ガ ス カ ル	58.70
⑤バ フ ィ ン	カ ナ ダ	50.75
⑥ス マ ト ラ	インドネシア	47.36
⑦本 州	日 本	22.74※
⑧グレートブリテン	イ ギ リ ス	21.85
⑨ビ ク ト リ ア	カ ナ ダ	21.73
⑩エ レ ス メ ア	〃	19.62

※国土地理院2023年10月データでは、22.79万km²。

長い川

【資料】理科年表2024（国立天文台）

な　　ま　　え	河口のある国	長さ(km)	流域面積(万km²)
①ナ イ ル 川	エ ジ プ ト	※6695	335
②アマゾン川	ブ ラ ジ ル	6516	705
③長江（揚子江）	中 国	6380	196
④ミシシッピ川	ア メ リ カ	※※5969	325
⑤オ ビ 川	ロ シ ア	＊5568	299
⑥エニセイ-アンガラ川	〃	5550	258
⑦黄 河	中 国	5464	98
⑧コンゴ（ザイール）川	コンゴ民主共和国	4667	370
⑨ラプラタ-パラナ川	アルゼンチン・ウルグアイ	4500	310
⑩アムール-アルグン川	ロ シ ア	4444	＊＊(186)

【注】※カゲラ源流からの長さ。※※ミズーリ源流からミシシッピ河口までの長さ。
＊イルチシ源流からの長さ。＊＊アムール川のみの面積。

広い砂漠

【資料】理科年表2024（国立天文台）

な　　ま　　え	あるところ	広さ(万km²)
①サ ハ ラ	アフリカ北部	907
②ア ラ ビ ア	アジア（アラビア半島）	246
③ゴ ビ	モンゴル、中国北東部	130
④パ タ ゴ ニ ア	アルゼンチン南部	67
⑤グレートビクトリア	オーストラリア中西部	65
⑥タール（大インド）	インド、パキスタン	60
⑦カ ラ ハ リ	アフリカ南部	57
⑧タクラマカン	中 国 北 西 部	52
⑨グレートベーズン	アメリカ南西部	49
⑩チ ワ ワ	メキシコ北部	45

【注】※オーストラリア中部には、ほかにも連続して砂漠が分布し、合計337万km²(世界2位)。中央アジア・トルキスタンの多くの砂漠を合算すると194万km²(世界4位)。

世界各地の気候は、緯度、地形、海からの距離、標高、風向などで分類できる。それぞれの特徴をつかもう。世界の年平均気温は変動を繰り返しながら上昇。長期的に100年あたり0.76℃の割合で上昇。

自然　世界

世界の気候

【資料】理科年表2024（国立天文台）

折れ線は気温、棒は降水量を示す。目盛りはそれぞれ左端と右端に。

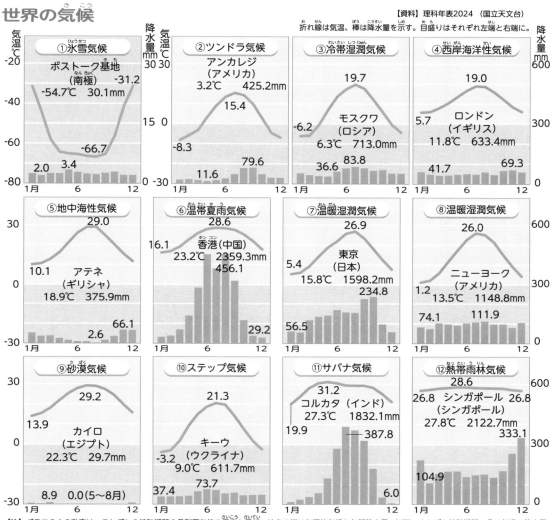

①氷雪気候　ボストーク基地（南極）　-54.7℃　30.1mm　-31.2　-66.7　2.0　3.4

②ツンドラ気候　アンカレジ（アメリカ）　3.2℃　425.2mm　15.4　-8.3　11.6　79.6

③冷帯湿潤気候　モスクワ（ロシア）　6.3℃　713.0mm　19.7　-6.2　36.6　83.8

④西岸海洋性気候　ロンドン（イギリス）　11.8℃　633.4mm　19.0　5.7　41.7　69.3

⑤地中海性気候　アテネ（ギリシャ）　18.9℃　375.9mm　29.0　10.1　66.1　2.6

⑥温帯夏雨気候　香港(中国)　23.2℃　2359.3mm　28.6　16.1　456.1　29.2

⑦温暖湿潤気候　東京（日本）　15.8℃　1598.2mm　26.9　5.4　234.8　56.5

⑧温暖湿潤気候　ニューヨーク（アメリカ）　13.5℃　1148.8mm　26.0　1.2　74.1　111.9

⑨砂漠気候　カイロ（エジプト）　22.3℃　29.7mm　29.2　13.9　8.9　0.0(5〜8月)

⑩ステップ気候　キーウ（ウクライナ）　9.0℃　611.7mm　21.3　-3.2　37.4　73.7

⑪サバナ気候　コルカタ（インド）　27.3℃　1832.1mm　31.2　19.9　387.8　6.0

⑫熱帯雨林気候　シンガポール（シンガポール）　27.8℃　2122.7mm　28.6　26.8　26.8　104.9　333.1

【注】グラフの中の数字は、それぞれの統計期間の月別平年値の最高と最低。地名の下は年平均気温と年間降水量。以下、それぞれ統計期間。①は気温、降水量とも1997−2020年、⑥は気温、降水量とも1992−2020年、④の降水量は1997−2020年、その他は1991−2020年。

世界の年平均気温の長期的変化

【注】日本の年平均気温の長期的変化 ☞ 133ページ。【資料】気象庁

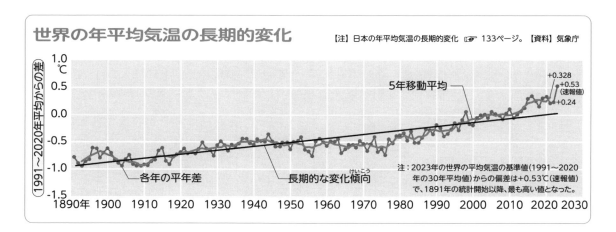

5年移動平均　+0.328　+0.53（速報値）　+0.24

各年の平年差　長期的な変化傾向

注：2023年の世界の平均気温の基準値（1991〜2020年の30年平均値）からの偏差は＋0.53℃（速報値）で、1891年の統計開始以降、最も高い値となった。

（1991〜2020年平均からの差）

統計―世界―自然

243

国民総所得（こくみんそうしょとく）

世界各国の国民総所得（GNI）を比べてみよう。国民総所得と1人あたりGNIを比べると国の順位はどのように変わるか。それはどのようなことを意味するだろうか。219〜241ページも参照しよう。

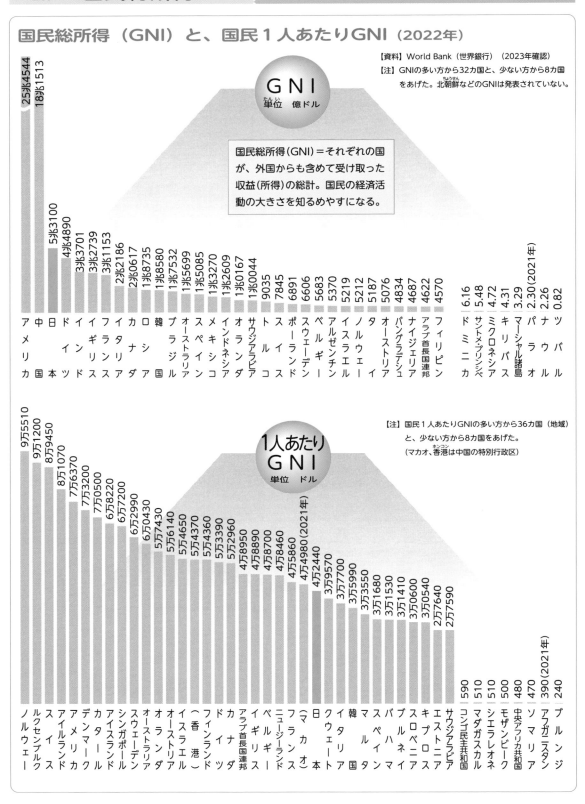

国民総所得（GNI）と、国民1人あたりGNI（2022年）

GNI 単位　億ドル

【資料】World Bank（世界銀行）（2023年確認）
【注】GNIの多い方から32カ国と、少ない方から8カ国をあげた。北朝鮮などのGNIは発表されていない。

国民総所得（GNI）＝それぞれの国が、外国からも含めて受け取った収益（所得）の総計。国民の経済活動の大きさを知るめやすになる。

国	GNI（億ドル）
アメリカ	25兆4544
中国	18兆1513
日本	5兆3100
ドイツ	4兆4890
インド	3兆3701
イギリス	3兆2739
フランス	3兆1153
イタリア	2兆2186
カナダ	2兆0617
ロシア	1兆8735
韓国	1兆8580
ブラジル	1兆7532
オーストラリア	1兆5699
スペイン	1兆5085
メキシコ	1兆3270
インドネシア	1兆2609
オランダ	1兆0167
サウジアラビア	1兆0044
トルコ	9035
スイス	7845
ポーランド	6891
スウェーデン	6606
ベルギー	5683
アルゼンチン	5370
イスラエル	5219
ノルウェー	5212
タイ	5187
オーストリア	5076
バングラデシュ	4834
ナイジェリア	4687
アラブ首長国連邦	4622
フィリピン	4570
ドミニカ	6.16
サントメ・プリンシペ	5.48
ミクロネシア	4.72
キリバス	4.31
マーシャル諸島	3.29
パラオ	2.30（2021年）
ナウル	2.26
ツバル	0.82

1人あたり GNI 単位　ドル

【注】国民1人あたりGNIの多い方から36カ国（地域）と、少ない方から8カ国をあげた。（マカオ、香港は中国の特別行政区）

国（地域）	1人あたりGNI（ドル）
ノルウェー	9万5510
ルクセンブルク	9万1200
スイス	8万9450
アイルランド	8万1070
アメリカ	7万6370
デンマーク	7万3200
カタール	7万0500
アイスランド	6万8220
シンガポール	6万7200
スウェーデン	6万2990
オーストラリア	6万0430
オランダ	5万7430
オーストリア	5万6140
イスラエル	5万4650
（香港）	5万4370
フィンランド	5万4360
ドイツ	5万3390
カナダ	5万2960
アラブ首長国連邦	4万8950
イギリス	4万8890
ベルギー	4万8700
（マカオ）	4万8460
ニュージーランド	4万5860
フランス	4万4980（2021年）
日本	4万2440
イタリア	3万9570
クウェート	3万7700
韓国	3万5990
マルタ	3万3550
スペイン	3万1680
バハマ	3万1530
ブルネイ	3万1410
スロベニア	3万0600
キプロス	3万0540
エストニア	2万7640
サウジアラビア	2万7590
コンゴ民主共和国	590
アフガニスタン	510
ソマリア	510
中央アフリカ共和国	500
モザンビーク	480
マダガスカル	470
シエラレオネ	390（2021年）
ブルンジ	240

世界の人口は、2050年には96億8744万人になり、65歳以上が16%を占めると予測されている（2022年の国連の推計）。各国の人口や出生率・死亡率・寿命、外国と日本の人の行き来などを確認しよう。

州（大陸）別人口（2022年）

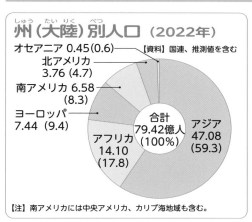

【資料】国連、推測値を含む

- オセアニア 0.45（0.6）
- 北アメリカ 3.76（4.7）
- 南アメリカ 6.58（8.3）
- ヨーロッパ 7.44（9.4）
- アフリカ 14.10（17.8）
- アジア 47.08（59.3）
- 合計 79.42億人（100%）

【注】南アメリカには中央アメリカ、カリブ海地域も含む。

爆発する人口（世界の将来人口）

【資料】国連

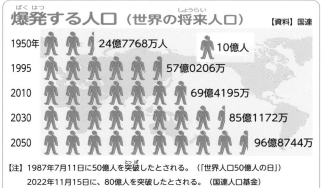

1950年	24億7768万人
1995	57億0206万
2010	69億4195万
2030	85億1172万
2050	96億8744万

10億人

【注】1987年7月11日に50億人を突破したとされる。（「世界人口50億人の日」）
2022年11月15日に、80億人を突破したとされる。（国連人口基金）
2030年、2050年は2022年時点の推計（中位予測）。

おもな国の出生率・死亡率・平均寿命

【資料】UNICEF、世界銀行

国 名	合計特殊出生率 調査年	合計特殊出生率 女性一人あたり	5歳未満の死亡率 調査年	5歳未満の死亡率 出生1000人あたり	15～50歳の死亡率 調査年	15～50歳の死亡率 15歳人口1000人あたり	平均寿命 調査年	平均寿命 男（歳）	平均寿命 女（歳）
日 本	2022	1.31	2022	2.3	2022	20.5	2022	81.8	87.8
韓 国	〃	0.87	〃	2.8	〃	14.5	〃	80.7	87.1
中 国	〃	1.18	〃	7.1	〃	34.8	〃	76.0	81.3
イ ン ド	〃	1.68	〃	12.2	〃	52.5	〃	71.9	77.5
エ ジ プ ト	〃	2.88	〃	19.0	〃	52.2	〃	62.6	72.6
エ チ オ ピ ア	〃	4.06	〃	43.7	〃	123.2	〃	62.6	68.9
イ ギ リ ス	〃	1.57	〃	3.7	〃	28.7	〃	80.4	83.8
アイスランド	〃	1.73	〃	1.9	〃	20.6	〃	81.4	84.3
スウェーデン	〃	1.67	〃	2.2	〃	19.7	〃	81.9	85.1
ド イ ツ	〃	1.53	〃	3.5	〃	25.4	〃	78.5	83.5
ロ シ ア	〃	1.51	〃	5.2	〃	115.3	〃	64.7	75.7
ア メ リ カ	〃	1.66	〃	5.9	〃	59.8	〃	75.5	81.0
オーストラリア	〃	1.60	〃	3.4	〃	26.4	〃	81.7	85.5

【注】日本の平均寿命は世界最高の水準。

外国に行った日本人と、日本に来た外国人

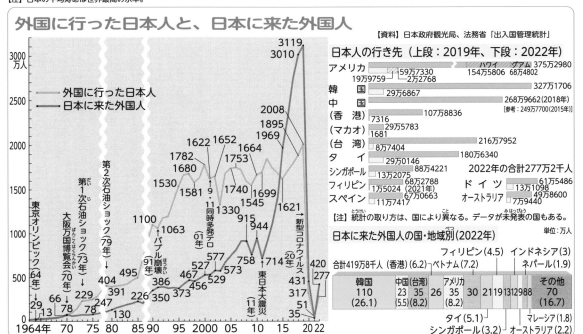

【資料】日本政府観光局、法務省「出入国管理統計」

凡例：外国に行った日本人／日本に来た外国人

（折れ線グラフの数値）
3119, 3010, 2008, 1895, 1969, 1664, 1753, 1652, 1622, 1740, 1782, 1680, 1699, 1581, 1530, 1621, 1545, 1330, 1100, 1063, 915, 944, 758, 714, 577, 573, 527, 529, 495, 467, 456, 431, 404, 386, 391, 350, 373, 317, 247, 229, 226, 130, 78, 78, 66, 51, 35, 29, 13, 420, 277

出来事の注記：
- 東京オリンピック（64年）
- 大阪万国博覧会（70年）
- 第1次石油ショック（73年）
- 第2次石油ショック（79年）
- バブル崩壊（91年）
- 9・11同時多発テロ（01年）
- 東日本大震災（11年）
- 新型コロナウイルス（20年）

縦軸：万人（0, 500, 1000, 1500, 2000, 2500, 3000）
横軸：1964年 70 75 80 85 90 95 2000 05 10 15 20 22

日本人の行き先（上段：2019年、下段：2022年）

行き先	2019年	2022年
アメリカ（うちハワイ／グアム）	375万2980（ハワイ154万5806／グアム68万4802）	59万7330（19万9759／2万2768）
韓 国	327万1706	29万6867
中 国（香港）	268万9662（2018年）［参考：249万7700（2015年）］	29万5783
（マカオ）	107万8836	1681
（台 湾）	216万7952	8万7404
タ イ	180万6340	29万0146
シンガポール	88万4221	13万2075
フィリピン	68万2709（2021年）	1万5024
スペイン	79万0663	11万7417
ドイツ	61万5486	13万1098
オーストラリア	49万8600	7万9440

7316

2022年の合計277万2千人

【注】統計の取り方は、国により異なる。データが未発表の国もある。

日本に来た外国人の国・地域別（2022年）

単位：万人

合計419万8千人

韓国	中国（台湾）	アメリカ						その他
110（26.1）	23 35（5.5）(8.2)	35 26（8.2）	30	21	19	13 12 9 8		70（16.7）

（香港）（6.2）
ベトナム（7.2）
フィリピン（4.5）
インドネシア（3）
ネパール（1.9）
タイ（5.1）
シンガポール（3.2）
マレーシア（1.8）
オーストラリア（2.2）

かんれん 各国の人口 ➡ 219～241ページ

統計｜世界｜国民総所得・人口・人の交流

世界 農業（のうぎょう）

日常的にもっとも多く利用する食べ物を主食（しゅしょく）といい、世界は代表的な主食により三つの食べ物文化圏（ぶんかけん）（米・小麦・イモや雑穀（ざっこく））に分かれる。地域と主食の関係、日本の主食と自給率（じきゅうりつ）の関係などを調べてみよう。

米・小麦・大麦の生産量（2021年）

単位 万t

696（5%）イギリス

1041（7%）ドイツ

3218（4%） 944（6%）ウクライナ

7606（10%） 1800（12%）ロシア

2億1284（27%） 1億3695（18%）中国

685（5%）カナダ

5694（7%）バングラデシュ

2491（3%）ミャンマー

1053 110 23（1%）日本

4479（6%）アメリカ

2746（4%）パキスタン

1億9543（25%） 1億0959（14%）インド

1996（3%）フィリピン

4385（6%）ベトナム

3656 1132（5%）（8%）フランス

3192 1465（4%）（10%）オーストラリア

3358（4%）タイ

5442（7%）インドネシア

928（6%）スペイン

【注】日本を除（のぞ）いて、それぞれ世界8位まで。

世界合計 米（もみ）7億8729万t 小麦 7億7088万t 大麦 1億4562万t

トウモロコシの生産量（2021年）

単位 万t

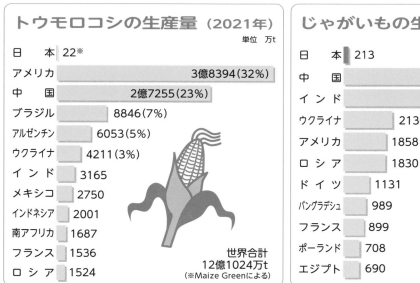

日　本	22※
アメリカ	3億8394（32%）
中　国	2億7255（23%）
ブラジル	8846（7%）
アルゼンチン	6053（5%）
ウクライナ	4211（3%）
イ　ン　ド	3165
メキシコ	2750
インドネシア	2001
南アフリカ	1687
フランス	1536
ロ　シ　ア	1524

世界合計 12億1024万t（※Maize Greenによる）

じゃがいもの生産量（2021年）

単位 万t

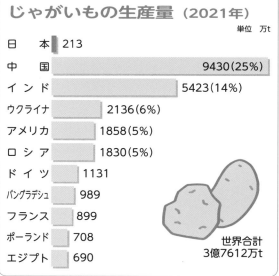

日　本	213
中　国	9430（25%）
イ　ン　ド	5423（14%）
ウクライナ	2136（6%）
アメリカ	1858（5%）
ロ　シ　ア	1830（5%）
ド　イ　ツ	1131
バングラデシュ	989
フランス	899
ポーランド	708
エジプト	690

世界合計 3億7612万t

【注】246〜247ページは特記のないものはFAOSTAT（国連食糧農業機関の統計データベース）による。

人口の割に生産量が多いものは、重要な輸出品となるが、どの国で何が多く生産されているか。近年、バイオ燃料の原料として大豆やトウモロコシが栽培されている。

農林業・畜産・漁業　世界

大豆 （2021年）

日　　本	25万t
ブラジル	1億3493 (36%)
アメリカ	1億2071 (32%)
アルゼンチン	4622 (12%)
中　　国	1640 (4%)
インド	1261
パラグアイ	1054
カ ナ ダ	627
ロ シ ア	476
ウクライナ	349
ボリビア	332

世界合計 3億7169万t

綿 （綿花、2022-23年）

中　　国	668万t (26%)
イ ン ド	573 (23%)
アメリカ	315 (12%)
ブラジル	255
オーストラリア	126
ト ル コ	107
パキスタン	85

世界合計 2540万t USDAによる

天然ゴム （2021年）

タ イ	464万t (33%)
インドネシア	312 (22%)
ベトナム	127 (9%)
中　　国	75
イ ン ド	75
コートジボワール	73
マレーシア	47
フィリピン	43

世界合計 1402万t

木材 （2022年）

日　　本	0.33億m³
アメリカ	4.59 (11%)
イ ン ド	3.50 (9%)
中　　国	3.36 (8%)
ブラジル	2.92
ロ シ ア	2.17
カ ナ ダ	1.45
インドネシア	1.25
エチオピア	1.19

世界合計 40.09億m³

牛肉 （2021年）

日　　本	48万t
アメリカ	1273 (18%)
ブラジル	975 (13%)
中　　国	698 (10%)
イ ン ド	420
アルゼンチン	298
メキシコ	213
オーストラリア	193
ロ シ ア	167
ト ル コ	146

世界合計 7245万t

ぶた肉 （2021年）

日　　本	132万t
中　　国	5296 (44%)
アメリカ	1256 (10%)
スペイン	518 (4%)
ド イ ツ	497
ブラジル	437
ロ シ ア	430
ベトナム	259
カ ナ ダ	240
フランス	220
ポーランド	199

世界合計 1億2037万t

鶏肉 （2021年）

日　　本	244万t
アメリカ	2065 (17%)
中　　国	1470 (12%)
ブラジル	1464 (12%)
ロ シ ア	462
インドネシア	384
イ ン ド	367
メキシコ	367
アルゼンチン	229
ト ル コ	225
エジプト	223

世界合計 1億2159万t

羊肉 （2021年）

中　　国	262万t (26%)
オーストラリア	66 (7%)
ニュージーランド	45 (5%)
ト ル コ	39
アルジェリア	34
イ ン ド	28
スーダン	27
イギリス	27
パキスタン	25

世界合計 996万t

羊毛 （2021年）

中　　国	36万t (20%)
オーストラリア	35 (20%)
ニュージーランド	13 (7%)
ト ル コ	9
イギリス	7
モロッコ	6
イ ラ ン	5
ロ シ ア	5
パキスタン	4
南アフリカ	4

世界合計 176万t

魚 （2020年）

2017～20年の推移を右表に示す

日　　本	315万t (3%)
中　　国	1323 (15%)
インドネシア	693 (8%)
ペ ル ー	563 (6%)
イ ン ド	550 (6%)
ロ シ ア	507
アメリカ	425
ベトナム	342
ノルウェー	245
バングラデシュ	192

世界合計 9026万t

【注】中国とインドは約 $\frac{1}{3}$ が淡水魚、ほかの国はほとんどが海の魚。
　　　魚・漁獲高には、甲殻類・軟体動物を含む。養殖は含まない。

漁獲高の移り変わり

単位 万t

	2017	2018	2019年	2020年
世界合計	9335	9649	9219	9026
中　　国	1537	1465	1400	1323
インドネシア	703	737	727	693
ペ ル ー	416	717	482	563
イ ン ド	553	532	546	550
ロ シ ア	487	511	497	507
アメリカ	503	479	482	425
ベトナム	331	335	344	342
日　　本	321	328	319	315
ノルウェー	239	249	232	245
バングラデシュ	180	187	190	192

統計―世界―農業・農林業・畜産・漁業

247

世界 **資源**

さまざまな鉱物の産地（国）と生産量を確認し、どんな産業で何が使われるか調べよう。IT産業で必要な資源は何か。鉱物資源をめぐり、紛争も起きている。

鉄鉱※（2021年）

オーストラリア	5億6500万t（35%）
ブラジル	2億7300（17%）
中　国	2億4600（15%）
インド	1億6900（10%）
ロシア	6670（4%）
ウクライナ	5240
イラン	4790
南アフリカ	4650
カナダ	3450
アメリカ	3010

※鉄含有量　世界合計 16億3000万t

すず（2021年）

中　国	9.0万t（30%）
インドネシア	7.0（23%）
ミャンマー	3.7（12%）
ペルー	2.7
ボリビア	2.0
コンゴ民主共和国	1.7
ブラジル	1.6
オーストラリア	0.9
ベトナム	0.5
マレーシア	0.5

世界合計 30.5万t

なまり鉱（2021年）

中　国	196.0万t（43%）
オーストラリア	48.5（11%）
アメリカ	29.4（6%）
メキシコ	27.2
ペルー	26.4
ロシア	20.0
インド	21.5
ボリビア	9.3
トルコ	7.5
スウェーデン	6.5

世界合計 455.0万t

あえん鉱（2021年）

中　国	414万t（33%）
ペルー	153（12%）
オーストラリア	132（10%）
インド	78
メキシコ	72
アメリカ	70
ボリビア	50
カナダ	31
ロシア	28
スウェーデン	23

世界合計 1270万t

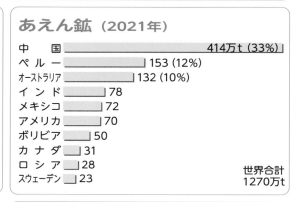

ボーキサイト（2021年）

オーストラリア	1億0300万t（27%）
中　国	9000（23%）
ギニア	8600（22%）
ブラジル	3300
インドネシア	2100
インド	1740
ジャマイカ	595
ロシア	568
サウジアラビア	478
カザフスタン	437

【注】ボーキサイトはアルミニウムの原料。

世界合計 3億8400万t

ウラン鉱（2022年）

カザフスタン	2万1227tU（43%）
カナダ	7351（15%）
ナミビア	5613（11%）
オーストラリア	4553
ウズベキスタン	3300
ロシア	2508
ニジェール	2020
中　国	1700
インド	600

tU＝トン・ウラン
100%の濃度のウランに換算した重量（トン）

世界合計 4万9355tU

金鉱（2021年）

日　本	7（2018年）
中　国	329t（11%）
ロシア	320（10%）
オーストラリア	315（10%）
カナダ	223
アメリカ	187
メキシコ	120
南アフリカ	107
ウズベキスタン	100
ペルー	97
ガーナ	88

世界合計 3090t

銀鉱（2021年）

日　本	15（2018年）
メキシコ	6110t（24%）
中　国	3500（14%）
ペルー	3310（13%）
オーストラリア	1360
ロシア	1320
ポーランド	1300
ボリビア	1290
チリ	1280
アメリカ	1020
アルゼンチン	720

世界合計 2万5000t

タングステン（2022年）

中　国	7万1000t（85%）
ベトナム	4800（6%）
ロシア	2300（3%）
ボリビア	1563
ルワンダ	1340
オーストリア	900
ポルトガル	502
スペイン	400

世界合計 8万3800t

【注】ウラン鉱は世界原子力協会、その他はUSGS（米地質調査所）。推測値を含む。日本の金鉱、銀鉱については、データの更新がなく2018年分を参考とする。

エネルギー消費量について1950年以降の推移を原動力別に確認しよう。また1人あたりの消費量、石油埋蔵量、各国のエネルギー消費量、石油の輸出入について各国の経済などの状況も考えよう。

エネルギー　世界

エネルギーの消費量

【注】数値は石油換算。（　）内は％。
【資料】EI Statistical Review of World Energy
2013年以前の資源別エネルギー比率は推測値。
*再生可能エネルギー

■石油　■石炭　■天然ガス
■水力・原子力　■再エネ*

世界合計（億t）

	石油	石炭	天然ガス	水力・原子力	世界合計（億t）
1950年	(61)	(10)	(27)	(2)	16.45
60	(33)(50)	(15)(2)			26.99
70	(44)(34)	(20)(2)			44.29
80	(45)(31)	(21)(3)			60.15
90	(37)(30)	(24)(10)			76.05
2001	(39)(27)	(28)(6)			82.82
05	(34)(33)	(28)(5)			94.52
10	(32)(36)	(27)(5)			113.79
15	43.82(34) 37.55(29) 29.91(23)	4.76(4) 水力8.98(7) 原子力5.72(4)			130.74
22	45.55(32) 38.57(27) 33.89(23)	10.79(7) 水力9.72(7) 原子力5.76(4)			144.27

1人あたりの消費量（2022年）

【資料】EI Statistical Review of World Energy

【注】国民1人が1年間に使うエネルギーを石油の量であらわした。少ない国、多い国の中からおもな国を選んだ。
*（香港を除く）

バングラデシュ	251kg
インド	614
エジプト	857
アルジェリア	1311
世界平均	1808
中国	2670*
日本	3437
ドイツ	3523
韓国	5859
アメリカ	6771

石油（原油）の確認埋蔵量（2022年）

【資料】Annual Statistical Bulletin

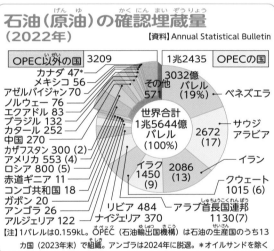

OPEC以外の国 3209
カナダ 47*
メキシコ 56
アゼルバイジャン 70
ノルウェー 76
エクアドル 83
ブラジル 132
カタール 252
中国 270
カザフスタン 300 (2)
アメリカ 553 (4)
ロシア 800 (5)
赤道ギニア 11
コンゴ共和国 18
ガボン 20
アンゴラ 26
アルジェリア 122

1兆2435 OPECの国

その他 571
3032億バレル(19)

世界合計
1兆5644億バレル(100%)

ベネズエラ
サウジアラビア 2672(17)
イラン 2086(13)
イラク 1450(9)
クウェート 1015(6)
アラブ首長国連邦 1130(7)
リビア 484
ナイジェリア 370

【注】1バレルは0.159kL。OPEC（石油輸出国機構）は石油の生産国のうち13カ国（2023年末）で組織。アンゴラは2024年に脱退。*オイルサンドを除く

各国のエネルギー消費量（2022年）

【資料】EI Statistical Review of World Energy

石油(37%)　石炭(28%)　天然ガス(20%)　原子力(3%)　水力(4%)　再エネ**(9%)

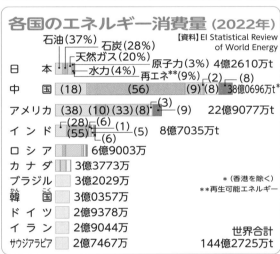

国	割合	消費量
日本	石油37% 石炭28% 天然ガス20% 原子力3% 水力4% 再エネ**9% (2)(8)	4億2610万t
中国	(18)(56)(9)(8)	38億0696万t*
アメリカ	(38)(10)(33)(8)(3)(9)	22億9077万t
インド	(28)(55)(6)(1)(5)(6)	8億7035万t
ロシア		6億9003万
カナダ		3億3773万
ブラジル		3億2029万
韓国		3億0357万
ドイツ		2億9378万
イラン		2億9044万
サウジアラビア		2億7467万

*（香港を除く）
**再生可能エネルギー

世界合計 144億2725万t

石油の産出国と輸入国（2020年）

単位 万t

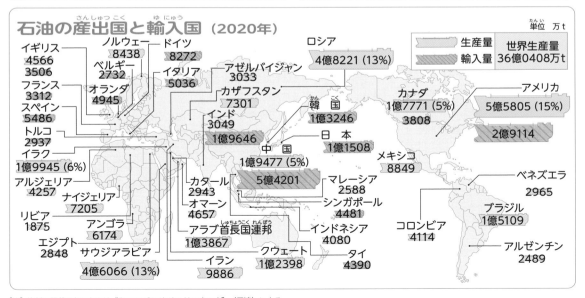

凡例	
■ 生産量	世界生産量 36億0408万t
▨ 輸入量	

イギリス 4566 / 3506
ノルウェー 8438
ドイツ 8272
ベルギー 2732
イタリア 5036
フランス 3312
オランダ 4945
アゼルバイジャン 3033
カザフスタン 7301
韓国 1億3246
ロシア 4億8221 (13%)
カナダ 1億7771 (5%) / 3808
アメリカ 5億5805 (15%) / 2億9114
スペイン 5486
トルコ 2937
インド 1億9646
日本 1億1508
イラク 1億9945 (6%)
中国 1億9477 (5%) / 5億4201
メキシコ 8849
ベネズエラ 2965
アルジェリア 4257
ナイジェリア 7205
カタール 2943
オマーン 4657
マレーシア 2588
シンガポール 4481
ブラジル 1億5109
リビア 1875
アンゴラ 6174
アラブ首長国連邦 1億3867
インドネシア 4080
コロンビア 4114
エジプト 2848
サウジアラビア 4億6066 (13%)
イラン 9886
クウェート 1億2398
タイ 4390
アルゼンチン 2489

【注】資料の記載のないものは"Energy Statistics Yearbook"（国連）による。
※「エネルギーの消費量」の2010年までは"Energy Statistics Yearbook"、2015年からは"EI Statistical Review of World Energy"

世界 **工業**（こうぎょう）

世界の工業に影響力（えいきょうりょく）の大きい国ぐにはどこだろうか。どの国がどんなものを多く作っているかを確認しよう。また247ページの農林業などとも比べて、国による産業の傾向を考えてみよう。

鉄の生産量（粗鋼、2022年）

【資料】世界鉄鋼協会

国	生産量
日　　本	8923万 t（5%）
中　　国	10億1800（54%）
インド	1億2481（7%）
アメリカ	8054
ロシア	7147
韓　　国	6573
ドイツ	3685
トルコ	3513
ブラジル	3409
イラン	3059

世界合計18億8574万t

【注】粗鋼＝鉄鉱石を精錬（せいれん）したもの。鉄製品の原料（げんりょう）になる。

産業用ロボットの稼働（かどう）台数推定

【資料】国際ロボット連盟、日本ロボット工業会

	2019年	2022年
日　　　本	35万4878台（13%）	41万4281台（11%）
中　　　国	78万8810台（29%）	150万1535台（38%）
韓　　　国	32万4049台（12%）	37万4737台（10%）
アメリカ	29万9674台（11%）	36万5002台（9%）
ド　イ　ツ	22万3387台（8%）	25万9636台（7%）
イタリア	7万4420台	9万1504台
台　　　湾	7万1825台	8万8708台
フランス	4万2054台	5万5245台
メキシコ	3万7275台	5万1957台
スペイン	3万6916台	4万1954台
タ　　　イ	3万3962台	3万9406台
世 界 合 計	273万6746台	390万3633台

造船（ぞうせん）（2022年）

【資料】国連

国	生産量
日　　本	959万総（そう）トン（17%）
中　　国	2589（47%）
韓　　国	1625（29%）
イタリア	73
フランス	59
ベトナム	44
フィリピン	40
ドイツ	32
ロシア	25
フィンランド	24
台　　湾	18（2021年）

世界合計 5558万総トン

【注】総トンとは船全体の大きさを表す単位で、100立方フィート（約2.83m³）が1トンとなる。

自動車（じどうしゃ）の生産台数（2022年）

【資料】日本自動車工業会

国	生産台数
日　　本	657万台（11%）
中　　国	2384（39%）
インド	444（7%）
ド　イ　ツ	348
韓　　国	344
ブラジル	182
スペイン	179
アメリカ	175
チェコ	122
インドネシア	121
フランス	101
スロバキア	100
トルコ	81

世界合計 6160万台

【注】商用車を除く。

パルプの生産量（2021年）

【資料】日本製紙連合会

国	生産量
日　　本	762万 t（4%）
アメリカ	4305（24%）
ブラジル	2257（12%）
中　　国	2174（12%）
カナダ	1412
スウェーデン	1130
フィンランド	1071
インドネシア	846
ロシア	803
チ　リ	452

世界合計 1億8271万t

合成ゴムの生産量（2021年）

【資料】ゴム年鑑（2023年版）

国	生産量
日　　本	148万 t（9%）
中　　国	354（23%）
アメリカ	197（13%）
ロシア	167（11%）
韓　　国	161（10%）
台　　湾	94
ドイツ	79
インド	48

世界合計 1560万t

化学繊維の生産量（2020年）

【資料】日本化学繊維協会

国	生産量
日　　本	71万 t（1%）
中　　国	6168（81%）
インド	537（7%）
台　　湾	126（2%）
韓　　国	102
ブラジル	23

世界合計 7586万t

窒素肥料（ちっそひりょう）の生産量（2021年）

【資料】FAOSTAT

国	生産量
日　　本	56万 t
中　　国	2805（24%）
インド	1387（12%）
アメリカ	1268（11%）
ロシア	1140
インドネシア	422
カナダ	375
エジプト	361
パキスタン	337
サウジアラビア	300
カタール	259
ポーランド	210
イラン	183
モロッコ	164

世界合計 1億1855万t

多くの国が多くの国と貿易をしている。各国の輸出入総額や、取引している国、輸入と輸出のバランスなどから、国と国との関係も考えよう。日本の貿易については175〜178ページも参考にしよう。

貿易　世界

貿易の相手国・地域(2022年)

【資料】国連

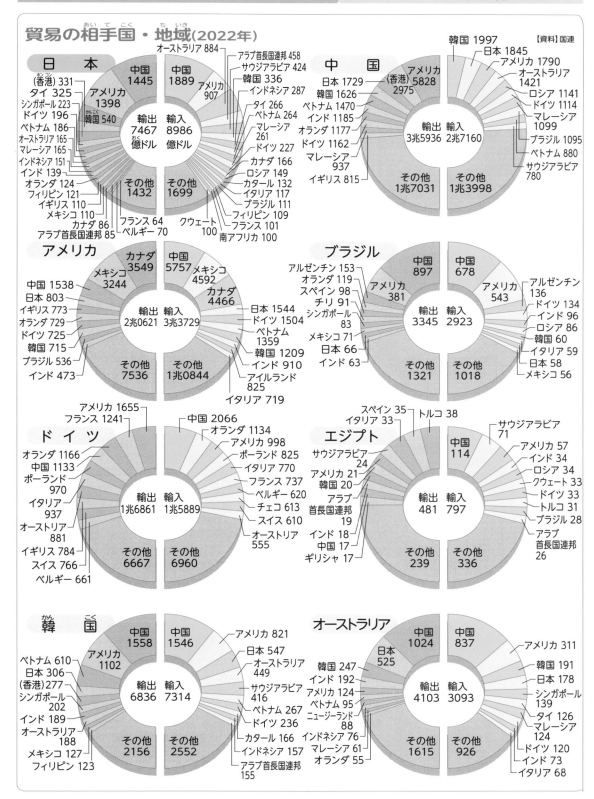

日 本
輸出 7467億ドル／輸入 8986億ドル
輸出：中国1445、アメリカ1398、韓国540、(香港)331、タイ325、シンガポール223、ドイツ196、ベトナム186、オーストラリア165、マレーシア165、インドネシア151、インド139、オランダ124、フィリピン121、イギリス110、メキシコ110、カナダ86、アラブ首長国連邦85、フランス64、ベルギー70、その他1432
輸入：中国1889、アメリカ907、オーストラリア884、アラブ首長国連邦458、サウジアラビア424、韓国336、インドネシア287、タイ266、ベトナム264、マレーシア261、ドイツ227、カナダ166、ロシア、カタール132、イタリア117、ブラジル111、フィリピン109、フランス101、南アフリカ100、クウェート100、その他1699

中 国
輸出 3兆5936／輸入 2兆7160
輸出：アメリカ5828、(香港)2975、日本1729、韓国1626、ベトナム1470、インド1185、オランダ1177、ドイツ1162、マレーシア937、イギリス815、その他1兆7031
輸入：韓国1997、日本1845、アメリカ1790、オーストラリア1421、ロシア1141、ドイツ1114、マレーシア1099、ブラジル1095、ベトナム880、サウジアラビア780、その他1兆3998

アメリカ
輸出 2兆0621／輸入 3兆3729
輸出：カナダ3549、メキシコ3244、中国1538、日本803、イギリス773、オランダ729、ドイツ725、韓国715、ブラジル536、インド473、その他7536
輸入：中国5757、メキシコ4592、カナダ4466、日本1544、ドイツ1504、ベトナム1359、韓国1209、インド910、アイルランド825、イタリア719、その他1兆0844

ブラジル
輸出 3345／輸入 2923
輸出：中国897、アメリカ381、アルゼンチン153、オランダ119、スペイン98、チリ91、シンガポール83、メキシコ71、日本66、インド63、その他1321
輸入：中国678、アメリカ543、アルゼンチン136、ドイツ134、インド96、ロシア86、韓国60、イタリア59、日本58、メキシコ56、その他1018

ドイツ
輸出 1兆6861／輸入 1兆5889
輸出：アメリカ1655、フランス1241、オランダ1166、中国1133、ポーランド970、イタリア937、オーストリア881、イギリス784、スイス766、ベルギー661、その他6667
輸入：中国2066、オランダ1134、アメリカ998、ポーランド825、イタリア770、フランス737、ベルギー620、チェコ613、スイス610、オーストリア555、その他6960

エジプト
輸出 481／輸入 797
輸出：スペイン35、イタリア33、トルコ38、サウジアラビア24、アメリカ21、韓国20、アラブ首長国連邦19、インド18、中国17、ギリシャ17、その他239
輸入：中国114、サウジアラビア71、アメリカ57、インド34、ロシア34、クウェート33、ドイツ33、トルコ31、ブラジル28、アラブ首長国連邦26、その他336

韓 国
輸出 6836／輸入 7314
輸出：中国1558、アメリカ1102、ベトナム610、日本306、(香港)277、シンガポール202、インド189、オーストラリア188、メキシコ127、フィリピン123、その他2156
輸入：中国1546、アメリカ821、日本547、オーストラリア449、サウジアラビア416、ベトナム267、ドイツ236、カタール166、インドネシア157、アラブ首長国連邦155、その他2552

オーストラリア
輸出 4103／輸入 3093
輸出：中国1024、日本525、韓国247、インド192、アメリカ124、ベトナム95、ニュージーランド88、インドネシア76、マレーシア61、オランダ55、その他1615
輸入：中国837、アメリカ311、韓国191、日本178、シンガポール139、タイ126、マレーシア124、ドイツ120、インド73、イタリア68、その他926

統計｜世界｜工業・貿易

世界

国際連合

国際連合の機関を確認しよう。活動資金は加盟国の分担金による。分担率は3年に1回、改定され、2022〜24年の分担率が21年に決まった。1位はアメリカ合衆国で22.0%、2位の中国は15.25%、3位の日本が8.03%となった。

●国際連合のしくみ（2023年）

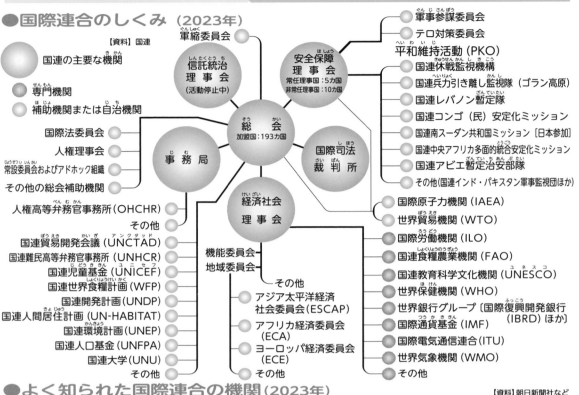

●よく知られた国際連合の機関（2023年）

機関名（略称）	本部 できた年	加盟国	目的や働きと近年の動き
国連児童基金 UNICEF	ニューヨーク （アメリカ） 1946	—	世界の子どもの保健、福祉、教育のための基金。戦争や災害、貧困、暴力に苦しむ子どもたちを保護・支援する。日本も1949〜64年、支援を受けた。2023年6月に事務局長が、世界で4億人（5人に1人）の子どもが紛争下にあり、子どもの利益を優先し、子どもの保護に携わる人を支援することを表明した。
国連大学 UNU	東京 1973	—	平和や環境など地球的な問題を世界の学者が共同で研究。2023年に災害リスクに関する報告を発表。猛暑、氷河の融解、保険のない未来、生物種の絶滅、宇宙ごみ、地下水の枯渇など取り返しのつかないリスクへの早期の対策を提言。
国際労働機関 ILO	ジュネーブ （スイス） 1946(1919)	187	賃金や労働時間など労働者の権利をまもり、社会保障を広げるなど社会全体の生活水準引き上げをめざす。強制労働に従事する人は世界で2800万人、うち子どもは330万人と推計。2023年3月にILOは5カ年計画を策定し、輸出入などを通じて海外と取引のある日本企業も強制労働排除に向けたガイドラインの策定などを進めている。
国連食糧農業機関 FAO	ロ ー マ （イタリア） 1945	194+ EU+ 準加盟2	食物が世界の人びとに平等にゆきわたり飢えがなくなるよう持続可能な土地利用、品種改良など農漁業の技術指導をする。2024年に4300万人に食料自給を可能とする支援計画を立て、その費用として総額18億ドルが必要と予測。
国連世界食糧計画 WFP	ロ ー マ （イタリア） 1961	36	世界最大の人道支援機関。世界の9人に1人が十分な食料を得られない中、飢餓のない世界を目指し、2021年に120以上の国と地域で1億2820万人を支援。23年には3億4500万人の食料不安が発生しており、支援も減っていると危惧。
国連教育科学文化機関 UNESCO	パ リ （フランス） 1946	193、 準加盟 地域12	教育、科学、文化を通じて世界の平和につくす。世界遺産の登録・保存も大きな役目。2022年に日本全国の盆踊り、太鼓踊りなどを含む「風流踊」が無形文化遺産に登録。7月「ウクライナのボルシチ料理（郷土料理）の文化」を「緊急に保護する必要のある無形文化遺産」のリストに登録。
世界保健機関 WHO	ジュネーブ （スイス） 1948	194	すべての人の健康を目標に、医学研究や保健事業を指導。伝染病やエイズ対策とともに、生活習慣病にも取り組む。イスラエルとイスラム組織ハマスの軍事衝突によって、パレスチナ自治区ガザ地区では医療システムが崩壊し、妊産婦・新生児ケア、慢性疾患の治療が困難になっているとして、2023年10月に医療物資の提供などを各国に求めた。
国際通貨基金 IMF	ワシントンD.C. （アメリカ） 1944	190	通貨の国際協力と貿易の拡大をはかる。為替相場の安定のため、通貨が不安定な国への融資や金融政策を監視。2021年の世界の成長率見通しが6.0%増で回復基調にあると発表。しかし22年はウクライナ危機などによる物価高で世界の3分の1の国が景気後退すると予測。23年は中国の景気回復の遅れや物価高などの影響で3.0%増にとどまると予測。
国際原子力機関 IAEA	ウィーン （オーストリア） 1957	178	原子力の軍事使用を監視し、平和利用を推進。2005年、ノーベル平和賞受賞。東京電力福島第一原発の処理水の海洋放出計画について約2年にわたって現地視察などを行い、23年7月に国際的安全基準に合致するとする報告書を公表。12月、ウクライナのザポリージャ原子力発電所で外部電源が喪失し非常用電源を使用したと発表。

世界には、どんな経済や政治の組織があるか。そのなりたちや加盟国を確認して、それぞれの組織が、どんな問題を解決しようとしているか、どんな世界をめざしたらいいのかなどを考えてみよう。

国際組織　世界

経済組織（2023年）

【資料】朝日新聞社など

組織名	加盟国	なりたちと目的（）はできた年
世界貿易機関（WTO）	日本、アメリカ、イギリス、フランス、ドイツ、中国、ベトナム、ブラジル、イスラエル、エジプト、ロシアなど164カ国・地域	世界貿易を推進するため、関税貿易一般協定（GATT）を引き継いで発足。GATTで除外されてきた農業、サービスなどの新分野も含め、貿易全体を統一ルールで監視。2021年2月にアフリカ出身のヌゴジ・オコンジョイウェアラ氏が事務局長に就任。途上国の視点を理解した調整役が求められている。東京電力福島第一原子力発電所の処理水放出を受けて中国が日本の水産物を禁輸したことに対し、23年9月に日本はWTOに書面を提出。●本部：スイスのジュネーブ（1995年）
経済協力開発機構（OECD）	日本、アメリカ、イギリス、フランス、ドイツ、オーストリア、デンマーク、ベルギー、アイルランド、ギリシャ、イタリア、オランダ、カナダ、オーストラリア、韓国など38カ国	加盟国の高度の経済成長・生活水準の向上、発展途上国の援助、世界貿易の拡大が目的。第2次世界大戦後に発足したヨーロッパ経済協力機構が発展。15歳を対象とした学習到達度調査を行っており、日本の読解力は15位（18年）から3位（22年）に上昇。その理由としてコロナによる休校期間が他国に比べて短かったことや、コンピューター端末を使い慣れたこと（15年調査から端末入力が必要）などが挙げられている。●本部：フランスのパリ（1961年）
ヨーロッパ連合（欧州連合、EU）	フランス、ドイツ、イタリア、ベルギー、オランダ、ルクセンブルク、アイルランド、デンマーク、ギリシャ、スペイン、ポルトガル、スウェーデン、チェコなど27カ国	ヨーロッパ共同体をもとにした組織。2002年1月から単一通貨ユーロの流通が開始された。04年6月にEU憲法を採択。加盟国総人口は約5億人。12年ノーベル平和賞を受賞。23年12月の首脳会議ではロシアの侵攻を受けるウクライナの加盟交渉の開始を合意。ハンガリーはこれに反対していたが容認に転じた。●本部：ベルギーのブリュッセル（1993年）
北米自由貿易協定（NAFTA）➡米・メキシコ・カナダ協定（USMCA）	アメリカ、メキシコ、カナダの3カ国	3カ国内での関税撤廃など貿易の自由化が目的。アメリカの企業は安い労働力を求めて生産拠点を国外に移し製造業の雇用が減少。域内で関税ゼロの条件についてメキシコ、カナダは自動車が対象になるよう柔軟な解釈をするが、アメリカは厳しい解釈。2021年8月のメキシコ製輸出車で関税ゼロでないものは15%。NAFTAの頃の1%から大幅上昇。●事務局：カナダのオタワなど（1994年）
アジア太平洋経済協力会議（APEC）	オーストラリア、日本、アメリカ、カナダ、ニュージーランド、韓国、中国、ASEAN7カ国、台湾、メキシコ、ロシアなど21カ国・地域	アジア・太平洋地域の経済の成長と発展、交流を促進する目的で、貿易・投資などの作業部会をおく。2022年11月の首脳宣言ではロシアによるウクライナ侵攻を非難しつつロシアの立場も併記。23年11月には、中東情勢への加盟国の意見がまとまらず、首脳宣言では触れずに米国が単独で出す議長声明に盛り込まれた。●事務局：シンガポール（1989年）
石油輸出国機構（OPEC）	イラク、イラン、クウェート、サウジアラビア、ベネズエラ、アルジェリア、リビア、UAE、ナイジェリア、アンゴラ、ガボン、赤道ギニア、コンゴ共和国の13カ国	産油国がメジャー（国際石油資本）に対抗してつくった。原油生産の調整と価格の安定がねらい。1973年の第4次中東戦争では「石油輸出」として値段を大幅に引き上げた。2016年以降、非加盟10カ国（ロシアなど）とも協調する（OPECプラス）。23年12月の会合ではサウジアラビアなどが減産を呼びかけたが、一部のアフリカ諸国が反対。●事務局：オーストリアのウィーン（1960年）
アジアインフラ投資銀行（AIIB）	中国、韓国、タイ、ミャンマー、イギリス、イタリアなど57カ国で発足。2023年には109カ国・地域に。	経済発展に不可欠なインフラ整備の資金をアジアの国ぐにへ融資するため、中国が設立を呼びかけて発足。2022年3月にはウクライナ侵攻の被害者に哀悼の意を示し、ロシア、ベラルーシに関連する案件を保留・再検討すると発表。●本部：中国の北京（2016年）

政治・軍事組織（2023年）

【資料】朝日新聞社など

組織名	加盟国	なりたちと目的（）はできた年
北大西洋条約機構（NATO）	アメリカ、カナダ、イギリス、フランス、イタリア、ベルギー、オランダ、ルクセンブルク、ノルウェー、デンマーク、アイスランド、ポルトガル、ギリシャ、トルコ、ドイツ、スペイン、北マケドニアなど31カ国	旧ソ連・東欧に対応する軍事組織として設立。武力攻撃やテロ、大量破壊兵器の脅威に対応する。2023年4月にフィンランドが加盟。報復措置とみられる移民の激増を避け、フィンランドは11月にはロシアとの国境を閉鎖。同月に開催した外相会合ではウクライナ侵攻を続けるロシアへの対応策のほか、中国の脅威についても事務総長が危機感を表した。ウクライナのNATO加盟に向けた動きがあるものの具体化はしていない。●本部：ベルギーのブリュッセル（1949年）
非同盟諸国会議	アジア・オセアニア：北朝鮮、インドなど39カ国とPLOの1機構、アフリカ：53カ国、ヨーロッパ：1カ国、中央・南アメリカ：キューバなど26カ国　合計119カ国と1機構	1950年代以降の東西対立時代に、どちら側にも属さず、中立を守るためアジア、アフリカなどの国が団結。冷戦終結後は、貧困、紛争の平和的解決を討議し国際社会に発言。主要加盟国であるインドとエジプトが2023年1月に会談。両国はウクライナでの戦闘による食糧供給の混乱で小麦をめぐって協力したこともあり、懸念を表しながらもロシアへの批判を控え、欧米にも中国やロシアにもつかない途上国同士の結束を示した。
東南アジア諸国連合（ASEAN）	タイ、マレーシア、フィリピン、インドネシア、シンガポール、ブルネイ、ベトナム、ミャンマー、ラオス、カンボジアの10カ国	東南アジア地域の経済、社会の発展に努める。1976年、加盟国全首脳が集まり、ASEAN協和宣言を採択。23年の首脳会議は東京で開催され、今後の50年のあるべき関係として地域の経済と社会をともにつくる「共創」という造語を打ち出した。脱炭素やデジタルなど共通の課題に協力して解決策を見いだす。中国と領有権を争う国もあるが、経済的に依存している国もあり、米中の競争に巻き込まれることへの懸念は強く、バランス外交を重視している。●事務局：インドネシアのジャカルタ（1967年）
アラブ連盟（LAS）	レバノン、エジプト、ヨルダン、サウジアラビア、モロッコ、チュニジア、クウェート、シリア、アルジェリア、カタール、ソマリア、コモロなど21カ国と1機構（PLO）	西南アジアと北アフリカにあるアラブ人の国の独立と主権を守る。アラブ連盟とイスラム協力機構が2023年11月に合同首脳会議を開催。イスラエルによるガザ侵攻と、自治区ヨルダン川西岸地区などのパレスチナ住民への戦争犯罪、虐殺を非難。国連安全保障理事会に対しても、イスラエルにガザでの病院攻撃や物資搬入の妨害をやめさせる強制力のある行動を要請。シリア内戦で11年から参加資格を停止されてきたシリアのアサド政権が23年にアラブ連盟に復帰。●本部：エジプトのカイロ（1945年）
アフリカ連合（AU）	アルジェリア、エジプト、リビア、スーダン、エチオピア、コンゴ共和国、リベリア、チュニジア、ガーナ、ギニアなど、アフリカの55カ国・地域	貧困、飢饉、部族紛争、内戦などアフリカの諸問題に取り組む世界最大の地域機関。平和維持軍を独自にまとめ派遣する機能を持つ。1963年に創設されたアフリカ統一機構（OAU）が前身。2020年11月に勃発したエチオピア政府と反政府勢力の紛争では、22年11月にアフリカ連合が主導して、両者が停戦合意。23年9月にインドのニューデリーで開かれたG20サミット（主要20カ国・地域首脳会議）で、アフリカ連合がG20に正式加盟した。この会議では前回あったロシア批判が控えられた。●本部：エチオピアのアディスアベバ（2002年）
米州機構（OAS）	アメリカ、カナダ、アルゼンチン、バルバドス、パナマ、ボリビア、ブラジル、チリ、コロンビアなど、北米から中南米までの全34カ国、常任オブザーバー国70カ国とEU	アメリカ大陸の平和と安全の強化などをめざす。日本は1973年から常任オブザーバー国。22年4月、ニカラグアは大統領選に対するOASの非難決議に反発し脱退を表明（23年11月脱退）。（対抗組織：アメリカ・カナダを除いた33カ国で構成するラテンアメリカ・カリブ諸国共同体＜CELAC＞11年発足）22年4月にはロシアの常任オブザーバー国としての資格を停止。●本部：アメリカのワシントンD.C.（1951年）

さくいん

メモ

メモ

あなたの選択、すでにエコ。

scottie

スコッティ ティシュー
フラワーボックス 250組 3箱パック

スコッティ®は、長持ち＆コンパクトへ。

ゴミ削減
カートン・フィルムが減ります

CO₂削減
輸送効率を改善できます

省スペース化
倉庫のスペースが減ります

日本製紙グループ
日本製紙クレシア株式会社 https://scottie.crecia.jp/ ®/™ Trademarks of Kimberly-Clark Worldwide, Inc. or its affiliates ©KCWW

森の力で

未来を変える。

紙の原料となる木材を生産するために。

さらには、地球環境にも想いを馳せて。

私たち王子グループは、

「木を使うものは、木を植える義務がある」との考えのもと、

日本のみならず世界でも、

すこやかな森づくりに取り組んできました。

森づくりを通じて、

地球温暖化を食い止め、緑輝く地球を未来へと引き継いでいきたい。

私たちの取り組みは、今日もこれからも続いていきます。

ニュージーランド・Pan Pac社（王子グループ）Kaweka山林

領域をこえ 未来へ

人生、ずっと、本と。

新規会員登録で必ずもらえる！
電子書籍クーポンプレゼント。

会員登録は無料。
初めてご登録の方には、
今ならもれなく
電子書籍対象商品に使える
お得なクーポンを
プレゼント。

24時間
立ち読みできる本屋です。

あなたの手元で
立ち読み（試し読み）ができます。
家でも外でも、寝転がってでも
立ち読みできます。
本屋さんに行かなくても
本屋さんの中で
暮らしている感じです。

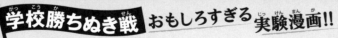

協力者一覧

●写真・図版
AP／アフロ、NASA（米航空宇宙局）、PA Wire/Press Association、RtoS研究会、朝日新聞フォトアーカイブ／デジタル本部データベースセクション、アフロ、（国研）宇宙航空研究開発機構（JAXA）、国立国会図書館、デジタルグローブ、ロイター／アフロ

●取材協力
朝日新聞社会部／報道センター／総局

●参考文献
『朝日キーワード2025』「ジュニアエラ」（ともに朝日新聞出版）

●資料提供
BP Global、CIA（米中央情報局）、FAO（国連食糧農業機関）、ITU（国際電気通信連合）、（独）JETRO（日本貿易振興機構）、（独）JOGMEC（エネルギー・金属鉱物資源機構）、USGS（米地質調査所）、恩田裕之、（財）カーボンフロンティア機構、外務省、春日鉱山（株）、環境省、気象庁、（社）漁業情報サービスセンター、経済産業省、警察庁、公害等調整委員会（総務省）、厚生労働省、国際自動車工業連合会、国際連合広報センター、国際連合統計部、国際ロボット連盟、国税庁、国土交通省、国土地理院、国立国会図書館、国立社会保障・人口問題研究所、国立天文台、（株）小僧寿し本部、財務省、参議院、資源エネルギー庁、消防庁、水産庁、（株）すかいらーく、世界銀行、世界原子力協会、世界保健機関（WHO）、石油化学工業協会、石灰石鉱業協会、（株）セブン - イレブン・ジャパン、（公社）全国出版協会・出版科学研究所、全国たばこ耕作組合中央会、総務省、電気事業連合会、（社）電子情報技術産業協会、天然ガス鉱業会、東海旅客鉄道（株）、十枝慶二、内閣府、西日本旅客鉄道（株）、（社）日本ABC協会、日本化学繊維協会、（社）日本ガス協会、日本銀行、日本KFCホールディングス（株）、（社）日本原子力産業協会、（社）日本自動車工業会、日本自動車輸入組合、（社）日本新聞協会、（公財）日本水泳連盟、日本製紙連合会、（社）日本造船工業会、（社）日本地下鉄協会、（公財）日本中学校体育連盟、（社）日本電機工業会、（社）日本トンネル技術協会、日本年金機構、（社）日本舶用工業会、（財）日本不動産研究所、日本放送協会、（社）日本民間放送連盟、日本郵政（株）、（公財）日本陸上競技連盟、（株）日本リモナイト、農林水産省、服部美佐子、東日本旅客鉄道（株）、広島県地域政策局、（株）ファミリーマート、（国研）物質・材料研究機構、ブルームバーグ エル・ピー、PETボトルリサイクル推進協議会、別府志海、防衛省、法務省、本州四国連絡高速道路（株）、三井串木野鉱山（株）、明治安田生命保険相互会社、文部科学省、湯浅浩史、ユネスコ（国際連合教育科学文化機関）、林野庁、（独）労働政策研究・研修機構、（株）ローソン、和鋼博物館

●AD
サトズ（佐藤芳孝）

●デザイン・DTP
サトズ（佐藤芳孝）、ファンクション（西村淳一）、パラレルヴィジョン（福田優香、小林淳／本間章成）

●イラスト
石月誠人、田崎トシ子

●図版
マーリンクレイン（福士統子、立岡みゆ、宮田遥）、平凡社地図出版

●編集協力
オフィス朔（松本紀子、鈴木佳子、村山聡美、田川由美子）、ガーリックプランナーズ（弘中ミエ子）、上杉心愛、大河原晶子、岸尾祐二、近藤裕美、千葉喜代子、外﨑航、古田かれん、吉川明子、渡辺智子

●校閲
朝日新聞総合サービス 出版校閲部（藤井広基、大橋美和、山田欽一、野口高峰、小倉亜紀、深谷麻衣、畝佳子、澁谷周平）

●「朝日ジュニア学習年鑑」編集部
竹内良介、野村美絵、金城珠代、石原美紀子、大室みどり、高田保子、森井加奈子

朝日ジュニア学習年鑑 2024

2024年3月30日　第1刷発行

発行者　片桐圭子
発行所　朝日新聞出版
　　　　〒104-8011　東京都中央区築地5-3-2
編者　　朝日新聞出版 生活・文化編集部
電話　　03-5541-8833（編集）
　　　　03-5540-7793（販売）
印刷所　大日本印刷株式会社
　　　　© 2024 Asahi Shimbun Publications Inc.
　　　　創刊 1949年6月15日

ISBN978-4-02-220825-5　定価は裏表紙に表示してあります。
落丁・乱丁の場合は弊社業務部（電話 03-5540-7800）へご連絡ください。
送料弊社負担にてお取り替えいたします。

世界の国旗

[この国旗の使い方]

◎国の場所が知りたいとき—国旗の下にある番号を巻頭の「世界の国ぐに」の地図のなかからさがす。

・219ページからの「世界の国ぐに」も参照すること。
・国旗のタテ、ヨコの比率は国によって異なるが、国連の方式の 2：3 に統一した。

アジア

❶ アフガニスタン	❷ アラブ首長国連邦	❸ イエメン	❹ イスラエル	❺ イラク	❻ イラン
❼ インド	❽ インドネシア	❾ オマーン	❿ カタール	⓫ カンボジア	⓬ キプロス	⓭ クウェート

❼ インド ❽ インドネシア ❾ オマーン ❿ カタール ⓫ カンボジア ⓬ キプロス ⓭ クウェート

⓮ サウジアラビア ⓯ シリア ⓰ シンガポール ⓱ スリランカ ⓲ タイ ⓳ 大韓民国 ⓴ 中華人民共和国

㉑ 朝鮮民主主義人民共和国 ㉒ トルコ ㉓ 日本 ㉔ ネパール ㉕ パキスタン ㉖ バーレーン ㉗ バングラデシュ

㉘ 東ティモール ㉙ フィリピン ㉚ ブータン ㉛ ブルネイ ㉜ ベトナム ㉝ マレーシア ㉞ ミャンマー

アフリカ

㉟ モルディブ ㊱ モンゴル ㊲ ヨルダン ㊳ ラオス ㊴ レバノン ㊵ アルジェリア

㊶ アンゴラ ㊷ ウガンダ ㊸ エジプト ㊹ エスワティニ ㊺ エチオピア ㊻ エリトリア ㊼ ガーナ

㊽ カボベルデ ㊾ ガボン ㊿ カメルーン 51 ガンビア 52 ギニア 53 ギニアビサウ 54 ケニア

55 コートジボワール 56 コモロ 57 コンゴ共和国 58 コンゴ民主共和国 59 サントメ・プリンシペ 60 ザンビア 61 シエラレオネ

62 ジブチ 63 ジンバブエ 64 スーダン 65 赤道ギニア 66 セーシェル 67 セネガル 68 ソマリア

69 タンザニア 70 チャド 71 中央アフリカ 72 チュニジア 73 トーゴ 74 ナイジェリア 75 ナミビア

76 ニジェール 78 ブルキナファソ 79 ブルンジ 80 ベナン 81 ボツワナ 82 マダガスカル 83 マラウイ

84 マリ 85 南アフリカ共和国 86 南スーダン 87 モザンビーク 88 モーリシャス 89 モーリタニア 90 モロッコ

ヨーロッパ

91 リビア 92 リベリア 93 ルワンダ 94 レソト 95 アイスランド 96 アイルランド

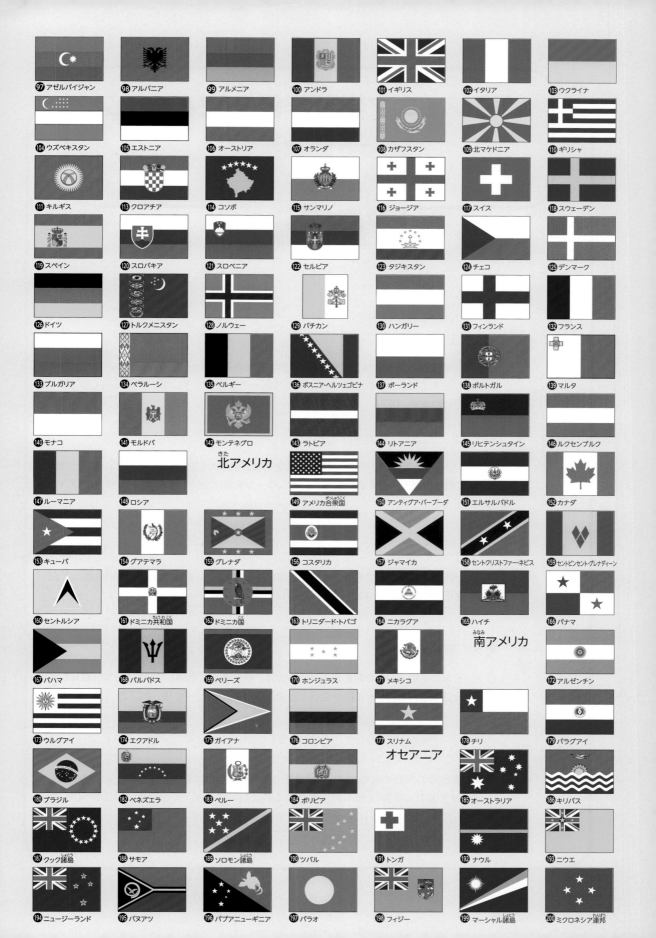

㉗ アゼルバイジャン	㉘ アルバニア	㉙ アルメニア	⑩ アンドラ	⑩ イギリス	⑩ イタリア	⑩ ウクライナ
⑩ ウズベキスタン	⑩ エストニア	⑩ オーストリア	⑩ オランダ	⑩ カザフスタン	⑩ 北マケドニア	⑩ ギリシャ
⑪ キルギス	⑪ クロアチア	⑪ コソボ	⑪ サンマリノ	⑪ ジョージア	⑪ スイス	⑪ スウェーデン
⑪ スペイン	⑫ スロバキア	⑫ スロベニア	⑫ セルビア	⑫ タジキスタン	⑫ チェコ	⑫ デンマーク
⑫ ドイツ	⑫ トルクメニスタン	⑫ ノルウェー	⑫ バチカン	⑬ ハンガリー	⑬ フィンランド	⑬ フランス
⑬ ブルガリア	⑬ ベラルーシ	⑬ ベルギー	⑬ ボスニア・ヘルツェゴビナ	⑬ ポーランド	⑬ ポルトガル	⑬ マルタ
⑭ モナコ	⑭ モルドバ	⑭ モンテネグロ	⑭ ラトビア	⑭ リトアニア	⑭ リヒテンシュタイン	⑭ ルクセンブルク

北アメリカ

⑭ ルーマニア	⑭ ロシア	⑭ アメリカ合衆国	⑮ アンティグア・バーブーダ	⑮ エルサルバドル	⑮ カナダ
⑮ キューバ	⑮ グアテマラ	⑮ グレナダ	⑮ コスタリカ	⑮ ジャマイカ	⑮ セントクリストファー・ネビス	⑮ セントビンセント・グレナディーン
⑯ セントルシア	⑯ ドミニカ共和国	⑯ ドミニカ国	⑯ トリニダード・トバゴ	⑯ ニカラグア	⑯ ハイチ	⑯ パナマ
⑯ バハマ	⑯ バルバドス	⑯ ベリーズ	⑰ ホンジュラス	⑰ メキシコ	⑰ アルゼンチン

南アメリカ

| ⑰ ウルグアイ | ⑰ エクアドル | ⑰ ガイアナ | ⑰ コロンビア | ⑰ スリナム | ⑰ チリ | ⑰ パラグアイ |
| ⑱ ブラジル | ⑱ ベネズエラ | ⑱ ペルー | ⑱ ボリビア | ⑱ オーストラリア | ⑱ キリバス |

オセアニア

| ⑱ クック諸島 | ⑱ サモア | ⑱ ソロモン諸島 | ⑲ ツバル | ⑲ トンガ | ⑲ ナウル | ⑲ ニウエ |
| ⑭ ニュージーランド | ⑮ バヌアツ | ⑯ パプアニューギニア | ⑰ パラオ | ⑱ フィジー | ⑲ マーシャル諸島 | ⑳ ミクロネシア連邦 |

朝日ジュニア学習年鑑 2024 クイズ

解答（かいとう）

問 1

答え：3. セーヌ川

解説（かいせつ）：夏季五輪の開会式が、スタジアムの外で行われるのは初めてのことです。なお、セーヌ川沿いにあるコンコルド広場では、今大会唯一（ゆいいつ）の新競技・ブレイキン（ブレイクダンス）などが行われます。（P21）

問 2

答え：2. ラムサール条約（じょうやく）

解説：ワシントン条約は、野生動植物の一定の種が過度（かど）に国際（こくさい）取引に利用されることのないようこれらの種を保護（ほご）する条約です。（ラムサール条約については P11、パリ協定については P27）

問 3

答え：2. 12

解説：天守（てんしゅ）が現存（げんそん）する 12 の城（しろ）のうち、国宝（こくほう）に指定されているのは松本城（まつもとじょう）や姫路城（ひめじじょう）などの 5 つ、重要文化財（ぶんかざい）は 7 つです。（P58 〜 59）

問 4

答え：3. ドイツ

解説：日本の名目 GDP（ジーディーピー）の順位が下がったのは、経済（けいざい）が長く低迷（ていめい）していることや、2021 年以降（いこう）に急速（きゅうそく）に進んだ円安（えんやす）ドル高（だか）が要因（よういん）だと考えられています。（P219、P232）

問 5

答え：2. 香川県（かがわけん）

解説：香川県の特産であるオリーブは県花・県木に指定されています（P122）。ちなみに、千葉県（ちば）が全国の収穫量（しゅうかくりょう）の 85% 以上を占（し）める農産物は落花生。大分県はカボスで 90% 以上を占めます。くわしくは「私（わたし）たちの郷土（きょうど）」（P101 〜 128）へ。